KB015592

법의 딜레마

차 례

I

법적 추론에서 발생하는 딜레마

01

윤진수

법의 딜레마란 무엇인가?   2

장애를 가지고 태어난 삶은 손해인가?
— Wrongful Life의 딜레마 —

02

윤지현

정책적 의도를 담은 세법규정의 해석에 관한 딜레마   20

세법, 정책과 '기속(羈束)', 그 모순된 관계
— 고(故) 황필상 박사의 사례를 소재로 하여 —

03

김종구

법적 추론에서 사실과 가치는 어떻게 충돌하는가?   38

법적 판단의 기초로서 사실과 가치의 딜레마

04

안성조

다수의견과 소수의견은 왜 법도그마틱을 다르게 적용하는가?   54

불능미수 도그마틱의 딜레마?
— 준강간죄의 불능미수는 성립불가능한가?: 대법원 2019.3.28. 선고 2018도16002 전원합의체 판결에 대한 비판적 검토 —

05
Jianlin
Chen

종교의 자유인가, 위계에 의한 간음인가?   78

위계는 도덕적인 죄sin**이지만 범죄**crime**가 되어서는 안 된다:**
종교적 위계간음의 범죄화에 있어서의 법적 딜레마

06
이계일

인간의 존엄은 어떻게 고려되어야 하는가?   102

인간의 존엄은 형량가능한가?
– 법학적 논의의 한계영역 –

07
최준규

법률해석에 고려해야 할 입법자의 의사란?   118

법률해석 시 과거 입법자의 의사가 중요한가, 현재 입법자의 의사가
중요한가?

08
윤용희

법관이 "법복 입은 행정공무원"의 역할을 하는 것은 바람직한가?   126

판결의 딜레마

법과 제도에 내재한 딜레마

01
이상원

검찰개혁호는 남행열차인가, 설국열차인가?   138

검찰개혁이라는 이름의 기차: 정치권력과 관료권력

02
김성룡

사법부 독립, 권리인가 의무인가?   178

사법부 독립, 법관 독립의 딜레마

03
오병철

해킹은 국가의 수입원?   190

국가는 해킹을 원한다

04
김종철

선거의 공정성을 지키기 위해 반드시 당선무효가 필요할까?   202

법은 누구 편인가?: 걸리기만 하면 당선무효인 선거법의 역설

05
차진아

인사청문제도는 왜 존재하는가?   216

하나마나 인사청문회, 어떻게 개선할 것인가

06
정한중

변호사 성공보수 약정, 무엇이 문제인가?   248

변호사 성공보수 약정은 필요악인가?

07
이상덕

법관이 의료소송을 떠맡기 싫어하는 이유는?   260

재판권의 계륵(鷄肋)인 의료소송, 그 한계와 대안

08
윤성현

아시안계 미국인은 적극적 평등실현조치의 피해자인가?   276

'하버드 – 아시안 소송'과 인종을 고려한 대학입학정책의 딜레마

09
신동룡

북한법도 개인주의적 가치를 고려하고 있을까?   294

북한법의 딜레마?

10
김정연

협동조합은 영리법인인가, 비영리법인인가?   306

협동조합의 딜레마: 협동조합은 비영리법인인가

11
장혜진

외국인도 사증발급 거부 처분에 대해 소송을 다툴 수 있는가?   316

사증발급 거부 처분 취소소송의 딜레마

12
정욱도

한 법관의 양심적 수상록   324

재판도 결국엔 계몽될 것인가
– 신화와의 비교를 통해 바라본 재판의 과거, 현재, 미래 –

형사사법제도의 딜레마

01
한상훈

서초동, 두 진영의 촛불을 바라보며   340

악의 혼재성 또는 검찰개혁의 딜레마

02
김정환

재정신청제도의 역설   352

재정신청의 딜레마, 무죄를 구하는 기소

03
홍진영

직업법관과 배심원 사이에 어느 정도의 의사소통이 필요한가?   362

**국민참여재판에서 배심원의 독립성과 합리적 의사소통 사이의
딜레마**

04
김혜경

형벌제도는 국가 자신을 위한 것인가, 개별 시민을 위한 것인가?   372

인간본성은 폭력적인가?
– 폭력적 인간본성 억제를 위한 형법의 필요성에 관한 시론 –

05
김한균

형벌은 과연 수형자를 교정·교화할 수 있는가?   388

격리구금을 통한 재사회화?

06 김재윤

특별사면권이 남용되고 있다!   400

특별사면권의 딜레마: 곽노현, 박근혜를 특별사면해야 하는가?

07 Gabriel Hallevy

정신질환자의 형법적 취급은 의학적 문제인가, 문화적 문제인가?   420

제정신 vs. 정상성
현대 형법에서 정신이상항변의 약점

08 장성원

법률의 不知는 용서받지 못한다?   462

법을 알지 못한 사람도 처벌되어야 하는가?

09 박광배

적법절차를 통해 실체진실발견이 가능할까?   482

형사소송법의 이념적 딜레마: 실체진실주의

10 최병천

진술의 진실성은 어떻게 확보될 수 있는가?   496

사실인정의 딜레마

11 조성훈

생체정보의 제출강제는 진술거부권을 침해하는가?   506

접근권한정보로 사용하는 생체정보의 법적 문제

12 이정민

학교폭력 예방법? 사회통합 와해법?   530

학교폭력예방법은 학교폭력을 예방하였는가

13
박미랑

무죄라고 다 같은 무죄가 아니다?!　　　　　　　　　　　　540

억울한 것 Innocent**과 다행인 것**not guilty**:**
두 가지 무죄에 대한 국가의 같은 보상

국제법과 비교법의 관점에서 본 딜레마

01
김부찬

개별국가의 주권이 사라진 세계국가의 탄생은 국제법의 이상인가?　　　550

세계법으로의 발전: 국제법의 진화인가 아니면 소멸인가?

02
이철우

초국가적 민족주의 프로젝트에 수반되는 분쟁들　　　　　　　　　560

국민과 동포 사이에서:
초국가적 네이션의 법제화와 주권/아이덴티티의 딜레마

03
오영걸

보통법과 형평법, 오해받을 동거는 왜 하니?　　　　　　　　　578

같은 레스토랑, 두 셰프의 두 메뉴?
– 보통법(common law)·형평법(equity) 동거의 딜레마 –

가치의 충돌과 이익형량의 딜레마

01
허성욱

과연, 정의란 무엇인가?   606

정의로움, 그 혼돈과 모호함에 대하여

02
이동진

자기결정의 실질화가 처한 딜레마   610

자기결정의 딜레마

03
이중기

다수결원리와 소수자보호 사이에서   620

"다수지배"의 딜레마와 "소수결"의 필요성:
"최소소수의 최소불행 확보방안"

04
홍영기

정보의 홍수로부터 은둔할 권리에 대해서   632

알 권리와 모를 권리

05
고봉진

관용의 딜레마   648

헤이트스피치와 관용

06
정채연

인권과 주권의 관계에서 본 관용의 역설　　　　　　　668

포함inclusion**을 통한 배제**exclusion

07
권경휘

법치주의와 민주주의는 공존가능한가?　　　　　　　680

헌법재판의 딜레마: 법치주의와 민주주의의 상충?

08
강태경

법관의 이익형량의 딜레마　　　　　　　　　　　　696

법의 '길'과 법의 '문'

09
김대근

정의의 여신은 꼭 눈을 가릴 필요가 있을까?　　　　706

법의 일반화라는 딜레마: 편견과 평등을 이해하는 한 방법

뇌과학, 인공지능, 4차산업혁명이 가져올 딜레마

01
좌정원

뇌과학 기술 발달이 법에 가져올 난제들   728

인지적 자유cognitive liberty **논쟁:**
뇌과학 기술의 발전이 가져올 새로운 법의 딜레마

02
양종모

인공지능이 법률가를 대체할 수 있을까?   738

나는 읽는다. 고로 존재한다.

03
양천수

시간투쟁: 미래에 의한 현재의 식민지화?   750

기대의 역설

Dilemma

Law's Dilemmas

I

법적 추론에서 발생하는 딜레마

01
⋮
08

01

장애를 가지고 태어난 삶은 손해인가?

- Wrongful Life의 딜레마 -

윤진수

서울대학교 법학전문대학원 명예교수

판사를 거쳐 서울대학교에서 민법을 가르치다가 2020년 2월 정년퇴임하였다. 민법 외에도 법경제학과 진화심리학에 관심을 가지고 있다. 저서로는 『친족상속법강의』, 『민법논고 1-7』, 『민법 기본판례』 등이 있고, 논문으로는 "진화심리학과 가족법", "법의 해석과 적용에서 경제적 효율의 고려는 가능한가?" 등 180여 편이 있다.

"드디어 욥이 말문을 열고, 자기 생일을 저주하면서 울부짖었다. 내가
태어나던 날이 차라리 사라져 버렸더라면, '남자 아이를 배었다'고 좋아하
던 그 밤도 망해 버렸더라면,"   욥기 3장 1-3절. 새번역

Ⅰ. 머 리 말

심한 장애를 가지고 태어난 삶은 아예 태어나지 않은 것보다 더 나쁘다
고 할 수 있는가? 이러한 철학적인 질문에 대하여 여러 나라의 많은 법원
과 법률가들이 서로 다른 답변을 내놓았다. 나라에 따라서는 매우 뜨거운
논쟁이 벌어지기도 했다. 그러나 법적으로나 철학적으로 누구나가 수긍하
는 해답은 없는 것 같다.

이 문제를 좀 더 구체적으로 설명하면 다음과 같다. 아이를 낳으려는
사람이, 그 아이에게 심한 장애가 있을 수 있다는 의심을 할 만한 이유가
있어서 의료인(또는 다른 태아의 검사 업무를 담당하는 전문가)에게 이를 물었
으나, 의료인은 장애가 없을 것이라고 답변하여, 그 아이를 낳게 되었다.
그런데 태어난 아이에게 심한 장애가 있었고, 아이를 낳은 사람은 이를 알
았더라면 아이를 낳지 않았을 것임이 틀림없었다. 이 경우에 아이를 낳은
사람은 의료인에게 손해배상책임을 물을 수 있다는 것은 여러 나라에서 인
정하고 있다. 그런데 태어난 아이 자신이 자신의 장애를 이유로 의료인에
게 손해배상청구를 할 수 있을까? 이를 이른바 wrongful life[1]라고 부르는
것이 일반적이다.

이러한 손해배상청구를 반대하는 사람들은, 이를 인정하면 생명의 신성
함을 부정하는 것이 된다고 주장한다. 반면 이를 인정하여야 한다는 논자
들은 배상을 부정하는 것은 아이가 배상을 받아야 할 필요성에 대하여 눈

---

* 이 글은 필자가 종전에 쓴 아래에서 인용하는 논문들을 기초로 하고, 그 후의 자료를 보
완한 것이다. 원고를 읽고 적절한 지적을 하여 주신 서울대학교 철학과 김현섭 교수님께
감사의 뜻을 표한다.
1) 이 용어는 미국 일리노이주 항소법원이 1963년 선고한 Zepeda v. Zepeda, 41 Ill.
App.2d 240 (1963)에서 처음 사용되었다. 이 사건은 혼외자로 출생한 자녀가 자신의
생부를 상대로 자신이 혼외자로 낳게 되었음을 이유로 손해배상을 청구한 것인데, 법원
은 이 청구를 기각하였다.

을 감는 것이라고 비판한다.

이하에서는 이 문제를 둘러싼 지금까지의 여러 나라에서의 논의를 살펴보고, 필자 나름대로의 답변을 하려고 한다.

Ⅱ. 관련 문제 – 원치 않은 임신과 원치 않은 출산

이 문제는 원하지 않았던 자녀의 출생에 관한 여러 문제 중의 한 가지이다. 여기서는 이러한 관련 문제에 대하여 먼저 살펴본다.

원하지 않았던 자녀의 출생에 관한 문제는 세분하면 다음과 같은 3가지 경우로 나누어 볼 수 있다.

첫째, 자녀를 낳지 않으려고 하였는데 의료인의 잘못으로 자녀가 출생하였으나 그 자녀가 정상아인 경우에, 그 부모가 의료인에게 어떠한 책임을 물을 수 있는가?

둘째, 부모가 장차 낳게 될 자녀가 정상아이면 낳고, 장애아이면 낳지 않으려고 하였는데, 의사가 그 판단을 그르쳐서 정상아를 낳을 것으로 생각하고 출산하였으나 장애아가 출생한 경우에는, 그 부모는 의료인에게 어떠한 책임을 물을 수 있는가?

셋째, 위 둘째의 경우에, 장애아로 출생한 자녀 자신은 의료인에게 어떠한 책임을 물을 수 있는가?

외국에서는 첫째의 경우를 wrongful conception 또는 wrongful pregnancy, 둘째의 경우를 wrongful birth, 셋째의 경우를 wrongful life 라고 부르는 것이 일반적이다. 이를 우리말로는 원치 않은 임신, 원치 않은 출산, 원치 않은 삶과 같이 부르기도 한다. 여기서는 편의상 첫째의 경우를 정상아형, 둘째의 경우를 장애아 부모형, 셋째의 경우를 장애아 자신형이라고 불러 구별하기로 한다.

1. 정상아형

이때에는 부모가 자녀 양육에 필요한 비용을 청구할 수 있는가가 주로 문제된다. 독일에서는 이를 인정하지만, 미국의 많은 주에서는 이를 부정하며no recovery rule, 영국도 마찬가지이다.[2] 다만 양육비를 인정하지 않는 미국의 주들이나 영국에서도 임신과 출산에 관련된 비용의 배상은 인정한다. 그리고 양육비 배상을 인정하되 자녀의 양육으로 얻는 이익을 공제하는 주도 상당수 있고benefit rule, 비교적 소수의 주는 별다른 제한 없이 양육비의 배상을 인정한다full recovery rule.

여기서는 이 문제에 관한 독일에서의 논쟁을 간단히 소개한다.[3] 독일 연방대법원Bundesgerichshof, BGH의 판례는 출생한 자녀가 정상아이건 장애아이건 가리지 않고 양육비 상당의 손해배상청구를 인정하여 왔다. 그런데 독일 연방헌법재판소 제2재판부Zweiter Senat가 1993.5.28. 선고한 판결 BVerfGE 88, 203이, 낙태를 일정한 범위에서 허용하는 독일 형법 제218조a 이하의 규정이 위헌이라고 하면서, 그에 부가하여, 위와 같이 원치 않은 자녀의 출생에 관하여 손해배상을 명할 수 있는가 하는 점에 대하여도 의견을 표명하였다. 이는 판결의 판시 요지 제14항에 다음과 같이 요약되었다.

"법률적으로 자녀의 존재를 손해의 원천으로 특징짓는 것은 헌법(기본법 제1조 제1항)상 고려될 수 없다. 그러므로 자녀를 위한 양육의무를 손해로 파악하는 것은 금지된다."

그러나 연방대법원은 위와 같은 연방헌법재판소의 설시는 주된 이유 아닌 방론(傍論)에 불과하다고 보아 기속력이 없다고 하면서 종래의 판례를 고수하였다. 이에 대하여 당사자가 연방헌법재판소에 헌법소원을 제기하였는데, 이 사건은 연방헌법재판소 제1재판부가 담당하게 되었다. 그러자 이 사건을 직접 담당하고 있지 않은 제2재판부가, 1997.10.22. 위 사건에 관하여 제1재판부가 제2재판부의 견해를 따르지 않으려면 판례변경을 위하여 사건을 제1재판부와 제2재판부로 구성된 전원합의체Plenum에 회부하여야 한다고 요구하였다. 그러나 제1재판부는 위 1993.5.28. 판결에서, 자녀를 위한 양육의무를 손해로 파악하는 것은 금지된다고 한 부분은 단순한

---

2) 상세한 것은 윤진수, "자녀의 출생으로 인한 손해배상책임", 민법논고 3, 2008, 473면 이하.

3) 상세한 것은 윤진수, "의사의 과실에 의한 자녀의 출생으로 인한 손해배상책임", 민법논고 3(주 2), 423면 이하(처음 공간: 1999).

방론에 불과하여, 이를 따르지 않기 위하여 전원합의체를 소집할 필요가 없다고 하면서, 연방대법원의 판례에는 문제가 없다고 하였다.

우리나라에는 이 문제에 관하여 직접적인 대법원 판례는 없고, 하급심 판례는 갈라져 있다. 서울고등법원 1996.10.17. 선고 96나10449 판결은 제왕절개수술과 함께 불임수술을 의뢰받은 병원측의 과오로 제왕절개수술만을 실시하고 불임수술은 시행되지 않아서 원고 부부가 아이를 출산하자, 병원을 경영하는 학교법인을 상대로 아이 출산으로 인한 분만비용과, 원고와 선정자인 처의 위자료 및 아이가 성년이 될 때까지의 양육비와 유치원부터 대학졸업시까지의 교육비 상당의 손해배상을 청구하였다. 그에 대하여 서울고등법원은 분만비용과 위자료청구는 인용하였으나, 그 외의 양육비 및 교육비 상당의 손해배상청구에 대하여는, 이를 손해로 볼 수 없다고 하여 기각하였다. 이 판결은 자녀의 생명권을 강조하면서, 제3자가 채무불이행으로 인하여 아이의 생명을 탄생시키게 함을 법적 비난의 대상으로 삼아 그 제3자에게 손해배상의 형식으로 제재를 가한다면 이는 실질적으로 우리 헌법정신에 반하는 것이 될 것이고, 부모의 친권에 기한 미성년의 자(子)에 대한 부양의무는 원칙적으로 이를 면제받거나 제3자에게 전가할 수 있는 성질이 아니므로 비록 원치 않은 임신에 의하여 출생한 자(子)라고 할지라도 부모는 일단 출생한 자에 대하여는 부양의무를 면할 수 없다고 하여, 자의 출생 및 그로 인한 부양의무를 '손해'로 파악할 수는 없다고 설시하였다.

반면 서울고등법원 2016.12.22. 선고 2016나2010894 판결은 마찬가지로 제왕절개수술과 함께 불임수술을 의뢰받은 병원측의 과오로 제왕절개수술만을 실시하고 불임수술은 시행되지 않아서 원고 부부가 아이를 출산한 경우에 대하여, 진료비 및 분만 수술비와 90일의 출산전후휴가 동안의 산모의 일실수입 배상을 인정하였을 뿐만 아니라, 출생한 자녀가 성년이 될 때까지의 양육비 상당 손해배상도 명하였다. 이 판결은, 태어난 아이의 존재 자체를 손해로 보는 것은 아니므로 아이의 존엄성이 침해된다고 볼 수 없고, 부모의 부양의무를 계약을 불이행한 의사들에게 전가하는 것으로 볼 수도 없다고 강조하였다.

2. 장애아 부모형

이 경우에는 여러 나라에서 장애아 부모에게 자녀의 양육비 상당 손해 배상을 인정하고 있다.[4] 다만 그 범위에 관하여는 차이가 있다. 독일에서는 자녀의 양육비 전체를 인정하고, 미국의 일부 주도 마찬가지이다. 반면 미국의 많은 주는 장애아에게 소요되는 양육비용 중 정상아의 경우에도 소요되는 통상적인 양육비용ordinary costs을 제외한 추가비용extraordinary costs만의 배상을 인정한다.

통상적인 양육비용의 배상을 인정하지 않는 판례의 근거는 주로 그 부모는 자녀를 원했고 부양할 것을 계획하였기 때문에, 이러한 통상의 비용은 배상에서 제외되어야 한다는 것과, 정상아형의 경우에 양육비 배상을 인정하지 않는 것과 균형이 맞는다는 것 등이다. 반면 전체 양육비용의 배상을 인정하는 판례는 불법행위법의 기본원칙은 과실 있는 불법행위자는 자신의 과실과 인과관계 있는 결과proximate result에 대하여 책임을 져야 한다는 점을 근거로 든다.

그리고 이러한 양육비용의 배상의무가 자녀가 성년에 달할 때까지의 양육비용에 대하여만 배상의무가 있는가, 아니면 성년 이후의 기간에 대하여도 배상하여야 하는가에 대하여는 판례가 통일되어 있지 않다.

우리나라의 하급심 판결례 가운데에는 서울서부지방법원 2006.12.6. 선고 2005가합4819 판결이, 의료기관이 태아에게 척추성근위축증이 있음을 발견하지 못하여 그러한 태아가 출생한 데 대하여 손해배상책임을 인정하면서도, 그 재산상 손해배상의 범위를 장애아를 양육하는 데 추가적으로 소요되는 비용인 치료비, 보조구 구입비, 개호비 상당으로 한정하였다.

한편 대법원 2002.6.25. 선고 2001다66321 판결은, 병원에서 태아의 염색체 검사를 실시하였으나, 7번 염색체의 장완 중 일부가 결실되어 있음을 발견하지 못한 과실이 있는 사안에 대하여, 이러한 염색체 장완결실은 모자보건법에 의한 적법한 임신중절사유가 될 수 없다고 하여 양육비와 같은

---

4) 상세한 것은 윤진수(주 2) 참조.

재산상 손해배상청구는 받아들이지 않았으나, 자녀가 정상아로 태어나리라고 믿고 있던 원고들이 기형아를 출산하는 예기치 않은 결과로 인하여 정신적 고통(원고들의 낙태결정권 침해로 인한 정신적 고통은 제외)을 당하게 되었으므로, 피고들은 연대하여 원고들이 입은 정신적 고통으로 인한 손해를 배상할 책임이 있다고 하였다.[5]

III. 장애아 자신의 손해배상청구

가장 뜨거운 논쟁이 벌어지는 것은 wrongful life, 즉 장애아 자신이 장애를 가지고 태어난 것을 이유로 손해배상을 청구할 수 있는가 하는 점이다.

1. 부정하는 견해

거의 대부분의 나라에서는 장애아 자신의 손해배상청구는 허용되지 않는다고 본다.[6]

대표적으로 영국 항소법원의 McKay and Another v. Essex Area Health Authority and Another[7]을 살펴본다. 이 사건에서는 원고의 어머니가 원고를 임신하고 있을 때 풍진(風疹)에 걸렸는데, 의사와 실험실을 운영하던 피고들이 원고의 어머니가 풍진에 걸리지 않았다고 답변하였고, 그 결과 원고가 장애를 가지고 태어나게 되었다.[8]

---

5) 이에 대하여는 윤진수, "임신중절이 허용되지 않는 태아의 장애를 발견하지 못한 의사의 손해배상책임", 민법논고 3(주 2), 570면 이하(처음 공간: 2006).

6) Albert Ruda, "I Didn't Ask to Be Born: Wrongful Life from a Comparative Perspective", 1 Journal of European Tort Law 204, 205 f. (2010)는 당시를 기준으로 장애아 자신의 손해배상청구를 부정하는 나라로서 오스트레일리아, 오스트리아, 캐나다, 덴마크, 프랑스, 독일, 그리스, 헝가리, 이탈리아, 포르투갈, 남아프리카 공화국, 스페인, 영국을 들고 있다. 또한 Ivo Giesen, "The Use and Influence of Comparative Law in 'Wrongful Life' Cases", Utrecht Law Review Vol. 8, Issue 2, 2012; 남아프리카 공화국 헌법재판소가 2014.8.28. 선고한 H v. Fetal Assessment Centre [2014] ZACC 34, paras. 34 ff.도 참조.

7) Court of Appeal, [1982] Q.B. 1166. 이에 대하여는 윤진수, "Wrongful Life로 인한 장애아 자신의 의사에 대한 손해배상청구", 의료법학 제2권 제1호, 2001, 100면 이하 참조.

8) 임신 초기에 母가 풍진에 걸리면 장애아를 낳을 확률이 매우 높다. 모자보건법 제14조 제1항 제2호, 시행령 제15조 제3항도 풍진을 인공임신중절수술이 허용되는 전염성질환으로 열거하고 있다.

스티븐슨Stephenson 판사가 선고한 판결 이유의 요지는 대체로 다음과 같다. 첫째, 원고(장애아)는 피고들의 행위로 인하여 장애를 입은 것이 아니며, 원고가 주장할 수 있는 권리란 장애를 가지고서는 태어나지 않을 권리, 즉 낙태를 당할 권리일 뿐인데, 의사는 어머니에 대하여 의무를 부담할지는 몰라도 태아에 대하여 낙태를 할 법적인 의무를 부담하거나, 태아가 스스로 죽을 법적인 권리를 가지지는 않는다고 한다. 태아에 대한 관계에서 그러한 의무를 부담시키는 것은 인간 생명의 신성함에 대한 또 다른 침입을 허용하는 것이 되어 공공질서public policy에 반하고, 장애아의 생명이 정상아의 생명보다도 가치가 없을 뿐만 아니라 그 생명을 유지할 가치가 없다는 것을 의미하게 된다고 한다.

둘째, 장애아 자신의 손해를 측정할 방법이 없다고 한다. 자녀에게 상해를 입히지 않은 사람이 책임을 져야 할 손해란 장애를 가지고 태어나게 한 상황과, 태아의 생명이 종료된 상태와의 차이일 것인데, 법원으로서는 위 두 번째의 상황을 평가할 방법이 없다고 한다. 즉 사망의 기대로 인한 손해를 평가한다는 것은 인간 지식의 영역 밖에 있는 결정적인 요소를 포함하는 도덕적 판단을 요구하는 것으로서, 손해산정의 어려움은 이러한 임무를 거부하기에 좋은 이유가 아니지만, 그러한 손해 산정이 불가능하다는 것은 이러한 임무를 거부하기에 충분한 이유라고 한다.

독일 연방대법원 1983.1.18. 판결[9]도 장애아 자신의 손해배상청구를 기각하면서, 이 판결을 인용하였다.

이외에도 미국의 많은 주,[10] 오스트리아,[11] 오스트레일리아[12] 등이 장애아 자신의 손해배상청구를 인정하지 않는다.

우리나라에서는 대법원 1999.6.11. 선고 98다22857 판결이 장애아 자

---

9) BGHZ 86, 240=JZ 1983, 447 mit Anm. Deutsch.

10) 최초의 선례는 New Jersy 주 대법원이 1967.3.6. 선고한 Gleitman v. Cosgrove 판결, 49 N.J. 22, 227 A.2d 689 (1967)이다.

11) 오스트리아 최고법원(Oberster Gerichtshof, OGH) 1999.5.25. 판결(1 Ob 91/99k). 이에 대하여는 이동진, "이른바 '원치 않은 아이'의 출생으로 인한 손해배상'에 대한 오스트리아 최고법원의 판례", 인권과 정의 2009년 4월, 110-112면 참조.

12) 오스트리아 고급법원(High Court) Harriton v. Stephens [2006] HCA 15; (2006) 226 CLR 52; (2006) 226 ALR 391.

신의 손해배상청구를 부정하였다. 이 사건에서 임신부는 자신의 태아가 장애아가 아닌가 염려하여 의사에게 기형아 검사를 의뢰하였으나 병원측이 기형아가 아니라고 판단하였는데, 그 후 다운증후군을 가진 아이가 태어났다. 그리하여 장애아 자신이 치료비 및 부양료 상당 손해배상을 청구하였다.

대법원은 우선 다운증후군은 모자보건법 소정의 인공임신중절사유에 해당하지 않기 때문에, 원고의 부모가 원고가 다운증후군에 걸려 있음을 알았다고 하더라도 원고를 적법하게 낙태할 결정권을 가지고 있었다고 보기 어려우므로, 원고의 부모의 적법한 낙태결정권이 침해되었음을 전제로 하는 원고의 이 사건 청구는 이 점에 있어서 이미 받아들이기 어렵다고 하였다.

나아가 대법원은 "원고는 자신이 출생하지 않았어야 함에도 장애를 가지고 출생한 것이 손해라는 점도 이 사건 청구원인 사실로 삼고 있으나, 인간 생명의 존엄성과 그 가치의 무한함(헌법 제10조)에 비추어 볼 때, 어떠한 인간 또는 인간이 되려고 하는 존재가 타인에 대하여 자신의 출생을 막아 줄 것을 요구할 권리를 가진다고 보기 어렵고, 장애를 갖고 출생한 것 자체를 인공임신중절로 출생하지 않은 것과 비교해서 법률적으로 손해라고 단정할 수도 없으며, 그로 인하여 치료비 등 여러 가지 비용이 정상인에 비하여 더 소요된다고 하더라도 그 장애 자체가 의사나 다른 누구의 과실로 말미암은 것이 아닌 이상 이를 선천적으로 장애를 지닌 채 태어난 아이 자신이 청구할 수 있는 손해라고 할 수는 없다"고 판단하여 원고의 청구는 이유없다고 하였다.

이 사건에서 대법원이 태아가 다운증후군이라는 것이 적법한 임신중절사유가 되지 않는다고 보았으므로, 그것만으로도 이 사건 원고의 청구를 배척하기에 충분하고, 따라서 장애를 갖고 출생한 것 자체를 이유로 손해배상을 청구할 수 없다고 하는 판단은 반드시 필요한 것이 아니라고도 할 수 있다. 그럼에도 불구하고 대법원이 이와 같은 판단을 설시한 것은, 이러한 문제가 앞으로도 계속 생길 것으로 예상되므로 그러한 경우에 대비한 것으로 여겨진다.

흥미있는 것은 판례가 처음에는 장애아 자신의 손해배상청구를 인정하였다가, 나중에 이를 부정하는 것으로 변경한 나라도 있다는 것이다. 이스라엘 대법원은 1986년에는 이를 인정하였다가, 2012년에는 판례를 변경하여 이를 부정하였다.[13] 이탈리아 파기원Corte di Cassazione은 2012년에는 이를 인정하였다가, 2015년에 이를 변경하여 이를 부정하였다.[14] 이외에도 스페인과 헝가리 대법원도 장애아 자신의 손해배상청구를 인정한 일이 있었으나, 그 후 이를 부정하는 것으로 판례를 바꾸었다.[15]

2. 긍정하는 견해

각국의 법원이 장애아 자신의 손해배상청구를 인정한 예로는 미국의 일부 주, 프랑스, 네덜란드가 있고, 남아프리카 헌법재판소도 이를 인정할 여지가 있다는 취지의 판시를 한 바 있다.

(1) 미 국

미국 캘리포니아주 대법원의 Turpin v. Sortini 판결[16]은, 심각한 장애가 있는 아동에게 손해배상을 명하는 것이 어떻게 생명의 가치를 부인하거나 또는 다른 사회의 구성원에게는 인정되는 법적, 비법적 권리와 특권을 아동이 누릴 권리가 없다는 것을 시사하는 것인지 이해할 수 없고, 모든 경우에 장애가 있는 삶이 비생존nonlife에 비하여 더 가치가 있는 것이라고 말할 수는 없다고 하였다. 다만 이러한 경우에 태아의 고통이나 기타의 손해에 대한 배상을 명하는 것은, 아동이 실제로 태어나지 않았을 경우보다 장애를 가지고 태어난 것이 과연 손해인지를 합리적으로 결정하기가 어렵고, 설령 손해라고 하더라도 그 손해를 공정하게 평가하기 어렵기 때문에

---

13) 이에 대하여는 Nili Karako-Eyal, "A critical disability theory analysis of wrongful life/birth actions in Israel", International Journal of Private Law, Vol. 6, No. 3, 2013, pp. 289 ff. 참조.
14) 이에 대하여는 G. Montanari et al, 'The Italian Supreme Court Has Dismissed Wrongful Life Claims' 30(1) The Journal of Maternal-Fetal & Neonatal Medicine, 60(2017) 참조.
15) Ruda(주 6), pp. 218, 238. 헝가리 대법원의 2008.3.12. 결정에 대하여는 A. Menyhárd in: B Winiger/H Koziol/BA Koch/R Zimmermann(eds), Digest of European Tort Law, vol 2: Essential Cases on Damage, De Gruyter, 2011, p. 955도 참조.
16) 643 P.2d 954 (1982).

허용될 수 없지만, 그 장애로 인하여 특별한 교육, 훈련 및 청취 장비에 드는 특별한 비용은 다른 wrongful birth 소송에서와 마찬가지로 배상청구가 가능하다고 하였다. 워싱턴주[17] 및 뉴저지주[18] 대법원도 wrongful life를 이유로 하는 자녀 자신의 손해배상청구를 인정하였다.

(2) 프랑스

이 문제가 가장 뜨거운 국가적 논쟁으로 등장한 것은 프랑스였다.[19] 프랑스 파기원은 wrongful life에 관하여 1996.3.26.의 두 개의 판결에 의하여 처음으로 이를 인정한다는 것을 밝혔고, 다시 2000.11.17.의 충원합의부 판결l'Assemblée pléniere에 의하여 이를 재확인하였다.

이 사건의 원고 X는 임신 중에 풍진에 걸렸는데, 혈액 검사기관의 잘못으로 의사가 母가 풍진에 면역되었다고 잘못 판단하여 그 결과 母가 출산한 원고는 위 풍진 때문에 신경장애, 녹내장, 난청, 심장병 등의 증세가 나타났다. 그리하여 X 부부는 자신들과 아이(뻬뤼쉬Perruche)의 이름으로 의사 Y와 검사기관 등을 상대로 소송을 제기하였다.

원심은 부모들의 청구는 인정하였으나, 자녀의 청구는 인정하지 않았다. 그에 대하여 파기원 민사1부의 판결은, "풍진에 감염되었을 경우 임신중절을 하겠다고 하는 의사를 부모가 밝혔다고 하는 사실, 그리고 그 부모가 (의사와 연구소의) 과실로 인하여 母가 풍진에 면역되었다고 잘못 믿게 되었으며, 그리하여 그 과실이 母의 풍진으로 인하여 아이가 입은 손해를 발생시켰다고 하는 사실 등이 확인되었음에도 불구하고, 항소법원은 이와 같이 판결함으로써 위 규정(즉 프랑스 민법 제1147조)을 위배하였"으며,[20] 따라서 두 번째 상고이유는 살펴 볼 필요도 없이 원심판결을 파기한다고 하였다.

그러나 사건을 환송받은 오를레앙 항소법원은 1999.2.5. 환송판결과는

---

17) Harbeson v. Parke-Davis, Inc., 98 Wn.2d 460, 656 P.2d 483 (1983).

18) Procanik by Procanik v. Cillo, 478 A.2d 755 (1984).

19) 이에 대하여는 윤진수·정태윤, "Wrongful Life에 관한 프랑스의 최근 판례와 입법", 민법논고 3(주 2), 530면 이하(처음 공간: 2002).

20) 프랑스 민법 제1147조: "채무자는, 필요한 경우에는, 자기측에 악의가 없다고 하더라도, 그 불이행이 자기에게 귀책될 수 없는 외적 원인에 기인한다고 하는 것을 입증하지 아니하는 한, 채무의 불이행 또는 이행지체를 이유로 손해배상을 지급하도록 판결받게 된다."

달리 "아이 N은 연구소와 의사 Y의 과실과 인과관계 있는 배상가능한 손해를 입지 않았다"고 하는 이른바 저항판결을 내렸다.[21]

그에 대하여 2000.11.17.의 파기원 충원합의부 판결은 다음과 같은 이유로 위 판결을 파기하였다. 즉 충원합의부는, "민법 제1165조[22]와 제1382조[23]에 비추어 보건대 …. 환송받은 법원의 대상판결은, 아이가 겪는 후유증의 유일한 원인은 그 과실이 아니라 母로부터 전염된 풍진이라고 하는 점, 아이는 임신중절에 관한 그의 부모의 결정을 주장할 수 없다고 하는 점 등의 상황으로부터 이유를 이끌어 내어, ≪아이 N은 과실과 인과관계 있는 배상가능한 손해를 입지 않았다≫고 하고 있으나, X 부인과 체결한 계약을 이행함에 있어서 의사와 연구소가 범한 과실로 인하여 X 부인이 장애아의 출생을 피하기 위한 임신중절의 선택을 할 수 없게 된 이상, 이 아이는 장애로부터 유래되었고 과실에 의하여 야기된 손해의 배상을 요구할 수 있"다고 판시하였고, 이러한 이유로 다른 상고이유에 관해서는 판단할 필요없이 환송법원의 판결을 파기한다고 하였다.

이 판결은 프랑스 민법이 제정된 이래 그 어느 판결도 이 판결만큼 많은 평석을 낳게 하지는 않았다고 말할 정도로 많은 논란을 제기하였다. 대부분의 학자들은 이 판결의 결론에 대하여 반대하였고, 학자들뿐만 아니라 장애인, 장애인 단체 및 일반 여론도 이 판결에 대하여 비판적이었다. 즉 이 판결은 장애를 가지고 태어나는 것보다는 태어나지 않는 것이 좋다고 하는 것이 된다는 것이다.

---

21) 프랑스에서는 파기원에 1차로 상고가 제기되면 원칙적으로 각 부에서 심판하게 되며, 여기서 상고가 기각되면 그것으로 소송은 종결되지만, 상고가 받아들여져 원심판결이 파기되면 원칙적으로 파기된 판결과 동일심급의 법원에 환송된다. 이때 파기원의 판단은 환송받은 법원에 대하여 기속력을 갖지 않으며, 따라서 환송받은 법원과 파기원의 견해가 일치하지 않을 수가 있다. 이처럼 환송받은 법원이 파기원의 견해에 따르지 않은 판결을 하는 것을 저항판결(arrêt de rébellion)이라고 부른다. 이러한 저항판결에 불복하여 다시 2차로 상고하게 되면, 이번에는 파기원의 충원합의부(l'Assemblée pléniere)에서 심판한다. 이때 상고가 기각되면 소송은 종결되지만, 다시 파기환송되면 충원합의부가 내린 법률적 판단은 환송법원에 대하여 기속력을 가진다.

22) 프랑스 민법 제1165조: "계약은 당사자 사이에서만 효력을 가진다. 그것은 제3자를 해치지 못하며, 민법 제1121조에 규정된 경우에만 제3자에게 이익을 준다."

23) 프랑스 민법상의 일반불법행위에 관한 규정으로서, 그 내용은 다음과 같다. 즉, 프랑스 민법 제1382조: "타인에게 손해를 가한 인간의 모든 행위는, 그의 잘못으로 인하여 손해가 발생한 그 자로 하여금 그 손해를 배상할 의무를 지운다."

그럼에도 불구하고 파기원은 그 후에도 이러한 판례를 고수하였다. 그러자 프랑스 의회는 이러한 판례를 봉쇄하기 위하여 2002.3.4. 이른바 "반 뻬뤼쉬 법률"을 제정하였다. 이 법률 제1조는 "어느 누구도 자신의 출생이라고 하는 사실만으로부터 손해를 주장할 수 없다"고 규정하여 wrongful life로 인한 소송을 금지하고 있는 것이다.[24]

(3) 네덜란드

네덜란드 대법원Hoge Raad 2005.3.18. 판결도 장애아 자신의 손해배상청구 소송을 받아들였다.[25] 이 사건에서 임신한 여성이 레이덴 대학 병원에 근무하고 있던 조산사에게 자신의 남편의 가족 가운데 두 건의 염색체 이상으로 인한 장애아가 있었으므로 태아를 검사하여 줄 것을 요구하였으나, 조산사는 검사의 필요가 없다고 보았다. 만일 태아에게 그러한 유전자 이상이 있음을 알았더라면 제1원고는 아이를 낳지 않았을 것이었다. 그 후 제1원고는 1993년 켈리Kelly라는 이름의 아이를 낳았는데, 켈리는 남편의 가족과 같은 염색체 이상으로 인한 심한 장애를 가지고 있었다. 그리하여 이 여성과 그녀의 남편 및 켈리는 조산사와 레이덴 대학병원을 상대로 손해배상을 청구하였다. 네덜란드 대법원은 항소심 판결과 마찬가지로 부모(제1원고와 제2원고)의 재산상 손해 및 정신적 손해의 배상을 인정하였을 뿐만 아니라, 켈리(제3원고)의 21세 이후의 생활비 상당 손해배상과 정신적 손해로 인한 위자료의 지급도 명하였다.

이 사건에서 피고측은 우선 켈리의 손해 확정이 불가능하다고 주장하였다. 즉 켈 리가 손해가 있다고 하려면 그가 생존하는 것을 생존하지 않는 것과 비교하여야 하는데, 생존의 가치는 생존하지 않는 것보다 작다고 할 수 없다는 것이다. 그러나 네덜란드 대법원은 이러한 주장을 받아들이지 않았다. 즉 켈리의 손해를 정확하게 확정할 수 없다는 것은 타당하지만,

---

24) 나아가 위 법률은 부모의 청구 중 재산적 손해는 인정하지 않고 정신적 손해만을 인정하고 있다.

25) 판결 원문은 https://uitspraken.rechtspraak.nl/inziendocument?id=ECLI:NL:HR:2005:AR5213. 이하에서는 구글 번역기를 이용한 영어와 독일어 번역을 참고하였다. 또한 S Lindenbergh in: B Winiger/H Koziol/BA Koch/R Zimmermann(eds)(주 15), p. 228의 요약도 참조.

그렇다고 하여 켈리가 주장하는 손해가 배상 가능하지 않다고 할 수는 없다는 것이다. 네덜란드 민법 6:97조에 따르면 손해는 그의 성질에 가장 부합하는 방법으로 평가하여야 하는데, 켈리의 교육과 양육 및 장애에 대처하기 위하여 필요한 비용은 배상 가능하고, 그와 같은 방법에 의하여만 저질러진 과오의 결과를 배상할 수 있으며, 그 손해의 성질은 켈리의 교육과 양육 및 장애의 결과에 대처하기 위한 비용을 배상받을 수 있다는 것에 부합한다고 한다. 법관이 그러한 권한을 행사하는 것이 장애아의 인간 존엄을 부정하는 것은 아니며, 피고측이 켈리에 대하여 손해배상할 의무가 있다는 것이 켈리의 인간 존엄을 침해하는 것이 아니라, 오히려 금전의 지급이 그에게 존엄한 삶을 유지할 수 있도록 하는 능력을 부여하는 것이라고 한다(판결문 4. 15).

그리고 위 판결은 켈리는 비재산적 손해에 대한 배상청구권도 가지는데, 그 배상액은 장애의 성질과 정도에만 근거하여 정해져서는 안 되고, 켈리의 발달 상태, 장애로 인하여 정상적인 생활을 누릴 수 없는 정도와 같은 모든 관련된 사정을 고려하여야 한다고 판시하였다(판결문 4. 18). 나아가 조산사의 과실과 켈리의 손해 사이에 인과관계가 없다고 하는 피고측의 주장도 받아들이지 않았다(판결문 4. 20).

이처럼 네덜란드 대법원이 장애아 자신의 손해배상청구를 받아들인 데 대하여는, 프랑스에서와 같은 격렬한 비판이 있었던 것은 아니라고 한다.[26]

(4) 남아프리카 공화국

그리고 남아프리카 공화국 헌법재판소가 2014.12.11. 선고한 H v. Fetal Assessment Centre 판결[27]은 장애아 자신의 손해배상청구를 받아들이지 않은 고급법원High Court의 판결을 파기하였다. 이 사건에서 고급법원은 남아프리카 공화국 대법원Supreme Court of Appeal이 2008년 장애아 자신의 손해배상청구를 부정한 Stewart v. Botha 판결[28]에 근거하여, 다운 증후군을

---

26) Ruda(주 6), p. 240; S Lindenbergh(주 25), p. 229 참조.
27) [2014] ZACC 34.
28) [2008] ZASCA 84.

가지고 태어난 장애아의 손해배상청구를 무변론기각하였다.[29]

이에 대하여 헌법재판소는, 헌법 제39조 제2항이 법원은 보통법을 발전시킬 때 권리장전의 정신, 취지와 목적을 촉진시켜야 한다고 규정하고 있는 점을 강조하였다. 그리고 Stewart 판결에서 남아프리카 공화국 대법원은, 장애아의 청구가 받아들여지려면 법원은 아동의 존재를 존재하지 않는 것과 비교하여야 하지만, 이는 인간이라는 존재의 핵심에 관한 것이어서 그러한 질문은 제기되어서는 안 된다고 하였는데, 이러한 역설의 논리를 승인하여야 하는 것은 맞지만, 문제를 이와 같이 규정하는 것은 가치 선택의 문제를 부주의하게 숨기는 것이고, 진정한 이슈는 우리의 헌법적 가치와 권리가 아동에게 장애를 가진 삶에 대하여 보상을 청구하는 것을 허용할 것인가 하는 점인데, 결론이 이를 허용하지 않는다고 나올 수도 있지만, 그러한 결정이 법 밖에 있는 것은 아니라고 한다.

그리하여 이러한 헌법재판소에의 상소가 이유 있는지를 살펴보는데, 먼저 외국에서는 어떻게 하는지를 살펴보고, 장애아 자신의 손해배상청구를 인정하는 나라가 많지는 않다고 하면서도,[30] 여러 가지 논증에 대해 부여되는 무게는 각국의 헌법적, 정치적 및 사회적 문맥, 즉 법적 문화legal culture에 따라 결정되는 예가 많고, 이 점에서 이러한 청구가 인정될 수 있는가 하는 문제의 해결에 관하여는 헌법과 권리장전의 일반적인 규범적 체제, 아동의 최선의 이익에 대하여 주어지는 중요성, 위법성 문제에 관한 어프로치의 공개적인 규범적 성격이 지침을 제공하여야 한다고 하였다. 그러면서 남아프리카 공화국 헌법 제28조는 아동의 이익을 명시적으로 보호한다는 것과, 남아프리카 공화국 헌법이 보통법을 포함한 모든 법이 헌법적 가치와 권리를 반영하거나 조화되어야 한다는 것을 요구한다는 점을 강조하였다.[31]

---

29) 남아프리카 공화국에서 무변론기각(exception)은 원고의 소장이 유효한 청구권원(a cause of action)을 제시하지 못하고 있거나, 모호하고 당혹스러울 때 피고의 신청에 의하여 법원이 변론 없이 청구를 기각하는 것을 말한다. UNIFORM RULES OF COURT 23 (1).
30) 그런데 이 판결은 오스트리아가 장애아 자신의 손해배상청구를 인정한다고 하였는데 {para. 44 fn. 55}; appendix table A}, 이는 부정확하다.
31) 이 점에 대하여는 윤진수, "보통법 국가에서의 기본권의 수평효", 윤진수 외, 헌법과 사법, 서울대 법학총서 3, 박영사, 2018, 33면 이하 참조.

그리고 남아프리카 공화국 대법원의 스튜어트 판결에 나타난 보통법은 장애아의 청구를 인정하는 것이 아동의 최선의 이익에 부합하는지를 고려하지 않았으나, 헌법에 비추어 보면 이러한 청구를 인정하는 것을 상상할 수 없는 것은 아니라고 하였다.

결국 이 판결은 장애아 자신의 손해배상청구가 가능할 수 있다는 것이고, 정말 인정되는지, 인정된다면 어느 범위에서 인정될 것인지는 고급법원이 결정할 문제라고 하였다.

Ⅳ. 짧은 소감

이 문제는 법의 딜레마를 보여주는 좋은 소재이다. 논리적으로는 장애아 자신의 손해배상청구를 인정하는 것이 불가능해 보인다. 장애아의 장애 자체가 출산에 관련된 의료인의 책임은 아니다. 의료인으로서는 장애아를 태어나지 않게 하거나, 아니면 장애를 가진 채로 태어나게 하거나 두 가지 중 하나만 선택할 수 있을 뿐이지, 장애를 가지지 않고 태어나게 할 수는 없었다. 그러므로 장애아의 손해배상청구는 결국 자기를 태어나지 않게 했어야 한다는 데 귀착한다. 그러나 이는 장애를 가진 삶이라고 하여도 태어나지 않은 것보다 나쁘다고 말해서는 안 된다는 비판을 받게 된다.

그에 대하여 장애아 자신의 손해배상청구를 인정하여야 한다는 측의 반론은 주로 다음의 두 가지이다. 첫째, 그러한 청구를 인정하기 위하여 반드시 그와 같은 비교를 하여야 하는 것은 아니라는 것이다. 일부의 철학자는 손해의 개념에 대하여 다르게 파악하고자 한다. 즉 상태 손해status-harm라는 개념을 도입하여, 어떤 사람의 복리가 최소한의 정상적 상태에 미치지 못한다면 이는 손해이고, 손해는 상태의 불충분성이라는 사실에 기인하며, 인과관계의 서술과는 독립된 것이라고 한다.[32] 손해를 그와 같이 파악한다면 장애를 가지고 태어난 상태가 정상아에 비하여 손해라고 파악할 수

---

32) E. Haave Morreim, "The concept of harm reconceived: a different look at wrongful life", Law and Philosophy 7 (1988), p. 25. 같은 취지, Paul Mūtuanyingĩ Mūrĩithi, "Does the rejection of wrongful life claims rely on a conceptual error?", Journal of Medical Ethics, Vol. 37, No. 7 (July 2011), pp. 435 f.

있을 것이다. 네덜란드 대법원은 이를 손해의 산정 문제로 보면서, 비교의 문제에 대하여는 언급하지 않았다. 그러나 이는 그 주장 자체로서 인과관계의 문제를 회피하는 것이다.

또 다른 논자는 정면으로 장애를 가지고 태어난 삶이 태어나지 않은 것보다 나쁠 수 있다고 주장한다. 즉 일반인은 물론이고 법학자나 법관은 드물게 안락사에 따른 연명치료중단이나 뇌사판정에 따른 장기이식 등을 허용하는 판단을 내리며, 만일 인간존엄이 언제나 존재가 비존재보다 우월하다는 것을 의미한다면, 소극적 안락사와 뇌사판정에 따른 장기이식은 허용되어서는 안 되는데, 소극적 안락사와 장기이식의 허용은 어찌되었든 존재와 비존재를 비교평가하고 그 상태로 존재하는 인간의 삶이 비존재보다 못하다는 것을 인정하는 것이라고 한다.[33] 그러나 처음부터 태어나서는 안 된다고 하는 것이 일단 태어난 삶을 더 이상 유지할 필요가 없다고 하는 것과 같은 의미일 수는 없다. 한 논자는, 극도로 심한 장애로 고통스럽기만 한 삶은 태어나지 않는 것만도 못하다는 사실은 그렇게 믿을 인식적 이유epistemic, evidential reason[34]를 제공하지만, 장애아의 출생 후에는 그가 애초에 태어나지 않았으면 좋았을 것이라 생각하는 것의 심리적 고통과 여러 부작용은 그의 삶이 비존재만도 못하다고 생각하지 않을 실천적 이유practical, pragmatic reason[35]를 제공한다고 한다.[36]

이러한 문제점에도 불구하고 장애아 자신의 손해배상청구를 인정하여야 한다는 주장이 어느 정도의 설득력을 가지는 것은, 장애아의 상태가 현실적인 지원을 필요로 한다는 점과, 출산에 관하여 과실이 있는 의료인의 잘못에 대하여 제재가 주어지는 것이 옳다는 믿음 때문이다. 이러한 주장을 전혀 부정할 수 없다는 점에서 딜레마가 존재한다. 오스트레일리아의 한 학자는, 오스트레일리아의 고급법원High Court이 장애아 자신의 손해배상청

---

33) 예컨대 이은영, "원치 않은 아이에 따른 손해배상에 관한 연구", 중앙대학교 법학박사 학위논문, 2008, 175-176면.
34) 이는 그 믿음의 내용이 사실인가 아닌가에 달려 있는 이유를 말한다.
35) 이는 그 믿음의 내용이 사실인가가 아니라 그러한 믿음을 가지는 상태가 좋은 결과를 낳는가에 달려 있는 이유를 말한다.
36) Hyunseop Kim, "The uncomfortable truth about wrongful life cases", Philos Stud(2013) 164, pp. 623 ff.

구를 부정한 데 대하여,[37] 논리logic는 고급법원이 도달한 결과를 요구하였을 수 있지만, 공정fairness은 다른 것을 요구한다고 평하였다.[38]

결국 이 문제는 우리로 하여금 쉽게 해결할 수 없는 딜레마에 빠뜨린다.

---

37) 주 12) 참조.

38) Alice Grey, "Harriton v. Stephens: Life, Logic and Legal Fictions"(2006), 28 Sydney Law Review 545, 560.

02

세법, 정책과 '기속(羈束)', 그 모순된 관계

– 고(故) 황필상 박사의 사례를 소재로 하여 –

윤지현

서울대학교 법학전문대학원 교수

1999년 변호사로 본격적인 법률가 경력을 시작하여 2008년부터 서울대학교에서 세법을 가르치고 있다. 세법 전반에 걸쳐 연구하고 있으며, 특히 조세절차법과 국제조세 분야에서 다수의 중요한 글을 썼다. 조세부담 분배의 공평이라는 주제로 관심 분야를 넓혀나가고 있다. 2010년부터 2016년까지 국제조세협회(International Fiscal Association)의 상설학술위원회(Permanent Scientific Committee) 위원을 지냈고, 2018년 국제조세협회 서울 총회(Congress)의 공동 총괄보고자(co-general reporter)이다.

Ⅰ. 글을 시작하면서

이 글은 한때 제법 세상을 떠들썩하게 했던 어느 사건[1]을 소재로 삼는다. 여기서는 어떤 사람이 장학(獎學)을 목적 사업으로 하는 '공익법인'[2]에 자신이 가진 주식을 기부했는데, 그 때문에 거액의 증여세를 부담하게 되었다. 이 간단한 사실관계가 세법의 특정한 쟁점과 연결되면서 생긴 기묘한 결과가 이 사건의 핵심을 이룬다.

여기서 필자가 말하려는 내용은, 이 증여세 부담의 근거가 된 세법 조항들이 일정한 정책 목적을 위하여 만들어졌는데, 이러한 '정책적 조세'가 비록 매우 흔하고 당연하게 받아들여지는 존재이지만, 사실은 근본적인 모순을 안고 있다는 것이다. 하지만 그렇다고 이를 세제(稅制)에서 완전히 몰아내는 일도 현실적으로 생각하기 쉽지 않다는 데에서, 세법이 안고 있는 하나의 '딜레마'를 발견하게 된다. 이러한 딜레마를 제대로 해결하지 못하는 상황이, 방금 말한 것과 같은 이해하기 쉽지 않은 결과를 낳게 된다는 뜻이기도 하다.

Ⅱ. 사실관계, 언론 보도를 포함하여[3]

1. 기본적 사실관계

이 글의 사건에서 중심인물은 고(故) 황필상 박사[4]이다. 그는 공학자이

---

* 이 책의 기획에 중요한 역할을 하신 서울대학교 법학전문대학원 윤진수 선생께서 계속하여 이 글의 사건에 필자가 주의를 기울일 것을 권유하여 주셨다. 그런 점에서 (비록 보잘 것 없지만) 이 글은 선생의 관심에 힘입은 바 크다. 깊이 감사드린다. 다만 혹시 이러한 소재로부터 이 글의 주장을 이끌어내는 과정에 문제가 있었다면, 이는 전적으로 필자의 잘못이다.

1) 앞으로는 '이 글의 사건'이라고 부르도록 한다.

2) 이 글에서 말하는 '공익법인'은 상속세 및 증여세법(이하에서는 서술의 편의를 위해 '상증법'이라고 줄여 부른다) 제16조 제1항이 규정하는 '공익법인등'을 가리킨다. 이 글에서는 좀 더 자연스러운 서술을 위하여 이 '등'이라는 접미사를 빼고 쓰도록 한다.

3) 이 글의 사건에 대한 제1심 판결인 수원지방법원 2010.7.15. 선고 2009구합14096 판결과 항소심 판결인 서울고등법원 2011.8.19. 선고 2010누26003 판결의 관련 부분을 주로 참고하였다. 또한 그 이상의 사실관계와 그 이후 쟁송 사건의 경과는 김종근·전병욱,

면서 지역 생활정보지 '교차로'를 발간하는 ㈜수원교차로를 설립하였다. 대체로 말하여,[5] 황 박사가 이 회사 주식의 대부분을 보유하고 있었고, 2002년 모교(母校) 아주대학교에 이 주식을 기부하는 의미에서 재단법인 구원장학재단[6]에 현금 15억 원과 당시 약 180억 원 정도의 가치를 갖는 것으로 평가되던, 위 회사의 발행 주식을 '출연'하였다.[7] 약간의 우여곡절을 거쳐 황 박사가 이 재단의 이사장을 맡게 되었다.

2. 문제된 과세처분의 경위

쟁점 재단은 상증법 제16조 제1항이 정하는[8] 공익법인에 해당한다. 과세관청은, 공익법인이 영리법인의 주식을 지분비율 기준 5%를 초과하여 출연 받는 경우 그 초과 부분의 주식에 증여세를 물린다는 조항[9]에 근거

"공익법인에 대한 주식출연 관련 증여세 과세문제―구원장학재단의 사례를 중심으로", 세무학연구 제29권 제3호, 한국세무학회, 2012, 117면 이하에 극히 상세하게 정리되어 있다.

4) 포털사이트 네이버(naver.co.kr)의 '인물정보' 난은 고 황필상 박사(1947~2018)를 '기업인', '전 구원장학재단(이사장)'으로 소개하고 있다. 황 박사 사망 후의 보도로는 예컨대 서울경제신문 인터넷판 2018년 12월 31일자 기사 "'황필상 별세' 그는 누구? 사망 후 '시신 병원에 기증' 이미 서약, 아내와 딸 설득해 주식 기증"이 있다(한편 이 글에서 인용된 인터넷판 언론 보도는 모두 기사 제목으로 네이버에서 검색할 수 있다. 지면(紙面) 관계로 그러한 언론 보도의 인터넷 주소(URL)를 일일이 표시하지는 않는다).

5) 역시 지면의 제약으로, 논의의 정확성을 해치지 않는 한도에서 사실관계를 어느 정도 생략하거나 단순화시켜 소개함을 밝혀둔다.

6) 이하에서는 서술을 편하게 하기 위해 '쟁점 재단'이라고 부르도록 한다.

7) 이 글의 주석에서 인용된 언론 보도 등에서 보듯이 황 박사의 행위는 흔히 '기부'로 평가된다. 하지만 그 상대방이 비(非) 영리법인인 공익법인이므로, 이러한 무상의 재산권 이전 행위를 이 글에서는 종종 민법 제43조 등의 용례에 따라 '출연'이라고 부른다.

8) 바로 아래 주 9)에서도 보듯이 이 글에서 문제된 증여세 부과처분의 근거는 상증법 제48조 제1항 단서이지만, 이 조항에서는 상증법 제16조 제1항에서 정의된 '공익법인[등]'이라는 용어를 그대로 받아서 쓰고 있다.

9) 상증법 제48조 제1항 단서, 그리고 동법 제16조 제2항 제2호 본문. 현행법은 특히 일정한 요건을 갖춘 이른바 '성실공익법인'의 경우 10% 또는 20%까지도 증여세 부담 없이 주식을 보유할 수 있도록 하는 특칙을 두고 있다(위 제2항 제2호 단서). 다만 이 글의 사건에서 문제된 주식 출연이 있었던 2002년경에 유효했던 구 상증법(2007년 12월 31일 법률 제8828호로 개정되기 전의 것) 제16조 제2항에서는 이와 같은 '성실공익법인'에 관한 특칙이 존재하지 않았기 때문에 단순히 5%를 초과하는 주식 보유가 있었는지 여부만이 문제되었다. '성실공익법인'에게 10% 이하의 주식 보유를 허용하는 내용으로 구 상증법(위와 같이 개정되고 2017년 12월 19일 법률 제15224호로 개정되기 전의 것) 제16조 제2항 본문이 개정된 것은 방금 언급한 2007년 말 개정 때의 일이다. 또한 참고로, 2017년 말 개정된 상증법 제16조 제2항 단서 제1호는 '성실공익법인' 중에서도 '자선·

하여 쟁점 재단에 증여세를 부과하였다. 이때 부과된 증여세의 액수는 가산세를 포함하여 대략 140억 원 정도이다. 그리고 쟁점 재단에 이를 납부할 수 있는 현금이 없어, 결국 황 박사가 연대납부의무까지 부담하게 되었고,[10] 납세고지 이후에도 상당한 정도의 가산금 부담이 계속 누적되었다.

3. 언론의 보도

이러한 상황은 언론도 중요한 관심사로 다루게 되어, 처음 과세가 이루어진 2008년 12월경, 1심에서 원고 승소 판결이 선고된 2010년 7월경, 2심에서 원고 패소 판결이 선고된 2011년 8월경, 황 박사에게 연대납부의무에 기한 납세고지가 이루어진 2015년 11월경, 이에 따른 세법 개정안이 논의되던 2016년 5월경, 전원합의체의 이름으로 대법원 판결[11]이 선고된 2017년 4월경을 중심으로 상당한 수의 기사를 인터넷에서 쉽게 찾아볼 수 있다.

이들 기사의 특징은 대체로 다음과 같다. 우선 기부한 액수와 증여세액을 대조시키면서 과세가 상식에 맞지 않는다는 점을 강조하였다. 이와 관련하여 '세금 폭탄'이라는 잘 알려진 자극적 용어도 흔히 사용하였다. 또 황 박사의 기부가 온전히 선의에서 나온 것임에도 불구하고 잘못된 제도 탓에 그가 상상하기 어려운 억울한 상황에 처하게 되었다는 논리가 주조(主潮)를 이루었다. 즉 이러한 불합리한 과세를 가능하게 하는 우리나라의 제도가, 기부 문화가 활성화된 다른 나라의 그것과 비교할 때 말이 되지 않을 정도로 불합리하고 낙후되어 있음을 강조하는 경우가 많았다.[12]

장학 또는 사회복지'를 그 설립의 '목적'으로 삼고 있고, 그 공익법인이 출연 받은 주식의 '의결권을 행사하지 아니'하는 경우에는 10%가 아니라 20%까지 주식을 보유할 수 있다고 정한다.

10) 상증법 제4조의2 제6항 참조.

11) 대법원 2017.4.20. 선고 2011두22447 판결. 서술의 편의를 위하여 이를 '쟁점 대법원 판결'이라 부르도록 한다.

12) 가령 이 글의 사건에서 원고 패소 판결을 선고했던 서울고등법원의 판결에 대한 연합뉴스 2011년 8월 19일자 기사의 제목은 "장학재단 '140억 세금폭탄' 항소심서 패소"라는 것이다. 그 이후의 기사들 중에서, 예컨대 2013년 12월 15일자 에스비에스(SBS) 웹사이트의 보도는 "200억 기부했더니 세금 폭탄… 제도 개선 시급", 2015년 11월 25일 케이비에스(KBS) 웹사이트의 보도는 "기부했더니 '세금 폭탄'… 제도 개선 시급"이라고 각각

Ⅲ. 세법적 쟁점의 분석 – 기부 행위에 대한 상증법의 취급 개관(槪觀)

1. 도 입

흔히 '기부'라고 부르는 재산(권)의 무상 이전에 세법이 부여하는 효과에는 미묘한 점이 있다. 이는 우리가 보통 존경의 눈으로 바라보는 행위인 '기부'와, 반대로 그다지 우호적인 시각으로 살피지 않는 '증여'의 차이가 사실 따지고 보면 그리 크지 않다는 점과 관련된다. 한편 기부의 상대방이 법인일 때에는, 법인 제도가 원래부터 세법 질서 내에서 이해하기 까다로운 존재여서 더 복잡한 문제가 생긴다.

2. 기부의 상대방 – 비(非) 영리법인과 공익법인

(1) 비영리법인에 대한 증여세 부과 – '원칙'

세법에서는 영리·비영리법인의 구별이 특히 중요하다. 영리법인에 대한 '기부'–그러한 것이 있을 수 있다면–나 증여는 모두, 그저 법인의 소득으로서 법인세 과세대상이다.[13] 또 영리법인에 법인세를 물리는 이유는, (흔히 오해하듯이) 영리법인 그 자체가 자연인과 동일한 차원의 존재여서라기보다는, 영리법인의 실제 '주인'이 출자자들인 데에 있다는 식의 이해가 널리 통용된다.[14] 말하자면 출자자들의 세금을 법인 '단계에서' 미리 걷는

유사한 제목을 달고 있다. 또 같은 날 중부일보의 기사는 "전재산 215억 기부의 결과는 225억 세금 폭탄–"한국에서 기부하면 바보'", 헤럴드경제의 기사는 "215억 기부자에 225억 세금 폭탄… 기부가 죄가 된 대한민국"으로 되어 있다. 반면 위 서울고등법원 판결을 파기 환송한 쟁점 대법원 판결에 대한 보도로서 예컨대 뉴스1 2017년 4월 20일자 기사의 제목은 "대법 '180억원 기부에 140억원 세금 부과는 부당'"이라는 것이고, 이 판결의 선고 사실을 보도한 대부분의 기사가 이와 같이 제목에서 180억과 140억이라는 숫자를 강조하고 있다. 물론 이 판결에서 대법원이 "180억 원을 기부하였는데 140억 원의 세금을 부과한 과세처분은 위법하다"는 뜻의 말을 한 적은 전혀 없다.

13) 법인세법 시행령 제11조 제5호 참조.

14) 여기서 '주인'이라는 말은 독자의 이해를 쉽게 하기 위해 쓴 것이고, 그 의미를 너무 진지하게 받아들이지는 말도록 하자. 이창희, 세법강의(제17판), 박영사, 2019, 518면에 따를 때, 이는 소득에 대한 과세에서 주주의 소득을 곧 법인의 소득으로 이해한다는 정도

다는 것이다. 하지만 비영리법인의 경우 이러한 의미의 '주인'이 존재하지 않으므로, 기부나 증여가 있을 때 반드시 영리법인과 같은 결과를 인정할 필요가 없다.[15]

이와 같이 딱히 하나의 논리필연적 결론에 도달하지 못한다면, 이는 흔히 '정책적'이라는 말로 표현되는 문제가 된다. 이른바 입법재량의 공간이 생긴다. 현행법에 따른 결과는 '기부'나 증여를 받은 비영리법인에게는 (법인세가 아니라) 증여세를 물린다는 것이다.[16] 비영리법인이라 법적 차원에서 딱히 어떤 사람(들)을 그 '주인'이라고 지칭하기 어렵지만,[17] 현실에서는 분명히 그렇게 부를 만한 사람이 있으리라는 인식 때문이 아닐까 생각한다.

(2) 공익법인에 대한 증여세 부과의 문제 – '예외'

그런데 많은 비영리법인은 동시에 '공익' 법인이다. '기부'와 '증여'의 구별만큼이나 여기서 말하는 '공익'의 개념도 미묘하다. 다만 이 글의 주제와 관련이 깊은 상증법의 어떤 조항은 장학(獎學)이나 자선, 사회복지가 분명히 그에 속함을 전제한다.[18] 다음으로 이러한 '공익법인'에 '기부'하면 그러한 재산도 국가가 일부를 증여세로 가져가야 하는지 하는 문제가 따라온다. 공익법인은 비영리법인 중에서도 특히 바람직한 존재이고 딱히 숨겨진 '주인'도 없으리라고 이해하기 때문인지, 아니면 국가가 세금을 걷어 일반 재정에 충당하는 것보다 그냥 공익법인의 금고에 남겨두어 자선·사회복지 등에 쓰도록 하는 쪽이 더 나은 결과를 가져온다고 믿기 때문인지, 상증법은 공익법인에 대한 기부에 증여세 부담이 없다고 정한다. 이 법 제48조 제1항 본문이 바로 그 뜻이다.

의 뜻으로 (어느 정도 부정확함을 감수하고) 쓴 말이다.
15) 이창희, 앞의 책, 523-524면 참조.
16) 상증법 제4조의2 제1항 제1호, 제2호 참조.
17) 이창희, 앞의 책, 524면의 표현에 따르자면, '이익을 나누어 가질 사람이 없'다.
18) 주 9)에서 언급한 상증법 제16조 제2항 제2호 중에서도 가목의 2) 참조.

3. 공익법인의 주식 취득에 관한 추가적 규율

(1) '5% 규칙' – '예외의 예외'

한편 이른바 재벌 기업[19]을 지배하는 일가(一家)들이 보유하는 주식을 공익법인에 '기부'할 때에도 마찬가지로 증여세를 걷지 말아야 할지에 의문을 가지는 사람들이 많아졌다. 이러한 주식 또는 지배권을 일가 내의 다음 세대로 이전하는 과정에서 상속세나 증여세 부담이 따라야 할 터인데, 공익법인 기부를 통하여 이를 피해갈 가능성이 있어서이다. 주식을 현금으로 바꾸어 공익 활동의 재원(財源)으로 삼는다면 물론 의심이 어느 정도 해소될 터이지만, 그러한 실제 사례를 찾아보기 어렵다.[20] 상장기업의 배당 성향이 상대적으로 낮은 우리나라의 현실[21]을 보더라도 주식의 보유가 공익 활동에 얼마나 도움이 될지[22] 분명하지 않다.

기실(其實) 이 문제는 정부의 대(對) 재벌, 더 나아가서는 기업 지배구조에 관한 정책과 관련이 있다. 그리하여 1990년대 이래로 주식 출연에 대하여는 증여세 비과세의 혜택을 제한하는 입장이 채택되어 왔다.[23] 상증법

---

19) 본문에서 간단히 언급하는 대로, 실제로 상증법은 이 글에서 다루는 문제에 관하여 재벌 기업을 특별히 따로 취급한다. 다만 재벌이라는 말 대신 '독점규제 및 공정거래에 관한 법률 제14조에 따른 상호출자제한기업집단'이라는 표현을 쓸 따름이다.

20) 이승희, "재벌 소속 공익법인의 계열사 주식 보유현황 및 지배구조(2010)", ERRI 경제개혁리포트 2010-8호, 경제개혁연구소, 2010, 27면에 따르면, 34개 재벌기업이 설립한 48개의 공익법인 중 2006~2009년의 기간을 놓고 볼 때 출연된 재벌기업의 주식을 매각하여 그 대금을 공익활동의 재원으로 실제 사용하였다고 확인할 수 있는 사례는 1건에 불과하다고 한다.

21) 포털사이트 네이버가 제공하는 인터넷판 '두산백과'의 '배당성향(Propensity to Dividend)'에 관한 설명에 따르면, 통계청 고시를 기준으로 2016년 우리나라 상장기업들의 배당성향은 24.2%이고, 중국은 34.3%, 일본 35.2%, 미국 53.4%, 프랑스 65.7%였다고 한다. 이 비율은 배당으로 지급된 금액을 당기순이익의 액수로 나누어 구한 것이다.

22) 이승희, 앞의 글, 28~29면은 특히 재벌기업이 설립한 공익법인에서 이러한 경향이 두드러짐을 지적하고 있다. 이 글에서는 2009년 한 해의 배당액을 주식의 가액에 대비시켜 논의하고 있는데, 평균적으로 1.12%에 그칠 뿐 아니라, 출연된 재벌기업의 주식 중 대략 35% 정도에는 전혀 배당이 없었다고 설명한다.

23) 1990년 12월 31일 법률 제4283호 상속세법 개정으로, '상속세과세가액 불산입'에 관한 제8조의2 제1항 제1호에 단서 조항이 신설되면서, 지분비율 20%를 초과하는 내국법인의 주식을 출연하면 그 초과분에 상속세를 물리는 것으로 정하여졌다. 그리고 이 조항은 같은 법 제34조의7에 의하여 증여세에 준용되었다. 이 20%라는 비교적 너그러운 기준은 그 후 1993년 12월 31일 법률 제4662호로 개정된 상속세법에서 지금과 같은 5%로 줄

제48조 제1항의 단서이다. 그 구조가 매우 복잡하지만 아무튼 기본적으로는 공익법인이 어느 기업의 발행주식을, 지분비율 5%를 넘어 보유하여서는 안 된다는 뜻을 담고 있다[24](그리고 여기 들어 있는 많은 다른 복잡한 내용들은 이러한 금지를 다양한 방법으로 피해가고자 하는 시도에 각각 대처하기 위한 것이다). 공익법인이 보유한 주식을 기업 지배권의 유지─'공익'과는 아무래도 무관하다─에 이용하면서 증여세 비과세의 혜택을 받는 일은 공평하지 않다는 생각[25]에 터 잡은 결과이다.

(2) '예외의 예외에 대한 예외'

다만 이러한 의미의 '지배 의도'와 무관한 경우까지 비과세 혜택을 배제할 필요는 또 없다고 본다. 그리하여 특히 출연을 하는 사람과 일정한 '특수관계에 있지 아니한 내국법인'[26]의 주식에 대하여는 방금 말한 규율을 적용하지 않는다고, 다시 '예외의 예외에 대한 예외'를 정한다. 이 조항이 이 글의 사건에서 특히 중요하다.

4. 요 약

즉 ① 공익법인에 재산을 출연하면 공익법인이 원래 부담해야 하는 증여세를 비과세하지만, ② 그 재산이 주식이면 '5%를 초과'하는 범위에서 과세한다. 그러나 ③ 그 주식을 발행한 회사가 출연인의 특수관계인이 아

어들었다. 이러한 입법연혁의 간략한 소개로서, 김종근·전병욱, 앞의 글, 114-115면도 참조.

24) 이 규정을 이 글에서는 서술을 편하게 하기 위하여 '5% 규칙'이라고 부르도록 한다. 물론 이는 상장법인의 주식을 지분비율 기준으로 5% 이상 취득한 사람에게 일정한 보고의무를 지우는 자본시장과 금융투자업에 관한 법률 제147조 제1항의 규정과는 다른 것이다.

25) 김종근·전병욱, 앞의 글, 115면은 또한 국회 회의록 등의 자료를 참고하여, 5% 규칙의 입법의도가 '공익법인을 통한 변칙적인 상속·증여의 가능성을 축소하고 공익법인의 지주회사화, 경영권의 우회지배 등을 방지하기 위한 것'이라고 서술한다.

26) 상증법 제16조 제3항 제1호. 이 조항의 위임을 받아 상증법 시행령 제13조 제10항이 특수관계(또는 '특수관계에 있지 아니한 내국법인')의 개념을 따로 정하고 있음에 유의할 필요가 있다. 그리고 이것이 쟁점 대법원 판결에서 주로 문제된 '특수관계' 개념이다 (2002년 당시 유효했던 구 상속세법 시행령(2000년 12월 29일 대통령령 제17039호로 신설되고 2002년 12월 30일 대통령령 제17828호로 개정되기 전의 것) 기준으로는 제13조 제4항이 문제가 된다). 이를 역시 서술의 편의를 위하여 '특수관계 요건'이라고 부르고자 한다.

니면 다시 그러한 초과 범위에서도 과세하지 않는다. 이것이 이 글의 논의와 관련된 규정 체계의 대략이다. 이 복잡함을 눈여겨 두기 바란다. 이와 같이 예외를 겹겹으로 쌓아두는 것은, 공익법인에 재산을 출연하는 행위를 장려하면서도, 이러한 출연으로 가장하고 있으나 실은 기업 지배권의 유지에 도움이 됨에 지나지 않은 행위를 가려내는 일이 결코 단순하지 않은 과제임을 단적으로 드러낸다.

IV. 문제점들

1. 유도적(誘導的)·정책적 조세

공동체의 구성원들에게 세금의 부담을 나누어 지우는 방법으로서, 현재는 이른바 '응능 원칙(應能原則ability-to-pay principle)'이 기본이다.[27] 가령 비영리법인에게 증여세를 물린다면, 그 액수는 증여세의 담세 '능력', 곧 증여된 재산의 가액 크기에 상응해야 한다는 것이다. 하지만 III. 2.의 (2)에서 잠시 언급했듯이, 문제된 비영리법인이 공익법인이면 증여세를 비과세한다. 이때 세법 또는 세금이 납세자들의 활동을 일정한 방향—여기서는 공익법인이 하는 활동의 재원 마련—으로 이끄는 것이므로, '유도적 조세'라는 말을 쓴다. 여기에 어떤 정책적 판단이 선행한다는 점에서 '정책적 조세'라고 부르기도 한다.

유도적·정책적 조세가 일반적으로 바람직한지, 또 구체적으로 어느 범위에서 유효한지 논란이 있을 수 있다.[28] 하지만 우리 세법에 그러한 성격을 가진 조항들이 다수 존재하고 있음은 분명하다. 이러한 조항을 해석할 때 가능하다면 배후에 있는 정책적 의도가 잘 살아나게끔 해야 한다는 점도 당연하다.[29] 그리고 이때 다른 모든 것에 앞서, 그러한 정책적 의도가

---

27) '담세력 원칙'이라는 다른 말로 번역하기도 하는 이 용어는 이만우·주병기, 재정학(제4판), 율곡출판사, 2015, 458면에서 따 왔다.

28) 정책적·유도적 조세의 일반적 한계에 관한 논의로서, 이동식, "조세의 유도적 기능의 허용과 한계", 『조세법연구』 제19권 제3호, 한국세법학회, 2013, 7-54면. 특히 헌법적 한계에 관한 논의로서는 류지민, "조세의 숨은 제재적 기능과 헌법적 한계", 『조세법연구』 제20권 제1호, 한국세법학회, 2014, 7-50면 참조.

과연 무엇인지를 정확히 파악하는 일이 중요하다.

그렇다면 여기서도, 공익법인이 5% 지분비율을 초과하여 주식을 출연받는 일에 불이익을 주는 규정(곧 5% 규칙)과, 출연인과 특수관계 없는 회사가 발행한 주식의 경우 다시 예외를 인정하는 규정(곧 특수관계 요건)의 정책적 의도가 각각 무엇인지를 물어야 한다. 잘 알려진 대로 지금껏 주로 문제가 된 행태는, 대략 말하자면 재벌 일가의 사람들이 공익법인을 통하여도 주식을 보유하면서 기업 지배권을 계속 공고히 하는 것이었다고 설명할 수 있다.[30] 바로 그렇기 때문에 공익법인이 주식을 보유하더라도, 만약 출연인들이 지배하는 회사가 발행한 것이 아니라면, 이러한 불이익을 줄 필요가 없다는 결론에 이르렀다.

이 글의 사건에서 문제된 법조항들의 정책적 의도를 이와 같이 개략적으로는 설명할 수 있다. 하지만 늘 그렇듯이 실제로 이를 조문화(條文化)할 때에는 관련된 정책을 훨씬 더 정교하고 치밀하게 인식, 이해하고 있어야 한다. 그렇지 않으면 조문을 현실의 다양한 사실관계에 적용하는 과정에서 뜻하지 않은 이상한 결과가 나오거나, 또는 아예 어떤 결과가 생겨야 할지 알기 어려운 상황에 처하게 된다. 이 글의 사건에서 문제된 쟁점이 생겨난 데에도 이러한 정치한 이해의 결여가 상당 부분 기여하였다고 믿는다.

2. 이 사건에 특유한 문제

이 글의 사건은 (요즘 유행하는 말을 빌리자면) '착한' 기부에 해당하는 대표적 경우로서 잘 알려져 있다.[31] 출연인인 황 박사 특유의 인생 역정(歷程)과, 언론을 통하여 드러난 그의 선한 의도에서 형성된 시각이다.[32] 원래 '기부'라는 말 자체가 긍정적인 어감을 갖고 있는 데다 '착한'이라는 수식어

---

29) 이창희, 앞의 책, 78면 참조.
30) 이러한 입법의도에 관하여는, 주 25)도 참조.
31) 예컨대 매일경제신문 인터넷판 2017년 9월 20일자 기사 "[대법] 전원합의체서 사회적 쟁점 판결 … 원칙 바로세웠다"는 쟁점 대법원 판결이 "과중한 세금 부담이 '착한 기부'를 가로막아온 악습에 숨통을 틔워"주었다고 평가한다.
32) 황 박사 생전의 기사로는, 시사저널 인터넷판 2010년 7월 20일자 기사( ) "장학 사업에 '올인'하는 기부 천사", 사망 후의 기사로는, 조선일보 인터넷판 2019년 1월 1일자 기사 "180억 기부, 140억 세금 폭탄 맞고도 … 끝까지 선행" 참조.

가 흔히 따라 붙으면서, 이 행위는 그야말로 모든 면에서 바람직하므로 국가가 격려하고 보호했어야 마땅하다는 인식이 자연스레 생겼다. 그럼에도 불구하고 그 이유야 어찌되었든 거액의 세금 부담이 발생하였다는 결과는 대중의 기대를 정면으로 배반하였기에, 사람들이 평소 세금에 대하여 가지는 부정적 인식과 결합하여, 과세관청과 세법을 향한 엄청난 비난으로 이어진 것이다.

　여기서 문제는 '착한 기부'에 '세금 폭탄'이 떨어져서는 안 된다는 '상식'과 관련되어 있다. 재벌 일가가 그들이 지배하는 기업의 주식을 '5% 초과'하여 출연하는 일은 부정적 평가를 받아 마땅한 행태이지만, 황 박사의 기부는 무엇인가 질적으로 다르다는 이해─또는 요즘 흔히 쓰이는 말로 '프레임'─가 선행된 결과이기도 하다.[33] 사실 황 박사의 경우처럼 재산의 상당 부분을 차지하고 절대적인 가치도 작지 않은 무엇인가를 출연하는 일은 그 자체로 존경할 만한 의도에서 나온 행동임이 분명하다. 다만 공익법인이 출연 받은 주식, 그것도 비상장(非上場)의 것을 가지고 과연 무엇을 할 수 있을지 하는 문제의 답이 늘 분명해지는 않다. 즉 '선의'에 불구하고 그것이 실제로 '공익'에 얼마나 도움이 될지 하는 문제가 남는다. 공익활동을 하는 데에는 무엇보다 현금이 필요할 것이기 때문이다. 실은 바로 이 점이 (기업 지배구조의 문제와 함께) 5% 규칙으로 재벌 일가의 주식 출연에 증여세 비과세의 혜택을 주지 않는 이유 중 하나이다.[34] 물론 황 박사의 경우에는 이러한 문제가 없다는 이해가 당연한 암묵적 전제로 되어 있다.

　하지만 많은 경우에 그렇듯이 이런 사고방식으로, 말하자면 '양쪽 극단'

---

33) 예컨대 파이낸셜뉴스 인터넷판 2017년 4월 21일자 사설 "기부했다고 세금폭탄 … 세법이 이래서야"를 보라. 여기서는 5% 규칙이 '재벌들이 재단을 이용해 편법상속하는 것을 막기 위한' 것이지만, 반면 '[황 박사]와 같은 선의의 기부자'를 위한 예외 조항이 필요하다고 주장한다. 다만 쟁점 대법원 판결의 반대의견은 이러한 '프레임'에 대하여도 완곡하게나마 의문을 표시한다. 이에 관하여는 쟁점 대법원 판결 중 6.의 마. 참조. 필자로서는 이 '프레임'의 적절성 여부를 평가하기 어렵고, 따라서 이 글은 수많은 언론보도의 시각을 그대로 빌려 올 뿐 이에 대하여 더 논평하지 않는다.

34) 재벌 일가의 공익법인 설립과 공익법인의 '계열사 주식' 취득을 극히 의심스러운 눈으로 바라보는 시민 사회의 입장은 바로 여기에 터 잡는다. 예컨대 이러한 주식의 취득이 '적정 수익[의] 창출'과 거리가 멀어서 '공익사업 재원으로서의 가치가 떨어진다'고 단정하는 이승희, 앞의 글, 39면을 보라.

에 해당하는 행위를 가려낼 수 있다 가정하더라도, 그 사이 '회색 지대'에 해당하는 사례들이 얼마든지 생겨날 수 있다. 그러므로 좀 더 다양한 쟁점들에 관한 추가적인 검토가 필요하다. 그중 하나가 출연인이나 그 특수관계인들이 공익법인 출연 후에도 여전히 주식발행 법인의 경영권을 장악하고 있는지를 따져보고 그에 따라 증여세 부과 여부를 정할 수 있는 좀 더 상세한 규정의 가능성을 모색하는 일이다. 그리고 이것이 결국 쟁점 대법원 판결의 논의 대상이기도 하다.

3. 쟁점 대법원 판결

이 대법원 판결은 '이유' 부분만 무려 43,535자에 달한다. 그래도 단순화시켜 보자면 쟁점은 사실상 하나로 좁혀질 수 있다.[35] 표면적으로 이는 특수관계 없는 회사가 발행한 주식을 공익법인에 출연하는 경우 5% 규칙의 적용을 배제하는 조항[36]의 적용에서, 특수관계의 유무를 어떻게 판단할지이다. 특히 출연의 시점에 특수관계가 있으면 그러한 조항의 적용 없이 증여세를 부과해야 하는지, 아니면 출연 후에도 여전히 특수관계가 유지되는 경우에만 증여세를 부과하는 것인지를 놓고, 전원합의체 판결답게 후끈 달아오른 논쟁이 벌어졌다.

이는 물론 상증법의 문언만 가지고 어느 쪽이 옳은지 판단하기 어렵기 때문에 생겨나는 논란이다.[37] 그리고 이처럼 법의 글귀만으로 답을 찾기

---

35) 다수의견 편에 선 김창석 대법관의 보충의견 서두(전체 판결에서는 7.의 가. 부분)에 따르면, 결국 특수관계 요건과 관련된 이 글의 사건의 쟁점은 다시 둘로 나누어질 수 있다. 하나는 본문에서 말하듯이, 특수관계의 유무(有無)를 판단하는 시점의 문제이다. 그에 부수되는 다른 하나의 쟁점은, 이러한 판단에서 황 박사가 보유한 주식의 수를 셀 때 쟁점 재단이 보유한 주식을 포함시켜야 하는지 여부이다. 그리고 이는 황 박사가 쟁점 재단에 재산을 '출연하여 설립'하였다고 말할 수 있을지에 달려 있는데, 현행법으로는 상증법 시행령 제2조의2 제1항 제4호의 해석 문제이다. 이 글은 지면의 한계와 독자의 편의를 위해 이 중 첫 번째 쟁점만을 다룬다는 점에 유의하기 바란다.

36) 현행법으로는 상증법 제48조 제1항 단서가 언급하는 동법 제16조 제3항 제1호. 이는 2002년의 출연 행위 당시 유효했던 구 상증법(주 9)에서는 제16조 제1항 단서이며, 바로 이 조항이 쟁점 대법원 판결에서 주로 논의의 대상이 되고 있다. 달리 말하자면, 앞의 Ⅲ. 3.의 (2)에서 언급한 '예외'의 적용 또는 특수관계 요건의 충족 여부이기도 하다.

37) 특히 특수관계 요건의 판단에서, 출연 후 시점을 기준으로 삼자는 다수의견에 대하여 반대의견은 이것이 '법률문언을 벗어난 견해'라고 한다. 이는 곧 '특수관계에 있지 아니하는'이라는 말을 '출연 직후 특수관계에 있지 아니하게 되는'으로 바꾸어 읽은 결과라는

어려운 것은 대개 입법에 관여한 사람들이 이러한 쟁점을 아예 의식하거나 예상하지 못한 탓이다. 그렇기 때문에 문제된 조항과 함께 작동하는 여러 이웃 조항들―법률과 그보다 하위인 시행령 모두에 있다―의 내용을 들어 각자에 유리한 논거로 삼으려는 대법원 판결의 다수·반대의견 간 논쟁도 대체로 공허하게 느껴진다. 아마도 그보다 더 주목해야 할 대상은, 문제의 특수관계 요건에 어느 정도의 의미 또는 신뢰를 부여할지에 관한 의견 차이이다.

(가) 다수의견은, 출연의 결과로 주식을 발행한 회사와 특수관계가 해소되었다면, 원래 출연인은 공익법인과 별개이고 그 의사 결정에 영향을 미칠 수도 없으므로, 그러한 주식이 더 이상 출연인이 주식발행 법인을 지배하는 데에 쓰일 수가 없다는 이해에 터 잡고 있다. 말하자면 법이 정하는 특수관계가 없어진 이상, 5% 규칙이 우려하는 문제는 이제 안심해도 좋다는 것이다.[38]

(나) 반대의견은 이와 달리 특수관계 있는 회사가 발행한 주식을 출연하는 행위 자체를 계속하여 의심의 눈으로 보는 셈이다. 그리하여 혹시 출연 후에 특수관계가 사라졌더라도, 여전히 비과세 혜택을 부여해서는 안 된다는 결론에 이른다. 뜯어보자면 아마도, 그러한 행위는 (법적 차원의 특수관계야 어찌 되었든 간에) 변함없이 기업 지배권을 어떻게든 유지하기 위한 방편으로 이루어졌을 개연성이 높다고 이해하는 셈이다.[39]

쟁점은 공익법인이 영리법인의 주식을 보유하는 일에, 특히 이 글의 사건처럼 최대주주 요건을 충족하였던 사람이 그 지위를 상실할 정도의 주식

것이다(전체 판결에서는 6. 다.의 (1) 부분). 하지만 반대로 다수의견에 대한 김창석 대법관의 보충의견은, 같은 문구를 두고 오히려 반대의견이 '출연 직전 특수관계에 있지 않았던'으로 바꾸어 읽은 결과라고 비판한다(전체 판결에서는 7.의 다. 부분). 이는 상증법의 문언을 놓고 볼 때 어떤 해석이 말하자면 '더 잘 맞는가' 또는 '더 자연스러운가' 하는 식의 생각으로는 이 문제를 해결할 수 없음을 보여주는 단적인 사례이다.

38) 다수의견에 따르면, 이러한 경우 '출연자가 공익법인을 내국법인에 대한 지배수단으로 이용할 우려가 없다'는 것이 '입법자[의] 이해'라고 한다(전체 판결에서는 2.의 라. 부분).

39) 반대의견은 여러 군데에서 이러한 이해를 피력하면서, 특수관계 요건에 해당하지 않더라도 '공익법인을 장악할 수 있는 길이 얼마든지 있'고, 따라서 다수의견의 해석은 '출연[인]에게 손쉬운 조세회피의 길을 닦아주는 결과가 되'리라고 우려한다(전체 판결에서는 6. 다.의 (2)와 (3) 부분).

을 출연하는 일에 '긍정적 평가'를 내릴 수 있을지, 또 긍정적 평가를 할 수 없는 때가 도대체 어떠한 경우인지 하는 것이다. 실은 이러한 정책적 고려를 온전히 떠안은 법률요건이 '특수관계'인 셈이다. 그런데 이 '특수관계'라는 용어는, 비록 세법이 여기저기서 널리 사용하지만, 말하기는 쉬워도 글로써 그 정확한 범위를 묘사하기 쉽지 않은 개념이다. 극단적으로 예전의 상증법은 '친한 사실이 객관적으로 명백한'[40] 사이라는 말을 썼던 적도 있었다(!). 추상적으로 이야기하자면, '경제적 이해관계가 상당 부분 공통되는 사이'라는 정도로 말하여 크게 틀리지는 않겠지만,[41] 여전히 그러한 '이해관계'의 범위를 정확하고 엄밀하게 표현하기란 어렵다.

결국에는 가장 근본적인 질문으로 돌아간다. 이러한 주식 보유·출연이 공·사익 중 과연 어느 쪽에 도움을 주는 행위인지 하는 것이다. 그리고 질문은 약간 바뀌었어도 솔직한 답은 여전히 같다. 한마디로 답할 수 없다는 것이다. 공익법인의 독립성을 유지하고자 하는 상증법의 몇몇 장치[42]에 불구하고, 출연인이 그러한 공익법인을 여전히 지배하거나 않을 수 있는 현실적 가능성은 경우에 따라 그야말로 천차만별일 것이기 때문이다.[43] 즉 여기서 논의되는 '정책'들에 관하여 우리가 알고 있는 내용이 여전히, 이 논점에 대하여서까지 쉽게 답을 제시할 수 있을 정도로는 충분하지 못하다.

4. '딜레마' 또는 모순 – 정책적 조세와 세법의 특징

다시 시야를 조금 더 넓혀보자. 이 글의 사건에서 문제되는 상증법의 규정은 그 체계가 복잡하여, 말하자면 '예외의 예외에 대한 예외'까지 따져

---

40) 구 상속세법 시행규칙 제11조 제2항. 이 표현은 1996년 말 상속세법이 전문 개정되고 이름이 상증법으로 바뀌면서 사라졌다.

41) 세법마다 특수관계에 관한 조항이 따로 마련되어 있고 그 규정의 방식과 내용도 조금씩 다르다. 이 중 비교적 포괄적이고 불확정한 개념을 다수 포함시킨 것이 '국외' 특수관계인에 관하여 규정하는 국제조세조정에 관한 법률이다. 가령 그 시행령 제2조 제1항 제5호를 보면, '공통의 이해관계'라는 말이 나온다. 한편 여러 법들이 정하는 특수관계 개념을 어느 정도 일반화시켰다고도 할 수 있는 국세기본법 제2조 제20호는 '친족관계', '경제적 연관관계', '경영지배관계'의 세 가지를 특수관계의 세부적 내용으로 들기도 하는데, 현행 상증법 제2조 제10호도 이를 그대로 가져다 쓴다. 다만 이 조항들은 시행령에 의하여 더 명확한 요건으로 구체화된다.

42) 상증법 시행령 제2조의2 제1항 제4호, 제8호 또는 상증법 제48조 제8항 본문 등 참조.

43) 주 39) 참조.

보아야 한다. 그리고 이 모든 단계의 '예외'마다 나름대로 존재이유가 있고 일정한 정책적 고려가 존재한다. 하지만 방금 특수관계 요건을 두고 살폈듯이 이러한 '정책'이 구체적·개별적 사안에서 어떤 결과로 이어져야 할지 따지는 일은 쉽지 않다. 이를 추상적 일반론으로 바꾸어 법률요건 화(化)하기란 더구나 어렵다. '5% 규칙'을 둘러싼 상증법 규정들은, '공익'의 실현이라든지 바람직한 '기업 지배구조', 나아가서는 증여세라는 세금 자체의 기본적 존재이유인 '수직적 공평'과 같이 가장 정밀하면서도 탄력적으로 판단되어야 할 가치들을 모두 떠맡고 있기 때문이다.

반면 납세의무의 존부와 크기를 정하는 일은, 우선 입법의 영역에서부터 과세요건 명확주의를 중핵으로 하는 조세법률주의에 따라 시시콜콜한 사항까지 다 법률에 적어 둘 것이 요구된다. 또 행정의 영역에서는 이와 같이 상세하게 적어놓은 사항들을 담당 공무원의 재량 판단 없이 '그대로' (또는 그러한 의미에서 '기속적(羈束的)'으로[44]) 적용하여야 한다고 일반적으로 믿고 있다. 사법(司法) 판단에서도 엄격해석의 필요성이 여전히 널리 인정되어 있다.[45][46] 이 모순을 과연 어떻게 이해하여야 하는가?

물론 이 문제는 이 글의 사건에서 살펴본 쟁점에 국한되지 않는다. 정책적 조세라는 범주가 따로 논의되는 데에서 보듯이 비단 5% 규칙이 아니

---

44) 임승순, 조세법(제19판), 박영사, 2019, 41면은 이와 관련하여 세법이 '강행규정'이라고 표현하기도 한다. 이창희, 앞의 책, 108면도 '조세 실체법'의 영역에서 '재량이나 판단여지를 인정하는 일'은 '생각하기 어렵다'고 한다. 한편 행정법학에서 말하는 기속·재량행위의 구별 기준을 논하는 과거의 견해들 중 이른바 '효과재량설'에서는 그 '침익적(侵益的)' 성격을 들어 세금의 부과처분은 기속행위에 해당한다고 본다(김동희, 행정법 Ⅰ(제23판), 박영사, 2017, 271-272면 참조). 다만 이 글에서 말하는 정책적 조세의 문제가 꼭 기속·재량행위의 구별 문제인지, 또는 이른바 '판단여지'의 그것인지 등과 관련하여 행정법학 고유의 까다로운 쟁점들이 남아 있어서, 이 글에서 '기속적'이라는 말이 꼭 기속행위라는 용어에서 쓰는 것과 같은 뜻으로 쓰이지는 않았다는 점을 밝혀둘 필요가 있을 듯하다.

45) 물론 예전과 같이 '확신에 찬 목소리'는 아니라 하더라도, 대법원은 여전히 표면적으로 '조세법률주의의 원칙상 조세법규의 해석은 특별한 사정이 없는 한 법문대로 해석하여야 한다는 입장을 고수한다. 최근의 판결로 대법원 2017.10.12. 선고 2016다212722 판결이 있다. 이 논점에 관한 과거와 현재의 법상황(法狀況)에 관한 설명으로, 이창희, 앞의 책, 72-74면; 임승순, 앞의 책, 46면 참조.

46) 행정법학에서도 이러한 이해는 거의 그대로 통용되고 있는 듯하다. 예컨대 '자의적 세무행정'의 방지를 이유로 세법에는 '명확하고 구체적인' 규정이 필요하다고 하면서, 그 해석 역시 쉽게 확장되어서는 안 된다고 서술하는 김동희, 행정법 Ⅱ(제25판), 박영사, 2019, 839-840면.

더라도 세법에는 정책적 의도를 담은 무수히 많은 조항들이 있고 정책 추구의 수단으로 활용되고 있다. 일종의 '세법 만능주의'라고 해도 과장이 아닐 터이지만, 방금 말한 근본적 모순에 대한 고민은 여전히 드물다. 이러한 상황에서 특수관계 요건은, 이 글의 사건에서 보듯이 때때로 엄청난 결과를 낳을 수 있으나, 그 해석론을 명확하게 정립하기란 그럼에도 근원적으로 대단히 어렵다.

V. 맺음말

의인(義人)으로 널리 알려진 황 박사는 하필이면 공익법인에 대한 주식의 출연이라는, 사회적 논란의 대상이 되는 행위를 통하여 그 선의를 실현하고자 했던 탓에, 생애의 마지막 10여 년 동안 뜻하지 않은 고초를 겪었다. 그를 예상치 못한 질곡에 빠뜨린 것은 정책적 조세의 성격을 가진 어느 세법 조항(들)이었다. 이 세법 조항은 아마도 나름대로 타당한 정책적 이유를 담고 있다 해야 하리라. 그러나 그에 걸맞은 적용범위가 세법의 문언을 통하여 정확히 설정되었는지 여부에 의문이 제기되었고, 사실 그러한 획정(劃定)은 어느 경우에나 어렵다.

한편 복잡한 현대국가에서 '정책'이야말로 탄력적 운용의 대상이다. 하지만 '세법'이란 특히 우리나라에서는 법에 쓰인 대로 부과하거나 감면해야 한다는 인식이 강하기 때문에, 실은 정책적 조세라는 말 자체가 일종의 형용모순(形容矛盾)이다. 그렇게만 보면 세법의 영역에서 정책에 대한 고려는 기본적으로 들어내야 한다. 오로지 담세력에 따라서만 납세의무의 크기를 결정하는 간명한 세법이 이상적인 것이다. 그러나 이 모든 논변(論辨)에 불구하고 어떤 정책적 목표가 세워지면 이를 위해 세금을 더 물리거나 깎아주는 방법을 사용하는 일은 여전히 흔하고, 너무나 당연한 것처럼 받아들여진다(세법만능주의!).

이 글에서 말한 것과 같은 정책의 탄력성에 대한 요구와, 세법의 '기속적' 성격, 그럼에도 불구하고 정책 목표를 위하여 세법을 활용하고자 하는 관성(慣性), 이것이 현행 세제의 근본적인 약점이며, 제도를 만들어가는 사람들에게 극복하기 어려운 딜레마를 안겨준다. 이 문제가 만족스럽게 해결되지 않는 한 제2, 3의 황 박사가 얼마든지 나올 수 있을 것이다. 또 반대로 의도하지 않은 이익을 보는 사람들이 우리 눈에 잘 띄지 않는 어느 곳에 숨어 있을지도 모른다.

03

법적 판단의 기초로서
사실과 가치의 딜레마

김종구

조선대학교 법과대학 교수

연세대 법대와 대학원에서 수학하였으며, "간접정범의 성립범위에 관한 연구"로 박사학위를 취득하였다. 박사학위 취득 시까지는 주로 독일형법이론에 관심을 두고 연구하였다. 미국 텍사스대(UT-Austin)에서 수학하였고, 버클리대(UC Berkeley)에서 연구한 바 있다. 현재 미국 형사법과 증거법의 비교법적 연구에 관심을 두고 있으며, 영미법계와 대륙법계를 융합한 한국 형사법 고유의 이론 틀을 고민하고 있다. 저서로 『한국 형사법의 역사 속 영미법』 등이 있으며, 미국의 형법, 형사소송법, 증거법, 형사정책에 관한 다수의 비교법 논문을 발표했다. 법의 딜레마에 수록된 "법적 판단의 기초로서 사실과 규범"을 주제로 한 글도 그간의 영미법과 독일법의 비교법적 연구를 토대로 한 것이다.

조선대학교 법과대학 학장을 역임했으며, 미국 뉴욕(New York)주 변호사이다. 무등산 자락에서 아내와 6살, 9살 난 두 아들과 함께 살고 있다. 테니스, 골프, 영화를 좋아하며, 아이들과 함께 숫자와 우주에 관해 이야기할 때가 가장 즐겁다.

Ⅰ. 머 리 에

법은 객관적이고 명확한 잣대를 요구한다. 객관적 사실에 근거한 법적 판단은 간명하고 명확하다. 따라서 법적 판단의 기초는 무엇보다 객관적 사실에 두어야 할 것이다. 이 경우 법관의 자의적인 판단도 방지할 수 있으며, 법적 안정성을 기할 수 있고, 법적 판단 결과도 예측가능하다.

그러나 객관적 사실에 기초한 판단이 구체적 타당성을 결여하게 된다면 어떻게 할 것인가? 만약 정치한 객관적인 법적 이론체계를 사안에 대응시켰을 때 나오는 결론이 공정성fairness과 정의justice의 관점에서 부당하다고 생각된다면 어떻게 할 것인가? 과거 형법이 강간죄의 객체를 여자로 한정했을 때, 여성으로 성전환한 자가 여자인가 남자인가 논란이 되었다. 여자라고 한다면 강간죄가 성립하나, 남자로 본다면 강간죄가 성립하지 않는다. 우리 대법원은 초기에 생물학적 기준이라는 지극히 객관적인 사실, 즉 염색체가 XX인지 XY인지 여부에 따라 성전환자가 여전히 남자라고 하였다. 강간죄의 성립을 부정한 것이다. 그러나 생물학적 기준설은 피해자 보호에 충분치 않으며, 구체적 타당성을 결한다는 문제가 있다. 그 뒤 대법원은 사회적·심리적 기준도 고려하여 남자와 여자를 구별했다. 남자와 여자의 구별은 단순히 생물학적 염색체만을 기준으로 할 수는 없고, 피해자 자신의 성적 귀속감, 사회적 역할, 주위 사람들이 여자로 대하는지 여부 등을 종합적으로 고려해야 한다고 본 것이다. 그 결과 성전환자를 여자로 보아 강간죄의 성립을 인정하였다.

이처럼 객관적 사실, 즉 염색체를 판단의 기초로 하는 경우 결론이 명확하다. 그러나 피해자 보호에 충분하지 못하다는 형사정책적 관점에서 아

---

* 이 글은 필자의 다음과 같은 논문들을 토대로 일부 수정하고 요약하여 작성한 것임을 밝힌다("형법이론과 대법원 판례에서 본 규범주의에 대한 고찰", 법학연구 제41집, 한국법학회, 2011; "형법해석에 있어서 사실주의와 규범주의 – 최근 대법원 판례와 관련하여 –", 홍익법학 제13권 제3호, 홍익대 법학연구소, 2012; "객관적 귀속론과 영미법상 법적 인과관계", 형사법연구 제21권 제4호, 한국형사법학회, 2009; "합동범에 관한 연구", 비교형사법연구 제5권 제1호, 한국비교형사법학회, 2003; "범죄사실의 동일성에 관한 대법원과 미국연방대법원 판례의 비교 고찰", 형사법연구 제19권 제3호, 한국형사법학회, 2007).

쉬움이 남게 된다. 그러다 보니 규범적 또는 가치 관련적 관점이 법적 판단에 적극 동원되기도 한다. 법적 판단은 결국 규범적 판단이므로 규범적 또는 가치적 관점을 반영하는 것은 당연하게도 보인다. 하지만 규범적 잣대를 남용하면 법적 안정성 또는 법적 예측 가능성을 심히 훼손하게 된다. 여기에서 우리는 고전적인 법의 딜레마의 한 장면을 보는 것이다.

과학적 방법론을 강조하는 입장에서는 사회현상의 연구에 있어서 가치와 사실을 분리하여 사실적인 측면을 대상으로 한 연구를 주장한다. 하지만 자연연과학과 달리 사회과학의 대상인 사회현상 속에는 사실과 가치가 분리되어 나타나는 것이 아니고 서로 혼재하는 형태로 나타는 경우가 많다. 사회현상에 대한 연구에 있어서는 예를 들어, 객관적 행위뿐 아니라 행위자의 가치관과 신념도 탐구의 대상이어야 하며, 판단자의 가치관도 법적 당부의 판단에 반영될 필요가 있다. 객관적 사실에 기초한 판단은 그 기준이 명확하므로 법적 안정성과 법치국가적 요청에 기여할 수 있지만, 구체적 타당성이나 피해자의 권리구제의 면에서 부족한 점이 있을 수 있다. 따라서 가치 관련적 판단이 의미를 갖는 것이다. 그러나 규범적 판단을 강조하는 입장은 구체적 타당성을 기할 수는 있으나, 법적 안정성을 침해할 수 있다. 법학에 있어서 그 판단을 객관적 사실에 기초해야 하는 것인가, 적극적으로 가치 판단적 관점도 고려해야 하는가의 문제는 이러한 양면성 때문에 해결이 쉽지 않은 것이다.

법적 판단의 기초로서 사실과 규범 또는 가치의 딜레마의 문제는 법적 논점의 곳곳에서 등장한다. 형사법 분야의 대법원 판례를 든다면, 성전환자 강간 사례, 합동범의 본질 사례, 범죄사실의 동일성 사례 등 다수가 있다. 법이론적으로 문제되는 경우도 행위론, 인과관계론, 간접정범의 정범성 표지, 작위와 부작위의 구별 등 다수의 논점들이 있다. 이하 이러한 예들을 중심으로 법학에서 사실과 가치의 문제를 생각해보고자 한다.

Ⅱ. 대법원 판례에서 본 사실과 가치의 딜레마

1. 여자와 남자의 구별 기준 – 강간죄의 객체

2012년 형법개정 전 강간죄의 객체는 부녀 즉, 여자로 한정되어 있었다. 종래 이 강간죄의 객체로서 여자의 개념에 여자로 성전환한 자도 포함되는지가 논란이 되었었다. 대법원은 과거 1996년 판결에서 남자에서 여자로 성전환한 자에 대한 강간죄의 성립을 부정하였다. 그러나 2009년에 견해를 바꾸어 성전환자에 대한 강간죄의 성립을 인정하였다.[1] 1996년의 대법원 판결[2]이 성염색체를 기준으로 하여 남자와 여자를 구별하는 생물학적 기준설을 취하였다면, 2009년의 대법원 판결은 피해자 자신의 성적 정체감, 사회적 역할 등 규범적 요소까지 고려한 사회학적 기준설을 취하였다 할 수 있다.[3]

무엇을 기준으로 법적으로 남자와 여자를 구분해야 하는지, 성전환자는 과연 남자인가 여자인가의 문제에 관해서는, 죄형법정주의를 강조하면서 객관적 사실에 기초한 판단을 주장하는 입장과 피해자 보호를 위한 구체적 타당성 있는 판단을 강조하는 입장으로 견해가 나뉠 수 있는 것이다. 그러나 법학은 단순한 생물학과 같은 자연과학이 아니라 법적 평가를 수반하는 규범에 대한 학문이기 때문에, 법적으로 여자인지 여부는 염색체 구성에 따라 기계적으로 판단할 것은 아니며, 사회적 및 규범적 요소도 고려하여 판단해야 할 것이다. 따라서 성전환자의 경우도 사회학적·규범적 요소를 고려하여 형법상 여자로 판단할 수 있다는 대법원의 2009년 판결의 입장은 의미를 갖는 것으로 판단된다. 이러한 관점을 반영하여 2012년 형법개정으로 강간죄의 객체가 여자와 남자를 모두 포함하는 '사람'으로 변경된

---

1) 대법원 2009.9.10. 선고 2009도3580 판결.
2) 대법원 1996.6.11. 선고 96도791 판결.
3) 성별결정 기준에 관한 학설로는 성염색체 결정설, 사회적·심리적 결정설, 생물학적 요소와 사회적·심리적 요소를 동시에 고려해야 한다는 종합적 고려설 등이 있다(이준일, 섹슈얼리티와 법, 세창출판사, 2009, 22면 참조). 대법원의 입장은 종합설이라 할 수 있으나, 생물학적 기준설에 대비하여 사회학적 기준설이라 부르기로 한다.

것이라 할 수 있다. 다만 법학이 해석적 이해를 추구하는 사회과학이라 하더라도 법학의 모든 영역을 해석의 자유가 제한 없이 열려 있는 소설과 유사한 텍스트로 볼 수는 없으므로, 법학에 있어서도 자연과학과의 적극적인 협력이나 최소한의 정합성을 찾으려는 노력이 필요할 것이며,[4] 생물학적 기준 등 과학의 성과를 법적 판단에 적극 반영하는 자세를 갖추어야 할 것이다.

2. 합동범의 본질 – 합동의 의미

형법은 절도죄, 강도죄, 도주죄에서 합동범에 관한 규정을 두고 있다. 대법원은 종래 합동의 의미를 '시간적·장소적 협동관계'라고 보는 현장설에 따라 합동범의 본질을 이해하여 왔다.[5] 따라서 대법원은 합동범으로서 특수절도가 성립되기 위해서는 주관적 요건으로 공모와 객관적 요건으로 실행행위의 분담이 있어야 하고 그 실행행위는 시간적으로나 장소적으로 협동관계가 있음을 요한다고 하였다. 현장설에 의하면, 2인 이상이 시간적·장소적으로 협동하여, 즉 현장에서 절도를 함께 실행한 경우 합동특수절도죄가 되며, 2인 이상이 단순히 기능적 역할분담 하에 절도를 실행한 경우는 일반절도죄의 공동정범이 되는 것이다. 그러나 그 뒤 1998년 대법원 전원합의체판결[6]은 합동범의 공동정범을 인정하면서, 합동범의 본질을 현장설과는 다른 관점에서 파악하였다. 1998년 사례를 보면, 공범 2인은 피해자로부터 강취한 신용카드를 가지고 현금자동지급기에 가서 현금을 인출하고, 다른 공범 1인은 가게에 남아 피해자를 감시하였다. 현장설을 엄밀히 적용하면, 현장에서 현금을 함께 인출한 공범들은 합동특수절도범이 되고, 가게에 남아 피해자를 감시한 공범은 일반절도의 공동정범이나 특수절도의 방조범이 되어야 할 것이다. 그러나 대법원은 현장에 가지 않았던 공범도 합동특수절도죄의 공동정범이라 하여 합동범으로 처벌한 것이다.

---

4) 이상욱, "사회과학의 성공과 방법론적 다원주의", 과학문화센터연구지원사업 연구보고서, 2006, 10면.
5) 대법원 1973.5.22. 선고 73도480 판결; 대법원 1985.3.26. 선고 84도2956 판결; 대법원 1988.9.13. 선고 88도1197 판결; 대법원 1989.3.14. 선고 88도837 판결.
6) 대법원 1998.5.21. 선고 98도321 판결.

변경된 대법원 판례에서 특히 주목되는 것은 합동범에서 '합동'의 개념 파악에 규범적 요소도 고려하고 있는 점이다. 대법원은 "그 공모에는 참여하였으나 현장에서 절도의 실행행위를 직접 분담하지 아니한 다른 범인에 대하여도 그가 현장에서 절도 범행을 실행한 2인 이상의 범인의 행위를 자기 의사의 수단으로 하여 합동절도의 범행을 하였다고 평가할 수 있는 정범성의 표지를 갖추고 있다고 보여지는 한 합동절도의 공동정범을 인정할 수 있다"고 한다. 여기에서 대법원은 합동범의 성립 여부의 판단에 '평가적 관점'을 고려하고 있다. 현장설이 합동의 의미를 자연적 내지 객관적 사실에 기초하여 판단하는 것이라면, 변경된 대법원의 입장은 합동의 의미 해석에 규범적 또는 가치적 관점도 고려하고 있는 것이다.

변경된 1998년 대법원 판례는 이론의 타당성 판단에 형사정책적 관점을 고려하고 있는 점이 주목된다. 대법원은 만일 현장설에 따라 합동범의 개념을 판단한다면, 직접 실행행위에 참여하지 아니하면서 배후에서 합동절도의 범행을 조종하는 수괴는 그 행위의 기여도가 강력함에도 불구하고 공동정범으로 처벌받지 아니하는 불합리한 현상이 나타날 수 있다고 본다. 현장설이 현장에 있었는가라는 사실에 기초한 판단으로 법치국가적 안정성에 중점을 둔다면, 합동범의 공동정범을 인정한 대법원 판결은 평가적 관점 및 형사정책적 관점을 고려한 구체적 타당성에 무게를 두고 있는 것이다.

현장설은 합동범 규정의 연혁에 비추어 볼 때, 특히 공동정범과의 구별과 관련하여, 합동범의 본질을 가장 잘 설명하는 학설이라 판단된다. 그러나 과학기술의 발달로 시간과 공간의 개념이 현저히 바뀌고 있는 현대사회에서 그 '현장'의 의미를 물리적이고 사실적인 의미로 좁게 해석할 필요는 없다. 근대적인 고정관념에 따른 공간개념으로 합동범의 본질을 이해하는 방식으로는 현대사회의 다양한 범죄출현 현상에 대응한 합동범의 개념을 정립하기 어렵다.

현장설이 오랫동안 다수설과 대법원 판례의 입장이었던 이유는 현장설이 공동정범과 합동범의 구별에 관하여 시간적·장소적 공동실행이라는 '객관적 사실'을 기초로 명확한 기준을 제시하고 있었기 때문이었다. 그러나 현장설은 형사정책적 관점이나 구체적 타당성의 면에서는 문제점이 있으며, 과학기술의 발전에 따른 변화된 사회현상을 반영하지 못하는 측면도 있다. 여기에 대응하여, 현장설적 관점을 유지하면서 현장의 의미를 탄력적으로 해석하는 '해석학적 현장설'도 등장하고 있다. 이 학설은 현장설에서 말하는 '시간적·장소적 공동행위'에서 장소적 공동행위의 의미는 사실상의 의미로 좁게 해석해야 할 것은 아니라고 하며, 시간적 동시성이 있으면서, 현장에서 공동하여 실행행위를 한 경우라고 '평가'될 수 있는 경우라면 합동하여 범죄를 실현한 것으로 볼 수 있다고 한다.[7] 이 견해는 현장의 개념을 사실상 현장개념에서 평가적 현장개념으로 확장하려 하는 것이다. 예컨대, 3인이 절도를 모의하고 2인은 빈집에 들어가 금고를 털고, 그 집의 구조와 금고를 여는 방법에 대해 잘 아는 나머지 1인은 자신의 집에 남아, 휴대전화로 범행현장에 있는 2인에게 그 집에 대한 침입경로와 금고 여는 방법을 계속적으로 알려주고 지시한 경우를 생각해 볼 수 있다. 이 경우 자신의 집에 남아 있던 자도 '합동하여' 절도죄를 실행한 것으로 볼 수 있다는 것이다. 따라서 사실상의 의미에서 현장에 있지 않은 자라 하더라도 '범죄실현의 효과증대'와 관련하여 현저히 위험을 증대시킨 자는 역시 합동범으로 보게 된다. 여기에서 공동정범과의 구별과 관련하여 사실상의 의미에서 현장에 있지 않은 자가 합동범이 되려면, 단순한 기능적 행위지배로 족하지 않고, 그의 역할 분담이 범행현장에서 합동하여 범죄를 실행했다고 평가할 수 있을 만큼 본질적인 것이어야 하며, 공동의 범행결의자들 가운데 그 지위나 영향력에 있어서 우월함으로써 범죄실현의 효과를 현저히 증대시킨 자이어야 할 것이다.

현장설이 법치국가적 안정성을 강조하는 견해라면, 해석학적 현장설과 합동범의 공동정범을 인정한 대법원 판례는 형사정책적인 구체적 타당성을 강조하는 견해이다. 결국 객관적 사실에 기초하여 법치국가적 안정성을 도모하는 측면과, 규범적 요소도 고려하여 형사정책적 타당성을 기하는 측면을 어느 정도 조화시킬 수 있는 이론구성이 가능한지가 관건이다.

과학기술의 발달에 따른 사회적 환경의 변화와 구체적 타당성의 면을

---

7) 해석학적 현장설에 대해서는 김종구, "합동범에 관한 연구", 비교형사법연구 제5권 제1호, 2003, 163면 이하 참조.

고려하여 합동범의 본질을 이해한다면, 현장설의 기본적인 관점은 유지하되 현장의 개념을 평가적 측면에서 탄력적으로 해석하는 '해석학적 현장설'이 의미를 가질 수 있다. 이러한 입장은 평가의 척도를 어떻게 구체화하여 법적 안정성을 확보할 것인지가 문제이다. 객관적 사실에 기초한 관점과 평가적 요소도 적극 고려하는 관점은 장단점이 있으나, 법은 사회현상의 전체 맥락 속에서 해석되어야 한다는 점에서 평가적 관점을 반영한 해석학적 현장설은 긍정적인 면이 있다고 판단된다.

3. 범죄사실의 동일성의 판단 기준

범죄사실 또는 공소사실의 동일성의 문제는 형사소송법상 공소장 변경의 한계 및 기판력 또는 일사부재리효력의 범위와 관련을 갖는다. 우리 대법원은 공소사실의 동일성 판단과 관련하여 종래 기본적 사실동일설을 취해 왔다. 그러나 1994년 전원합의체 판결에서[8] 두 죄의 동일성 여부의 판단에는 규범적 요소도 고려해야 한다고 하여 종래의 입장을 변경하였다. 종래 다수설과 대법원 판례의 입장이었던 기본적 사실동일설은 범죄사실의 동일성을 판단함에 있어 일체의 법률적 관점을 배제하고 순수하게 자연적 · 전법률적 관점에서 동일성을 판단한다. 즉, '객관적 사실'에 기초하여 범죄사실의 동일성 여부를 판단하는 것이다. 그러나 강도상해죄와 장물취득죄의 동일성이 문제된 1994년의 전원합의체 판결에서 대법원은 범죄사실의 동일성 판단에 규범적 요소도 고려하고 있다.

이 판례의 사실관계를 보면, 피고인은 A가 피해자로부터 강취한 신용카드를 장물인 정을 알면서도 교부받아 취득했다는 공소사실로 기소되어, 장물취득죄로 1심에서 유죄판결을 받았다. 그런데 피고인이 이에 대해 무죄의 취지로 항소를 했고, 항소심 진행 중, 공소사실에 나타난 일시 및 장소와 근접한 일시 및 장소에서 피고인이 망을 보는 중 A가 피해자를 때려 상해를 입히고 신용카드를 강취했다는 사실이 밝혀졌다. 이후 피고인은 항

---

8) 대법원 1994.3.22. 선고 93도2080 전원합의체 판결. 김종구, "범죄사실의 동일성에 관한 대법원과 미국연방대법원판례의 비교 고찰", 형사법연구 제19권 제3호(2007 가을), 715면 이하 참조.

소를 취하하여 장물취득죄의 유죄판결이 확정되었으나, 검사는 다시 피고인을 강도상해죄로 기소하였다. 이러한 사안에서, 대법원은 "두 죄의 기본적 사실관계가 동일한가의 여부는 그 규범적 요소를 전적으로 배제한 채 순수하게 사회적·전법률적인 관점에서만 파악할 수는 없고, 그 자연적·사회적 사실관계나 피고인의 행위가 동일한 것인가 외에 그 규범적 요소도 기본적 사실관계 동일성의 실질적 내용의 일부를 이루는 것이라고 보는 것이 상당하다"고 판단하였다. 이러한 견해를 기초로 강도상해죄와 장물취득죄는 "그 수단, 방법, 상대방 등 범죄사실의 내용이나 행위가 별개이고, 행위의 태양이나 피해법익도 다르고 죄질에도 현저한 차이가 있어 양 죄 사이에는 동일성이 있다고 보기 어렵다"고 하였다.

　1994년 대법원 판결이 종래의 기본적 사실동일설과 본질적으로 다른 점은 피해법익이나 죄질과 같은 규범적 요소도 기본적 사실관계의 실질적 내용의 일부를 이루고 있다고 보는 점이다. 기본적 사실동일설은 본래 법적·규범적 요소를 고려하지 않는 이론이다. 따라서 기본적 사실동일성을 이 판례 사안에 엄밀히 적용한다면, 장물취득죄와 강도상해죄는 하나의 동일한 역사적·전법률적 사실관계를 공통으로 하고 있기 때문에 동일성이 인정되며, 강도상해죄의 기소에 대해서는 면소판결을 해야 할 것이다. 변경된 대법원 판례가 범죄사실의 동일성 판단에 규범적 요소를 고려하여, 문제된 장물취득죄와 강도상해죄의 동일성을 부정한 것은 종래의 기본적 사실동일설과는 다른 입장을 취한 것을 의미한다.

　기본적 사실동일설은 판단의 기초를 평가적 관점이 배제된 자연적 사실에 두고 있다. 따라서 그 판단의 기준이 분명하고 법적 생활에 있어서 예측가능성을 확보할 수 있게 된다. 반면 변경된 대법원 판례에서처럼 법령의 목적, 죄질과 같은 규범적 요소를 판단의 기준으로 삼게 되면 그 기준이 불명확해진다. 범죄사실의 동일성 판단에 규범적 요소를 고려하는 변경된 대법원 판결에 대한 비판도 여기에 집중된다. 그러나 객관적 사실에 기초한 판단이 공정성과 정의의 관점에서 심한 불균형을 야기할 때는 규범적 요소도 추가적으로 고려하여 판단하는 것도 필요할 것이다. 물론 법해석에 있어 정책적 타당성을 앞세워 손쉽게 평가적 관점을 동원하려는 태도는 타당하지 않다. 그러나 확립된 도그마틱 내지 자동기계적인 법적용이 불합리한 결과를 야기한다면 평가적 관점도 고려한 법해석이 이루어져야 할 것이다.[9] 따라서 범죄사실의 동일성 판단에 기본적 사실동일설을 기계적으로 적용할 때 불합리한 결과가 발생하는 경우, 규범적 요소도 고려하여 보완적 판단이 이루어져야 할 것이다. 이러한 측면에서 변경된 대법원 판례의 입장은 긍정적인 면이 있다. 다만 규범적 요소를 고려하더라도 사안의 유형에 따라 그 판단의 기준은 좀 더 구체화되어야 할 것이다. 또한 유념할 것은 현대사회에서 다양한 법령의 출현은 반복 기소의 가능성을 높이기 때문에 오히려 기본적 사실동일설을 엄격히 적용해야 할 필요성도 낳는다는 사실이다. 법치국가적 안정성, 그리고 이중위험double jeopardy으로부터 개인의 보호의 필요성은 법령의 홍수 속에 있는 현대 산업사회에서 더 높아지고 있다. 이러한 측면에서 기본적 사실동일설의 관점이 더 충실히 지켜져야 할 필요성도 있는 것이다.

III. 형법 도그마틱에서 본 사실과 가치의 딜레마

1. 인과관계론

인과관계론에서도 종래의 조건설 내지 합법칙적 조건설에 더해서 객관적 귀속론Lehre von der objektiven Zurechnung이 인과관계의 판단기준으로 일반화되어 있다. 소위 조건설은 가설적 제거공식을 기계적으로 적용하여 인과관계 유무를 판단한다는 점에서 자연과학적 인과론이다. 반면 객관적 귀속론은 과연 행위자의 행위를 그 결과의 원인이라고 평가할 수 있는가를 따지는 것이므로 규범적 또는 평가적 인과론이다. 자연과학에서의 인과관계는 조건설에 따라 판단할 수 있겠지만, 형법상 인과관계는 조건관계가 인정되는 경우에도 다시 규범적으로 그 결과를 행위자에게 객관적으로 귀속시킬 수 있는가를 검토하여 최종적으로 판단되어야 한다. 형법상 객관적

---

9) 이러한 관점에 대해서는 Claus Roxin/김일수 역, 형사정책과 형법체계, 박영사, 1996, 32면.

귀속의 문제는 과학적 사실에 관한 문제가 아니라 정책에 관한 문제로서 평가의 문제evaluative issue이다.[10] 형법상 인과관계의 유무는 자연과학적 인과관계와 달리 객관적 사실만을 기초로 판단할 수는 없으며, 규범적 또는 가치적 관점도 고려하여 종합적으로 판단될 수밖에 없는 것이다.

영미법상 인과관계론에서도 사실상의 인과관계factual causation가 존재한다는 것만으로 형사책임이 인정될 수는 없으며, 근접 인과관계proximate causation 또는 법적 인과관계legal causation에 대한 증명도 있어야 한다. 예를 들어 어린 아들이 식탁에 우유를 쏟았다. 아빠가 식탁 위에 쏟아진 우유를 닦아내다 실수로 우유가 흘러 아들의 바지를 적셨다. 이 때 아들이 아빠에게 아빠 때문에 바지가 젖었다고 아빠 탓을 했다. 그러자 아빠가 아들에게 "네가 애초에 우유를 쏟지 않았다면 바지가 젖을 일도 없었잖아"라고 하면서 핀잔을 주었다. 그렇지만, 아들은 그래도 바지가 젖은 것은 아빠 잘못이라고 하였다. 여기에서 아들의 바지가 젖은 사건에 대한 책임은 인과관계와 관련하여 궁극적으로 누구에게 있는가?[11] 먼저, 사실상의 면을 보면 조건설but-for test을 대입했을 때, 아들이 우유를 쏟은 행위나 아빠가 우유를 닦으면서 실수한 행위 모두 바지를 적신 결과에 대하여 인과관계가 있다. 그러나 규범적 관점의 인과관계, 즉 법적 인과관계 또는 객관적 귀속의 문제를 보자면, 궁극적으로 아들의 바지를 적신 결과는 아빠의 실수로 인한 것이다. 아빠의 행위는 독립적인 개입원인independent intervening cause으로서 결과와 사이에 법적 인과관계가 인정되는 것이다. 달리 말하면 바지가 적셔진 결과는 아빠의 행위에 객관적으로 귀속objektive Zurechnung되는 것이다. 이와 같이 인과관계의 판단은 궁극적으로 법적 또는 가치적 관점을 고려하지 않을 수 없다. 우리가 받아들인 독일형법학의 객관적 귀속론의 의미는 영미법상 법적 인과관계 또는 근접 인과관계의 개념과 거의 일치한다. 영미의 근접 인과관계 또는 법적 인과관계와 독일의 객관적 귀속의 문제 모두 사실이 아니라 평가의 문제이다.

---

10) 김종구, "객관적 귀속론과 영미법상 법적 인과관계", 형사법연구 제21권 제4호(2009 겨울), 468면.

11) 이 예시 사례는, 필자와 필자의 여섯 살 난 아들 사이에 실제 있었던 경우임.

영미법학과 독일법학에서 인과관계를 사실적 측면과 법률적 측면을 모두 고려하여 판단하는 이유는 무엇일까? 본래 인과관계의 개념은 책임 귀속attribution of responsibility과 관련된 것이고, 책임 귀속의 근거로부터 아주 단절될 수는 없다. 인과관계가 규범적 분석보다는 사실상의 분석이라고 하여, 인과관계의 개념을 자연과학적 개념과 연결시켰던 초기의 시도는 실패할 수밖에 없었던 것이다.[12] 법학에서 인과관계의 문제는 하나가 다른 하나를 야기했는지 여부와 전혀 다른 문제다. 철학적 또는 과학적 인과관계의 분석과는 대조적으로, 법학에 있어서 인과관계의 분석은 자연이나 세상의 작동에 대한 기본적이고 경험적인 사실을 밝히기 위한 것이 아니다. 오히려 법학에서 인과관계론의 목적은 사회적 해악의 발생에 대해 누가 어느 범위에서 책임을 져야 할 것인가를 판단하는 문제와 관련이 있다.[13] 사실상의 인과관계는 법적 원인을 찾아내기 위한 풀pool을 만드는 기능을 하는 것이며, 사실상의 인과관계가 인정되는 것들 중에서 법적 원인을 찾아내야 하는 것이다.[14]

영미법상 법적 인과관계와 독일의 객관적 귀속의 판단기준은 사실 모호한 측면이 있다. 사실상 인과관계와 달리 법적 인과관계의 분석에 있어서는 통일된 그리고 신뢰할 만한 결과를 도출해 낼 과학적 공식이 존재하지 않기 때문이다. 행위와 결과 사이의 법적 인과관계는 발견되는discover 것이 아니라, 선택되는select 것이다.[15] 법적 인과관계의 문제는 현실세계에서 과학적 검토를 통하여 밝혀질 수 있는 사실이 아니다. 이에 대한 답은 광범위하게 공공 정책과 피고인의 책임과 관련하여 내려지는 가치판단value judgment 및 특정 사건에서의 직관적 정의감에 따른 판단에 의존하게 된다.[16] 법적 인과관계나 객관적 귀속의 판단은 다양한 정책적 고려를 포함하는 신축적인 분석이며, 그것은 궁극적으로 정책의 문제로서 피고인이 특

---

12) Victor Tadros, Criminal Responsibility, Oxford University Press, 2007, p. 156.
13) Michael S. Moore, Causation and Responsibility, Oxford University Press, 2009, p. 83.
14) 이러한 내용에 대해서는 Joshua Dressler, Understanding Criminal Law(6판), LexisNexis, 2012, p. 188 참조.
15) Joshua Dressler, 앞의 책, p. 189.
16) Singer/La Fond, Criminal Law(4판), Aspern Pulbishers, 2007, p. 145.

정한 결과에 대하여 책임을 져야 할 것인가를 묻는 것이다. 여기에서도 우리가 알 수 있는 것은 궁극적인 법적 책임의 판단은 결국 객관적 사실을 기초로 할 수만은 없으며, 다양한 평가적 관점도 고려할 수밖에 없다는 것이다. 다만 법적 인과관계 또는 객관적 귀속의 판단 기준은 더 정치하게 다듬어져야 할 것이다.

2. 공범론 – 간접정범의 정범성표지

정범과 공범의 구별에 관해 행위지배설Tatherrschaftslehre을 취하는 입장에서는 간접정범의 정범성표지를 의사지배Willensherrschaft로 설명하기도 한다. 본래 이 의사지배의 개념은 '사실상의 우월한 인식에 기초한 심리적 지배'를 의미하는 사실상의 개념faktischer Tatherrschaft이다. 그런데 소위 '신분 없는 고의 있는 도구'qualifikationslos-doloses Werkzeug 사례에서, 간접정범의 정범성표지인 의사지배를 사실상의 개념으로 본다면 모든 정황을 알고 있는 도구를 이용한 경우는 배후자에게 의사지배를 인정할 수 없어서 간접정범 성립이 부정될 수밖에 없다.[17] 예를 들어 공무원이 아내를 이용하여 업자로부터 수뢰를 하였는데, 아내가 수뢰라는 것을 알고 업자로부터 금품을 받은 경우, 피이용자인 아내가 모든 정황을 알고 있으므로 배후인물인 공무원의 아내에 대한 사실상의 의사지배를 인정할 수 없게 된다. 결국 아내는 신분이 없어서 수뢰죄에 해당하지 않으며, 배후의 공무원은 의사지배가 결여되어 수뢰죄의 간접정범이 될 수 없다. 가벌성의 공백Strafbarkeitslücke이 생기는 것이다. 이러한 난점 때문에 록신Claus Roxin은 의무범Pflichtdelikte의 개념을 창출해서 의무범은 행위지배가 정범성표지가 아니며, '전(前)구성요건적 행위의무'(예를 들어, 공무원법상 청렴의무)가 정범성표지라 하여 이러한 사례에서 배후자의 간접정범 성립을 인정하고 있다. 반면 의사지배의 개념을 규범적 관점을 기초로 하여 판단하는 입장에서는, 의사지배를 규범적

---

17) 이에 관한 자세한 것은 김종구, "고의 있는 도구에 관한 고찰", 법학연구 제12권 제1호, 연세대 법학연구소, 2002, 170면 이하; Claus Roxin, Täterschaft und Tatherrschaft(9판), De Gruyter, 2015, S. 253 이하; Kristian Kühl, Strafrecht AT(8판), 2017, Vahlen, S. 775 이하 참조.

개념normativer Herrschaftsbegriff으로 파악하고, 그 의미를 '규범적인 심리적 지배'normativ-psychologische Tatherrschaft로 이해하면서 이러한 사례에서 배후자의 간접정범 성립을 긍정한다. 즉 배후자는 피이용자에 대하여 사실상의 심리적 지배를 하는 것은 아니나, 배후자가 신분자라는 점과 배후자가 신분자이기 때문에 이러한 사례가 형법적으로 의미를 갖는다는 점에서 보면 규범적 측면에서의 심리적 지배는 인정할 수 있고 따라서 배후자는 간접정범이 될 수 있다는 것이다.

규범적 관점에서 의사지배를 논하는 이러한 다수의 견해는 그 판단기준이 모호하다는 비판을 받는다. 규범적·사회적이라는 모호한 개념을 형법해석에 사용하는 것은 바람직하지 않다는 것이다. 과연 정범성표지로서 행위지배 내지 의사지배의 개념을 사실상의 개념이 아닌 규범적 개념으로 보아야 하는지는 쉽게 판단할 수 있는 문제는 아니다. 만약 의사지배의 개념을 사실상의 심리적 지배로 이해하고 의무범의 개념을 취하지 않는다면, 신분 없는 고의 있는 도구 사례에서 범죄적 결과는 있으나 배후의 이용자 또는 피이용자 어느 누구도 처벌되지 않는 결과가 된다. 이러한 형사정책적 결함의 해소라는 관점에서 의사지배의 개념을 규범적 또는 평가적 개념으로 이해하는 다수설은 의미를 갖는 것으로 판단된다. 그러나 규범적인 심리적 행위지배설은 역시 평가적 관점을 동원함으로써 그 판단기준이 분명치 않다는 난점이 있다. 행위지배설의 주장자 중 한 사람인 록신도 행위지배의 개념을 사실상의 개념으로 이해하고, 의무범이론으로 고의 있는 도구 사례를 해결하려 했다는 것은 우리에게 많은 시사를 준다.

3. 작위와 부작위의 구별

작위와 부작위의 구별과 관련해서도 존재론적 측면Ontologische Fundierung의 견해와 규범적 관점Normative Betrachtung에서의 견해가 있다. 먼저 존재론적 측면에서의 견해는 물리적 에너지의 투입과 인과성 여부에 따라 작위범 혹은 부작위범이 결정되어야 한다고 본다.[18] 적극적 동력의 투입이 결

---

18) 의사가 치료중인 환자의 생명유지장치를 제거하는 소극적 안락사의 경우 에너지투입이라

과의 원인이 되었다면 항상 작위범이 되어야 한다는 것으로, 이에 의하면 전조등 없이 자전거를 탔다는 작위[19] 혹은 염소털을 소독하지 않고 가공을 맡겼다는 작위[20]가 결과로 연결되었을 때 작위범이 인정된다. 한편, 규범적 평가설은 작위와 부작위의 구별을 사실관계의 문제가 아니라 법적 비난 혹은 사회적 행위의미의 중점이 작위와 부작위 중 어디에 있는지에 대한 규범적 평가의 문제Wertungsfrage로 본다. 염소털 사건에서는 가공을 맡겼다는 작위가 아니라 소독을 하지 않았다는 점에 사회적 의미의 중점이 있다고 할 것이므로 부작위범이 인정되는 것으로 본다.

부작위범이 성립하기 위해서는 보호의무 내지 보증인적 지위가 전제되어야 하므로 작위와 부작위의 구별은 중요한 문제이다. 이들 견해 중, 물리적인 에너지 투입이라는 사실을 기초로 하는 존재론적 측면에서의 견해는 판단기준이 명확한 점은 있으나, 작위와 부작위 중 사회적 의미의 중점이 어디에 있는가를 기준으로 하는 평가적 관찰법에 따른 견해가 법적으로 더 의미 있는 결론을 도출하는 것으로 판단된다. 우리 법원도 "작위와 부작위의 구별은 단순한 자연과학적, 인과적인 분류가 아니라 구성요건의 해석과 적용을 고려한 법적 평가의 문제"라 한다.[21] 그러나 '사회적 의미의 중점' 또는 '법적 비난의 중점'이라는 평가적 요소를 반영하는 경우 판단기준이 명료하지 않은 문제점이 있으므로, 그 판단기준은 더 정치하게 마련해가야 할 것이다.

IV. 나 가 며

형법학에서 법적 판단의 기준을 엄격히 객관적 사실에 두는 경우와 적

는 사실을 기준으로 판단하는 견해에 따르면 작위범이 되나 평가적 관찰법에 따르면 부작위범이 될 수 있다(대법원 2004.6.24. 선고 2002도995 판결 참조).

19) 야간에 전조등을 켜지 않고 차를 몰고 가던 운전자가 행인을 친 경우 상해의 결과에 대한 비난의 중점은 전조등을 켜지 않은 부작위가 아니라, 전조등 없이 운전한 작위이다(RGSt 63, 392).

20) 소독되지 않은 중국산 염소털을 가공하도록 공장직원들에게 교부함으로써 직원들이 탄저병에 걸려 사망한 사례이다(RGSt 63, 213).

21) 서울고등법원 2002.2.7. 선고 98노1310 판결; 대법원 2004.6.24. 선고 2002도995 판결 참조.

극적으로 평가적 관점을 반영하는 경우는 각각 장단점을 갖고 있다. 이 중 객관적 사실에 기초한 방법론이 더 과학적이고 법치국가적 안정성의 요청을 반영한 것이라 할 수도 있다. 그러나 형법학도 규범학이고, 갈수록 복잡다기해져가는 사회현상이 법해석과 판결에 반영되어야 한다는 점에서 규범적 또는 가치적 요소를 적극적으로 고려하는 방법론도 의미를 갖는다. 대법원 판례의 경향도 객관적 사실에 기초한 판단기준을 취하는 것에서 다양한 평가적 관점을 고려하여 변화하는 사회현상에 대응하여 구체적 타당성을 기하려는 방향으로 변모하고 있다. 행위사실Tatsache에 기초하지 않은 규범적인 형법 도그마틱normative Strafrechtsdogmatik은 공허한 것이라는 지적도 있지만,[22] 형법이론학에서도 존재론적 해석이 한계에 부딪치는 경우 규범적 내지 평가적 관점을 고려하는 해석론으로 변화해 온 것은 주지의 사실이다.

규범적 판단으로서 법적 판단은 실증적 분석에만 의존해서는 안 되며, 실증적 분석과 가치관에 입각한 판단이 함께 적용되어야 한다. 법적 판단에는 객관적 사실과 규범적 요소가 모두 고려되어야 하는 것이다. 법학은 가치관련적 사실을 다루는 학문이며, 평가적 관점으로부터 자유로울 수는 없기 때문이다. 법관도 판결을 기계처럼 찍어낼 수는 없으며, 법적 결론을 도출하는 과정에 있어 항상 다양한 가치적 판단 사이에서 고뇌할 수밖에 없다. 기계적 법리학mechanical jurisprudence이 가능하다면 법적 생활에 있어 법적 안정성과 예측가능성이 확보될 수 있겠지만, 구체적 타당성과 법적용의 신축성이 희생될 수 있다. 이러한 측면에서 법적 판단에 평가적 관점은 필요한 것이다. 다만 다양한 정책적 요소와 가치관련적 요소를 고려할 때는 유형화와 세분화를 통하여 합당한 판단의 기준을 정립해 나가야 할 것이다. 이는 상황적 맥락을 고려한 가치판단을 하면서도, 법의 보편성을 잃지 않기 위함이다. 법적 판단에서 사실과 가치의 딜레마는 일도양단하듯 해결될 수 있는 문제가 아니며, 구체적인 사안을 놓고 양자 사이에서 끝없는 고민이 따를 수밖에 없는 것이다.

---

22) Georg Küper, Grenzen der normativierenden Strafrechtsdogmatik, Duncker & Humblot, 1990, S. 202 참조.

04

불능미수 도그마틱의 딜레마?

– 준강간죄의 불능미수는 성립불가능한가?: 대법원 2019.3.28. 선고
2018도16002 전원합의체 판결에 대한 비판적 검토 –

안성조

제주대학교 법학전문대학원 교수

제주대학교 법학전문대학원 교수로 형법과 형사특별법, 형사증거법 등을 강
의하고 있다.

주요 저작으로는 『현대 형법학 제1권(2011), 제2권(2015), 제3권(2019)』이 있
으며, 최근의 논문으로 "자유의지와 형벌의 정당성(2018)", "인간의 존엄과 책
임원칙(2019)" 등이 있다.

Ⅰ. 형법상 미수범의 체계와 불법구조

형법은 기수범뿐만 아니라 미수범을 처벌하기도 한다. 기수란 고의로 실행에 착수하여 범죄의 객관적 구성요건요소를 모두 충족시킨 경우를 말한다. 객관적 구성요건요소에는 행위주체, 실행행위, 행위객체, 인과관계, 결과 등이 있으며, 이러한 요소들을 총칭하여 '구성요건적 결과'라고 한다.[1] 실행에 착수하였으나 객관적 구성요건요소를 모두 충족시키지 못해 기수에 이르지 못할 경우, 보충적으로 미수범 성립여부를 검토할 수 있으며,[2] 형법 각 본조에 처벌규정이 존재하는 때에는, 이를 처벌한다. 형법상 미수범이 성립하는 경우는 범죄의 실행에 착수하여 행위를 종료하지 못하였거나 결과가 발생하지 아니한 때이다. 이때의 결과는 '구성요건적 결과'를 뜻하며, 따라서 객관적 구성요건요소로서 결과의 발생이 있어도 실행행위와 발생한 결과 사이에 인과관계가 인정되지 않으면, 미수범에 그친다.[3]

형법은 미수범의 유형을 장애미수(제25조)와 중지미수(제26조), 불능미수(제27조)로 구분하여 "범죄의 실행에 착수하여 행위를 종료하지 못하였거나 결과가 발생하지 아니한 때에는 미수범으로 처벌한다. 미수범의 형은 기수범보다 감경할 수 있다(제25조)"고 하면서 "범인이 자의로 실행에 착수한 행위를 중지하거나 그 행위로 인한 결과의 발생을 방지한 때에는 형을 감경 또는 면제한다(제26조)"고 하여 자의적 중지로 인한 감면규정을 두고 있으며, 아울러 "실행의 수단 또는 대상의 착오로 인하여 결과의 발생이 불

---

1) 신동운, 형법총론(법문사, 2017), 523면.

2) 이처럼 미수란 "객관적으로는 구성요건적 요소의 전부를 실현하지 못한 경우이다." 유기천, 형법학[총론강의](법문사, 2011), 252면 참조.

3) 결과가 발생해도 그것이 행위와 인과관계가 부정되면 구성요건적 결과가 되지 못하여 미수에 그친다. 박재윤 대표편집, 주석형법 총칙(2)(한국사법행정학회, 2011), 48면 참조. 단 객관적 구성요건요소 중 모든 요소가 다 그것이 흠결되었다고 하여 미수범이 되는 것은 아니다. '결과나 인과관계의 부존재' 및 '실행의 수단 또는 대상의 착오'는 장애미수나 불능미수의 요건이지만 주체의 착오, 예컨대 사인이 공무원만 저지를 수 있는 진정신분범죄의 구성요건을 실현한 경우에는 통설에 의하면 구성요건이 흠결된 것으로 보아 미수범 성립여부를 검토할 필요가 없이 범죄가 불성립하게 된다. 마찬가지로 구성요건이 예정하고 있는 특별한 행위태양, 예를 들어 강간죄의 '폭행 또는 협박'이나 준강간죄의 '심신상실 또는 항거불능의 상태를 이용함'이라는 요소가 결여돼 범죄가 불성립하거나 그러한 사실의 증명이 없으면 강간죄나 준강간죄는 무죄가 된다(형사소송법 제325조).

가능하더라도 위험성이 있는 때에는 처벌한다. 단, 형을 감경 또는 면제할 수 있다(제27조)"며 심지어 실행의 수단 또는 대상의 착오로 결과의 발생이 객관적으로 불가능한 경우에도 위험성이 있으면 처벌되는 특별한 유형의 미수범 규정을 두고 있다. 미수범에 대한 법적 효과로서 형의 감면혜택의 정도는 장애미수(임의적 감경)에서 불능미수(임의적 감면), 중지미수(필요적 감면)의 순서대로 커진다.

형법 제27조의 불능미수가 다른 유형의 미수범에 비해 특별한 이유는 다른 유형의 미수범은 장애미수이든 중지미수이든 결과발생이 가능함을 전제로 하고 있음에 비해 불능미수는 결과발생이 불가능함을 전제하고 있기 때문이다. 즉 실행의 수단이나 대상의 착오로 결과발생이 애당초 불가능함에도 불구하고 행위의 위험성이 있기 때문에 처벌되는 미수범 유형인 것이다. '불능'미수란 명칭은 이로부터 유래하며, 이에 비해 장애미수와 중지미수는 '가능'미수라고 부르기도 한다.[4] 형법 제25조, 제26조, 제27조 각각의 미수범의 성립요건에서 결과의 의미는 객관적 구성요건요소의 일부로서의 결과나 결과범에서 말하는 결과가 아니다. 예컨대 살인죄의 경우에 결과는 살인행위로부터 인과적으로 연결되는 외부적인 변화로서의 사망이라는 객관적 구성요건요소의 일부로서의 특정한 사태를 뜻하는 것이 아니라 살인죄의 객관적 구성요건요소의 총체를 말한다. 전술한 바와 같이 여기서 말하는 결과는 '구성요건적 결과'를 뜻하는 것이다. 사기죄에서는 기망행위와 그로부터 인과적으로 연결되는 착오 및 그로 인한 재산적 처분행위와 재산상 손해 등 사기죄의 모든 객관적 구성요건요소가 충족되어야 '구성요건적 결과'가 발생했다고 말한다. 그러므로 비록 피해자가 사망했거나 재산적 처분행위로 손해가 발생했다고 하더라도 그러한 사태가 살인죄나 사기죄의 구성요건이 예정하고 있는 살해행위나 기망행위로 인한 것이 아니라면, '구성요건적 결과'가 발생하지 않은 것으로 평가된다. 마찬가지로 피해자를 폭행 또는 협박하여 그의 재산상의 처분행위로 재물을 영득하였다고 하더라

---

4) 다만 처음부터 결과의 발생이 불가능한 사안임에도 불구하고 행위자가 진지한 중지행위를 한 경우에 성립하는 '불능미수의 중지범' 사안에서는 중지범이라고 하여 반드시 결과발생이 가능한 것은 아니다.

도, 만일 피해자가 의사의 자유가 침해되어 재산상 처분행위를 한 것이 아니라 행위자를 불쌍하게 여겨 재물을 교부한 것이라면, 비록 폭행 또는 협박이 있었고, 재물의 교부가 이루어졌어도 공갈죄는 미수에 그친다.[5]

일반적으로 미수범을 처벌하는 근거는 결과불법의 측면에서 보면, 범죄실현의 순차적 단계 중에서 실행의 착수에 이르면 구성요건적 결과발생의 가능성이 현저히 높아지기 때문이고(객관설), 행위불법의 측면에서 보면, 미수범이라 하더라도 행위자는 애당초 기수의 고의를 품고 있었던 것이고, 그가 실행의 착수단계에 이르면 내심에 가지고 있는 범죄실현의사, 즉 법질서에 대한 적대적인 태도나 심정이 표출된 것으로 평가되기 때문이기도 하다(주관설). 형법은 이 두 측면의 근거, 즉 결과불법과 행위불법을 모두 고려해 미수범의 적정한 처벌방식을 정한다. 오늘날 확립된 견해에 의하면 모든 범죄형태는 결과범이든 거동범이든 미수범이든 기수범이든 행위불법과 결과불법이 모두 구비되어야만 온전하게 불법구성요건으로서 평가된다. 따라서 미수범의 불법구조는 기수범과 어떻게 다른지, 미수범 유형 간의 불법구조는 또 어떻게 다른지 살펴볼 필요가 있다. 모든 미수범은 구성요건적 결과가 발생하지 않았다는 측면에서 기수범과 달리 결과불법이 완전히 구비되어 있지는 않다는 공통점이 있다. 반면 법적대적인 태도나 의사로 범죄를 실현하려 하였다는 점에서 주관적 측면의 행위불법은 기수범과 동일하게 충족되고 있다는 특징이 있다(다만 중지미수는 예외). 미수범 중에서 불법이 가장 큰 것으로 평가되는 장애미수의 경우는 행위불법은 기수범과 같지만 결과불법이 그보다 축소된다. 우선 객관적 구성요건요소로서의 결과가 발생하지는 않았다. 하지만 실행의 착수에 이르렀고 결과발생이 가능했다는 점에서 결과발생에 대한 '현실적' 위험성은 관념할 수 있고 이러한 '법익위태화'는 기수범의 결과불법인 '법익침해'보다는 '감경된' 결과불법으로 인정된다. 불능미수의 경우는 실행의 착수단계에 이르렀다고 하여도 이미 결과발생의 가능성이 객관적으로 배제되어 있다는 점 때문에 '가능미수'인 장애미수에 비해 결과불법이 거의 소멸했거나 기껏해야 '법익평온상

---

5) 이는 금년도 제9회 변호사시험 사례형 2문에 출제된 쟁점의 하나이다. 이 경우 협박죄도 성립할 수 있으나, 공갈미수에 흡수된다.

태의 교란'이라는 가장 약한 형태의 결과불법만 인정된다.[6] 다만 행위자의 의사를 고려했을 때 착오가 없는 정상적인 상황에서는 합리적이고 통찰력 있는 일반인의 관점에서 결과가 발생할 수 있었다는 점에서 법익에 대한 '잠재적' 위험성은[7] 인정되기 때문에 일정한 결과불법은 관념할 수 있고,[8] 이러한 결과불법의 구조로 인해 장애미수에 비해 '더 감경된' 결과불법이 인정된다. 그 결과 전술한 바와 같이 미수범의 행위불법은 '중지미수'를 제

---

6) 이 점에 대해서는 김일수, 한국형법 I[총론 上](박영사, 1996), 461면 참조.

7) 불능미수 조문에 있어서 '결과발생의 불가능성'은 '현실적 위험성' 여부의 판단문제로, '위험성' 표지는 '잠재적 위험성' 여부의 판단문제로 구별할 수 있겠으나, 학설에 따라서는 사실적/규범적 위험성, 사후적/사전적 위험성, 구체적/추상적 위험성, 현실적/가설적(가상적) 위험성, 결과의/행위의 위험성 등으로 구분하기도 한다. 잠재적 위험성이란 표현을 지지하는 견해로는 박상기 · 전지연, 형법학[총론 · 각론 강의](집현재, 2018), 237면; 한상훈, "형법 제27조(불능범)에서 '결과발생의 불가능'과 '위험성' 표지의 구별기준", 형사법 연구 제20권 제3호, 2008, 94~97면. 이러한 '잠재적 위험설'과 마찬가지로 형법 제25조의 위험성과 제27조의 위험성을 구별하는 입장에서 위험성 판단의 기초를 '행위자의 주관'에 두고, 위험성 판단의 주체를 객관적인 일반인에 둠으로써 그 실질에 있어서 잠재적 위험설과 유사한 학설인 '주관적 객관설'을 지지하는 견해로 유기천, 앞의 책, 269~270면과 273~274면 참조. 마찬가지로 '추상적 위험설'을 지지하지만 내용적으로 잠재적 위험설과 동일한 결론에 이르고 있는 견해로는 조국, "형법 제27조 불능미수 요건의 구별재정립을 위한 일고", 비교형사법연구 제18권 제2호, 2016, 58면 이하 참조.

8) 한편 형법 제27조의 불능미수규정은 결과불법이 전혀 인정되지 않는 상황임에도 불구하고 '행위자의 주관적 위험성(행위불법)'만을 근거로 처벌하는 규정으로서 타당하지 않으므로, 입법론적으로 그 위험성이 인정될 경우에 한해 '예비 · 음모에 준하여' 처벌하도록 해야 한다는 견해로는 이용식, 형법총론(박영사, 2018), 128~129면 참조. 역시 입법론으로 제25조의 미수범은 '인과관계의 흠결'로 결과발생이 없는 경우이고, 제27조의 미수범은 기타의 사유, 즉 '실행의 착수 또는 대상의 착오'로 인해 결과발생이 없는 경우인바, 구성요건의 제요소 중에서 인과관계에 속하는 행위의 부분과 기타의 부분을 구별하기 어려우므로 제27조의 미수범을 별도로 인정한 것은 입법과오라는 견해로 황산덕, 형법총론(방문사, 1983), 242면. 두 견해 모두 일면 타당하며 입법론적으로는 충분히 의미가 있으나, 제25조와 달리 임의적 감면의 혜택을 부여하고 있는 제27조의 의미와 취지를 양자의 불법구조의 차이점에 비추어 모순없이 해석해내야 하는 도그마틱의 관점에서 고찰해 보면 동 규정의 '위험성'에 행위불법의 측면 외에 결과불법의 측면으로서 '잠재적 위험성'의 의미가 있음을 인정하는 것이 가장 정합적인 해석론이다. 같은 맥락에서 형법 제27조의 입법취지를 제대로 구현하기 위해서 동조의 위험성에 독자적 의미를 부여해야 함을 역설하고 있는 견해로는 조국, 앞의 논문, 56면 이하; 김성돈, 형법총론 제3판(SKKUP, 2014), 435면 참조. 대법원 판례도 "행위 당시에 인식한 사정을 놓고 일반인이 객관적으로 판단하여 보았을 때"(대법원 2005.12.8. 선고 2005도8105 판결; 대법원 2019.3.28. 선고 2018도16002 전원합의체 판결)라는 위험성 판단의 기준을 설시함으로써 잠재적 위험설을 취하고 있는 것으로 보인다. 단, 이때의 일반인은 과학적, 법률적 전문지식을 갖춘 일반인이라는 점에서 판례가 '강화된 구체적 위험설'을 취하고 있다고 보는 견해로는 신동운, 앞의 책, 514면 참조. 대법원 판례의 입장을 구체적 위험설로 분류하는 견해로는 하태훈, "불능미수", 형사법연구 제4권, 1991, 77면.

외하고는 기본적으로 기수범의 그것과 동일하기 때문에 일반적인 미수범의 형태인 장애미수가 형의 임의적 감경에 그치는 데 비해서, 불능미수는 형의 임의적 감면이라는 보다 큰 법적 혜택을 받을 수 있게 되는 것이다. 요컨대 불능미수는 장애미수와 행위불법은 동일하지만 결과불법이 '더 감경된' 불법구조를 지니고 있기 때문에 장애미수에 비해 가볍게 처벌되는 미수범 유형이라고 도그마틱적으로 규정할 수 있을 것이다. 이상 논급한 불능미수의 불법구조를 기수범 및 다른 미수범 유형들과 비교해 간명히 설명하면 다음과 같이 기술할 수 있다. 장애미수의 불법은 결과발생에 대한 '현실적' 위험성을 관념할 수 있다는 점(법익위태화)에서 기수범의 결과불법(법익침해)에 비해 '감경'되고(결과불법의 감소), 불능미수의 불법은 객관적으로 결과가 발생할 수 없지만 '잠재적' 위험성은 존재한다는 점에서 장애미수에 비해 결과불법이 '더 감경'된다(결과불법의 현저한 감소, 단 잠재적인 위험성도 없으면 처벌되지 않는 불능범으로 취급됨).

Ⅱ. 불능미수 도그마틱의 불완전성?

법도그마틱Rechtsdogmatik이란 개념은 크게 두 가지 의미로 사용된다. 우선 해석을 통해 실정법 조문의 의미와 내용을 구체적으로 밝혀냄과 동시에 이를 체계화하여 개별사례에 일관되게 적용하는 법학분야인 법해석학 또는 해석법학과 동일한 의미로 사용되는 경우가 있다. 법률전문가들은 대체로 바로 이러한 법해석학에 종사한다. 다음으로 법해석학보다 다소 좁은 의미로서 해당 실정법 조문의 해석에 필요한 절차와 방법으로서의 규준 혹은 실정법 이외의 명제들의 총체를 지칭하기도 한다. 여기에는 통설적으로 확립된 것과 판례에 의해 제시된 것이 모두 포함될 수 있다.[9] 형사사례를 예

---

9) 예컨대 협의의 공범과 구별되는 공동정범의 표지로서 '행위지배'(통설)라든지, 합동범의 표지로서의 '시간적, 장소적 협동관계'(대법원 1996.3.22. 선고 96도313 판결) 등이 있으며, 이러한 도그마틱은 개별 사례의 사실적 다양성에도 불구하고 추상적 수준에서 일관되게 적용할 수 있다는 장점이 있다. 예를 들어 우리가 타인의 자전거 혹은 진공청소기를 동의없이 잠시 사용하고 돌려놓은 경우에는 절도죄가 성립하지 않는데(이른바 사용절도), 그 이유는 '타인의 재물에 대한 불법영득의사가 없기 때문'이라는 도그마틱적 명제로 제시할 수 있다. 한편 학설들 간의 혹은 통설과 판례의 대립이 현저한 사안에서는 도

로 들면, 甲과 乙이 丙의 귀금속을 절취하기로 공모한 후 주간에 甲은 丙의 집 앞에서 망을 보고 乙은 직접 丙의 집에 들어가 재물을 훔친 경우, 이 사안을 형법상 특수절도죄(제331조 제2항) 및 폭처법상 공동주거침입죄(제2조 제2항) 조문으로 의율하기 위해서는 절취, 고의, 불법영득의사, 합동범, 공동범 등 각각의 의미와 내용이 밝혀져야 하며, 바로 이러한 의미와 내용을 구명하는 데 필요한 규준과 명제의 집합이 바로 형법도그마틱의 일부를 이룬다. 이 도그마틱의 체계는 기본적으로 무모순적이고, 전체 법체계와 정합적이며, 도식적이다. 실제 개별사례의 양상은 매우 복잡하고 다양하기 때문에 사례의 해결에 필요한 유의미한 정보만을 도그마틱적으로 선별해 판단해 내지 않으면 통일적이고 일관된 결론을 도출해 내기 어렵다. 즉 도그마틱은 각양각색의 법적 분쟁을 정형화된 규준들에 의해 해결이 가능하도록 해줌으로써 법적 안정성에 기여하는 실천적 기능을 한다. 다시 말해 미래의 유사한 사안에 대해서도 누구나 동의할 수 있는 해결방식을 예측 가능하도록 하여 '보편화가능성Universalisierbarkeit'을 실현한다는 것이다. 미수범 도그마틱도 마찬가지다. 예컨대 앞의 사례에서 甲과 乙이 공모를 하게 된 동기나 배경은 각양각색일 것이고, 시간적·장소적 협동의 정도나 양태도 매우 다양할 테지만, 그들이 실행에 착수했는데 만일 丙의 집에 설치된 보안벨이 울려서 귀금속을 손에 넣지 못하고 나오거나, 아니면 병의 금고를 열었는데 귀금속이 들어 있지 않았다면 그들의 행위는 합동절도의 미수에 그친다. 이처럼 도그마틱은 개별사례의 구체적 차이점을 사상하고 형법적 관점에서 유의미한 요소만을 추출하여 충분히 검증된 일

그마틱 간의 경합도 발생할 수 있다. 전자의 경우 오상방위와 같은 위법성조각사유의 객관적 전제사실에 대한 착오의 해결방법에 관한 견해대립이 있고, 후자의 경우 '법률의 부지'를 어떻게 취급할 것인가의 문제가 그러하다. 법률전문가들이 일상적으로 사용하는 '법리(法理)'와 법도그마틱 간에는 유사성도 있지만 전자가 어디까지나 실정법 또는 판례에 의해 승인되어 실정법질서의 확고한 일부가 된 것을 지칭하는 반면, 후자는 이를 포함해 순수한 '학리(學理)'로서 학계에서 폭넓은 지지를 받는 것까지 포함한다는 점에서 다소 차이가 있다. 법리와 학리에 대한 설명으로는 이상덕, "대법원 판례는 절대적 진리인가, 아니면 남의 의견일 뿐인가?", in: 법학에서 위험한 생각들(법문사, 2018), 388면 이하 참조. 법리(doctrine)의 개념을 보다 넓게, 즉 '법의 해석과 적용과정에 필요한, 실정법과 판례 또는 학설을 토대로 만들어진 구체적 법명제들의 집합'으로 본다면 법리와 법도그마틱은 거의 유사한 개념이 된다. 권영준, "민사재판에 있어서 이론, 법리, 실무", 서울대학교 법학 제49권 제3호, 2008, 314면.

정한 규준과 명제들에 의거하여 논리적 추론을 통해 사례를 해결할 수 있도록 해석절차를 간명화, 도식화한다는 점에서 형식적이고formal, 공리적이며axiomatic, 선험적인a priori 성격을 지닌다고 말할 수 있다.[10] 따라서 순수한 도그마틱만으로도 가상사례의 결론을 도출할 수 있음은 물론, 도그마틱의 의미내용과 적용과정을 점검함으로써 그러한 결론의 당부를 판단할 수도 있다.[11] 이처럼 도그마틱 체계는 분쟁해결의 절차와 방법으로 논리적 일관성과 체계 내적 완결성을 미덕으로 삼지만, 그렇다고 도그마틱적으로 내려진 법적 결정의 내용적 정당성까지 자동적으로 담보되는 것은 아니다. 따라서 오늘날 도그마틱은 법적 결정의 정당성이라는 체계 외적 가치척도에 대해서 개방적인 태도를 지녀야 한다는 주장이 설득력을 얻어가고 있다. 즉 충분히 검증된 논리적 절차에 의해 내려진 도그마틱적 결론이라 하더라도, 규범적 직관에 배치되는 부당한 점이 발견되면 내용적인 정당성 심사를 받을 필요가 있다는 것이다.[12]

---

10) 이 점에 대해서는 김영환, "법도그마틱의 개념과 그 실천적 기능", in: 자유주의적 법치국가(세창출판사, 2018), 33-49면 참조. 따라서 법도그마틱은 법적 분쟁의 해결에 필요한 여러 가치판단의 문제를 순수한 '사유의 문제'로 환원시킴으로써 '논증부담을 경감'하는 기능을 한다고도 평가된다. 자명한 전제들로부터 논리적으로 연역되는 개념의 체계라는 법도그마틱의 기본성격이 이를 가능하게 해준다.

11) 법체계의 형식화(formalization) 가능성 및 그 한계에 대한 논의로는 안성조, "괴델정리의 법이론적 함의", 서울대학교 법학 제49권 제4호, 2008, 683-731면 참조. 필자는 이 논문에서 괴델의 불완전성정리를 원용해 법체계의 본래적 불확정성을 입론하며, 법적 추론과 결정에서 직관의 중요성을 강조함과 동시에 직관의 정당화 조건을 제시한 바 있다. 유사한 맥락에서 다수설로 채택된 도그마틱이라도 그에 따른 결론이 그것이 과연 누구의 이익을 위한 것인지, 다시 말해 자기목적적인 형식적 결론인지 아니면 내용적 정당성까지 보증되는 것인지 항상 열린 태도로 되물을 필요가 있음을 논증하고 있는 문헌으로는 안성조, "법학에서 학설대립은 경쟁하는 밈들 간 대립인가? - 소수설을 위한 밈학적 변론 -", 연세대학교 법학연구 제25권 제1호, 2015.

12) 그 대표적인 사례로서 자살교사·방조죄가 있다. 형법이론적으로 공범종속성 도그마틱에 의하면 공범은 정범의 불법을 전제하므로 자살이 범죄를 구성하지 않는 이상 그에 대한 교사나 방조는 성립하지 않는다는 결론에 도달한다. 그러나 이러한 도그마틱적 결론은 직관적으로 도덕적 불편함을 초래할 수 있다. 이에 형법은 비록 자살은 처벌되지 않는다고 하더라도 사람의 생명은 그 주체의 생존의사와 관계없이 누구나 절대적으로 존중해야 한다는 점에서 자살교사·방조죄를 살인죄의 독자적인 변형구성요건으로 규정해두고 있다. 이 점에 대해서는 이재상·장영민·강동범, 형법각론(2017, 박영사), 34-35면. 이와 관련된 심층적인 논의로는 권오걸, "생명보호의 관점에서 본 자살 교사·방조죄의 검토", 형사법연구 제19권 제3호, 2007, 421면 이하 참조. 독일형법은 전통적으로 공범종속성에 따라서 자살방조를 처벌하는 규정을 두고 있지 않았으나, 자살을 전문적으로 주선, 중개하는 단체에 의해 조직적, 업무적으로 행하여지는 자살방조는 그 외의 자살방조

"실행의 수단 또는 대상의 착오로 인하여 결과의 발생이 불가능하더라도 위험성이 있는 때에는 처벌한다. 단, 형을 감경 또는 면제할 수 있다(제27조)"는 불능미수 조문[13]은 도그마틱적으로 다음과 같이 해석된다.

즉 불능미수의 성립요건으로는 첫째, 주관적 요건으로서 일반적인 미수범의 경우와 마찬가지로 기수의 고의가 있어야 한다. 둘째, 역시 일반적인 미수범의 법리와 동일하게 실행에 착수하여 행위를 종료하지 못하거나 결과가 발생하지 않아야 한다. 셋째, 법조문에 명시된 바와 같이 실행의 수단 또는 대상의 착오로 인한 결과발생의 불가능이 요구되며, 이는 수단 또는 대상의 원시적 불가능성을 의미한다. 넷째, 결과발생이 절대적으로 불가능하더라도 규범적으로 판단할 때 '위험성'이 있으면 처벌하되, 형을 감경 또는 면제할 수 있고, 위험성이 없으면 불가벌적 '불능범'이 되어 처벌할 수 없다.

전형적으로 불능범 또는 불능미수가 성립하는 사례는 다음과 같다. 예컨대 이미 죽은 자를 살해하려 하거나, 침대 위의 사람을 죽이려 총격을 가했는데 실제로는 침대 위에 사람이 없었던 경우, 치사량에 현저히 미달하는 농약이나 설탕으로 사람을 살해하려 하는 경우, 절취를 하려고 금고를 열었는데 금고가 비어 있었던 경우처럼 실행의 착수 당시에는 알지 못하였던 사정으로 사실상 범죄의 기수가 불가능한 경우가 있고(사실적 불능), 피해자가 승낙한 재물에 대한 절취처럼 결과의 발생이 법률상 불가능한 경우(법률적 불능)도 있다.

자, 그렇다면 다음과 같은 사례는 어떨까? 피해자가 술에 취해 의식을 잃고 잠이 들어 있어서 그러한 심신상실 또는 항거불능의 상태를 이용하여 간음을 하였는데 피해자가 실제로는 그러한 상태에 있지 않았다면, 행위자에게 어떠한 죄책이 성립하게 될까? 형법 제299조[준강간, 준강제추행]에 의하면 "사람의 심신상실 또는 항거불능의 상태를 이용하여 간음 또는 추

와 달리 범죄화할 필요가 있다는 논의 끝에 2015년 형법 제217조에 이를 처벌하는 조문을 신설하였으나 이 조문에 대해서는 금년도 2월에 독일연방헌법재판소로부터 위헌결정이 내려졌다. 이에 대해서는 BVerfG, Urt. v. 26.02.2020-2 BvR 2347/15 참조. 자살방조와 관련된 독일 내의 복잡다기한 논의상황은 특정한 도그마틱의 정당성에 대한 규범적 직관은 맥락에 따라 다층적일 수 있음을 잘 보여준다.

13) 형법전에는 '불능범'이라는 표제로 되어 있다.

행을 한 자는 제297조, 제297조의2 및 제298조의 예에 의한다." 간단히 말해 만일 실제로 피해자가 심신상실 또는 항거불능의 상태에 있었다면 행위자에게 원래 준강간죄의 죄책이 성립하게 되지만, 문제되는 것은 실제로 그러한 상태에 있지 않았다는 사실이다. 이것이 바로 대법원 2019.3.28. 선고 2018도16002 전원합의체 판결(이하 '대상판결'로 칭함)에서 다루어지고 있는 쟁점이다.[14)]

이러한 경우도 불능미수 도그마틱이 적용될 수 있을까? 즉 준강간의 불능미수가 성립할 수 있겠느냐는 것이다. 상기 대상판결의 다수의견은 이를 긍정한다. 하지만 법률전문가들은 물론 일반인들도 이를 선뜻 긍정하기에는 직관적으로 어딘가 석연치 않은 부분이 있을 것이다. 필자는 최근 어느 한 모임에서 사법연수원과 법무연수원의 교수 신분의 판·검사들, 그리고 각 대학의 로스쿨에서 온 여러 형사법 교수들과 대상판결에 대해 의견을 나눈 바 있었는데,[15)] 그들이 보인 반응 역시 그러했다. 왜 그럴까? 추측컨대 우선, 전형적인 불능미수 사례들은 애당초 범죄를 절대적으로 실현할 수 없는 상황에서 행위자가 실행의 수단 또는 대상을 착오하여 범죄의 실현이 가능하다고 오인한 경우인 반면, 대상판결의 사실관계는 일반적으로

---

14) 이 사건의 경과는 다음과 같다. 상근예비역이었던 피고인은 자신의 집에서 처와 함께 술을 마시다가 처가 먼저 잠이 들고 이어 피해자도 안방으로 들어가자 피해자를 따라 위 안방에 들어간 뒤, 피해자를 간음하였다. 군검사는 피고인을 강간죄로 기소하였으나 이후 제1심에서 공소장변경을 통해 예비적 공소사실로서 준강간을 추가하였으며, 이에 보통군사법원은 주위적 공소사실인 강간 부분은 무죄로, 예비적 공소사실인 준강간 부분은 유죄로 판단하였다. 이에 대해 피고인은 피해자가 술에 취해 있지 않았다는 사정 등을 이유로 항소하자 고등군사법원은 피해자가 반항이 불가능할 정도로 술에 취하지 않은 상태였음을 확인하면서 제1심에서 유죄가 인정된 준강간 부분을 무죄로 판단하고, 공소장변경을 통해 추가된 예비적 공소사실인 준강간 불능미수 부분을 유죄로 판단하였다. 이에 피고인은 피해자가 실제로 심신상실 또는 항거불능의 상태에 있지 않았으므로 성적 자기결정권을 침해하지 않았다는 이유로 상고하였으나, 대법원은 전원합의체 판결로 준강간의 불능미수에 해당하는 것으로 판시하였다.
15) 흥미롭게도, 대화를 나누었던 한 검사는 군검사가 항소심에서 제1심에서 유죄로 인정된 준강간죄로만 공소장변경허가신청을 하여도 축소사실로 미수범이 인정될 사안인데 왜 굳이 준강간미수의 점을 예비적 공소사실로 추가했는지 의아하다고 하였다. 일견 맞는 말이지만 판례에 의하면 축소사실이라 하더라도 '현저히 정의와 형평에 반하는 것'으로 인정되지 않으면 법원에게 유죄판결의 의무가 없기 때문에(대법원 2010.1.14. 선고 2009도11601 판결) 이 사안이 과연 그러한 경우에 해당하는지 쉽게 단정지어 판단하기는 어렵다. 배종대·홍영기, 형사소송법(홍문사, 2017), 241면; 이은모·김정환, 형사소송법(박영사, 2019), 446면; 이주원, 형사소송법(박영사, 2019), 247면 참조.

는 혹은 일정한 조건 하에서는 준강간의 결과가 발생할 수 있지만, 우연한 사정이 개입하여(만취해 보였음에도 불구하고 이례적으로 실제로는 항거불능 상태에 있지 않았음) 준강간의 기수에 이르지 못한 상황으로서, 따라서 이는 처음부터 결과발생이 객관적으로 불가능할 것을 요건으로 하는 불능미수가 아니라 장애미수로 의율되어야 할 사안처럼 보이기 때문일 것이다. 다음으로, 어쨌든 피해자가 원치 않았던 '간음'이라는 결과 내지 성적 자기결정권의 침해가 분명 발생했다는 점에서 이를 미수범의 한 유형인 불능미수 사안으로 다루는 것은 부적절하다는 직관적 판단이 들었기 때문이리라. 필자가 보기에는 특히 이와 같은 직관이 대법원 반대의견은 물론 대상판결에 대한 여러 판례 평석자들로[16] 하여금 다수의견에 대해 거부감을 느끼도록 만드는 가장 중요한 요인이 되고 있음은 물론이다.[17]

또 한편으로는 불능미수에서 대상의 착오라는 것이 사체에 대한 살인행위나 침대 위에 실재하지 않는 사람에 대한 총격행위처럼 해당 구성요건이 예정하고 있는 '생존하는 사람'이라는 대상 자체가 '부존재'함에도 불구하고 이를 '존재'한 것으로 오인한 경우만을 지칭하는 것인지, 아니면 대상판결처럼 대상의 '성질이나 상태'의 착오로 인해 해당 구성요건이 기수에 이를 수 없지만, 사람이라는 대상 '자체'는 존재하는 경우도 포함되는 것인지 기존의 불능미수 도그마틱은 세부적으로 명확하게 밝혀주고 있지 않기 때문이기도 할 것이다. 대법원 반대의견이 "이 사건은 미수범의 영역에서 논의할 문제가 아니다. 준강간죄의 객체는 사람이므로, 이 사건에서 애당초 구성요건실현의 대상이 될 수 없다는 의미에서의 대상의 착오는 존재하지 않는다"고 지적한 것은 바로 이러한 맥락에서 이해될 수 있을 것이다.

이상 논급한 바와 같이, 대상판결이 과연 결과발생이 객관적으로 불가

---

16) 김태명, "술에 취해 항거가 곤란한 사람에 대한 준강간죄의 불능미수", 전북대학교 법학연구 통권 제59집, 2019, 37-68면; 홍영기, "준강간의 미수: 장애미수와 불능미수의 구별", 법조 제68권 제3호, 2019, 659-677면 등 참조.

17) 로스쿨 학생들을 대상으로 강의 중 질문해 보거나 학생들의 답안을 채점해 본 경험에 의하면 전술한 바 있는 미수사례, 예컨대 폭행과 협박을 가하여 피해자로부터 재물을 갈취했으나, 실제로 피해자는 가해자가 불쌍하여 재물을 교부한 사안을 설명하면, 상당히 많은 학생들은 이를 공갈의 '미수'로 판단하지 않고, 폭행이나 협박의 기수범으로 포섭하려는 경향을 보이는데, 이 역시 재물의 교부라는 일정한 결과를 '구성요건적 결과발생'으로 보아 이미 미수범 사안은 아니라는 직관이 강하게 작동하기 때문인 것으로 사료된다.

능한 사안인지, 간음이라는 결과 내지 법익침해가 발생했는데도 미수범의 영역에서 의율할 수 있는지, 그리고 과연 이 사안에서 대상의 착오가 존재하는지 여부의 문제 외에도 준강간과 관련된 불능미수 도그마틱의 딜레마는 또 있다. 만일 준강간죄의 객체를 통설처럼 '심신상실 또는 항거불능의 상태에 있는 사람'으로 보지 않고 대법원 반대의견과 같이 단순히 '사람'이라고 본다면, 대상은 여전히 존재하고 단순히 '성질이나 상태'에 대한 착오만 있다고 볼 여지도 있다. 그리고 이러한 '성질이나 상태'의 착오는 형법에서 말하는 일반적인 '사실의 착오'와 혼동되기도 한다. 이 사안을 행위자에게 준강간죄의 객관적 구성요건요소의 하나인 피해자의 '상태', 즉 심신상실 또는 항거불능의 상태에 대한 착오가 있었던 것으로 포섭하게 되면, 이는 사실의 착오, 즉 고의의 성부문제로 귀착될 수 있다. 예를 들어 정신적인 장애가 있는 사람이라고 생각하고 강간을 하였으나 실제로는 정상적인 사람이었을 경우, 의도한 범죄는 성폭력범죄의처벌등에관한특례법 제6조 제1항 위반(장애인에 대한 강간)죄이지만, 실제로 발생한 범죄는 형법 제297조의 강간죄이기 때문에 중한 범죄에 대한 고의로 범죄를 저질렀으나 경한 결과가 발생한 사례가 되어 인식한 범죄사실과 발생한 범죄사실의 불일치, 즉 제15조 제1항(사실의 착오)의 문제[18]가 된다는 것이다. 다시 말하면 준강간의 범의를 지니고 간음을 하였으나 실제로는 피해자가 심신상실 또는 항거불능의 상태에 있지 않아서 강제추행 등 다른 구성요건이 실현된 경우라면 이는 사실의 착오에 의거해 해결하면 되는 문제이지 불능미수가 적용될 사안이 아니라는 것이다. 미수법리가 아니라 착오법리가 적용되어야 할 사안이라는 문제의식으로 볼 수 있을 것이다.

III. 논의의 재검토: "이 논쟁은 과연 진정한 딜레마에서 비롯된 것일까?"

어느 입장이 옳을까? 사실 법률전문가들도 다수의견과 반대의견의 논지 중 어느 쪽이 옳은지 쉽게 단정하기 어렵다. 형법상의 여러 개념과 법리와

---

18) 정확히는 제15조 제1항을 반전시켜 적용하는 문제가 된다.

직관이 일정한 준거점 없이 뒤섞여 각기 다른 결론을 지지하게 되는 딜레마 상황에 빠진 듯한 느낌을 갖게 된다. 지면 제약 상 여기에서는 상기 여러 논점 중에 무엇보다도 가장 본질적이고 긴요하다고 생각되는 두 가지 쟁점, 첫째 간음이라는 결과 내지 성적 자기결정권이라는 법익침해가 발생했으므로 미수범으로 의율할 사안이 아니라는 견해와, 둘째 대상판결은 불능미수가 아니라 장애미수로 의율될 사안이라는 견해만을 차례대로 검토해 보기로 하자.

우선 미수범이 성립하기 위해서는 실행행위를 종료하지 못하거나(착수미수), 실행행위를 종료했으나 결과가 발생하지 않아야 하는데(실행미수), 위 사례는 이 중 어느 경우에도 해당하지 않는다는 지적에 주목해 보자. 실행행위(간음)도 종료되었고, 그로 인하여 결과(성적 자기결정권의 침해)도 발생했다는 것이다. 대법원 반대의견도 기본적으로 이러한 입장에 있다. 하지만 과연 그렇게 보는 것이 일반적인 불능미수 도그마틱에 비추어 합당한 것일까? 대법원 반대의견은 다음과 같이 역설한다. "강간죄나 준강간죄는 구성요건결과의 발생을 요건으로 하는 결과범이자 보호법익의 현실적 침해를 요하는 침해범이다. 그러므로 강간죄나 준강간죄에서 구성요건결과가 발생하였는지 여부는 간음이 이루어졌는지, 즉 그 보호법익인 개인의 성적 자기결정권이 침해되었는지 여부를 기준으로 판단하여야 한다." 요컨대, (준)강간죄는 보호법익의 현실적 침해를 요하는 침해범이므로 구성요건적 결과의 발생 여부는 간음이 이루어졌는지를 기준으로 판단해야 한다는 것이다. 침해범과 위험범의 차이점에 주목하고자 하는 반대의견의 관점은 존중할 만하다. 하지만 일반적인 형법도그마틱에서 침해범과 위험범의 구별은 그 범죄의 성질이 법익침해를 본질적 요건으로 하는가에 따른 것에 불과하므로 현주건조물방화죄처럼 보호법익의 관점에서는 위험범이지만 '일정한' 결과의 발생을 요하는 구성요건도 존재하며 따라서 준강간이 위험범이 아닌 침해범이기 때문에 반드시 구성요건적 결과의 발생여부를 간음이 이루어졌는지 여부를 기준으로 판단하여야 한다는 논증은 타당성이 떨어진다. 침해범이라는 준강간죄의 특성이 '구성요건적 결과의 발생'을 달리 해석해야 할 합리적이고 합당한 근거가 되지는 못한다는 것이다. 같은 맥락에서 미수범은 결과범뿐만 아니라 일정한 거동범에서도 성립할 수 있으며[19] 이처럼 미수범 도그마틱에서 '구성요건적 결과의 발생'은 침해범과 위험범은 물론 결과범과 거동범에서도 동일한 의미로 해석되는 것이다. 즉 다시 말하지만 미수범 도그마틱에 비추어 보면 미수범이란 범죄의 주관적 구성요건요소는 모두 갖추어져 있으나 객관적 구성요건요소가 전부 다 충족되지 못한 경우를 뜻하며, 모든 객관적 구성요건요소가 충족되었을 때 비로소 '구성요건적 결과'가 발생했다고 보아야 한다. 침해범의 경우는 대체로 행위자가 '의욕한 바', 예컨대 사망이나 간음이 곧 '구성요건적 결과'인 것으로 인식되기 쉽지만(우리의 직관은 그러한 방향으로 기울기 쉽지만), 도그마틱적으로 보면 결코 그렇지 않다는 것이다. 따라서 대상사건의 경우 대법원 보충의견이 적실하게 지적하고 있듯이 준강간의 고의로 실행에 착수했으나 간음에 이르지 못한 때에만 불능미수가 성립되는 것은 아니며, 간음이 실현된 경우에도 성립될 수 있다. 강간죄나 준강간죄는 '간음' 자체를 처벌하는 것이 아니라 폭행이나 협박에 의하여 또는 피해자의 심신상실이나 항거불능의 상태를 이용하여 성적 자기결정권을 침해하는 방법으로 간음이 실행된 경우에 이를 범죄로 처벌하는 것이고, 이처럼 피고인이 의욕한 바로서 '간음'은 구성요건적 결과가 아니라 객관적 구성요건의 한 요소일 뿐이기 때문이다.[20] 마찬가지로 보충의견은 "공갈의 경우 갈취의 고의로 폭행이나 협박을 하였으나 실제로 피해자가 외포되지는 않은 채 다른 이유로 처분행위를 했다면 피고인은 재물의 취득이라는 의욕한 결과를 얻었으나 공갈죄는 기수로 평가되지 않는다"라고 부연하며, "강간죄와 준강간죄에서도 피고인이 목적 내지 의욕한 결과가 발생했더라도 인과관계의 결여로 미수범은 성립할 수 있다. 범죄의 미완성은 구성요건적 결과가 발생하지 않은 것을 의미하며, 행위자가 그 목적을 달성했느냐에 의하여 결정되는 것이

---

19) 주거침입죄의 미수가 그 대표적 사례이다. 따라서 형법 제27조에서 말하는 결과발생은 결과범이나 인과관계에서 말하는 결과와 구별해야 한다는 지적으로는 김태명, 앞의 논문, 49-50면.

20) 최근 대법원은 직권남용권리행사방해죄의 해석과 관련해 "'사람으로 하여금 의무 없는 일을 하게 한 것'과 '사람의 권리행사를 방해한 것'은 형법 제123조가 규정하고 있는 객관적 구성요건요소인 '결과'로서 둘 중 어느 하나가 충족되면 직권남용권리행사방해죄가 성립한다. 이는 '공무원이 직권을 남용하여'와 구별되는 별개의 범죄성립요건이다"라고 판시함으로써, '객관적 구성요건요소의 일부로서의 결과'를 명시적으로 구별해 언급하고 있다. 대법원 2020.1.30. 선고 2018도2236 전원합의체 판결.

아니다"라고 적실히 지적한다. 이는 치사량에 현저히 미달하는 독약으로 살해를 시도했는데, 실제로 사망이라는 결과가 발생하였다 하더라도 객관적으로 결과발생이 불가능하다고 본다면 불능미수가 성립되는 것과 같다.

요컨대 대법원 다수의견과 반대의견이 대상사건을 미수범으로 의율할 사안으로 보아야 하는지, 그렇지 않은지에 대해 견해의 대립을 보이는 것은 법조문에 명시된 '결과발생'에 대한 각기 다른 해석에서 출발하였기 때문에 발생한 것으로 판단되며, 특별히 불능미수 도그마틱이 갖고 있는 체계적인 모순이나 불완전성에서 비롯된 것은 아니라고 생각된다. 논리적으로 각기 다른 전제에서 출발하면 상이한 결론에 도달할 수밖에 없는 것이다. 이 점은 다수의견과 반대의견이 불능미수를 각기 상이하게 정의하는 데에서도 간취할 수 있다. 불능미수에서 결과발생의 의미를 설명하며 다수의견은 '구성요건의 충족'이란 용어를 사용하지만, 반대의견은 '법익침해'나 '의욕한 결과 발생' 등을 제시한다. 이러한 용어법의 차이는 상기 논급한 바처럼 결국 불능미수 도그마틱을 적용하는 데 있어서 결론의 차이를 가져오게 된다.

물론 반대의견이 그러한 입장을 취한 이유는 '간음'이라는 결과가 발생하여 피해자의 성적 자기결정권이 침해되었다는 점에 주목하였기 때문이고, 따라서 이러한 '특수한 사례'에 있어서는 '내용적 정당성'을 따져서 불능미수 도그마틱을 '다르게' 적용해 보려는 의미있는 시도로 선해할 수도 있을 것이다. 전술한 바와 같이 도그마틱의 체계내적 일관성만 강조하다 보면 '불만족스러운 결과'에 도달할 수 있고 따라서 이러한 상황에 직면해 반대의견은 개방적 태도를 취함으로써 기존의 불능미수 도그마틱을 획일적으로 적용하지 않고 도그마틱을 보다 세분화해서 이러한 사례에서는 불능미수로 의율하지 않는 법리구성을 시도한 것으로 볼 수도 있다는 것이다. 하지만 결론적으로 이와 같은 시도는 충분한 근거를 제시하지 못하였고, 또한 다른 도그마틱과의 관계에서 볼 때 체계적으로도 모순을 일으킬 수 있으므로 정당한 근거지음에 성공하지 못했다고 평가할 수 있을 것이다.

다음으로 "전형적인 불능미수 사례들은 애당초 범죄를 절대적으로 실현할 수 없는 상황에서 행위자가 실행의 수단 또는 대상을 착오하여 범죄의 실현이 가능하다고 오인한 경우인 반면, 대상판결의 사실관계는 일반적으로는 혹은 일정한 조건 하에서는 결과가 발생할 수 있지만, 우연한 사정이 개입하여 (만취했음에도 불구하고 실제로는 항거불능 상태에 있지 않음) 준강간의 기수에 이르지 못한 상황으로서, 따라서 이는 처음부터 결과발생이 객관적으로 불가능할 것을 요건으로 하는 '불능'미수가 아니라 '가능'미수인 장애미수로 의율되어야 할 사안"인 것은 아닌가라는 문제제기에 대해 검토해 보기로 하자.

대법원 반대의견은 "불능미수란 행위의 성질상 어떠한 경우에도 구성요건이 실현될 가능성이 없지만 '위험성' 때문에 미수범으로 처벌하는 경우를 말한다. 따라서 일정한 조건하에서는 결과 발생의 개연성이 존재하지만 특별히 그 행위 당시의 사정으로 인해 결과발생이 이루어지지 못한 경우는 불능미수가 아니라 장애미수가 될 뿐이다"라며, 대상사건은 불능미수로 의율할 사안이 아니라고 단정한다.[21] 더 나아가 반대의견은 "형법 제27조에서 '결과발생이 불가능'하다는 것은 '범죄기수의 불가능'뿐만 아니라 '범죄실현의 불가능'을 포함하는 개념이다. 행위가 종료된 사후적 시점에서 판단하게 되면 형법에 규정된 모든 형태의 미수범은 결과가 발생하지 않은 사태라고 볼 수 있으므로, 만약 '결과불발생', 즉 결과가 현실적으로 발생하지 않았다는 것과 '결과발생불가능', 즉 범죄실현이 불가능하다는 것을 구분하지 않는다면 장애미수범과 불능미수범은 구별되지 않는다. 다시 말하면, 형법 제27조의 '결과발생의 불가능'은 사실관계의 확정단계에서 밝혀지는 '결과불발생'과는 엄격히 구별되는 개념이다"고 덧붙인다. 즉 행위가 종료된 사후적 시점에서 판단하면 형법상의 모든 미수범은 결과가 발생하지 않은 사태라고 볼 수 있으므로 이 중에서 처음부터 결과발생이 불가능한 불능미수와 처음에는 결과발생이 가능했으나 우연한 사정의 개입으로 결과발생이 불가능해진 장애미수를 구별하기 위해서는 '결과발생의 불가능'은

---

21) 그렇다고 반대의견이 대상사건을 장애미수로 의율해야 한다고 역설하고 있는 것은 아니다. 그보다는 불능미수로 의율할 사안이 아님을 강조하는 데 그치고 있으며, 반대의견의 전반적인 논지는 피해자의 '심신상실이나 항거불능의 상태를 이용'함에 대한 사실의 증명이 없으므로 무죄를 인정해야 한다는 취지로 보인다. 이 점에 대해서는 동 판결의 보충의견 참조. (준)강간죄의 보호법익에는 성적 자기결정권뿐 아니라 "자신의 법익이 침해당하는 상황에 대항할 수 있는 권리"도 포함되어 있다는 입장에서 반대의견의 입장을 지지하는 견해로는 이용식, "2019년 분야별 중요판례분석(형법총칙 편) - 준강간죄의 불능미수에 관한 사례 -", 법률신문(2020.3.12) 참조.

사후적으로 판단해서는 안 되고, 이를 행위가 종료되기 전에 사전적으로 판단해야 한다는 지적이다. 그렇기 때문에 '결과발생의 불가능'은 사전적 판단으로 '범죄실현의 가능성' 여부에 관한 것이고, 사실관계의 확정단계에서 밝혀지는 '결과불발생' 여부에 의해 좌우되는 것은 아니라는 것이다. 그러므로 사후적으로 공판심리절차에서 사실관계의 확정을 통해 밝혀보니 실제로 결과가 불발생하였고 이를 통해 결과발생이 불가능한 것으로 밝혀졌다고 하더라도 사전적 관점에서 보면 결과발생이 가능한 것으로 보아야 하는 경우도 있으며, 그리고 대상사건이 바로 그러한 사안이라는 것이다. 요컨대 대법원 반대의견을 종합해 보면 일반적으로 혹은 일정한 조건 하에서 만취한 상태의 피해자에 대한 간음은 실행행위가 종료되기 전에 사전적 관점에서 판단하면 준강간의 실현가능성에 있어서 결과발생이 가능한 경우에 해당하지만, 사안의 경우 사후적으로 밝혀보니 피해자가 항거불능의 상태에 있지 않아서 준강간의 결과가 발생하지 않았다고는 보지만, 이것은 우연한 사정의 개입에 의해 그렇게 된 것일 뿐 규범적으로 판단할 때에는 '결과발생이 가능한' 사안으로 보아야 한다는 취지로 보인다. 이를 뒷받침하기 위해 반대의견은 "제1심은 준강간죄를 유죄로 인정하였다. 원심은 준강간죄를 유죄로 인정할 증거가 부족하다고 보았다. 군검사는 준강간죄가 무죄로 판단될 경우에 대비하여 적어도 준강간의 불능미수죄는 된다고 예비적으로 적용법조를 추가하였다. 형법 제27조의 입법취지가 이런 경우를 위한 것이 아님은 이미 살펴보았다"고 역설한다. 다시 말해 이 사건은 제1심의 판결이나 원심에서 군검사의 주위적 공소사실이 준강간이었음에 비추어 볼 때, 사전적 관점에서 보면 일반적으로는 준강간의 실현가능성이 있었던 사안이므로 사후적으로 밝혀진 결과 피해자가 항거불능의 상태에 있지 않았던 사실은 '우연한 사정'이 되어 장애미수로 의율할 사안으로 보아야 한다는 것이다. 더구나 반대의견은 준강간죄의 행위객체를 '사람'으로 보고 있는바, 이렇게 보면 피고인이 피해자를 간음의 대상으로 삼은 데에 있어 대상의 착오도 발생하지 않았다는 점에서 더욱 그러하다.[22]

---

22) 통설적인 준강간죄 도그마틱과 마찬가지로 대법원 다수의견은 준강간의 객체를 '심신상실 또는 항거불능의 상태에 있는 사람'으로 본다.

사후적으로 밝혀진 결과에 따라서 '결과발생의 불가능' 여부가 판단되어서는 안 된다는 반대의견의 지적은 일면으로는 분명 타당하다. 그렇게 되면 결과가 발생하지 않은 모든 미수범 사안은 애당초 결과발생이 불가능한 미수유형으로 분류되어 불능미수범으로 의율될 것이기 때문이다. 하지만 행위자의 실행행위 당시에 결과발생이 불가능했는지 여부는 불능미수 조문의 적용을 위해 선결되어야 하는 사실관계이고, 형법적용의 전제가 되는 사실은 형사소송을 통해 밝혀져야 하는 실체진실의 일부라는 점도 의심의 여지가 없다. 그런데 형사소송의 '실체적 진실'은 '절대적 진실'이 아니라 민사소송의 '형식적 진실'에 비해 상대적인 개념일 뿐이며, 그러므로 적법한 절차를 통해 '사후적으로' 확정된 결과에 의존할 수밖에 없다. 결과가 발생할 수 있었는지, 즉 살인의 대상이 살아있는 사람이었는지, 사체였는지 여부나 금고에 절취하려는 돈이 있었는지, 비어 있었는지 여부 혹은 독약이 치사량에 현저히 미달하였는지 여부 등은 실행행위 당시 행위자의 예측이나 인식과는 무관하게 절차적 과정에 의해 입증해야 하는 사실판단의 문제이므로 사후적으로 소송을 통해 증거에 의해 밝혀질 수밖에 없다. 다시 말하면 바로 그렇기 때문에 실행행위 당시에 실행의 수단 또는 대상에 대한 인식과 사실의 불일치, 즉 착오가 발생하여 불능미수로 의율할 사안이 되는 것이다. 대상사건에서도 원심에서는 검사의 주위적 공소사실과는 다르게 피해자의 항거불능상태가 부정되어 준강간의 결과발생이 불가능한 것으로 판명되었으나, 제1심에서는 항거불능상태가 긍정되었다. 물론 반대의견의 논지는 바로 그렇기 때문에 '사전적으로 볼 때' 준강간의 실현가능성이 있었던 사안인 것으로 보아야 한다는 것이지만, 제1심에서 군검사는 애당초 강간죄로 기소를 하였다가 이후 공소장변경을 통해 예비적으로 준강간죄를 추가하였음에 주목한다면, 대상사건이 반드시 사전적 관점에서는 준강간의 실현가능성이 있었던 사안이라고 보기도 어렵다. 즉 '결과발생의 가능성'을 사전적으로 판단할 경우 이 사건은 오히려 일반적으로 준강간이 실현가능했는지 여부에 대해 판별하기 어려운 사안이 되고 만다. 반대의견의 의도와는 달리 '사전적 관점'이 지니는 한계를 노정하게 된다는 것이다. 아울러 반대의견의 논지대로 사전적 관점에 의해서만 결과의 실현가능성

여부를 판단해야 한다면, 즉 실행행위 당시 일반적으로 결과의 실현이 가능하다고 볼 수 있는지 여부에 따라 결과발생의 불가능성 여부를 결정한다면, 실제로 불능미수가 될 수 있는 사안은 매우 축소되어 발생하기가 어려울 것이다. 소위 통찰력 있는 평균인의 관점에서 일반적으로 결과발생이 불가능한 상황인데도 행위자가 범죄를 저지른다는 것은, 그에게 '현저한 착오'가 없는 이상 관념하기 힘들다.

반대의견은 "사후적으로 결과가 발생하지 않은 것으로 밝혀진 모든 미수범 사안은 불능미수로 의율될 것이다"라고 지적하지만 이 논지의 부당함은 사후적으로 결과가 발생하지 않은 것으로 밝혀진 경우라 하더라도 장애미수가 성립되는 사안도 분명 존재한다는 점에서 찾을 수 있다. 다시 말해 사후적으로 단순히 "결과가 불발생한 사태"와 "심신상실이나 항거불능상태가 부정되어 준강간의 결과발생이 실현불가능한 경우"는 구별되어야 한다는 점에 주목하면 반대의견의 우려는 해소될 수 있다. 전자는 모든 미수범 사안에 공통되는 사태이고 반면 후자의 경우가 바로 불능미수로 의율할 사안이 되는 것이다. 부언하자면 사후적으로 단지 결과가 불발생했다는 점만으로 불능미수의 '결과발생의 불가능성'이 인정되는 것은 아니며, 행위자가 '실행의 수단 또는 대상을 착오하여' 결과의 발생이 가능하다고 오인한 경우에만 '결과발생의 불가능성'이 인정되는 것이다. 반대의견은 이를 특별히 '범죄실현의 불가능'이라고 명명하고 있는 듯 보인다. 다수의견의 보충의견은 이와 관련해 다음과 같이 반대의견을 적확히 반박한다. "다수의견은 모든 구성요건 불충족 행위에 대해 불능미수가 성립한다는 것이 아니라 처음부터 실행의 수단 또는 대상의 착오로 구성요건을 충족할 수 없는 경우에 한하여 형법 제27조에 의한 불능미수의 가벌여부를 판단하여야 한다는 것이다. 다수의견은 이러한 불능미수의 성립요건이 충족된 사안에서만 불능미수가 성립될 수 있다는 것일 뿐, 실행의 수단 또는 대상의 착오가 아닌 다른 이유로 결과발생이 불가능한 경우이거나 위험성이 없는 경우 등의 사안에까지 불능미수를 확대하여 인정하자는 취지가 아니다."

이상의 논의를 정리하자면, 반대의견은 불능미수 도그마틱이 요구하는 '결과발생의 불가능성'을 사후적(또는 사실적)으로 판단해서는 안 되고 사전적(또는 규범적)으로 판단해야 함을 역설하고 있지만, '실행의 수단 또는 대상의 착오'가 있었는지 여부는 공판심리절차를 통해 사후적으로 확정될 수밖에 없으며, 그렇다고 하여 대법원 반대의견이 우려하듯이 모든 미수범이 불능미수가 되는 것은 아니다. 왜냐하면 사후적으로 결과가 불발생한 사태 중에서 실행의 수단이나 대상을 착오하여 객관적으로 범죄실현이 불가능한 경우에만 불능미수로 의율될 것이기 때문이다.

다만 사후적으로 판단해 결과발생이 불가능한 경우라 하더라도 반대의견의 지적처럼 장애미수와 불능미수가 준별되어야 함을 전제로 한다면, 불능미수범의 성립에 요구되는 '결과발생의 불가능성'은 모든 미수범에 공통되는 요건인 '범죄기수의 불가능(결과의 불발생)'뿐만 아니라 그것이 실행의 수단 또는 대상의 착오로 인해 객관적으로 범죄를 실현할 수 없음을 뜻하는 '범죄실현의 불가능'을 모두 지칭하는 중의적 개념이어야 할 것이다. 그렇다면 사실관계의 확정을 통해 결과발생이 불가능한 것으로, 즉 결과가 발생하지 않은 것으로 판명된 경우라 하더라도 범죄실현은 가능한 경우에 해당할 수 있으며, 이때에는 응당 불능미수가 아니라 장애미수의 성립여부가 검토되어야 한다. 이렇게 본다면 '범죄기수의 불가능'과 '범죄실현의 불가능'을 구별할 필요성을 역설하며 형법 제27조가 요구하는 '결과발생의 불가능'은 사후적으로 판단해서는 안 되며, 사전적으로 판단되어야 한다고 입론하고 있는 반대의견의 논지는 설득력을 잃게 된다. 결과발생의 불가능은, 두 가지 의미 중 어떤 의미로 해석하든 사실적인 판단이므로 행위가 종료된 이후 사후적으로 판단되어야 하고, 절차적으로도 그럴 수밖에 없지만, 결과발생의 불가능성이 일면 긍정된다고 하여도 '범죄실현의 불가능성'이 항상 긍정되는 것은 아니기 때문이다. 실행의 수단 또는 대상의 착오가 있는지 여부는 공판심리과정에서 모든 미수범에 공통되는 요건인 결과발생의 불가능성, 즉 결과의 불발생과는 별도로 확인되며, 때로는 대상사건처럼 제1심과 제2심에서 달라질 수도 있는 것이다. 형사소송에서 실체진실은 객관적으로 관찰가능한 형태로 존재하여 '발견'되는 것이라기보다는 과거의 사실에 대한 단편적 정보와 증거들을 토대로 법관의 선별과 판단 및 종합에 의해 사실상 절차적으로 '구성'된다는 측면에서 보면[23] 이러한 결과는 당연한 것이며, 결과발생의 불가능성 여부가 사후적으로 밝혀진 결과에 따라서 결정되어서는 안 된다는 주장은 형사소송제도의 존재의의를 몰각시키는 결과를 가져온다고 말할 수 있다.

요컨대 불능미수 도그마틱에서 요구되는 결과발생의 불가능성은 사후적으로 판단되는 사실관계의 확정에 관한 문제로 보는 것이 타당하며, 그렇게 보더라도 모든 미수범이 불능미수로 의율되는 상황은 발생하지 않는다. 오히려 이를 사전적으로 일반인의 관점에서 판단할 경우 행위자에게 '현저한 착오'가 없는 이상 불능미수로 의율할 사례가 매우 축소되어 미수범 도그마틱의 적용에 있어서 피고인에게 불리해지는 결과를 초래하게 되는 바, 이처럼 불능미수 조문에서 착오의 의미를 '현저한 착오'로 제한해 축소해석하는 것은 법문의 가능한 범위를 넘어서 유추해석하는 것과 같은 결과를 가져오므로 통설과 판례[24]에 따르면 허용되지 않는 '부당한 축소해석(제한적 유추해석)'에 해당해 죄형법정주의에 반하는 문제를 야기한다.[25] 아울러 결과발생의 불가능성을 사후적으로 판단해야 한다는 취지가 결코 행위가 종료된 사후적 시점에 행위자에게 착오가 있었는지 여부를 판단한다는 것이 아님은 전술한 바와 같다. 즉 이 입장에 따르더라도 결과발생의 불가능성은 실행의 착수 시점이나 실행행위가 종료되기 이전의 시점을 기준으로 판단해야 한다는 점에서는 사전적 관점을 내세우는 견해와 차이가 없음에 유념할 필요가 있을 것이다. 다시 말해 실제로 결과발생이 불가능한 사안이었는지 여부는 사후적으로 밝히되, 만일 불가능하다면 그렇기 때문에 실행의 착수 당시 이미 결과발생이 불가능한 것으로 평가되어 불능미수로 의율할 사안이 된다는 취지이지, 단지 사후적으로 결과가 발생하지 않았다거나 범죄실현이 불가능했다는 점으로 인해, 행위가 종료된 시점을 기준으로 판단할 때 결과발생이 불가능한 것으로 보아 장애미수로 의율되어야 할 사안이 불능미수 사안으로 평가되지는 않는다는 것이다.[26]

---

23) 정승환, 형사소송법(박영사, 2018), 21면 참조.

24) 대법원 1997.3.20. 선고 96도1167 전원합의체 판결. 제한적 유추에 대해서는 이상돈, 형법강론 제3판(박영사, 2020), 29면 참조.

25) 동지의 신동운, 앞의 책, 538면 참조.

26) 예컨대 피해자를 독살하려고 치사량의 독약을 먹였으나, 피해자가 구토를 하여 사망하지

물론 '사전적 관점'을 중시하는 입장에서는 다음과 같은 논지를 내세울 수도 있을 것이다. 빈 주머니 안에 손을 넣어 돈을 훔치려 했으나 주머니가 비어 있는 경우와 같이 사전적으로 통찰력 있는 일반인의 관점에서 행위 당시 행위 자체의 속성에 비추어 볼 때, 일반적으로 범죄실현이 가능한 경우로 평가할 수 있고, 대상사건도 이와 같은 맥락에서 준강간이 실현가능한 경우로 보아야 할 것이므로 이들 사례 모두는 우연한 외부적 사정에 의해 결과발생이 불가능했거나 소송의 경과에 따라 그렇게 평가되었을 뿐이므로 장애미수로 보아야 한다고. 한마디로 통찰력 있는 일반인을 기준으로 했을 때 결과발생이 가능한 경우라면 이는 장애미수로 보아야 하고, 그렇지 않은 경우에만 장애미수보다 불법성이 경한 불능미수로 의율해야 한다는 견해이다. 외부적 사정, 즉 입수할 수 있는 정보량의 차이에 따라 가변적일 수 있는 사후적 관점보다는 행위당시 행위자의 행위속성을 중심으로 일관성 있게 불법의 정도를 결정해야 한다는 견해[27]라는 점에서 경청할 만한 주장이기는 하나, 이러한 주장은 결과적으로 '현저한 오인'으로 인해 일반적으로 결과발생이 불가능함에도 가능할 것으로 착오를 일으킨 경우에만 불능미수를 인정해야 한다는 논지로 귀결되며, 전술한 바와 같이 현행 형법조문의 해석상 부당하다. 아울러 그러한 경우라고 하더라도 사후적으로 판단했을 때에는 실행의 수단 또는 대상의 착오로 결과발생이 불가능한 경우라는 점에 있어서는 동일한데도 불구하고 단지 '착오의 경중'에 따라서 불능미수가 인정되기도 하고 부인되기도 하는 것은 모든 사례에 일관되고 통일성 있게 적용되어야만 하는 도그마틱의 특성상 합당해 보이지 않는다. '현저한 부지aus großem Unverstand'를 불능미수의 요건으로 하고 있는 독일형법의 해석이라면[28] 가능하겠지만 형법 제27조의 해석론으로는 적

않은 경우 사전적으로 판단하든 사후적으로 판단하든 실행행위 당시 결과발생이 가능한 장애미수 사안이 된다.

27) 이러한 입장으로는 홍영기, 앞의 논문, 671면 이하 참조.

28) 독일형법에서 미수범은 결과발생의 가능성 여부와 관계없이 처벌되고, 그 효과는 임의적 감경이다(독일형법 제23조 제1항 및 제2항). 하지만 범행의 객체 또는 실행의 수단에 현저한 부지가 존재하여 결과발생이 불가능한 경우에는 형을 면제하거나 재량에 의해 형을 감경할 수 있다. 그러므로 독일의 경우 미수범 조문체계상 "불능미수는 형벌강화기능을 하는 것이 아니라 형벌완화기능을 하는 것으로서 피고인에게 유리한 규정이다." 이 점에 대해서는 오영근, 형법총론(대명출판사, 2004), 586-587면 참조. 독일형법의 '현저한 부

합하지 않다. 또 다른 측면에서 논박하자면 착오가 현저하지 않은 사례라 하더라도 객관적으로 범죄실현이 불가능함은 명백하므로 만일 위험성이 인정된다면 법익침해의 '잠재적 위험성' 정도의 결과불법만 인정할 수 있는데, 그럼에도 불구하고 법익침해의 '현실적 위험성'이라는 결과불법을 전제로 하는 장애미수로 의율하는 것은, 불능미수와 장애미수 도그마틱을 구분해서 적용하게 해주는 주요근거로서 '결과불법의 경중'이라는 측면에 비추어 볼 때 수긍하기 어려운 결론이라고 할 것이다. 독일형법은 조문 자체가 우리와 달리 '위험성'이라는 표지를 요구하지 않는다. 기본적으로 착오가 있다고 하더라도 통상의 미수범인 장애미수범으로 처벌되며, 단 착오의 경중에 따라서 그것이 현저할 경우에만 불능미수가 성립되는 것으로 해석된다. 이러한 태도는 미수범의 처벌근거에 대해 객관설과 주관설을 절충한 '인상설(印象說)'을 채택하고 있기 때문인 것으로 평가되고 있다.[29] 하지만 우리 형법은 기본적으로 주관설과 객관설의 입장을 종합적으로 고려하되 '잠재적 위험성'이라는 결과불법이 충족될 경우에 불능미수가 되는 구조라는 점에서 독일형법 도그마틱을 그대로 가져올 수는 없다. 이것은 앞서 논급한 바와 같이 행위자에게 불리해지는 유추해석이 될 수 있다.

　다소 긴 논의를 하였지만, 한마디로 요점을 말하자면 실행의 수단 또는 대상의 착오란 것이 반드시 살아있는 사람인 줄 알았는데 실제로는 사체인 경우처럼 그 착오가 현저한 경우만을 뜻하는 것은 아니라는 것이다.[30] 만

지'는 바로 그러한 기능을 하는 표지이다. 역시 미수범은 어느 경우나 처벌하되 실행의 수단이나 대상에 '현저한 부지'가 있는 경우에는 벌하지 아니한다(straflos)고 규정하고 있는 스위스 형법 제22조도 독일형법과 마찬가지다. 하지만 형법 제27조는 착오의 현저함 여부에 관계없이 결과발생이 불가능한 경우에는 원칙적으로 처벌되지 않는다는 입장이므로 실행의 수단 또는 객체에 대한 '착오'를 독일형법 조문처럼 '현저한 착오'로 해석하게 되면 전술한 바와 같이 오히려 피고인에게 불리한 결과를 가져오게 된다.

29) Jescheck/Weigend, Lehrbuch des Strafrecht, AT, 1996, S. 514 f. 인상설(Eindruckstheorie)은 미수범의 처벌근거를 주관설처럼 법적대적 의사라는 행위반가치에서만 찾거나 객관설처럼 구성요건적 결과발생의 위험성이라는 결과반가치에서만 찾지 않고, 행위자의 주관적인 범죄의사가 객관적인 법적 평화를 깨트림으로써 전체적으로 공동체의 법신뢰를 저해시키는 범죄적 인상 내지 법동요적 인상을 가져왔다는 점에서 찾는다. 따라서 실행의 수단이나 대상의 착오로 결과발생의 불가능성이 불가능한 경우라도 법질서를 동요시켰다는 점에서는 미수범으로 처벌되지만, '현저한 부지'가 있는 경우에는 그러한 동요의 인상이 크게 약화된 것으로 평가되기 때문에 형의 임의적 감경을 넘어 임의적 면제까지 인정된다(독일형법 제23조 제3항).

일 그런 경우에만 불능미수가 성립한다면, 의식을 잃고 쓰러져 있는 피해자를 보고 심신상실 또는 항거불능의 상태에 있다고 오인하고 그를 간음하였으나, 실제로는 피해자가 이미 사망한 경우에만 불능미수가 성립하고, 피해자가 생존하였으나 실제로는 심신상실 또는 항거불능의 상태에 있지 않은 경우에는 장애미수가 성립된다는 결론에 이르게 되는데, 이는 결과불법의 측면에서 동일한 사례를 다르게 취급한다는 점에서 부당하다.

결론적으로 보면, 두 번째 반론도 불능미수 도그마틱의 딜레마에서 비롯된 것이라기보다는 그 도그마틱을 철저하고 일관되게 적용하지 않고, 일부 사안에서 충분히 정당한 근거의 제시 없이 예외를 인정한 데에서 기인한 결과로 보이며, 따라서 이 역시 불능미수 도그마틱을 충실하게 따르고 있는 대법원 다수의견의 논지와 결론을 성공적으로 논박하고 있지 못하다고 생각한다.

대상판결의 법리논쟁은 결국 "미수범이란 무엇인가?"라는 근본적인 물음에 답하려는 시도에서 비롯된 것으로 생각된다. 법관이 사례의 해결에 있어서 구체적 타당성을 기하려는 시도는 장려되어야 하고 권장할 만한 것이다. 하지만 그에 상응하는 정당화 논증이 도그마틱적으로 뒷받침되어야 반론이 설득력을 가질 수 있음을 잘 보여주는 법리논쟁이라고 할 것이다. 나아가 법적 추론에서 종종 마주치게 되는 진정한 딜레마와 그렇지 않은 것을 구별할 필요가 있음을 일깨워 주는 좋은 전범이 되는 케이스라고 의미를 부여할 수도 있을 것이다.

---

30) 이러한 사례에서 불능미수를 인정한 판결로는 대법원 2013.7.11. 선고 2013도5355 판결. 동 판결의 사실관계에서 피고인은 야간에 甲의 주거에 침입하여 재물을 절취하고 甲의 항거불능 상태를 이용해 추행하였던 바, 대법원은 원심이 이 사건 공소사실 중 야간주거 침입절도 후 준강제추행 미수의 점에 대해서, 이를 유죄로 보려면 야간주거침입절도죄의 성립이 전제되어야 하는데 이 사건에서 피고인이 피해자의 집에 침입할 당시 피해자는 이미 사망한 상태에 있었으므로 피고인이 가지고 나온 물건들은 피해자가 점유하고 있었다고 볼 수 없다고 하여 무죄라는 취지로 판단하고, 그에 대한 예비적 공소사실인 주거침입 후 준강제추행 미수의 점을 유죄로 인정하고 아울러 함께 공소제기된 점유이탈물횡령의 점을 유죄로 인정한 것을 정당하다고 판시하였다. 요컨대 동 사안에서는 사망한 피해자의 점유가 인정되지 않아서 성폭법상의 야간주거침입절도후준강제추행 미수의 점에 대해서는 불능미수가 아니라 무죄를 인정하였으나, 그 대신 예비적 공소사실인 주거침입 후준강제추행에 대해서는 불능미수를 인정하였다. 원심판결은, 대전고등법원 2013.4.18. 선고 (청주)2013노8 판결 참조.

05

위계는 도덕적인 죄_{sin}이지만 범죄_{crime}가 되어서는 안 된다: 종교적 위계간음의 범죄화에 있어서의 법적 딜레마

Jianlin Chen

멜버른 로스쿨(Melbourne Law School) 부교수

   Jianlin Chen is Associate Professor at Melbourne Law School. Jianlin grew up in Singapore and Taiwan. He obtained his LLB from National University of Singapore, and his LLM and JSD from the University of Chicago. He is qualified to practice in Singapore and New York. He joinedthe Melbourne Law School in 2017 after starting his academic career at the University of Hong Kong in 2011. Bilingual in English and Chinese, Jianlin publishes widely, with a monograph from Cambridge University Press, and in law journals such as Columbia Journalof Asian Law, Law & Social Inquiry, 北大法律评论, among many others. His current primary research interests are law & religion and criminal law, with a particular focus on fraud (e.g. religious fraud regulation, fraudulent sex criminalization) and through a combination of comparative perspectives and economic analysis.

권경휘 옮김/편집자 감수

영산대학교 성심교양대학 부교수

I. 서 론

위계가 법으로 처벌되어야 한다는 점은 논쟁의 여지가 없다. 위계는 부도덕하고, 피해자와 사회일반에 심각한 피해를 줄 수 있다. 그러나 위계의 범죄화criminalization가 두 가지 측면에서 볼 때 그리 간단한 문제가 아니라는 사실이 밝혀졌다. 첫째, 종교·초자연적 주장을 포함하는 위계를 의미하는 종교적 위계 사안이 있다. 종교의 자유의 보호라는 헌법적 맥락에서, 어떻게 법원이 종교·초자연적 주장의 진실성을 심사해야 하는가? 둘째, 간음을 목적으로 기망을 사용하는 위계간음(僞計姦淫) 사안이 있다. 성관계에서 거짓말이 흔한 것임을 감안할 때, 법이 "사랑합니다" 또는 "독신입니다"와 같은 거짓말을 포함하는 모든 위계간음을 처벌해야 하는가?

종교적 위계간음에는 복합적인 문제가 존재한다. 한 남성[1]이 스스로가 초자연적인 능력이 있으며 성교가 수반되는 의식을 통해 피해자의 운세를 개선해줄 수 있다고 주장한다. 아마도 놀랍겠지만, 21세기에도 심지어 고등교육을 받은 사람이 많은 근대화된 사회들에서조차도 그러한 기망에 의한 피해자들이 많이 발생하고 있다. 실제로 대만과 홍콩에서 종교적 위계간음이 자주 기소된다.[2]

이 글에서 나는 대만과 홍콩의 경험을 살펴보며 법이 종교적 위계와 위계간음이라는 조합에 어떻게 접근해야 하는지 비판적으로 검토해보고자 한다. 나의 핵심주장은 심리적으로 취약한 상태의 피해자를 종교적/초자연적 주장으로 성적으로 착취하는 행위는 형법의 적용을 받아야 하지만, 반면 위계라는 것은, 만일 그것이 종교의 자유의 침해라든지, 다른 유형의 위계간음의 처벌과 관련된 미해결된 모순점에 비추어볼 때, 형법의 적용을 위한 적절한 표지가 아니라는 것이다. 그보다는 위협threat[3]이나 심리적 취약

---

* 이 글의 원제는 "Deception in Sexual Relationship: Dilemmas in Criminalizing a Widely Practiced Moral Wrong"이다.

1) 이 글에서 검토한 모든 사건의 피고인은 남성이다.

2) 대만과 홍콩의 종교와 관련된 종교적 인구 통계 및 기본적인 법적 체계에 대한 간략한 개관으로는 JIANLIN CHEN, THE LAW AND RELIGIOUS MARKET THEORY: CHINA, TAIWAN AND HONG KONG 81-147(Cambridge University Press, 2017)을 볼 것.

성의 착취exploitation of psychological vulnerability가 종교적 위계간음을 다룰 수 있는 보다 더 적합한 법리적 통로를 제공해 준다.

이 글에서 나는 다섯 개의 장으로 나누어 핵심적인 논증을 전개할 것이다. II.에서는 대만과 홍콩의 사례를 검토하고, III.은 종교적 자유와 위계간음의 범죄화라는 관점에서 이들 사례의 잘못된 점을 검토할 것이며, IV.에서는 법리적 대안을 제시하고 V.에서 결론을 내리고자 한다.

II. 대만과 홍콩의 종교적 위계간음의 범죄화

1. 대   만

(1) 법

대만은 대륙법계 국가이다. 대만형법은 일본법과 독일법에 근간을 두고 있다.4) 성범죄에 관한 대만의 법률은 실행행위offending conduct에 중점을 둔다는 점에서 보통법계의 법과 핵심적인 차이를 보이고 있다. 강간죄에 관한 기본구성요건(대만형법 제221조)은 폭행이나 협박을 구성요건으로 한다. 여기에 권세의 남용(제228조), 피해자의 항거능력에 영향을 미치는 정신적·지적 장애 또는 기타 조건의 이용(제225조) 및 사술에 의한 간음(제229조)5) 조항들이 보충적으로 적용된다. 이러한 규정들은 피해자의 승낙에 초점을 두는, 홍콩 등의 보통법 계의 법과 다르다.

특히 위계간음과 관련해 대만은 한국의 접근법과 현저한 차이가 있다. 대만형법에서 위계간음을 규정하고 있는 것은 제229조의 사술에 의한 간음죄(간음을 하기 위해 배우자를 가장하는 범죄) 조항이 유일하다. 이와 달리, 적어도 조문 자체에 명시적으로 언급된 바에 따르면6) 한국은 보호감독관

---

3) 이 글에서 threat은 '위협'으로 intimidation은 '협박'으로 번역하였다. 편집자 주.

4) TAY-SHENG WANG, LEGAL REFORM IN TAIWAN UNDER JAPANESE COLONIAL RULE, 1895-1945: THE RECEPTION OF WESTERN LAW 175-182(University of Washington Press, 2015).

5) 원문에는 배우자를 가장함(spousal impersonation)이라고 되어 있으나, 대만형법전의 표제를 따라서 사술에 의한 간음죄로 번역하였다. 편집자 주.

6) 한국 대법원은 '위계'라는 용어를 협의로 해석하여 행위 자체에 대한 위계(즉, 피해자가

계 하의 위계간음[7])과 미성년자 또는 심신미약자를 대상으로 한 위계간음[8])
을 처벌한다. 법의 역사를 비교해 보거나 법의 계수과정의 관점에서 볼 때
흥미롭게도, 한국은 혼인을 빙자하거나 기타 위계로써 음행의 상습 없는
부녀를 기망하여 간음하는 죄를 처벌하는 규정[9])이 존재하였으나 2012년에
폐지되었다.[10])

강간죄 조항의 주요부분이 개정된 1999년 대만의 법개정 이후 문제는
더 복잡해졌다. 옛날식 문구를 현대화하고[11]) 성중립성gender neutrality을 보장
하는 것[12]) 외에도, 실행행위를 "상대방의 의사에 반하는 강포(強暴), 협박
(脅迫), 공하(恐嚇), 최면술(催眠術) 여타의 수단으로써"라고 규정하였다.[13])
개정 전에는 실행행위를 "여성의 항거불능을 야기하는 강포(強暴), 협박(脅
迫), 약제(藥劑), 최면술(催眠術) 여타의 수단으로써"라고 규정하고 있었다.[14])

개정된 문구인 "상대방 의사에 반하는 여타의 수단"의 적용범위에 관하
여 많은 논쟁이 전개되었다. 이것이 위계의 개념을 어느 범위까지 허용하
는가에 대해서도 논쟁이 벌어졌다. 협박(예를 들어 무장하지 않은 채 사람에게
총으로 쏘겠다고 협박하는 것)을 구성하는 위계만 인정된다는 개정 전의 입장
을 지지하는 일부 학자들이 여전히 존재한다.[15]) 어떤 학자들은 "자유로운

성관계를 하고 있음을 인지하지 못했던 경우)에 한정하는 것으로 보았다. Seong-Ki
Lee, Statutory Rape in Korea: Do Teens Have the Legal Capacity to Give Consent
to Sex, 16 J. KOREAN L. 285, 292-293(2017).

7) 한국형법 제303조(2013).
8) 한국형법 제302조.
9) 한국형법 제304조(1995).
10) 본 조항은 2012년 법률 제11574호로 삭제되었다. 2009년 헌법재판소는 양성 평등에 반
할 뿐 아니라(즉, "도덕적(moral)" 여성만 보호), 남성의 성적 자기결정권 및 사생활의
자유에 과도한 제한을 가하는 것이라는 점에서 해당 조항에 대하여 위헌결정을 하였다.
형법 제304조(혼인빙자간음죄)에 관한 위헌소원 2008헌바58, 2009헌바191(병합).
11) 예컨대 "강간(強姦)"을 "강제성교(強制性交)"로 수정하였다.
12) 이제 남성도 강간죄의 객체가 될 수 있다. 또한 성관계를 정의함에 있어서 성기의 비삽
입(non-penile penetration)도 포함하므로 여성도 강간죄의 주체가 될 수 있다.
13) 대만형법 제221조(2016) "對於男女以強暴·脅迫·恐嚇·催眠術或其他違反其意願之方
法而為性交者, 處三年以上十年以下有期徒刑. 前項之未遂犯罰之."
14) 대만형법 제221조(1934) "對於婦女以強暴·脅迫·藥劑·催眠術或他法, 至使不能抗拒
而姦淫之者, 為強姦罪, 處五年以上有期徒刑."
15) 예컨대 Tze-Tien Hsu, 面臨合法惡害威脅下的性自主, 181 TAIWAN L. J. 120, 124-
125(2011).

의사결정의 침해violation of will"라는 공통된 이해방식에 의하면 모든 형태의 위계가 여기에 포함된다고 주장한다.[16] 그러나 또 다른 학자들은 위계가 성적 자기결정권이라는 법익을 침해하는 유형, 방법, 범위 또는 위험이어야 한다는 절충설을 주장한다.[17] 아직까지 대만 최고법원은 이러한 문제를 직접 다룬 해석론을 제시하지 않고 있다. 판례 중에는 위계가 협박에 기초한 사건(예컨대, 피고인이 경찰관을 사칭하며 피해자를 체포하겠다고 협박한 사건[18])과 위계가 성적 자기결정권과 관련된 사건(예컨대 의료기구 대신 성기를 삽입한 사건[19])의 유죄판결이 있다. 반면, 대가지급에 대해 허위로 약속한 사건[20]과 HIV 양성 상태를 속인 사건[21]에서는 기망당한 피해자가 충분히 자유로운 의사결정을 할 수 있었다는 이유로 법원은 피고인들의 강간혐의에 대해서는 무죄를 선고했다. 하지만 강간혐의 부분에 대한 무죄가 결과에 결정적인 것은 아니었다는 사실에 주목해야 한다. 피고인들은 금품제공에 대한 허위약속으로 미성년자와 간음하였다는 이유로, HIV 양성상태를 속이는 위험한 성행위를 하였다는 이유로 장기형을 선고받았다.

대만법원은 위계간음의 범죄화에 대해서는 모호한 태도를 취하고 있지만, 종교적 위계간음에 대한 강간죄 조항을 적용하는 것에 대해서는 일관된 접근방식을 취하고 있다. 현재 법리는 2013년 최고법원 판결102/3692(最高法院 102台上3692("판결102/3692"))에서 제시되었다. 한 대만 학자는 이 판결이 가장 상세한 해석론을 설시한 것으로 보고 있다.[22] 동 판결은 또한 많은 후속판결, 고등법원 판결[23]과 최고법원 판결[24]에서 명시적으로 인

16) 예컨대 Da-Wei Lin, 論詐術性交罪: 兼論 「宗教騙色」 案件之認事用法問題, 59(5) MILITARY L. J. 108, 119-123(2013).

17) 예컨대 Huang-Yu Wang, 強制手段與被害人受欺瞞的同意: 以強制性交猥褻罪為中心, 42(2) NTU L. J. 381(2013).

18) 最高法院, 95台上7201.

19) 最高法院, 98台上3312.

20) 最高法院, 102台上248.

21) 高等法院臺中分院, 103上訴1567.

22) Sheng-Wei Tsai, 論強制性交罪違反意願之方法, 18 ACADEMIA SINICA L. J. 41, 62 n.69(2016).

23) 예컨대 高等法院, 106侵上訴293; 高等法院臺南分院, 106侵上訴916; 高等法院高雄分院, 104侵上訴52; 高等法院臺南分院, 104侵上訴749; 高等法院, 103侵上訴112; 高等法院臺中分院, 102侵上訴157; 高等法院臺中分院, 101侵上訴237.

용·채택되었다. 판결102/3692는 종교적 위계간음죄가 성립하기 위한 중요한 두 가지 요건을 제시하였다. 그 첫 번째 요건은 (a) 관계, 건강 그리고/또는 경력 상 문제점과 (b) 피해자의 지적 능력의 한계가 결합하여 피해자가 심리적으로 취약한 상태state of psychological vulnerability에 있는 것이다. 법원은 이러한 요건에 대해 관대하고 주관적인 접근방법을 채택하고 있다. 피해자가 객관적으로 어려운 상황에 처해 있어야 할 필요는 없다. 판결102/3692에서 한 피해자는 남자친구와 화해하고자 노력하고 있었고, 또 다른 피해자는"직장에서 어려움을 겪고 있었다."[25] 두 번째 요건은 피고인이 과학적으로 입증할 수 없고(예컨대 신의 능력, 초자연적인 힘, 종교 또는 미신) 보편적인 사회적 가치에 반하는 수단을 사용하는 것이다. 판결 102/3692에서 설시된 법리에서 허위falsity가 필수적인 요건은 아니지만, 법원은 "보편적인 사회적 가치에 반함"이라는 요건을 충족시키기 위해서 전형적으로 허위를 활용하였다는 점은 주목할 만하다. 실제로 지금까지의 모든 유죄 판결은 초자연적·종교적 주장이 허위라는 법적 판단을 전제로 한다.[26]

(2) 적 용

종교적 위계간음은 대만에서 자주 기소되고 있다. 필자가 온라인 판례를 검색해본 결과에 따르면,[27] 매년 최고법원까지 가는 사건들의 3~5건은 종교적 위계간음사건이다.[28] 모든 유죄 판결이 언제나 최고법원까지 올라가지는 않기 때문에 실제 기소 건수는 더 많다.[29] 이러한 사건에 있어서

---

24) 예컨대 最高法院, 104台上2902. 때때로 최고법원은 출처를 밝히지 않고 본래 구절을 원문 그대로 재기술하곤 한다. 예컨대 最高法院, 106台上456; 最高法院, 103台上3490. 대륙법 국가에서 선례의 역할에 대한 논의로는 MICHAEL BOHLANDER, PRINCIPLES OF GERMAN CRIMINAL LAW 15(Hart Publishing, 2009)을 볼 것.

25) 最高法院, 102台上3692.

26) Jianlin Chen, Joyous Buddha, Holy Father, and Dragon God Desiring Sex: A Case Study of Rape by Religious Fraud in Taiwan, 13(2) NTU L. REV. 183, 204-206 (2018).

27) 司法院法學資料檢索(裁判查詢) https://law.judicial.gov.tw/FJUD/default.aspx(accessed Oct. 15, 2019).

28) Chen, supra note 22, at 200-201.

29) 高等法院高雄分院, 104侵上訴116; 高等法院, 103侵上訴282.

대부분의 경우 유죄판결이 내려졌다. 실제 제1심법원의 강간사건들을 체계적으로 검토한 결과, 법원은 정상적 판단능력을 가진 두 성인들이 강포나 협박의 사용 없이 행한 성관계에는 강간죄를 인정하지 않으려고 하지만 종교적 위계간음은 이에 대한 중요한 예외임을 보여주고 있다.[30]

대표적인 최근의 판례 2건의 사실관계는 다음과 같다.

첫째, 앞에서 언급되었던 판결102/3692. 이 사건에서 피고인은 복을 받게 해주고 인간관계가 개선되게 해주는 그러한 부적 및 기타 의식행위를 제공할 수 있다고 주장했다. 이러한 인간관계의 개선에는 이별 후 관계회복, 혼인유지 및 배우자의 간통을 멈추게 해주는 것 등이 포함되어 있다. 그는 웹사이트와 블로그를 통해 자신의 서비스를 광고했으며 텔레비전에 출연한 적도 있었다. 피해자들은 성인 직장인으로 온라인 검색을 통해 피고인을 알게 되어 접촉했다. 전술한 바와 같이 한 피해자(피해자 A)는 남자친구와의 관계를 회복하려고 노력하고 있었고, 또 다른 피해자(피해자 B)는 경력을 개선하고자 했다. 각 사건에서 피고인은 피해자에게 의식에 대해 상의하기 위하여 자신의 사무실로 오라고 하였다. 피해자가 사무실에 도착하면 피고인은 피해자의 운세가 매우 나쁘다고 이야기하면서 그러한 상황을 벗어나기 위한 특별한 의식을 해야 한다고 권장했다. 특별한 의식에는 피해자가 피고인과의 성행위(즉 구강성교 및/또는 성관계)를 통하여 얻은 신선한 정액이 필요했다. 피해자는 이를 승낙하여 성행위를 하였다. 피해자 A의 경우에는 이러한 의식을 9개월 동안 3차례 더 행하였다. 피해자 B의 경우에는 다음날에 또 다시 의식을 행하였다. 피해자 B는 두 번째 의식을 행한 후 경찰에 신고했다. 그녀는 피고인이 정액을 채취하지 않고 그냥 닦아 버리자 의심을 품게 되었다. 피해자 A는 뉴스를 통해 경찰이 피고인을(피해자 B에 대한 사건을) 조사하고 있다는 사실을 알게 되어 경찰서로 갔다. 피고인은 유죄판결을 받았고 총 9년 6개월의 징역형을 선고받았다.

둘째, 최고법원 106台上456("판결106/456"). 이 사건에서 피고인은 자신

---

30) Chih-Chieh Lin, *Failing to Achieve the Goal: A Feminist Perspective on Why Rape Law Reform in Taiwan has been Unsuccessful*, 18 DUKE J. GENDER L. & POL'Y 163, 180-185(2010).

의 집에 "용왕"(龍王)을 모시는 제단을 설치하고 페이스북 프로필 페이지에 이를 광고했다. 피고인은 자신이 "용왕"의 환생이며 운을 좋게 하거나 문제를 해결하는 초자연적인 힘을 가졌다고 주장했다. 의식행위에는 대체로 금품제공과 함께 종종 성행위가 수반되었다. 그는 최상위인 "용녀"(龍女), 그 다음의 "구녀"(龜女) 그리고 일반 신도로 이루어진 팔로어의 위계조직을 만들었다. 신도들이 받는 신성한 축복은 성행위 참여와 기부금 제공의 정도에 따라 달라졌다. 이와 함께 그는 다양한 성행위에 신성한 의미를 부여하는 일련의 교리를 만들어냈다. 예컨대 "용항교육"(龍恆敎育)은 성교행위에 대한 완곡어였다. 정액은 "용정화"(龍精華)로 묘사되었으며, "용복보"(龍福報)를 받기 위해서는 그것을 먹거나 체내에 넣어야 했다. 10명의 피해자가 있었는데 그들 모두는 성인 직장인이었다. 그들은 다양한 일, 인간관계 및 건강문제를 해결해준다는 의식행위의 일부로 다양한 성행위를 하였다. 특기할 것은 이전 사건과 다르게 성행위가 동반된 의식행위가 주로 다른 피해자가 함께 있는 곳에서 행하여졌다는 점이다. 경찰과 검찰은 제보를 받은 후 수사에 착수했다. 피고인은 유죄판결을 받았고 총 19년 6개월의 징역형을 선고받았다.

2. 홍　　콩

(1) 법

홍콩은 보통법계에 속한다. 홍콩형법은 영국형법을 근간으로 하고 있다. 다른 보통법 관할 지역과 마찬가지로 "승낙"에 초점을 두고 강간죄를 다룬다.[31] 홍콩의 형사죄행조례(刑事罪行條例) 제118조는 "강간"을 "간음 당시에 성교에 승낙하지 않는 여성에 대한 불법적인 성교행위"로 정의한다.[32] 위계간음의 경우에 그 핵심쟁점은 "어떤 종류의 위계가 승낙을 무효화시켰는가"에 있다. 대만형법 제229조와 매우 유사한 홍콩의 강간죄 조항은 배

---

31) (강간죄 관련 형법조항의 비교법적 연구로는) Michael Bohlander, *Mistaken Consent to Sex, Political Correctness and Correct Policy*, 71(5) J. CRIM. L. 412, 420-425 (2007)를 참조할 것.

32) §118(3)(a), Crimes Ordinance, c. 200(1997)(홍콩).

우자를 사칭한 위계간음의 경우 강간죄가 성립한다고 명시적으로 규정하고 있다.[33] 홍콩종심법원the Court of Final Appeal은 "행위자체의 성격"과 관련된 위계가 승낙을 무효화하게 된다는 영국 보통법의 입장을 확고히 하였다.[34]

대만에서와 유사하게 위계에 의한 강간을 비교적 협소하게 인정하는 해석론은 뜨거운 학술적 논쟁을 촉발시켰다.[35] 그럼에도 불구하고 홍콩에서 강간죄 조항은 "기망에 의한 알선죄procurement by false pretences"에 의하여 보충된다. 형사죄행조례 제120조는"불법성행위를 목적으로 기망 또는 허위진술false pretences or false representations[36]에 의해 다른 사람을 알선하는"자를 처벌한다.[37] 이 조항은 원래 19세기 후반 영국에서 소녀와 여성을 성매매로 유인하는 중개자를 처벌하기 위해 제정된 것으로[38] 성매매 문제를 해결하기 위한 개혁법안의 일부로서 1978년 홍콩에 도입되었다.[39] 이러한 역사에도 불구하고, "기망에 의한 알선죄"는 강간죄 영역 밖에 있는 위계

---

33) §118(2), *id.*

34) Chan Wai Hung v. HKSAR, [2000] HKCU 611, at 3-6(C.F.A.). 영국 보통법 입장에 대한 논의로는 Karl Laird, *Rapist or Rouge? Deception, Consent and the Sexual Offences Act 2003*, 2014(7) CRIM. L.R. 492, 495-498(2014); Rebecca Williams, *Deception, Mistake and Vitiation of the Victim's Consent*, 124(1) L. QTR. R. 132, 133-136(2008)을 참고할 것.

35) 학술적 논쟁의 예로는 Jonathan Herring, *Mistaken Sex*, 2005(7) CRIM. L.R. 511 (2005); Hyman Gross, *Rape, Moralism, and Human Rights*, 2007(3) CRIM. L.R. 220(2007); Bohlander, *supra note 29*; Jonathan Herring, *Human Rights and Rape: A Reply to Hyman Gross*, 2007(3) CRIM. L.R. 228(2007)을 볼 것.

36) false pretences나 false representations는 특정한 죄명이 아니라 해당 구성요건의 실행행위를 묘사하는 용어로서 전자는 사기나 기망 또는 변명 등의 의미로, 후자는 허위진술 (mispresentation)의 의미로 사용된다. 흥미롭게도 현재는 홍콩의 현지 법실무에서는 잘 사용되지 않는 용어라고 한다. 동 용어의 용법과 의미에 대해 조언해 주신 Clifford Chance 홍콩사무소의 파트너 이석준 변호사님과 로컬 홍콩로펌인 Kim & Company, Solicitors의 파트너 김정용 변호사님께 감사드린다. 동 번역본의 원저자인 Jianlin Chen 교수님은 이러한 용어해설에 대체로 동의하며, 전자는 '기망(deception)'으로 후자는 '허위진술(false statement)'로 번역해 줄 것을 부탁하였다. 아울러 이 두 용어의 차이는 전자는 주로 고의에 의한 기망의 경우만을 뜻하지만 후자는 과실에 의해서도 가능한 행위로 보인다고 조언해 주었다. 이 책에서는 저자의 요청에 합치되도록 번역하였다. 편집자 주.

37) §120, Crimes Ordinance, c. 200(1997)(홍콩). 영국과 홍콩의 법원은 법문에는 "불법성행위"로 규정되어 있지만 "불법" 성행위뿐만 아니라 모든 성행위로 확대해석해야 한다고 본다. 영국의 경우에는 Regina v. R, [1992] 1 A.C. 599, 610-611(H.L.). 홍콩의 경우에는 HKSAR v. Au Yeung Kwok Fu, [2012] HKCU 223, ¶ 25-30(C.A.).

38) 영국내무성, SETTING THE BOUNDARIES: REFORMING THE LAW ON SEX OFFENCES 29-30(2000).

39) Official Reports of Proceedings(홍콩입법회), Dec. 21, 1977, at 334-339.

간음을 처벌할 때 유용한, 상대적으로 경미한 범죄로 널리 인식되고 있다.[40] 실제로 "기망에 의한 알선죄"는 모든 형태의 위계에 적용될 수 있다. 예를 들어, 홍콩에서 허위약속으로 성노동자sex workers와 성관계를 가진 자를 처벌할 때 제120조가 적용되었다.[41]

(2) 적 용

제120조는 종교적 위계간음을 기소할 때 자주 적용되었다. 사실상 종교적 위계간음이 동 조항의 주된 적용대상이다. 2007년부터 2017년까지 10년간 제120조를 적용하여 11건의 사건이 기소되었는데, 그중 7건이 종교적 위계간음 사건이었다.[42]

최근의 대표적인 판례 2건의 사실관계는 다음과 같다.

첫째, HKSAR v. Au Yeung Kwok Fu사건.[43] 피고인은 자신을 "마오산 도사"(茅山道士)라 칭했다.[44] 그는 엔터테인먼트 업계에서 운세를 상승시키는 의식을 잘 올리는 사람으로 명성을 떨쳤다.[45] 사건 당시 피해자는 18세의 모델이었다. 피해자가 모델로 성공하지 못한 것에 대해 모델 에이전트와 상의하자, 모델 에이전트는 피해자에게 피고인을 소개했다. 모델 에이전트는 피해자에게 피고인이 피해자의 운세를 상승시킬 수 있지만 그

---

40) LAW REFORM COMMISSION OF HONG KONG, CONSULTATION PAPER: RAPE AND OTHER NON-CONSENSUAL SEXUAL OFFENCES 68(2012); Bethany Simpson, Why has the Concept of Consent Proven so Difficult to Clarify?, 80(2) J. CRIM. L. 97, 110(2016); Laird, supra note 32, at 509; J.R. Spencer, Sex by Deception, 2013(9) ARCHBOLD R. 6, 8(2013). 이 개념에 대한 비판적 분석으로는 Jianlin Chen, Fraudulent Sex Criminalization in Australia: Disparity, Disarray and the Underrated Procurement Offence, UNSW L.J. (forthcoming)을 볼 것.

41) 예컨대 HKSAR v. Kwan Chung Wang, DCCC599/2015(D.C. Aug. 20 2015); HKSAR v. Fung Kwok Ho, DCCC712/2015(D.C. Oct. 20, 2015); HKSAR v. Nyamdoo Zoljargal, [2014] HKEC 1021(C.F.I.).

42) Jianlin Chen, *Lying about God (and Love?) to Get Laid: The Case Study of Criminalizing Sex Under Religious False Pretense in Hong Kong*, 51 CORNELL INT'L L.J. 553, 566-567(2018).

43) HKSAR v. Au Yeung Kwok Fu, DCCC 569/2009(D.C. Dec. 12, 2009)(H.K.).

44) 마오산(茅山)은 중국 도교에서 성지로 여기는 산이다.

45) 연예계 인사를 포함한 지지자들은 피고인의 인격과 초자연적 힘에 대해 경외심을 표하며 재판이 진행되는 동안 많은 탄원서를 제출했다. HKSAR v. Au Yeung Kwok Fu, DCCC 569/2009(D.C. Jan. 21, 2010)(H.K.).

러한 의식행위에는 구강성교와 성교행위가 포함될 수 있다고 말했다. 피해자는 이에 동의하고 피고인과 접촉했다. 8개월 간, 피고인은 피해자에게 아홉 차례 의식을 실시했다. 피해자는 임신을 하게 된 후 경찰에 피고인을 신고했다. 의식이 진행되는 동안 피임 없이 성관계를 해도 임신에 이르지 않는다며 피고인이 피해자를 안심시켰었는데 피해자는 자신이 임신을 하게 되자 속았음을 알게 되었다. 피고인은 유죄판결을 받았고 총 5년의 징역형을 선고받았다.

둘째, HKSAR v. Ho Ka Po Tony사건.[46] 피해자는 인도네시아 출신의 가사 도우미였다. 그녀는 주치의의 치료에도 불구하고 만성적 요통에 시달리고 있었다. 피해자의 에이전트는 피해자가 "강두술(降头术)"[47]의 저주에 걸려 있다고 말했다. 피해자의 에이전트는 피해자를 피고인의 사무실(즉 직업소개소)로 데리고 갔다. 그곳에서 피고인은 피해자에게 "강두술"의 저주를 풀기 위한 의식행위를 할 것이라고 했다. 그 의식에는 성교까지 이어지는 성행위가 포함되었다. 이러한 의식은 4일 후에도 반복되었다. 특히 주목할 점은 두 번째 의식에 대해 피고인은 위협에 의한 알선procurement by threat 혐의로 기소되었다는 사실이다.[48] 피고인은 "강두술"의 저주를 푼다는 동일한 구실로 피해자에게 순종하지 않으면 곤경에 처할 것[49]이라고 말했다. 피해자가 그녀의 고용인에게 자신이 당했던 일들을 이야기하였고 경찰에 신고하게 되었다. 피고인은 유죄판결을 받았고 총 4년의 징역을 선고받았다.[50]

---

46) HKSAR v. Ho Ka Po Tony, DCCC 1169/2012(D.C. Apr. 20, 2013)(H.K.).
47) "공타오"라고도 알려진 "강두술(降头术)"은 동남아시아에서 행해지는 흑마술의 일종이다. 강두술에 대한 사례연구로는 Bertha Mo, Black Magic and Illness in a Malaysian Chinese Community, 18(2) SOCIAL SCIENCE & MEDICINE 147(1984)을 볼 것.
48) *Infra* Ⅳ.
49) 판결문에는 두 번째 의식에서 피고인이 피해자에게 어떤 종류의 곤경을 겪을 것이라고 말했는지에 관해서는 나타나있지 않다. 반면에 첫 번째 의식에서 피고인은 피해자에게 홍콩에서 사는 데 어려움을 겪을 것이라고 말했으며, 피해자가 이러한 의식에 대해서 함구하라는 자신의 지시를 따르지 않으면 인도네시아에 있는 딸이 교통사고를 당할 것이라고 했다.
50) 두 혐의에 각각 3년이 구형되었으나 판사는 두 번째 혐의(즉, 위협에 의한 알선)에 대해서는 1년을 선고했다. HKSAR v. Ho Ka Po Tony, DCCC 1169/2012(D.C. Apr. 29, 2013)(H.K.).

Ⅲ. 기소가 되어야만 하는가?

1. 진실 혹은 거짓: 종교적 주장에 대한 평가의 위험성

대만과 홍콩의 법원은 어떻게 피고인의 주장을 거짓이라고 판단하는가? 간단히 말하면 다음과 같다. 대만과 홍콩의 법원들은 피고인들의 증언들과 다른 기망행위의 증거들 사이에서 발견된 모순점에 의존하는 것처럼 보이지만 실제로는 종교의식의 일부에 성교를 포함해야 한다는 초자연적·종교적 주장에 대한 깊은 회의감에 의하여 판결을 내렸다.

예를 들어, 판결102/3692("신선한 정액 사건")에서 대만법원은 피고인이 재판과정에서 진술을 완전히 번복했다는 사실에 매우 주목하였다. 처음에는 검찰조사 당시 피고인은 운이 좋아지는 묘약을 만들기 위해 신선한 정액이 실제로 필요하다고 주장했다. 그러나 피고인은 법정에서 성교가 종교의식의 일부분이라고 언급하지 않았음에도 자발적으로 성교가 이루어졌다고 진술했다.[51] 따라서 법원은 피고인이 허위진술을 했다고 판단해 피고인의 강제성교 혐의에 대해 유죄를 선고했다. 그러나 법원은 그와 관련된 금전사기 혐의에 대해서는 눈에 띄게 온정적인 입장을 취했다. 법원은 부적, 구마의식, 주술, 빙의 및 마법 등[52]은 미신으로 간주될 수 있지만, 그 존재 여부를 과학이 입증하거나 반증할 수 없는 사안에서 법관이 주관적 인식에 근거하여 그러한 것들의 진실성을 부정하면 안 된다고 설시하였다. 이러한 이유에서 피고인은 금전사기 혐의에 대해서는 무죄를 선고받았다.[53]

유사하게 홍콩의 Au Yeung Kwok Fu사건에서 법원은 피고인이 의식을 행하는 동안 신이 들려 자신의 행위에 대한 기억이나 통제권이 없었다고 주장하면서도 피고인이 행한 성행위에 대해서는 자세하게 진술할 수 있

---

51) 最高法院, 102台上3692.
52) "巫術·降頭·下蠱·驅魔·收驚·起乩."
53) 판결106/456(즉, "용왕 사건")에서 법원은 주요한 2개의 증거를 근거로 피고인이 거짓말을 하고 있다는 것을 밝혀냈다. 첫째, 피고인은 "용왕"이 실제 현신한 것보다 그의 정신에서 더 큰 개념이라고 진술한 것. 둘째, 피고인은 "용신 제단" Facebook 프로필 페이지에 좋아요와 긍정적인 리뷰를 게시하기 위해 가짜 Facebook 계정을 만든 것.

었다는 점을 지적했다. 이러한 진술의 모순점에 근거해 법원은 피고인이 허위진술을 하고 있다고 판단하였다.[54] 그러나 제1심에서 법관은 다음과 같은 흥미로운 설시를 했다. "나는 다른 타인을 돕고 배려를 기본가치로 옹호하는 종교나 신앙이 성욕을 종교적 숭배·의식의 한 요소로 끌어들일 것이라고 인정하지도 믿지도 않는다. 그러한 교리가 실제로 있다면, 나는 그 교리가 욕망을 충족시키고자 교리와 왜곡된 논리를 이용하는 **이단과 사이비**에 속한다고 생각한다. 이들은 성교를 종교적이거나 신비로운 상품으로 포장하고 있다." (강조는 필자가 추가)[55]

대만과 홍콩의 법원이 취한 접근방식은 종교의 자유라는 관점에서 볼 때 문제가 있다. 유럽인권재판소[56]와 미국연방대법원[57]이 지지하는 종교의 자유에 관한 자유민주주의적 이해방식에 따르면, 국가가 종교적 주장의 진실성을 판단하는 것은 금지된다. 올바른 종교에 대한 유혈분쟁의 오랜 역사에 비추어 볼 때 종교적 주장의 진실성에 대한 판단을 금지시킬 필요성은 쉽게 이해될 수 있으며, 애초에 이것이 종교적 자유에 대한 승인이 등장하게 된 이유이기도 하다.[58] 대만[59]과 홍콩[60]도 이러한 종교의 자유의

---

54) HKSAR v. Au Yeung Kwok Fu, DCCC 569/2009(D.C. Dec. 12, 2009), ¶ 130-133 (H.K.); HKSAR v. Au Yeung Kwok Fu, [2012] HKCU 223, ¶ 21(C.A.).

55) HKSAR v. Au Yeung Kwok Fu, DCCC 569/2009(D.C. Dec. 12, 2009),¶ 141(HK). Ho Ka Po Tony 사건에서 피고인은 침묵을 지켰다. 판사는 피해자의 증언이 신빙성 있다고 보아 피고인에게 유죄를 선고하고 다음과 같이 판결을 내렸다. "나는 7월 26일 피해자가 피고인의 행위가 '강두술'의 저주에 걸려 생긴 문제를 해결하는 종교의식의 한 형태라는 속임수에 빠져 있었다고 확신한다." HKSAR v. Ho Ka Po Tony, DCCC 1169/ 2012(DC 2013년 4월 20일), ¶ 36(HK). 성교가 "강두술"의 저주를 푸는 의식의 일부라는 주장이 왜 거짓인지에 대한 분석과 토론은 이루어지지 않았다. Jianlin Chen, Hong Kong's Chinese Temples Ordinance: A Cautionary Case Study of Discriminatory and Misguided Regulation of Religious Fraud, 33(3) J. L. & RELIGION 421(2018) 참조(홍콩의 법이 어떻게 중국 종교를 사기와 밀접하게 연관해서 보는가에 대한 비판적 논의. 중국 종교에만 적용되는 까다로운 규제로 입증).

56) RESEARCH DIVISION, OVERVIEW OF THE COURT'S CASE-LAW ON FREEDOM OF RELIGION 19(Council of Europe/European Courts of Human Rights 2013).

57) United States v. Ballard, 322 U.S. 78, 84-87(1944).

58) THE EUROPEAN WARS OF RELIGION: AN INTERDISCIPLINARY REASSESSMENT OF SOURCES, INTERPRETATIONS, AND MYTHS(Wolfgang Palaver, Harriet Rudolph & Dietmar Regensburger eds., Ashgate, 2016)을 참조할 것.

59) Judicial Yuan Interpretations No. 460(1998).

60) Johannes Chan & C.L. Lim, Interpreting Constitutional Rights and Permissible Restrictions, in LAW OF THE HONG KONG CONSTITUTION 565, 576-577

이해방식에 대하여 명백하게 동의하고 있다.

피고인의 증언과 그 밖의 기망에서 발견된 모순점에 대한 사법부의 주목은 일응 정당하다. U.S. v. Ballard 사건에서 미국연방대법원의 다수의견이 채택한 바에 따르면 종교적 위계라는 판단은 피고인의 비진정성(즉 피고인이 자신의 주장의 진실성을 진정으로 믿지 않고 있음)에 근거해 내려질 수 있다. 피고인의 정신상태는 종교적 차원과는 무관한 지극히 평범한 증거조사의 대상이기 때문이다.[61] 그러나 학자들이 이 입장에 대해 날카롭게 비판한 것처럼, 실제로 진짜 위험은 믿음의 진정성sincerity of a belief에 대한 평가가 필연적으로 그 진실성its veracity에 대한 평가로까지 이어진다는 점에 있다(즉, 판사는 판사 자신이 터무니 없다고 생각하는 주장을 다른 사람이 진정으로 믿고 있다고 생각할 것 같진 않다). 따라서 진실한 혹은 정당한real or legitimate 종교적 믿음을 구성하는 것들에 대한 선입견이 조사에 필연적으로 나쁜 영향을 주게 될 것이다.[62]

이러한 우려는 확실히 대만과 홍콩에서 현실화되고 있다. 이 장에서 금전사기와 성적 위계를 다룸에 있어서의 불균형과 오직 이단과 사이비만이 그들의 종교의식에 성적 욕망을 끌어들이게 한다는 주장에 대해 언급한 바 있다. 위 사건들은 "진정한" 종교는 성행위를 수반하는 종교의식을 하지 않을 것이라는 지배적인 사법적 이해방식을 보여주는 많은 사례들[63] 중 2건에 불과하다.

이 글을 읽고 있는 독자들 중 많은 이들이 이러한 사건들에서 제시된 피고인들의 주장이 너무 터무니없다고 생각하더라도 별로 놀랍지 않을 것이다. 개인적으로는 필자도 그러니까. 그러나 우리는 우리 자신이 지지하지 않는 수많은 종교에 관해서 동일하게 생각할 것이며, 문제된 종교가 상

(Johannes Chan & C.L. Lim eds., 2nd ed. Sweet & Maxwell, 2015).

61) United States v. Ballard, 322 U.S. 78, 84-87(1944). 사건과 진정성 시험에 대한 비판적 논의로는 William P. Marshall, Smith, Ballard, and the Religious Inquiry Exception to the Criminal Law, 44 TEX. TECH L. REV. 239, 255(2011)을 볼 것.

62) 예컨대 Michael Kagan, Refugee Credibility Assessment and the "Religious Imposter" Problem: A Case Study of Eritrean Pentecostal Claims in Egypt, 43 VAND. J. TRANSNAT'L L. 1179, 1218-1220(2010); John T. Noonan. Jr., How Sincere Do You Have to be to be Religious?, 1988 U. ILL. L. REV. 713, 718-724(1988).

63) Chen, supra note 24, at 206-210; Chen, supra note 39, at 572-578.

대적으로 신흥종교라면 더욱 그러할 것이다.[64] 더욱이 모든 기성종교들도 한때는 이단 또는 거짓 종교로 여겨졌다는 것을 명심할 필요가 있다. 마지막으로, 중국의 문화적 맥락을 포함하여 성행위를 수반하는 종교적 의식이 전례가 없는 일은 아니라는 점에 유의해야 한다.[65]

2. 왜 사랑이 아닌가?: 기소재량권의 행사의 문제점

종교적 위계간음의 기소는 종교의 자유에 관한 문제 외에도 또 다른 문제를 발생시킨다: 왜 다른 종류의 위계간음은 기소되지 않는가? "기망에 의한 알선죄"는 모든 형태의 위계간음에 쉽게 적용될 수 있기 때문에 이 문제는 특히 홍콩에서 중요하다. 그러나 Ⅱ. 2. (2)에서 언급한 바와 같이, 대다수의 기소된 사건에서 위계는 그 성질상 종교에 관한 것이었다.

영어권의 문헌에서 위계간음의 범죄화에 대한 합치된 의견이 존재하지 않는다. 미국에서 제드 루벤펠트Jed Rubenfeld[66]가 촉발한 논쟁이 좋은 예이다. 2013년 논문에서 루벤펠트는 위계간음을 강간으로 간주하거나 더 경미

---

64) 판결106/456에서 피고인은 강간과 금품사기 혐의로 기소되었다. 사기 혐의는 피고인이 기본적으로 새로운 종교 "용왕"을 만들었다는 사실에 근거한 것이다. 판결102/3692에서 기존에 있던 미신적 개념과 행위에 이끌리게 되었다고 주장했던 피고인과 경우가 다르다. 신흥종교에 대한 국가의 적대감에 대한 비판적 논의로는 Joseph Zand, New Religious Movements and Freedom of Thought, Conscience and Religion in the European Convention on Human Rights' Jurisprudence, 2013/2 ANKARA BAR REVIEW 84, 95-101(2013); Cyrille Duvert, Anti-Cultism in the French Parliament, in REGULATING RELIGION: CASE STUDIES FROM AROUND THE GLOBE 41, 42-46(James T. Richardson ed., Kluwer Academic, 2004)을 참조할 것.

65) 예컨대 (성교를 열반에 이르는 데 필요한 수단으로 사용하는 티베트의 탄트라 불교와 이에 대한 중국의 문화적 이해에 대하여 논의하는) Xu Jiali, 胡僧·性·密宗, 23(1) JOURNAL OF THE GRADUATES SUN YAT-SEN UNIVERSITY(SOCIAL SCIENCE) 55, 56-60(2002); (현대 미국과 인도에서의 탄트라 섹스 관행에 관하여 논의하는) HUGH B. URBAN, SEX SECRECY, POLITICS, AND POWER IN THE STUDY OF RELIGION 203-263(University of California Press, 2003); (다양한 종교적·초자연적 표시를 통해 신도들과 불법적 성관계를 가진 종교 지도자 및 전문가와 관련된 청대의 형사사건을 논의하는) Chiu Li-Chuan, 清代民間秘密宗教活動中「男女雜處」現象的探討, 35NATIONAL TAIWAN NORMAL UNIVERSITY BULLETIN OF HISTORICAL RESEARCH 141, 163-70(2006)을 볼 것.

66) 미국 예일 로스쿨의 교수로 '살인의 해석(The Interpretation of Murder)'의 저자이며, 같은 대학 교수로 '제국의 미래(Day of Empire)'의 저자인 에이미 추아 교수의 남편이기도 하다. 편집자 주.

한 성범죄(즉 홍콩의 "기망에 의한 알선죄"와 유사한 범죄)로 처벌해서는 안 된
다고 강력하게 주장하였다. 더 경미한 성범죄로 처벌해서는 안 되는 이유
로 그는 위계가 성적인 관계에서 흔하고도 필수적이라는 점을 들었다.[67]
많은 학자들이 루벤펠트의 결론에 반대했지만, 무엇이 적절한 규범적 입장
인지에 대해서는 의견을 달리 했다. 예를 들어, 톰 도허티Tom Dougherty는
성적 자기결정권을 완전하게 인정하기 위해 모든 위계간음을 강간과 구별
되는 성범죄로 처벌하도록 법을 개정해야 한다고 주장했다.[68] 반면 패트리
샤 팔크Patricia Falk는 성적 자기결정권이 기망에 의해 침해된다는 것에 동
의하지만 모든 위계간음을 범죄화하는 것에는 반대했다. 대신 그녀는 승낙
을 무효화하는 위계consent-vitiating fraud의 범위를 신중하게 확대하는 방안을
주장했다.[69]

　위계가 연애와 밀접하게 연관되어 있는 경우에는 위계간음을 범죄화하
는 것은 바람직하지 않다는 것에 더 많은 사람들이 동의한다. 위계간음의
범죄화 신중론less criminalization을 지지하는 학자들은 범죄화 옹호론more
criminalization을 지지하는 논변으로부터 도달할 수 있는 심각한 논리적 결
과의 예시로 연애위계romantic fraud의 처벌을 든다. 예를 들어, 루벤펠트는
"성형법(性刑法)이 실제로 성적 자기결정권을 보장하기 위해 만들어졌다면
거짓말로 성관계를 가지면 처벌되어야 한다sex plus lies should equal jail time.
그 거짓말이 타인에게 성관계를 유도하기 위해 합리적으로 계산하여 독신
이라고 말한다든지, 사랑한다고 말한다든지 등과 같은 거짓 주장이든 여타
의 중요한 허위진술이든 상관없다"고 주장하였다.[70] 특히 범죄화 옹호론자
들은 대체로 그러한 위계를 그들의 제안에서 제외시킬 것이다. 예를 들어
도허티는 "상대방을 기망하여 승낙을 얻은 간음을 모두 범죄화하는 법을

67) Jed Rubenfeld, The Riddle of Rape-by-Deception and the Myth of Sexual Autonomy, 122 YALE L.J. 1372, 1416-1417 & 1423-1442(2013).
68) Tom Dougherty, No Way Around Consent: A Reply to Rubenfeld on "Rape-by-Deception", 123 YALE L.J. ONLINE 321, 331(2013).
69) Patricia J. Falk, Not Logic, But Experience: Drawing on Lessons from the Real World in Thinking about the Riddle-by-Fraud, 123 YALE L.J. ONLINE 353, 365-366(2013).
70) Rubenfeld, supra note 63, at 1410.

도입하더라도 그 입법범위에는 두 가지 중요한 한계가 있을 것이다. 첫째, 연애를 하면서 말하는 많은 거짓말들은 간음에 승낙하기로 한 결정과는 무관하다. 이런 거짓말들은 합법적이다. … 둘째, 사실은폐는 기망과 구별된다"고 주장했다.[71) 연애기망을 범죄화할 때 발생하는 문제를 보다 자세하게 검토하는 경우 학자들은 전형적으로 입증의 부담(즉 "사랑해"에 대한 입증의 어려움)과 사생활에 대한 국가의 간섭에 관한 문제를 지적한다.[72)

이러한 관점에서 보면, 아이러니하게도 연애 위계간음에 비하여 종교적 위계간음을 기소할 근거는 많지 않다. 첫째, 종교적 위계간음에 대한 입증이 더 어려울 수 있다. 흔히 연애와 관련된 위계 중 일부(예컨대 "독신입니다", "부유한 전문직 종사자입니다")는 쉽게 증명될 수 있다. 어떤 경우에도 과학적으로 증명할 수 없는 신성과 초자연적 힘에 대한 주장을 입증할 필요는 없다. 둘째, 국가가 개인의 사적인 영역private affair에 간섭해서는 안 된다는 점에서, 전술한 바와 같이, 국가가 진정한 종교인지 아닌지 판단하는 것은 헌법적으로 금지되어 있다. 물론 미국에서 사적인 영역에 대해 국가가 간섭해서는 안 된다고 하더라도 연방정부가 성, 결혼, 가족의 영역에서 가장 이상적인 방안을 마련하기 위해 그에 상응하는 규범적 관념corresponding normative conception of the ideal arrangement에 의해 지지되는 정책을 수립하는 것까지 금지되지는 않는다.[73)

---

71) Dougherty, supra note 64, at 333.
72) Gross, supra note 33, at 224-227; David P. Bryden, Redefining Rape, 3 BUFF. CRIM. L. REV. 317, 468-470(2000); STEPHEN J. SCHULHOFER, UNWANTED SEX: THE CULTURE OF INTIMIDATION AND THE FAILURE OF LAW 155-159 (Harvard University Press, 1998).
73) 통상 그러한 국가 개입은 특정의 자녀가 있는 혼인가족에 대한 적극적 지지, 보조금, 법적 지원의 형태를 취할 수 있다. (가족에 대한 규제가 도덕성, 출산과 관련된 측면에서는 감소하면서 미성년자와 관련된 문제 등 다른 측면에서는 어떻게 증가했는지를 논하고 있는) Bruce C. Hafen, The Family as an Entity, 22 U.C. DAVIS L. REV. 865, 878-889(1989)을 참조할 것. 또한 (1000개를 훨씬 상위하는 "연방 법률조항 … 혼인 상태가 혜택, 권리 및 특권을 결정하거나 부여하는 요소임을 고찰하는) Dayna K. Shah, Defense of Marriage Act: Update to Prior Report, Jan. 23, 2004을 참조할 것.

Ⅳ. 대안으로서의 위협과 심리적 취약성

Ⅲ.에서는 종교의 자유와 위계간음이라는 측면에서 문제점을 확인하였다. 그러나 이러한 문제점이 그런 행위를 처벌해서는 안 된다는 것을 의미하지는 않는다. 우선 대만과 홍콩에서는 그러한 기소에 대하여 적어도 공공연한 묵인이 존재한다. 거의 불가피하게 선정적인 대중매체의 사건보도에도 불구하고, 지금까지 공개적인 격렬한 항의나 반대가 한 번도 없었다. 실제로 대만에서 "종교적 위계간음"(神棍騙色罪)"을 처벌하는 새로운 성범죄조항을 만들자는 법률개정안은 종교단체와 여성단체를 포함한 일반대중의 지지를 받았다.[74] 더욱 비판적으로 보아야 할 점은 앞 장에서 확인된 것처럼 헌법적 구조와 일관성 없는 적용에서 드러나는 문제에 관한 것이다. 어쨌든 이런 문제점들이 있다고 해서 사기꾼에 대한 도덕적 비난을 줄이거나 피해자의 성적 자기결정권에 대한 침해가 경시되는 것은 아니다.

따라서 앞 장에서의 논의가 실질적으로 의미하는 것은 종교적 위계간음을 기소하지 말아야 한다는 것이 아니라, 그러한 행위를 단순히 위계간음으로 기소하면 안 된다는 것이다. 종교의 진실성 판단이라는 중요한 요구사항 및 다른 유형의 위계에 대한 고려와 함께, 이러한 문제점들을 악화시키는 것이 바로 위계이다. 만약 피고인을 위계를 필수적인 요건으로 하지 않는 성범죄로 기소한다면, 비로소 이러한 문제점은 사라질 것이다.

1. 대만: 심리적 취약상태의 착취 Exploiting Psychological Vulnerability

대만의 경우 해결방법은 간단하다. 단지 "허위"라는 사실상의 요건을 포기하고 판결102/3692에서 설시된 요건을 따르면 된다. 판결102/3692는 피해자의 심리적 취약상태를 피고인이 의식적으로 착취한 것이 일응 명백한 사건이다. 실제로 이러한 해결방식 자체가 종교적 위계간음으로 발생된 실제의 피해를 더 잘 포착한다. 일반적으로 위계간음에서, 학자들은 기소된

---

74) Siang Cheng-Zheng et al., 法部擬修法 利用宗教騙色 最重判 10年, LIBERTY TIMES, Oct. 12, 2010, at A01.

사건들에서 발생한 성적 자기결정권에 대한 실제 침해는 대체로 위계 그 자체에서 비롯되는 것이 아니라 피해자의 개인적 사정(예: 성숙도, 지적 능력 및 감정 상태) 그리고 피해자와 피고인 사이의 힘의 역학power dynamic의 조합에서 비롯된다고 주장한다.[75] 실제로 판결102/3692에서 피고인은 총 4명의 피해자가 연루된 성범죄로 기소된 것으로 드러났는데 피고인은 2명의 피해자에 대한 범죄행위에 대하여 무죄판결을 받았다. 왜냐하면 그 피해자들의 증언은 성행위의 실행에 대해 그들이 상대적으로 무관심했음을 암시해 주었기 때문이다(즉 그들이 심리적 취약상태에 있지 않았음). 따라서 그 성행위가 피해자의 의사에 반하였는가에 대한 합리적 의심이 제기되었다. 법원이 이렇게 차별화한 것은 타당하나 피고인의 주장이 허위라고 논급함으로써 불필요하게 문제를 복잡하게 만든 것은 유감이다.

또한 피해자의 심리적 취약성에 초점을 맞추면 선별적 범죄화selective criminalization의 문제를 피할 수 있을 것이다. 모든 형태의 위계간음[76]을 범죄화하는 것에 대해 표출된 불안 내지 동요와 달리, 보수적인 영국법원은 취약한 상태에 있는 피해자를 보호하기 위해 승낙을 광범위하게 해석하는 것에 주저하지 않는다. 2003년 법개정 이후 승낙은 그러한 선택을 하기 위한 "자유와 능력freedom and capacity"을 가진 자에 의하여 이루어져야 한다.[77] 법원은 굶주리고 궁박한 처지의 소녀가 음식을 사기 위해 소량의 돈을 받고 성교에 승낙한 경우에 피해자의 절망과 취약성을 이유로 승낙이 부인될 수 있음을 인정하였다. 만일 소녀가 그러한 상태에 있지 않았더라면 위계에 의하지 않은 성적 거래가 되었을 것이다.[78] 이와 유사하게 법원은 피해자가 자신에 대해 사실상 권력을 행사할 수 있는 지위에 있는 피고인에 의하여 성적으로 길들여진 경우에, 명백히 로맨틱한 상황에서도(즉 피해자가 피고인에 대한 연애감정을 인정한 경우에도) (성행위에 대한) 승낙이 부

---

75) Jonathan Crowe, Fraud and Consent in Australian Rape Law, 38(4) CRIMINAL L.J. 236, 247(2014).

76) Supra Ⅲ.B.

77) §74, Sexual Offences Act 2003, c. 42(U.K.). 개정 전반에 대해서는 Jennifer Temkin & Andrew Ashworth, The Sexual Offences Act 2003: (1) Rape, Sexual Assaults and the Problems of Consent, 2004(5) CRIM. L.R. 328(2004)을 볼 것.

78) R. v. PK, [2008] EWCA Crim 434 참조.

인된다고 판시하였다.[79)]

여기서 제안된 접근법은 틀림없이 법원이 해결해야 할 새로운 쟁점을 가져올 것이다. 만약 피고인이 거짓말을 하고 있다는 사실에 대해 판단하지 않는다면, 법원은 피고인의 행위가 지배적인 사회적 가치prevailing social values에 반하는지에 대해 판단을 해야 할 것이다. 게다가 피고인의 종교적 주장이 사실이라고 본다면, 법원은 피고인의 종교적 행위에 대한 형사제재가 과연 정당한지에 대해 제기될 수 있는 헌법적 문제를 해결해야 할 것이다.

이러한 두 문제는 해결할 수 없는 것이 아니다. 첫 번째 문제와 관련하여 법원의 판결은 이미 성교를 수반하는 어떠한 종교적 의식에 대해서도 매우 회의적이다. 이 회의론에 대하여 일반대중도 공감한다. 대만법원이 성교를 수반하는 종교의식에 대하여 지배적인 사회적 가치에 반하는 것으로 판결하더라도 논쟁의 여지가 거의 없을 것이다. 두 번째 문제와 관련해 관건은 그러한 제재가 정당한 국가적 이익legitimate state interest에 부합되고 비례하는지 여부이다.[80)] 심리적 취약성을 겪고 있는 사람에 대한 성적 착취를 금지하는 것에 정당한 국가적 이익이 존재한다는 것은 명백하다. (모든 종교의식이 아니라, 특히 참가자가 침착하고 계산된 방식으로 성교를 포함한 종교의식에 승낙한 경우는 제외하고) 심리적으로 취약한 피해자를 대상으로 행하는 종교의식에 대해서만 형벌로 제재하는 것은 틀림없이 범죄화를 비례성 있게 만드는 데 도움이 될 것이다.[81)]

---

79) R. v. Ali (Yasir Ifran) [2015] EWCA Crim 1279. 영국 판례에 대한 비판적 논의로는 Elaine Freer, Yes, No, Maybe-Recent Cases on Consent and Freedom to Choose, 2016(1) ARCHBOLD REV. 6, 7-8(2016)을 볼 것.

80) 종교와 관련된 사법적 위안(Yuan) 사건에 대한 개관과 분석으로는 ZHENG ZHIMING, 臺灣宗教組織與行政 71-75(Wenchin Publishing, 2010)을 볼 것. 대만의 사법심사 관행에 대한 명쾌한 논의로는 Chien-Chih Lin, The Birth and Rebirth of the Judicial Review in Taiwan: Its Establishment, Empowerment, and Evolvement, 7 NTU L. REV. 167(2012)을 볼 것.

81) Chen, supra note 24, at 216-221.

2. 홍콩: 위협에 의한 알선Procurement by Threat

홍콩의 경우에는 형사죄행조례 제119조에 의한 "위협에 의한 알선"으로 기소될 수 있을 것이다.[82] "위협에 의한 알선"과 "기망에 의한 알선"은 동일한 입법적 유래와 접근법을 공유한다. 특히 범죄행위를 구성하는 위협 또는 협박의 유형에는 제한이 없다(예컨대 위협에 반드시 신체적 해악이 포함되거나 위협이 직접적으로 피해자에 대한 것이 아니라도 무방하다).[83] 더 중요한 것은 피해자가 위협이 실현될 것이라고 믿었다는 것만으로도 충분하다는 것이다.[84] 이는 법원이 종교적 주장의 진실성veracity of religious claims이라는 골치 아픈 문제와 얽히게 되는 것을 피하게 해준다.

위협이라는 요소(예컨대 "성교를 수반한 종교의식을 수행하지 않으면 사고, 병마 및 다른 불운이 닥칠 것이라는 주장")가 반드시 존재해야 하기 때문에 기소될 수 있는 사건의 유형의 범위가 줄어들 수 있다는 가시적인 결과를 가져온다. 전술한 Au Yeong Kwok Fu사건은 제119조에 의하여 기소될 수는 없을 것이다. 피해자가 피고인의 독려 없이 자발적으로 자신이 인식한 불운 문제를 해결하기 위해 피고인에게 접근했기 때문이다.[85] 그럼에도 불구하고, 이러한 위협이라는 요소는 종교의 자유라는 불가피한 헌법상의 제약이라는 측면을 고려하면 필요할 뿐 아니라 더 비난 가능한 사건들에 기소를 집중시키는 것에도 도움이 될 것이다. 예를 들어 Ho Ka Po Tony사건에서, 피해자의 에이전트가 피고인과 공모한 경우(예컨대, 피해자의 에이전트가 피고인이 피해자와 성관계를 갖도록 돕기 위해 피해자에게 "강두술" 저주에 걸렸다고 말한 경우), 피고인은 첫 번째 의식에서의 성관계에 대해 제119조로 기소되고 유죄판결을 받을 수 있을 것이다.[86] 피고인이 피해자가 성적 의

---

82) §119, Crimes Ordinance, c. 200(1997)(HK).

83) PETER F.G. ROOK & ROBERT WARD, SEXUAL OFFENCES 94-95(Sweet & Maxwell 2nd ed. 1997).

84) (성관계 영상테이프가 없는데도 성관계를 갖지 않으면 테이프를 공개하겠다고 피해자를 위협한 전 남자친구를 제119조로 기소한) HKSAR v. Chan Wing Hung, HKEC 224 (1997)(C.A.)

85) Chen, supra note 39, at 566-567.

86) HKSAR v. Wong Mei Yin & Lo Fun Yi, DCCC70/2010(D.C. Aug. 4, 2010)(H.K.)사

식으로 풀어야 하는 "강두술" 저주에 걸렸다고 믿게 만든 사람이라면 유죄 선고가 가능하다.[87] Au Yeung Kwok Fu사건에서는 피고인의 도덕적 비난가능성에 주목하지 않았다면, Ho Ka Po Tony사건에서의 위협이라는 요소의 개입은 후자를 더욱 범죄화할 필요가 있는 사례로 만들었다. 마찬가지로 비신체적인 위협에 의해 획득한 성관계를 범죄화하는 것에 대한 논쟁의 해결은 요원하지만, 위계간음과 비교하여 이를 범죄화하는 것이 바람직하다는 점에 대한 광범위한 합의가 여전히 존재하고 있다.[88] 예컨대 위계에 상응하는 행위(예를 들면, 승진이라는 거짓약속 하의 성관계)를 통하여 얻은 성관계보다는 경제적인 결과의 위협에 의하여 얻은 성관계(예를 들면 직장을 잃을 위협 하의 성관계)를 범죄화하는 것을 둘러싼 논란이 상대적으로 적다.[89]

제119조의 적용은 간음을 목적으로 한 모든 종교적 위협의 범죄화에 대한 헌법적 문제를 야기한다. 모든 종교적 위협에 대한 범죄화의 범위가 피해자의 특성과 연관된 명시적인 요건이 없이 확대될 것이기 때문에 홍콩의 상황은 대만보다 더 복잡하다. 그럼에도 불구하고, 위협에 내재하고 있는 명백한 강제적 성격은 분명히 범죄화에 충분한 정당성을 제공할 수 있을 것이다. 이와 관련하여 인도형법을 기반으로 하는 예전의 영연방국가들(예컨대 인도, 말레이시아 및 싱가포르)에는 법적으로 이행의무가 없는 행위를

건에서 대모는 피해자에게 피해자의 방에 귀신이 있으며 피고인이 구마의식을 할 수 있다고 말했고 구마의식에는 성교가 포함되어 있었다. 피해자의 대모는 위계에 의한 성관계 알선으로 피고인을 방조하고 도운 혐의로 기소되었다.

87) PETER WESTEN, THE LOGIC OF CONSENT: THE DIVERSITY AND DECEPTIVENESS OF CONSENT AS A DEFENSE TO CRIMINAL CONDUCT 188-189(Ashgate, 2004) 역시 참조할 것. 보로(Boro)사건에서 피고인은 피해자에게 치명적인 질병에 걸렸으며 성관계가 의학 치료의 일부라고 거짓말하였다. 피해자를 죽음에 대한 두려움에 빠지게 만든 '기망'이라는 측면보다 '위력'과 '위협'이라는 측면으로 보로 사건을 분석해야 한다고 주장하였다.

88) 예컨대 (판사들은 위협이나 협박에 해당되지 않는 피고인의 억압적 행동이 승낙을 무효화하는지 여부는 사실 조사의 문제로 배심원이 결정하도록 해야 하지만, 위계로 승낙을 무효화하는 상황을 제한하는 법규정을 채택해야 한다고 주장하는) Neil Morgan, Oppression, Fraud and Consent in Sexual Offences, 25 WESTERN AUSTRALIAN L. REV. 225, 231-234(1996)을 볼 것.

89) Susan Leahy, "No Means No", but Where's the Force? Addressing the Challenges of Formally Recognizing Non-violent Sexual Coercion as a Serious Criminal Offence, 78(4) J. CRIM. L. 309, 311-312(2014).

실행하도록 상대방을 강요하는 종교적 위협을 처벌하는 규정이 존재한다는 사실도 주목할 가치가 있다.[90] 그러므로 형사죄행조례 제119조 적용의 합헌성에 관한 불확실성이 남아 있음에도 불구하고, 그것은 여전히 제120조 하에 종교적 허위에 대해 판단하는 위헌적 판결보다는 바람직하다.

V. 결 론

종교는 사기꾼의 손에서 강력한 도구가 될 수 있다. 사기꾼들은 물질적, 감정적 그리고 신체적 문제에 대해 기적적인 해결책을 제공하는 초자연적 힘으로 유혹하여 그들이 범행대상으로 삼은 피해자가 처해 있는 상황에서 본능적 요소를 쉽게 착취할 수 있다. 기망 피해자의 인적 손해human cost와 도덕적 비난을 초래한 가해자는 형사제재를 받아 마땅하다. 그러나 종교의 자유라는 헌법상 제약과 위계간음의 범죄화를 둘러싼 오늘날의 논쟁을 볼 때, 종교적 위계간음에 대한 적절한 형법적 대응은 위계와 관련되어서는 안 될 것이다. 실제로 대만과 홍콩의 경험은 종교적 위계간음의 범죄화는 종종 종교적 허위 그 자체에 관한 것은 아니며, 성관계를 포함한 종교적 의식이 진정한 종교로서 간주될 수 없어야 하고, 그렇지 않은 경우 법적으로 보호된다는 것을 보여준다. 위계라는 무화과 나뭇잎fig leaf 가리개를 내려놓는 것이 이들 사법체계에서 더욱 진실한(그리고 합헌적인) 접근방법이 될 것이다.

---

90) 그 규정은 신의 노여움의 대상이 될 것이라고 상대방을 믿게 만들어 일정 행위를 하도록 유도하는 것을 불법화한다. §508, Penal Code, c. 224(2013)(India). 이 조항에 대한 해설은 JUSTICE K T THOMAS & M A RASHID, THE INDIAN PENAL CODE 1231-1232(Lexis Nexis 34th Ed., 2014)을 볼 것. 이 조항은 동남아시아 영연방 국가에서 여러 차례 채택되었다. e.g. §508, Penal Code, Act 574(2015)(Malaysia); §508, Penal Code, c. 224(2008)(Sing.). 특히 영국 형법 규정과 관련하여, 인도 형법에 대한 비판적 논의는 David Skuy, Macaulay and the Indian Penal Code of 1862: The Myth of the Inherent Superiority and Modernity of the English Legal System Compared to India's Legal System in the Nineteenth Century, 32(3) MODERN ASIAN STUDIES 513, 538-545(1998) 참조.

06

인간의 존엄은 형량가능한가?

- 법학적 논의의 한계영역 -

이계일

원광대학교 법학전문대학원 교수

연세대학교와 독일 뒤셀도르프대학교에서 법학의 근본문제들을 고민하며 학위과정을 밟았다. 원광대학교 법학전문대학원에서 법철학, 법학방법론, 법사회학을 가르치고 있으며, 독일 에를랑겐-뉘른베르크대학교 법철학 및 일반국가이론 연구소에서 연구하기도 하였다. 정당한 법질서의 주요 원리들에 대한 이념사적, 법이론적 연구 그리고 올바른 법해석, 법적용에 대한 법학방법론적 연구를 진행하고 있다. 한국법철학회, 법과사회이론학회, 한국법사회학회 등에서 활동하고 있으며 학술지 「법철학연구」, 「법학연구」 등의 편집위원을 맡고 있기도 하다.

Ⅰ. 들어가며

법질서 내에서 특정한 역할을 수행하기 위해 보편적으로 받아들여진 법리가 있을 수 있다. 하지만 사회의 변천으로 말미암아 일정 사안군에서는 그에 입각한 해결이 구체적 타당성을 확보해 주지는 못하는 경우도 생겨날 수 있는데, 이때 우리는 전형적인 법의 딜레마 상황에 부딪히게 된다. 해당 경우에 그 법리를 관철시키는 것도 만족스럽지 않고, 그렇다고 그 법리를 쉽게 포기하는 것도 부담스러울 수 있게 되는 것이다. 인간의 존엄 법리를 둘러싼 최근의 논란은 이를 보여주는 대표적 사례라고 할 수 있을 것이다.

'인간의 존엄'이라는 규범이 가지는 절대성은 기존에 '인간존엄의 불가침성'이라는 공식으로 표현되었다. 그리고 그러한 불가침성은 곧잘 인간존엄의 보호영역 안에 드는 법익의 '형량 불가능성'으로 이해되곤 하였다. 이를 제한하는 행위는 그것이 어떠한 동기에 의한 것이든, 어떠한 수단에 의한 것이든 결코 정당화될 수 없는 위법이라고 보았던 것이다.[1] 그러나 최근에 등장하는 기존에는 쉽게 상상할 수 없었던 사안들의 대두(예컨대 근본주의자들의 테러, 생명공학의 발전, 인신을 수단으로 한 극단적 범죄 행위의 증가들)는 인간존엄의 절대성, 형량불가 법리를 그대로 두고 적절한 해결이 가능한지에 관해 많은 논란을 촉발시키고 있다. 특히 그와 관련된 국외의 판결들은 이들 사안들에 대응하고자 한 국가의 행위들이 과연 합헌적인지와 관련하여 여러 논란을 야기하고 있는 상황이다.

---

* 아래의 서술은 필자의 선행연구("인간의 존엄은 형량가능한가", 원광법학 제26권 제1호, 2010, 157면 이하)에 기반한다. 보다 구체적이고 전문적 내용은 해당 논문을 참조해 주시길 바란다.

1) 다른 기본권에 있어서는 기본권의 보호영역을 제한하는 행위가 바로 기본권 침해로 규정되지 않고 그 정당화가 가능한지의 여부가 과잉금지의 원칙에 의해 심사될 수 있음에 반해서, 인간존엄의 경우는 – 적지 않은 법질서에서 지배적 견해인 형량불가설을 따를 경우 – 그 보호영역을 제한하는 행위가 곧바로 인간존엄 침해가 된다는 데에 그 특징이 있다. VerfGE 34, 238 (245); 75, 369 (380); 93, 266 (293); Michael/Morlok, *Grundrechte*, Baden-Baden, 2008, Rn. 544. 우리 헌법학계에서 이에 대한 논의로는 최규환, 『인간존엄의 형량가능성』, 헌법재판연구원, 2017.

이러한 판결들은 결과적으로 인간존엄의 형량불가라는 기존 법도그마틱의 지배적 견해를 견지하고자 하는 경우가 많다(Ⅱ). 하지만 이들 판결에 비판적인 법률가들도 존재하는 까닭에 기존 인간존엄 법리의 비판적 재구성(즉 형량불가의 완화)이 시도되기도 한다(Ⅲ). 물론 이러한 비판적 재구성에 대하여 인간존엄의 형량불가를 여전히 옹호하는 학자들은 다시금 나름의 반비판을 개진하고 있다(Ⅳ). 이러한 논의는 비단 해당 사안들의 설득력 있는 해결을 위해서뿐만이 아니라, 헌법질서와 국가의 역할이 무엇인지에 대한 근본적 이해와 결부되어 있기 때문에 법이론/헌법이론적 의미가 적지 않다. 더욱이 이들 논의는 무엇보다 법의 딜레마가 갖는 근본적 성격을 잘 드러내 주기 때문에 이를 한 번 살펴보는 것은 작지 않은 의미가 있을 것으로 생각된다.

Ⅱ. 프랑크푸르트 고문위협사건(이른바, 다쉬너 사안)과 인간존엄의 형량불가 법리

최근 인간존엄의 법적 형량가능성과 관련하여 중요한 국외의 판결들이 존재한다. 한정된 지면관계상 본고에서는 프랑크푸르트 고문위협사건을 중심으로 관련 논의를 개관해 보기로 한다.[2]

프랑크푸르트 지방법원이 다룬 해당 사건의 개요는 다음과 같다.

한 대학생이 어린이를 유괴하고 그 부모에게 돈을 주면 아이를 풀어주겠다고 협박을 했는데, 이 대학생이 경찰에게 붙잡혔다. 그가 아이가 있는 장소를 실토를 하지 않자, 관할경찰청장은 부하경관에게 우선 신체적 고통의 투입이 있을 수 있음을 위협하라고 말하고, 그래도 실토하지 않으면 고통을 실제 가하라고 주문했다. 고통의 부과에 이르기 전의 위협단계에서 그는 실토하였고, 경찰은 아이가 이미 죽었음을 알게 되었다. 그런데 경찰의 이러한 행위에 대해 사회적 논란이 일었고, 결국 고문을 위협한 경찰은 협박죄(독일 형법 제240조)로, 그리고 이를 명령한 지휘관은 부하에 대한 범

---

2) LG Frankfurt, NJW 2005, S. 692 ff. (Fall Daschner). 인간존엄의 형량가능성과 관련된 또 다른 판결들에 대해서는 앞서 언급한 필자의 선행연구를 참조하길 바란다.

죄유인죄(독일 형법 제347조)로 기소되었다.

인간의 존엄과 관련하여 문제가 된 지점은 과연 이들의 행위에 대해 긴급피난 혹은 정당방위를 이유로 위법성이 조각될 수 있을지의 부분이었다. 법원은 이러한 가능성을 부인하였다. 고문이나 그 위협행위는 범죄피의자를 자율적 의사결정주체가 아닌, 한낱 정보담지체로 보고 그의 몸뚱아리에 고통을 가하여 정보를 끌어내기 위한 수단으로 취급한 것(수단화, 객체화)이다. 따라서 전형적인 인간존엄의 침해에 해당하며, 긴급피난이나 정당방위에 의한 위법성 조각이 배제된다는 것이다.[3] 인간존엄 법리의 지배적 입장에 의거해 인간존엄의 형량불가를 전제한 것이고, 그에 따라 정당방위나 긴급피난에 요구되는 정당화 가능성을 애초에 차단시킨 것이다. 결국 법원은 경찰의 위법행위를 인정하였다. 다만, 양형에 있어서 제반 상황을 참작하여 경미한 벌금형을 부과하였을 뿐이다.

그럼에도 법원의 논리가 모두에게 만족스러운 것은 아니었다. 여전히 많은 이들은 유괴범의 존엄보다 납치된 이의 존엄이나 생명이 보다 존중되어야 한다고 생각한다. 만약 인간존엄의 형량불가 때문에 그것이 방해받는다면, 이는 특정한 법리가 과도히 남용된 것으로서 받아들일 수 없는 것이라고 본다. 이러한 문제의식 하에 일부 법률가들은 인간존엄의 형량불가 법리를 완화하고자 시도하였다. 다음 장에서는 이를 집중적으로 개괄해 볼

---

3) LG Frankfurt, NJW 2005, S. 693-694. 인간존엄의 핵심을 "인간을 도구화, 대상화하지 말고, 대체가능한 것으로 취급하지 말라"는 것으로 파악하는 관점이 내재해 있는 주장이다. 이는 이른바 **뒤리히의 객체공식**에서 유래한다. G. Dürig, "Der Grundrechtssatz von der Menschen würde: Entwurf eines praktikablen Wertsystems der Grundrechte aus Art. 1. Abs. I in Verbindung mit Art. 19 Abs. II des Grundgesetzes", AöR 81 (1956), S. 117, 127. 뒤리히의 공식은 칸트철학의 연장선상에서 나온 이론구성이다. 칸트는 다른 짐승들과 구별되는 인간의 고유성을 욕망이나 욕구 등의 인과관계에 종속되지 않으면서 스스로의 윤리적 자기이해에 바탕하여 자신이 세운 윤리적 목표를 스스로 추구해 갈 수 있는 '자율성'에서 찾았다. 따라서 그는 '자신에게서든, 타인에게서든 인간성 그 자체를 목적으로 대하라'고 주장했던 것이다. 그렇다면, 윤리적 목적을 설정하고 그에 따라 행위할 수 있는 자율성을 누군가에게서 부인하는 행위, 특히 인간을 객체, 수단, 대체가능한 것으로 절하시키는 모든 행위는 이제 인간을 인간으로 특징짓는 바를 부정하는 것이 된다. 즉 인간의 존엄을 침해한다고 본 것이다. 물론 뒤리히의 이 공식은 많은 한계를 가지고 있기도 하다. 이에 대해서는 Michael/Morlok, 앞의 책, Rn. 135. 하지만 이러한 한계에도 불구하고 뒤리히 공식이 인간존엄의 중요한 측면을 밝혀 주고 있다는 데에는 많은 이들이 공감한다.

것이다.

Ⅲ. 기존 인간존엄 법리의 비판적 재구성 시도(형량가능론)

1. 인간존엄의 보호영역 축소론

우선 인간존엄의 형량불가를 어떻게든 고수하면서 위의 사안에서 해당 국가조치를 가능하게 하고자 하는 법리구성이 존재한다. 그건 인간존엄의 형량불가 법리를 견지하면서도, 바로 위에서 언급하는 '구조를 위한 최소한의 고문'을 인간존엄의 보호영역에 해당하지 않는 것으로 설정하는 방법이다. 예컨대, 인간의 존엄에 반하는 '고문'과 인간구조를 위해서 불가피하게 최소한도로 시행하는 '고통의 부과'[4]를 구분한 후 후자는 고문의 범주에서 배제하는 것이다. 전자는 여전히 인간의 존엄침해로서 절대 정당화될 수 없는 행위로 위치지어진다. 그에 반해 허가될 수도 있는 '고통부과'는 엄격한 비례성 심사를 충족해야 하는 것으로 설정된다. 그 목적은 고차적 법익의 보호, 특히 생명의 구조나 존엄의 보호를 위한 것 등에 제한되어야 하고, 최소침해의 원칙이 지켜져서 오직 최후수단ultima ratio으로만 투입될 수 있어야 한다고 한다. 그리고 고통부과의 방식과 내용 역시 그에 대한 사후 통제가 가능할 수 있게끔 엄격하게 규율되어야 한다는 입장이다.[5]

2. 형량될 수 없는 인간존엄의 핵심 보호영역과 형량을 통해 구체화 되어야 하는 인간존엄의 주변부 보호영역의 구별론

인간존엄의 형량 문제와 보다 본격적으로 부딪히려는 시도로는 헤어데겐의 제안을 주목해볼 필요가 있다. 헤어데겐은 '인간존엄의 형량개방적 주

---

4) 예컨대 손목관절 늘리기, 팔꺾기, 강한 강도로 피부 비틀기 등.

5) W. Schmitt Glaeser, "Folter als Mittel staatlicher Schutzpflicht", in: O. Depenheuer (Hrsg.), *Staat im Wort: FS für J. Isensee*, Heidelberg, 2007, S. 521 f.; K. Günther, "Darf der Staat foltern, um Menschenleben zu retten?", in: G. Beestermöller, *Rückkehr der Folter: der Rechtsstaat im Zwielicht?*, München, 2006, S. 338. 슈미트 글래저는 녹화나 녹취를 통해 법관이 사후에 통제할 수 있는 방식을 생각해 볼 수 있을 것이라고 한다.

변부 보호영역'과 '인간존엄의 형량불가적 핵심보호영역'을 구분한다.[6] 핵심영역에 속하는 것은 형량불가한 것으로 보지만 주변부에 속하는 것은 형량이 가능할 수 있다는 것이다. 모두에게 금지되어야 하는 것으로 보편적으로 받아들여지고 있는 전형적인 행위양태들은 형량가능하지 않은 인간존엄의 핵심영역과 관련된다고 본다. 노예제, 고문, 비인간적 처벌방식 등은 바로 그에 해당한다고 한다. 특정 목적과 결부되어 있어서 인간존엄에 대한 절대적 침해로 보게 되는 조치들 역시 형량가능하지 않은 인간존엄 영역에 위치된다. 예컨대 인종적 이유에 의거한 차별이 그것이다.

그럼에도 헤어데겐은 인간존엄의 내용이 적지 않은 경우 구체적 행위맥락과 상황에 따라 구체화된다는 점에 주목한다. 구체적 맥락과 상황을 들여다보아야만 인간존엄의 보호영역에 속하는 것인지에 대해 판단할 수 있는 경우가 적지 않다는 것이다. 그러한 경우라면 행위의 의도에 대한 심사 혹은 행위의 목적과 수단 사이의 비례성에 대한 심사가 불가피해진다는 것이다. 그럼에도 헤어데겐에 있어서 특징적인 점은 이러한 비례성 심사가 인간존엄의 구체적 보호영역을 획정하는 단계에만 작동하는 것으로 설정된다는 점이다. 즉 형량은 인간존엄의 *보호영역 획정에만 개입*하지, 일단 제한된 인간존엄이 정당화될 수 있는지를 심사하는 단계에서는 작동할 수 없다고 보는 것이다.[7]

고문의 경우, 사회적으로 일반적으로 받아들여진 전형적인 존엄침해양태에 해당하기 때문에 고문금지는 통상 인간존엄의 절대적 보호영역에 속하는 것으로 간주된다. 따라서 헤어데겐의 구분론에 따르면, 원칙적으로 형량가능성이 차단되는 행위이다. 하지만 생명구조를 위한 고문의 경우라면 인간존엄의 절대적 침해금지 영역에 대한 사회적 합의가 흔들릴 수 있다고 한다. 이 경우 피의자가 가지는 인간존엄은 타인의 생명보호라는 목적과의 연관 속에서 구체화될 필요가 있다고 한다.[8] 구조를 위한 고문의 경우 인간존엄의 보호 영역 획정시에 형량이 가능할 수 있음을 시사하는

---

6) M. Herdegen, in: Maunz/Dürig, GG, Art. 1, Abs. 1, S. 27 ff.
7) Herdegen, 앞의 글, S. 28.
8) Herdegen, 앞의 글, S. 30, 50.

셈이다. 헤어데겐의 논지를 따르게 되면, 인간존엄의 보호영역이 일정부분 과정화되고 상대화되는 것은 불가피해진다.[9]

3. 인간의 존엄 상호간 혹은 생명권과의 형량인정론

지금까지의 구성과 달리, 구조를 위한 고문을 인정하는 가장 간단한 이 론구성이 있을 수 있다. 그것은 '인간존엄의 형량가능성을 – 기본권제한의 정당화여부를 심사하는 단계에서 – 정면으로 인정'하는 방법이다. 이러한 방법을 취하는 이들은 인간존엄의 고차적 비중 때문에 인간존엄의 형량은 오직 또 다른 인간의 존엄과의 충돌 시에만[10] 혹은 추가적으로 생명권과 의 충돌 시에만 인정하고자 한다.[11] 그리고 그러한 형량은 엄격한 비례성 심사를 충족시킬 수 있어야 한다고 본다. 인간존엄은 원칙적으로 형량불가 영역에 놓여야 하는 고차적 법익이지만, 또 다른 인간의 존엄이나 생명권 과 충돌하는 경우라면 형량이 불가피해진다고 보는 것이다. 중요한 것은 그러한 가능성을 처음부터 배제하는 것이 아니라, 이를 엄격한 조건을 통 해 통제하는 것이라고 한다.[12]

그리고 브루거가 강조하듯이, 근대국가는 폭력독점을 통해 성립한다. 국

---

9) 헤어데겐의 이러한 논리는 인간의 존엄 획득 시점에 대한 그의 주장에서도 잘 드러난다. 그는 분만 이전의 생명체에게도 기본적으로 생명권이 인정되어야 한다고 보지만, 그가 갖는 인간존엄의 침해 여부는 존엄을 제한하게 되는 행위의 목적성(Finalität), 목적/수단 의 관계, 제한의 정도에 따라 '과정적으로' 판단되어야 한다고 보는 입장이다. 그럼으로 써 인간존엄의 '등급화된 보호모형'을 제안한다. Herdegen, "Die Menschenwürde im Fluß des bioethischen Diskurses", JZ 56 (2001), S. 774 f.

10) R. Zippelius/Th. Würtenberger, *Deutsches Staatsrecht*, 32. Aufl., München, 2008, Rn. 58 f.; Ch. Starck, in: H. v. Mangoldt/F. Klein/ders., *Kommentar zum Grundgesetz Bd. I*, 5. Aufl., München, 2005, Art. 1 Abs. 1, Rn. 35; F. Wittreck, "Menschenwürde und Folterverbot – zum Dogma von der ausnahmslosen Unabwägbarkeit des Art. 1. Abs. 1 GG –", DÖV 56 (2003), S. 873 ff.

11) W. Brugger, "Darf der Staat ausnahmsweise foltern?", Der Staat 35 (1996), S. 80 f., 83 f.

12) 치펠리우스는 인간존엄이 형량될 수 있는 경우가 존재함을 확인시켜 주는 또 다른 예로 서 지난 세기에 국가적 차원에서 시작된 예방주사강제(Impfzwang)를 든다. 해당 정책을 시행하던 초기, 예방주사를 맞은 자 중 일부는 분명 희생될 여지가 있었음에도 수많은 사람들의 존엄과 생명보호를 위해 그러한 위험을 감수했던 것이다. 인간존엄의 형량가능 성을 무조건 부인하기만 한다면 이러한 국가시책도 받아들일 수 없게 되는 모순된 상황 에 부딪히게 됨을 지적하는 것이다.

가는 사인에게 폭력을 쓰지 말고 국가의 법적 절차에 따를 것을 요구한다. 이로써 국가는 구성원들을 서로간의 폭력으로부터 보호해주어야 할 의무를 가지게 된다. 유괴사안에서 피의자가 국가에 붙잡혀 사인에 의한 구조행위가 불가능해진 상황이라고 한다면, 더욱이 국가는 생명을 보호해야 할 전적인 의무를 지게 된다. 만약 이를 다하지 않는다면, 이는 국가의 존립기초를 포기하는 것에 다름 아니라는 것이다.[13)

IV. 인간존엄 형량불가론자들의 재비판

위의 제반 제안들은 인간존엄의 형량불가 법리를 약화시켜 관련 사안의 구체적 타당성을 도모하고자 한 시도들이다. 하지만 인간존엄의 형량불가 법리가 법체계 내에서 기존에 수행해 온 역할을 중시하는 법률가들은 위의 제안들이 적지 않은 문제점들을 지닌다고 본다. 이들의 재비판을 살펴보기로 한다.

1. 인간존엄의 보호영역 축소론에 대한 비판

우선 인간존엄의 보호영역 축소론을 살펴보자. 기본적으로 이들의 견해는 인간의 존엄에 반하는 고문과 그렇지 않은 고통부과를 구분하고 후자를 인간존엄의 보호영역에서 제외시키는 방법을 사용한다. 투입 가능한 고통부과의 형식은 손목관절 늘리기, 팔꺾기, 강한 강도로 피부 비틀기 등에 제한되어야 한다고 보면서 이들 방법을 생명구조라는 목적 하에서만, 동시에 엄격한 비례성 원칙의 충족 조건 하에서만 허락하고 강력히 사후 통제하고자 한다.

하지만 다음과 같은 비판이 제기된다. 테러나 인명납치를 감행하는 이들이 이러한 간단한 고통부과에 입을 연다는 보장이 있을까. 오히려 이들은 단지 낮은 수준의 고통부과만이 법으로 허락되어 있다는 걸 안다면, 그리고 그 이상의 고통부과가 금지되어 있다는 것을 안다면, 고통을 참아내

---

13) Brugger, "Vom unbedingten Verbot der Folter zum bedingten Recht auf Folter?", JZ 55 (2000), S. 169.

며 입을 열지 않으려 할 확률이 높지 않을까. 이념범이나 종교적 근본주의 자들이라면 더욱 그러할 것이다. 여기서 간과할 수 없는 것은 고문이란 그 특성상 현재의 고문보다 더 강한 고문이 계속 가해질 것이라는 심리적 압박감 하에서 효과를 발휘한다는 사실이다.[14] 그렇다면 인간의 존엄에 반하지 않는 고통부과는 인간의 존엄에 반하는 고문으로의 발전 경향을 내재할 수밖에 없는 것이다.

다른 한편, 고통부과가 구체적 상황에 맞게 효과적으로 수행되기 위해서는 해당수권규범이 일반규범의 형식을 띨 수밖에 없다는 점 또한 환기될 필요가 있다. 그런데 일반규범에 의거해 이루어지는 위험예방행위를 엄격히 통제하는 것은 실로 만만치 않은 작업이 될 수 있다. 자신의 임무를 성공적으로 수행하고자 하는 공무담당자의 심리적 경향성과 이러한 일반조항이 결합될 경우 이는 은연중 인간의 존엄에 반하는 고문과 그렇지 않은 고통부과의 구분을 침식하게 될 것이다.

또 위험예방과 법익침해방지라는 목표에 있어 '신체적 고통부과'가 더 나은 결과를 신속하게 이끌어낼 수 있는 수단이라는 인식이 널리 퍼진다면, 고통부과가 허락되는 문지방도 점차 낮아질 수밖에 없다. 비례성 심사에 있어서 좀 더 빨리 생명을 구하고 범죄를 막겠다는 목적의 중대성이 피해자가 지닌 인간존엄의 보호보다 점점 더 큰 비중을 갖게 될 것이고, 그에 따라 해당 수단이 최후의 수단으로 긍정되는 시점도 점점 더 빨라지게 될 것이다.

바로 이러한 여러 이유들로 인해 적지 않은 국가의 지배적 법도그마틱, 그리고 국제법 규범들이 그동안 전쟁 중이든 테러 중이든 어떠한 형태의 고문도 인간의 존엄 침해로 보아 전적으로 금지시키고자 했던 것이다.[15] 누군가의 생명을 구한다는 명목 하에 이루어지는 고통부과가 특정 사건을 해결하는 데에는 효과가 있을지 몰라도, 결과적으로 법질서 자체를 지탱하는 근본적 가치를 뒤흔들어 거시적으로 더 큰 희생을 낳을 수 있는 것이다.

---

14) Günther, 앞의 논문, S. 107.
15) 유럽인권협약 제3조와 유엔 고문방지협약은 어떠한 형태의 고문, 어떠한 목적의 고문도 전적으로 금지시키고 있다. 국가긴급상황이나 전쟁상태에서도 마찬가지이다.

2. 인간존엄 보호영역의 핵/주변부 구분론에 대한 비판

헤어데겐의 핵/주변부 구분론은 모두가 동의하고 공감하는 전형적인 인간존엄침해양태를 중심으로 인간존엄 보호영역의 핵을 설정하고 그 침해는 전적으로 금지시키면서, 그 밖의 주변부 보호영역은 비례성과 목적을 고려하여 구체화하는 방식에 근거하고 있다. 하지만 여기에서 우리가 환기해볼 필요가 있는 부분은 전통적으로 고문금지규범이 전자에 위치지어 왔음에도 불구하고, 최근에는 − 헤어데겐 스스로 시사하듯 − 절대적 고문금지의 약화가 필요한 것 아닌가 하는 목소리가 대두되고 있다고 하는 사실이다.[16] 이러한 상황은 그 자체 형량이 불가한 핵 부분과 형량을 통해 구체화되어야 하는 주변부의 구분 자체가 상대화될 수 있음을 함의한다. 이는 양자의 구분이 해당공동체의 사회/문화적 상황과 결부될 수 있음을 의미하는 것이기도 하다. 한편으로는 절대적으로 보호되어야 하는 존엄영역이 있다고 주장하면서도, 다른 한편으로 그것의 내용은 시대와 사회의 상황에 좌우된다고 말하는 모순적 형태를 띠게 되는 것이다. 이러한 방식으로 인간존엄을 과정화시키게 될 경우, 점차적으로 핵의 약화는 불가피해진다. 인간존엄의 형량불가를 최소한도나마 유지시키려고 했던 헤어데겐의 원래 의도는 이른바 '미끄러진 경사길 이론'에 침식당하지 않을 수 없게 된다. 그러한 이론구성은 결국 인간존엄의 형량가능론의 전반적 수용에로 나아가는 문일 뿐이라는 비판에 직면하게 되는 것이다.

3. 인간존엄 상호간 혹은 인간존엄과 생명권 간의 형량 긍정론에 대한 비판

다음으로 인간존엄의 형량가능성을 기본권제한 심사단계에서 정면으로 긍정하고자 하는 견해에 대한 비판을 살펴본다.

첫째, 민주적 법치국가에서 기본권을 제한할 수 있는 국가의 권한은 오직 합헌/합법적 범위 내에서만 허락될 수 있기 때문에, 국가의 행위 선택

---

16) 이에 대해 Herdegen, 앞의 글, Rn. 45 ff., 90.

지들 중 헌법상 인간의 존엄에 반하는 선택지가 존재한다면, 이는 애초에 국가의 가능한 행위 범위에서 배제되어야 한다는 비판이다. 이는 또 다른 인간의 존엄이나 생명을 보호하고자 하는 경우 역시 예외가 아닌데, 국가는 인간의 존엄에 반하지 않으면서 보호의무를 실현할 수 있는 다른 선택지들을 찾아야 하며, 오직 그러한 방식에 입각해 보호의무를 실현시킬 수 있을 뿐이라고 한다.[17]

둘째, 국민의 기본권과 관련하여 국가가 갖는 일차적 의무는 방어권의 보장이지 보호의무의 실현이 아니라고 한다. 방어권과 보호의무가 충돌할 때, 국가는 행위하지 않는 편을 택해야 한다. 따라서 인간의 존엄 존중과 인간의 존엄에 대한 보호의무가 충돌할 때 국가는 전자를 택해야 한다는 것이다.[18]

셋째 비판은 앞서 행해진 다음과 같은 고문부과의 정당화 논거를 향한다. 국가가 피의자를 체포하여 이것이 사인들의 정당방위나 긴급피난의 기회를 차단시키게 될 때, 국가가 단순히 고문금지규범의 존재를 이유로 자신의 보호의무를 다하지 않는다면 이는 근대국가의 기초로서 국가의 폭력독점의 정당성을 흔들게 된다는 주장이 그것이다. 하지만 이러한 견해는 다음의 문제를 내포한다고 한다. 국가의 정당성 기초를 '폭력중단을 통한 평화유지'라는 측면에서 너무 일면적으로만 바라보고 국가의 보호의무 역시 너무 홉스적 관점에서만 이해하고 있는 것 아니냐는 것이다.[19] 특정 사안에서 국가의 부작위가 국민의 국가에 대한 신뢰를 일시적으로 침식시킬 여지가 있더라도, 국가권력이 법의 정신에 의해 운영되고 있다는 점을 확인할 경우 법치국가 원칙에 대한 장기적 신뢰는 더욱 강화될 수도 있기 때문이다.

---

17) Pieroth/Schrink, *Grundrechte: Staatsrecht* Ⅱ, 18. Aufl., Rn. 365; W. Höfling/S. Augsberg, "Luftsicherheit, Grundrechtsregime und Ausnahmezustand", JZ 60 (2005), S. 1083.

18) Michael/Morlok, 앞의 책, Rn. 524, 544, 739; J. Kersten, "Die Tötung von Unbeteiligten", NVwZ 2005, S. 661 f.

19) R. Christensen, "Wahrheit, Recht und Folter-Eine methodische Betrachtung", in: U. Blaschke u.a. (Hrsg.), *Sicherheit statt Freiheit? Staatliche Handlungsspielräume in extremen Gefährdungslagen*, Berlin, 2005, S. 156f.; Höfling/Augsberg, 앞의 논문, S. 1087.

물론 종교적 근본주의자들이 설치한 시한폭탄을 어떻게든 찾아내어 해체하지 않으면 막심한 인명피해가 우려되는 급박한 상황과 같은 경우가 있을 수도 있을 것이다. 법치국가의 정상적 운영방식만으로 법질서 수호가 어려운 예외상태라면, 그에 걸맞은 초법률적 수단이 동원될 수 있다는 논리 역시 없지 않다.[20] 하지만 이러한 예외상태론에 대해서도 비판이 제기된다. 현대헌법은 직접 국가비상상태나 계엄상태를 명문으로 규율하고 있다. 따라서 그 구성요건에 해당하지 않음에도 초법률적 예외상태를 설정하여 문제를 해결하고자 하는 방식은 헌법의 취지에 맞지 않는다는 것이다.[21] 설령 헌법이론적으로 초법률적 예외상태의 존재를 완전히 배제할 수 없다고 하더라도 위의 사안들이 국가존립 자체를 위협하는 예외상황인지 역시 분명치 않다고 한다.

넷째, 앞서 인간존엄의 보호영역 축소론에 대한 반박에서도 소개되었듯이, 고문 등 인간의 존엄 침해수단은 한 번 활용될 경우 계속 강화되는 경향이 있다고 하는 점이다. 바로 이 때문에 인간존엄의 제한가능성을 가급적 합법화하지 않고, 인간존엄을 계속 터부화하고자 하는 견해가 존재한다.[22] 예컨대 포셔는 예외적인 경우라도 고문을 합법화하지 말고, 이를 각 개인의 도덕과 양심의 판단 영역에 남겨둘 필요가 있다고 한다. 즉 고문을 통한 피해자 구제가 불가피해 보이는 경우라고 경우라도, 행위자가 자신의 처벌을 무릅쓸 때에만 그것을 할 수 있도록 하는 것이 고문의 합법화가 가져올 위험을 막을 수 있다는 것이다. 국가는 처벌을 감수하는 도덕적이고 양심적 판단에 대해서 양형을 통해 적절히 고려해 줄 수 있을 것이라고 한다.

---

20) 예컨대, O. Depenheuer, *Selbstbehauptung des Rechtsstaates*, 2. Aufl., Paderborn [u.a.], 2007.

21) Höfling/Augsberg, 앞의 논문, S. 1086 f.; Christensen, 앞의 논문, S. 165.

22) 예컨대, R. Poscher, "Menschenwürde als Tabu: Die verdeckte Rationalität eines absoluten Rechtsverbots der Folter", in: G. Beestermöller, *Rückkehr der Folter: der Rechtsstaat im Zwielicht?*, München, 2006, S. 75; Michael/Morlok, 앞의 책, Rn. 131.

Ⅴ. 인간존엄 형량불가론자들의 재비판이 가지는 한계

지금까지 우리는 인간존엄의 형량불가를 고수하고자 하는 이들의 재비판을 살펴보았다. 그럼에도 불구하고 위의 재비판들은 여전히 만족스럽지 않을 수 있다. 예컨대 기본권의 보호의무와 존중의무가 충돌할 때 반드시 존중의무가 우선해야 하는지에 대해서는 헌정국가의 본질을 어떻게 바라보는지에 따라 다른 답변이 가능한 것이다. 국가의 자의적 권력행사로부터 개인의 자유를 보장하기 위한 투쟁과정에서 근대 입헌주의 국가가 확립되었다는 점에 방점을 둘 경우 기본권 존중의무에 우위를 둘 수도 있을 것이다. 하지만 생명보호와 평화보장을 근대국가의 기원으로 보는 홉스적 관점을 취하거나 국가의 적극적 급부제공에 방점을 두는 현대 사회국가적 관점을 취한다면, 국가의 보호의무가 반드시 존중의무의 뒤에 놓여야 한다고 볼 필요는 없을 수도 있는 것이다.[23)]

애초에 권력행사의 수단이 합헌적/합법적이지 않다면 그것이 실현하고자 하는 타 법익과의 형량과정을 통해 정당화될 수 없다고 하는 논리 역시 그러하다고 한다. 원칙적으로는 그러한 관념이 법치국가 원리에 합당하기는 할 것이다. 하지만 위 사안들과 같이 극단적인 경우에 해당한다면, 수권이 존재하는지 여부를 판단할 때 미리 추후적 정당화 요소들과의 형량을 고려하는 것이 전혀 견지 못할 입장은 아닐 수 있다는 것이다. 그러한 사안들에서는 국가작용이 개입하여 들어가는 전체 상황맥락을 종합적으로 고려할 필요가 있기 때문이다.

또한 위의 문제사안들이 국가법질서가 법적으로 일반화할 필요가 없는 예외적 사안인지에 대해서도 다른 입장이 있을 수 있다고 본다. 유괴로 생명이 위협받고 있지만 피의자가 어떠한 도움도 제공하려 하지 않는 상황은 잠재적으로도 계속 발생 가능하며, 9.11 이후 근본주의자들의 행태는 무고한 생명의 희생을 동반한 테러들이 더 이상 상상 속의 위협만이 아님을

---

23) 유사한 견지에서 Wittreck, 앞의 논문, S. 880; Zippelius/Würtenberger, 앞의 책, Rn. 59; U. Palm, "Der wehrlose Staat?", AöR 132 (2007), S. 95, 108 f.

잘 보여주고 있기 때문이다. 그렇다면, 기본권의 법률유보원칙이 지배하는
현대 헌정국가에서 인간존엄의 제한가능성을 법적으로 열어놓되 이를 엄격
히 규율하여 국가권력작용을 합리적으로 통제하고자 하는 것은 매우 의미
있는 시도일 수 있다는 것이다.

VI. 나 가 며

인간존엄의 형량가능 여부를 둘러싼 위의 제반 논의는 일종의 법의 딜
레마 상황을 잘 보여준다. 이는 인간존엄 법리의 구체적 타당성과 법체계
내에서 그것이 수행하는 일반적 기능 사이의 딜레마이기도 하면서, 동시에
현대 헌정국가의 성격이 무엇인지에 대한 근본적 의견차에 기인한 딜레마
이기도 하다. 존중의무와 보호의무 중 무엇이 우선하는지, 예외상태론이
얼마나 인정될 수 있는지, 합헌적 국가권력작용의 범위는 어디인지, 기본
권의 법률유보의 한계가 무엇인지 등의 물음은 모두 헌정국가에 대해 어
떤 규범적 자기이해를 갖고 있는가라는 근본적 문제와 결부되어 있는 것이
다. 이는 현대 헌정국가가 그냥 국가가 아니라, 이념과 가치를 지향하는
국가이기 때문에 발생하는 불가피한 귀결이기도 하다. 이렇게 근본적 문제
들이 결부되어 있는 이상, 그러한 딜레마를 극복하고자 제안된 최근의 제3
의 시도들 역시 완전한 것일 수 없다. 예컨대 '법적 가치평가로부터 자유
로운 영역'과 같은 개념이나 '법체계와 도덕체계의 원칙적 분기를 받아들
이면서도 이들의 상호보충성을 활용해 보고자 하는 이론구성' 등이 그것이
다.[24] 이들 제안이 갖는 고도의 이론적 성격은 이들이 법철학적 논쟁과 깊
숙이 결부되어 있다는 점에서 잘 확인되는데, 결과적으로 딜레마를 해소한
다기보다 딜레마의 위치를 바꾸는 것에 불과하다는 비판에 곧잘 직면하고
있다.

마지막으로 한 가지는 짚어둘 필요가 있다. 이러한 법의 딜레마가 우리
헌정국가의 토대 자체를 침식하는 것일 수는 없다고 하는 점이다. 오히려

---

24) 제3의 시도들에 대한 자세한 내용은 필자의 선행연구, "인간의 존엄은 형량가능한가",
182면 이하를 참조하라.

역사적으로 보면, 그러한 딜레마가 헌정국가에 대한 근원적 성찰을 더욱 발전시켜온 원천이자 자극이기도 했기 때문이다. 그러한 한에서 법의 딜레마는 법의 한계를 보여주는 것이면서도, 동시에 법의 잠재력을 내포하는 것이라고도 이야기해 볼 수 있을 것이다.

07

법률해석 시 과거 입법자의 의사가 중요한가, 현재 입법자의 의사가 중요한가?

최 준 규

서울대학교 법학전문대학원 부교수

판사를 거쳐 서울대학교에서 민법과 도산법을 가르치고 있다. 민법과 도산법 이외에 법해석 방법론, 보험계약법, 법경제학에도 관심을 갖고 있다. 저서로는 『상속법의 관점에서 본 생명보험』, 『주해 상속법』(공저) 등이 있고, 논문으로는 채권자취소권의 경제적 분석, 프랑스 민법상 생태손해의 배상 등 40여 편이 있다.

Ⅰ.

법률해석의 방법은 통상 문언해석, 체계해석, 역사적 해석, 목적론적 해석으로 나뉜다. 역사적 해석은 그 법을 만든 과거 입법자의 의사를 탐구하는 것이다. 국회의안정보시스템 홈페이지http://likms.assembly.go.kr/bill/main.do 에 들어가면 제·개정된 법률에 관한 의안원문, 국회 전문위원의 검토보고서, 소관위원회의 심사보고서와 회의록, 본회의 회의록을 찾아볼 수 있다. 법관은 법률해석 시 일상적으로 이러한 작업을 수행하며, 이를 통해 과거 입법자의 의사를 확인한다. 그런데 법률해석 시 과거 입법자의 의사가 중요한가? 역사적 해석은 다른 해석방법(문언해석, 체계해석, 목적론적 해석)과 구별되는 독자적 존재가치를 갖는가?

Ⅱ.

입법자의 부주의 등으로 인해 법률문언이 과거 입법자의 의사와 배치되는 상황을 생각해보자. 법률문언이 일의적이고 명백하여 다른 해석의 여지가 없는 경우에도 법관이 법률문언을 무시하고 과거 입법자의 의사를 존중하는 방향으로 법해석을 할 수 있는가? 입법과정에서의 오류임이 '명백'하다면 해석자가 이를 바로 잡을 수 있을 것이다(이른바 '편집상의 과오'). 그러나 이 경우에도 과거 입법자의 의사가 목적론적 해석의 관점에서 정당화되지 않는다면, 편집상의 과오가 있다는 이유만으로 법률문언을 무시한 법해석이 정당화되기 어렵다.

문언해석 및 체계해석을 통해 도출된 해석결과와 역사적 해석을 통해 도출된 해석결과가 충돌하는 상황을 생각해보자. 입법자가 장래 발생할 구체적 상황을 정확히 예측하지 못해 그에 대응하는 적절한 법률문언을 사용하지 못하면, 이러한 상황이 발생할 수 있다. 이 경우 편집상의 과오를 인정할 수 없고, 역사적 해석은 문언해석 및 체계해석에 따른 해석결과를 뒤집을 수 없다고 보아야 한다.

법률문언이 모호하고 역사적 해석에 따른 결론과 목적론적 해석에 따른 결론이 각기 다르며, 그 두 결론은 모두 법률문언의 가능한 범위 안에 있는 상황을 생각해보자. 법관은 둘 중 어느 해석방법을 따라야 하는가? 필자는 목적론적 해석을 따라야 한다고 생각한다. 두 해석결과가 다른 상황은, 과거 입법자의 의사가 잘못된 전제에 입각하였거나, 법이론이나 과학기술 등이 충분히 발전하지 않은 과거에 만들어진 것이거나, 기타 다른 사정으로 인해 현재의 시대정신과 맞지 않는 경우 발생할 수 있다. 더 나은 해석방안이 존재하고 그 해석결과가 법률문언의 가능한 범위 안에 있는데 굳이 법관이 과거 입법자의 의사에 얽매여 법해석을 할 이유가 없다(법률은 입법자보다 현명하다).

결론적으로 위 세 가지 상황에서 모두 역사적 해석은 독자적으로 다른 해석방법을 뛰어넘을 수 없다. 역사적 해석은 문언해석이나 체계해석, 목적론적 해석을 보완하는 의미를 가질 뿐이다. 그렇다면 역사적 해석을 나머지 3개의 해석방법과 동급의 해석방법으로 보는 것이 타당한지 의문이다. 입법관련 자료를 자주 확인하는 것과 과거 입법자의 의사가 법률해석 시 주된 또는 결정적 의미를 갖는 것은 다른 차원의 문제이다. 국어사전의 도움을 받아 법조문만 읽어서는 올바른 문언해석이나 체계해석을 하기 어려울 수 있다. 또한 목적론적 해석을 하려면 해당 법률조항의 입법취지를 알아야 하는데 이를 위해서는 법률문언뿐만 아니라 과거 입법자의 의사가 담긴 입법자료가 도움이 된다. 즉 문언해석, 체계해석, 목적론적 해석을 잘하려면 과거 입법자의 의사를 아는 것이 도움이 되기 때문에 법관은 입법관련 자료를 종종 찾아보게 된다. 과거 입법자의 의사는 해석기준이라기보다 판단자료에 가깝고, 역사적 해석은 문언해석, 체계해석, 목적론적 해석을 보완하고 서로를 연결해주는 기능을 하는 것이다.

Ⅲ.

문언해석, 체계해석, 목적론적 해석과 이들을 보충·연결해주는 역사적 해석을 통해서도 무엇이 올바른 해석결론인지 선뜻 답을 내리기 어려운 사안hard case이라면, 법관은 어떻게 해야 하는가? 이에 관해서는 여러 견해가 있을 수 있다. 필자는 '현재' 입법자의 의사를 고려할 필요가 있다고 생각한다. 여기서 현재 입법자의 의사는 지금 실제로 존재하는 의사만 뜻하는 것이 아니고, 만약 입법자가 지금 입법을 하였더라면 취하였을 가정적 의사도 포함한다. 현재 입법자의 가정적 의사를 탐구한다는 것은 목적론적 해석과 (법률의 내적 체계를 고려한) 체계해석의 연장선상에 있다. 법해석이 어려운 사안에서는, 설령 목적론적 해석과 체계해석을 중시한다는 전제를 공유하더라도 그에 따른 바람직한 해석결론이 무엇인지에 대해 해석자마다 생각이 갈리는 경우가 많다. 이 경우 하나의 고정된 정답이 있다고 보기 어렵기 때문에, 공동체 내의 합리적 의사소통을 통해 어느 정도 공감대가 형성된 해석결론을 채택하는 것이 최선의 방법이다. 제3자나 사회일반에 미칠 파급효과가 그리 크지 않아 정책적 성격이 약하고, 입법부나 행정부가 법개정에 많은 관심 또는 전문성을 갖고 있다고 보기 어려운 영역(가령 민사법 해석론)에서는, 사법부를 포함한 법률전문가들을 중심으로 한 공동체 내부의 공감대가 중요하다. 물론 이러한 공감대를 모색하는 과정에서 법해석자인 법관의 '규범적 판단'이 개입될 것이다. 이는 목적론적 해석과 (법률의 내적 체계를 고려한) 체계해석도 마찬가지이다.

한편 현재 입법자의 의사가 실제로 존재하고, 정책적·전문적 성격이 강하며 이른바 통약불가능성incommensurability 문제로 인해 입법부가 규범형성에 있어 우위를 갖고 있는 영역에서는, 법해석자가 현재 입법자의 실제 의사를 존중할 필요가 있다. 이러한 요건들이 충족되는 상황은 매우 드물 것이다. 따라서 현재 입법자의 의사가 중요한 해석기준이라고 우리가 체감하기는 쉽지 않다. 그러나 현재 입법자의 의사를 고려한 법해석방법은 사안의 최종결론을 좌우할 수 있다는 점에서 독자적 가치를 갖는 해석방법이다. 이 점에서 자주 사용되지만 독자적 의미가 미약한 역사적 해석과는 정반대이다.

Ⅳ.

대법원 2018.6.21. 선고 2011다112391 전원합의체 판결은, 구 근로기준법상 1주간 기준근로시간인 40시간을 초과하여 휴일에 근로한 경우 이를 연장근로로 보아 휴일근로에 따른 가산임금 이외에 연장근로에 따른 가산임금도 중복하여 지급해야 하는지가 문제된 사안이다. 대법원 다수의견은 근로기준법 시행령 규정의 내용과 체계 및 취지, 법률 규정의 제·개정 연혁과 이를 통해 알 수 있는 입법취지 및 목적, 근로관계 당사자들의 인식과 기존 노동관행 등을 종합적으로 고려하면, 휴일근로시간은 구 근로기준법에 따른 '1주간 근로시간 40시간' 및 '1주간 연장근로시간 12시간'에 포함되지 않고, 따라서 휴일근로에 따른 가산임금과 연장근로에 따른 가산임금은 중복하여 지급될 수 없다고 판시하였다. 한편 대법원 반대의견은 '1주간'은 통상 월요일부터 일요일까지 또는 일요일부터 토요일까지 달력상의 7일을 의미하는 점, 휴일근로에 따른 임금가산과 연장근로에 따른 임금가산은 가산의 취지가 각기 다른 점, 다수의견에 따르면 1주간 최대근로시간이 확정되지 않는 점(반대의견에 따르면 1주간 최대 근로시간은 52시간이고 휴일근로시간은 위 52시간에 포함된다) 등을 들어 중복하여 지급해야 한다고 판시하였다.

지면의 한계상 위 사안의 구체적 쟁점과 그에 대한 법원의 판단근거를 상술하기 어렵지만, 이 사건은 어느 쪽 견해도 다른 쪽 견해를 논리로써 압도할 수 없는 전형적인 hard case이다. 달리 말하면 어느 쪽 견해를 따르더라도 약점은 있다. 사안이 이처럼 어려워진 이유는 과거 입법자가 법률문언을 만드는 과정에서 철저하지 못했기 때문이다. 그런데 대법원에 사건이 접수된 후 무려 7년(!)이 지난 2018.3.20. 국회는 근로기준법을 개정하였다. 이 개정법률은 장래를 향하여 효력이 있으므로 위 사건에 적용되는 근거법률 자체가 바뀐 것은 아니다. 그러나 국회는 자신이 생각하는 구법(舊法)상태가 무엇인지에 관하여 '**간접적**'으로 의사를 밝히고 있다. 개정 근로기준법은 1주란 휴일을 포함한 7일을 말한다는 정의규정을 추가하여

1주간 최대 근로시간이 52시간임을 명시하면서도 부칙으로 사업장 규모별로 개정법률의 시행시기를 달리하고 있기 때문이다. 만약 현재 입법자가 구 근로기준법상 1주간 최대 근로시간도 개정 근로기준법과 마찬가지로 52시간이라고 보았다면 굳이 위 정의규정이나 부칙상 시행유예 조항을 둘 필요가 없었다. 일정규모 이하의 사업장의 경우 부칙을 둠으로써 부칙상 유예기간 동안 구법보다 최대근로시간이 오히려 늘어나는 상황이 발생하게 된다. 따라서 현재 입법자는 근로기준법을 개정하면서, 자신은 구 근로기준법에 따른 최대근로시간이 — 적어도 반대의견이 말하는 것처럼 — 52시간이라고 보지는 않는다는 점을 간접적으로 밝혔다고 볼 수 있다.

위 사안처럼 전통적 해석방법을 통해 도출된 복수의 결론 중 어느 것도 다른 결론을 논리로 압도하기 어렵고 정책적 성격이 짙은 사안에서는, 현재 입법자의 의사를 무겁게 고려할 필요가 있다. 이를 고려하지 않는다면, 입법부가 이해관계 당사자인 노사의 입장을 조정·고려하고 각계각층의 다양한 의견을 수렴하여 오랜 논의 끝에 최종적으로 마련한 개정 근로기준법을 사실상 무력화시킬 수 있기 때문이다. 대법원 다수의견에 대한 대법관 박상옥의 보충의견은 이 점을 강조하고 있다. 필자도 이러한 측면에서 위 다수의견이 정당화될 수 있다고 생각한다.

V.

그런데 현재 입법자의 의사를 고려한 해석방법에 대해서는 다음과 같은 반론이 있을 수 있다. 첫째, 위헌성 문제이다. 사법부가 법률해석을 할 때 현재 입법자의 의사를 고려할 필요가 있다는 말은, 법률을 만드는 것은 입법부의 일이고 만들어진 법률을 해석하는 것은 사법부의 일이라는 우리의 상식과 어긋나고 권력분립원칙에도 반하는 것처럼 보인다. 그러나 법해석이 어려운 사안으로서 국민의 대표인 입법부가 더 전문성을 갖고 있는 영역에서는 사법부가 현재 입법자의 의사를 존중하는 것이 오히려 민주주의 원리에 부합할 수 있다. 또한 문제된 사안이 위와 같은 해석방법을 적용하기 적합한 사안인지 여부를 결정하는 주체는 여전히 법관이므로, 법관의 법해석 권한은 남아 있다. 가령 위 근로기준법 사건에서 대법원은 사건 접수 후 국회가 법개정을 하기까지의 7년이라는 세월을 기다리지 않고 신속히 결론을 내릴 수 있었다. 그 때에는 현재 입법자의 의사가 불명확하므로 이를 기준으로 결론을 도출할 수 없다. 법률문언과 근로기준법상 근로자보호의 취지 등을 강조하여 반대의견과 같은 결론을 내리는 것이 오히려 타당할 수 있다. 현재 입법자의 의사가 지금과 같은 형태로 정리될 것이라고 명확히 예견되지 않는 상황이라면, 법률문언과 근로기준법상 근로자보호의 취지 등을 강조하여 반대의견과 같은 결론을 신속히 내리는 것이 타당할 수 있다고 필자는 생각한다.

두 번째 결론의 안정성과 예측가능성 부족문제이다. 현재 입법자의 의사를 존중하여 법률을 해석해야 한다면, 국회의 다수를 차지하는 정파가 선거를 통해 변동되는 경우 동일한 법률조항의 해석에 대해 법관은 시간의 흐름에 따라 서로 다른 결론을 내려야 한다. 그러나 이러한 우려는 다소 과장된 측면이 있다. 앞서 말한 것처럼 현재 입법자의 의사를 고려한 해석은 문언해석 등 기존의 전통적 해석방법으로 일의적 결론을 도출하기 어려운 이른바 hard case 사안에서 비로소 문제된다. 그 정도 사안쯤 되면 이미 결론의 안정성과 예측가능성을 기대하는 것은 애초부터 어려운 경우가 대부분일 것이다. 또한 현재 다수의 입법자의 선호라 할지라도 그것이 특정 쟁점에 대한 열정적 지지자들의 값싼 수다cheap talk에 따라 결정된 것이라면 법관이 이를 맹목적으로 고려해서는 안 될 것이다. 그러나 그것이 입법자들 사이의 타협·숙고·협상의 산물이라면 — 위헌성 여부는 별론으로 하고 — 법관은 이를 고려할 수 있고, 고려해야만 하지 않을까? 설령 진지한 다수의 의사가 선거를 통한 다수파의 변경으로 계속 변동된다 하더라도 이를 존중하는 것이 민주주의의 원리에 부합하지 않을까?

08

판결의 딜레마

윤용희

법무법인(유) 율촌 변호사

환경에너지, 공정거래를 비롯한 규제 전문가로서 다양하고 풍부한 실무 경험을 보유하고 있을 뿐만 아니라 학문적 연구를 경주하고 있으며, 법학전문대학원 겸임교수로서 우수한 법조인 양성에도 적극적으로 기여하고 있다. "배출권거래제 도입에 따른 자본시장법의 적용상 한계와 개선방안", "The Impacts and Implications of CERCLA on the Soil Environmental Conservation Act of the Republic of Korea", "미국 독점금지법의 역외적용" 등 전문분야에 관한 여러 논문·저서를 발표함으로써, 본인의 실무 경험 및 학문적 연구결과를 사회와 지속적으로 공유하고 있다.

서울대학교{법학사 및 법학석사(환경법)}와 Stanford Law School{LL.M.(Environmental Law and Policy)}에서 수학하였고, 2006년 사법연수원 수료에 이어 법무관으로 군복무를 마친 후, 2009년부터 율촌에서 변호사 업무를 시작하였다. 2014년 Stanford Law School 졸업 직후 미국 Sidley Austin LLP에서 파견근무를 마치고 2015년 율촌으로 복귀하였으며, 현재 한양대학교 및 제주대학교의 겸임교수로, 한국환경법학회의 연구이사 등으로 활동하고 있다.

Ⅰ. 들어가며

법원의 판결은 당해 구체적 사안의 타당한 결론을 도출하면 충분한 것인가, 아니면 이에 더해서 사회 전체의 가치가 나아가야 할 방향에 관한 고민도 고려된 결과물을 제시해야 하는가? 사법작용을 입법작용·행정작용으로부터 엄격하게 구별하는 것이 가능하고 그렇게 하는 것이 바람직한가? 사법소극주의와 사법적극주의 중 어느 것이 바람직한가? 사법부·법원의 역할, 사법작용·판결의 기능 등에 대하여 어떤 시각에서 바라볼 것인가에 따라서 위와 같은 질문들에 대한 답변은 다양할 수 있을 것이다.

변호사로서 재판에 참여해 보면, 헌법·법철학 교과서에서나 등장할 것 같은 위와 같은 문제들이 재판 현장에서도 중요한 의미를 갖는 경우가 있고, 이로 인해 재판을 진행하는 판사들이 곤혹스러워 하는 모습을 종종 목격할 수 있다. 예를 들어, "형사사건의 피고인을 구제해 주는 것이 당해 사건에서 타당해 보이는데, 그렇게 하는 것이 사회 전체가 추구하는 가치, 법적 안전성 등에 비추어 적절한 것인가"와 같은 판사의 고민이 재판 진행 과정에서 읽혀지는 경우가 있다.

최근 "타다TADA 사태"에서 볼 수 있듯이[1] 입법·행정작용으로 해결하는 것이 적절하고 효과적이라고 판단되는 사회적 문제들이 그 논의 공간에서 매듭지어지지 못한 채, 사법부로 던져지는 상황들이 빈번해지면서 판사의 고민은 더욱 가중되고 있는 것 같다. 타다 사태와 같은 문제들은 기본적으로 (i) 시장에 자유롭게 맡겨둠으로써 자유롭게 장점에 의한 경쟁competition on the merits을 통하여 소비자(국민)의 선택을 받도록 할 것인지, 아니면 시장실패 등을 염려하여 규제를 가할 것인지에 관한 결정을 해야 하고, (ii) 정당한 근거에 따라 규제를 하기로 결정했다고 하더라고, 어떤 종류의 규제를, 어느 정도의 수준으로 할 것인지에 관한 결정을 해야 하

---

 * 졸고는 환경판례백선(박영사, 2019)에 실린 필자의 글을 보완하여 게재하는 것이고, 필자가 속한 법인의 입장과는 무관합니다.
1) 매일경제, "[사설] 결국 법정에 선 '타다', 정부는 이러고도 혁신 외칠 수 있나", 2019. 10.30. https://www.mk.co.kr/opinion/editorial/view/2019/10/886952/

며, (iii) 위와 같은 결정을 하기 위해서는 직접적인 이해관계가 있는 이익집단, 객관적인 입장의 전문가, 일반 국민 등의 이야기를 경청하고 토론하는 지난한 과정을 거쳐야만 한다.

필자가 학교에서 배우고 실무에서 익힌 바에 의하면, (i) 위와 같은 절차·규제의 전문가인 국회의원·행정공무원 등이 법령, 행정규칙 등의 수단을 통하여 이익집단들 사이의 상충되는 이해관계를 조정해 주어야 하는 역할을 부여 받은 반면, 판사는 기본적으로 제너럴리스트generalist로서 재판 대상인 당해 사건의 분쟁을 타당하게 해결하는 역할을 부여 받았고, (ii) 이와 같은 배경에서 헌법은 사법부·판사에게는 상대적으로 제한적인 민주적 정당성만을 부여하면서 법적·정치적 책임에서 상대적으로 자유로운 지위를 허락하고 있다고 요약할 수 있다.

그런데 현실에서는 위와 같은 이론이 그대로 적용되지 않는 경우가 종종 있다. 예를 들어, 국민들은 입법·행정작용에서 매듭짓지 못한 채 무책임하게 재판에 넘겨진 사건을 배당 받은 판사에 대하여 "법복 입은 행정공무원"처럼 사회 전체의 가치에 부합하는 듯한 해결책을 적극적으로 마련하고, 이때 그 해결책이 향후 사회에 미칠 영향 등까지 충분히 고려해 줄 것을 요청하기도 한다. 위와 같은 현실 등이 복합적으로 작용하여 판사는 실제 재판에서 앞서 말한 고민·딜레마에 빠지게 되고, 변호사 또한 유리한 판단을 받기 위해서 판사의 고민에 대응하여 주장·논거의 층위를 다양하게 구성하는 것이 현실 재판 세계에서 흔히 볼 수 있는 모습이다. 이와 관련하여, 정책법원으로서의 대법원의 역할을 인정하는 전제에서, "대법원의 판결이 사회 전체의 가치관이나 정체성을 새롭게 형성하여 왔는지, 입법·행정의 정책결정 및 집행에 미친 효과는 어떠하였는지 등에 대한 검토 및 분석"을 진행한 연구결과도 참고가 된다.[2]

위와 같은 판사·판결의 딜레마를 염두에 두면서, 필자는 소위 "고엽제 사건 대법원 판결"이라고 불리는 대법원 2013.7.12 선고 2006다17539 판결(이하 "대상판결")을 살펴보고자 한다. 즉, (i) 대상판결의 여러 논점들 중

---

2) 사법정책연구원, "대법원 판결과 사회 변화", 2019.3, 3면 이하 참조.

"화학제품 제조사의 고도의 위험방지의무"에 관해 대법원이 판시한 법리를 살펴보고, (ii) 위 대법원의 법리가 그 이후의 사법부의 판단 및 입법·행정의 정책에 어떠한 영향을 미쳤는지에 관하여 검토할 것이다.

Ⅱ. 대상판결의 분석

1. 사실 개요

베트남전 참전군인들(원고들)은 미국 화학제품제조사들(피고들)에 의하여 제조되어 베트남전에서 살포된 고엽제의 유해물질로 인하여 염소성여드름 등 질병이 발생하였다며 피고들을 상대로 **제조물책임** 또는 **일반불법행위책임**에 기한 손해의 배상을 청구(이하 "이 사건 청구")하였다.

서울중앙지방법원과 서울고등법원을 거친 약 6년의 재판을 통해 아래와 같은 사실관계가 확인되었다.

① 고엽제의 원료인 2,4,5-t를 생산하기 위해서는 그 전단계의 물질로 tcptrichlorophenol를 생산하여야 하는데, 그 과정에서 독성물질인 2,3,7,8-tcdd(2,3,7,8-tetrachlorodibenzo-p-dioxin, 이하 "tcdd")가 부산물로 생성되고, tcdd는 제초효과에는 전혀 영향을 미치지 못하는 불순물로서 2,4,5-t 제조공정에서 제거되지 않으면 고엽제도 tcdd에 오염되는 사실

② 피고들은 고엽제를 제조하여 미국 정부에 판매할 당시 tcdd가 함유된 고엽제에 노출될 경우 인체에 유해한 결과를 발생시킬 위험이 있음을 인식하고 있었고, 특히 피고 다우 케미컬 컴퍼니(이하 "피고 다우")는 당시 1ppm 수준의 tcdd에 반복적으로 노출되면 염소성여드름의 발생 등 건강에 위험을 초래할 수 있다고 보았으며, 동물실험에 근거하여 1ppm 이하의 tcdd도 인체에 유해한 결과를 가져올 수 있다고 의심하였던 사실

③ 피고들은 자신들이 베트남전 동안 제조·판매한 고엽제가 베트남전 참전군인들의 복무지역이나 그 인근에 살포되어 베트남전 참전군인들이 tcdd에 계속적·반복적으로 노출될 수 있다는 사정을 알거나 알 수 있었고, 미국 정부의 지시에 따라 고엽제 용기에 tcdd의 인체 유해성이나 주의

사항에 관하여 경고표시를 하지 아니함으로써 이를 알지 못한 베트남전 참전군인들이 tcdd에 노출될 경우 위험을 적절히 회피하기 어려울 것이라는 사정도 알거나 알 수 있었던 사실

④ 피고 다우는 1965년 초경 2,4,5-t에 포함된 tcdd 농도를 1ppm 이하 수준까지 탐지할 수 있는 가스색층분석방법을 개발하고, 2,4,5-t 내 tcdd의 농도를 1ppm 정도 수준까지 낮추도록 하는 제조명세서를 수립하였으며, 당시 2,4,5-t의 생산과정에서 폐수처리공정을 통하여 tcdd를 응축·제거함으로써 tcdd 오염의 위험성을 급격히 줄이는 방법을 알고 있었던 사실

⑤ 피고 몬산토 컴퍼니(이하 "피고 몬산토")는 고엽제 제조·판매 당시 2,4,5-t 내 tcdd의 농도에 관한 제조 기준은 세우지 않았으나, 당시 논의되고 있던 tcdd의 유해성에 관한 정보를 접하였고, 피고 다우가 사용하던 가스색층분석방법의 존재를 알았으며, 2,4,5-t 생산과정에서 폐수처리공정 등을 추가함으로써 tcdd 오염의 위험성을 상당히 줄일 수 있다는 점도 알았던 사실

⑥ 한편 피고들이 고엽제를 미국 정부에 납품할 당시 또 다른 미국 내 제초제 제조회사인 허큘리스hercules는 피고들과는 다른 제조공정을 채택함으로써 2,4,5-t 내 tcdd가 0.1ppm 이하로 함유된 고엽제를 생산한 사실

서울중앙지방법원과 서울고등법원은 이 사건 청구에 대하여 일부 인용하는 취지의 판결을 선고하였고(서울중앙지방법원 2002.5.23. 선고 99가합84123 판결, 서울고등법원 2006.1.26. 선고 2002나32662 판결), 이에 대하여 원고들 및 피고들 모두 상고하였다.

2. "독성물질 혼합 화학제품 제조사의 고도의 위험방지의무"에 관한 대상판결의 입장

대법원은 피고들의 상고를 일부 인용하되 피고들의 나머지 상고와 원고들의 상고 모두를 기각하고, 그 과정에서 각 상고이유에 대하여 판단하였는데, 그 판결이유 중에서 "인체에 유해한 독성물질이 혼합된 화학제품을

설계·제조하는 제조업자가 부담하는 위험방지의무의 내용"에 관한 사항을
정리하면 아래와 같다(대법원 2013.7.12. 선고 2006다17539 판결).

판시사항	판결요지
인체에 유해한 독성물질이 혼합된 화학제품을 설계·제조하는 제조업자가 부담하는 위험방지의무의 내용 및 제조업자가 위 의무를 위반한 채 생명·신체에 위해를 발생시킬 위험이 있는 화학제품을 설계하여 그대로 제조·판매한 경우, 그 화학제품에 결함이 존재한다고 볼 수 있는지 여부(원칙적 적극)	제조업자가 인체에 유해한 독성물질이 혼합된 화학제품을 설계·제조하는 경우, 그 화학제품의 사용 용도와 방법 등에 비추어 사용자나 그 주변 사람이 그 독성물질에 계속적·반복적으로 노출될 수 있고, 그 독성물질이 가진 기능적 효용은 없거나 극히 미미한 반면, 그 독성물질에 계속적·반복적으로 노출됨으로써 사용자 등의 생명·신체에 위해가 발생할 위험이 있으며 제조업자가 사전에 적절한 위험방지조치를 취하기 전에는 사용자 등이 그 피해를 회피하기 어려운 때에는, 제조업자는 **고도의 위험방지의무**를 부담한다. 즉 이러한 경우 제조업자는 **그 시점에서의 최고의 기술 수준**으로 그 제조물의 안전성을 철저히 검증하고 조사·연구를 통하여 **발생 가능성 있는 위험을 제거·최소화**하여야 하며, 만약 그 위험이 제대로 제거·최소화되었는지 불분명하고 더욱이 실제 사용자 등에게 그 위험을 적절히 경고하기 곤란한 사정도 존재하는 때에는, **안전성이 충분히 확보될 정도로 그 위험이 제거·최소화되었다고 확인되기 전에는 그 화학제품을 유통시키지 말아야 한다.** 따라서 제조업자가 이러한 **고도의 위험방지의무를 위반**한 채 생명·신체에 위해를 발생시킬 위험이 있는 화학제품을 설계하여 그대로 제조·판매한 경우에는 특별한 사정이 없는 한 그 화학제품에는 **사회통념상 통상적으로 기대되는 안전성이 결여된 설계상의 결함이 존재한다**고 봄이 상당하다.

대법원은, 앞서 정리한 사실관계를 위 법리에 비추어 검토한 후, "피고
들에게는 베트남전 당시의 최고의 기술 수준으로 tcdd의 인체 유해 가능
성과 고엽제의 안전성을 철저히 검증하고 조사·연구를 통하여 발생 가능
성 있는 위험을 제거·최소화하는 한편, 그 안전성이 충분히 확보될 정도
로 그 위험이 제거·최소화되었다고 확인되기 전에는 고엽제를 유통시키
지 말아야 할 **고도의 위험방지의무**가 있었음에도, 이러한 조치를 제대로
취하지 아니한 채 단지 2,4,5-t 내 tcdd 함량 기준을 1ppm을 넘지 않도
록 설정하거나 그러한 기준조차 설정하지 않은 채로 고엽제를 제조하여 이
를 유통시켰으므로, 피고들이 베트남전 동안 제조·판매한 고엽제에는 **인
체의 안전을 위한 고도의 위험방지의무를 위반**함으로써 사회통념상 통상적
으로 기대되는 안전성을 결여한 **설계상의 결함**이 있다고 봄이 상당하다"고

판단하고 이를 토대로 피고들의 손해배상책임까지 인정하였다.

III. 대상판결로 인한 사회적 변화에 대한 고찰

1. 대상판결의 의의

가습기 살균제 건강피해 사건(이하 "가습기살균제사건")은 전 세계적으로 유례를 찾기 힘든 살생물제(殺生物劑: biocide) 사건(즉, 미생물이나 해충을 죽이려고 사용한 제품이 오히려 인간의 생명을 앗아간 사건)으로서 2011.8.경 질병관리본부 역학조사 결과 발표 이후에 대한민국에서 큰 파장을 가져왔다.[3] 이처럼 가습기살균제사건이 큰 사회적 이슈로 떠오르고 이에 관한 정부의 조사가 한창 진행되고 있는 상황에서, 독성물질이 포함된 화학제품을 설계·제조하는 제조업자가 고도의 위험방지의무를 부담한다는 취지의 대상판결이 2013.7.12. 선고되었다.

고엽제사건에서 명확하게 밝힌 "화학제품 제조사의 고도의 위험방지의무"에 관한 대법원의 법리는 (i) 최근에 선고된 가습기살균제 사건의 형사판결에도 영향을 미쳤고, (ii) 가습기살균제 사건 이후에 화학제품 제조사의 위험방지의무를 확대·강화하는 방향으로 관련법령이 제정·개정되는데 있어서 핵심적인 입법적 근거로서 작용했다는 점에서 그 선례적 가치가 상당히 높다고 생각된다.

2. 사법부: "독성물질 혼합 화학제품 제조사의 고도의 위험방지의무"에 관한 법원의 입장 정립

독성물질이 사용되거나 포함된 화학제품을 설계·제조하는 제조업자가 고도의 위험방지의무를 부담한다는 점은 최근 가습기살균제 사건의 형사판결에서 다시 한 번 명확하게 확인된 것으로 보인다. 가습기살균제 사건에서 화학제품 제조사들이 제품 설계·제조 단계에서 위험방지의무를 위반한 채 이를 만연히 제조·공급한 행위가 업무상 주의의무를 위반한 행위

---

3) 보건복지부 질병관리본부 폐손상조사위원회, 가습기 살균제 건강피해 사건 백서(2014.12), vii면 참고.

인지가 다투어졌는데, 이에 관하여 **대법원 및 서울고등법원**은 형사상의 주
의의무 위반 여부를 판단함에 있어서 제조물책임법상 제조업자가 부담하는
민사상 주의의무 위반 여부를 고려할 수 있다는 전제에서, 독성물질을 사
용하는 제조업자가 부담하는 위험방지의무 위반 여부를 판단하면서 아래와
같은 내용의 위험방지의무를 인정하였는데(대법원 2018.1.25. 선고 2017도
13628 판결, 서울고등법원 2017.8.17. 선고 2017노243 판결), 이는 대법원이 대
상판결에서 판시한 법리와 같은 취지로 이해된다.

> 화학물질에는 기본적으로 용량상관적인 독성이 있기 때문에, 위 피고인
> 들은 살균제 성분의 화학제품이 원료물질로 사용된 H 가습기청정제를 제
> 조·판매하면서 그 성분을 정함에 있어, <u>가습기의 강한 진동에 의해서도</u>
> **살균제 성분이 공기 중으로 분무되지 않고 가습기에 남아있거나 분무되더**
> **라도 공기 중에 확산되지 않는 원료물질을 사용**하여 사람이 살균제 성분을
> <u>흡입하지 않도록 해야</u> 하고, 만일 가습기의 진동에 의하여 분무되어 공기
> 중으로 살균제 성분이 확산되는 원료물질을 사용할 경우에는 <u>사람이 흡입하</u>
> <u>더라도 안전한 살균제 성분과 함량을 사용</u>하도록 주의를 기울였어야 한다.

고엽제사건 등을 통해서 확립된 "독성물질 혼합 화학제품 제조사의 고
도의 위험방지의무"에 관한 대법원의 입장을 요약하면 아래와 같다.

독성물질 혼합 화학제품 제조사의 위험방지의무 위반 ⇨ 화학제품의 설계상 결함 존재
독성물질이 혼합된 화학제품을 설계·제조하는 사업자의 위험방지의무: [i] 그 시점에서의 **최고의 기술 수준**으로 그 제조물의 안전성을 철저히 검증하고 조사· 　 연구를 통하여 **발생 가능성 있는 위험을 제거·최소화** 하여야 하고, [ii] 만약 그 위험이 제대로 제거·최소화되었는지 불분명하다는 등의 사정이 있는 때에 　 는, 안전성이 충분히 확보될 정도로 그 위험이 제거·최소화되었다고 확인되기 전에 　 는 그 화학제품을 유통시키지 말아야 함 　　☞ **위험방지의무를 위반**하여 생명·신체에 위해를 발생시킬 위험이 있는 화학제품 　　　 을 설계하여 그대로 제조·판매한 경우 　　➔ 화학제품에는 **사회통념상 통상적으로 기대되는 안전성이 결여된 설계상의 결함** 　　　 이 존재

이처럼 화학제품 제조사가 위험방지의무를 위반하여 생명·신체에 위해를 발생시킬 위험이 있는 화학제품을 설계하여 그대로 제조·판매한 경우, 이는 **위험방지의무를 위반한 불법행위**에 해당할 뿐만 아니라, 그 **화학제품에는 설계상 결함이 인정되는** 바, 다른 요건사실이 충족되지 않는 등 특별한 사정이 없는 한 화학제품 제조사는 **불법행위에 따른 손해배상책임**과 **제조물책임법상 손해배상책임**을 부담하게 된다는 결론에 이른다.

다만 대법원은, 고엽제사건 등에서 "독성물질이 포함된 화학제품을 설계·제조하는 제조업자는 그 독성물질로 인하여 사용자, 소비자 등의 생명, 신체에 위해가 발생할 위험을 사전에 방지할 의무(위험방지의무)를 부담한다"는 법적 근거를 주로 **제조물책임법 제3조**에서 도출하였으나, 제조물책임법에 더하여 **환경정책기본법 제8조 제2항, 소비자기본법 제19조 제1항** 등에서도 화학제품 제조사의 위험방지의무를 도출할 수 있을 것으로 생각된다.[4]

3. 입법부·행정부: 화학물질 위험으로부터 국민의 생명·신체 안전 보장의 강화

현실에서는 가습기살균제사건에서 그치지 않고 2016.6.경 OIT 항균필터 사건[5] 등 유사한 유형의 화학물질 사고가 계속되면서, 화학물질 내지

---

4) **제조물책임법 제3조(제조물 책임)** ① 제조업자는 **제조물의 결함으로 생명·신체 또는 재산에 손해**(그 제조물에 대하여만 발생한 손해는 제외한다)**를 입은 자**에게 그 손해를 배상하여야 한다.
② 제1항에도 불구하고 <u>제조업자가 **제조물의 결함을 알면서도** 그 결함에 대하여 필요한 조치를 취하지 아니한 결과로 **생명 또는 신체에 중대한 손해**를 입은 자가 있는 경우에는 그 자에게 **발생한 손해의 3배를 넘지 아니하는 범위에서 배상책임**을 진다.</u> 이 경우 법원은 배상액을 정할 때 다음 각 호의 사항을 고려하여야 한다. [후략]
환경정책기본법 제8조(환경오염 등의 사전예방) [중략] ② **사업자**는 제품의 제조·판매·유통 및 폐기 등 사업활동의 모든 과정에서 환경오염이 적은 원료를 사용하고 공정(工程)을 개선하며, 자원의 절약과 재활용의 촉진 등을 통하여 오염물질의 배출을 원천적으로 줄이고, <u>제품의 사용 및 폐기로 환경에 미치는 해로운 영향을 최소화하도록 노력하여야 한다.</u>
소비자기본법 제19조(사업자의 책무) ① **사업자**는 물품등으로 인하여 <u>소비자에게 생명·신체 또는 재산에 대한 위해가 발생하지 아니하도록 필요한 조치를 강구하여야</u> 한다. [후략]
5) 옥틸이소티아졸론: 가습기살균제 사고의 원인 독성물질인 CMIT(클로로메틸이소티아졸리논) 계열의 유독물질(살생물물질)로 알려져 있다. http://news.chosun.com/site/data/html_dir/

화학제품의 규제 공백에 대한 비판이 강하게 제기되었다. 특히 그 비판의 중심에는 세계적 화학제품 제조사들이 심각한 결함이 있는 제품(가습기살균제, OIT 항균필터 등)을 외국에서는 출시하지 않은 채 한국에서만 설계·제조·판매할 수 있도록 방치한 한국의 화학물질 규제체계에 심각한 결함이 있고, 각 공급 체인 단계별 다양한 국내외 기업들이 결함 있는 규제체계를 악용하는 등 기업의 사회적 책임을 다하는 데 실패하였다는 비판이 있어 왔다.

위와 같은 배경에서, (i) 2013. 화학물질의 등록 및 평가 등에 관한 법률(이하 "화평법")이 제정되었고(2015.1.1. 시행), (ii) 2017.2.8. 가습기살균제 피해구제를 위한 특별법(이하 "가습기살균제피해구제법")이 제정되었으며(2017. 6.9. 시행), (iii) 그 이후 가습기살균제 사고의 재발을 방지하고 화학물질로부터 안전한 사회를 만든다는 목적 아래 생활화학제품 및 살생물제의 안전관리에 관한 법률(이하 "살생물제관리법") 제정안과 화평법 개정안이 2018.3.경 마련되어 2019.1.1.부터 시행되고 있다.

이처럼 화학제품 제조사의 위험방지의무를 확대·강화하는 방향으로 관련법령이 제정·개정되고 이에 맞추어 정부의 정책방향이 수정·강화될 수 있었던 요인들은 다양하겠으나, 대법원이 고엽제사건에서 "화학제품 제조사의 고도의 위험방지의무"를 명확하게 밝힌 것이 주요한 요인들 중에 하나임은 분명해 보인다.

지금까지 살펴본 화학제품 제조사의 위험방지의무 확대·강화 동향을 간략하게 정리하면 아래 그림과 같다.

2016/07/22/2016072201951.html 등 참고.

가습기살균제피해구제법 제정
(2017. 8. 시행)
• 독성 화학물질 함유
  가습기살균제 사용으로 인하여
  생명/건강 피해를 입은 피해자의
  구제를 목적(제1조)
• 인과관계의 추정(제5조)
	살생물제관리법 제정
	(2019. 1. 시행)
	• 모든 살생물물질·살생물제품
	  ·살생물처리제품은 안전성
	  입증된 경우에만 시장 유통
	  허용
	  (사전승인제. 제12, 20, 28조)
		제조물책임법 개정
		(2018. 4. 시행)
		• 결함·손해의 추정 제도
		  (제3조의2)
		• 3배 배상 제도(제3조 제2항)

화학제품 제조사의 위험방지의무의 확대·강화
→ 화학물질로부터 국민의 건강·안전을 보호하고
제2의 가습기살균제 사태 등 미연에 방지

[그림] 화학제품 제조사의 위험방지의무 확대 · 강화 동향

Ⅳ. 마무리하며

고엽제사건의 심리·판결에 관여한 서울중앙지방법원, 서울고등법원 및 대법원의 판사들, 대법관들 및 재판연구관들은 정도의 차이는 있을 수 있으나 기본적으로 본인의 판단이 헌법 원리를 비롯하여 대한민국 사회가 나아가야 할 원리·가치에 비추어 타당한지, 그 판결이 향후 사회에 어떠한 영향을 미칠 것인지 등의 고민을 하였을 것으로 추측된다.

이와 같은 고민을 거쳐 나온 대상판결을 통해 "독성물질 혼합 화학제품 제조사의 고도의 위험방지의무"에 관한 법리가 확립될 수 있었다. 그리고 대상판결에 관여한 판사들, 대법관들 및 재판연구관들이 얼마나 의도한 결과인지는 알 수 없으나, 대상판결은 그 이후에 "화학물질 위험으로부터 국민의 생명·신체 안전 보장을 강화하는 방향"으로 법령이 제정·개정되고 이에 맞추어 정부의 정책방향이 수정·강화될 수 있었던 동인으로 작용한 것은 분명해 보인다.

Dilemma

Law's Dilemmas

II

법과 제도에 내재한
딜레마

01
·
·
·
12

01

검찰개혁이라는 이름의 기차:

정치권력과 관료권력

이상원

서울대학교 법학전문대학원 교수

　서울대학교 법학전문대학원에서 형법, 형사소송법 등을, 서울대학교 융합과학기술대학원에서 디지털증거법을 강의하고 있다. 서울대학교에서 법학사, 법학석사, 법학박사를, 미국 버클리대학교에서 LL.M.을 취득하였다. 형사법 분야 및 관련 법학 분야 그리고 법과 과학 분야를 연구하고 있다.

검찰개혁이라는 이름의 기차가 출발하였다. 기관차의 앞에는 "남행열
차"라는 깃발이 나부끼고 있다. 그런데 아무리 보아도 그 기차는 북쪽 방
향으로 가고 있는 것 같다. 기관차에는 남쪽으로 간다고 말하는 사람이
있고, 남쪽으로 간다고 믿고 있는 사람이 있고, 그들이 믿으니까 그러려
니 하는 사람이 있고, 어디로 가는지는 모르지만 배급된 초코파이를 맛있
게 먹고 있는 사람이 있다. 기관차 한켠에는 사실은 북쪽으로 간다고 알
고 있는 사람이 있을지도 모른다.

I. 서 론

신이 우주를 창조하였는지 자연이 우주를 창조하였는지는 모르지만, 인
간이 창조의 권능을 부여받은 존재임은 인정할 수 있을 것 같다. 인간은
창조된 질서에서만 살아가는 것이 아니라 스스로 질서를 창조할 수 있는
능력이 있다. 그래서 인류는 오래전부터 법을 만들고 만든 법에 따라 살아
가고 있다. 인간이 만든 법이 인간사회를 규율한다는 것은 필연적으로 같
은 사람들 사이에 누군가는 법을 선언·적용하고 누군가는 그 법의 적용
을 받는 분화를 가져온다. 권력이 다른 사람의 저항을 누르고 자신이 원하
는 의지를 관철시킬 수 있는 가능성[1] 또는 자신의 의도한 결과를 다른 사
람을 통하여 성취시키는 능력[2]이라면, 이러한 분화는 권력을 발생시켜 법
을 선언·적용하는 힘을 가진 권력자의 탄생을 가져왔다. 역사를 들여다보
면 누군가 한 지역에서 타인을 누르고 힘을 쟁취한 사람이 자신이 획득한
사실상의 힘을 제도화하고 법으로 만들어 자신의 의지를 그 지역에 관철시
키면서 권력을 틀어쥐고 왕으로 올랐다. 그 권력을 정당화하기 위하여 때
로는 태양이나 하늘의 아들이 되기도 하고 때로는 스스로 신이 되기도 하
였다. 정치공동체의 정치권력을 잡은 왕은 관료들을 임명하여 왕의 의지를
실현하는 업무를 자신을 대신하여 행하도록 권력을 나누어 주었다. 관료들
은 왕으로부터 하사받은 관료권력을 행사하였다.

---

1) MAX WEBER, ECONOMY AND SOCIETY (University of California Press 1978).
2) DENNIS H. WRONG, POWER: ITS FORMS, BASES, AND USES (1988).

　　이성에 눈을 뜬 인류는 왕만이 아닌 모든 인간이 하늘로부터 인권을 부여받았으며 그래서 모두가 평등하다는 생각을 믿게 되었다. 왕이 내려오고 국민이 그 자리에 올랐다. 우리 헌법도 대한민국의 주권은 국민에게 있고 모든 권력은 국민으로부터 나온다고 하였다. 그런데 관념적인 국민은 현실적인 권력을 행사할 수 없어 국민이 위임한 사람이 그 권력의 행사를 맡게 되었다. 민주국가는 선거를 통하여 위임을 하고 이에 따라 선출된 사람은 정치권력을 잡게 된다. 선출된 정치권력은 법을 만들고 이를 실현한다. 왕의 업무를 집행하던 관료들은 정치권력이 만든 법을 집행한다.

　　국민주권주의는 권력의 지배를 받는 국민이 권력의 시원점이 되는 역설적 상황을 초래하였다. 권력은 국민을 지배하지만 국민에 봉사하여야 한다. 국민에 봉사하지 않는 권력은 그 존립근거가 없어져 정당성을 상실할 뿐만 아니라 종당에는 그 존립기반이 무너져 권력 자체마저 연기처럼 사라진다. 왕에게 복속하던 관료들은 왕을 대신한 국민에게 복속하게 되었다. 왕의 관료는 왕만 섬기면 되었지만 국민의 관료는 자신을 현실적으로 임명한 정치권력을 섬기면서 궁극적으로는 국민을 섬기게 된다.

　　최근 국회는 이른바 '검찰개혁'을 위한 입법(이하 '개혁입법')을 하였다. 2020.1.14. 고위공직자범죄수사처 설치 및 운영에 관한 법률(법률 제16863호, 이하 '공수처법')이 제정(2021.7.15. 시행)되었고, 2020.2.4. 형사소송법(법률 제16924호) 및 검찰청법(법률 제16908호)의 개정(2020.8.5.부터 2021.2.4. 내에서 대통령령이 정하는 시점부터 시행)이 있었다. 이 입법은 기본적으로 국가형벌권을 행사하는 형사사법제도, 특히 수사구조를 변화시키는 내용이다. 국민이 주권자이고 국민으로부터 모든 권력이 나오며 모든 국민이 인간으로서의 존엄과 가치를 가지고 국가는 이를 확인하고 보장할 의무를 지는 우리 헌법 아래에서, 수사권력을 재편하는 변환이 정당한지 여부를 평가하는 판단기준은 결국 국민으로 귀결된다. 그러므로 개혁입법을 통하여 수사권력이 국민에 더욱 봉사하게 되고 그로 인하여 국민의 권익이 향상된다면 그 개혁은 정당하고 국민주권주의에 부합하는 입법이라고 할 수 있다. 그런데 개혁입법의 과정에서 극단적으로 이견이 노출되고 국회 내에서 물리적 충돌까지 벌어졌다. 입법을 강행한 정치집단이나 입법을 몸으로 막으려 했던 정치집단은 정말 국민을 위한 눈물겨운 투쟁을 했던 것일까. 양측이 모두 국민을 위하였다면 왜 서로 상반된 주장을 하였던 것일까.

Ⅱ. 개혁입법의 기차

1. 개혁입법의 내용

개혁입법은 크게 4가지를 핵심내용으로 하고 있다. 검사의 직접수사권 제한, 경찰의 수사종결권 부여, 경찰에 대한 검사의 수사지휘권 제한, 고위 공직자범죄수사처(이하 '공수처')의 신설이 그것이다.

첫째, 직접수사권의 제한은 검찰청법의 개정을 통하여 이루어졌다. 형사절차에 관한 기본법은 형사소송법이다. 따라서 수사권의 근거 역시 형사소송법에서 규정하고 있다. 검사는 형사소송법 제195조(개정법 제196조)에 기하여 수사권을 갖는다. 한편 검찰청법 제4조는 검사의 직무 중 하나로 범죄수사와 공소제기·유지를 규정하고 있다. 개혁입법 전에는 두 조항 모두 수사의 범위에 제한이 없었다. 그런데 검찰청법 제4조에 단서를 추가하여 검사의 수사개시권을 (ⅰ) 대통령령이 정하는 부패범죄, 경제범죄, 공직자범죄, 선거범죄, 방위사업범죄 등 중요범죄, (ⅱ) 경찰공무원의 범죄, (ⅲ) 위 (ⅰ), (ⅱ) 및 경찰 송치사건 관련 위증과 증거인멸 및 무고의 죄로 제한하였다. 그러면서도 형사소송법에서는 수사범위를 제한하는 규정을 두지 않았다.

개혁입법을 한 입법자의 의도는 검찰의 직접수사권을 제한하려는 것이다. 수사권의 범위를 형사사법권의 기본법인 형사소송법에 규정하지 않은 점이나 형사소송법과 검찰청법을 일치하여 규정하지 않은 점은 입법기술상 그다지 좋은 입법이라고 하기 어렵고, 중요범죄의 구체적인 범위를 특별한 기준을 명시하지 않고 포괄적으로 대통령령으로 위임한 부분은 형사절차 법정주의[3]에 비추어 문제가 될 여지가 없지 않다. 다만 이러한 법리적 문제는 이 글의 초점이 아니므로 상론하지 않는다.

둘째, 경찰에 대한 수사종결권 부여는 형사소송법의 개정을 통하여 이

---

3) 대법원 2002.12.24. 선고 2002도5296 판결 참조.

루어졌다. 형사소송법은 제정 당시부터 오랫동안 수사의 주재자는 검사이고 사법경찰관은 그 지휘를 받아 수사를 보조하는 수사구조를 유지하여 왔다(제195조, 제196조). 수사의 개시, 진행, 종결에 이르는 수사전반의 권한이 모두 검사에게 있었던 것이다. 그러다가 2011년 형사소송법 개정으로 그중 수사개시권과 수사진행권이 사법경찰관에게 부여되었다(제196조). 개혁입법은 사법경찰관이 수사한 결과 범죄의 혐의가 있다고 인정되는 경우에는 사건을 검사에게 송치하지만 그 밖에 경우에는 사건을 송치하지 않고 관계서류와 증거물을 송부하면 족하도록 하였다(제245조의5). 이는 혐의 없는 사건에 대한 불송치결정권을 부여한 것으로 경찰이 이러한 범위에서 수사종결권을 가지게 됨으로써 수사의 개시부터 종결에 이르는 독자적 수사의 주체로 인정받게 된 것을 의미한다.

셋째, 수사지휘권의 제한이 형사소송법의 개정을 통하여 이루어졌다. 형사소송법 제정 당시부터 검사는 사법경찰관에 대한 전반적인 수사지휘권을 가지고 있었다. 2011년 형사소송법 개정이 있었지만 수사개시 이후에는 모든 수사에 대한 지휘권이 그대로 유지되었다(제196조). 개혁입법은 이러한 수사지휘권에 관한 일반규정을 삭제하고 사법경찰관의 독자적 수사권을 인정하였다(개정법 제197조). 다만 부분적으로 수사지휘를 할 수 있는 경우를 규정하고 있는데, 송치사건이나 영장청구사건에 관한 보완수사요구(개정법 제197조의2), 경찰 수사과정에 법령위반, 인권침해, 현저한 수사권 남용이 있는 경우의 시정조치요구(개정법 제197조의3), 불송치사건에 대한 재수사요청(개정법 제245조의8)이 그것이다. 이로써 수사전반에 대한 검사의 지휘권이 폐지되고 대신 특정한 경우에만 지휘할 수 있도록 하였다.

넷째, 공수처 설치의 근거법인 공수처법이 제정되었다. 공수처는 입법, 행정, 사법 등에 걸친 고위공직자를 대상으로 하여 그 본인 또는 가족이 범한 직무에 관한 죄 및 직무와 관련된 공문서·횡령·배임의 죄 등을 수사하거나 기소하는 조직으로 신설되었다. 대법원장 및 대법관, 검찰총장, 판사 및 검사, 고위 경찰공무원에 관하여는 수사와 공소제기 및 유지를, 그 밖의 고위공무원에 관하여는 수사만을 하도록 하였다(제3조). 공수처와 다른 수사기관의 수사가 중복되는 경우 공수처장은 다른 기관 사건을 이첩하도록 요청할 수도 있고 자신의 사건을 이첩할 수도 있으며, 다른 수사기관은 고위공직자범죄를 인지한 경우 공수처에 통보하여야 한다(제24조). 이에 따라 여러 수사기관이 경합하는 경우 공수처장이 사건을 담당할 수사기관을 정하는 권한을 가지며, 다른 기관이 공수처장 몰래 수사할 수 없도록 하였다. 특히 다른 수사기관이 검사의 고위공직자범죄 혐의를 발견한 경우 사건을 공수처에 의무적으로 이첩하도록 함으로써(제25조), 검사에 대한 사건은 공수처에 전속되도록 하였다. 다만, 경찰의 고위공직자범죄에 관하여는 유사한 규정이 없다.

이상 개혁입법의 내용을 살펴보면, 이들은 모두 한 가지 방향성을 가지고 있음을 발견할 수 있는데, 검찰이 수사와 공소에 관하여 가지고 있던 권한을 축소하는 것이 그것이다. 종래 검사가 가지고 있던 권한 중 일정 부분을 공수처와 경찰로 이전하고 검사의 경찰에 대한 통제를 완화하는 대신 경찰의 독립성을 강화함으로써 검찰권력을 직접적으로 축소하는 한편, 공수처에게 검찰에 대한 수사권을 부여함으로써 검찰권력을 간접적으로 축소하였다.

2. 개혁입법의 취지

이와 같이 개혁입법이 검찰의 권한을 축소하는 취지는 무엇인가. 이를 알기 위해서는 우선 개혁입법의 법률안 등 입법자료를 살펴볼 필요가 있다.[4]

공수처법은 2019.4.26. 백혜련 의원(더불어민주당) 등 12인이 발의한 원안을 토대로 하여 2019.12.24. 윤소하 의원(정의당)이 발의하고 이원욱 의원(더불어민주당) 외 154인이 찬성한 본회의 수정안이 2019.12.30. 국회 본회의에서 전자투표(기명투표의 일종)를 통하여 가결된 것이다.[5][6] 이 회의에서는 무제한토론에 대응하여 쪼개기 본회의를 여는 것은 부당하고 공천권을 쥐고 있는 청와대와 당 지도부의 뜻을 거역하기 어려우니 양심에 따라

---

4) 이 항의 내용은 국회 의안정보시스템의 자료를 주된 근거로 하였다.
5) 재석 176인 중 찬성 159인, 반대 14인, 기권 3인으로 가결되었다.
6) 백혜련 의원 등 안은 2019.4.30. 신속처리안건으로 지정되어 2019.1.23. 본회의 부의간주되었다.

투표할 수 있도록 무기명투표로 처리하자는 김정재 의원(자유한국당)의 의사진행발언과 검찰개혁법에 대하여 논의하고 토론하자고 요청했으나 응하지 않아 시간만 지체되었고 본회의 때 국회의장의 의장석 진입을 육탄으로 저지하는 행위를 하였다고 지적하면서 공수처의 설치로 수사기관 간 삼각 균형을 이루고, 무소불위의 검찰권력을 민주적 통제를 받는 국민의 검찰로 다시 태어나게 해야 한다는 고용진 의원(더불어민주당)의 의사진행발언이 있었다. 법률안(원안 및 수정안)의 제안이유에는 고위공직자의 직무 관련 부정부패를 엄정하게 수사하기 위한 독립된 수사기구를 신설하기 위한 입법이라고 밝히고 있다. 또 전문위원의 검토보고서에는 법원의 사법농단 및 현직검사장 뇌물 사건 등 법원과 검찰 등 고위공직자 부패가 심화되고 있어 기존의 법원과 검찰로는 부패 실체를 규명하고 구조적 비리를 근절하는 데 한계가 있다는 국민적 공감대가 형성되고 있다는 점을 입법배경으로 들고 있다.[7]

　형사소송법 개정은 2019.4.26. 채이배 의원(바른미래당) 등 11인이 발의한 원안을 토대로 하여 2019.12.14. 박주민 의원(더불어민주당)이 발의하고 이인영 의원(더불어민주당) 외 154인이 찬성한 본회의 수정안이 2020.1.13. 국회 본회의에서 가결되어 이루어졌고,[8] 검찰청법 개정은 2018.11.12. 백혜련 의원(더불어민주당) 등 19인이 발의한 원안을 토대로 하여 2019.12.24. 유성엽 의원(변화와 희망의 대안정치연대)이 발의하고 이원욱 의원(더불어민주당) 외 154인이 찬성한 본회의 수정안이 2020.1.13. 국회 본회의에서 가결되어 이루어졌다.[9] 이 회의에서는 국민 생활에 막대한 영향을 주는 수사권조정 법안을 여당과 그 연합세력이 자유한국당을 완전히 배제시키고 패스트트랙에 태워 일사천리로 끝내려 한다면서 검찰개혁의 필요성은 무리한 수사에서 비롯된 것이지 수사지휘권에 대한 문제가 아니고 수사지휘권 폐지는 여러 문제점이 있다는 유기준 의원(자유한국당)의 의사진행발언이 있었다. 각 개정안의 제안이유에는 2018.6.21. 법무부장관과 행정안전부장관

---

7) 국회 사법개혁특별위원회 수석전문위원(전상수), 검토보고서(2019), 7.
8) 재석 167인 중 찬성 165인, 반대 1인, 기권 1인으로 가결되었다.
9) 재석 166인 중 찬성 164인, 반대 1인, 기권 1인으로 가결되었다.

이 발표한 검·경 수사권 조정 합의문의 취지에 따라 검찰과 경찰이 상호 협력관계에 있는 기관으로서 경찰의 수사에 보다 많은 자율권을 부여하고 검찰은 사법통제 역할에 충실하여야 한다는 제안취지를 밝히고 있다. 국회 전문위원의 검토보고서도 위 개정안들이 위 합의문의 취지를 반영함으로써, 형사소송법 개정안은 검찰과 경찰로 하여금 국민의 안전과 인권 수호를 위하여 협력하게 하고 수사권이 국민을 위해 민주적이고 효율적으로 행사되도록 하여 국민의 신뢰를 회복할 수 있도록 하고, 검찰청법 개정안은 검사의 직접수사 범위를 정하고 경찰에 대한 지휘·감독을 배제하려는 것이라고 설명하고 있다.[10] 한편, 위 합의문은 국무총리와 청와대 민정수석이 참여한 가운데 법무부장관과 행정안전부장관이 서명하는 형식으로 작성되었는데,[11] 합의안이 문재인 대통령 대선 공약과 정부출범 후 국정기획자문위원회가 도출한 국정과제의 방침을 기준으로 하여 법무부장관·행정안전부장관의 협의에 따라 만들어진 것이라고 밝히고 있다.[12]

이상을 종합하여 볼 때, 개혁입법은 (i) 그동안 검찰권력이 무소불위였다는 인식을 토대로, (ii) 검찰에 대하여 민주적 통제를 하는 한편(공수처법), (iii) 경찰 수사에 자율성을 부여하고 검사의 직접수사 범위를 줄여 검찰은 사법통제 역할에 충실하도록 하여(형사소송법, 검찰청법), (iv) 수사권이 민주적이고 효율적으로 행사되도록 하고 국민의 안전과 인권을 수호한다는 목표와 취지를 가지고 있다고 할 수 있다.

3. 개혁입법의 논리

개혁입법은 어떠한 논리에서 위와 같은 목표를 정하였을까. 개혁입법이 정한 목표와 취지는 앞서 본 바와 같이 2018.6.21. 법무부장관과 행정안전부장관의 합의문에 따른 것이고 합의문은 문재인 대통령의 대선공약을 기

---

10) 국회 사법개혁특별위원회 수석전문위원(전상수), 형사소송법 일부개정법률안 검토보고서(2019), 4-5; 국회 사법개혁특별위원회 수석전문위원(전상수), 검찰청법 일부개정법률안 검토보고서(2018), 1-2.
11) 2018.6.21.자 연합뉴스 기사 참조.
　　https://www.yna.co.kr/view/AKR20180621055700001.
12) 위 형사소송법 일부개정법률안 검토보고서, 84면에 첨부된 합의문 참조.

준으로 만들어진 것이므로 문재인 대통령이 검찰에 대하여 가지고 있는 생각이 무엇인지 알아보는 일은 개혁입법의 논리를 파악하는 데 도움이 된다. 이러한 측면에서, 문재인 대통령이 노무현재단 이사장직에 있을 때 같은 재단 상임운영위원으로 있던 김인회 교수와 함께 쓴 "문재인, 김인회의 검찰을 생각한다"라는 책은 검찰개혁의 실질적 동기와 논거를 찾아보는 좋은 자료를 제공한다.[13]

이 책은 검찰이 대한민국을 지배하고 있다고 진단하면서, 이에 이르게 된 데에는 정치권력은 검찰을 이용하고 검찰은 정치권력의 요구에 부응하면서 자신의 권한을 적극 확대하여 왔기 때문이라고 한다. 그동안 검찰은 (i) 군부독재나 권위주의 정부를 위하여 정치적 반대파를 제거하고, (ii) 민주화운동이나 사상운동을 탄압하면서 정권안보에 기여해 왔으며, (iii) 노동자, 농민 등 민중의 생존권 투쟁을 억압하여 정권안보를 보장해 왔고, (iv) 권력형 비리사건이나 정경유착 등 대규모 부정부패 사건을 정치권력에 따라 왜곡하면서 떠오르는 권력에는 눈을 감고 지는 권력에는 칼을 들이대어 왔다고 한다.[14]

따라서 검찰에게 필요한 것은 정치적 중립을 지키는 것이라고 하면서, 참여정부는 정치권력(청와대)이 검찰에 개입하지 않는 방향으로 정치적 중립을 지켜주려고 하였다고 한다.[15] 권력기관의 정치적 중립은 노무현 대통령의 확고한 철학이었고, 실제로 참여정부는 검찰개혁 과제 중 정치적 중립을 가장 중요시하여 그 제도적 과제를 대부분 달성하였고 검찰에 대한 사실적인 간섭이나 지배가 일체 없었으며 검찰의 중립성을 강화하였다고 한다.[16] 문재인 대통령도 검찰개혁의 가장 중요한 과제는 정치적 중립이라고 한 바 있다.[17]

그런데 정치적 중립이 민주적 통제와 결합되지 않으면 기득권을 지키려

---

13) 문재인·김인회, 문재인, 김인회의 검찰을 생각한다, 오월의 봄 (2011).
14) 위 책, 27-28.
15) 대통령이 정치적 독립을 보장하면 검찰도 특권을 스스로 내려놓지 않겠느냐는 기대를 하였으나 그렇지 못했다고 노무현 대통령도 술회하고 있다. 위 책 132 참조.
16) 앞의 책, 152-54, 362.
17) 위 책 154.

는 관료적 조직이기주의로 인하여 검찰의 권한이 확대되고 통제의 공백이 생기는데, 참여정부는 정치적 중립을 지켜주려다가 검찰권한을 분산하고 견제와 감시를 하는 측면의 개혁을 이루지 못했다고 하면서,[18] 그 사이 검찰은 정치적 중립을 검찰 완전독립론으로 발전시켜 검찰권한을 강화하는 결과에 이르렀다고 한다.[19] 이러한 관점에서 위 책은 검찰개혁은 참여정부가 강조한 정치적 중립과 검찰권한에 대한 민주적 통제(검찰권한에 대한 견제와 감시 시스템)의 구축이라는 두 개의 고리로 연결되어 있다고 하면서, 참여정부는 전자는 달성하였지만 후자는 실패하였다고 한다.[20] 정치적 중립을 보장해주면 검찰이 저절로 민주화될 것이라고 생각하였으나, 검찰은 한국 사회에서 가장 강력한 기득권세력이기 때문에 이러한 생각은 환상이었다고 한다.[21] 노무현 대통령도 검찰 자체가 정치적으로 편향되어 있으면 정치적 중립을 보장해주어도 정치적 중립은 지키지 않는다고 하면서 검경수사권 조정과 공수처 설치를 밀어붙이지 못한 것이 정말 후회스러웠다고 하였다.[22] 이러한 시각은 문재인 대통령도 마찬가지다.[23]

이러한 참여정부의 경험과 권력기관의 공권력 행사는 항상 남용될 위험이 있다는 인식으로부터, 정치적 중립을 정치적 독립으로 오해하고 자신들의 특권을 지키려는 방향으로 검찰권을 행사하여 온 검찰을 개혁하기 위해서는 정치권력이 견제와 분산 시스템을 통하여 검찰을 민주적으로 통제하지 않으면 안 된다는 생각에 이르고 있다.[24] 민주적 통제는 민주적 정당성을 가진 기관에 의한 통제라고 하면서, 대통령, 국회, 사법부에 의한 견제와 감시라는 고전적인 방식 외에도 인사검증, 정보공개, 시민참여, 시민에 의한 선출 등 현대적 방식도 적용되어야 한다고 한다.[25]

이 책은 검경수사권 조정의 목적은 권한 배분이 아니라 권력기관에 대

---

18) 위 책, 162-64.
19) 위 책, 173-76.
20) 위 책, 367-68.
21) 위 책, 369.
22) 위 책, 370.
23) 이 책, 370-71.
24) 위 책, 67, 88, 121.
25) 위 책, 94-95.

한 민주적 통제를 통한 국민의 인권 옹호라고 하면서,[26] 수사권조정의 근본원칙으로 (i) 수사권한의 총량 축소, (ii) 수사권과 기소권의 분리, (iii) 권력기관 사이의 평등한 관계, (iv) 강화되는 경찰 권한에 대한 통제장치, (v) 개혁 작업에 대한 여러 기관, 전문가, 국민의 참여를 제시하고 있는데, 여기서 수사권과 기소권을 분리한다고 해서 검찰의 수사지휘권을 고착시키거나 강화시켜서는 안 되며 경찰에 대한 통제장치는 자치경찰제,[27] 경찰위원회 등에 의하여야 한다고 한다.[28]

요컨대, 검찰이 정치권력과 결탁하여 거대한 권력으로 자라나 대한민국을 지배하고 있으니 검찰을 개혁하여 정치적 중립을 지키도록 하여야 하는데, 정치권력이 검찰에 개입하지 않는 정책은 검찰권력을 더욱 키워준 결과가 되었으므로 정치권력이 견제와 분산 시스템을 통하여 검찰을 민주적으로 통제하고 이를 통하여 국민의 인권을 옹호하는 것이 검찰개혁의 요체라는 것으로 이해된다.

Ⅲ. 기차는 어디로 가는가

1. 제도와 인간

전지전능하고 공의로운 신이 다스린다면 굳이 법이 필요 없다. 오히려 추상적인 법이 구체적 타당성을 해칠 위험만 증가시킨다. 전지전능하고 공의로운 사람이나 집단이 다스린다면 법제도가 어떤 모습을 하든 그 전지전능한 왕(대통령)이나 집단이 모든 것을 다 정확하고 옳게 운용할 것이므로 법제도의 변화가 가져오는 영향은 별로 없을 것이다. 그러나 아쉽게도 그러한 사람이나 집단은 인간사회에 존재하지 않는다. 아무리 추상화되고 객관화된 제도라고 하더라도 결국 그 제도는 인간에 의하여 운용될 수밖에 없다. 그가 아무리 높은 권력을 가지고 있든, 그가 아무리 숭고한 직책에 있든, 그 제도를 운용하는 주체가 인간이거나 인간의 집단인 한, 육체적

---

26) 위 책, 293.

27) 노무현 대통령도 자치경찰 도입 없이는 수사권 조정이 없다고 하였다. 위 책, 289.

28) 위 책 293-95.

나약함과 정신적 편향성에서 자유로울 수 없는 한계 앞에서 멈춰 설 수밖에 없다. 사람에 의한 통치(인치주의)가 아닌 법과 제도에 의한 통치를 내용으로 하는 법치주의는 이러한 인간의 한계를 솔직히 인정하는 토대 위에서 세워졌다. 특히 형사사법제도는 그 운용을 담당하는 주체에게 엄청난 권력을 쥐어주는 것이기 때문에 이러한 한계에 매우 취약하다. 그러므로 수사구조를 재편하려는 개혁입법이 그 우아한 목적대로 국민의 인권을 옹호하는 결과를 가져올 것인지 여부를 생각함에 있어, 형사사법제도의 운용에 관여하는 사람이나 집단이 올바른 가치관을 가지고 있다든지, 투철한 인권의식을 가지고 있다든지 하는 인간적 선량함에 근거를 두어서는 안 된다. 수사를 담당하는 검사든, 경찰이든, 나아가 민주적 통제를 한다는 정치권력이든, 그들의 선량함에 제도의 성패를 맡겨서는 아니 된다. 극단적으로 말하면, 가장 악독한 검사와 경찰이 수사를 맡더라도 인권이 침해되지 않도록 하는 시스템을 구축하는 것이 제도설계자의 이상이다.

물론 제도는 이를 실제로 운용하는 사람의 자질과 자세와 가치관에 따라 그 결과가 천차만별로 나타난다. 그러므로 제도개혁이 성공할지 여부는 제도의 내용에 더하여 운용주체의 성격도 중요한 요소로 작용한다. 그리하여 운용주체의 행동이 아직 정해지지 않은 상태에서 개혁입법의 성패를 예측하는 일은 단지 확률적으로만 말할 수 있다. 제도의 예상현실은 그 운용주체가 인간적 한계의 범위 내에서 통상적인 인간처럼 행동할 경우 예상되는 양상이 가장 높은 확률로 전개될 것이다.

2. 민주적 통제

(1) 통제의 필요성

권력은 강제하는 힘이다. 만인의 만인에 대한 투쟁이라는 자연상태를 벗어나 자신을 보존하기 위하여 계약을 통하여 자신들의 권리를 통치자에 위임함으로써 국가권력이 발생하게 되었든,[29] 권력이 강자가 약자를 지배하는 기제로서 작동하든,[30] 또는 자본, 정보, 기술, 전문성 등 권력의 자원

---

29) THOMAS HOBBES, LEVIATHAN (Barnes & Nobles Books 2004)(1651).

source of power이 특정 집단이나 개인들에게 독점되지 않는 관계로 권력이 다원주의의 지배를 받든,[31] 이들 자원이 소수의 집단에 집중되어 있어 권력이 엘리트주의의 지배를 받든,[32] 아니면 권력이 지배와 피지배의 제로섬 게임을 넘어 효과적인 집단행동을 위해 자원을 동원하는 일반화된 매개체로 작용하여 관련 당사자의 권력이 모두 증가하는 방향으로 가든,[33] 권력의 이론적 자리매김과 상관없이, 현실의 삶의 현장에서 권력에 복속하는 국민은 권력에 의하여 자신의 의사를 강요당한다.

민주주의 체제하에서 공동체의 정책을 수립하고 집행하는 국가권력은 선거를 통해 권력을 획득하는 정치집단과 선거 이외의 방법으로 직업적 권력을 획득하는 관료집단이 현실적으로 행사한다. 정치권력은 국민의 선거를 통하여 획득되기 때문에 민주적 정당성을 갖는다. 이에 비하여 관료권력은 임명에 의하여 획득되기 때문에 직접적인 민주적 정당성을 가지지 못하며 기껏해야 간접적인 정당성(직접적 정당성을 갖는 권력에 의한 임명)을 가질 뿐이다. 그런데 관료들은 그 전문성과 정보의 독점을 기반으로 정치권력에 의견을 제시함으로써 이를 결여한 정치권력에 대하여 실질적으로 영향력을 미친다. 이에 정책결정과정에서 실질적으로 관료들이 더 영향력이 있다는 관료우위론은 현대 민주국가에서 유권자에 대해 책임을 지지 않는 관료들이 정치권력의 통제 밖으로 나감으로써 민주주의가 위기에 처하게 된다고 한다.[34] 이에 대하여 관료우위론이 관료의 자율성을 과장하고 있다고 하면서 정치가 다양한 방법을 통하여 관료들을 실질적으로 통제하고 있다고 하는 정치우위론은 민주주의 위기설은 타당성이 없다고 한다.[35] 관료

---

30) NICCOLO MACHIAVELLI, THE PRINCE (Dante University Press 2003).

31) ROBERT A. DAHL, WHO GOVERNS? (Yale University Press 2005); NELSON W. POLSBY, COMMUNITY POWER AND POLITICAL THEORY (Yale University Press 1980).

32) Peter Bachrach & Morton Baratz, *Two Faces of Power*, 56 American Political Science Review 947 (1962).

33) Talcott Parsons, *On the Concept of Political Power, in* POLITICAL POWER: A READER IN THEORY AND RESEARCH (1969).

34) 김기석, "위임자‒대리인 모델과 관료‒정치가 관계 연구: 일본 정치경제에 대한 함의를 중심으로", 한국정치학회보 제34집 제4호 (2001.2.), 248.

35) 위의 글, 244.

우위론이나 정치우위론은 모두 현대국가의 특징에 대한 서술적 견해로서 정치권력이 관료권력을 통제하여야 한다는 당위적 요청에는 의견이 다르지 않다. 현대국가에서 건강, 교육, 복지 등 사회적 요구가 증가함에 따라 정부의 역할이 증대되고[36] 정부예산이나 서비스에 대한 요구가 혁명적으로 늘어나,[37] 이를 담당하는 정부관료의 권력이 증대하게 되었다.[38] 본래 정치적 결정의 집행자에 머물 것이 기대되었던 관료가 "주인 노릇하는 하인 ruling servants"[39]이 되었다고까지 이야기된다.[40] 이에 선출된 정치권력에 의한 임명된 관료권력에 대한 통제는 현대국가의 일반적 당위명제가 되었다.

우리나라는 다소 독특한 경험이 더해진다. 해방이후 군사 권위주의정권에 이르기까지 정치권력은 국가권력에 도전하는 사회세력을 정치과정에서 배제시키기 위하여 관료집단에 의존하였고 관료집단은 그 대가로 권력적 지위를 상승시켜왔다. 그러나 권위주의정권은 관료권력의 증대를 시민사회와의 관계에 한정시켰고 관료권력을 철저히 정치권력에 복종시켰다.[41] 그러다가 1987년 민주화운동을 즈음하여 사회가 급격히 민주화되면서 정치권력은 더 이상 절대적인 힘을 발휘하지 못하게 되었다. 정치권력의 생존에 국민의 지지가 점점 중요한 요건이 되었고, 복잡해진 정부업무에 전문성을 가진 관료권력의 자율성이 그 이전부터 점차 증대되어 오다가 민주화를 계기로 표면으로 드러나게 되었다.[42] 그리하여 우리나라 관료권력도 결국 주인 노릇하는 하인의 문제에 맞닥뜨리게 되었다.

검찰권력은 관료권력의 일종이다. 우리나라 검찰은 관료권력의 일반적 점증현상에 더하여 특수한 정치적 환경으로 인하여 특히 강한 권력을 키워

---

36) DANIEL BELL, THE COMING OF POST-INDUSTRIAL SOCIETY: A VENTURE IN SOCIAL FORECASTING 118, 159 (Basic Books 1973) 참조.
37) Bell은 "Revolution of Rising Entitlements"이라 하여 후기산업사회의 혁명적 변화를 설명하고 있다. Michele Cento, *The Revolution of Rising Entitlements: Daniell Bell and the Logic of Segregation in the Post-Industrial State* 235, *at* https://www.openstarts.units.it/bitstream/10077/11644/1/AISNA_Cento.pdf 참조.
38) 박광주, "관료와 정치권력", 정신문화연구 제19권 제1호 (1996), 55-56.
39) E. Strauss, THE RULING SERVANTS: BUREAUCRACY IN RUSSIA, FRANCE-AND BRITAIN? (1961).
40) 박광주, 앞의 글, 56.
41) 위의 글, 60-61.
42) 위의 글, 67.

왔다. 개혁입법의 제안자들은 이를 무소불위의 권력이라고 평가하였다. 해방 이후 우리 형사사법제도의 역사를 보면 1972년의 이른바 '10월 유신'무렵부터 1987년 민주화에 이은 현행 헌법의 제정까지가 강한 통제적 형사소송기라고 할 수 있는데, 당시 정치권력은 형사사법절차에서 검찰의 역할을 강화시켜 이른바 '검찰사법'이라고 부를 만한 형태의 제도를 운용하였다. 1987년의 민주화 이후 1995년 영장실질심사제도의 도입 및 2007년 공판중심주의적 형사소송법의 개정은 제도적 측면에서 형사사법의 추를 법원 쪽으로 상당히 움직여 왔고, 검찰권력이 문자 그대로 '무소불위'인지는 보는 사람마다 온도차가 있어 개혁입법 제안자들의 평가에는 이론이 있을 수 있다. 그러나 그동안 검찰이 정권초기의 살아 있는 권력에게 칼자루를, 그 권력의 상대방이나 정권 말기의 죽어가는 권력에게 칼끝을 제공하면서 권력의 한가운데에 있어 왔던 사실은 대체로 부인할 수 없을 듯하다. 사실 그동안 검찰에 대한 비판은 주로 이러한 현상을 핵심 대상으로 하여 여론의 힘을 받았고 여기서 개혁입법의 동력도 얻게 되었다고 할 수 있다.

비대한 권력은 남용의 위험이 그만큼 높다. 검찰권력이 남용될 위험은 언제나 존재한다. 비대한 검찰권력이라면 특히 그렇다. 형사사법제도는 이러한 남용의 위험을 최소화하는 장치를 마련하여야 할 임무를 가지고 있다. 이를 통제라고 부른다면, 검찰권력에 대한 민주적 통제를 요구하는 개혁입법의 깃발은 시원하게 그리고 타당하게 나부끼고 있는 것이다.

(2) 입법에 의한 통제

1) 정당성 · 합헌성의 요건

정치권력은 주권자인 국민이 선거로 위임한 권력이므로 민주적 정당성을 갖는다. 따라서 정치권력이 검찰권력을 통제하는 것은 민주적이라고 할 수 있다. 정치권력이 법률을 제정하여 검찰권력의 범위와 행사방법을 정하는 것은 대표적인 민주적 통제이다. 민주주의는 국민에 의한 지배로서 대체로 정치적 결정이 다수결에 의하여 형성된다는 원칙을 채택한다.[43] 국회

---

43) 육혜원, "하버마스와 드워킨의 법치주의와 민주주의 논의에 관한 고찰-하버마스를 중심으로", 정치비평 (2006 하반기), 70 참조.

법의 절차에 따라 국민의 대표인 의원 다수결로 법률이 통과되었으니 개혁입법은 민주적이라 할 수 있다.

그러나 법률이 정치권력에 의하여 제정되었다는 사실만으로 민주적 정당성이 확보되는 것은 아니다. 법률이 정당성을 가지려면 그 법률은 보편적 타당성을 갖는 도덕적 원칙들과 조화를 이루어야 한다.[44] 법률은 그 문언이 수범자의 의사를 누르고 강요되는 것이다. 이 점에서 효력요청으로서의 진리가 갖추어야 할 요건을 제시한 하버마스의 합의이론은 법률이 정당성을 가질 요건과도 깊은 연관을 가진다. 하버마스에 의하면, 어떤 언명이 진리나 참으로 인정받기 위해서는 논증대화에 참여한 자들의 합의가 있어야 하고, 이러한 합의가 참된 합의가 되려면 이상적 대화상황이 갖추어져야 하는데, 이상적 대화상황은 (i) 대화에 참여하려는 사람은 누구나 공평하게 참여할 기회를 가지고(균등한 참여기회), (ii) 대화에 참여한 사람은 누구나 주장, 논증, 반박할 균등한 기회를 가지며(균등한 주장·반박의 기회), (iii) 대화참여자는 자신의 입장을 거짓으로 꾸미지 않고 진실되게 표현하며(대화참여자의 자기진실성), (iv) 어느 누구도 동의를 얻기 위해 타인에게 물리적·심리적 압력을 가하지 않아 대화참여자가 아무런 압력 없이 자유로운 대화를 한다(자유로운 담론)[45]는 4가지 조건을 충족하여야 한다.[46] 하버마스의 이상적 대화상황은 너무 이상적이어서 비현실적이라는 비판이 가능하다. 그러나 이러한 조건에 근접할수록 진리의 효력요청이 강하고 이러한 조건에 맞는 입법과정을 가진 법률일수록 정당성이 강화된다는 점은 인정할 수 있다.

입법과정은 경우에 따라 정당성의 문제를 넘어 합법성의 문제까지도 불러온다. 형식적으로 법에 따라 다수결로 의안이 통과되었다고 하여 모두 합법적이라고 보지는 않는다. 형식적 법치주의가 종언을 고하고 실질적 법치주의가 지배하는 오늘날, 입법과정은 적법절차due process of law를 따라야 하기 때문이다. 적법절차의 원칙은 우리 헌법이 채택한 헌법원칙이다. 형

---

44) 위의 글, 67-68 참조.
45) 대화나 토론에 앞서 의무규정이나 가치규범을 설정한 경우도 여기의 압박에 해당한다.
46) 변종필, 형사소송에서 진실개념, 박사학위논문, 고려대학교 (1996), 115-122 참조.

식적으로 법에 정한 절차를 거쳤지만 적법절차의 원칙에 반하는 입법은 헌법에 위반된다. 하버마스의 4가지 조건은 적법절차의 준수 여부를 가늠해볼 수 있는 좋은 판단기준을 제공한다.

2) 투명성과 자기진실성

개혁입법은 의원입법의 형식으로 이루어졌다. 공수처법은 윤소하 의원 (정의당), 형사소송법은 박주민 의원(더불어민주당), 검찰청법은 유성엽의원 (변화와 희망의 대안정치연대)이 발의한 것이 의결된 것인데, 이들은 원래 신속처리안건으로 지정되었던 백혜련 의원(더불어민주당) 등 발의의 공수처법·검찰청법과 채이배 의원(바른미래당) 등 발의의 형사소송법을 원안으로 한 것이며, 채이배 의원 등의 형사소송법안은 원래 백혜련 의원 등이 발의한 형사소송법안에 다소의 수정을 가한 법안이다. 이렇게 보면 개혁입법은 모두 백혜련 의원 등이 원안을 발의한 것으로 보인다. 모두 동일한 원천에서 나온 법률안을 굳이 이렇게 복잡하게 발의자를 분산하고 변경한 이유가 무엇인지는 분명하지 않다.

나아가 백혜련 의원 등이 법률안을 최초로 성안하였는지 역시 분명하지 않다. 통상 자신의 작품은 애착이 있기 때문에 법률안을 발의한 사람은 발의자의 영광을 양도하고 싶지 않을 듯하다. 한편, 앞서 본바와 같이 형사소송법안과 검찰청법안은 제안이유에서 법무부장관과 행정안전부장관의 검·경수사권 조정 합의문의 취지에 따라 제안된 것임을 밝히고 있다. 그리고 통상 법무부장관은 검찰의 의견을, 행정안전부장관은 경찰의 의견을 대변하여 왔기 때문에 양자의 합의는 일견 이해관계가 상반되는 두 기관 사이의 합의인 것처럼 보인다. 이를 보면 행정안전부와 법무부가 경찰과 검찰의 의견을 반영하여 논의한 끝에 합의점을 찾아 최초의 법률안을 성안 하였는가 하는 생각도 든다. 그러나 여러 정황을 종합하면, 당시 합의장소에는 합의 당사자인 장관들 및 이에 참여한 국무총리와 청와대 민정수석이 참여하였는데, 행정안전부와 법무부가 처음에는 이견이 있었으나 숙의 끝에 의견의 일치를 보아 합의에 이른 것이라기보다는 합의당사자가 아닌 제 3의 원천에서 정해진 내용을 두 장관이 합의의 형식으로 공식화한 것으로 보이고, 그 원천은 바로 청와대인 것으로 추정된다.

만일 추정되는 바대로 청와대가 개혁입법의 원래 구상과 그 실질적 성안을 하였다면, 솔직하게 정부제안 입법으로 하는 것이 실질에도 부합하고 국민들이 이해하기도 쉬웠을 터이다. 그런데 개혁입법은 실제로 법률안을 성안한 기관(사람)이 누구인지는 명확하게 밝히지 아니하고 오히려 드러낸 제안자들을 분산하고 변경함으로써 입법과정의 추적에 상당한 노력을 요하게 하였다. 법률안 제안의 배경자료부터 시작하여 입법과정 전체를 투명하게 공개하는 나라에서는 국민 누구나 입법의 진의와 취지를 쉽게 알 수 있다. 개혁입법의 입법과정은 상당히 불투명하다. 입법과정이 불투명하면 제안자의 진심이 불투명하여 하버마스의 자기진실성 요건에서 멀어지게 된다.

3) 개방성과 균등한 참여기회

앞서 본 문재인·김인회의 책은 사회집단 간의 갈등은 열린 공간에서 토론과 논쟁을 통해 해결하는 민주주의 절차에 따라야 하고,[47] 참여정부의 개혁은 검·경의 자발적 합의에만 의존하여서 실패하였기 때문에 수사권 조정의 최종결정은 검찰·경찰과 함께 관련 부처와 기관 전문가 및 국민이 참여하는 가운데 이루어져야 한다고 하면서,[48] 검찰개혁기구를 구성하는 것이 곧 청와대가 직접 개입한다는 것을 의미하지는 않는다고 한다.[49] 이는 개혁입법의 과정이 민주적이어야 하며 청와대의 직접 개입은 민주적 과정과 다소 거리가 있다는 취지로 보인다.

개혁입법은 의원입법에 의한 것이므로 청와대의 직접 개입이 없었다고 하는 논리는 매우 형식적이다. 만일 위에서 본 바와 같이 개혁입법의 실질적 내용이 청와대에서 정해진 것이라는 추정이 사실이라면, 위 책이 말하는 민주적 절차와는 다소 거리가 있다.

그러나 청와대에서 실질적 내용을 제안하였다는 것 자체로 민주적이지 않다고 단정하는 것 또한 논리비약이다. 열린 공간에서 토론과 논쟁을 통

---

47) 문재인·김인회, 앞의 책, 84-85.
48) 위 책, 295.
49) 위 책, 384.

해 해결하여야 한다는 위 책의 주장은 바로 민주적 절차의 핵심을 잘 지적하고 있다. 하버마스의 이론이 지향하는 바이기도 하다. 청와대에서 성안하였더라도 이런 대화과정을 거친다면 민주적이지 않다고 볼 아무런 이유가 없다.

검찰은 개혁의 당사자이므로 개혁입법에 가장 큰 이해관계가 있다. 그렇지만 검찰은 개혁입법의 논의과정에서 철저히 배제되었던 것으로 보인다. 그 이유는 무엇일까. 위 책은 그 이유의 일단을 추정하게 한다. 위 책은 참여정부의 검찰개혁은 실패하였다고 자평하면서 그 실패를 거울삼아 검찰개혁의 방향을 생각한 책이다. 특히 참여정부 후 노무현 대통령이나 한명숙 총리에 대한 검찰수사를 경험하면서 검찰개혁의 필요성을 더욱 강하게 느낀 것으로 보인다. 위 책은 권력기관은 스스로 변할 수 없고 개혁의 대상은 개혁의 주체가 될 수 없다고 하면서, 국민에 의해서 선출된 대통령과 의회가 주축이 되고 시민사회나 민간 전문가, 국민이 함께 참여하여 개혁을 이루어야 한다고 한다.[50] 검찰은 스스로 변할 수 없는 개혁의 대상이므로 대통령과 의회가 중심이 되어 개혁을 추진하여야 한다는 것이다. 검찰이 논의과정에서 배제된 것은 이러한 논리에서인 것으로 보인다. 그러나 극악한 피고인에게도 변론의 권리와 변호인의 조력을 받을 권리를 부여하는 것이 적법절차라고 인류의 지혜는 말해주고 있다. 나아가, 가령 축구 대표팀이 국제대회에서 처참하게 패하였다고 그들의 입을 막고 제3자들만 모여 패인을 분석하고 대안을 마련하는 것이 좋은 방법은 아니 듯, 논의분야의 직접 당사자를 배제하고 마련된 방안이 현실적으로 더 우수하다는 보장은 전혀 없다.

개혁입법은 그 과정에서 불쑥불쑥 결론명제가 홍보처럼 제시되었으나 누가 어떠한 논의를 거쳐 그 결론에 이르렀는지 쉽게 접근하기 어려웠고, 그러한 논의과정에 일반 국민(시민)이나 전문가들이 참여할 기회도 보장되지 않았던 것 같다. 이는 위 책이 강조한 민주적 절차와도 많은 거리가 있다.

---

50) 위 책, 14-15.

개혁입법의 과정은 논의(대화)에 참여하려는 사람은 누구나 공평하게 참여할 기회를 가져야 한다는 하버마스의 조건(균등한 참여기회)을 결하고 있다.

4) 충실한 논의와 균등한 주장·반박의 기회

개혁입법은 국회법 제85조의2에 따라 신속처리대상안건으로 지정되었고 일부 야당의 극렬한 반대 속에 제대로 된 논의도 없이 본회의에서 의결되었다. 신속처리안건제도는 2012.5.25. 법률 제11453호로 국회법이 개정되면서 도입된 것인데, 쟁점안건의 심의과정에서 물리적 충돌을 방지하고 대화와 타협을 통하여 심의되며 소수 의견이 개진될 수 있는 기회를 보장하면서도 효율적으로 심의되도록 함을 공식적인 입법취지로 하고 있다.[51] 부당한 방해를 극복하고 효율적으로 입법활동이 진행될 수 있도록 하는 장치이다. 개혁입법의 제안자 입장에서 보면 정의로운 개혁에 저항하는 불의의 세력을 넘기 위한 불가피한 조치였다고 할 수 있다.

그러나 자신의 법안을 관철시키기 위해서 반대의견을 사실상 배제하려는 전략으로 사용되는 것까지 신속처리안건제도의 정당한 취지에 맞는다고 보기는 어렵다. 신속처리안건제도도 결국 대화와 타협을 촉진하자는 취지이지 대화가 안 되니 밀어붙이자는 취지는 아니기 때문이다. 이는 대화참여자가 균등하게 주장하고 반박할 기회를 박탈하는 것이다.

이에 대하여는 반대자(자유한국당)에게 참여의 기회를 제공하였음에도 스스로 논의에 참여하지 않은 것이라는 반박이 가능하다. 개혁입법을 신속처리대상안건으로 지정함에 있어서는 이른바 '4+1 협의체'가 결정적 기능을 하였다. 이 협의체는 더불어민주당·바른미래당(손학규계)·정의당·민주평화당의 4당과 변화의 희망의 대안정치연대(대안신당)가 합의하여 이루어진 것이다. 위 협의체가 형성된 데에는 개혁입법을 신속처리대상안건으로 지정해서라도 처리하여야 한다는 공감대가 있었기 때문이겠지만, 그것이 개혁입법의 내용에 대한 공감대인지는 매우 불투명하다. 오히려 개혁입법과 함께 신속처리대상안건으로 지정된 공직자선거법 개정안[52]이 협의체 결성

---

51) 위 법률 의안 원문 제안이유 참조.
52) 이 개정안도 2019.12.27. 수정안이 본회의를 통과하여 2020.1.14. 법률 제16864호로 공포되었다.

에 결정적 영향을 미친 것으로 추정된다. 이 개정안은 이른바 연동형 비례대표제를 내용으로 하는 것으로서 소수정당에게 유리한 제도로 이해되고 있었기 때문이다. 만일 이러한 추정이 사실이라면, 개혁입법이 신속처리대상안건으로 지정된 것은 개혁입법의 내용에 대한 합의가 있어서라기보다는 개혁입법과 무관한 당근이 매개체가 된 것이다. 이는 대화의 주제(개혁입법)와 아무런 관련이 없는 유인(공직선거법안)을 결합함으로써 대화참여자를 실질적으로 토론의 장 밖으로 끌어낸 것이다.

개혁입법은 충실한 논의가 없었고 오히려 신속처리안건의 지정을 통하여 논의참여자를 직접적으로 또는 간접적으로 논의의 장 밖에 위치시켰다. 개혁입법은 입법과정에서 하버마스의 균등한 주장·반박의 기회를 박탈한 것이라 아니할 수 없다.

5) 이견을 허용하는 자유로운 담론

개혁입법은 추진세력 내부에서도 실질적으로 이견이 허용되지 않았다. 4+1 협의체의 결정은 각 단체의 대표자의 합의에 의하여 이루어졌다. 정당 대표의 합의는 당권을 통하여 당원들에게 물리적·심리적 압력으로 작용하고, 소속 의원들은 자유로이 반대할 수 없는 상황이 된다. 4+1 협의체 정당 소속이면서 당론과 다른 의견을 가졌던 한 의원이 이후에 치러진 국회의원 선거에서 결국에는 좌절을 맛보게 된 예는 당론에 반대하는 의원 앞에 놓인 가시밭길을 잘 보여준다.

또 4+1 협의체의 결정에 영향을 미친 연동형 비례대표제는 주제(개혁입법)와 관련 없는 이유로 개혁입법에 찬성하도록 하는 심리적 유인(압력)으로 작용한다. 이는 담론의 자유성을 해하는 것이다.

한편, 현대사회가 점점 복잡해지면서 대화주제에 대한 논의가 그 구체적 내용을 분석하며 진행되기보다는 전체적인 이미지로 결론이 나는 현상이 점점 강해지고 있다. 민주화와 과학기술의 발달은 우리를 정보의 홍수에 빠져 그 진위와 가치에 대한 판단을 점점 더 어렵게 하고 있다. 이에 정의로운 이름표를 붙이면 그 이름 아래 어떠한 내용도 정의로워지는 현상이 생긴다. 재빠른 대화참여자는 논증을 통한 설득보다는 이미지를 통한 설득이 훨씬 효과적이라는 사실을 깨닫게 된다. 이에 정의로운 실체가 아니라 정의로운 이름표가 더 중요해진다. 좋은 프레임을 선점하면 정의로운 이름표를 획득할 수 있다. '개혁'은 그 단어 자체에 정당성을 포함하고 있다. '검찰'이 권력을 휘두르는 악한 존재라는 프레임에 갇히기만 하면 '검찰개혁'은 정의로운 이름표가 되고, 그 이름표를 달고 오는 모든 내용은 정의의 기차를 탄다. 정의의 기차에 탄 개혁입법은 그 모든 내용이 정의로우므로 그에 대한 어떠한 비평이라도 모두 불의가 된다. 검찰개혁의 정의로움은 개혁입법을 둘러싼 논의 과정에 참여하는 사람에게 찬성 외에는 다른 대안이 없는 물리적·심리적 압박을 가한다.

개혁입법의 과정에서는 하버마스의 자유로운 담론이 전혀 보이지 않았다.

6) 소 결

개혁입법은 하버마스가 제시하는 이상적 대화상황의 어떠한 조건도 갖추지 못하였다. 하버마스의 이상적 대화상황은 이상적이어서 비현실적이라는 비판은 충분히 타당성이 있다. 그러므로 현실세계에서 이 조건을 모두 갖춘 입법만이 적법하고 유효하다고 말하기는 어렵다. 그러나 대화상황의 4가지 조건 중 단 하나도 갖추지 못한 경우는 현실적으로 보더라도 절차적 정당성이 있다고 하기 어렵다. 이러한 대화상황에서 이루어진 입법은 단순히 정당성이 없는 수준을 넘어 헌법원칙인 적법절차의 원칙에 위배되는 수준에 이른다.

개혁입법은 국회의 입법과정을 거쳤다는 점에서 형식적으로는 민주적이라 할 수 있지만, 실질적으로 보면 민주적 정당성과 적법절차 원칙의 면에서 심각한 훼손이 있다고 하지 않을 수 없다.

(3) 정치권력의 통제

개혁입법은 정치권력이 민주적 정당성을 가지고 있으므로 정치권력이 검찰권력을 통제하는 것이 민주적 통제라고 이해하고 있다(위 Ⅱ.2 및 3. 참조). 정치권력이 민주적 정당성을 갖는다는 것은 정치권력이 다수의 대표라는 데에서 기인한다. 민주주의는 국민이 국가의사를 결정하는 것이고 이는 대체로 다수의사에 의한 지배로 나타난다. 다수의사에 의하여 선출된 정치권력이 선출되지 않은 관료권력을 임명하고 이에 대한 통제를 하는 것은 민주주의에 부합한다. 이 점에서 개혁입법의 이해는 타당하다.

다수의사의 지배는 언제나 타당한가. 다수의사에서 소외된 소수자의 권리는 어떻게 하는가. 우리 헌법은 모든 국민이 인간으로서의 존엄과 가치를 가지고 기본권을 향유하며 국민의 자유와 권리는 경시되지 않는다고 하는 가치체계를 가지고 있다(제10조, 제37조). 이는 다수결에 의하여서도 침해되지 않는다. 법치주의는 다수에 의하여 침해될 수 있는 소수의 권리를 보호한다. 이 점에서 민주주의는 법치주의와 길항관계에 있다. 사실 이들은 늘 역사적으로 대립하여 왔다.[53] 양자를 조화롭게 해결하고자 하는 시도가 있어 왔지만 아직도 완전히 해결되었다고 할 수는 없다.[54]

행정이나 입법영역에서 국가의 정책을 결정하는 것은 합목적성이 지배한다. 그러나 사법분야는 합법성이 지배한다. 형사사법은 이미 사건이 벌어진 다음에 날아올라 책임을 고민하는 미네르바의 올빼미이다. 특히 국가의 공권력이 적나라하게 국민에게 행사되는 영역이다. 이 때문에 형사사법은 국가권력 앞에 서 있는 국민의 인권을 보장하는 것을 절대적 가치로 하여 적법절차의 원칙을 이념으로 하고 있다. 따라서 형사사법은 다른 어떤 영역보다도 법치주의가 강하게 요구된다. 열 사람의 범인을 놓치더라도 무고한 한 사람이 고통 받지 않아야 한다. 다수의 지배인 민주주의가 법치주의와 충돌할 때 민주주의는 잠시 양보하게 된다. 우리 헌법이 사법권의 독립을 보장하고 검찰청법이 법무부장관의 개개 검사에 대한 수사지휘를 금지하고 있는 것은 바로 이 때문이다. 형사사법은 수사, 기소, 재판, 집행을 모두 포함한다. 검찰권력이 수사와 기소에 관한 권한을 행사하는 한 이는 국가형벌권(형사사법권)의 일부를 행사하는 것이고, 따라서 법치주의의 요청은 가볍게 볼 수 없다. 여기서 검찰권력의 정치적 중립성이 요청되며, 정치권력의 검찰통제는 법치주의에 의한 제한을 받는다.

---

53) Kurt Seelmann, *Rechtsstat und Demokratie: Geschichte und Systematische Probleme aus rechtsphilosophischer Sicht*, 서울대학교 법학 제49권 제3호 (2008), 76, 78-80.

54) 위의 글, 81-87; 최선, "권력분립 원리와 사법권 독립", 법과 사회 제60호 (2019), 79-82 참조.

한편, 정치권력은 다수의 대표로 여겨지지만, 정치권력의 의사가 언제나 다수의 의사를 대변하지는 않는다. 간접민주제하에서 선거에 의한 위임은 포괄적이기 때문에 정치권력이 가지는 의사는 다수의 의사로 여겨진다. 그러나 이를 이유로 언제나 정치권력의 의사가 다수의 의사라고 한다면 이는 민주주의를 형식적으로만 바라보는 것이다. 가령 국민이 A에 투표하였다고 하여 그의 모든 정책에 찬성하는 것도 아니고 선출 후 A의 모든 정책결정에 찬성하는 것도 아니다. 나아가 A를 선택한 선출투표나 선출 후 A에 대한 지지의사 자체가 실체와 다른 주장에 기망당한 결과일 수도 있다. 이러한 경우 정치권력의 의사는 실제로는 다수의사를 반영하고 있지 않아, 정치권력에 의한 통제는 실질적인 민주적 정당성을 상실하게 된다. 정치권력에 의한 검찰통제가 실질적인 국민의사에 반하는 경우는 민주적 통제라 할 수 없다.

주권자인 국민은 헌법을 제정하였다. 헌법은 국민의 기초의사이다. 헌법이 민주주의를 채택함으로써 다수의 지배를 구조화하였으나 그 다수의 의사는 헌법의 테두리를 넘어서지 않는 한도에서 정당성을 가진다. 헌법가치를 침해하는 다수의사는 민주적 정당성이 없다. 헌법은 민주주의와 동시에 법치주의를 채택하였다. 헌법가치는 법치주의의 출발점이기도 하다. 헌법가치는 인류가 오랫동안 쌓아온 지혜를 바탕으로 한 인간이성의 산물이다. 민주주의가 다수의사에 정당성의 근거를 둔다면 법치주의는 인류의 지혜에 정당성의 근거를 둔다. 인류의 지혜는 시·공간적으로 확대된 국민의 의사라고 할 수 있다. 법치주의는 결국 민주주의와 만난다.

특히 법치주의가 강조되는 형사사법영역에서 정치권력의 의사는 단지 정치권력의 의사라는 이유만으로 정당화될 수는 없고 헌법가치에 부합할 때 비로소 정당화된다. 국가는 개인이 가지는 불가침의 기본적 인권을 확인하고 이를 보장할 의무를 진다(헌법 제10조). 우리 헌법은 형사사법절차에서의 개인의 인권 보장을 특히 강조하고 있다(제12조 등). 형사사법제도의 국민 인권 보장은 바로 국민의 절대적 의사이다.

개혁입법의 민주적 정당성은 다수의 국회의원이 찬성하여 의결하였다는 형식적인 면에 있지 아니하다. 진정한 민주적 정당성은 개혁입법이 국민의 인권과 권익을 신장시키는가 하는 점에 있다.

3. 국민의 인권과 권익

(1) 서 언

국민주권주의와 민주주의 아래에서 제도의 개혁은 그러한 개혁을 통하여 국민의 권익이 향상될 때 정당하다고 할 수 있다(위 Ⅰ. Ⅲ.2. 참조). 개혁입법이 국민의 인권 옹호를 입법목적으로 삼고 있다고 하니(위 Ⅱ. 참조), 이 점에서 개혁입법은 정당성을 갖는다.

인권의 주체로서의 국민은 추상적 집합체로서의 국민이 아니라 피와 살을 가진 구체적 개체로서의 국민이다. 추상적 개념은 아름다운 환상을 제공하지만 실체가 없어 실질은 결국 그 추상을 업고 구체화된 행위를 하는 개인에게 귀속된다. 국민을 위한다는 권력이 섬길 국민이 추상화되면 결국 권력의 수혜자는 권력 자신이 된다. 역사에 등장하는 독재자들은 대체로 이러한 추상화의 이익을 누렸으며, 특히 국민주권에 바탕을 둔 현대에서는 이러한 추상화의 이익을 통한 권력의 사유화가 독재의 통로로 된다. 그러므로 개혁입법이 국민의 인권을 향상시킨다고 할 때는 구체적인 개개인의 인권이 향상되는가를 살펴야 한다. 만일 개혁입법이 시행된 결과 특정인이나 특정 집단의 권익에 이바지할 뿐 구체적인 개개인의 인권 향상에는 도움이 되지 않는다면 이는 그 특정인이나 집단이 추상의 이익을 취득하는 것이다.

형사사법제도의 개혁이 국민을 위한다는 말은 그 개혁으로 형사사법에 관여하는 구체적인 개인의 인권이 향상되는 결과를 가져올 때에만 타당하다. 형사사법에 관여하는 구체적인 개인이란, (ⅰ) 형사사법권력에 복속하여 수사와 재판을 받는 피의자와 피고인, (ⅱ) 범죄로 인한 피해자, (ⅲ) 참고인, 증인, 피압수자 등 수사와 재판 과정에 관여하는 제3자 등을 말한다. 만일 개혁의 결과 국민에 대하여 형사사법권력을 행사하는 국가권력의 권익이 향상된다면 이는 추상화의 이익을 권력이 취득하여 독재의 통로로 한 발짝 다가서는 것이고, 만일 개혁의 결과 특정인이나 집단의 권익이 향상된다면 이는 추상화의 이익이 사유화되는 것이다.

(2) 분산과 견제

개혁입법은 견제와 분산시스템을 통하여 검찰을 민주적으로 통제한다고 한다(위 Ⅱ.3. 참조). 개혁입법은 검찰의 직접수사를 축소하고 그 축소된 수사를 경찰과 공수처가 담당하게 해 권력의 분산을 꾀하는 한편, 공수처는 검사를 전속적으로 수사할 수 있고, 검사는 경찰을 수사할 수 있으며, 경찰과 검사는 공수처를 수사할 수 있도록 하여 견제장치를 두었다. 각 수사기관이 직권을 남용하여 위법한 수사를 한 경우 다른 수사기관이 수사를 함으로써 직권남용의 위험을 줄일 수 있다는 점에서 국민의 권익에 향상을 가져온다. 이 점에서 개혁입법은 정당성이 있다.

그러나 수사기관이 다른 수사기관의 수사를 받을 정도의 범죄를 저지르는 경우가 흔한 것은 아니다. 오히려 문제는 수사기관이 수사를 하는 과정에서 범죄에 이르지는 않지만 부당하거나 부적절한 수사를 하는 경우이며 수사기관에 대한 통제의 필요성은 여기에 더 많이 존재한다. 또한 수사에 의한 통제는 사후적인 방법이어서 간접적인 억제수단으로 효과성이 약하다. 수사에 대한 통제는 수사의 진행 과정에서 적시에 이루어져야 효과적이다.

개혁입법이 가져올 국민 권익의 증대는 그다지 크다고 할 수 없다.

(3) 검찰권력의 약화

권력의 분산과 견제는 각 수사기관의 개별적 힘을 약화시키는 결과를 가져온다. 그런데 수사권력이 약화된다고 하여 그것만으로 국민의 권익이 향상되는 것은 아니다. 가령 커닝을 하는 학생에게는 시험감독을 하는 조교의 무심한 눈초리마저 엄청난 공포로 다가오는 것처럼, 아무리 약화된 수사권력이라도 그 수사권력의 칼끝에 있는 국민에게는 절대적 권력이 된다. 그러므로 분산과 견제를 통한 수사권력의 약화가 일반 국민에게는 별다른 의미를 갖지 못한다.

개혁입법은 검찰권력의 약화를 가져온다. 검찰권력의 약화가 의미를 가지는 사람(세력)이 있다면 개혁입법은 그 사람의 권익에 영향을 미칠 것이다. 검찰권력이 약화될 때 약화된 만큼 자유를 얻을 수 있다면 그 약화는 의미가 있다. 앞서 본 바와 같이 수사를 받는 일반 국민에게는 약화된 검찰권력도 여전히 절대적인 권력이다. 따라서 검찰권력의 약화로 자유를 얻을 수 있는 사람이란 약화된 검찰권력에 대하여서는 어느 정도 대응할 힘이 있는 사람에 한정된다. 정치권력(또는 그 비호를 받는 사람)이 대표적으로 이에 해당한다. 사실 대통령제 국가에서 대통령을 정점으로 하는 정치권력만큼 강한 권력은 없다. 그러한 정치권력이지만 모호한 규범적 판단의 고리를 통하여 자신의 약점을 파고드는 검찰권력은 늘 껄끄러운 존재일 수밖에 없다. 검찰권력이 거대하면 다루기 어렵지만 약하면 다루기 쉽다. 살아 있는 권력을 겨누다가 공중분해된 특별감찰관의 예는 이를 잘 보여준다.

검찰권력이 약화되면 정치권력의 권익이 증진된다. 범죄를 저지르지 않은 경우는 물론 범죄를 저지른 경우에도 검찰의 수사로부터 상대적으로 자유로워진다는 편익이 생기기 때문이다. 그러나 정치권력의 권익 증진이 국민의 권익 증진으로 이어지는 고리는 매우 약하다. 정치권력은 검찰의 부당한 정치적 수사를 막아야 할 필요가 있다고 주장할 수 있다. 부당한 수사로부터 권익을 보호해야 할 필요는 정치권력 구성원에게만 있는 것은 아니다. 그러한 필요는 오히려 아무런 힘도 없고 아무런 항변도 할 수 없는 일반 국민에게 더 크게 존재한다. 누구나 자신의 권익과 피해가 커 보이게 마련이다. 그러나 공권력을 행사하는 주체가 그 공권력에 기대어 자신의 입장을 내세우고 그에 대한 보호책을 구한다면 이는 권력이 사유화되는 것이다.

개혁입법은 정치권력의 권익을 증진시킨다.

(4) 수사와 기소의 분리

개혁입법은 분산과 견제의 방법론으로 수사와 기소의 분리를 추구하고 있다. 그리하여 경찰은 수사를, 검찰은 기소를 담당하도록 하고, 경찰 수사에 독립성을 주기 위하여 검사의 수사지휘권을 제한하고 경찰에게 불송치결정권을 부여하였다.

인간은 항상 인지오류와 판단오류의 위험에 직면하여 있다.[55] 형사사법 기관을 구성하는 인간도 마찬가지이다. 형사사법기관은 또한 개인이나 집단적인 사익을 추구하여 의식적인 오류에 빠질 위험도 있다. 형사사법제도의 목표는 이러한 오류로부터 국민의 인권을 지켜주는 데에 있다.

오류를 수정하는 방법은 인지판단에 대한 검증에 있다. 자기 검증도 오류의 수정에 기여하지만 제3자의 검증이 훨씬 효과가 크다. 경찰의 수사에 대하여 검사가 기소단계에서 오류를 검증한다는 면에서 개혁입법의 수사·기소 분리론은 수사절차에 대한 일종의 제3자 검증제도를 설정한 것이라 볼 수 있다. 그러나 이런 검증방법은 실질에서는 큰 효과를 보기 어렵다. 국민이 수사에서 억울함을 당하는 것은 최종적인 결론에서만이 아니다. 오히려 수사가 진행되는 과정에서 억울함을 당하는 경우가 더 많고 과정의 억울함은 결론의 억울함으로 이어질 확률이 크다. 경찰수사가 진행되는 동안 수사의 방향(기소 쪽이든 불기소 쪽이든)이나 방법에 대한 제3자 검증은 전혀 없고 수사가 일단락된 뒤에 비로소 검증이 시작된다면, 효과적인 검증의 시기를 놓치고 사건은 어느 한쪽으로 고착되어 있을 가능성이 높다. 경찰 내부의 통제 시스템을 확충하여 부당함이 없도록 할 수 있다는 생각은 너무 순진하다. 사기업인 주식회사에서조차 상장법인 등 통제의 필요가 큰 경우는 외부감사를 받도록 하고 있다. 이는 내부통제가 그만큼 효과성이 작기 때문이다. 제3자 검증, 즉 당해 수사기관이 아닌 외부에 의한 감시와 통제가 의미 있는 보호책이 된다. 개혁입법은 기존에 있던 검찰의 수사지휘를 제한함으로써 오히려 제3자 검증을 약화시키는 방향으로 나아갔다.

수사와 기소의 형식적 분리는 형사사법의 기능에 역효과를 초래한다. 변론을 주재하고 나아가 판결까지 함으로써 재판권을 남용할 위험이 있다고 하여 사실을 심리하는 판사와 판결을 선고하는 판사를 분리하는 것이 이상한 것처럼, 수사와 기소를 분리하는 것은 본래 유기적으로 연결되어야 할 두 절차를 억지로 절단한 것으로서, 형사사법의 효과성도, 효율성도, 적법성도 모두 위협하게 된다. 결국 기대와 달리 불필요하거나 위법·부당한

---

55) 이상원, "휴리스틱과 검사의 인지편향", 형사정책 제29권 제3호 (2017) 참조.

수사와 잘못된 기소·불기소 판단의 위험이 증대하게 되어 그 피해는 고스란히 국민에게 돌아가고 만다. 물론 검사의 부당한 수사지휘 사례도 얼마든지 있을 수 있고, 또 있어 왔다. 그러나 제도의 개선은 적절한 방법으로 하여야 한다. 가령 해난구조를 제대로 하지 못했다고 해난구조 조직 자체를 없애버리면 그나마의 해난구조조차 할 수 없다. 부당한 수사지휘 사례가 있다고 하여 수사지휘제도 자체를 폐지해 버리는 것은 그동안 가졌던 순기능도 포기하는 것일 뿐만 아니라 더 큰 부작용을 불러들이는 것이다.

경찰의 불송치결정권은 1차적 수사종결권을 부여한 것으로서 무고하게 수사를 받는 피의자에게는 경찰과 검찰의 이중수사를 면할 수 있는 장점이 있다. 그러나 동시에 의식적·무의식적 판단 오류의 위험도 증가하며, 피의자에게도 항상 유리한 것만은 아니다. 명백히 무고한 피의자가 검찰의 수사를 이중으로 받음으로써 오는 개인적·사회적 비용(피의자의 이익, 수사인력의 투자 등)의 현실적 크기와 경찰의 판단 오류로 인한 개인적·사회적 비용(피해자의 이익, 부패위험의 증가 등)의 현실적 크기를 비교해 볼 때, 후자를 무시해도 된다고 말하기는 어렵다. 불송치결정 이후의 재수사요청 등 개혁입법은 이러한 위험을 상쇄시키기 위한 장치를 두고 있다. 그러나 종래 전건송치제도에 비하여 그 효과성이 대폭 감소되었다고 아니할 수 없다. 경찰 불송치결정제도는 그로 인한 편익에 비하여 오류의 위험을 큰 폭으로 증대시킨다.

결국 수사와 기소의 분리는 국민의 권익을 증진시키는 경우보다는 오히려 권익을 감소시킬 가능성이 높다. 다만, 검찰의 권한이 축소되고 그만큼 경찰의 권한이 증대되는 효과는 있다. 이를 통하여 경찰의 권익이 증대되지만 증대된 양의 경찰권력이 정치권력의 통제 안에만 있다면 약화된 검찰권력에 대한 통제력을 강화시킨 정치권력의 권익증대에는 도움이 될 것이다. 개혁입법은 국민의 권익 증진에는 별로 도움이 되지 않거나 오히려 권익 감소를 가져오는 반면, 경찰의 권익과 정치권력의 권익에는 증진을 가져온다.

(5) 직접수사

개혁입법은 검찰의 직접수사 범위를 축소하였다. 그동안 검찰이 비판을 받아온 주된 분야가 바로 직접수사이다. 이 점에서 직접수사를 제한하는 개혁입법은 타당성을 인정할 수 있다. 그러나 직접수사를 완전히 금지하지 않고 일부 범위에서 남겨놓았다. 이는 아마도 검찰 직접수사 인력의 진로도 고려되었을 터이지만 무엇보다 일면에서 효과적인 수사기능을 수행해 온 검찰의 수사용량을 그대로 폐기함으로써 오는 국가 수사기능의 약화도 고려되었을 것으로 보인다.

검찰의 직접수사가 문제되었던 것은 그 수사가 검찰이 행했다는 사실 때문이라기보다는 그에 대한 통제장치가 없었기 때문이다. 즉, 경찰수사는 검사의 수사지휘하에 있었지만, 검사의 수사는 내부통제 외에 제3자 검증이 없었기 때문에 오류와 독단에 빠질 위험이 컸던 것이고 이 때문에 늘 직접수사가 문제되어 왔던 것이다.

개혁입법이 직접수사를 유지한 부분은 종래 직접수사의 문제점이 해결되지 않고 그대로 남아 있게 된다. 개혁입법이 직접수사를 금지한 부분은 검찰에 의한 폐해는 사라질 것이지만, 그 직접수사를 맡은 다른 수사기관이 그 폐해를 이어받을 것이다. 공수처는 외부 통제 없는 수사와 기소를 하므로 종래 검찰의 직접수사의 문제점이 전혀 개선되지 않은 채 그대로 이어받는 것이고, 경찰은 간접적이나마 검사의 통제를 받으므로 문제의 강도는 약화되지만 상대적으로 자율성이 강조된 제도 아래에서 유사한 문제점은 그대로 존재한다.

직접수사권의 분산은 또 정치적 중립성 문제도 악화시켰다. 사실 그동안 검찰에 대한 비판은 주로 정치적 사건에 대한 직접수사에서 검찰이 정치적 중립을 지키지 못하였다는 점에 있었다. 이제 이 부분에 대한 직접수사를 금지한다면 검찰의 중립 문제는 해소될 것이다. 그런데 개혁입법이 검찰의 직접수사 영역으로 남겨 둔 분야는 여전히 정치적 사건과 연관성이 높을 뿐만 아니라 그 구체적인 범위를 대통령령으로 위임함으로써 대통령이 정치적 고려에 의하여 수사범위를 정할 가능성을 열어주어, 오히려 종전보다 더욱 정치적인 영향에 취약하게 되었다. 나아가 검찰의 직접수사 범위 밖의 정치적 사건도 문제는 해결되지 않았다. 이 경우 그 사건은 경찰이나 공수처가 담당할 것인데, 이들이 검찰보다 더 정치적으로 중립을 유지할 수 있어야 개혁입법이 의미가 있지만, 이에 대해서 긍정적인 대답을 하기는 쉽지 않기 때문이다.

이에 더하여 개혁입법은 추가적인 문제점을 새로 던져주고 있다. 우선 검사의 직접수사가 행했던 수사기능을 공수처와 경찰이 이어받아 그 효율성이나 적법성에 있어 그만큼 또는 그 이상 수행한다는 조건이 성취될 수 있는가 하는 점이다. 이 점은 제도 문제보다는 사실 문제인 부분이 크고 아직 사실 확인을 할 단계가 아니므로 판단을 유보하지만, 적어도 개혁입법 이후 상당한 기간 동안에는 위와 같은 조건이 충족되지는 않는 상태가 지속될 것으로 보인다.

직접수사 범위의 축소는 국민의 권익에 별다른 유익을 가져오지 못한다. 다만, 직접수사의 분산은 각 개별 수사권력의 약화를 가져오는데 이와 같이 약화된 수사권력으로부터 운신의 폭을 넓힐 수 있는 힘을 가진 정치권력에는 도움이 된다. 더구나 그 정치권력이 직접수사 담당기관을 조정할 수 있다면 더욱 그의 권익이 증진된다.

(6) 수사총량

개혁입법은 보다 강화된 경찰, 직접수사권을 여전히 가지고 있는 검찰, 새로운 수사권을 가지게 된 공수처라는 세 종류의 수사기관이 서로 경쟁하는 구조를 만들어 내었다. 수사기관들끼리 선의의 경쟁을 하고 서로 견제하면서 국민의 인권을 보장하려는 취지로 보인다.

그러나 현실에서는 기대와 다른 결과가 발생할 가능성이 높다. 신생 국가기관은 두 가지 선택지 앞에 서게 된다. 열심히 업무를 수행하여 조직의 위상을 높이든지 존재 자체에 의미를 두고 장식기관으로 남든지. 여기에는 초기 구성원들의 의지와 사회적 환경이 크게 작용한다. 현행 헌법과 함께 탄생한 헌법재판소는 전자의 대표적인 예에 속한다. 모든 개체는 생존본능이 있다. 조직도 마찬가지이다. 새로 탄생할 공수처는 생존본능으로 열심

히 하려고 할 것이다. 만일 환경이 뒷받침된다면 공수처는 점점 활동을 늘
릴 것이고 국가기관으로서 위상을 높이려 할 것이다.

인권옹호기관의 열심은 국민의 인권보호에 이바지한다. 그러나 수사기
관의 열심은 수사를 늘리게 된다. 더구나 경쟁자가 있는 경우에는 더욱 그
강도가 높아지게 된다. 수사기관이 경쟁적으로 수사를 하게 되면, 무리한
수사가 진행될 확률도 함께 높아진다. 수사의 총량은 늘어나고 무리한 수
사의 위험도 증대된다. 수사를 받게 되는 국민에게는 권익이 증진되기보다
감소되는 방향으로 작용하게 된다. 한편, 경쟁은 경쟁체제를 운용하는 주
체에 대한 충성을 유발한다. 수사의 총량은 증대하였지만 각자의 개별적
힘은 약화된 각 수사기관은 경쟁이 없을 때에 비하여 정치권력에 충성하게
될 동기가 강해진다.

개혁입법은 수사기관의 경쟁을 통하여 수사총량을 늘림으로써 국민의
권익에는 부정적으로 작용하고 정치권력의 권익에는 긍정적으로 작용한다.

(7) 결 어

개혁입법은 국민 권익 향상에는 크게 이바지하는 면이 없다. 오히려 국
민의 권익과 인권을 보장하는 그나마 있던 안전핀을 제거해 버렸다. 반면
개혁입법은 정치권력의 권익 향상에는 도움이 된다.

4. 정치권력의 지배

(1) 공수처

1) 개혁입법의 성공요건

개혁입법은 고위공직자 범죄를 전담하는 공수처 설치를 그 핵심내용의
하나로 하고 있다. 공수처법의 입법취지가 고위공직자의 부정부패를 근절
하는 것인지(제안이유) 검찰에 대한 민주적 통제인지(본회의에서의 의원 발언)
는 명확하지 않으나(위 Ⅱ.2. 참조), 이들은 양자택일 관계에 있는 것이 아
니므로 양자 모두가 입법취지일 수 있다.

검사의 부정부패를 검찰이 엄정하게 수사한다는 것은 현실적으로 기대

하기 어려운 면이 있다. 동질감이 있는 판사의 부정부패에 대한 수사 역시 유사하다. 이 점에서 제3의 기관인 공수처가 판검사의 부정부패에 대한 수사를 담당하는 것은 이들에 대한 수사를 촉진한다는 차원에서 타당성이 있다. 다만, 생존본능과 경쟁구조에서 오는 무리한 수사의 위험도 동시에 존재한다. 이러한 위험은 판검사의 부정부패를 수사할 수 있다는 공익에 양보해야 한다는 생각도 충분히 가능하다. 그러나 종래 검찰이 안고 있었던 직접수사의 폐해는 고스란히 공수처의 수사로 넘어가게 된다. 공수처의 수사에 대한 제3자 검증제도가 없기 때문이다. 나아가 판검사 이외의 고위공직자에 대한 수사를 검찰 대신 공수처가 맡을 경우 부정부패가 더 효과적으로 근절될 것인가에 관하여는 의문이 없지 않다. 공수처 수사가 더 효과적이라고 하려면, 공수처가 검찰보다 수사능력이 우수하고 정치적으로 더 중립적이어야 한다. 이에 더하여 공수처 수사의 정당성을 위해서는 수사의 적법성에 대한 강한 의지와 실천도 요구된다.

2) 수사의 능력과 적법성

수사능력은 수사기관 개인의 수사에 대한 의지와 능력뿐만 아니라 조직으로서의 수사기관이 보유한 수사용량(시스템 등) 및 수사환경 등을 포괄하는 개념이다. 기관의 규모와 역사를 고려할 때 적어도 상당한 기간 동안은 공수처의 수사능력이 검찰의 수사능력을 능가할 가능성은 많아 보이지 않는다. 다만, 판검사에 대한 수사에서는 수사의지의 요소에서 검찰보다 우수할 것으로 예상된다. 그러나 버거운 수사의지는 무리한 수사의 함정에 빠질 위험에 스스로를 노출시킨다.

나아가 일반적으로 다른 조건이 동일할 때 공수처가 무리한 수사를 할 확률이 높고 이는 수사의 적법성이 훼손될 위험을 증대시킨다. 신생기관은 기관의 존립과 위상정립의 필요를 기존의 기관보다 더 크게 느끼게 마련이기 때문이다.

3) 정치적 중립

혼자보다는 둘이 힘이 되고, 둘보다는 셋이 힘이 된다. 헌법이 근로자에게 단결권을 보장하는 것(제33조)도 바로 이 때문이다. 다른 조건이 같다면 기관의 규모가 클수록 힘이 있다. 힘이 있는 기관은 다른 기관의 영향으로 부터 자유로울 수 있다. 반대로 규모가 작은 기관은 외부의 다른 힘에 취약하다. 공수처는 검찰에 비하여 규모가 작은 기관이다. 따라서 정치권력의 영향으로부터 중립성을 지키기가 더 어렵다. 그러므로 고위공직자에 대한 수사를 검찰로부터 공수처로 이전하게 되면 정치적 중립성이 훼손될 위험은 그만큼 더 증대하게 된다.

공수처법은 소속 공무원의 정치적 중립을 의무화하고 있다(제22조). 그러나 이 조문이 공수처의 정치적 중립을 보장하지는 못한다. 검찰청법도 이미 검사의 정치적 중립을 규정하고 있다(제4조). 정치적 중립은 서로 마주 보는 두 방향의 폭풍에서 자유로워야 지켜진다. 기관 구성원의 정치적 중립의무는 그가 자신의 이익을 위하여 정치적 편향을 가지고 직무를 수행하지 말라는 의무로서 기관의 정치권력으로 향한 중립을 내용으로 한다. 그러나 현실적으로 더 크고 더 자주 발생하는 문제는 정치권력의 기관으로 향한 중립 문제이다. 기관의 정치를 향한 중립도 사실 정치의 기관을 향한 중립이 깨어짐으로부터 연유하는 경우가 대부분이다.

공수처장의 임명이 정치적으로 중립적이므로 공수처의 정치적 중립이 보장된다는 생각이 있을 수 있다. 공수처장은 국회의장이 임명하거나 위촉한 7명의 위원으로 구성된 추천위원회에서 추천한 2명의 후보 중에서 대통령이 1인을 지명하여 인사청문회를 거쳐 임명한다(공수처법 제5조, 제6조). 검찰총장은 법무부장관이 임명하거나 위촉한 9인으로 구성된 추천위원회에서 추천한 3명 이상의 후보 중 법무부장관이 추천위원회의 추천내용을 존중하여 제청한 사람을 대통령이 국무회의의 심의와 국회의 인사청문회를 거쳐 임명한다(헌법 제89조, 검찰청법 제34조, 제34조의2, 국회법 제65조의2). 특히 공수처장후보추천위원회에는 야당 추천 위원이 2명이 있고 위원 7명 중 6명 이상의 찬성으로 의결하므로 대통령이나 여당이 마음대로 공수처장을 임명할 수 없어 정치적 중립이 보장된다는 생각이 있을 수 있다. 그러나 다수의 야당이 있는 상황에서는 반드시 타당하다고 할 수 없고, 무엇보다 결국 최종적으로 대통령이 1명을 선택하여 임명하는 한 대통령의 의중을 벗어나는 사람이 임명될 확률은 별로 없다. 보다 근본적으로, 후보추천위원회가 가장 정치적인 국회에 설치되고 국회의장이 위원을 임명하며 위원의 자격 자체도 매우 정치적인 색채가 강한 이상, 공수처는 정치의 한가운데에 던져져 출발부터 정치적일 수밖에 없고 정치에 휘둘릴 위험이 매우 높다.

조직의 장은 조직을 대표한다. 그러나 동시에 임명권자에도 충성하기 마련이다. 조직의 이익과 임명권자의 이익이 충돌할 때 조직의 장은 자신에게 보다 영향을 미치는 쪽의 이익을 대변하게 된다. 검찰총장이든 공수처장이든 임명권자인 대통령에 충성할 동기가 있지만 동시에 자기 조직의 구성원들로부터 신망을 잃으면 자신의 위상이 흔들리기 때문에 조직의 이익을 외면하기도 어렵다. 양 조직의 규모와 성격, 구성원의 특성, 그리고 역사를 고려할 때, 구성원들로부터의 신망이 그 위상에서 가지는 의미는 공수처장보다 검찰총장에게 더 클 것으로 추정된다. 이에 공수처장의 경우 대통령의 신임이 갖는 의미가 상대적으로 더 클 것으로 보인다. 공수처장은 이 점에서도 정치적 중립을 지키기가 더 어렵다.

공수처의 검사(수사처검사)는 법조경력이 10년 이상인 사람 중에서 대통령이 임명하고 3년의 임기에 3회까지 연임할 수 있다(공수처법 제8조). 검사는 법조경력을 요하지 않는다(검찰청법 제29조). 검사는 정치적 성향이 드러나지 않은 새내기 법조인 중에서 대체로 업무능력과 장래성 등을 기준으로 선발하므로 정치적 성향의 측면에서는 무작위로 임명된다. 이에 비하여 수사처검사는 상당한 기간 사회활동을 한 사람을 대상으로 선발하므로 임명 당시 정치적 성향에 대한 확인이 가능하다. 따라서 임명권자에 따라서는 정치적 성향을 고려하여 임명할 수 있는 가능성이 열려 있다. 특히 공수처의 모든 검사를 한꺼번에 임명하는 공수처 신설 당시의 대통령은 수사처검사 전원에 대하여 이러한 가능성을 가지게 됨으로써, 공수처의 성격 자체를 규정지을 수 있다.

공수처는 정치적으로 바람 앞에 촛불과도 같은 존재로 태어나게 되었다. 공수처가 검찰보다 정치적 중립성을 더 잘 지킬 수 있을 확률은 매우 낮다. 오히려 정치권력의 영향을 받을 가능성이 매우 높다. 특히 신설 당시의 대통령을 둘러싼 정치권력으로부터 영향을 받을 확률이 높다. 또한 정치판의 한가운데에서 여야의 정치투쟁의 소용돌이에 빠져 헤어 나오지 못하고 괴로워할 위험도 높다.

4) 소 결

공수처는 판검사의 비리에 대한 수사를 촉진하는 순기능이 있다. 그러나 그 밖의 고위공직자범죄에 대하여 검찰보다 더 효과적이고 적법한 수사를 할 확률은 높지 않다. 공수처는 정치적 중립을 지키기가 쉽지 않을 것이다. 정치적 편향성은 구조적으로 대통령 및 그 우호세력에게 유리한 방향이되 공수처 신설 당시의 집권세력에게 추가적인 유익이 부여될 가능성이 높다.

(2) 형사사법권의 통제

공수처는 특히 경찰, 검찰, 법원에 대하여는 수사와 공소를 모두 담당한다(제3조). 경찰, 검찰, 법원은 형사사법기관이다. 공수처는 형사사법기관에 대한 형사사법권을 행사하는 기관인 것이다. 만일 공수처가 정치적인 중립을 지키지 못한다면 정치권력이 형사사법권 전반에 영향을 미치게 된다. 이에 따라 공수처를 매개로 하여 형사사법권 전체가 정치권력의 영향 아래로 들어가는 결과로 이어질 위험이 생긴다.

공수처는 검사에 대하여는 전속적 관할권을, 경찰, 법원을 포함한 다른 고위공직자에 대하여는 우선적 관할권을 가진다(제24조, 제25조). 수사처검사는 고위공직자인 검사(제2조 제1호 파목)와 구분되므로 경찰과 검찰이 관할권을 가진다. 비대한 권력을 가진 수사기관의 힘을 분산하여 각 수사기관이 통제가능한 수준의 권력을 가지도록 조정하면, 정치권력은 공수처를 통하여 경찰, 검찰, 법원을 통제하고, 검찰을 통하여 경찰, 공수처를 통제하며, 경찰을 통하여 검찰, 공수처를 감시할 수 있다. 수사기관의 분산과 견제를 통하여 정치권력은 수사권력 전체를 통제하게 된다.

개혁입법은 정치권력이 형사사법권력을 통제할 수 있는 통로를 제공하였다. 정치권력은 선출된 권력이므로 민주적 정당성이 있다. 따라서 정치권력이 형사사법권력을 통제하는 것은 민주적 요청이고 이러한 통제는 민주적 통제라는 논리가 있을 수 있다. 개혁입법은 아마 이러한 논리에 바탕을 두고 있는 것으로 보인다(위 II.3. 참조). 그러나 앞서 본 바와 같이 정치권력에 의한 통제 그 자체로 민주적 통제라고 할 수는 없고 국민의 인권과 권익에 이바지할 때 비로소 민주적 정당성을 가지게 된다(위 III.2.(3) 참조). 그런데 개혁입법이 국민의 인권과 권익을 신장시켰다고 평가하기는 매우 어렵다(위 III.3. 참조).

오히려 앞서 본 바와 같이 개혁입법은 정치권력의 권익을 증진시킨다. 정치인이나 관료 모두 공적 업무를 담당하고 있기 때문에 공동체의 이익을 추구할 것이 기대된다. 그러나 그들이 인간인 한 언제나 자신의 이익보다 공동체의 이익을 우선시하리라고 기대하는 것은 비현실적이다. 정치인들은 선거승리를 통하여 권력을 획득하는 데에 최우선의 가치를 둔다. 유권자나 이익집단의 선호를 정책에 반영하려 하지만 이도 선거승리라는 목표를 위한 것이고, 만일 이것이 선거승리에 저해되거나 도움이 되지 않는다면 언제든지 배제될 수 있다. 나아가 정치인은 비용을 최소화하기 위하여 태만의 동기를 가지므로 유권자의 선호에 충실히 봉사하기보다는 당선이라는 목표를 우선시한다.[56] 무엇보다 형사사법권력에 관하여 정치인이 가지는 이해관계는 사적일 확률이 매우 높다. 정치권력이 수사권력에 영향을 미치거나 수사권력이 정치권력에 영향을 미치는 것은 직·간접적으로 각자 스스로에게도 위험부담이 따르는 것이므로 그에 대한 강한 필요성을 느끼기 전까지는 대체로 자제를 할 것으로 보인다. 정치권력이 위험부담을 감수하면서까지 수사권력에 영향을 미치려는 경우란 정치권력이 수사의 대상으로 되었거나 될 가능성이 있는 경우를 포함하여 수사권력이 정치권력에 순종하지 않는 경우가 대부분일 것이다. 정치권력은 개혁입법이 제공하는 통제의 통로를 사용하고픈 유혹에 직면하고, 그 통제의 방법이란 자신에게 순종하지 않는 기관에 대한 다른 기관을 통한 수사이다. 이는 정치권력에 대한 수사 자체가 정당한지 여부를 검증하는 것과는 무관한 방법이다. 결국

---

56) 김기석, "위임자-대리인 모델과 관료-정치가 관계 연구: 일본 정치경제에 대한 함의를 중심으로", 한국정치학회보 제34집 제4호 (2001.2.), 243-44.

정치권력은 사적 목적을 위하여 자신의 권력을 사용하는 것이다. 이로써 정치권력은 국가권력을 사유화하고 수사권력을 통제할 수 있게 된다.

민주적 통제를 위한 개혁입법의 노력은 검찰권력을 비롯한 형사사법권력에 정치적 영향력을 확대할 수 있는 통로를 마련한 결과가 되었다. 이는 참여정부가 성공하였다고 하는 정치권력에 의한 정치적 중립을 정면으로 뒤집는 것과 다름이 없다. 개혁입법이 증진시킨 정치권력의 권익은 국민을 위한 권익이라기보다는 사적인 권익일 가능성이 훨씬 높다. 개혁입법은 정치권력의 형사사법권력에 대한 사적 통제의 가능성을 확대시킨다.

(3) 관료권력에 대한 통제

위와 같은 통제 시스템은 공수처법의 고위공직자들에 대하여 전반적으로 유사하게 작동한다. 정치권력의 통제는 수사권력과 형사사법권력을 넘어 관료권력 전체에 스며들 수 있다.

수사기관의 경쟁체제는 임명권자에 대한 충성을 유발한다. 정치권력의 명시적인 영향력 행사가 없더라도 정치권력의 권익은 보장된다. 정치권력은 우아하게 관료권력을 통제할 수 있다.

IV. 결 론

검찰개혁이라는 이름의 기차가 출발하였다. 기관차의 앞에는 "남행열차"라는 깃발이 나부끼고 있다. 그런데 아무리 보아도 그 기차는 북쪽 방향으로 가고 있는 것 같다. 기관차에는 남쪽으로 간다고 말하는 사람이 있고, 남쪽으로 간다고 믿고 있는 사람이 있고, 그들이 믿으니까 그러려니 하는 사람이 있고, 어디로 가는지는 모르지만 배급된 초코파이를 맛있게 먹고 있는 사람이 있다. 기관차 한켠에는 사실은 북쪽으로 간다고 알고 있는 사람이 있을지도 모른다.

큰 틀에서 볼 때 우리 형사사법제도는 범죄통제모델에서 적법절차모델로 이행하면서 인권보장을 확대하는 방향으로 발전하여 왔다. 그런데 개혁입법은 그동안 기능하던 안전핀을 뽑아버리고 국민의 인권을 오히려 위태롭게 하는 방향으로 가고 있다. 해방 후 수많은 대가를 치러가며 나아왔던 길을 바로 그 대가를 치렀던 사람들이 되돌아가려 하고 있다.

개혁입법은 정치권력의 사적 권익에 이바지하며 정치권력이 형사사법권력과 관료권력을 통제할 수 있는 통로를 제공한다. 검찰개혁의 출발점은 검찰의 정치적 중립 문제였다. 처음부터 검찰개혁은 국민보다는 정치권력이 직접적 이해관계가 있었던 것인지도 모른다. 그럼에도 개혁입법은 정치적 중립을 확보하지 못했고 오히려 그 훼손의 위험을 증대시켰을 뿐이다.

개혁입법은 딜레마의 연속이다. 검찰과 경찰이 최전방에 나선 개혁입법은 이론적으로 민주주의와 법치주의 사이의 딜레마를 고민하게 하였지만 사실 정치권력과 관료권력 사이의 딜레마가 현실적인 현상으로 숨어 있다. 국민을 내세웠으나 권력투쟁이 되었고, 민주주의를 내세웠으나 민주적이지 않았다. 개혁입법은 정치권력의 관료권력에 대한 승리이다.

개혁입법은 개인적으로도 필자를 딜레마에 빠뜨렸다. 글을 쓰는 학자는 자신의 생각이 정확하고 옳다는 생각에서 글을 작성한다. 그런데 적법절차의 확대에 자부심을 느끼고 외국인들에게까지 대한민국의 우수성을 자랑하던 학자로서는 차라리 이 글이 예상하는 개혁입법의 방향이 정확하지 않고 잘못되었기를 또한 바란다. 혹시라도 바람과 달리 예상하는 방향이 틀리지 않아 깃발과 반대로 북쪽으로 달려가더라도 제도를 운용하는 인간이 선하여 좋은 결과에 이르기를 바란다. 그리하여 비록 북쪽으로 출발하였지만 북극의 추운 눈보라를 뚫고 자꾸자꾸 나가면 지구는 둥그니까 따뜻한 남쪽 나라에 결국 다다르지 않을까 하는 희망도 해본다. 그래도 역시 딜레마이다. 제도는 인간의 선함에 의존하지 않으려고 만들어지는 것이기 때문이다.

02

사법부 독립, 법관 독립의 딜레마

김성룡

경북대학교 법학전문대학원 교수

독일 뮌스터대학에서 박사학위 취득 후 2002년부터 경북대학교 교수로 형사법을 가르치고 있다.

『법적 논증의 기초』(문광부우수도서), 『법수사학』(연구재단저술지원)의 저자이며, 한스켈젠의 『법의 일반이론』(연구재단번역총서, 세종도서)의 역자이다.

Ⅰ. 사법부, 사법권, 법원, 판사, 재판 독립을 바라보는 두 가지 감정

사람이 아니라, 법이 지배하는 사회, 이른바 '법치주의'가 미국과 유럽의 국가철학을 구성하는 주춧돌의 하나로 도입된 후 250여 년이 지난 지금까지 선진국이라고 불리는 대부분 국가들의 시민들은 변함없이 권력분립separation of power; Gewaltenteilung과 사법의 독립judicial independence; Unabhängigkeit der Justiz은 그들의 자랑거리인 법치국가의 속성을 드러내는 가장 특징적인 제도로 생각하고 있는 듯하다. 유럽이사회Council of Europe는 특히 최근 폴란드, 헝가리, 루마니아, 터키 등에서 입법과 행정권력이 사법을 자신의 힘으로 주무르려는 시도에 대해 입장을 밝히는 자리에서 '사법의 독립이야말로 민주주의가 제대로 기능하고 인권이 존중되기 위해서도 필요불가결의 전제'[1]라고 강조하기도 했다.

그럼에도 불구하고, 얼핏 보기에 이해하기 어려운 것은, 그 시민들에게 법관을, 법원을, 사법부를 불신하는 이유가 무엇이냐고 물으면 바로 그 권력분립과 사법의 독립성 때문이라고 답한다는 것이다.

환언하자면, 그 시민들이 보기에는 재판의 독립, 판사의 독립, 법원의 독립, 사법부(사법권)의 독립이 지나쳐 재판의 결과를 예측하기 어렵고, 비상식적인 판결, 이유를 알 수 없는 판결, 유사 사례와 비교하기 어려운 판결들이 나온다는 것이다. 유죄인 것 같은데 무죄가 나오고, 이 사람이 이겨야 할 것 같은데 저 사람이 이기고, 내 말은 들은 척도 않더니 저 사람의 손을 들어준다는 것이다.

그것 때문인지는 몰라도, 총선이나 대선, 혹은 정권이 바뀔 때마다 사법개혁은 늘 정치 무대에서 자리를 내놓지 않는 조연배우의 자리를 지켜왔지만, 사법의 독립이 지나쳐 발생했다는 사법적폐에 대한 재판이 하나둘씩 그 결과를 내놓고 있는 지금도 여전히 우리 사회에서는 사법 적폐를 재판

---

1) Council of Europe Newsroom, 'The Independence of judges and the juriciary under threat' https://url.kr/Szuegv(2020.3.3. 최종검색).

한 그 사법도 여전히 그 이상한 의미의 사법의 독립에서 벗어나지 못하고 있다는 비판이 강하다.

과연 사법권·사법부·법원·판사·재판의 독립은 지켜져야 하는 그 무엇인지, 오히려 그 독립이 사법의 순기능과 중립성을 갉아 먹고, 법치주의라는 주인을 병들게 하고 있는 것은 아닌지, 우리는 어디 정도에 서 있는 것인지 궁금해진다.

Ⅱ. 우리나라 법치주의 지수와 사법의 독립성에 대한 인식

독립적 다제간 전문가조직인 '세계정의계획'World Justice Project의 '법의 지배 지수'Rule of Law Index에 관한 최근 자료인 2019년 보고서에 따르면 대한민국Republic of Korea은 조사 대상 126개국 중 18위로 2017-2018년보다 2단계 높은 위치로 옮겨졌다.[2] 다양한 평가지표를 종합하여 판단할 때, 법의 지배, 즉 법치주의의 구현 정도가 평가대상 국가들 중에서 18번째라는 말이다.

아래의 순위표에서 볼 수 있듯이 100점 만점에 73점 수준으로 2017-2018년의 평가에 비하면 1점 올라 국가 순위는 2계단 상승한 것으로 나타나고 있다. 우리나라와 미국의 순위가 뒤바뀐 것도 눈에 띈다.

국가명	점수(0-1)		세계 순위(/113)		순위 변경		점수 변화	
	2017-2018	2019	2017-2018	2019	2017-2018	2019	2017-2018	2019
덴마크	0.89	0.90	1	1	—	—	0.01	0.01
노르웨이	0.89	0.89	2	2	—	—	0.01	—
핀란드	0.87	0.87	3	3	—	—	0.00	—
스웨덴	0.86	0.85	4	4	—	—	0.00	−0.01
네덜란드	0.85	0.84	5	5	—	—	−0.01	−0.01

---

2) World Justice Project, Rule of Law Index 2019, 6면 참조(https://url.kr/yxkvTM: 2020.2.29. 최종 검색).

독일	0.83	0.84	6	6	–	–	0.00	0.01
뉴질랜드	0.83	0.82	7	8	△1	▼1	0.00	−0.01
오스트리아	0.81	0.82	8	7	▼1	△1	−0.02	0.01
캐나다	0.81	0.81	9	9	△3	–	0.00	–
오스트레일리아	0.81	0.80	10	11	△1	▼1	0.00	−0.01
영국	0.81	0.80	11	12	▼1	▼1	0.00	−0.01
에스토니아	0.80	0.81	12	10	–	△2	0.00	0.01
싱가포르	0.80	0.80	13	13	▼4	–	−0.02	–
일본	0.79	0.78	14	15	△1	▼1	0.01	−0.01
벨기에	0.77	0.79	15	14	▼2	△1	−0.02	0.02
홍콩	0.77	0.77	16	16	–	–	0.00	–
체코	0.74	0.73	17	19	–	▼2	−0.01	−0.01
프랑스	0.74	0.73	18	17	△3	△1	0.02	−0.01
미국	0.73	0,71	19	20	▼1	▼1	−0.01	−0.02
한국	**0.72**	**0.73**	**20**	**18**	**▼1**	**△2**	**−0.01**	**0.01**
포르투갈	0.72	0.71	21	22	△2	▼1	0.01	−0.01
우루과이	0.71	0.71	22	23	▼2	▼1	−0.01	–
스페인	0.70	0.71	23	21	△1	△2	0.01	0.01
코스타리카	0.68	0.69	24	24	△1	–	0.01	0.01

동아시아·태평양 지역의 평가대상 15개국 중에서는 뉴질랜드가 종합 순위 7~8위로 지역 1위, 오스트레일리아가 10~11위로 지역 2위를 차지하고 있고, 싱가포르(13위), 일본(14-15위), 홍콩(16위), 다음이 우리나라이다. 우리나라 다음 순위인 몽고가 세계 순위 53위로 사실상 대한민국은 동아시아·태평양지역 내 선도국가들 중에서 법의 지배·법치주의의 실현 정도가 최하위라는 평가를 받고 있는 셈이다.

순위의 근거가 되는 설문조사는 온라인으로 진행되었고, 1,000개의 샘플을 활용한 2018년 조사 결과라고 한다. 결과 도출까지 10여명의 국내 전문가의 자문이 있었다고 하지만, 해당 통계는 여느 설문조사와 다름없는

약점을 내재하고 있다는 것은 피할 수 없는 일이다.[3]

　그런 한계를 감안하고 조금 더 세부적인 내용을 보면, 우선 WJP가 법의 지배원칙을 평가하는 데 그 기초가 된 4가지의 보편 법칙은 '책임성' Accountability, '공정한 법률'Just Laws, '열린 정부'Open Government 그리고 '접근가능하고 공정한 분쟁해결'Accessible & Impartial Dispute Resolution이었다고 한다.[4] 공정한 법률이 주로 법률에 대한 평가라면, 열린 정부는 법의 집행절차에서의 접근성, 공정성, 그리고 효율성에 대한 평가이며, 접근가능하고 공정한 분쟁해결이라는 원칙은 구체적으로 사법부나 판사의 역량, 윤리성, 독립성, 그리고 중립성 등에 대한 평가를 담았다고 한다.

　WJP가 법의 지배의 수준을 평가하는 세부기준으로 활용하고 있는 8개의 항목(총 44개 하부기준), 즉 개개의 개념 틀과 관련한 평가에서 우리나라의 지표는 아래의 표에 보이는 것과 같다.[5]

항목	점수	지역순위	세계순위
정부권력의 제한	0.72	3/15	22/126
부패의 부재	0.67	6/15	29/126
개방된 정부	0.69	4/15	21/126
기본권리(인권)	0.74	4/15	22/126
질서와 안전	0.84	6/15	22/126
규제의 집행(규제행정)	0.73	6/15	18/126
민사사법	0.77	5/15	13/126
형사사법	0.71	6/15	17/126

　상대적으로 민사사법과 형사사법이 8개 항목에 대한 우리나라의 세계순위 중에서는 가장 높은 위치를 차지하고 있다는 것도 특징적이다.

　WJP가 제시하고 있는 기타 통계자료 중에서 특히 눈에 띄는 것은 입법부에 소속된 자들이 사익private gain을 위해 공직을 오남용하는 부패지수가

---

3) 위의 보고서 p. 192.
4) 위의 보고서 p. 9.
5) 위의 보고서 p. 10 및 p. 125.

1점 만점에 0.35점이다. 부패 정도와 관련해서는 그래도 사법이 0.88, 경찰/군대가 0.76, 행정이 0.70, 입법이 0.35순으로 사법의 부패가 정도가 가장 덜한 것으로 평가되었다. 부패가 더 심한 곳에서 부패가 덜한 곳을 개혁하겠다고 하는 것도, 비단 우리나라만의 현상은 아니지만, 아이러니하다.

한편, 세계경제포럼The World Economic Forum이 내놓은 2019년 세계국가경쟁력보고서The Global Competitiveness Report 2019에서 대한민국 사법의 독립성judicial independence 순위는 141개국 중 69위를 차지했다. 생산성 수준level of productivity을 결정하는 제도, 정책, 요소들로 정의되는 국가경쟁력 순위에서는 세계 13위로 2018년보다 2계단이 상승한 것으로 평가되고 있다.[6]

국가 전체경쟁력 세계 13위 국가의 사법독립성 수준이 69위라는 말이다. '정책적 안정성을 보장해주는 정부인가'에 대한 평가에서는 76위를 차지해 더욱 낮은 순위를 기록했다. '분쟁을 해결하는 법적 틀의 효율성'은 세계 67위, '교육에서 비판적 사고의 중요성'은 세계 82위에 그쳤고, '언론의 자유'가 그나마 36위로 상대적으로 높은 순위에 올라 있다. 법치주의 수준에서 우리보다 뒤진 것으로 나타났던, 국가경쟁력 세계 2위 미국의 사법 독립성 순위는 세계 25위였다.

사법의 독립성judicial independence에 관한 설문문항은 "당신의 국가에서 사법체계는 정부의 영향, 개인들 혹은 회사들의 영향으로부터 얼마나 자유로운가?"였다. 100명에 대한 설문조사가 주요 평가 자료였던 점에서 이 또한 어느 정도의 현실을 반영하고 있는지에 대한 의심은 충분히 가능하다.

평가들의 주체는 외국인, 그 평가기구에 평가 자료를 제공한 사람들은 우리나라 사람들인 설문에 기초한 평가에서 우리나라는 법치주의 혹은 법의 지배 관점에서는 법치주의의 종주국의 하나인 미국에도 앞서는 기염을 토하면서도, 그 법치주의·법치국가의 핵심표지의 하나라고 하는 '사법의 독립'에서는 69위에 그칠 정도일 뿐이라는 것이다.

평가의 주체는 외국인·기구였지만, 이러한 평가결과들은 사실 우리 국민들 스스로 대한민국에 대해 가지고 있는 법치국가와 사법의 독립에 대한

---

6) Klaus Schwab, Insight Report. The Global Competitiveness Report 2019, World Economic Forum(2019), p. xiii, p. 322 참고.

현재의 인식 상태라고 해도 크게 잘못된 말은 아닐 것이다.

이런 관점에서 보면, 우리는 아직도 사법부의 독립, 법원의 독립, 판사의 독립, 재판의 독립을 고양하는 데 진력해야 할 것이고, 그로 인해 희생되는 가치가 있다고 하더라도 사법의 독립이 어느 정도의 수준에 이를 때까지 일정 기간 이를 감수할 수밖에 없는 것은 아닌가 하는 생각에 닿게된다.

III. 독일인이 법관의 독립에 대해 가지는 양가적 인식

WEF의 사법의 독립성 순위 31위, WJP의 법치국가지수 6위를 차지한독일 국민 다수는 독일 사법부, 법원의 재판은 전체적으로 잘 작동하고 있다고 생각하는 듯하다. 국민의 66% 이상이 법원에 대한 신뢰를 보여주고있다. 2012년 한 여론조사기관Das Institut für Demoskopie Allensbach의 보고서에 따르면 경찰에 대한 신뢰도가 74%, 연방정부에 대한 신뢰도가 37%, 행정에 대한 신뢰가 41%에 달하는 것과 비교하면 상대적으로 높다고 볼 수있다.

동 기관이 2020년 발간한 보고서에 따르면 경찰에 대한 국민의 신뢰는76%, 법원에 대한 신뢰는 65%, 언론과 행정에 대한 신뢰가 각각 47%, 연방정부에 대한 신뢰가 33%로 나타나고 있다.[7] 크게 변화가 없어 보인다.정부는 점점 신뢰를 잃어간다.

그런 독일의 사법체계에 대한 불신 혹은 판사에 대한 비판의 이유를 묻는 질문에 대한 답변의 83% 이상을 차지한 것은, 법원의 소송절차에 너무나 많은 시간이 걸린다는 것(85%)과 법원의 업무가 너무 과중하다(83%)는것이었다. 법원이나 판사를 걱정하는 것이 실질은 아닌 듯하다. 판사의 일이 많다는 것이 판사에 대한 우려가 아니라 내가 받는 재판의 내용과 속도에 대한 우려일 것이다.

무엇보다 판사·재판에 대한 불신의 이유로 들도 있는 것은 법원의 판

---

7) Roland Rechtsreport 2020, S. 10.

결이 독일 전체에 통일적이지 못하고, 형벌의 상한이나 판결결과가 관할 재판부가 누구인가에 상당히 강한 영향을 받는다는 것이다. 총 답변의 62%가 답한 불신의 이유가 바로 이러한 공정과 형평에 대한 의심이었다. 나아가 61%의 답변은 재력이 좋아 능력 있는 변호사를 고용하면 자신에게 유리한 판결을 받을 보다 나은 기회를 보장받는다는 것을 이유로 들었다. 이것 역시 가진 자와 가지지 못한 자 사인의 형평과 공정의 문제로 보인다.

나아가 우리사회에서도 수시로 등장하듯이, 청소년 범죄에 대한 형량이 지나치게 낮다는 문제점이 59%, 법원의 판결 형량이 전반적으로 너무 가볍다는 비판도 56%에 달한다. 나아가 독일의 법률들은 지나치게 복잡하고 어려워서 일반시민들은 이를 이해하기 어렵다는 비판도 있다(56%).

법원이나 사법제도에 향해진 독일 국민의 비판 중 법원의 업무과다와 형벌이 너무 낮다는 불만은 지난 10년간 지속적으로 증대하고 있다는 것도 특징이다. 즉, 2010년 보고서에서 법원의 절차가 너무 오래 걸린다는 불만을 가진 국민이 설문대상의 약 74%였다면, 2018년에서는 88%, 2019년에는 85%까지 증가한 것으로 나타나고 있다. 법원의 업무가 너무 과중하다는 답변은 2010년 60% 응답률에서 2019년 83%로 증가했고, 독일 법원 판결의 형량이 지나치게 낮다는 대답은 2010년 45%에서 2019년 56%로 증가했다.[8]

무엇보다 아이러니는 바로 독일 국민들이 법원에 대해 가진 불만 혹은 비판의 핵심이 바로 법관의 독립Unabhängigkeit der Richter에 있다는 점이다. 다수의 표현에 따르면 판사들의 이렇게 강력한 지위가 부분적으로 통일되지 못한 판결을 만들어낸다는 것이다. 응답자의 60%가 저마다의 판결은 단지 어느 법관이 그 재판을 담당했는지, 어떤 판사가 판결을 했는지에 좌우된다는 느낌을 가지고 있다는 것은 다름 아니라 그 판사의 독립이 판사 전체에 대한 불신과 비판의 근원이 되고 있다는 것을 말하고 있는 것이다.

아마도 이런 상황에 처한 사회라면 사법의 독립성을 조금 약화시키더라도 사법, 법원, 판사, 재판에 대한 신뢰와 형평성을 강화하는 대책을 세워

---

8) Roland Rechtsreport 2020, S. 17.

야 한다는 주장, 달리 말해 법원과 법관에 대한 일정한 통제나 규제를 통해 국민의 재판에 대한 신뢰를 강화하는 방법을 찾는 것이 현안이 될 것으로 보인다.[9]

Ⅳ. 사법·법원·판사·재판 독립의 딜레마를 대하는 방법

비단 국가권력의 하나인 사법만이 아니라 인간의 모든 권력·권한은 그 행사의 독립성이 강해지면 질수록 독단과 독선, 불공정에 빠질 수 있다. 1887년 '권력은 부패하는 경향이 있고, 절대권력은 절대적으로 부패하곤 한다Power tends to corrupt, and absolute power corrupts absolutely'는 액튼John Emerich Edward Dalberg-Acton의 편지글의 그 문장은 여전히 인간세상에서 변치 않은 경험적 지식으로 존속하고 있다.

사법의 독립이 지나쳐 독단과 독선이 난무하다고 여겨지는 것은 어떤 사실에 기초한 것이 아니라 단지 그것을 바라보는 사람의 주관적 경험과 이해·판단에 불과할 뿐이라고 치부할 수 있다면, 그 비뚤어진 시각을 바로잡음으로써 해결될 일이겠지만, 그 실질이 그러하다면 사법 권력·권한 행사의 독립을 원천적으로 부정하거나, 적어도 합리적인 통제나 제약의 대상이 되게 해야 한다는 주장이 자연스럽다. 하지만 사법의 독립을 부정하거나 통제나 제약의 대상이 되게 한다면 결국은 사법의 독립을 통해 달성하려는 목적들은 그만큼이나 요원해진다는 것도 부정하기 어렵다. 그렇다면 사법·법원·판사·재판의 독립은 애당초 인간사회에서는 딜레마일 뿐이었는가.

제도적으로 권력의 분립과 사법의 독립을 선택한 국가들은 판사의 독립된 재판에 가탁한 부당한 재판을 직·간접으로 통제할 수 있는 방책들을 마련해 놓고 있다. 심급제도를 두고 있는 나라에서는 상급심법원(항소심, 상고심)의 판사가 하급심 판사의 판결을 살펴본다. 헌법재판제도를 둔 나라들

---

9) 물론 독일 법관들은 여전히 사법부의 독립을 더욱 더 강화하는 조치를 요구하고 있다. 이에 대해서는 Annette Wilmes, Nur dem Gesetz unterworfen? Richterliche Unabhängigkeit auf dem Prüfstand, Deutschlandfunk, 6.9.2017(https://url.kr/1cvhbs: 2020.3.14. 최종검색).

중에는 기본권침해가 문제되는 경우는 헌법소원을 통해 통상법원 판사의 판결을 헌법재판관이 들여다보기도 한다. 법관의 지위가 헌법적인 보장까지 누리도록 설계된 국가에서는 탄핵제도를 통해 법관의 월권과 독단에 대응하기도 하고, 법왜곡죄 혹은 직권남용이라는 범죄를 구성하여 처벌하겠다고 위협함으로써 올바른 권한 행사를 자극하기도 한다. 재판이 시작될 때부터 불편부당할 염려가 있는 판사 스스로 물러나게 하거나 강제적으로 재판에서 배제시키는 제도도 두고 있다. 민주법치국가에서는 재판을 공개한다. 피고인의 인권보장은 물론 판사의 재판진행을 감시한다는 의미도 있다. 이제는 비디오촬영이나 실시간 녹화·공개도 받아들인 나라들이 있다. 방청객과 언론에 공개는 이미 익숙한 장면이 되어 있다.

자, 그렇다면 이런 모든 제도를 갖추어 운영하면 이른바 사법의 독립을 가장한 판사의 독단은 사라질 것인가. 아니면 또 다른 어떤 묘책의 비방이 남아 있는 것인가. 이도저도 아니고, 사법의 독립은 영원히 달성될 수 없는, 인간세상에서는 이상일 뿐인 것인가.

Ⅴ. 인간사회에서 가능한 해법

재판하는 판사의 독립은 권리가 아니라 의무라고 보았던 철학자 야스퍼스Karl Theodor Jaspers는 1963년 슈피겔Der Spiegel지에 실린 기사에서 이렇게 말했다.

> "판사의 독립이라는 것은 침묵하고 뒤로 물러나 앉아 있거나, 이를 핑계로 삼을 수 있는 가능성에 있는 것이 아니라, 자유롭게 판결하고, 아무것도 숨기지 않고, 자신의 판결들을 통해, 자신의 판결에 대한 근거지음과 자신의 솔직하고 공명정대함을 통해서, 시민들의 법인식 Rechtsbewußtsein을 가르치고 기를 수 있는 힘에 있는 것이다."[10]

---

10) 판사라면 한 번 정도 곱씹어 읽어 볼 만한 경구라는 생각에 자구대로 인용한다(Die Unabhängigkeit des Richters besteht doch nicht in der Möglichkeit, sich schweigend zurückzuziehen, sich hinter Formen zu verschanzen, sondern in der Kraft, frei zu urteilen, nichts zu verbergen, das Rechtsbewußtsein der Bürger durch seine Urteile und durch seine Begründungen und durch seine Offenheit zu erziehen);

　정치와 언론, 여론에 영향을 받을 수밖에 없는 판사들과 국민들에게 80세가 넘은 철학자는 이렇게 말을 이었다.

> "이런 법관은 폐쇄된 건물 속에 앉아 있는 것도 아니며, 익명의 비밀스런 행동으로 은둔하는 것도 아니며, 시민들 가운데 한 시민으로서 그의 공직에 있는 것일 뿐이다. 독일 연방공화국의 공기는 그 시민들이 (그것을) 인식할 때 더욱 깨끗해질 수 있다. 우리는 우리의 법관을 믿을 수 있다. 우리는 그 법관들이 말하는 것을 듣는다. 그리고 우리는 그 법관들이 하는 것을 본다."[11]

　야스퍼스의 생각처럼, 사법부의 독립과 판사·재판의 독립은 판사에게 주어진 어떤 권리가 아니라, 공직에 임한 한 시민인 법관이 지켜야 할 의무로 받아들여진다면, 그 의무를 진 판사가 자신이 해야 할 일은, 야스퍼스의 입을 빌려, 법과 양심에 따라 정치와 여론에 영향을 받지 않고 자유롭게 판단하고, 아무것도 숨기지 말고, 공명정대하고 떳떳하게 하며, 자신의 판결에 꼼꼼한 근거를 대고, 이런 모든 것들을 통해 그 공직이 봉사해야 할 대상인 시민들에게 법이 무엇인지에 대한 인식을 심어주고 높여주는 것이라고 생각한다면, 그곳이 바로 인간사회에서 실현될 수 있는 가장 최상의 형태의 사법의 독립이 구현된 사회이지 않을까!

　필자가 생각하는 사법의 독립, 신뢰받는 사법의 딜레마에 대한 인간적인 해법은 바로 그 의무를 어떻게 실천할 것인지에 대한 방법을 찾아내는 것이다.

　Der Spiegel, „Es Steht Mehr Auf Dem Spiel", 30.10.1963(https://www.spiegel.de/spiegel/print/d-46172521.html: 2020.3.14. 최종검색).

11) Der Spiegel, „Es Steht Mehr Auf Dem Spiel", 30.10.1963(https://www.spiegel.de/spiegel/print/d-46172521.html: 2020.3.14. 최종검색).

03

국가는 해킹을 원한다

오병철

연세대학교 법학전문대학원 교수

 연세대학교 법학전문대학원 교수로 민법, 사이버법, 정보통신공학과 법, 개인정보보호법을 강의하고 있다. 경상대학교 법과대학 교수로 재직하는 중에 경남과학기술대학 컴퓨터공학과에서 공학사를, 충북대학교 대학원 정보통신공학과에서 공학석사, 공학박사 학위를 취득하였다. 저서로서는 『전자거래법』, 『디지털정보계약법』, 『법정채권법』, 『전파법연구』(공저), 『전기통신사업법연구』(공저), 『방송법연구』(공저) 등이 있다.

　"어떤 사람이 자기 이웃에게 돈이나 물건을 맡겼다가 그 집에서 도둑을 맞았을 경우, 그 도둑이 잡히면 그에게서 갑절로 배상을 받는다. 그러나 도둑이 잡히지 않았을 경우에는 그 집 주인이 하나님 앞에 가서, 이웃 사람의 물건에 손을 대지 않았음을 맹세해야 한다."

출애굽기 22장 6～7절

Ⅰ. 절도 피해자에 대한 비난

　타인의 귀중한 재산을 맡아서 보관하던 자가 어느 날 자신도 모르게 도둑에게 그 귀중한 재산을 빼앗기게 되면, 그는 피해자인가 아니면 가해자인가. 그는 절도범에게는 피해자이지만, 맡긴 귀중품의 소유자에게는 또 다른 가해자로서 의심의 눈초리 내지는 적어도 소홀한 관리에 대한 원망을 피할 수는 없을 것이다. 성경은 이에 명확한 해법을 가르쳐주고 있다. 직접적인 가해자인 도둑이 잡히면 2배로 소유자에게 배상하도록 하지만, 도둑이 잡히지 않으면 보관한 사람이 직접적인 가해자는 아니라는 것을 맹세하도록 이르고 있다. 하나님 앞에서 그런 맹세를 한 사람은 그럼 어떤 책임을 지는가. 궁금하지만 성경은 거기까지는 친절하게 알려주지 않는다. 자비의 하나님이 자신이 결백하다고 맹세한 사람에게까지 도난당한 돈이나 물건에 관해 배상하라고 하지는 않으시리라 생각한다. 그렇다면 하나님은, 비록 자신이 결백하다고 맹세는 하였으나, 타인의 귀중한 재산을 보관했다가 도난당하여 소유자에게 손해를 입게 만든 사람에게 어떠한 벌을 내리실 것인가. 성경은 이에 대해서도 침묵하고 있다. 역시 자비로운 하나님이 아닐 수 없다.

　이 상황을 현재의 법률에 대입해보자. "임치는 당사자 일방이 상대방에 대하여 금전이나 유가증권 기타 물건의 보관을 위탁하고 상대방이 이를 승낙함으로써 효력이 생긴다"라고 규정한 민법 제693조 이하 임치에 관한 규정에서는 임치물의 도난과 관련된 어떠한 특별한 규정을 두고 있지 않다. 민법 제695조에서 "보수없이 임치를 받은 자는 임치물을 자기재산과 동일한 주의로 보관하여야 한다"고 규정하여 무상임치 수치인의 보관에 낮은 주의의무가 부과된다고 밝히고 있으니, 반대해석을 하면 유상임치 수치인에게는 선량한 관리자의 주의의무가 부과된다고 해석될 수 있을 것이다. 따라서 수치인이 '자기재산과 동일한 주의의무'(무상임치)나 '선량한 관리자의 주의의무'(유상임치)를 해태하면 임치인에게 채무불이행책임을 지게 됨은 물론이다.

상법의 창고업에 관한 규정은 좀 더 세부적이다. 상법 제160조는 "창고업자는 자기 또는 사용인이 임치물의 보관에 관하여 주의를 해태하지 아니하였음을 증명하지 아니하면 임치물의 멸실 또는 훼손에 대하여 손해를 배상할 책임을 면하지 못한다"라고 규정하여, 주의의무를 해태하지 아니하였음을 창고업자가 증명하도록 증명책임을 전환함으로써 책임을 강화하고 있다. 보관을 업으로 하는 전문가의 영역이니 지극히 타당하다고 생각된다. 그렇다면 국가는 타인의 물건을 보관하다가 도난당한 사람에게 어떠한 책임을 묻는가. 자비로운 하나님처럼 국가는 그를 또 다른 피해자로 보는 것인가. 적어도 우리 형법에서는 타인의 물건을 보관하다가 도난당한 사람에 대해 그가 설령 업무상 과실로 도난을 당했을지라도 처벌을 하는 규정을 두고 있지는 않다. 그는 범죄의 또 다른 피해자일 뿐이다.

Ⅱ. 정보통신망에서의 해킹 피해자의 특별한 취급

1. 1999년 개정 정보통신망법[1]

현실세계에서 침입과 절도에 준하는 행위가 사이버공간에서는 해킹이라고 할 수 있다. 현실공간에서 타인의 공간에 침입한 이후 절취하는 행위가 추가적으로 이루어지는 것처럼, 사이버공간에서는 권한 없이 정보통신망에 침입을 하고 난 뒤 서버에 저장된 디지털정보를 다운로드하는 행위가 추가적으로 이루어진다. 이를 총칭하여 해킹이라고 할 수 있다. 해킹을 당하지

---

[1] "전산망보급확장과 이용촉진에 관한 법률"이 1999년 1월 21일 "정보통신망 이용촉진 등에 관한 법률"로 전면개정되었고, 이후 2001년 7월 1일 다시 "정보통신망 이용촉진 및 정보보호 등에 관한 법률"로 전면개정되었다. 1999년 1월 21일 전면 개정된 이후의 이 법률을 이하에서 "정보통신망법"이라고 약칭한다.

않도록 정보통신서비스 제공자에게 주의의무를 부과하는 최초의 법률규정
은 1999년 1월 21일 법률 제5669호로 전면 개정된 "정보통신망 이용촉진
등에 관한 법률" 제19조이다. 동조는 "정보통신서비스 제공자는 정보통신
망의 안정성 및 정보의 신뢰성을 확보하기 위한 보호조치를 강구하여야 한
다"라고 하여 매우 추상적인 의무를 부여하고 있다. 이 의무를 위반한 경
우에 대한 벌칙은 찾아볼 수 없으므로, 선언적인 의미에 그치고 있다고 할
것이다.

2. 2001년 개정 정보통신망법

2001년 1월 16일 전부 개정된 "정보통신망 이용촉진 및 정보보호 등에
관한 법률"은 제28조를 신설하여, "정보통신서비스 제공자등은 이용자의
개인정보를 취급함에 있어서 개인정보가 분실·도난·누출·변조 또는 훼
손되지 아니하도록 안전성 확보에 필요한 기술적·관리적 조치를 강구하
여야 한다"는 규정을 두었다. 정보통신서비스 제공자가 서버에 보관하는
정보가 타인의 개인정보인 경우에는 추상적이고 선언적인 의무 부과의 수
준을 넘어선 조금 더 구체화한 의무를 부과하였다. 그러나 역시 이 의무를
위반한 경우의 벌칙규정은 존재하지 않았다.

따라서 정보통신서비스 제공자가 해킹을 당해서 개인정보가 유출되더라
도 국가에 대해 어떠한 책임을 부담하는 일은 없었다. 아직도 해킹당한 정
보통신서비스 제공자는 국가에게 피해자로 비추어지고 있었다.

3. 2004년 개정 정보통신망법

2004년 1월 29일 일부 개정된 "정보통신망 이용촉진 및 정보보호 등에
관한 법률"에서는 제28조를 좀 더 구체화하는 조문개정이 이루어졌다. 즉
"정보통신서비스 제공자등은 이용자의 개인정보를 취급함에 있어서 개인정
보가 분실·도난·누출·변조 또는 훼손되지 아니하도록 정보통신부령이
정하는 바에 따라 안전성 확보에 필요한 기술적·관리적 조치를 하여야
한다"고 하여 기술적·관리적 조치의 구체적인 내용을 정보통신부령에 위

임하였다. 나아가 가장 극적인 변화가 이루어졌다. '개인정보를 해킹당한' 정보통신서비스 제공자에 대해 국가권력에 의한 처벌이 이루어지게 되었다. 제67조 제2항 제8의2에서 "제28조의 규정을 위반하여 기술적·관리적 조치를 하지 아니한 자"에 대해 1천만 원 이하의 과태료를 부과할 수 있는 법적 근거를 마련하였다. 지금까지는 개인정보를 해킹당한 정보통신서비스 제공자가 단순한 피해자였지만, 이제 국가권력에게는 과태료라는 처벌을 부과할 수 있는 대상자로 신분이 전환된 것이다.

4. 2008년 개정 정보통신망법

2008년 한 해에 두 번이나 정보통신망법이 개정되었다. 먼저 6월 13일 개정에서는 정보통신부령에 위임되었던 기술적·관리적 조치의 구체적인 사항을 법률로 끌어올리는 변화가 있었다. 그 구체적인 내용은 ① 개인정보를 안전하게 취급하기 위한 내부관리계획의 수립·시행, ② 개인정보에 대한 불법적인 접근을 차단하기 위한 침입차단시스템 등 접근 통제장치의 설치·운영, ③ 접속기록의 위조·변조 방지를 위한 조치, ④ 개인정보를 안전하게 저장·전송할 수 있는 암호화기술 등을 이용한 보안조치, ⑤ 백신 소프트웨어의 설치·운영 등 컴퓨터바이러스에 의한 침해 방지조치, ⑥ 그 밖에 개인정보의 안전성 확보를 위하여 필요한 보호조치이다.

이후 12월 14일 한 번 더 의미심장한 변화가 이루어졌다. 이제 국가권력이 개인정보를 해킹당한 정보통신서비스 제공자에게 과태료에 더불어 추가로 상당한 액수의 과징금을 부과시킬 수 있게 되었다. 정보통신망법 제64조의3에서 "방송통신위원회는 다음 각호의 어느 하나에 해당하는 행위가 있는 경우에는 해당 전기통신사업자에게 위반행위와 관련한 매출액의 100분의 1 이하에 해당하는 금액을 과징금으로 부과할 수 있다. 다만, 제6호에 해당하는 행위가 있는 경우에는 1억 원 이하의 과징금을 부과할 수 있다"는 규정을 신설하였다. 이에 따라 "정보통신망법 제28조 제1항 제2호부터 제5호까지의 조치를 하지 아니하여 이용자의 개인정보를 분실·도난·누출·변조 또는 훼손한 경우"는 위반행위와 관련된 매출액의 100분의 1 이하 또는 1억 원 이하의 과징금을 부과할 수 있게 되었다. 과태료는 정액으로 최고한도를 정하였지만, 과징금은 매출액의 일정비율로 하였으므로 매출액이 큰 대규모 사업자의 과징금은 상당한 부담으로 작용할 수 있게 되었다.

5. 2014년 개정 정보통신망법

2014년 5월 28일 개정 정보통신망법은 과징금의 최고한도를 '위반행위와 관련된 매출액의 100분의 3 이하'로 증액하였다. 과징금의 액수를 반드시 매출액에 비례하도록 하고 그 비율도 300% 증가함으로써 개인정보를 해킹당한 정보통신서비스 제공자는 최고한도가 3배나 더 늘어난 과징금을 부담할 수 있는 상황이 되었다. 위반행위와 연관된 매출액의 100분의 3이라면 일견 적은 액수처럼 보이지만, 일반적인 기업의 영업이익이 2018년 4분기 기준으로 7%대이고 삼성전자를 제외하면 4%대[2]인 것을 감안하면 위반행위와 관련된 매출액의 절반 또는 대부분에 해당한다. 기술적·관리적 보호조치를 미흡하게 하여 타인의 개인정보를 서버에 보관하다가 해킹을 당하는 경우에 한해 벌어들인 영업이익의 상당 부분을 과징금으로 국가에 낼 수도 있는 현실이 된 것이다. 이제 개인정보를 해킹당한 자에 대한 국가권력의 제재는 한층 더 높아졌다.

6. 현   재

최근 이른바 '데이터 3법' 전면 개정이 이루어지기 직전의 2019년 정보통신망법에서도 2014년 개정 정보통신망법과 동일하게 매출액의 100분의 3 이하의 과징금 부과는 변동이 없었다. 그리고 '데이터 3법' 전면 개정으로 정보통신망법의 관련 규정이 개인정보 보호법으로 통합된 현재의 개인정보 보호법에서도 정보통신망법의 규정을 그대로 옮겨서 제39조의15 제1항 제5호에서 유지되고 있다. 여전히 타인의 개인정보를 해킹당한 자는 무

---

2) 한국경제신문, 2019.2.22.일자 보도 "삼성전자 뺀 기업 영업이익률 4%대 추락…중국의 3분의 1 수준."

거운 과징금의 대상을 면하지 못하고 있다.

Ⅲ. 개인정보 해킹 과징금의 부과 실태

과거 정보통신망법 제64조의3 제1항 제6호에 의해 개인정보 해킹으로 인해 부과된 과징금은 얼마나 되는가. 이를 표로 살펴보면 다음과 같다.

연도	건수	과징금액(천원)
2014년	1	70,000
2015년	2	102,000
		19,070
2016년	2	2,360
		4,480,000
2017년	2	301,000
		43,500
2018년	3	112,000
		219,000
		283,000
합계	10	5,631,930

과징금 제도가 도입된 2008년 12월 14일 이후에 '개인정보 해킹으로 인한' 과징금 부과는 총 10건이고 그 총액은 56억여 원에 달하고 있다. 과거 2014년 방송통신위원회 심결집에서는 "보호조치를 취하지 않아 개인정보가 유출된 경우에도 인과관계의 증명이 없어도 과징금을 부과할 수 있도록 하고 과징금액도 1억 원 이하에서 위반행위와 관련된 매출액의 3% 이내로 강화"하였다고 언급하고 있다.[3] 보호조치 위반과 개인정보 유출 사이 인과관계의 증명이 없어도 과징금을 부과하겠다는 전대미문의 태도까지 취하고 있음을 보여주는 것이다. 이러한 심결집의 법적 관점은 대법원 판결

---

3) 2014년 방송통신위원회 심결집, 59면.

을 통해 현실화되었다. 대법원은 과징금의 부과를 위해서 보호조치 위반과 개인정보 유출 사이에 인과관계를 요하지 않는다는 하급심[4]의 판단을 심리불속행 기각으로 지지하였다.[5] 정보통신망법 제64조의3 제1항 제6호의 "이용자의 개인정보를 분실·도난·유출·위조·변조 또는 훼손한 경우로서 제28조 제1항 제2호부터 제5호까지(제67조에 따라 준용되는 경우를 포함한다)의 조치를 하지 아니한 경우"를 단지 '개인정보의 유출'과 '보호조치 위반'이 각각 있으면 충분하고, 보호조치 위반으로 개인정보의 유출이 이루어졌다는 인과관계는 필요하지 않다고 해석한 것이다. 이것이 과연 '위반행위와 관련된 매출액의 100분의 3 이하'의 과징금이라는 무거운 제재를 가하기 위한 법해석론으로서 정당하다고 볼 수 있는가는 의문이다.

IV. 4인 4색

1. 개인정보 주체

개인정보 해킹사건의 진정한 피해자는 누가 뭐래도 개인정보 주체가 아닐 수 없다. 개인정보 주체는 자신의 개인정보가 해킹당한다고 해도 실질적으로 의미 있는, 즉 경제적으로 만족할 만한 손해배상을 받기는 쉽지 않다.[6] 2011년 발생한 싸이월드 개인정보 해킹사건에 대해서, 2018년 이루어진 대법원판결은 피해자의 손해배상청구권을 아예 인정하지 아니하였다.[7] 또 다른 사건에서 개인정보가 유출된 경우에 개인정보 주체의 손해배상청구에 대해 대법원 판례는 다음과 같이 판시하고 있다. "개인정보를 처리하는 자가 수집한 개인정보가 정보주체의 의사에 반하여 유출된 경우, 그로 인하여 정보주체에게 위자료로 배상할 만한 정신적 손해가 발생하였는지는 유출된 개인정보의 종류와 성격이 무엇인지, 개인정보 유출로 정보

---

4) 서울고등법원 2019.11.1. 선고 2018누56291 판결.
5) 대법원 2020.3.12. 선고 2019두60851 판결.
6) 대법원이 개인정보 유출에 대해 개인정보 주체에게 10만 원을 넘는 손해배상액을 인정한 판례는 찾아보기 어렵다. 국민카드 개인정보 유출 사건에 관한 대법원 2018.12.28. 선고 2018다214142 판결에서 10만 원의 손해배상액을 인정하였다.
7) 대법원 2018.1.25. 선고 2015다24904, 24911, 24928, 24935 판결.

주체를 식별할 가능성이 발생하였는지, 제3자가 유출된 개인정보를 열람하였는지 또는 제3자의 열람 여부가 밝혀지지 않았다면 제3자의 열람 가능성이 있었거나 앞으로 열람 가능성이 있는지, 유출된 개인정보가 어느 범위까지 확산되었는지, 개인정보 유출로 추가적인 법익침해 가능성이 발생하였는지, 개인정보를 처리하는 자가 개인정보를 관리해 온 실태와 개인정보가 유출된 구체적인 경위는 어떠한지, 개인정보 유출로 인한 피해 발생 및 확산을 방지하기 위하여 어떠한 조치가 취하여졌는지 등 여러 사정을 종합적으로 고려하여 구체적 사건에 따라 개별적으로 판단하여야 한다."[8] 대법원은 개인정보의 유출 그 자체뿐만 아니라 제3자의 열람가능성과 확산 범위도 폭넓게 고려하고 있으므로, 만약 열람가능성이나 확산 그리고 추가적인 법익침해 가능성이 없이 해커가 개인정보 파일을 단순히 다운로드받아 놓은 상태에 머무르고 있었다면 개인정보 주체에 대한 손해배상액은 거의 미미한 수준에 이를 것이다.

2. 해   커

개인정보 해킹사건의 경우에 진정한 가해자인 해킹 주체는 매우 강한 처벌을 면하기 어렵다. 정보통신망법 제71조는 정당한 접근권한 없이 또는 허용된 접근권한을 넘어 정보통신망에 침입한 자에 대해 5년 이하 징역 또는 5천만 원 이하의 벌금에 처하도록 규정하고 있다. 나아가 해킹으로 개인정보를 취득한 후 이를 영리 또는 부정한 목적으로 제3자에게 제공한 자와 이를 교사·알선한 자는 개정 개인정보 보호법 제70조 제2호에 따라 10년 이하의 징역 또는 1억 원 이하의 벌금에 처하도록 무겁게 처벌하고 있다. 그러나 치명적인 현실적 제약은 해커의 인적사항을 특정하거나 해커를 검거하기가 현실적으로 매우 어렵다는 것이다. 법률에 강한 처벌규정이 있다고 해도 실제로 해커를 처벌한 사례는 매우 드물다. 안타깝게도 진정한 가해자는 얼굴이 없다.

---

8) 대법원 2019.9.26. 선고 2018다222303, 222310, 222327 판결. 이 사건은 해킹에 의한 개인정보 유출이 아닌 개인정보 업무관계자가 유출한 사건인데도 1인당 7만 원의 위자료를 손해배상액으로 산정한 바 있다.

3. 개인정보를 해킹당한 정보통신서비스 제공자

해킹을 당해 개인정보를 유출당한 사람은 해킹의 피해자인 동시에 개인 정보 주체에게는 채무불이행이나 불법행위의 가해자가 되고, 국가에는 법 규위반자가 된다. 타인의 귀중한 프라이버시이자 재산인 개인정보를 제대 로 관리하지 못한 데 대해 개인정보 주체에게 비난을 받고 또 손해배상을 요구받은 것은 당연한 일이다. 그러나 오로지 정보통신서비스 제공자 자신 의 이익만을 위하여 개인정보를 서버에 저장하고 있는 것은 아니다. 개인 정보 주체에게도 어느 정도 혜택이 존재하기 때문에 개인정보 주체는 그에 게 자신의 개인정보 수집과 활용에 대한 동의를 하였거나 또는 사회 전체 의 이익을 위해 법적으로 개인정보의 수집과 활용이 용인된 것이다. 즉 개 인정보를 정보통신서비스 제공자의 서버에 저장하는 것은 개인정보 주체, 정보통신서비스 제공자 그리고 국가 모두에게 어느 정도는 호혜적이다. 전 적으로 수치인의 수익을 위한 영업활동이라고 볼 수 있는 상법상의 창고업 하고는 엄격히 구분되는 것이다. 그런데도 상법상의 창고업자가 신묘한 절 도범에게 불의의 도난을 당했을 경우에는 국가가 과징금을 부과하지 않지 만, 개인정보를 해킹당한 정보통신서비스 제공자는 국가에 과징금을 부담 해야 한다.

해킹 수법은 갈수록 지능적이고 고도화되어 이를 막는 것이 어렵다는 점은 누구나 알고 있다. '10명이 지켜도 1명의 도둑을 막기 어렵다'는 속설 처럼 해킹으로부터 완전히 보호하는 것은 매우 어려운 일이다. 방송통신위 원회 심결집에도 "모든 해커의 공격에 따른 개인정보 유출이 발생하지 않 도록 조치를 하는 것은 현실적으로 불가능하다"[9]라고 표현되어 있을 정도 이다. 모든 사건의 경우에 사후에 문제점을 분석해서 파악하는 것은 그리 어렵지 않지만, 사전에 허점을 파악해서 완전히 대비하는 것은 매우 어려 운 일이다. 사전에 허점을 미리 파악하는 데 실패하여 기발한 방법으로 해 킹을 당해서 개인정보가 유출되면, 매출의 100분의 3 이하의 과징금을 국

---

9) 2018년 방송통신위원회 심결집, 383면.

가로부터 부과당할 수도 있다.[10] 냉정하게 생각해보면, 정보통신서비스 제공자는 단지 이용자의 개인정보를 처리하고 있다는 사정으로 감당하기 어려운 무거운 짐을 안타까울 정도로 짊어지고 있다.

4. 국　　가

국가는 개인정보를 취급하는 정보통신서비스 제공자에게 개인정보 보호법 제29조에서 다음과 같이 엄중한 주의의무를 부과하고 있다. "개인정보처리자는 개인정보가 분실·도난·유출·위조·변조 또는 훼손되지 아니하도록 내부 관리계획 수립, 접속기록 보관 등 대통령령으로 정하는 바에 따라 안전성 확보에 필요한 기술적·관리적 및 물리적 조치를 하여야 한다." 이러한 엄중한 주의의무에도 불구하고 이용자의 개인정보를 분실·도난·유출·위조·변조 또는 훼손한 경우로서 제39조의14에 따라 준용되는 경우를 포함한 제29조의 조치(내부 관리계획 수립에 관한 사항은 제외)를 하지아니한 경우에는 매출액의 100분의 3 이하에 해당하는 과징금을 부과하고이를 거두어들인다. 앞서 살펴본 바와 같이 2014년부터 2018년까지 10건의 위반사례에서 56억여 원의 과징금을 거두어들였다. 타인들의 불행이 곧자신의 수익이 됨으로써 국가가 영원한 수혜자로 자리잡는 구조이다. 누구를 위한 과징금인가. 거두어들인 과징금은 일반회계로 들어가고 목적제한없이 지출된다. 개인정보를 해킹당한 정보통신서비스 제공자의 과징금이그 과징금 부과를 심의·의결한 방송통신위원의 월급이 될 수도 있다.

Ⅴ. 결　　론

개인정보를 해킹당한 정보통신서비스 제공자에게 과징금을 부과하는 벌칙 그 자체를 부정할 생각은 없다. 과징금은 개인정보를 취급하는 정보통신서비스 제공자에게 나름 실효적인 채찍이기 때문이다.[11] 그러나 과징금

---

10) 과징금을 산출하는 법적 근거는 시행령에서 상세히 마련되어 있고, 가장 낮은 부과기준율이 적용되는 '보통의 위반행위'로 개인정보가 해킹당한 경우에는 과징금의 기준금액이 매출액의 1,000분의 15로 법률의 최고 한도의 절반이 된다.

이 과도하여 기업활동에 영향을 주는 정도가 되어서는 곤란하다. 개인정보를 해킹당했다는 데 대한 시장의 징벌은 국가의 과징금보다 무겁다. 고객에게서 소외되어 시장에서 배제되는 그것이야말로 가장 무거운 제재이다. 국가는 혼자서 채찍질을 하는 근엄한 권력보다는 시장의 채찍질에 어느 정도 맡기는 자제력을 발휘하는 자비로운 권력이 되는 것은 어떨까.

해킹으로 개인정보가 유출되면 유출될수록 국가는 잃는 직접적인 손해는 없고 오로지 얻는 직접적인 이익만 늘어난다면, 국가가 타인의 불행을 계기로 수입을 얻고 있다는 비난을 면하기 어렵다. 국가가 해킹이 일어나기를 은근히 기대하고 바라는 것은 아닐까. 이러한 의혹을 피하는 가장 좋은 방법은 과징금을 진정한 피해자인 개인정보 주체를 위해서 기꺼이 지출하는 것이다. 과징금은 결국 개인정보 주체의 희생을 바탕으로 국가에 귀속된 수입이기 때문이다. 그러므로 과징금은 개인정보를 해킹당한 진정한 피해자에게 또는 향후 그러한 피해자가 발생하지 않도록 예방하는 데 온전히 사용되는 것이 마땅하다. 현재와 같이 국고의 일반회계에 편입되어 목적제한 없이 지출된다면, 설령 노골적으로 의욕하지는 않을지라도 '국가는 해킹을 원한다'라고 하지 않을 수 없다. 예수님은 다음과 같이 성경에서 이르고 계신다.

> "카이사르의 것은 카이사르에게…"

루카복음 20장 25절

---

11) 과징금을 산출하는 공식에서 '필요적 감경'과 '추가적 감경'이 그간 개인정보를 잘 관리해 온 데 대한 '당근'이라고 할 수는 있겠지만 다소 아쉽다.

04

법은 누구 편인가?:
걸리기만 하면 당선무효인 선거법의 역설

김종철

연세대학교 법학전문대학원 교수

1988년 법학사를 취득하면서 법학 연구 및 교육에 뜻을 세웠고 1999년부터는 대학에서 헌법을 연구하고 가르쳐왔다. 사회규범인 법은 오로지 사회와 호흡을 같이할 때라야만 진정한 의미를 가질 수 있다는 생각으로 법과 사회, 법과 정치의 상호관계에 주목해왔다. 같은 취지에서 정치개혁, 사법개혁과 법학교육개혁 등 학술적 현실참여도 소홀히 하지 않으려 노력해왔다. 최근 논문으로 "한국의 헌법재판과 민주주의", "한국 헌법과 사회적 평등", "헌법개정의 정치학" 등이 있다.

Ⅰ. 문제의 제기

1. 법은 누구 편인가?

법은 누구 편인가? 이런 질문은 정의를 그 목적 혹은 이념으로 하는 객관적인 규범으로 법을 이해하는 전통적 견해에 따르면 우문(愚問)에 불과할 수 있다. 이 질문을 기껏 선해한다고 하더라도 법은 정의의 편이라는 동어반복적 설명을 제시할 수 있을지 모르겠다. 그러나 현실의 차원에서 보면 무엇이 정의인지에 대한 근본적인 문제제기에서부터 설령 판단의 준거로서의 정의가 의미하는 바에 합의한다고 하더라도 그 정의를 올바로 적용받지 못했다는 불평이 숱하게 제기되는 것을 피할 수 없다.

무엇이 정의인지에 대한 근본적인 질문에 대한 전통적인 대응사례는 소위 '불법(不法)적 법률'이라는 모순적 개념이다. 법의 목적이 정의이므로 제대로 입법절차를 거치고 형식적으로도 법의 외관을 갖춘 실정법이라고 하더라도 그 내용이 정의롭지 못하고 합리성을 결여한다면 법적 효력을 가지지 못하는 경우가 '불법적 법률'이다. 현대 입헌국가에서 불법적 법률을 헌법에 위배된다는 이유로 그 법적 효력을 인정하지 않고 무효로 하는 위헌법률심사제도가 일반화되고 있다.

정의로운 법 혹은 합헌적 법률에 따라 시시비비가 가려지는 경우에도 법의 지지를 얻지 못한 당사자나 이해관계자는 법을 집행하는 행정기관이나 법원이 법을 제대로 적용하지 못했다고 불평하기 일쑤인 것이 현실이다. 법에 대한 전문적 이해를 갖추지 못한 일반인은 물론 곧잘 법률전문가들끼리도 무엇이 정의인지 혹은 헌법에 부합하는지의 문제에 있어서 의견이 모아지지 않는 경우도 심심찮게 볼 수 있다. 당장 위헌법률심사절차에서 이해관계기관이나 관여법관의 법해석이 엇갈리는 것이 다반사일 뿐더러 심지어 헌법재판소 재판관 사이에서도 다수의견과 소수의견이 나뉘는 경우가 적지 않다.

이 글에서 다루고자 하는, 선거범죄로 걸리기만 하면 당선무효를 선언할 수 있도록 만드는 공직선거법 제264조의 경우도 마찬가지다. 아니 사실은 이 법률조항에 대하여 기성 법조계의 견해는 그리 심하게 나누어져 있지 않고 비교적 통일되어 있는 편이다. 이 법률조항에 대한 2015년의 헌법재판소 결정에서 재판관 전원일치로 합헌결정이 내려진 바 있다.[1] 따라서 이 글을 쓰는 필자를 비롯해 소수의 법전문가들이 이의를 제기하고 있는 정도라는 게 객관적인 상황설명일 것이다. 그러나 필자는 바로 이 법률조항에 대한 기성 법조계의 비교적 통일된 해석이 역설적으로 법의 이율배반성 혹은 딜레마를 극적으로 보여줄 수 있는 좋은 사례일 수 있다고 생각하여 이 문제를 다루어보고자 한다. 무엇보다 법적 정의의 실현이라는 명분하에 법의 형성, 해석과 적용이 고도의 이해상충적 역학관계 속에서 이루어지는 것일 수 있음을 밝히고 독자 여러분이 법의 본질과 현실적 기능에 대해 숙고하는 계기가 되기를 기대할 만한 사례라고 생각한다. 과연 유권자의 선택을 사법적으로 무효로 만드는 법은 누구 편인가?

2. 선거범죄로 인한 사법적 당선무효를 규정한 공직선거법 제264조의 문제점

공직선거법 제264조는 당선인의 선거범죄로 인한 당선무효라는 표제와 함께 다음과 같이 규정하고 있다: "당선인이 당해 선거에 있어 이 법에 규정된 죄 또는 「정치자금법」 제49조의 죄를 범함으로 인하여 징역 또는 100만 원 이상의 벌금형의 선고를 받은 때에는 그 당선은 무효로 한다." 이 법률조항의 내용을 한마디로 요약하면 선거범죄로 벌금형 100만 원 이상의 형을 선고 받은 경우 당선은 무효이고 해당 공직자는 그 직을 박탈당하게 되는 것이다.

이 법의 목적은 선거질서를 공정하게 유지하여 불법적인 방법으로 당선된 공직자에 의한 부적절한 공직수행을 차단하기 위한 것이다. 선거질서의 공정성 확보라는 목적 자체에 이의를 제기하기 쉽지 않아 보인다. 선거범죄를 저질러 당선되었으니 불법에 대한 처벌과 그 결과인 당선을 무효로

---

1) 헌법재판소 2015.2.26. 선고 2012헌마581 결정, 판례집 27-1 상, 202 참조. 다만 2011년 결정에서는 1인의 재판관(김종대 재판관)이 위헌반대의견을 개진한 바 있다(헌법재판소 2011.12.29. 선고 2009헌마476 결정, 판례집 23-2 하, 806 참조).

하는 것은 지극히 정의에 부합하는 것으로 보인다. 그러나 원론적 차원을 넘어 구체적인 사례를 살펴보면 그리 간단한 문제는 아니다. 오히려 법의 역설 혹은 딜레마를 보여줄 수 있는 충분히 좋은 사례라고 생각된다. 다음은 이 법률조항에 의해 기본적으로 제기될 수 있는 문제점이다.[2]

첫째, 선거의 공정은 정당한 공직자를 선출하기 위해 매우 중요한 가치이기는 하지만 그 가치를 철저히 실현하기 위해 선거결과를 번복하는 것이 다반사가 될 정도로 중요한 가치인가라는 의문이 제기된다. 이 문제는 무엇보다 선거에서 유권자가 투표용지에 아주 단순한 의사표시로 드러내는 결의가 아무런 흠결이 없는 후보를 선택하는 것인지 아니면 이러 저러한 흠결에도 불구하고 특정 후보를 선택하게 되는 것인지의 문제에 대한 입법적 예측 혹은 기대효과의 타당성을 따져보도록 요청한다. 즉 유권자의 정치적 선택을 존중하는 민주공화체제에서 유권자의 정치적 선택을 입법자와 검찰 및 법관의 가치판단으로 무력화하는 것이 정당한가의 문제이다.

둘째, 선거는 민주공화제 헌정의 기본질서를 구성하는 매우 중요한 절차인데 불과 벌금 100만 원에 해당하는 형의 선고만으로 그 결과를 무효로 하는 것이 타당한가라는 문제가 있다. 헌법의 기본원리인 법치주의에서 파생되는 비례원칙에 따르면 불법에 대한 책임은 불법행위의 성격과 정도에 따라 비례적으로 부과되어야 한다. 그런데 당선무효 법률조항은 불법행위의 성격이나 정도는 고려함이 없이 일률적으로 선거결과를 무위로 돌리는 결과를 가능하게 만들고 있는데 이것이 법치주의 정신에 부합하는 것인지의 문제를 제기한다. 한편 법치주의는 법의 명확성과 예견가능성을 전제로 하는데 당선무효의 하한기준으로서의 벌금 100만 원이라는 기준 외에 당선무효를 해야 하는 경우와 그렇지 않은 경우에 대한 명확하고 예견가능한 실체적 기준이 없고 오로지 법관의 자유재량에 맡기고 있으므로 공직자의 참정권을 제한하기에 적절한 방법이라고 볼 수 없다는 주장[3]도 제기되

---

2) 이 조항의 헌법적 문제점에 대한 보다 전문적인 논설로는 김종철, "공선법상 '낙선목적 허위사실공표죄'와 당선무효강제규정의 위헌성 – 소위 '조희연 교육감 사건' 제1심 판결을 중심으로 –", (연세)법학연구 제25권 제2호(통권 제66호), 연세대학교 법학연구원, 2015.6, 181-215면 참조. 이 글의 기본적인 문제의식도 이 논문에 바탕하고 있음을 밝혀둔다.

어 있다.

셋째, 선거범죄에 대한 일반형사소송절차를 통해 선거라는 헌정질서에 과다한 영향을 미치고 당사자의 피선거권이나 유권자의 선거권 등 중요한 정치적 기본권을 침해할 위험을 초래하는 것이 민주공화제 헌법정신에 부합하는지의 문제이다. 선거라는 헌법상의 중요한 정치제도와 절차에서 도출된 결과에 영향을 주기 위해서는 선거쟁송이라는 특별한 절차에 따르는 것이 보편적 원칙이다. 선거쟁송은 대개 최고법원인 대법원의 단심으로, 선거일로부터 짧은 기간 안에 종결하는 것을 특징으로 한다. 사법절차에 의해 정치과정이 과도하게 통제되어 유권자의 정치적 선택이 사법결정에 의해 함부로 변경되지 못하도록 하고 정치기관의 구성과 공직자의 참정권에 안정성을 확보하기 위한 민주주의 원리의 요청이라고 할 수 있다. 그런데 선거범죄 재판은 일반형사사건과 같이 하급심을 거쳐 상고심인 대법원의 절차까지 모두 마치는 데 오랜 기간이 걸려 상당기간의 공직임기가 진행된 후에 결정이 내려지는 부작용이 크다. 벌금 100만 원의 양형을 당선무효의 기준으로 하고 그 하한이 되는 경우에 대한 명확한 실체적 기준이 없으므로 행위규범으로서의 예견가능성이 떨어지는 부작용도 있다. 무엇보다 원리적으로 정치적 결정인 당선의 무효를 그에 대한 판단을 집중해서 하지 않고 형사책임이 있는지에 대한 판단에 부수하여 이루어지는 법적 효과로 주어질 뿐인 '일반'사법절차에서 결정하게 되는 것이 타당한가라는 의문이 제기된다.

Ⅱ. 선거의 본질과 민주공화제적 의의, 그리고 사법적 당선무효의 문제점

1. 선거의 본질과 공정가치의 수단적 · 보충적 성격

주권재민을 원칙으로 하는 민주공화국에서 선거는 유권자의 자유의사에

---

3) 이 논변은 2011년 헌재 결정에서 김종대 재판관의 반대의견의 핵심논증이다(헌법재판소 2011.12.29. 선고 2009헌마476 결정, 판례집 23-2 하, 806,834-837).

따라 정당한 대표공직자를 선출하는 과정이다. 자유의사에 기초한 대표의 선출이야말로 주권의 핵심적 실현과정이다. 유권자의 자유의사를 보장하기 위해 선거는 모든 참여자에게 공정한 절차에 따라 치러져야 한다.

그러나 공정선거의 요청은 자유선거를 실현하기 위한 수단이며 그 자체가 목적일 수 없다. 공정을 위하여 선거과정에 과도한 규제가 작용하거나 선거결과가 번복될 수 있다면 오히려 유권자의 진정한 의사가 왜곡될 수 있기 때문이다. 따라서 공정의 가치는 선거의 본질인 자유로운 선택권을 방해할 수 있는 가능성을 정당화하는 데 함부로 오용되어서는 안 되는 보충적 가치이다. 보충적 가치인 공정선거를 위해 본질적 가치인 자유선거의 결과가 영향을 받기 위해서는 공정선거를 해치는 불법행위의 종류와 정도가 자유선거의 본질을 훼손하는 수준에 달하는 아주 엄격한 예외적 조건이 충족되는 경우로 한정해야 한다.

2. 복합적 결정으로서의 투표의 본질과 사법적 당선무효의 문제점

한편 선거가 작동하는 메커니즘과 그 의미를 정확히 이해할 필요가 있다. 유권자의 의사가 무엇이고 그 의사의 의미가 무엇인지를 명확히 해야 한다. 선거는 개별유권자의 투표로 표출된다. 개별유권자의 선호는 투표할 때 고려해야 할 무수히 많은 변수들에 대한 개인적 결단의 산물이다. 자유선거의 원칙상 개별유권자가 합리적 선택을 하는 것인지, 불합리한 선택을 하는 것인지 누구도 관여할 수 없다. 이념적으로 공화국의 시민이라면 공공의 이익을 최우선으로 고려하여 투표에 임해야 하지만 현실적으로 혈연, 지연, 학연 등 사회적 관계망의 영향력으로부터 완전히 자유로울 수 있을까? 도덕적 판단기준에 대해서도 다양한 인식이 있는 것이 현실이어서 선거범죄에 대한 평가도 각양각색일 수밖에 없다. 따라서 개별유권자의 선택이란 선거범죄의 위험성을 알았더라도 그 범죄의 종류나 사회적 해악의 정도에 따라 영향을 받는 정도가 획일적이지 않다. 결국 공정선거를 해치는 선거범죄가 저질러졌다는 사실을 유권자가 미리 인식하였다고 하더라도 유권자의 선택이 어떻게 달라질지 분명하지 않다.

그리고 선거현실에서 중요한 것은 최종적으로 표시된 의사인 것이지 결정의 과정에서 고려하여야 할 모든 사항에 대한 개별적 의사인 것은 아니다. 이 점은 선거에서 반영하는 국민의 의사가 단순한 개별적 사회문제들에 대한 다양한 의사를 그대로 모두 반영하는 것이 아니라 주권자인 국민이 자신에게 궁극적으로 환원되는 권력을 대신하여 행사할 대표를 여러 가지 고려사항에 따라 심사숙고하여 결정하는 것[4]임을 고려할 때 더욱 분명하다. 즉, 단순히 '의견의 대표'representation of opinion가 아니라 '권력의 대표'representation of power가 선거의 목적이라는 의미이다.

물론 이런 주장이 선거질서를 교란한 선거범죄자를 공직자로 계속 두게 되는 것을 절대적으로 옹호하는 것이 아니다. 죄를 지었으면 그에 상응하는 책임을 져야 한다는 데 동의하지 않을 이유가 없다. 그러나 그 죄의 종류나 정도에 '상응하는' 책임을 져야 하는 것이지 형사책임 외에 추가로 (불법행위의 종류나 정도를 불문하고 벌금 100만 원 정도의 죄책에 해당한다는 이유만으로) 공직을 박탈하는 것이 얼마나 선거나 투표의 본질에 부합하고 민주주의원리에도 부합하는지를 묻는 것이다.

Ⅲ. 비례원칙에 어긋나는 사법적 당선무효의 문제점

1. 비례원칙과 선거범죄의 한계

법의 지배, 즉 법치주의는 입헌주의를 표방하는 민주공화국의 기본적인 원리이다. 민주적으로 형성된 법에 의하지 아니하고는 공동체 구성원의 자유와 권리를 침해할 수 없다는 원리가 법치주의이다. 법치주의를 제대로 관철하기 위한 파생원칙의 하나가 비례원칙이다. 법에 따라 자유와 권리를 제한하더라도 필요한 경우에 국한하여야 한다는 것이다. 특히 제한의 수단이 적정해야 하고 피해발생을 최소화하도록 노력해야 할 의무가 국가권력에 부과된다. 좀도둑에게 사형을 선고할 수 없는 이유는 아무리 범죄를 저질렀더라도 그 범죄가 사회에 미친 해악의 정도와 동기에 따라 제재를 가

---

4) A.V. Dicey/안경환·김종철 공역, 헌법학입문, 경세원, 1993[1982], lxxxvii-xci 참조.

해야지 일벌백계한답시고 영원히 사회에서 격리시키는 것은 오히려 정의에 반한다는 것이다.

비례원칙에 따르면 선거법으로 선거범죄를 구성하고 그 죄를 저지른 후 보에게 일정한 형사적 제재를 부과할 수 있지만 그 제재는 그 범죄의 죄 질과 정도에 비례하여야 하며 과도해서는 안 된다. 특히 범죄에 대한 형사 적 제재는 개인책임주의에 따라 교량되는 것이어야 하고 제3자나 공적 질 서에 과도한 영향을 초래해서는 안 된다.

우리가 문제삼는 당선무효를 가능하게 하는 법률조항은 선거범죄의 경 우 벌금이나 징역형에 더하여 당선무효라는 법적 효과를 부과하는 것이다. 그런데 당선무효의 효과는 개인이 실제로 감당할 수 없고 헌법규범적으로 감당해서도 안되는 선거의 효력을 부정하는 제재를 결부시킨 것이다. 공무 를 담임하는 것은 그 공무원의 사익만은 아니며 그 공무원을 대표로 선출 하여 공무를 담당하게 한 유권자의 공익이 결부된 것이므로 개인의 유책유 무에만 의존하여 선거결과를 번복하는 것은 헌법상 선출직 공직의 파면에 요청되는 법익형량의 기본체계를 벗어난 것이다.

선거범죄의 경우 법정형이 충분히 낮아서 벌금 100만 원 이하를 선고 할 수 있는 경우에는 당선무효의 제재가 병행되지 않을 여지가 있기는 하 다. 그러나 이런 선고에 대해서는 객관적인 기준 없이 오로지 법관의 재량 에 따른 것이라는 점에서 문제가 있는 것이다. 유권자의 의사를 법관의 의 사로 대체하는 결과이기 때문이다. 나아가 공직선거법 제250조 제2항 낙선 목적 허위사실공표죄의 경우와 같은 일부 선거범죄의 경우 법정형 최저한 이 너무 높아 선고유예가 아니면 당연무효가 불가피한 경우는 이마저도 불 가능하다. 입법자 스스로가 사법판단의 여지마저 주지 않고 유권자의 의사 를 대체한 결과인 셈이다.

마지막으로 비례원칙은 기본권 제한에 있어 방법의 적절성을 요청한다. 당선무효를 벌금형 100만 원 이상으로 가능하게 하는 아무런 실체적 기준 을 제시하지 않고 오로지 법관의 자유재량에 맡기고 있는 것은 민주적 정 치질서형성의 요체인 선거결과와 공직제도의 안정성을 유권자의 선택의지 가 아니라 법관의 자유재량에 과도하게 맡기게 되는 것으로서 법의 자의적 집행의 위험을 내재하고 있는 것이다.[5] 수많은 유권자가 관여한 정치적 의사결정의 법적 효과를 소수 법관의 재량으로 좌지우지하는 제도의 정당성은 어떻게 확보될 수 있을까?

2. 근본주의적 규제론의 함정

법치주의가 요구하는 비례원칙에 대한 올바른 이해를 방해하는 관점은 근본주의적 규제론에서 확인된다. 예컨대, 선거질서의 중요성을 고려할 때 아무리 작은 잘못이라도 당선무효를 통해 선거제도나 공직제도의 염결성(廉潔性integrity)을 확보해야 한다는 인식이 있다. 당선무효가 문제라기보다 선거범죄 자체가 더 문제라는 인식이다.

그러나 선거제도나 공직제도의 염결성이 가지는 공익적 가치를 무시할 수 없다고 하더라도 그 가치를 과대평가해서도 안 된다. 선거제도나 공직제도의 염결성과 당선무효의 반민주적 성격상의 비교형량에서 전자가 후자보다 항상 일방적으로 우위에 있다고 할 수 있겠는가? 공직제도에만 국한하더라도 선거쟁송과는 달리 일반형사절차에 따르다보니 최종심의 시기가 일정하지 않고 대개 임기의 상당기간을 지난 후 당선무효결정이 내려지게 되어 공직의 안정성이 훼손되기가 십상인 점도 중요한 공익적 고려사항이다. 법의 목적으로 정의 외에도 합목적성(合目的性utility)이나 법적 안정성(安定性certainty)이 병행적으로 요청된다는 점을 고려하면 오로지 공직제도의 염결성을 우위에 두는 근본주의적 규제론의 한계를 확인할 수 있다.

이는 인간의 본성이나 인류의 역사적 경험에 비추어서도 생각해 볼 수 있다. 인간은 완전무결한 존재인가? 이런 근본적 고민에 대해 쉽게 해답을 찾을 수 없게 하는 것은 사회변동에 의해 인간과 사회의 해악에 대한 평가기준이 다변화되고 있다는 것이다. 근대를 일찍이 개척한 서구의 역사문화적 상황은 기독교적 세계관에 의해 선악이나 당·부당의 평가가 비교적 단순하게 내려질 수 있었다. 그렇지만 탈근대post-modern를 경험하고 있는

---

5) 김종대 재판관의 반대의견(헌법재판소 2011.12.29. 선고 2009헌마476 결정, 판례집 23-2 하, 806,834-837) 참조.

21세기에는 그러하지 않다. 심지어 탈진실post-truth이 하나의 조류로 자리잡을 정도로 가치관의 상대주의화가 심화되고 있다.6)

사회의 심화되는 상대주의화에 대한 대응으로 근본주의 또한 병행해서 심화되는 양상을 보인다. 단일한 기준에 따라 한 치의 흠결도 허용하지 않으려는 근본주의는 정작 억제해야 할 극단적 해악만을 제거하는 것이 아니라 일상의 다양성을 용납하지 않는 불관용의 극단주의로 흐르게 될 위험이 크다. 벌금 100만 원 정도의 제재가 적정한 불법행위가 사회에 어느 정도의 해악을 미칠 것인지는 어느 정도 가늠이 가능하다. 그런데 그 제제에 수반하여 적게는 수만명 많게는 수천만명의 정치적 결단을 무효로 만들 수 있다는 게 당선무효조항의 실체다.

이 조항의 문제점은 불법행위의 종류와 성격을 같이 고려할 때 더욱 명확해진다. 상당수의 선거범죄는 정치적 표현행위와 관련된 규제를 어긴 경우이다. 정치적 표현행위가 국가적 규제를 최소한으로 받아야 한다는 것이 입헌국가의 보편적 원칙이다. 유권자는 물론 유권자의 선거관련 표현의 자유를 극도로 규제하고 있는 현행 공직선거법에서 현실적으로 상당수의 선거범죄는 표현행위와 연계된다. 대표적인 것이 공직선거법 제250조가 규정하고 있는 허위사실공표죄이다.

원론적으로 허위사실을 공표하여 선거질서를 어지럽히고 당선된 결과를 그대로 존중해서는 안 된다는 이 조항의 취지에는 일리가 없지 않다. 그러나 사실 선거과정에서 허위사실의 인정이나 그 영향력의 유무는 원론적으로 상상하듯 쉽게 판정되기 어려운 것이 현실이다. 어느 정도의 과장을 허위로 인정할 것인지, 부분적인 허위에도 불구하고 종합적으로는 사실에 부

---

6) 탈진실은 "여론을 형성하는 데 있어 객관적 사실이 감성과 개인적 신념보다 덜 영향을 끼치는 환경에 관계하거나 혹은 그런 환경"("relating to or denoting circumstances in which objective facts are less influential in shaping public opinion than appeals to emotion and personal belief)로 정의된다. 2015년 이후 도널드 트럼프의 미국 연방대통령 당선, 영국의 유럽연합탈퇴(Brexit) 국민투표 등의 일련의 정치과정에서 나타난 가짜뉴스와 왜곡정보의 정치적 영향력이 증대되는 현상에 의해 붙여진 명칭이다. 이 현상의 배경에는 기후변화나 백신 그리고 진화에 대한 과학적 논증을 부정하는 현상이 증폭되어 온 흐름이 자리하고 있고, 근대 지식체계의 불확실성을 증폭시킨 탈근대주의(postmodernism)의 영향도 적지 않아 보인다. 이에 대해서는 Lee McIntyre, POST-TRUTH, The MIT Press, 2018, ch. 1 및 ch. 6 참조.

합할 때 허위라고 할 수 있을지 판단이 그리 녹록하지 않은 것이 적지 않다.[7] 표현의 자유에 대해 국가적 규제를 최소화해야 한다는 발상도 표현의 자유는 사상의 자유시장론free market of ideas에 따라 자유로운 의사소통과정에서 시시비비가 가려지는 것이 최선이라는 인식에 기초한 것이다. 선거도 자질검증이나 정책공방을 위해 다양한 의견교환을 토대로 하게 되는데 그 모든 과정의 염결성이나 완결성을 확보하기 위해 모든 선거결과를 사법적 재판절차에 회부할 수 있도록 하는 것이 타당한지는 의문이다. 특히 그 죄책이 벌금형에 불과하다는 것은 죄책의 정도가 약하다는 것을 의미할 수밖에 없는데 그 정도의 죄책이 모든 선거결과를 무위로 돌릴 수 있는 근거가 되는 것은 불합리하지 않은가?

Ⅳ. 특별절차인 선거쟁송을 무력화하는 일반형사절차로서의 선거범죄소송

1. 선거범죄소송의 준선거쟁송적 성격

공직선거법상 선거범죄를 구성하는 법률조항들은 선거쟁송의 하나로 선거결과인 당선의 효과를 부정하는 당선소송의 구성요소를 이루는 것과 같은 효력을 가진 것, 즉 선거쟁송에 준하는 제도를 도입한 셈이다. 공직선거법 제15장은 당선의 효력에 영향을 미치는 사항은 사실 헌법상 민주적 기본질서의 중요요소인 선거의 결과에 관련된 중대한 헌법적 의미가 있음을 고려하여 일반소송절차가 아닌 특별절차인 선거쟁송절차를 통해서 그 분쟁을 해소하도록 하고 있다. 그리고 그 결정에 있어 선거분쟁 해결의 신속성, 공직선거 및 공직공백의 헌법적 의미 등 다양한 고려에 따른 법익형량의 필요성을 인정하여 최고법원인 대법원이 단심으로 관장하도록 한 점을 유의하여야 한다.

---

7) 허위사실 판정의 한계에 대하여는 헌재 2010.12.28. 2008헌바157, 판례집 22-2 하, 684,698-698 참조.

2. 일반형사절차의 선거쟁송적 운용의 헌법적 문제

헌법 제101조 제1항과 제2항은 사법권은 법관으로 구성된 법원에 속하도록 하는 한편 법원은 최고법원인 대법원과 각급법원으로 조직되도록 규정하고 있다. 헌법상 대법원의 전속관할은 헌법 제107조 제2항에 따른 명령, 규칙 등에 대한 최종적인 위헌위법심사권과 헌법 제110조 제2항에 따른 군사법원의 상고심이다.

공직선거법상 대통령 및 국회의원 선거쟁송과 시·도지사 선거쟁송의 관할이 대법원이다. 선거쟁송을 대법원 관할로 하고 있음에 비하여 선거범죄소송의 형식으로 제1심법원인 지방법원에서 대통령을 비롯한 모든 선출직 공무원의 당선무효형에 해당하는 양형을 일률적으로 선고할 수 있도록 입법하는 것은 주요한 선거쟁송의 관할을 대법원으로 하고 있는 헌법상 사법체계와 조화를 이루기 힘들다.

일반적으로 선거쟁송의 요건을 엄격하게 제한하는 한편 제소기간을 엄격히 제한하는 이유는 유권자의 자유롭고 민주적인 선택권을 존중하는 것이 민주공화국의 근본적인 가치에 속하기 때문이다. 입법에 의한 당선무효형을 강제하면서 선거쟁송의 체계와 맞지 않는 사법구조를 택하고 있는 것은 선거분쟁 해결의 신속성을 저해하고 재보선을 일상적으로 구조화하면서 공직공백의 위험을 남발하는 헌법적 문제를 내포하고 있다.[8]

나아가 일반형사절차를 선거쟁송으로 운용하게 되는 추가적인 문제점은 정치질서의 운용이 법집행기관이나 사법기관의 판단에 지나치게 의존하는 부작용을 낳는다. 이른바 '정치의 사법화'judicialization of politics 문제이다. 정치과정에서 해소되어야 할 사안을 사법절차에서 해결되도록 유도하게 되는 것이 정치의 사법화이다.[9] 유권자의 선택 등 정치과정의 몫을 사법과정이

---

8) 이 문제를 현재의 제도에서 일정부분이라도 해소하기 위해서는 양형결정에서 형사책임에 대한 비교형량뿐만 아니라 당선무효의 부수효과가 초래되는 선거쟁송적 효과를 고려하여 선거쟁송에서 요구되는 헌법적 법익에 대한 엄격한 비교형량을 별도로 수행해야 한다(김종철, 앞의 논문("공선법상 '낙선목적 허위사실공표죄'와 당선무효강제규정의 위헌성"), 203-208면 참조).

9) 이에 대한 헌법학적 논술로는 김종철, "'정치의 사법화'의 의의와 한계 – 노무현정부전반

대체하게 되는 것은 헌정질서의 운용에 반드시 바람직한 경우라고 할 수
없다. 정치의 사법화 현상이 초래하는 가장 심각한 문제는 정치과정이 검
찰 등 법집행기관이나 법원 등 사법기관에 의해 과도한 영향을 받게 되는
것이다. 예컨대 검찰개혁이나 사법개혁을 주장하는 국회의원을 공직선거법
위반의 선거범죄로 인지하여 수사하고 기소하며 당선무효를 할 수 있는 권
력은 민주공화헌정에 매우 위협적인 자의적인 권력행사의 사례가 될 수 있
다. 이렇듯 일반형사소송절차로 선거쟁송의 기능이 수행될 때의 부작용은
검찰이나 법관이 자의적으로 정치적 영향력을 행사할 수 있는 여지를 두는
것이다.[10] 이런 현실권력적 측면을 고려하지 않고 당선무효제도의 당부를
논하는 것은 지나치게 이상적인 논의에 불과할 수 있다.

Ⅴ. 법은 누구 편인가?: 유권자의 의지 혹은 국가권력의 의지

민주공화국에서 선거의 최고원리는 유권자가 자유로이 대표를 선출하여
야 하고 국가권력을 비롯한 다른 요인에 의해 선거결과가 영향을 받아서는
안 된다는 것이다. 또한 이런 헌정적 의미 때문에 선거과정상의 일탈행위
나 분쟁에 대해서는 선거쟁송이라는 특별한 절차에 의해 해결되는 것이 원
칙이다. 그런데 선거범죄로 인한 당선무효를 가능하게 하는 공직선거법 제
264조는 선거에서 확인된 유권자의 의지를 선거범죄를 이유로 일반형사절
차에서 확인되는 국가권력의 의지로 대체하는 실체를 가지고 있다. 벌금
100만 원 이상의 형을 선고하는 법관의 양형은 결국 해당 공직자가 공직

기의 상황을 중심으로", 공법연구 제33권 제3호, 2005.5, 229-251면 참조.

10) 사법적 판단으로 주권자의 판단이나 대의제적 의사결정을 대체할 수 있다는 것은 입헌주
의의 실질적 보장을 위해 불가피한 차원이 있다. 불법적 법률을 위헌선언할 수 있는 위
헌법률심사제도나 헌법소원제도가 대표적이다(김종철, "한국의 헌법재판과 민주주의 -
입헌민주주의의 공화주의적 재해석을 중심으로", 헌법재판연구 제5권 제2호, 2018.12,
3-44면 참조). 그러나 지나친 것은 부족한 것보다 더 큰 해악을 초래할 수 있는데 정치
의 사법화도 예외가 아니다. 사법화의 과잉은 정치와 법치의 균형을 상실하게 하여 민주
공화국을 '검찰공화국'이나 '법관공화국'(juristocracy)으로 전환시키는 위험성을 내포하고
있다. 이에 대해서는 Ran Hirschl, Towards juristocracy: the origins and consequences
of the new constitutionalism, Harvard University Press, 2004 참조.

을 계속 맡아서는 안 된다는 판단으로 유권자의 선택의지를 번복하는 법적 효과를 가지게 된다. 심지어 낙선목적 허위사실공표죄의 경우와 같이 일부 선거범죄의 경우 법관의 양형으로는 당선무효를 회피하기가 사실상 어려워 그런 법률조항을 제정한 입법자의 가치판단이나 이를 집행하여 기소를 결정한 검찰의 판단이 유권자의 선택의지보다 우월한 효과를 가지게 된다.

사실 유권자의 자유로운 선택을 왜곡시킬 수 있는 정도의 심대한 선거법 위반행위의 경우에는 유권자의 선택의지 자체가 왜곡된 것이므로 공익의 대변하는 국가권력이 이를 번복할 수 있는 장치가 필요하다. 따라서 모든 선거범죄에 대한 당선무효제도가 정의롭지 못하다고 주장하는 것은 아니다. 그러나 유권자의 선택의지가 어느 정도, 어떻게 왜곡되었는지 불분명한 경우까지 선거제도나 공직의 엄격한 염결성을 내세워 국가권력이 번복할 수 있도록 하는 것은 주권재민(主權在民)을 요체로 하는 민주공화국의 헌정질서에 중대한 장애를 초래하는 것이다. 특히나 형사적 차원에서 벌금형을 선고하는 경우에 추정되는 사회적 해악이란 매우 경미한 것이라고 보아야 한다. 그런데 벌금 100만 원 이상만 선고되어도 당선무효라는 선거결과 번복이 가능하게 하는 것은 사회적 해악에 대한 제재의 정도가 과도하다는 인상을 지울 수 없다. 무엇보다 선거의 이해관계자가 당선자에게만 국한되지 않고 수많은 유권자의 자유로운 선택이 결합된 복합적 성격을 가지게 된다는 점을 고려할 때 개인책임으로 선거결과를 번복하는 것은 선거가 가지는 헌정적 의미나 당선무효로 인한 법적 효과를 종합적으로 고려하지 못하여 법적 정의에 부합한다고 보기 힘들다.

입법자, 검찰 혹은 법관의 판단을 유권자의 선택보다 우위에 두기 위해서는 오로지 유권자의 선택에 심대한 왜곡을 초래한 예외적 경우로 한정해야 한다. 그래야 각자에게 각자의 것을 보장하는 정의를 추구하는 법의 목적과 정신에 부합하게 선거질서를 형성할 수 있다. 민주공화국의 법이 유권자의 자유로운 선택이 아니라 어떤 형태건 국가권력 혹은 이를 행사하는 엘리트의 판단을 편드는 것을 얼마나 정의롭다고 볼 수 있을까?

05

하나마나 인사청문회,
어떻게 개선할 것인가

차진아

고려대학교 법학전문대학원 교수, 헌법학

1974년 마산에서 태어나 부산에서 어린 시절을 보내고 고등학교까지 마쳤다. 부모님은 사범대학 진학을 권유했으나 본인의 완강한 고집으로 1993년 고려대학교 법과대학에 진학하였는데, 본인은 이를 인생에서 가장 잘한 결정이라고 지금까지도 믿고 있다. 법대 4년 과정을 마치고 1997년 제39회 사법시험에 합격하였다. 그러나 사법연수원 입소를 2년 미루고, 먼저 고려대 대학원 과정에서 석사학위를 받았다(1999년). 이후 독일 DAAD(학술교류처) 장학생으로 선발되어 사법연수원을 수료한 직후인 2002년 8월, 독일 Saarbruecken 대학교로 유학을 떠났다. 2005년 2월, Rudolf Wendt 교수의 지도 하에 법학박사학위(주제: Sozialstaatliche Gebote und Besteuerung − Verwirklichung der sozialstaatlichen Gebote durch den Steuergesetzgeber in der Bundesrepublik Deutschland und in der Republik Korea −[사회국가적 요청과 과세 − 독일과 한국에 있어 조세입법자에 의한 사회국가적 요청의 실현 −])를 받았다. 귀국 후 고려대 법대에서 시간강사생활을 계속하다가 2007년 8월부터 서울시립대학교 헌법학 교수로 봉직하였다. 이후 2012년 2월 말부터는 모교인 고려대학교 법학전문대학원의 헌법학 교수로서 활동하고 있다. 헌법학자로서 박사학위논문 주제와 관련된 조세, 재정 및 사회국가의 여러 쟁점을 지속적으로 연구하고 있으며, 이를 통해 헌법학 전체의 수준 향상에 기여하는 것이 자신의 소명이라 믿고 있다. 제20대 국회 개헌특위자문위원회 재정·경제분과 자문위원, 동아일보 객원논설위원, 사법발전위원회 위원, 국세청 국세심사위원, 관세청 관세심사위원 등을 역임하였으며, 현재 헌법재판소 비상임 헌법연구위원, 조세심판원 비상임심판관, 세계일보 객원논설위원, 기획재정부 자체평가위원회 위원, 관세청 자체평가위원회 위원 등 활발한 사회활동을 통해 헌법학자의 전문성으로써 사회에 기여하고자 노력하고 있다.

Ⅰ. 서론: 인사청문회가 왜 제대로 작동하지 못하고 있나

민주국가에서 국가권력이 오남용되지 않도록 하기 위해 가장 중요한 것은 무엇일까? 삼권분립, 사법부의 독립과 헌법재판의 강화, 정당민주주의와 국회의 효율적 통제 등 다양한 답변이 나올 수 있다. 그런데 최근 대한민국의 현실을 보면 국가권력 오남용 방지의 핵심은 제왕적 대통령의 권한에 대한 합리적 통제라고 할 수 있으며, 이를 위해 가장 중요한 것은 인사권에 대한 통제라고 보아도 지나치지 않을 것이다.

대통령이 제왕적 지위에 있다고 보는 가장 큰 이유는 삼권분립에도 불구하고 대통령의 여당에 대한 지배력으로 인해 사실상 국회의 절반 정도가 대통령의 영향력 하에 있을 뿐만 아니라, 여당 의원들이 거의 무조건적으로 대통령을 지지하기 때문에 대등성이 확보될 수 없다. 또한 사법부와의 관계에서는 대통령의 대법원장과 대법관, 헌법재판소장 및 헌법재판관에 대한 임명권으로 인해 실질적인 대등성이 나타나지 못하고 있다.

헌법상 대통령의 권한은 매우 다양하고 광범위하지만 그중에서 가장 핵심적인 권한은 결국 인사권이다. 수많은 국정사무를 대통령이 직접 챙기는 데에는 한계가 있을 수밖에 없기 때문에 대통령을 보조할 사람들에 대해 인사권을 행사하고 있을 뿐만 아니라, 삼권분립에도 불구하고 여당 의원들의 공천에 강력한 실질적 영향력을 행사하는가 하면, 사법부 핵심인사들의 임명권에 이르기까지 인사권을 통한 코드 인사가 대통령의 제왕적 지위를 가능케 하고 있는 것이다.

그러한 만큼 제왕적 대통령의 폐해를 막기 위해서는 대통령의 인사권에 대한 합리적 통제가 필수적이다. 국민에 의해 직접 선출된 대통령에게 인사권이 부여되는 것은 당연하다는 식의 단순논리는 민주주의의 본질에 맞지 않을 뿐만 아니라, 삼권분립을 위태롭게 하며, 나아가 국민의 주권자로서의 지위를 위태롭게 하기도 한다. 그렇기 때문에 대통령제를 창안한 미국에서는 연방헌법 제정 당시부터 대통령의 인사권 통제를 위한 조항(연방헌법 제2조 제3절 제2항)을 두었고, 이를 위해 인사청문회가 도입되었다.

우리나라에서는 1948년 헌법제정 당시부터 대통령제를 채택했지만, 인사청문회제도는 없었다. 인사청문회제도는 2000년에 들어와서 비로소 도입되었다. 그동안 대통령을 통치권자로 떠받들면서 대통령의 인사권에 대해 통제한다는 생각조차 제대로 하지 못한 탓이었다. 그런데 정작 인사청문회제도가 도입된 이후에도 — 미국과는 달리 — 인사청문대상은 매우 제한적이며, 인사청문회의 결과는 더욱 실망스럽다. 이를 단적으로 보여준 것이 조국 전 법무부장관에 대한 인사청문회와 국민의 다수가 반대하는 상황에서도 대통령이 임명을 강행했던 일이라 할 것이다.

도대체 대한민국의 인사청문회는 왜 제대로 작동하지 못하고 있나? 제도의 문제, 즉 인사청문회에 관한 국회법 및 인사청문회법 내용에 문제가 있는 것인가? 아니면 사람의 문제, 즉 인사청문회를 담당하는 국회의원들이나 그 결과를 수용하지 않는 대통령에게 문제가 있는 것인가?

II. 인사청문회란 무엇인가?

1. 인사청문회의 개념

인사청문회란 대통령이 고위직 공무원을 임명할 때에 그 후보자의 전문적 능력이나 도덕적 적합성 등을 평가하기 위해 국회에서 행하는 청문회를 말한다.[1] 인사청문회 제도는 미국에서 처음 시작되어 주로 대통령제 국가에서 시행되고 있다.[2]

우리나라에서는 <u>2000.2.16. 국회법 개정으로 제46조의3에 인사청문특별위원회에 관한 규정, 제65조의2에 인사청문회에 관한 규정</u>이 신설됨으로써 처음 도입되었다(시행일은 2000.5.30). 이어서 2000.6.23. 인사청문회법이 제정·시행되었으며, 이후 여러 차례의 법개정을 통해 인사청문회 대상이 확

---

1) 권건보·김지훈, 인사청문회제도에 대한 비교법적 고찰, 한국법제연구원, 2012, 24면; 김용훈, 인사청문회의 헌법적 의의와 제도적 개선 쟁점 —미국의 경우를 참고하여—, 미국헌법연구 제26권 제2호(2015.8), 1-45(4)면; 김일환·장인호, 미국 연방헌법상 인사청문회제도, 미국헌법연구 제21권 제3호(2010.12), 205-242(208-209)면; 전학선, 국회의 인사청문권과 검찰의 수사권에 대한 헌법적 검토, 원광법학 제35권 제4호(2019.12), 209-231(210)면.
2) 권건보·김지훈, 앞의 책, 24-25면.

대되는 등의 변화가 있었다.

현재 인사청문회의 대상, 절차, 경과보고서의 채택 등에 관하여는 국회법과 인사청문회법에서 구체적으로 규정하고 있다.

2. 인사청문회의 대상

국회 인사청문회의 대상은 고위공직후보자이며, 현행법상 인사청문의 대상이 되는 고위공직후보자 및 인사청문회의 담당기관은 다음과 같다.

① 인사청문특별위원회[3](국회법 제46조의3 제1항)
– 헌법에 따라 그 임명에 국회의 동의가 필요한 대법원장·헌법재판소장·국무총리·감사원장 및 대법관후보자
– 헌법에 따라 국회에서 선출하는 헌법재판소 재판관 및 중앙선거관리위원회 위원 후보자
– 대통령당선인으로부터 국무총리후보자로 인사청문이 요청된 자[4]
② 소관 상임위원회(국회법 제65조의2 제2항)[5]
– 대통령이 임명하는 헌법재판소 재판관, 중앙선거관리위원회 위원, 국무위원,[6] 방송통신위원회 위원장, 국가정보원장, 공정거래위원회 위원장, 금융위원회 위원장, 국가인권위원회 위원장, 국세청장, 검찰총장, 경찰청장, 합동참모의장, 한국은행 총재, 특별감찰관 또는 한국방송공사 사장의 후보자
– 대통령당선인이 지명하는 국무위원 후보자

---

3) 인사청문특별위원회는 13인의 위원으로 구성되는데, 위원은 교섭단체 등의 의원수의 비율에 의하여 각 교섭단체대표의원의 요청으로 국회의장이 선임 및 개선(改選)하며, 위원장 1인과 각 교섭단체별로 간사 1인을 호선한다(인사청문회법 제3조 제2항, 제3항).
4) 대부분의 경우 대통령에 의해 인사청문이 요청되지만, 대통령의 임기가 시작되기 전에라도 대통령 당선인이 새로운 정부의 국무총리 후보자에 대해 인사청문을 요청할 수 있도록 한 것이다.
5) 상임위원회가 구성되기 전(국회의원 총선거 후 또는 상임위원장의 임기 만료 후에 상임위원장이 선출되기 전)인 경우 특별위원회가 인사청문회를 실시하며, 특별위원회가 실시한 인사청문은 소관 상임위원회의 인사청문회로 본다(국회법 제65조의2 제3항, 제4항).
6) 행정 각부의 장은 국무위원 중에서 국무총리의 제청으로 대통령이 임명하기 때문에(헌법 제94조), 예컨대 법무부장관 후보자에 대한 인사청문회는 법무부에 대한 소관 상임위원회인 법제사법위원회(국회법 제37조 제1항 제2호 가목)가 담당한다.

　　－ 대법원장이 지명하는 헌법재판소 재판관 또는 중앙선거관리위원회
　　　위원의 후보자

3. 인사청문회의 절차

　　인사청문회는 원칙적으로 공개하지만,[7] 예외적으로 군사·외교 등 국가
기밀에 관한 사항으로서 국가안전보장을 위해 필요한 경우 등[8]에는 인사
청문 담당 위원회(인사청문특별위원회 또는 소관상임위원회)의 의결로 비공개로
할 수 있다.[9]

　　인사청문회는 임명동의안등에 첨부된 후보자의 직업·학력·경력, 병역
신고, 재산신고, 소득세·재산세·종합토지세의 납부 및 체납 실적 및 범
죄경력에 관한 사항[10]을 검토하고, 공직후보자를 출석하게 하여 위원의 질
의에 대한 답변과 의견을 청취하는 방식으로 한다.[11] 인사청문 담당 위원
회는 필요한 경우 증인·감정인 또는 참고인으로부터 증언·진술을 청취
하거나 검증을 행하는 등 증거조사를 할 수 있는데,[12] 증인·감정인·참
고인의 출석요구서가 출석요구일 5일 전에 송달되어야 한다(인사청문회법 제
8조).

　　공직후보자는 원칙적으로 답변이나 자료제출을 거부할 수 없지만, 본인
이나 그 친족이 형사소추 또는 공소제기를 당하거나 유죄판결을 받을 사실

---

7) 인사청문회법 제14조 본문.
8) 인사청문회법 제14조 단서는 인사청문회 비공개 사유로 "군사·외교 등 국가기밀에 관
　한 사항으로서 국가안전보장을 위해 필요한 경우, 개인의 명예나 사생활을 침해할 우려
　가 명백한 경우, 기업 및 개인의 적법한 금융 또는 상거래 등에 관한 정보가 누설될 우
　려가 있는 경우, 계속중인 재판 또는 수사중인 사건의 소추에 영향을 미치는 정보가 누
　설될 우려가 명백한 경우, 기타 다른 법령에 의해 비밀이 유지되어야 하는 경우로서 비
　공개가 필요하다고 판단되는 경우"를 규정하고 있다.
9) 또한 위원회에 출석한 공직후보자·증인·참고인 등이 답변을 하거나 증언 등을 함에
　있어서 특별한 이유로 인사청문회의 비공개를 요구할 때에는 위원회의 의결로 인사청문
　회를 공개하지 않을 수 있는데, 이 경우 그 비공개이유는 비공개회의에서 소명하여야 한
　다(인사청문회법 제15조).
10) 국회에 제출하는 임명동의안등에는 후보자의 직업·학력·경력 등에 관한 사항이 첨부
　되어야 한다(인사청문회법 제5조 제1항).
11) 인사청문회법 제4조 제1항.
12) 인사청문회법 제4조 제2항, 제13조.

이 발로될 염려가 있는 경우 등[13])에는 예외가 인정된다.

선서한 증인·감정인이 허위의 진술이나 감정을 하면 형사처벌(1년 이상 10년 이하의 징역)되지만,[14]) 공직후보자 본인이 허위의 진술을 하는 것에 대해서는 형사처벌 규정이 없어 처벌되지 않는다.[15])

인사청문 담당 위원회는 원칙적으로 임명동의안등이 제출된 날부터 20일 이내에,[16]) 임명동의안등이 회부된 날로부터 15일 이내에 인사청문회를 마치되,[17]) 인사청문회 기간은 3일 이내로 한다.[18])

다만, 대통령이 국회의 동의나 의결 없이 임명할 수 있는 공직후보자에 대한 인사청문회를 부득이한 사유로 기간 내(임명동의안 등이 국회에 제출된 날로부터 20일 이내)에 마치지 못해 국회가 인사청문경과보고서를 송부하지 못한 경우, 대통령·대통령당선인 또는 대법원장은 그 기간의 다음날부터 10일 이내의 범위에서 기간을 정하여 인사청문경과보고서를 송부하여 줄 것을 국회에 요청할 수 있다.[19])

인사청문 담당 위원회는 인사청문회를 마친 날부터 3일 이내에, (국회의 동의 또는 선출을 위한 의결이 있어야 임명할 수 있는 공직후보자의 경우에는) 심사경과보고서 또는 (그 이외의 공직후보자의 경우에는) 인사청문경과보고서를 국회의장에게 제출하여야 하여야 한다.[20]) 그러나 인사청문담당위원회가 정당한 이유없이 기간 내 또는 연장한 기간 내에 인사청문을 마치지 않는

---

13) 공직후보자가 답변 또는 자료제출을 거부할 수 있는 예외사유로는 군사·외교·대북 관계의 국가기밀에 관한 사항으로서 그 발표로 말미암아 국가안위에 중대한 영향을 미칠 수 있음이 명백하다고 주무부장관이 증언 등의 요구를 받은 날부터 5일 이내에 소명하는 경우(인사청문회법 제16조 제1항, 「국회에서의 증언·감정 등에 관한 법률」 제4조 제1항), 후보자 본인 또는 본인과 친족 또는 친족관계가 있었던 자, 그 법정대리인, 후견 감독인이 형사소추 또는 공소제기를 당하거나 유죄판결을 받을 사실이 발로될 염려가 있는 경우(인사청문회법 제16조 제1항, 형사소송법 제148조), 또는 변호사 등이 업무상 알게 된 사실로서 타인의 비밀에 관한 것인 경우(본인의 승낙이 있거나 중대한 공익상 필요가 인정되는 경우는 예외임)(인사청문회법 제16조 제2항, 형사소송법 제149조)가 있다.
14) 인사청문회법 제19조, 「국회에서의 증언·감정 등에 관한 법률」 제14조.
15) 후보자가 인사청문회에서 허위진술을 하는 경우에 제재하는 방안을 마련할 필요가 있다. 이에 대해서는 권건보·김지훈, 앞의 책, 102면 이하 참조.
16) 인사청문회법 제6조 제2항.
17) 인사청문회법 제9조 제1항.
18) 인사청문회법 제9조 제1항.
19) 인사청문회법 제6조 제3항.
20) 인사청문회법 제9조 제2항, 제10조 제2항.

경우 국회의장은 임명동의안등을 바로 본회의에 부의할 수 있다.[21]

4. 인사청문회의 효과

헌법상 국회의 동의가 필요한 대법원장·헌법재판소장·국무총리·감사원장 및 대법관 후보자나 국회에서의 선출이 필요한 헌법재판소 재판관 및 중앙선거관리위원회 위원 후보자의 경우, 인사청문회를 거치고 난 뒤 그 임명동의안이나 선출안이 국회 본회의에서 가결되어야 한다.

인사청문회 제도가 도입된 이후에 국회에서 임명동의안이 부결된 사례로는 2002년 7월 장상 국무총리 후보자 임명동의안 부결, 2002년 8월 장대환 국무총리 후보자 임명동의안 부결, 2003년 9월 윤성식 감사원장 후보자 임명동의안 부결, 2017년 9월 김이수 헌법재판소장 후보자 임명동의안 부결을 들 수 있다.[22]

그러나 헌법상 국회의 동의나 선출이 필요하지 않은 공직후보자의 경우, 인사청문회법에 따른 인사청문회를 거치기만 하면, 인사청문경과보고서가 채택되지 않더라도 대통령은 해당 후보자를 (대법원장은 그 후보자를 헌법재판소 재판관이나 중앙선거관리위원회 위원으로 지명할 수 있는데, 이 경우 그 지명된 인사를) 임명할 수 있다.[23]

실제 대통령이 인사청문회를 무시하고 임명을 강행하여 왔는데,[24] 이 때문에 국회가 대통령의 인사권을 통제하는 역할을 거의 하지 못하고 사실상 요식행위로 전락했다는 비판이 강하게 제기되고 있다.[25]

---

21) 인사청문회법 제9조 제3항.

22) https://news.chosun.com/site/data/html_dir/2017/09/12/2017091200315.html, 2019.12.10 접속; https://www.yna.co.kr/view/AKR20170911146200001, 2019.12.10. 접속.

23) 인사청문회법 제6조 제4항.

24) 이에 대해서는 아래의 IV. 4. 인사청문회의 부적격 판단과 대통령의 임명 강행, 어떤 결과를 낳는가? 참조.

25) https://www.lawtimes.co.kr/Legal-Opinion/Legal-Opinion-View?serial=155646, 2019.10.3. 접속.

Ⅲ. 왜 인사청문회 제도를 도입했나?

1. 인사청문제도의 역사적 뿌리

(1) 미국 연방헌법 제정 당시 공무원 임명의 원칙에 관한 논의

인사청문회제도는 미국에서 시작되었는데, 미국 연방헌법 제정 당시의 공무원임명에 관한 헌법제정자들의 논의[26]는 크게 세 가지를 중심으로 전개되었다.[27]

첫째, 입법부와 행정부의 권한 확대를 방지하고 정치적 책임성을 높인다. 특히 측근, 친지, 지지자들에게 공직이 배분되어서는 안 된다.[28]

둘째, 공무원 임명에 대한 책임 소재를 분명히 한다. 무능한 인물 등 부적격 인사가 임명된 것에 대해서는 책임을 물을 수 있어야 한다.[29]

셋째, 국정의 효율성을 제고해야 하며, 공무원 임명 절차가 지나치게 복잡해서는 안 된다.[30]

(2) 미국 연방헌법과 인사청문권

미국 인사청문회의 법적 근거는 미국 연방헌법 제2조 제2절 제2항, 상원 의사규칙(Senate Rule) 제26조 및 제31조, 각 상임위원회 의사규칙 등에서 찾을 수 있다.[31]

미국 연방헌법 제2조 제2절 제2항은 "대통령은 상원의 권고와 동의를 얻어 조약을 체결하는 권한을 가진다. 다만, 그 권고와 동의는 상원의 출

---

26) 연방정부의 공직자에 대한 임명권한의 배분에 관한 논의에 대하여는 김일환 · 장인호, 앞의 논문, 210-211면; 손병권, 국회 인사청문회의 정치적 의미, 기능 및 문제점, 의정연구 제29권(2010.6), 5-33(8-10)면 참조.

27) 강승식, 미국 상원의 행정부 공직후보자에 대한 인사청문회, 미국헌법연구 제26권 제1집 (2015.4), 2면.

28) 강승식, 앞의 논문, 2면.

29) 강승식, 앞의 논문, 2-3면.

30) 강승식, 앞의 논문, 3면.

31) 이에 관하여는 권건보 · 김지훈, 앞의 책, 52면 이하; 김일환 · 장인호, 앞의 논문, 215면 이하 참조.

석의원 3분의 2 이상의 찬성을 얻어야 한다. 대통령은 대사, 그 밖의 공사 및 영사, 연방대법원 판사 그리고 그 임명에 관하여 본 헌법에 특별 규정 이 없고, 법률로써 정하는 그 밖의 모든 합중국 관리를 지명하여 <u>상원의 권고와 동의를 얻어</u> 임명한다. 다만, 연방의회는 적당하다고 인정되는 하급관리 임명권을 법률에 의하여 대통령에게만, 법원에게, 또는 각 부 장관 에게 부여할 수 있다."[32]라고 규정하고 있다.

지난 200여년 동안 장관직 후보자에 대해 상원의 인준이 거부된 사례 는 총 12건으로 2% 미만의 수준이며, 장관직 후보자 이외의 고위공직후보 자의 경우도 인준이 거부된 사례는 많지 않다고 한다.[33] 반면에 연방대법 관에 대한 인준은 훨씬 엄격하여 상원에 제출된 동의안의 4분의 1 정도는 거부되거나 철회되었다고 한다.[34]

(3) 인사청문제도의 세계 각국으로의 확산

미국의 인사청문제도는 대통령제를 채택한 나라들로 많이 확산되었다. 하지만 의원내각제 정부형태를 채택한 나라들에서는 대통령이 인사권을 갖 고 있지 않다는 점, 의회 내에서의 인사절차가 대통령의 개인적 인사권과는 달리 협의절차가 충분하다는 점 등으로 인해 많이 활용되지 않고 있다.[35]

아시아에서는 1987년 필리핀이 인사청문제도를 헌법에 명시하고 있다.[36] 필리핀 헌법 제7장 제16조에 따르면 "대통령은 행정부처의 장관, 대사, 공

---

32) The Constitution of the United States of America Article II, Section 2, Clause 2: "He shall have power, by and with the advice and consent of the Senate, to make treaties, provided two thirds of the Senators present concur; and he shall nominate, and <u>by and with the advice and consent of the Senate</u>, shall appoint ambassadors, other public ministers and consuls, judges of the Supreme Court, and all other officers of the United States, whose appointments are not herein otherwise provided for, and which shall be established by law: but the Congress may by law vest the appointment of s uch inferior officers, as they think proper, in the President alone, in the courts of law, or in the heads of departments."

33) 권건보·김지훈, 앞의 책, 75-76면.

34) 권건보·김지훈, 앞의 책, 76-79면.

35) 권건보·김지훈, 앞의 책, 24-25면; 김용훈, 앞의 논문, 13-14면; 김일환·장인호, 앞의 논문, 229면; 이진홍, 바람직한 인사청문회제도의 정착과 발전방안에 관한 연구, 법학연 구 제60권(2015.12), 259-277(268)면.

36) 권건보·김지훈, 앞의 책, 82면.

사, 영사, 육군참모총장, 해군참모총장, 그리고 헌법에 의해 그 지명이 위임되어 있는 공무원을 지명하고 인준위원회(Commission on Appointment, CA)의 동의를 얻어 임명할 수 있다."[37]

필리핀의 인준위원회는 형식상 필리핀 의회에 소속되어 있으나 실질적으로는 독립된 헌법기관으로 기능한다.[38] 인준위원회는 후보자 지명이 있을 때마다 구성되는 비상설기관이 아니라 상설기관이며,[39] 법관이나 옴부즈만은 인준위원회의 인준을 받지 않고, 사법인사추천위원회의 추천을 받아 대통령이 임명하도록 정하고 있다.[40]

2. 미국의 인사청문회와 그 기능

(1) 엄격한 삼권분립과 상호 통제의 필요성

미국 연방헌법이 엄격한 삼권분립을 근간으로 하고 있다는 점은 널리 알려져 있다. 미국 연방헌법상의 삼권분립은 특히 의회와 정부 사이의 견제와 균형에 큰 비중을 두고 있는데, 이는 의회와 정부가 각기 구성과 활동, 존속에 있어서 독립성을 유지하되 상호 통제를 확실하게 하는 것을 지향하고 있다.[41]

예컨대, 의회의 입법작용은 독립적으로 하여야 하므로 정부의 법률안 제출권은 인정되지 않지만, 국회의 입법작용의 결과물에 대해서는 정부가 통제하는 것이 인정되어야 하므로 대통령의 법률안 거부권은 인정되고 있는 것이다.[42]

행정국가화 경향[43]에 따라 정부의 조직과 권한, 전문성 등이 의회를 압도하게 되면서 오늘날에는 의회의 정부에 대한 통제기능이 더욱 강조되고 있다.[44] 특히 재정 통제와 인사권 통제가 정부에 대한 통제의 핵심이며,

---

37) 권건보·김지훈, 앞의 책, 82면에서 재인용.
38) 권건보·김지훈, 앞의 책, 82면.
39) 권건보·김지훈, 앞의 책, 82면.
40) 권건보·김지훈, 앞의 책, 83면.
41) 장영수, 헌법학, 홍문사, 2019, 1093면.
42) 장영수, 앞의 책, 1095면의 각주 13.
43) 행정국가화 경향에 대하여 자세한 것은 장영수, 앞의 책, 203-204면 참조.

전자의 대표적 예가 지출승인법에 의한 재정의 광범위한 통제라면, 후자의 대표적 예는 인사청문권이라 할 수 있다.

(2) 연방 상원의 인사청문권을 통한 대통령 인사권 통제

미국의 경우 대통령은 약 6,000명의 공직자를 임명할 권한을 가지며, 2년의 회기 동안 대략 4,000명의 공직자와 65,000명의 군인 임명에 관한 인준동의안이 상원에 제출된다.[45] 그러나 대부분의 공직자에 대해서는 상원에서 특별한 문제 없이 인준되는 것으로 알려져 있으며, 상원에서 인준이 거부된 사례는 많지 않다.

상원의 인준대상자 중에서 인사청문회 절차의 대상자는 대략 600명 정도로 알려져 있다.[46] 장관을 비롯한 중요 기관의 기관장들, 국장들, 과장 등 행정부의 고위직 공직자가 포함되며, 연방검사, 연방법원 판사와 군 고위직 등이 이에 해당한다.[47] 하지만 실질적으로는 장관급 공직후보자와 대법관 후보자들을 중심으로 하되, 차관보급까지의 고위공직자와 대사 등의 외교관, 고위 법관들이 포함되는 것으로 알려져 있다.[48]

상원의 인사청문회는 원칙적으로 공개하되, 비공개사유에 해당하거나 공개회의에서 재적위원 과반수의 찬성이 있는 경우에는 비공개로 진행할 수 있다.[49] 청문회의 질문은 상대방의 인격을 존중해야 하며, 사실 위주의 질문, 공직후보자로서의 자질과 관련 있는 질문을 하도록 정하고 있다.[50] 그리고 인사청문회에서 선서한 진술자가 고의로 잘못된 진술을 한 경우에는 형사법상의 위증죄에 해당한다.[51]

---

44) 장영수, 앞의 책, 204면, 998면.
45) 권건보·김지훈, 앞의 책, 51면.
46) 권건보·김지훈, 앞의 책, 58면; 김일환·장인호, 앞의 논문, 220면.
47) 권건보·김지훈, 앞의 책, 58면.
48) 권건보·김지훈, 앞의 책, 58면.
49) 권건보·김지훈, 앞의 책, 53-54면.
50) 권건보·김지훈, 앞의 책, 61-62면.
51) 이에 대하여 자세한 것은 김일환·장인호, 앞의 논문, 222면 참조.

(3) 미국 인사청문제도에 대한 평가

미국의 인사청문회는 의회가 대통령의 인사권을 통제하는 가장 효과적인 수단으로 널리 인정되고 있다. 한편으로는 의회가 대통령의 인사권에 과도하게 개입하지 않으면서, 다른 한편으로는 인사와 관련하여 중대한 문제가 제기될 경우에는 언제든지 개입할 수 있는 여지를 남겨 둠으로써 대통령의 일방적인 인사권 남용을 막고 있는 것이다.

미국 연방상원의 인사청문에서는 장관 등 행정부 공무원에 대한 인준거부가 많지 않은 반면에 연방대법관 등 법관에 대한 인준거부가 훨씬 많이 나타나고 있다.[52] 이는 행정부 내의 인사에 대해서는 대통령의 인사권을 존중하되, 사법부에 대한 인사에 대해서는 보다 엄격한 기준을 적용하려는 것으로 볼 수 있다.[53]

3. 한국에서의 인사청문회 도입 경과

(1) 인사청문회 도입 논의의 배경

2000년 당시 인사청문제도가 처음 도입되었을 때, 인사청문의 대상은 국무총리 등 국회의 임명동의를 받는 고위직 공직자를 대상으로 한 것이었다. 헌법상 국무총리, 감사원장, 대법원장, 헌법재판소장 등의 임명에 대해서는 국회의 동의를 받게 되어 있으므로 국회가 본회의에서 임명동의에 대해 표결을 해야 하는데, 표결 이전에 국무총리 후보자 등의 자격을 검증하는 인사청문회가 필요하다는 주장이 받아들여진 것이다.

2000년 7월에 열린 최초의 인사청문회는 이한동 국무총리 후보자에 대해 행해졌다. 당시 이한동 후보자는 부인의 위장전입을 시인했지만 큰 논란 없이 국회의 동의를 얻어 총리에 임명될 수 있었다. 그러나 이후 국무총리 후보자로 지명되었던 장상, 장대환 후보자는 각각 자녀의 이중국적문제, 부동산투기 목적의 위장전입 등이 논란되면서 낙마하였다. 이후 국무

---

52) 권건보·김지훈, 앞의 책, 75-79면.
53) 강승식, 앞의 논문, 23면.

총리 후보자들 중에서 인사청문회를 거치는 과정에서의 논란으로 인해 낙마하거나 자진사퇴한 예들이 적지 않았다.

(2) 국회의 임명동의권이 인정되는 경우에 한정된 인사청문회

국회의 임명동의권이 인정되는 경우에는 인사청문회를 거치도록 하는 것이 당연하다고 볼 수 있다. 오히려 그동안 인사청문회를 거치지 않고 임명동의안을 제출하고, 검증절차 없이 국회에서 동의안에 대해 표결을 해왔던 것이 비정상이라고 볼 수 있다.

그러나 국회의 임명동의권이 인정되지 않는 고위공직자들, 예컨대 장관 등에 대해서는 인사청문절차를 거치지 않고 대통령이 일방적으로 임명할 수 있었다. 즉, 인사청문회의 대상이 매우 제한적이었으며, 그로 인하여 대통령의 인사권에 대한 제한이라는 역할을 수행하는 데에는 한계가 뚜렷하였다.

(3) 2000년 당시 인사청문회 도입 결정의 의미

그럼에도 불구하고 2000년 당시에 인사청문회 제도를 처음 도입한 것은 이후의 발전을 위한 기초로서의 의미를 부여할 수 있다. 처음부터 미국처럼 광범위하고 강력한 권한을 갖는 인사청문제도를 도입하기에는 당시의 정치적 역학관계상 어려움이 있었고, 결국 첫발을 뗄 수 있었던 것에서 만족해야 했던 것이다.

실제로 인사청문제도가 일단 도입된 이후 인사청문회의 대상은 점차 확대되었으며, 이를 통해 나름의 성장과 발전이 있었던 것으로 평가될 수 있다.

4. 한국에서의 인사청문회제도의 변천

(1) 2000년 2월 국회법 개정, 동년 6월 인사청문회법 제정ㆍ시행

인사청문회제도를 최초로 도입하였던 것은 2000년 2월 16일 개정되고 2000년 5월 30일부터 시행되었던 국회법 개정이었다. 이 법개정을 통해 국회법 제46조의3과 제65조의2가 신설되었고, 이 조항들에서 인사청문특별위원회의 설치 및 인사청문절차의 구성에 관한 법률적 근거가 마련되었다.

국회법 제65조의2 제2항의 규정에 따라 인사청문회법이 2000년 6월 23일 제정되었고, 같은 날 시행되었다. 당시 인사청문회법은 19개 조문으로 구성된 비교적 간단한 법률이었고, 국회의 임명동의를 요하는 고위공직자들에 대한 인사청문을 위한 인사청문특별위원회의 구성 및 활동방식에 대한 사항들을 정하고 있었다.

(2) 2003년 2월, 2005년 7월 법개정을 통한 대상자 확대

이후 국회법 및 인사청문회법의 개정을 통해 인사청문의 대상자는 조금씩, 그러나 지속적으로 확대되었다.

2003년 2월 4일의 법개정으로 국가정보원장, 국세청장, 검찰총장, 경찰청장 이른바 4대권력기관장에 대해 인사청문회를 실시하도록 정했다. 주목할 점은 직급상 국무위원인 장관의 하위에 있는 이들에 대해 먼저 인사청문회의 필요성을 인정했다는 것이며, 이는 당시 인사청문회에 대한 기대가 작지 않았음을 보여준다.

2005년 7월 28일의 법개정으로 국무위원에 대해서도 인사청문회를 실시하도록 하였다. 앞서 언급한 바와 같이 국가정보원장 등에 대해서도 인사청문회를 실시하면서 그보다 고위직인 장관들에 대해 인사청문회를 하지 않는 것은 모순이라는 지적이 영향을 미친 것으로 보인다.

(3) 2006년 7월, 2007년 12월, 2008년 2월, 2012년 3월 법개정을 통한 대상자 확대

2006년 12월 30일의 법개정에 의해 합동참모의장에 대한 인사청문회를 실시하도록 하였다. 이를 통해 군의 고위직 인사에 대한 인사청문회가 최초로 도입된 것이다.

2007년 12월 14일에는 대통령당선인이 지명한 국무총리 후보자에 대한 인사청문회가 도입되었다. 이는 사실상 국무총리에 대한 인사청문회와 같은 것이지만, 대통령당선인이 아직 대통령 임기가 시작되기 이전에 국무총리 후보자에 대한 임명동의절차를 시작할 수 있도록 하여 국정의 공백을 최소화한다는 데 그 의미가 있다.

2008년 2월 29일의 법개정에서는 방송통신위원장을, 2012년 3월 21일의 법개정에서는 공정거래위원회 위원장, 금융위원회 위원장, 국가인권위원회 위원장, 한국은행 총재를 인사청문대상에 포함시켰다.

Ⅳ. 하나마나 인사청문회? 오히려 역효과?

1. 기대가 크면 실망도 크다?

(1) 인사청문회에 대한 국민들의 기대가 잘못된 것인가? 왜 미국처럼 성공하지 못하나?

미국의 인사청문제도를 모델로 하여 대한민국의 인사청문제도가 도입되었지만, 지금까지 인사청문제도의 성과에 대한 평가는 높지 않다. 물론 200년이 넘는 세월 동안 이를 운용해온 미국과 불과 20년이 채 되지 않는 우리나라를 똑같이 보기는 어렵다. 그럼에도 불구하고 인사청문회에 대해서는 국민들의 불신과 불만이 높다.

과연 이러한 국민들의 실망은 과도한 기대 때문인가? 아니면 정치권에서 인사청문회를 제대로 운영하지 못하고 있기 때문인가?

양 측면이 모두 있다고도 볼 수 있지만, 보다 본질적인 부분은 정치권에서 인사청문회를 제대로 운영하지 못하고 있다는 점으로 볼 수 있다. 미국의 인사청문제도가 200여년의 경험 이후에 비로소 안정된 것도 아니고, 초기부터 나름의 성과를 거두었음을 생각할 때, 20년의 경험이 결코 짧다고 말하기 어려우며, 무엇보다 현재의 인사청문제도가 제대로 된 인사청문제도라고 평가되기 어렵기 때문이다.

(2) 임명권자의 문제인가? 후보자의 문제인가?

인사청문의 결과 훌륭한 후보자들은 임명되고, 부적절한 후보자들은 적절하게 걸러져야 할 것인데, 결과적으로 그렇지 못한 것은 왜인가? 애초에 훌륭한 후보자들이 별로 없기 때문인가? 아니면 임명권자인 대통령이 부적절한 후보자들을 내세워서 관철시키려 하기 때문인가?

역시 양쪽의 문제가 다 있을 수 있지만, 보다 본질적인 부분은 임명권자인 대통령에게서 찾을 수 있다. 민주화 이후의 역대 정부에서 대통령이 측근들을 고위공직자로 임명하려는 경향이 뚜렷했고, 특히 노무현 정부 이후로는 코드 인사 논란이 심했다. 후보자들의 전문성과 도덕성보다 코드를 우선시하는 인사에서는 적절한 후보자의 선택 폭이 매우 협소할 수밖에 없으며, 이러한 상황이 결국 인사청문회의 유명무실화 내지 인사의 실패로 이어졌던 것이다.

모든 권한에는 책임이 따른다. 대통령이 인사권자로서 임명권을 행사하였을 때에는 자신이 임명한 사람의 불법과 비리에 대해 — 자기책임의 원칙에 따른 법적 책임까지는 묻기 어렵다 하더라도 — 정치적 책임 내지 도의적 책임은 피할 수 없다. 그런데 과연 역대 대통령들이 그런 책임의식을 가지고 있었는지도 의심스럽다.

(3) 제도의 문제인가? 사람의 문제인가?

어떤 문제가 발생하면 그 원인의 규명 및 해결책의 제시와 관련하여 제도의 문제냐 사람의 문제냐를 묻는 경우가 많다. 그러나 어떤 경우도 제도만의 문제, 사람만의 문제는 없다. 제도와 사람이 모두 문제인 것이 당연하다. 사람이 성인군자라면 불법과 비리를 저지르지 않을 것이며, 좋은 제도라면 성인군자가 아닌 사람도 불법과 비리를 저지르지 못하게 막을 것이다. 결국 문제가 발생했다는 것은 제도도 완전하지 못하고, 사람도 성인군자가 아니기 때문이다.

민주국가에서 국민에 의해 선출된 국민의 대표자도 성인군자는 아니다. 인간적인 약점을 가진 사람들 중 하나이며, 그렇기 때문에 사람만을 믿고 제도를 소홀히 할 경우에는 반드시 문제가 생긴다. 물론 제도를 완벽하게 만드는 것도 사실상 불가능에 가깝지만 제도에 의한 통제가 철저할수록 권력의 오남용은 최소화할 수 있는 것이다.

그런 의미에서 인사청문회의 경우에도 제도의 개선과 그 운영주체인 사람들의 문제는 함께 개선되어야 한다. 특히 제도적 장치가 엄밀하면 할수록 사람에 의한 제도의 유명무실화를 해결하는데 도움이 될 수 있다. 훌륭한 제도란 어떤 사람이 운영주체가 되더라도 그에 따른 변화가 최소화될 수 있도록 만드는 것이다.

2. 국무총리, 감사원장 등에 대한 국회의 임명동의와 그 실효성

(1) 역대 국무총리에 대한 국회의 임명동의권, 과연 실질적 통제수단으로 기능하고 있는가?

민주화 이후 역대 국무총리들은 국회의 임명동의 과정에서 논란이 되거나 낙마된 사례들이 적지 않다. 그렇다면 국회의 임명동의는 매우 성공적으로 기능해온 것으로 평가될 수 있을까? 과연 국회의 임명동의를 통해 국무총리에 대한 대통령의 인사권이 합리적으로 통제되었고, 문제 있는 인사들이 충분히 걸러졌다고 평가할 수 있을까?

이에 대한 의견이 분분하지만, 개인적인 생각으로는 절반의 성공이라고 본다. 즉, 아무 문제가 명백한 인사를 국무총리로 임명하는 것을 막는 데는 어느 정도 기능한 것으로 볼 수 있지만, 헌법이 국무총리제도를 두면서 국회의 임명동의를 받도록 하고(제86조 제1항), 또 국무위원은 국무총리의 제청을 받아 임명하도록 하며(제87조 제1항), 대통령의 국법상 행위에 국무총리와 관계 국무위원의 부서를 받도록 한(제82조) 취지를 살리고 있다고는 보기 어렵다.

국회의 임명동의 및 이를 위한 인사청문회에서 대통령이 지명한 인물의 적합성 여부를 가려내야 하지만, 실제로 여당은 예외 없이 찬성하고, 야당은 대체로 반대하는 태도를 보였다. 이러한 여야의 대립으로 인해 특별히 심각한 문제가 없으면 대체로 통과되는 경향이 두드러졌고, 그 결과 국무총리는 독자적으로 대통령을 보좌할 뿐만 아니라 때로는 견제까지 할 수 있는 것이 아니라 대통령의 수족에 불과하게 되었다. 이는 헌법에서 국무총리에게 국무위원의 임명 제청권(제87조 제1항)과 부서권(제82조) 등을 인정한 취지와는 맞지 않는 것이다.

(2) 역대 감사원장에 대한 국회의 임명동의권, 과연 감사원(장)의 독립성을 확보할 수 있었나?

감사원은 감사원법에 따라 직무상 독립성이 보장되어 있다. 그러나 지금까지 감사원의 활동을 보면, 다른 정부기관에 대한 감사에서는 성과를 보이다가도 청와대와 관련된 사항에 대해서는 별다른 역할을 하지 못하는 모습을 반복해 왔다.[54] 특히 박근혜 정부에서 이른바 국정 농단에 관한 여러 문제들이 제기되었을 때, 감사원은 무엇을 하고 있었는가?[55]

이러한 문제는 역시 대통령의 인사권에서 비롯된 것으로 볼 수밖에 없다. 감사원장과 감사위원들이 모두 대통령에 의해 임명되다 보니, 아무리 법률상 감사원의 직무상 독립을 규정하고 있다 하더라도 현실적으로 감사원이 인사권자의 눈치를 볼 수밖에 없었던 것이다. 이런 측면에서 보면 감사원의 경우도 국회의 임명동의권에도 불구하고 감사원장의 임명이 대통령에 의해 임명된다는 것, 그것도 형식적 임명권이 아니라 대통령이 원하는 사람을 골라서 임명할 수 있는 실질적 임명권이 행사된다는 것이 감사원의 독립성을 심각하게 해치고 있는 것으로 보아야 한다.

실제로 임기가 보장된 감사원장에 대해 정권이 바뀌고 새로운 대통령이 임명되면서 사표를 내도록 종용하는 경우도 적지 않았고, 실제로 감사원장이 임기를 마치지 못한 경우도 드물지 않았다.[56] 이런 사례에서도 국회의 임명동의권이 감사원(장)의 독립성을 확보하는 데 큰 도움이 되지 못했음을 확인할 수 있으며, 최근 개헌논의에서 감사원을 대통령의 소속 하에 두지 말고 ─ 독일, 프랑스의 예에 따라 ─ 독립된 헌법기관으로 두는 방안이 선호되었던 것도 그 때문이었다.

---

54) 차진아, 감사원의 독립기관화에 대한 헌법적 검토, 고려법학 제54호(2009.9), 87-130 (87-92)면.

55) 차진아, 앞의 논문, 114-115면.

56) 김영준 감사원장은 노태우 정권 말기에 임명되었다가 김영삼 정권 출범 직전에 사퇴하였고, 전윤철 감사원장은 노무현 정권 때 임명되었다가 이명박 정권이 들어서자 취임 6개월여 만에 물러났으며, 양건 감사원장은 이명박 정권 때 임명되었으나 박근혜 정권이 들어서자 임기가 약 1년 7개월 남은 상태에서 전격 사퇴하였다(http://news.khan.co.kr/kh_news/khan_art_view.html?art_id=201308252254485#csidx021ebebee92c0c2b0bca5d7c5fbcce7, 2020.1.14. 접속).

(3) 일부 낙마한 사례들은 어떤 의미를 갖는가?

그동안 국무총리 후보자나 감사원장 후보자 가운데서 국회의 인사청문회를 거친 후에 여러 가지 문제가 제기되면서 임명동의를 받지 못하여 낙마한 사례들도 있었다. 그렇다면 국회의 인사청문회 및 임명동의권도 나름으로 기능하는 것으로 볼 수 있지 않을까?

물론 인사청문회조차 없다면 더욱 문제가 심각할 것이고, 국회의 임명동의권이 있는 경우와 없는 경우 사이에 차이가 있는 것도 당연하다. 그러나 없는 것보다 낫다는 점이 현재의 상태에 만족할 수 있다는 의미는 결코 아니다. 인사청문회를 통해 고위공직 후보자들의 문제를 확인할 수 있는 기회를 갖는 것도 중요하고, 국회에서 임명동의를 거부함으로써 낙마시킬 수 있는 것도 중요하다. 하지만 보다 중요한 것은 인사청문회가 내실을 확보하는 것이며, 국회의 임명동의권이 올바르게 행사되는 것이다.

이를 위해서는 무엇보다 여당은 대통령의 인사에 대해 무조건 찬성하고, 야당은 무조건 반대하는 태도가 근본적으로 바뀌어야 하며, 합리적인 기준과 절차에 따라 인사청문회와 국회의 동의절차가 진행되어야 한다. 그렇지 않으면 인사청문회에서 통과되었는지의 여부는 객관적이고 공정한 기준에 따른 것이라기보다는 여당과 야당 사이의 타협의 산물 혹은 여러 후보자들 중에서 조금 더 정도가 심한 인물이나 여론의 비난이 집중된 인물을 희생시키는 것에 불과하게 될 수 있다.

3. 장관, 검찰총장, 경찰청장 등에 대한 국회의 인사청문회와 그 실효성

(1) 인사청문회 대상 확대의 의도와 결과

국회법 및 인사청문회법의 개정을 통해 인사청문의 대상은 조금씩, 하지만 지속적으로 확대되었다. 지금 국회의 인사청문 대상은 미국에 비하면 초라할 정도로 적지만, 헌법상 국회의 임명동의권이 인정되지 않는 고위공직 후보자들의 숫자가 제법 많이 늘어난 상태이다.

이처럼 인사청문회의 대상을 확대한 것은 분명히 대통령의 인사권 남용을 통제하기 위한 것이었다. 인사청문회의 대상 확대에서 가장 먼저 포함되었던 것이 장관들도 아니고 오히려 직급상 그 밑에 있는 이른바 4대권력기관장, 즉 국세청장, 국정원장, 검찰총장, 경찰청장이었다는 점은 이미 인사청문회를 통해 권력기관의 인선을 통제하고, 이를 통해 권력의 오남용에 대한 통제를 목적으로 하였음을 분명히 드러내는 것이다.

그런데 결과적으로 이러한 목적이 달성되었다고는 보기 어렵다. 한편으로는 국회의 임명동의권이 없기 때문에 대통령이 인사청문 과정에서의 여러 문제점에도 불구하고 임명을 강행하는 경우가 점점 많아졌기 때문이라고 할 수 있다. 다른 한편으로는 국회의 인사청문회를 큰 문제 없이 통과한 고위공직자라 하더라도, 결국 임명된 이후에는 대통령의 영향력 하에서 활동하는 것이 대부분이었기 때문이다.

(2) 인사청문회 대상 확대가 오히려 인사청문회의 부실화를 초래했나?

일각에서는 인사청문회의 대상을 확대함으로 인하여 오히려 부실화를 재촉했다는 주장도 나오고 있다. 그러나 이는 옳지 않다. 미국의 경우에는 우리나라에 비해 훨씬 많은 고위공직자들이 인사청문회의 대상이 되고 있는데 그로 인하여 인사청문회가 부실화되었다는 주장은 별로 없다.

오히려 인사청문회가 부실화된 가장 중요한 원인은 인사청문회에 임하는 여당과 야당의 태도에 있다고 보아야 할 것이다. 여당은 후보자 물망에 오른 인물에 대해 여러 문제점들이 드러나면 비판적인 발언을 하다가도 대통령의 의지가 확고하다는 말이 나오는 순간 무조건 찬성으로 돌아선다. 야당은 대통령의 인사에 대해 훌륭한 인선이라는 평가에 지극히 인색하며, 적어도 일부 후보자를 낙마시켜야 야당으로서 성과를 보인 것이라고 자평한다.

이러한 여당과 야당의 태도 때문에 국민들은 인사청문회 자체를 상당히 불신하게 되었다. 언론보도 등을 통해서 후보자의 장점과 단점이 알려지고 있는데, 국민들이 납득하기 어려운 이유들을 내세우면서 찬성하는 여당과 반대하는 야당을 국민들이 어떻게 신뢰하겠는가. 결국 문제의 핵심은 인사청문회의 대상 확대가 아니라 인사청문회를 내실화하는 것이며, 이를 위해 여당과 야당의 전면적인 태도 변화가 필요할 것이다.

(3) 인사청문회의 내실화를 위해 필요한 것은 무엇인가?

인사청문회가 내실화되기 위해서 가장 중요한 것은 역시 여당과 야당이 인사청문회의 의미에 부합하는 합리적인 태도를 보여주는 것이다. 국정의 중요부분을 담당한 고위공직자의 인선을 위해서는 전문성과 도덕성이 구비되어야 한다는 점에 대해서는 누구도 부정하지 않는다. 그러므로 인사청문회에서는 일부 장점만을 부각시켜서 찬성하거나 단점만을 부각시켜서 반대해서는 안 될 것이며, 이를 종합적으로 평가하여 적임자인지 여부를 제대로 판단하여야 할 것이다.

또한 기준의 객관성과 공정성이 확보되어야 한다. 인사청문회를 할 때마다 기준이 달라지고, 그 결과 똑같은 문제를 갖고 있는 후보자가 어떤 경우에는 별 문제 없이 인사청문회를 통과하고, 또 어떤 경우에는 심한 결격사유로 질책을 받게 된다면 그러한 인사청문회 자체의 신뢰도가 약화될 수밖에 없다.

나아가 인사청문회의 내실화를 위해서는 인사청문회의 평가가 존중되어야 할 것이다. 물론 인사청문회의 객관성과 공정성이 제고되고, 이에 대한 국민의 신뢰가 높아진다면 대통령도 이를 함부로 무시하기 어려워질 것이다. 하지만 양자는 상호작용 속에 있다. 현재는 인사청문회가 내실을 갖추지 못했고, 그로 인해 인사청문회의 평가 내지 판단이 존중받지 못하고, 또 그런 상황에서 인사청문회의 내실을 갖추기 어려워지는 악순환이 되풀이되고 있다. 이를 선순환으로 바꿔야 할 것이다.

4. 인사청문회의 부적격 판단과 대통령의 임명 강행, 어떤 결과를 낳는가?

(1) 인사청문회 도입 초기 인사청문회의 법적 효력에 대한 논의

인사청문회 도입 초기에 그 법적 효력에 대한 논란이 있었다. 이에 대해 다양한 견해들이 있었지만, 당시 다수의견은 헌법상 국회의 임명동의권이 인정되는 경우의 인사청문회와 그렇지 않은 경우의 인사청문회는 달리 보아야 한다는 것이었다.

이러한 다수의견은 헌법의 문언에 충실한 해석이라고 볼 수 있지만, 헌법해석의 다양한 방법에 비추어 볼 때, 논란의 소지는 적지 않다. 그러나 다수의견을 배경으로 대통령이 국회의 임명동의권이 헌법상 명시되지 않은 장관, 4대권력기관장 등의 고위직 공무원을 임명할 때에는 인사청문회의 결론이 법적 구속력을 갖지 못한다는 주장이 통용되었으며, 실제 대통령이 인사청문회의 반대에도 불구하고 임명을 강행하는 사례들이 점차 증가되었다.

특히 최근에는 국회의 임명동의를 요하는 국무총리와 감사원장이 아닌 행정부 고위공직자에 대해서는 대통령의 임명권이 사실상 통제 없이 행사되는 경향을 보이고 있다. 이는 인사청문회제도 도입의 취지에 정면으로 반하는 것이라 할 수 있다.

(2) 최근 인사청문회의 판단에 대한 대통령의 임명 강행 사례

인사청문회 제도가 도입된 이후 국회의 인사청문회 결과와 상관없이 임명을 강행한 사례는 날로 늘어나고 있다. 노무현 정부에서는 81명의 청문 대상자 중에서 10명(12.3%)을, 이명박 정부에서는 113명의 후보자 중에서 50명(44.2%)을, 박근혜 정부에서는 99명의 후보자 중에서 41명(41.4%)을, 문재인 정부에서는 조국 사태 이전까지 60명의 후보자 중에서 29명(48.3%)을 임명 강행한 것으로 알려지고 있다.[57]

반면에 인사청문회를 거치면서 낙마한 사례는 노무현 정부에서 3명(3.7%), 이명박 정부에서 10명(8.8%), 박근혜 정부에서 10명(10.1%), 문재인 정부에서 5명(8.3%)으로 나타나고 있다. 이러한 수치는 현 정부에서 임명 강행은 늘고, 낙마한 사례는 줄어서 인사청문회가 더욱 부실화되고 있음을 보여준다.[58]

---

57) http://www.donga.com/news/article/all/20190903/97240093/1 (2019.12.1. 접속).
58) http://www.donga.com/news/article/all/20190903/97240093/1 (2019.12.1. 접속).

(3) 인사청문회 무용론과 그 파급효. 대통령은 비껴나 있는가?

최근에 들어와 인사청문회를 무시하고 임명을 강행하는 사례가 더욱 많아짐에 따라 인사청문회 무용론이 광범위하게 확산되고 있다. 이러한 현상은 국회의 무기력함을 질타하는 것이기도 하지만, 다른 한편으로는 대통령의 임명 강행에 대한 국민들의 반발이 점점 더 커지고 있음을 보여주는 것이기도 하다.

그동안 역대 대통령은 국회의 동의 없이 임명을 강행하는 것에 대해 큰 부담을 느끼지 않은 것으로 보인다. 어차피 임명권은 대통령에게 있고, 국회의 인사청문회는 단지 임명을 위한 요식행위 내지 참고자료 정도로만 생각한 셈이다. 그러나 과연 주권자인 국민도 그렇게 생각하고 있을까? 최근 청와대의 인사검증 실패에 대한 비판의 목소리가 매우 높았다. 그런데 그럼에도 불구하고 임명을 강행하는 대통령에 대해 다수의 국민들은 지지와 신뢰보다는 우려를 갖게 되었다. 그리고 그 결정판이 조국 전 법무부장관의 임명 강행이었다고 할 것이다.

인사청문회제도는 대통령의 인사권을 통제하는 제도다. 그러나 이는 대통령을 옥죄기 위한 것이 아니라 합리적인 인사를 위한 견제인 것이다. 민주적 절차란 많은 경우에 불편하고 비효율적인 것처럼 보이지만, 이를 통해 수많은 갈등과 충돌을 방지할 수 있다는 점에서 오히려 장기적인 안정과 효율성을 확보하는 것이다. 인사청문회 역시 그런 제도의 하나이며, 이를 제대로 운용함으로써 국민들이 납득할 수 있는 합리적 인사권 행사를 하는 것이 대통령의 독선적인 인사권 행사보다 국가의 장래를 위해 훨씬 바람직한 것이다.

V. 인사청문회 유명무실화의 원인과 대책

1. 헌법상 국무총리, 감사원장 등의 인사청문회와 장관 등에 대한 인사청문회의 차이

(1) 헌법규정의 차이와 국회법 및 인사청문회법의 태도

인사청문회가 '하나마나'라는 비판의 대부분은 국회의 임명동의권이 없는 장관 등에 대한 인사청문회에 집중되고 있다. 앞서 살펴본 바와 같이 국무총리, 감사원장 등에 대한 인사청문회의 경우에도 문제가 있는 것은 분명하지만, 국회의 인사청문회 결과에도 불구하고 임명을 강행하는 장관 등의 경우에 그 문제점이 더욱 뚜렷하게 나타나기 때문이다.

헌법상 국무총리와 감사원장, 그리고 대법원장, 대법관 및 헌법재판소장은 대통령이 국회의 동의를 얻어서 임명하도록 명시되고 있다. 반면에 장관(국무위원)과 4대권력기관장 등은 국회법과 인사청문회법에 따라 인사청문회를 거치도록 되어 있을 뿐, 국회의 동의에 관해서는 아무런 규정이 없다. 헌법뿐만 아니라 국회법, 인사청문회법에도 국회의 동의를 요한다는 점은 규정되지 않고 있는 것이다.

그로 인하여 장관 등의 임명에 있어서는 대통령이 인사청문회의 결과에 법적으로 구속되지 않고 있으며, 단지 정치적 부담만을 지는 것으로 알려져 있다. 즉 야당의 반대와 국민의 비판을 감수할 각오만 하면 어떤 인물을 법무부장관이나 검찰총장 등으로 임명해도 위법한 것은 아니라는 것이다.

(2) 헌법 규정상의 차이는 해석론으로 극복할 수 없는 것인가?

미국의 경우 상원의 인사청문권은 연방헌법 제2조 제2절 제2항에 근거한 것으로 인정된다. 즉, 원칙적으로 모든 연방공무원의 임명에 상원의 동의를 얻도록 하되, 하급 공무원에 대해서는 법률로써 상원의 동의 없이 임명할 수 있도록 정하고 있으며, 이러한 포괄적인 수권에 기초하여 상원은 대통령의 인사권 전반에 대해 동의권을 갖고 있다고 인정되는 것이다.

이와는 달리 우리 헌법은 몇몇 공무원에 대해서만 개별적으로 국회의 동의를 받도록 정하고 있다. 그 취지는 대통령의 인사권을 보다 폭넓게 인정하는 것에 있음은 분명해 보인다. 그러나 민주화 이후 30년이 지난 현재에도 과거 해석을 그대로 유지하는 것이 타당할지는 의문이다. 오히려 민주주의 발전에 상응하여 대통령의 인사권에 대한 통제를 강화할 수 있는 해석을 모색할 필요성이 더욱 커지고 있는 것이다.

일각에서는 헌법개정을 통해 대통령 인사권에 대한 국회의 동의권을 확대하자는 주장이 나오고 있다. 그러나 헌법개정 없이 헌법변천, 즉 헌법해석의 변경을 통해서도 국회의 동의권을 확대하는 것은 충분히 가능할 것으로 보이며, 이런 주장을 하는 헌법학자들도 점차 늘고 있다. 헌법에서 국무총리, 감사원장 등에 대해서 국회의 임명동의권을 명시한 것은 이들을 제외한 다른 고위직 공무원에 대해서는 동의를 요하지 않는다는 반대해석을 할 것이 아니라, 그 밖의 공무원들에 대해서는 법률로 정할 수 있다고 개방적 해석을 하는 것이 더 합리적이라는 것이다.[59]

(3) 헌법상 예산안 제출기한과 국가재정법상 예산안 제출기한의 차이가 보여주는 시사점

이와 유사한 헌법변천은 이미 여러 차례 있었다. 최근의 예로는 헌법 제54조 제2항과 국가재정법 제33조의 관계를 들 수 있다.

헌법 제54조 제2항은 "정부는 회계연도마다 예산안을 편성하여 회계연도 개시 90일전까지 국회에 제출하고, 국회는 회계연도 개시 30일전까지 이를 의결하여야 한다"고 규정하고 있다. 그런데 국가재정법 제33조는 "정부는 제32조의 규정에 따라 대통령의 승인을 얻은 예산안을 회계연도 개시 120일 전까지 국회에 제출하여야 한다"고 규정하고 있다.

이처럼 헌법규정에서 90일로 명시했음에도 불구하고 국가재정법에서 120일로 이를 확대한 것은 헌법규정의 취지가 최소한 90일의 예산심의기간을 국회에 보장해주기 위한 것으로 볼 수 있으며, 이를 축소하는 것은

---

59) 장영수, 헌법재판관 '국회 同意' 필요한 이유, 문화일보 2019.4.16자(http://www.munhwa.com/news/view.html?no=20.9041601073111000005) (2019.12.25. 접속).

위헌이 될 것이지만, 이를 확대하여 120일로 정한 것은 위헌이 아니라고 보기 때문이다.[60)]

마찬가지로 국무총리 등에 대해서 국회의 임명동의를 받지 않는 것은 위헌이 될 것이지만, 법률로써 장관 등에 대해서까지 국회의 임명동의를 받도록 하는 것은 위헌이 되지 않을 것이다.

2. 현행 인사청문회법의 구조적 문제

(1) 미국과 비교할 때, 대상자의 범위가 적절한가?

앞서 검토한 바와 같이, 미국의 대통령은 약 6,000명의 공직자를 임명할 권한을 가지며, 대략 2년의 회기 동안 4,000건의 공직과 65,000건의 군인 임명에 관한 인준동의안이 제출된다.[61)] 상원의 인준을 거쳐야 하는 행정부의 공직만 해도 1,200건 이상이라고 할 정도여서 이를 적정한 수준으로 감소시켜야 한다는 주장까지 나오고 있으며, 상원에서 2011년 법제정을 통해 상원의 인준을 거쳐야 하는 직위를 축소하는 개혁을 단행하기도 하였다.[62)]

물론 이들 모두에 대해서 상원의 인사청문회가 열리는 것은 아니지만, 상원의 인준권은 그만큼 폭넓게 인정되고 있으며, 인사청문회 대상은 장관, 차관 및 차관보급까지로 한정되는 것이 관례이다. 하지만 그 숫자만 해도 우리나라와는 비교할 수 없을 정도로 많은 숫자이다.

반면에 우리나라의 인사청문대상은 장관들과 4대권력기관장 이외에 차관급도 대부분 배제되고 있을 정도로 인사청문회의 대상이 협소하다. 물론 인사청문회의 대상을 확대하는 것이 무조건 좋다는 것은 아니지만, 적절한 인사통제를 위해서는 현재보다 인사청문회의 대상을 더 확대하는 것이 필요할 것이다.

---

60) 장영수, 국가재정법 개정안에 대한 검토의견, 「예산안 조기제출을 위한 국가재정법 개정안」에 관한 공청회, 2012.10.25, 기획재정부, 41-56면.
61) 권건보·김지훈, 앞의 책, 51면.
62) 권건보·김지훈, 앞의 책, 51면.

(2) 인사청문회의 기준과 절차의 명확성 문제

인사청문회의 개선과 관련하여 대상의 확대보다 더욱 중요하고 시급한 것은 인사청문회의 기준과 절차를 제대로 정립하는 것이다.[63]

현행 국회법과 인사청문회법은 인사청문특별위원회의 구성 및 활동에 관한 사항을 정하고 있지만, 인사청문회의 절차와 기준에 대해 명확하게 정하고 있다고 보기는 어렵다. 구체적으로 공직후보자의 어떤 점을 어떤 기준에 따라 평가해야 하는지, 이를 위해 어떤 절차를 거쳐야 하는지가 불분명하기 때문에 여당은 여당대로, 야당은 야당대로 정치적 입장에 따라 인사청문회를 이용하려 했고, 그 결과가 인사청문회의 파행으로 나타났던 것이다.

예컨대, 인사청문회법에서 후보자 검증과 관련하여 전문성 측면과 도덕성 측면에서 각각의 평가요소 및 평가기준을 구체적으로 정해놓고, 사실관계 중심으로 이를 하나씩 검토하고 검증하는 방식으로 절차를 진행할 경우에는 여당과 야당의 정치적 입장 차이에도 불구하고 훨씬 합리적인 인사청문회가 될 수 있을 것이다.

또한 전문성에 관한 후보자 검증은 공개가 당연하겠지만, 도덕성과 관련된 후보자 검증은 후보자의 요청 또는 위원회의 결정에 의해 비공개로 할 수 있도록 함으로써 신상털기 등의 우려에 따른 공직후보자 기피현상을 최소화할 수도 있을 것이다.

(3) 인사청문 결과의 효력의 강화 필요성

인사청문회의 기준과 절차를 합리화함으로써 그 결과의 합리성을 확보하게 된다면, 그 다음 단계로는 인사청문회에서 내려진 결론에 대한 법적 구속력을 인정하는 것이 필요할 것이다.

대통령의 인사권에 대한 통제 필요성은 과거 어느 때보다도 커지고 있으며, 이를 위해서는 국회의 인사청문 결과에도 불구하고 대통령이 임명을

---

63) 이진홍, 앞의 논문, 270면.

강행하는 일이 없도록 하는 제도적 장치 마련이 필요하다. 즉, 국회법 및 인사청문회법에서 인사청문회의 결과를 국회 본회의에 보고하고, 본회의의 의결에 따라 대통령의 임명을 저지할 수 있도록 하는 규정을 두는 것이 바람직하다는 것이다.

과거 이러한 규정을 두는 것조차 위헌이라는 주장이 있었지만, 앞에서 설명한 것처럼 오늘날에는 헌법조항을 달리 해석하는 것이 가능하고 필요하다고 보아야 할 것이다.

3. 인적 쇄신이 필요한가? 정치문화의 개선이 필요한가? 제도 개선이 필요한가?

(1) 제도와 사람은 양자택일의 문제가 아니다!

국가적으로 중대한 문제가 발생하면, 그 원인 분석과 관련하여 제도가 문제인지, 아니면 사람이 문제인지에 대해 논란이 벌어지는 경우가 많다. 제도와 사람에 관한 해묵은 논란은 사실 적절치 않은 것으로 보인다. 제도만으로 혹은 사람만으로 모든 문제가 완전하게 해결될 수는 없기 때문에 제도는 제도대로, 사람은 사람대로 필요한 것이기 때문이다.

결국 인사청문회의 개선에 있어서도 제도의 문제와 사람의 문제는 함께 다루어져야 한다. 즉, 한편으로는 제도 개선을 통해 인사청문회를 정상화할 수 있는 기틀을 만들어야 하며, 다른 한편으로는 인사청문회에 참여하는 사람들의 인식을 개선하고 자질을 향상시킴으로써 인사청문회가 개선될 수 있는 것이다.

그러므로 제도와 사람의 문제는 양자택일이 아닌, 선순환이냐 악순환이냐의 문제로 접근하는 것이 옳다. 좋은 제도 속에서 좋은 사람들이 선출되어 제도를 올바른 방향으로 지속적으로 개선해 나갈 경우에는 선순환이 될 것이며, 나쁜 제도 속에서 제도의 올바른 운용에 관심 없는 사람들이 제도를 악용하고, 심지에 그런 가운데 이익을 취하기 위해 제도를 왜곡시킬 경우에는 악순환이 되는 것이다.

(2) 개혁은 모든 부분에서 동시 진행되어야 한다

국가적으로 중요한 개혁은 어느 한 부분만을 바꾸는 것으로 성공할 수 없다. 이는 마치 중병을 앓고 있는 사람에게 문제 있는 부위의 수술 또는 투약만으로 모든 문제가 해결되는 것은 아니며, 적절한 영양 섭취와 휴식, 운동 등이 동시에 필요한 것과 마찬가지이다. 국가적인 개혁 역시 제도와 사람, 그리고 이를 뒷받침하는 정치문화 개선이 동시에 진행되어야 성공할 수 있다.

인사청문회의 문제도 그러하다. 겉으로 드러난 것은 대통령의 인사권과 이를 통제하는 국회의 인사청문회의 합리성, 효율성의 문제이지만, 그 뿌리에는 삼권분립이 제대로 작동하고 있는지, 여당이 무조건 대통령을 추종하는 것이 아니라 — 미국의 공화당이 트럼프 대통령의 정책에 대해 그러하듯이 — 합리적인 반대를 통해 견제의 역할도 적절하게 하는 정치문화가 형성되어 있는지가 매우 중요한 것이다.

그러므로 인사청문회의 문제를 인사청문회에 관한 국회법과 인사청문회법의 문제로만 좁게 보는 것도 옳지 않다. 당연히 관련 규정들의 개선이 제1차적인 개혁 대상이 되어야 하겠지만, 보다 넓게 대통령과 국회의 관계 자체를 개선하고, 나아가 이를 가능케 하는 정치문화의 개혁을 위해 노력하는 것이 수반되어야 할 것이다.

(3) 그중에서도 가장 중요한 것은 제도 개선이다

인사청문회의 문제를 놓고 대통령과 국회의 관계, 정치문화의 개선까지 논의할 경우에는 오히려 제도개혁이 더 어려워진다는 반론이 있을 수 있다. 그러나 천리 길도 한 걸음부터라고 했다. 목표는 천리지만 당장은 첫 발걸음을 떼는 것이 중요하다. 그리고 인사청문회의 개선을 위한 첫 발걸음은 당연히 제도 개선, 즉 국회법 및 인사청문회법 개정을 통해 인사청문회의 기준 및 절차를 합리화하고, 인사청문의 실효성을 제고하는 것이 되어야 한다.

이처럼 작은 제도의 개선에서부터 시작해야 하는 것은 세 가지 이유에서다. 첫째, 작은 것에서부터 가시적 성과를 내는 것이 중요하며, 둘째, 작은 성과들이 축적되어서 큰 변화를 일으킬 수 있으며, 셋째, 이러한 제도의 변화 속에서 인적 쇄신도, 정치문화 개선도 안정성과 계속성을 확보할 수 있기 때문이다.

그동안 큰 변화를 꾀하다가 아무런 성과를 거두지 못하고 개혁 자체가 좌절된 경우가 수없이 많았다. 인사청문회의 개혁은 합리적인 논의를 통한 국민적 공감대 형성을 기반으로 성공적인 개혁으로 이어지기를, 나아가 이를 기반으로 대한민국의 헌법질서 전체가 조금씩 더 좋은 방향으로 바뀌어 가기를 기대한다.

Ⅵ. 결론: 인사청문회의 정상화를 위한 대통령의 몫, 국회의 몫, 국민의 몫

인사청문회의 유명무실화에 대한 가장 큰 책임은 누구에게 있을까? 아마도 다수의 국민들이 대통령을 지목할 것이다. 비록 국회에 대한 불신이 매우 높기는 하지만, 적어도 인사청문회에 있어서는 국회의 인사청문 결과를 무시하고 임명을 강행하는 대통령이 인사청문회를 무력화시키는 가장 큰 원인제공자임을 부정할 수 없기 때문이다.

그동안 역대 대통령들이 인사청문회의 구속력을 부인하면서 임명을 강행했던 가장 큰 이유는 인사권이 갖는 의미에서 찾을 수 있다. 과거 김영삼 전 대통령이 자주 말했던 것처럼 '인사(人事)가 만사(萬事)'라고 할 정도로 인사권은 곧 권력의 핵심이며, 이를 포기하는 것은 대통령이 권력의 상당 부분을 내려놓는 것이 되기 때문이다.

그러나 대통령의 인사권이 절대적일 수는 없다. 그동안 대통령의 무리한 인사로 인한 폐해는 국민들이 감당해야 했으며, 이제는 대통령의 인사권을 합리적으로 통제할 필요성이 더욱 분명해졌다. 행정국가화 경향이 뚜렷한 현대 민주국가에서 정부의 활동에 대한 구체적·개별적 통제에는 한계가 뚜렷하며, 그 결과 재정 통제 및 인사권 통제의 중요성이 더욱 부각되고 있다. 그리고 재정 통제 이상으로 중요한 것이 인사권 통제라 할 수 있다.

　전문성과 도덕성을 무시한 코드인사의 폐해는 더 이상 부인할 수 없으며, 인사 기준의 작위적인 변경은 위인설관(爲人設官)과 다를 바 없다. 이처럼 인사 기준의 객관성과 명확성이 없는 인사는 성공할 수 없다. 조국 사태를 교훈삼아 합리적인 인사권 통제에 대통령이 적극적으로 협력해야 할 것이다.

　또한 국회의 인사청문회에서 여당의 무조건 찬성, 야당의 무조건 반대도 바뀌어야 한다. 이로 인해 인사청문회에 대한 국민의 불신이 깊어졌다는 점을 외면해서는 안 된다. 전문성과 도덕성을 검증하는 인사기준이 객관적으로 설정되고, 이를 통한 공정한 인사검증이 되어야 한다. 이를 위해 인사청문회법에 심사기준을 명문화, 구체화하는 것이 필요할 것이다.

　그리고 대통령의 인사권 행사 및 국회의 인사청문회에 대한 국민들의 이성적 비판과 통제가 무엇보다 중요하다. 이를 위해 대통령의 인사권 행사 및 국회의 인사청문회가 갖는 의미를 국민들도 정확하게 이해할 수 있어야 하며, 진영논리에 따른 찬반이 아니라, 국민을 위해 일할 수 있는 능력과 자격을 국민들이 판단할 수 있어야 한다.

　이러한 조건들이 갖추어졌을 때, 대한민국의 인사청문회제도가, 나아가 대한민국의 헌법질서가 보다 나은 방향으로 계속 발전해 나갈 수 있을 것이다.

06

변호사 성공보수 약정은
필요악인가?

정한중

한국외국어대학교 법학전문대학원장, 변호사

10년간 변호사로 활동하다. 2005년부터 2년간 사법제도개혁추진위원회 기획추진단에서 기획위원으로 상근하면서 국민참여재판, 형사소송법, 법학전문대학원 설치 등 관련 법률의 성안과 홍보에 적극적으로 참여하였다. 법학전문대학원 출범 이후 12년째 법조윤리, 형사소송법, 형사변호사실무 강의와 연구를 통해 다수의 우수한 법조인을 양성하였고, 현재 법학전문대학원 원장을 맡고 있다. 이러한 경험을 바탕으로 국회공직자윤리위원회 위원, 국회윤리심사자문위원, 검찰과거사위원회 위원장(대행), 검찰개혁위원회 1분과위원장, 국회소청심사위원장 등 많은 자문을 하였다. 저술로는 『법조윤리』(공저), 『로스쿨실습과정』(공저)이 있고, 법조윤리, 국민참여형사재판, 형사소송, 형법 등에 관한 다수의 논문을 발표하였다.

Ⅰ. 변호사는 상인인가?

변호사는 법률전문가로서 기본적 인권을 옹호하고 사회정의 실현에 이바지해야 하는 의무를 지닌 업무상의 공공성을 가지고 있는가, 나아가 직무수행에 있어서 독립성을 가진 준사법기관으로서의 성격을 가지고 있는가 아니면 상품으로서의 법률서비스를 공급하는 상인에 불과한지에 대하여 논란이 있다. 이러한 논란은 변호사 보수를 제한할 수 있는가와 밀접한 관련을 가지고 있다.

독일에서는 변호사의 지위를 독립한 사법기관의 하나로 보기 때문에 변호사의 공공성과 직무상의 독립성이 전면에 부각된다. 따라서 독일은 공익적 성격이 뚜렷한 변호사의 특성을 감안하여 변호사보수를 산정함에 있어서 법률로 그 기준을 명시하는 방식으로 규제하고 있고, 따라서 보수에 관한 분쟁의 소지가 매우 적다.

미국의 경우에는 변호사는 법률전문가로서 의뢰인에게 법률지식을 제공하고 그 대가로 보수를 지급받는 전문비즈니스맨의 성격이 강하여 변호사보수도 원칙적으로 변호사와 의뢰인 사이의 합의에 의해 정해지며 특별한 규제는 없다.[1] 다만 미국에서도 변호사윤리강령the Canons of Professional Ethics에서 변호사는 사법제도 개선에 조력할 윤리적 의무를 부담한다고 규정하고 있다. 또 직무행위표준규칙Model Rules of Professional Conduct에서는 변호사를 사법제도의 담당자an officer of the legal system, 공적시민a public citizen 이라고 규정하고 있다. 따라서 변호사의 소위 전문성이론Profession에 입각하여 변호사 개인의 이익이 의뢰인의 이익 및 공익에 우선해서는 안 된다는 원칙 아래 형사사사건과 가사사건에서 성공조건부 선임이 금지되어 있다.

우리나라에서도 미국의 법서비스모델[2]의 영향 아래 변호사의 직무가 전

---

* 이하는 정한중, 변호사보수의 규제에 대한 연구, 「인하대학교 법학연구」 제14집 제1호 (2011.2), 85-122면을 수정 보완한 것임.
1) 박경재, "변호사의 법적지위와 변호사보수", 「법학연구」 제51권 제1호, 부산대 법학연구소, 2010.2), 924면.
2) 1970년대 후반부터 1980년 전반에 신자유주의경제사상의 영향아래 미국에서 대량의 business lawer의 출현 등 변호사를 둘러싸고 있는 환경의 변화에 따라 전문성이론에

문성과 공공성 및 윤리성을 갖는다는 전문직 이론은 변호사의 집단적 이해 관계가 조작해 낸 허구라고 하는 견해가 있다.[3] 또한 현실에서 변호사의 상인으로서의 실태를 직시하고 이를 인정해야 한다는 주장이 변호사들로부 터도 나오고 있고, 실제로 변호사들의 상인적 업무실태는 일반적 현상으로 지적되고 있다.[4]

그러나 변호사의 직업윤리 중에서 직무의 공공성을 포기하면 변호사의 존재이유를 상실하게 된다는 점에서 이러한 주장은 타당하지 않다.[5] 변호 사가 단순히 상인이라고 할 수 없고,[6] 그 업무의 공공성은 변호사 제도의 본질에 해당하기 때문에 아무리 강조해도 지나치지 않는다고 할 것이다.[7] 즉 변호사업무는 그 기본 속성이 공공성을 지니고 있다. 하지만 변호사는 공무원이 아니고, 사업자등록증을 관할 세무서에서 받아 업무를 보고 의뢰 인으로 사건을 수임하고 그에 대한 대가인 보수로 경제적으로 생활하는 사 경제주체이다.

여기에서 종래 변호사의 상인성을 부정하는 주된 논거로 들고 있는 '변 호사업무의 공공성'에서 공공의 대상은 변호사가 의뢰인으로부터 수임 받 은 위임사무를 처리하기 위해 행하는 변호사의 활동내용, 즉 수임사무의 내용이 공공성을 띤다는 의미이지, 그러한 수임사무를 의뢰인으로부터 위 임받는 행위, 즉 수임행위(변호사 선임계약)가 공공적 성격을 가진다는 뜻은 아니라고 하면서 이러한 수임행위를 '업'으로 하는 변호사에게 직업성을 인 정하지 못할 이유가 없다고 없다. 따라서 변호사 업무의 공공성 때문에 상 인성을 인정할 수 없다는 점은 적절한 논거가 되지 못하고, 최소한 변호사 보수에 관하여는 변호사업무의 공공성 때문에 이를 규제해야 한다는 논리

대해서 의문을 제기하면서 등장한 새로운 이론이 소위 법서비스모델이다. 이 모델에서는 변호사는 '상품으로서의 법률서비스'를 공급하는 '상인'이며, 변호사는 영리행위의 주체라 는 입장이다.

3) 이상수, 『법조윤리의 이론과 실제』, 서강대학교출판부, 2009, 46면.
4) 박경재, 앞의 논문, 926면.
5) 김재원, "변호사의 직업윤리와 일반윤리", 「법과 사회」 제29권, 2005, 112면.
6) 대법원 판례도 변호사가 의제상인에 해당되는지 여부가 쟁점인 사건에서 변호사를 상법 제5조 제1항이 규정하는 '상인적 방법에 의하여 영업을 하는 자'라고 볼 수 없다고 하여 상인성을 인정하지 않고 있다. 대법원 2007.7.26.자 2006마334 결정.
7) 정형근, "변호사직무의 공공성", 「한양법학」 제21권 제2집(통권 제30집), 2010.5, 208면.

는 더 이상 맞지 않게 되었다는 견해가 있다.[8]

그러나 수임계약에 따라 수임사무의 내용이 정해지는 등 양자가 밀접한 관련을 가지고 있는데 변호사의 활동내용과 수임계약을 엄격히 구분할 수 있을지 의문이다. 다만 변호사업무는 공공성을 가지고 있다고 판단되지만 변호사 보수에 대한 규제가 반드시 변호사업무의 공공성에서만 그 근거를 찾는 것은 적절하지 않다는 지적은 타당하다고 본다. 국민생활에 중요한 의미를 가지는 공공적 재화나 용역에 대해서는 그 공급이나 가격결정 등에서 국가에 의한 규제가 가해지기도 한다. 즉 주식회사 등 사경제주체도 계약의 상대방이나 가격결정 등에서 '독점규제 및 공정거래에 관한 법률,' '이자제한법' 등을 통하여 일정한 제약을 받을 수 있다. 변호사의 법률서비스도 그러한 용역의 하나로 볼 수 있다.[9]

Ⅱ. 변호사 성공보수의 의의

변호사 보수는 수임약정 시에 지급하는 착수금과 위임사무의 처리 결과에 따라, 즉 성공의 정도에 비례하여 의뢰인이 변호사에게 지급하는 성공보수로 나눌 수 있다. 여기서 '성공'의 의미는 '승소'와 유사하지만 기본적으로 변호사와 의뢰인의 약정에 의한 결과를 말하므로 승소와 반드시 일치한다고 할 수도 없다. 성공보수 약정은 다양한 형식으로 체결될 수 있는데, 공통점은 변호사의 보수가 수임사건의 결과에 좌우된다는 점이다. 착수금과 관련하여 크게 3가지 유형으로 나누어 볼 수 있다. 첫째, 착수금 없이 수임사건의 결과 여부에 따라 확정금액을 받는 유형이다. 즉 all or nothing 형식으로 약정하는 경우이다.[10] 둘째, 변호사가 착수금을 수령하고 성공한 경우에 추가로 보수를 받는 경우를 말한다. 우리나라와 일본에서 흔히 말하는 성공보수 약정이다.[11] 셋째, 착수금과 별개로 성공보수를

---

8) 박경재, 앞의 논문, 928면.
9) 박경재, 앞의 논문, 932면.
10) 즉 no win, no fee 형식이다. 이를 완전 성공보수제(박휴상, 『법조윤리』, 도서출판 피데스, 2010, 306면) 또는 조건부보수약정(최진안, 『법조윤리』, 세창출판사, 2014.12, 259면)이라고 한다.

약정하지만 성공하지 못한 경우에 착수금을 감액하는 약정이다. 즉 no win, less fee 형식의 약정이다. 변호사의 성공보수는 민사사건은 물론 행정·형사사건 등 사건의 종류를 가리지 않고 인정되었는데 한국의 경우, 전관예우 등과 관련하여 형사 성공보수가 문제되는 경우가 많았다.

III. 형사사건 성공보수 약정

1. 대법원 판결

대법원 2015.7.23. 선고 2015다200111 전원합의체 판결을 통해

「형사사건의 경우 성공보수 약정에서 말하는 '성공'의 기준은 개별사건에서 변호사와 의뢰인 간의 합의에 따라 정해질 것이지만, 일반적으로 수사 단계에서는 불기소, 약식명령청구, 불구속 기소, 재판 단계에서는 구속영장청구의 기각 또는 구속된 피의자·피고인의 석방이나 무죄·벌금·집행유예 등과 같은 유리한 본안 판결인 경우가 거의 대부분이다. 그렇기 때문에 성공보수 약정에서 정한 조건의 성취 여부는 형사절차의 요체이자 본질에 해당하는 인신구속이나 형벌의 문제와 밀접하게 관련된다. 만약 형사사건에서 특정한 수사방향이나 재판의 결과를 '성공'으로 정하여 그 대가로 금전을 주고받기로 한 변호사와 의뢰인 간의 합의가, 형사사법의 생명이라 할 수 있는 공정성·염결성이나 변호사에게 요구되는 공적 역할과 고도의 직업윤리를 기준으로 볼 때 우리 사회의 일반적인 도덕관념에 어긋나는 것이라면 국민들이 보편타당하다고 여기는 선량한 풍속 내지 건전한 사회질서에 위반되는 것으로 보아야 한다.

우선 성공보수의 개입으로 말미암아 변호사가 의뢰인에게 양질의 법률서비스를 제공하는 수준을 넘어 의뢰인과 전적으로 이해관계를 같이 하게 되면, 변호사 직무의 독립성이나 공공성이 훼손될 위험이 있고, 이는 국가 형벌권의 적정한 실현에도 장애가 될 수 있다. 간과해서는 안 되는 것은

---

11) 이를 제한적 성공보수제(박휴상, 위 책, 302면) 또는 성공조건부약정(최진안, 위 책, 258면)이라고 한다.

형사사건의 통상적인 성공보수 약정에서 정한 '성공'에 해당하는 결과인 불기소, 불구속, 구속된 피의자·피고인의 석방, 무죄판결 등은 변호사의 노력만으로 항상 이루어낼 수 있는 성격의 것은 아니라는 점이다. 우리나라의 형사소송절차는 기소편의주의를 채택하고 있고, 공판절차에서 직권증거조사 등 직권주의적 요소가 적지 않으며, 형벌의 종류와 형량의 결정에서도 재량의 범위가 상대적으로 넓게 규정되어 있는 등 수사나 재판의 결과가 상당한 권한을 가진 법관이나 검사의 판단 영역에 속하여 있다. 이에 따라 변호사로서는 성공보수를 받을 수 있는 '성공'이란 결과를 얻어내기 위하여 수사나 재판의 담당자에게 직·간접적으로 영향을 행사하려는 유혹에 빠질 위험이 있고, 변호사의 노력만으로 '성공'이란 결과가 당연히 달성되는 것은 아니라는 점을 알고 있는 의뢰인으로서도 성공보수를 약정함으로써 변호사가 부적절한 방법을 사용하여서라도 사건의 처리결과를 바꿀 수 있을 것이라는 그릇된 기대를 할 가능성이 없지 않다. 이로 인하여 형사사법 업무에 종사하는 공직자들의 염결성을 의심받거나 심지어는 정당하고 자연스러운 수사·재판의 결과마저도 마치 부당한 영향력의 행사에 따른 왜곡된 성과인 것처럼 잘못 인식하게 만들어 형사사법체계 전반에 대한 신뢰가 실추될 위험이 있다. 더구나 변호사가 구속적부심사청구, 보석신청 등을 하여 그에 대한 재판을 앞둔 상태에서 석방결정을 조건으로 의뢰인으로부터 미리 거액의 성공보수를 받는 경우라면 이러한 의혹과 불신은 더욱 증폭될 것이다. 이처럼 수사와 재판절차가 공정하고 투명한 과정을 통한 정의의 실현이 아니라 어떤 외부의 부당한 영향력이나 연고와 정실, 극단적으로는 '돈의 유혹이나 검은 거래'에 의해 좌우된다고 국민들이 의심한다면, 그러한 의심의 존재 자체만으로도 법치주의는 뿌리부터 흔들리게 되고, 형사절차의 공정성과 염결성은 치명적인 손상을 입게 된다. 어떤 행위가 이와 같은 사회적 폐단을 초래할 요인이 될 수 있다면 이는 형사사법에 관한 선량하고 건전한 사회질서에 어긋난다고 평가되어야 한다.

아울러 형사사건에서 일정한 수사·재판결과를 '성공'과 연결짓는 것 자체가 적절하지 않다. 국가형벌권의 공적 실현이라 할 수 있는 수사와 재판의 결과를 놓고 단지 의뢰인에게 유리한 결과라고 하여 이를 임의로 '성공'

이라고 정하고 그에 대한 대가로 상당한 금액을 수수하는 것은 사회적 타당성을 갖추고 있다고 볼 수 없고, 이는 기본적 인권의 옹호와 사회정의의 실현을 그 사명으로 하는 변호사 직무의 공공성 및 윤리성과도 부합하지 않는다. 만약 '성공'에 해당하는 수사·재판결과가 부적절한 방법으로 마땅히 받아야 할 처벌을 모면한 것이라면 사법정의를 심각하게 훼손한 것이다. 반대로 그것이 당연한 결과라면 의뢰인은 형사절차 때문에 어쩔 수 없이 성공보수를 지급하게 되었다는 억울함과 원망의 마음을 갖게 될 것이다. 피해자·고소인을 대리하면서 피의자·피고인의 구속을 성공의 조건으로 내세운 약정의 경우에는 국가형벌권을 빌려 '남을 구속시켜 주는 대가'로 상당한 금액을 수수하는 것이어서 이러한 불합리함이 더욱 드러나게 된다.

물론 변호사는 형사절차에서 의뢰인을 위하여 적절한 변명과 반박, 유리한 사실적·법률적 주장과 증거의 제출 등 성실한 변론활동을 함으로써 피의자·피고인의 기본적 인권과 이익을 옹호하여야 하고, 이를 통하여 형사사법의 목적인 실체적 진실발견에도 도움을 주어 결과적으로 의뢰인에게 유리한 수사·재판결과가 도출될 수 있다. 또한 변호사가 사건의 성질과 난이도나 변론활동에 들인 시간·노력·비용에 상응하여 합당한 보수를 지급받는 것은 너무나도 당연한 일이다. 하지만 성공보수 약정이 따로 없더라도 변호사는 성실하게 의뢰인의 권리를 옹호하고 선량한 관리자의 주의로써 위임사무를 처리할 의무를 부담하는 것이다. 따라서 변호사가 형사절차에서 변호인으로서 마땅히 해야 할 변론활동을 놓고 특정한 결과와 연계시켜 성공보수를 요구하는 것은 그 타당성을 인정하기 어렵다.

또한 형사사건에서 성공보수 약정의 한쪽 당사자인 의뢰인은 주로 인신구속이나 형벌이라는 매우 급박하고 중대한 불이익을 눈앞에 두고 있는 시기에 이와 같은 약정을 맺는 경우가 많다. 법률 지식이 부족하고 소송절차에 대한 경험과 정보도 없는 다수의 의뢰인은 당장 눈앞의 곤경을 면하기 위하여 자신의 처지에 비추어 과다한 성공보수를 약속할 수밖에 없는 상황에 처할 수 있다. 이런 사정들로 인하여 의뢰인들의 성공보수 약정에 대한 불신과 불만이 누적됨으로써 변호사는 '인신구속이나 형벌을 수단으로 이용하여 쉽게 돈을 버는 사람들'이라는 부정적 인식이 우리 사회에 널리 퍼지게 된다면 변호사제도의 정당성 자체가 위협받게 되고, 이는 형사재판에 대한 신뢰와 승복을 가로막는 커다란 걸림돌이 될 것이다.

민사사건은 대립하는 당사자 사이의 사법상 권리 또는 법률관계에 관한 쟁송으로서 형사사건과 달리 그 결과가 승소와 패소 등으로 나누어지므로 사적 자치의 원칙이나 계약자유의 원칙에 비추어 보더라도 성공보수 약정이 허용됨에 아무런 문제가 없고, 의뢰인이 승소하면 변호사보수를 지급할 수 있는 경제적 이익을 얻을 수 있으므로, 당장 가진 돈이 없어 변호사보수를 지급할 형편이 되지 않는 사람도 성공보수를 지급하는 조건으로 변호사의 조력을 받을 수 있게 된다는 점에서 제도의 존재 이유를 찾을 수 있다. 그러나 형사사건의 경우에는 재판결과에 따라 변호사와 나눌 수 있는 경제적 이익을 얻게 되는 것이 아닐 뿐 아니라 법원은 피고인이 빈곤 그 밖의 사유로 변호인을 선임할 수 없는 경우에는 국선변호인을 선정하여야 하므로(형사소송법 제33조), 형사사건에서의 성공보수 약정을 민사사건의 경우와 같이 볼 수 없다.

결국 형사사건에 관하여 체결된 성공보수 약정이 가져오는 이상과 같은 여러 가지 사회적 폐단과 부작용 등을 고려하면, 비록 구속영장청구 기각, 보석 석방, 집행유예나 무죄 판결 등과 같이 의뢰인에게 유리한 결과를 얻어내기 위한 변호사의 변론활동이나 직무수행 그 자체는 정당하다 하더라도, 형사사건에서의 성공보수 약정은 수사·재판의 결과를 금전적인 대가와 결부시킴으로써, 기본적 인권의 옹호와 사회정의의 실현을 그 사명으로 하는 변호사 직무의 공공성을 저해하고, 의뢰인과 일반 국민의 사법제도에 대한 신뢰를 현저히 떨어뜨릴 위험이 있으므로, 선량한 풍속 기타 사회질서에 위반되는 것으로 평가할 수 있다.」

고 판시하여 민사 등 다른 사건과 달리 형사사건의 성공보수 약정이 무효라고 하고 있다.

2. 대법원 판결의 검토

대법원은 형사사건의 성공보수 약정이 무효라고 하면서 미국, 영국 등 대부분의 법률 선진국에서와 같이 변호사 직무의 독립성과 공공성을 침해하거나 사법정의나 신뢰를 훼손할 우려가 있어 공익에 반한다는 이유를 들고 있다. 나아가 위 판결은 「우리나라의 형사소송절차는 기소편의주의를 채택하고 있고, 공판절차에서 직권증거조사 등 직권주의적 요소가 적지 않으며, …」라고 설시하였다. 우리나라 형사절차가 현실에서는 전형적인 직권주의적으로 운영되어 왔으면서 대법원[12]이나 헌법재판소[13]에서 기본적으로 당사자주의라고 주장해왔는데 이제 대법원도 현실을 자백한 셈이다.[14] 영·미의 당사자주의 형사소송절차에서도 형사성공보수 약정을 금지하고 있으므로 우리 대법원도 형사절차의 직권주의 요소를 강조할 필요가 없다고 본다. 우리 형사소송구조는 당사자주의에 가까운데 법원에서 그렇게 운영하지 않았을 뿐임에도 직권주의로 무리하게 포장하여 형사사건에서 변호사의 노력을 무시하는 것은 변호사 보수 문제를 떠나 우리 형사소송 전반의 해석에 영향을 미친다는 점에서 바람직하지 않다.

이 판결의 실효성 측면에서도 문제가 있다. 위 판결 이후에도 현실에서는 여전히 형사 성공보수 약정이 행해지고 있다. 착수금의 잔금 형식 등 성공보수라는 단어는 사용하지 않으면서도 재판의 결과를 반영할 수 있는 다양한 보수약정을 하거나 아니면 기존 방식대로 성공보수 약정을 과감히 하기도 한다. 수사나 재판 등 사건 결과와 결부된 보수는 그 명칭이 '착수금'이든 '잔금'이든 일부를 결과에 따라 반환하기로 하는 약정 등은 모두 '성공보수'에 해당된다. 그러나 이러한 성공보수 약정을 하더라도 처벌되거

---

12) 대법원 2009.10.22. 선고 2009도7436 전원합의체 판결: 「우리나라 형사소송법이 당사자주의와 공판중심주의 원칙 및 직접심리주의와 증거재판주의 원칙 등을 채택하고 있다는 점 등을 아울러 살펴보면…」.

13) 헌법재판소 2012.12.27. 선고 2011헌마351 결정: 「위와 같은 당사자주의와 구두변론주의의 재판구조를 가지고 있는 형사소송절차에서…」.

14) 우리나라에서 사실 전형적인 당사자주의 절차라는 민사나 가사소송에서도 현실은 직권주의적이다. 그렇다면 대법원이 민사사건의 성공보수를 허용하는 이유가 궁색하다.

나 징계를 받지 않고 다만 변호사가 그 약정을 근거로 보수청구를 할 수 없고, 성공보수를 수령한 경우에 반사회질서로 무효이기 때문에 불법을 비교할 것도 없이 의뢰인의 청구가 있으면 반환하여야 할 것이다.[15]

가난한 의뢰인의 경우, 성공을 조건으로 보수를 지급하는 것이 오히려 실질적 부담이 경감되는 효과가 있고, 법조 경력이 짧은 변호사의 경우, 착수금 없는 조건부 보수를 제시함으로써 선임에서 유리할 수 있다. 즉 성공보수약정이 의뢰인과 변호사 모두에게 도움이 될 수 있고, 사법의 신뢰 제고 등은 착수금이든 성공보수 등 과다한 변호사 보수 문제와 전관예우라는 문제가 결부되어 있다.

통설은 물론 우리 대법원[16]도 「변호사의 소송위임 사무처리 보수에 관하여 변호사와 의뢰인 사이에 약정이 있는 경우 위임사무를 완료한 변호사는 원칙적으로 약정 보수액 전부를 청구할 수 있다. 다만 의뢰인과의 평소 관계, 사건 수임 경위, 사건처리 경과와 난이도, 노력의 정도, 소송물 가액, 의뢰인이 승소로 인하여 얻게 된 구체적 이익, 그 밖에 변론에 나타난 여러 사정을 고려하여, 약정 보수액이 부당하게 과다하여 신의성실의 원칙이나 형평의 관념에 반한다고 볼 만한 특별한 사정이 있는 경우에는 예외적으로 적당하다고 인정되는 범위 내의 보수액만을 청구할 수 있다」고 판시하고 있다. 그러나 분쟁의 사전 해결 측면에서 형사사건의 경우도, 성공보수약정을 금지하기보다는 전체 변호사 보수의 상한선을 제한하고 그 범위를 넘는 부분을 약정하는 경우에는 지방변호사 이사회의 승인을 받도록 하는 독일과 유사한 방식이 타당하다고 본다.

---

15) 다만 정형근, "변호사의 형사사건 성공보수약정에 관한 고찰, 「법조」 통권 제7395호 (2020.2), 349면 이하는 '성공 보수약정에 따라 보수금이 지급된 경우에는 불법원인급여 문제가 발생한다. 성공보수 약정이 민법 제103조 위반으로 무효라고 하므로 그런 약정은 불법원인급여에서 말하는 불법에 해당된다. 그러므로 그 약정대로 보수가 지급된 경우에는 의뢰인은 반환을 청구할 수 없다. 바로 이 때문에 성공보수 약정이 종전처럼 행해질 가능성이 크다. 다만, 수익자인 변호사에게 불법성이 현저히 큰 경우에는 반환청구가 가능하다'고 주장한다. 그러나 불법원인급여 이론으로 해결하려는 정교수님 견해는 성공보수 금지 판결의 실효성 측면에서 찬성하기 어렵다.

16) 대법원 2018.5.17. 선고 2016다35833 전원합의체 판결.

Ⅳ. 나가는 말

성공보수가 논란이 되는 것은 주로 사안의 성격이나 변호사가 처리한 업무의 양에 비하여 보수액이 현저히 과하기 때문이다. 성공보수의 긍정적인 면이 있고, 형사 성공보수의 허용 여부를 별도로 논하기보다는 과다한 보수, 즉 보수의 적정성에 포함하여 규제하는 것이 현실적이라고 할 것이다. 변호사 보수과다 문제는 주로 소위 전관예우를 받는 변호사들의 문제일 수 있다. 그러나 국민들의 전관에 대한 선호를 무시할 수는 없으므로 근본적으로는 전관의 배출을 억제하는 정책으로 나아가야지 해결될 수 있다. 즉 법조일원화를 통해 상당한 경력의 변호사가 법관으로 진출하도록 하고, 일정한 직위, 예를 들면 차관급 대우를 받는 고등법원 부장판사나 검사장 이상의 경우, 판사나 검사는 변호사 개업을 못하게 하거나 수임사건을 엄격히 제한하는 방안 등이 그것이다.

변호사업무는 공공성을 가지고 있다고 판단되지만 변호사 보수에 대한 규제가 반드시 변호사업무의 공공성에서만 그 근거를 찾는 것은 적절하지 않다. 변호사의 보수도 업무의 공공성 측면과 함께 변호사들의 시장 지배적 지위의 남용을 방지한다든가, 공정하고 자유로운 경쟁을 촉진하거나 소비자 보호 등을 근거로 얼마든지 규제가 가능하다. 서비스의 공공재적 성격과 그 제공방식인 보수결정이라는 사적 부분의 충돌이 있는 경우에 제공방식에 대한 규제도 가능하다고 본다. 이러한 충돌의 경우에 국가 등의 규제를 통하여 국민의 신뢰를 획득하여야만 궁극적으로 변호사 제도 자체의 상실[17]로 나아가는 것을 방지할 수 있기 때문이다.

---

17) 로마 시대는 언변이 뛰어난 사람을 포함하여 누구나 변론을 할 수 있었다.

07

재판권의 계륵(鷄肋)인 의료소송, 그 한계와 대안

이상덕

판사/대법원 재판연구관. Judge Sang-Deok Lee, Ph. D. in law, Research Division of the Supreme Court of Korea

18년차 판사이다. 판사로 근무하면서 학업을 병행하여 2010년에 행정법 전공으로 박사학위를 취득하였고, 현재 대법원 헌법행정조 재판연구관으로 근무하고 있다. 이론과 실무에서 공익과 사익의 조화, 행정의 효율성과 책임의 조화라는 행정법의 기본이념을 구현하는 것을 직업적 소명으로 생각하고 있다. 박사학위논문을 출간한 『영조물의 개념과 이론』(경인문화사, 2010)에서 현대국가에서 공공시설 민영화의 한계와 국가의 책임을 규범적 차원에서 규명하고자 시도하였다. '독일 행정법학의 아버지'라고 불리는 Otto Mayer(1846~1924)의 영조물이론을 토대로 행정조직법과 행정작용법을 두루 섭렵한 결과물이며, 2011년 학술원 우수학술도서로 선정되었다. 박사학위 취득 후에는 행정재판실무에서 행정소송법이 소송요건법학이라는 오명을 벗고 공공성에 관한 담론의 장으로 기능하도록 하는 것, 개별 행정영역에서 특수하게 발전되어 온 개별 제도와 이론을 행정법총론(행정법 일반이론)과 조화시키는 것이 주된 관심사항이다. 행정법이론과 행정재판실무를 연결하는 가교 역할을 할 수 있도록 매년 한두 편의 논문을 쓰고자 노력하고 있다. "불가쟁력이 발생한 행정처분의 再審査에 관한 법적 규율"(「사법논집」 63집, 법원도서관, 2016)이라는 논문으로 2018년 1월에 한국법학원 제22회 법학논문상을 수상하였다. 2018년에 출간된 『법학에서 위험한 생각들』(법문사)에 共著者로 참여하여 "대법원 판례는 절대적 진리인가, 아니면 남의 의견일 뿐인가?"라는 글을 게재하였다.

Ⅰ. 들어가며: 의료소송의 딜레마 상황

모든 국민은 헌법과 법률이 정한 법관에 의하여 법률에 의한 재판을 받을 권리를 가진다(헌법 제27조 제1항). 사법권은 법관으로 구성된 법원에 속한다(헌법 제101조 제1항). 국민의 재판청구권과 실효적 권리구제를 보장하는 것은 대한민국 헌법의 핵심적 구성요소인 법치국가원리의 본질적 내용이다. 의료인의 의료과오로 생명이나 건강이 훼손된 환자나 그 가족은 의료인이나 그를 고용한 자 등을 상대로 손해배상을 청구할 수 있어야 하고, 임의로 이행하지 않는 경우에는 재판이라는 강제수단을 통해 침해된 권리를 구제받을 수 있어야 한다. 즉 의료사고에 관하여 환자 측과 의료인 측 사이에 재판 외에서 분쟁이 해결되지 못한다면, 최종적으로는 법원이 재판을 할 수밖에 없다.

그런데 현실적으로 의료소송에서 환자 측의 권리가 실효적으로 구제되고 있지 못하며, 그것은 '가재는 게 편'이라는 속담이 있듯이 사회엘리트층에 속한 법관들이 같은 계층에 속한 의사들을 비호하고 두둔하기 때문이라는 생각이 일반대중들 사이에서 널리 퍼져 있다. 필자는 적어도 의료소송에서 법관 집단이 소송의 피고가 되는 의사 집단을 비호하거나 두둔하는 것은 절대로 아니라고 생각하지만, 피해자 측의 권리가 실효적으로 구제되지 못하고 있다는 지적에는 공감하고 있다. 나아가 현재의 시스템으로는 법원이 의료사건을 제대로, 잘 재판하기 어렵기 때문에, 과감하게 그에 대한 재판권을 내려놓아야 한다고 생각한다(물론 이는 입법정책적인 문제이다).

필자가 법관으로서 경험한 다른 사건유형들에서는 해당 사건을 주어진 기록의 범위 내에서[1] 정확히 이해하고 제대로 처리하는 것이라는 '상대적

---

1) 법관은 절대적 신(神)이 아닌 이상, 과거에 벌어진 사건의 진상(객관적 진실)을 100% 정확하게 알기 어렵다. 변론주의가 모든 소송의 기본 원칙이다. 일부 영역에서 직권주의가 가미되기는 하지만, 이는 소송당사자의 주장이나 신청에 구애되지 않고 법관이 주도적, 적극적으로 심리할 권한이 있다는 의미일 뿐이며, 법관이 적극적으로 심리하도록 촉구하는 사실상의 계기는 소송당사자나 사건관계인이 제공하여야 한다. 즉, 법관은 소송 절차에서 현출된 자료(이를 통틀어 '사건기록'이라고 부른다, '사건기록'이란 해당 사건에 관하여 제출된 소송서류와 증거를 묶어놓은 서류철을 의미하는 것이 아니라, 변론에서의

으로 강한 확신'을 가지고 판결을 선고하였던 반면, 유독 의료소송에서는 '과연 이게 정말로 맞나'라는 생각이 들 정도로 자신 없는 판결을 선고하는 경우가 많았다. 의료소송에서 판결을 선고하는 법관 스스로의 자신 없음이 단지 필자 개인만의 경험은 아니며, 의료소송을 담당하였던 상당수의 법관들이 같은 경험을 토로하고 있다.

법원이 의료소송의 재판을 하기는 해야 하는데, 잘 할 수도 없고, 해봤자 욕만 먹기 때문에, 의료소송은 사법부가 재판권을 담당하는 여러 소송 영역 중에서 계륵(鷄肋) 같은 존재이다. 계륵이란 닭의 갈비뼈라는 뜻이다. 삼국지에서 위나라 조조가 촉나라 유비와 한중 땅을 놓고 싸웠던 일화에서 나온 말로서, 큰 쓸모나 이익은 없으나 버리기는 아까운 것 또는 이러지도 저러지도 못하는 진퇴양난의 상황을 비유하는 말이다.

사법신뢰를 저해하는 요인으로 전관예우, 형사사건에서의 유전무죄 무전유죄 논란, 사법농단(재판거래)이 대표적으로 거론되고 있으나, 개별 소송 영역에서 전문성이 떨어지거나 국민 또는 소송당사자인 원·피고의 기대와는 현저히 괴리된 내용의 판결이 선고됨에 따른 사법불신도 간과할 수 없는 요인이다. 사회적으로 논란이 되는 '특정 사건' 차원이 아니라, 법원이 담당하는 여러 '개별 소송 영역들' 중에서 사법불신이 가장 큰 영역은 아마도 의료소송일 것이다.

Ⅱ. 의료소송의 현황과 문제점

1. 의료소송의 현황

의료소송은 낮은 승소율과 소송의 장기화를 특징으로 한다. 매년 법원 행정처에서 발간하는 '사법연감'의 통계에 의하면, 2010년대에 매년 1심법원에 접수되는 의료소송의 사건수는 평균적으로 대략 1천 건인데, 그중 약

당사자의 진술 내용이나 태도 등을 포함한 '총체로서의 정보'를 의미한다)의 범위 내에서 사건을 파악한다. 사실관계에 관한 당사자의 주장도 결국에는 단편적인 정보를 재구성하여 진술하는 것(story-telling)이며, 거기에는 부지불식간에 본인의 주관적 기대가 가미되는 것이 보통이다. 법관의 사실인정도 해당 사건기록 속에 있는 각종 정보들을 나름 합리적으로 재구성한 결과물이다.

20%는 조정·화해, 약 30%는 원고 승소(일부 승소 포함), 나머지 약 50% 는 원고 패소로 종결된다. 패소한 당사자가 상소하는 경우 2심, 3심에서 결론이 바뀌는 경우가 일부 있겠지만, 최종적인 결과의 통계 비율은 대충 비슷하리라고 보인다.

통계상으로 약 30%가 원고 승소로 파악되고 있으나, 더 자세하게 살펴 보면 원고가 청구한 손해배상금액이 전부 인용되는 경우는 약 1%에 불과 하고, 나머지 약 29%는 원고의 청구금액을 대폭 삭감한 일부 승소 판결이 선고되고 있다. 전체 민사사건의 통계에서는 약 40%가 원고 전부 승소, 약 10%가 원고 일부 승소로 종결되는 것, 일반 손해배상 청구사건의 통계 에서는 약 10%가 원고 전부 승소, 약 25%가 원고 일부 승소로 종결되는 것과 분명하게 대조된다.

2. 의료감정의 문제점

(1) 의료감정의 필요성과 내용

의료소송에서는 소송요건 불비를 이유로 각하하거나 소멸시효 완성과 같은 형식적인 이유로 기각하는 경우가 아닌 한, 배상책임의 존부와 범위 에 관하여 본안판단을 하기 위해서는 필수적으로 감정절차를 거친다. 법관 의 판단능력을 보충하기 위하여 전문적 지식과 경험을 가진 자로 하여금 법규나 경험칙 또는 이를 구체적 사실에 적용하여 얻은 사실판단을 법원에 보고하게 하는 증거조사방법을 '감정'이라고 한다.[2] 의료감정에는 진료기록

─────────

[2] 민사소송법은 특정한 전문가 개인을 감정인으로 선정하여 그가 법정에서 선서하고 감정 의견을 진술하는 것을 원칙적인 방식으로 규정하고(좁은 의미의 감정절차: 제333조~제 339조의3), 예외적으로 공공기관, 학교, 단체 등에 감정을 촉탁할 수 있다고 규정하고 있다(넓은 의미의 감정절차: 제341조). 전자의 경우 감정인으로 선정된 자는 감정할 의 무가 있으며, 감정의무를 위반하면 과태료 제재를 할 수 있고, 감정을 수행하기 전에 법 정에서 감정인 선서를 하여야 할 뿐만 아니라 감정서를 제출한 다음에도 법원이 말로 설명하게 할 필요가 있다고 인정하는 때에는 법정에서 감정인신문을 할 수 있다. 후자의 경우 해당 기관, 단체에 소속되어 실제 감정을 수행하는 전문가가 법정에 출석하여 선서 할 의무가 면제되며, 감정 거부에 대한 제재수단이 없다. 전자의 방식에서는 감정인이 적어도 1회 이상 법정에 출석하여야 해 감정인명단에 속한 감정인들이 감정을 맡길 극 구 거부하기 때문에, 시간 절약과 원활한 감정인 선정을 위해서 재판실무상으로 의료감 정의 99% 이상이 후자의 방식으로 진행되고 있으며, 전자의 방식은 극히 예외적으로만 활용되고 있다. 본고에서는 전자의 방식을 특별히 언급하여야 하는 경우가 아닌 한, 재

감정과 신체감정이 있는데, 진료기록감정은 과거 특정시점에 피감정인의 신체상태가 어떠했고, 그에 대하여 어떤 의료행위가 행해졌으며, 그 의료행위가 적절했는지 여부를 파악하기 위해 실시되며, 신체감정은 현재 시점에서 피감정인의 신체상태, 즉 질병이나 장해의 유무, 정도를 판정하기 위해 실시된다.

(2) 빈번한 감정촉탁 반려와 감정절차의 지연

부실한 감정과 감정절차의 지연이 의료감정제도 및 의료소송 판결 결과에 대한 불신의 가장 중요한 원인이다. 감정인은 의료소송 재판부가 미리 작성된 감정인명단에서 전산프로그램에 의해 무작위로 선정하며, 감정인명단은 매년 국·공립병원, 대학병원, 종합병원의 과장 또는 의과대학의 조교수 이상의 전문의들 중에서 해당 병원장들의 추천을 받아 법원행정처장이 작성한다. 낮은 감정료(감정인에 대한 보수)가 부실한 감정, 감정절차 지연의 가장 큰 원인으로 지목되고 있다. 그래서 종전에는 진료기록감정료가 과목당 30만 원, 신체감정료가 과목당 20만 원이 기본이었는데, 2017.5.1.부터는 감정료를 100% 인상하여, 현재 진료기록감정료는 과목당 60만 원, 신체감정료는 과목당 40만 원이 기본이고, 감정 문항 수, 난이도 등을 고려하여 재판장이 증액할 수 있다.[3] 그럼에도 낮은 감정료 문제가 완전히 해소된 것으로 보기는 어렵다. 자신들의 기본 업무만으로도 무척 바쁜 종합병원 과장 또는 대학병원 교수들이 가외 업무에 불과한 감정을 성실하게 수행할 충분한 경제적 보상인지에 관해서는 법관이나 국민의 기대가 아니라 감정을 직접 수행하는 그들의 주관적 평가가 중요하기 때문이다. 쉽게 말하자면, 돈을 받은 만큼만 일을 하는 문제가 발생하는 것이다. 일부 대학병원에서는 감정인으로 지정된 전문의가 아니라 수련의가 실질적으로 감정서를 작성하는 사례도 적지 않은 것으로 알려져 있다. 전산프로그램에 따라 무작위로 선정하여 감정을 촉탁하여도 서울의 주요 대학병원의 교수들은 바쁘다는 이유로 감정촉탁서를 반려하는 경우가 빈번하다. 수련의가

판실무에서 통용되고 있는 후자의 방식을 단순히 '감정'이라고 부르기로 한다.
3) 대법원 재판예규인 「감정인등 선정과 감정료 산정기준 등에 관한 예규」 참조.

감정서를 작성하는 현실, 주요 대학병원의 교수들이 감정을 수락하는 경우가 드문 현실은 감정결과의 전문성에 의문을 제기하게 만든다.

그나마 즉시 반려하는 경우는 고맙게 느껴진다. 각 병원에도 나름의 업무일정이 있으니 감정촉탁 후 감정서 회신 때까지 3-4개월은 기다려주는 것이 보통인데, 6개월이 지나도 감정서 회신이 이루어지지 않아 확인 또는 독촉 전화를 하면 그제야 바빠서 못하겠다는 이유로 감정촉탁서를 반려하는 경우도 비일비재하다. 이러한 감정촉탁 반려에 대해 개별 재판부에서 할 수 있는 일은 감정인평정표에 해당 사실을 기재하여 내년에는 해당 감정인이 감정인명단에 포함되지 않도록 하는 것 외에 실효성 있는 제재수단이 없다. 이와 같이 감정서 회신 지연에 감정촉탁 반려가 겹쳐 발생하면 법원은 새로운 감정인을 선정하여야 하는데, 이러한 감정절차의 공전(空轉)이 개별사건에 따라서는 몇 차례 반복되어 그것만으로 2-3년의 시간이 훌쩍 허비된다. 원고의 입장에서는 애간장이 타는 상황이지만, 법원의 입장에서는 전화로 감정을 맡아달라거나 감정서를 빨리 회신하여 달라고 독촉하는 것 외에는 마땅한 대응수단이 없다.

(3) 감정절차의 공정성과 중립성 확보방안의 부재

또한, 감정절차의 공정성과 중립성에도 의문이 제기되고 있다. 재판실무상으로 감정인 선정에서 기피 제도와 유사하게, 특히 피고 측 의료인과 대학동문이거나 같은 계열의 병원에서 근무하는 전문의를 감정인 선정에서 제외하여 달라는 원고 측의 요구를 받아들여, 전산프로그램에 의해 무작위로 선정된 전문의가 위와 같은 조건에 해당하는 경우에는 전산프로그램으로 새로운 전문의를 무작위로 선정하는 과정을 몇 차례 반복함으로써, 적어도 감정인 선정 단계에서는 감정절차의 공정성과 중립성이 어느 정도 담보되고 있다.

진정한 문제는 감정인 선정 후의 실제 감정과정에서 쌍방 당사자가 감정인에게 부적절하게 접촉하여 청탁을 하거나 압력을 행사하는 것을 막을 수 있는 제도적 안전장치가 없다는 점이다. 의료소송의 원고 측은 피고 측이 감정인에게 접촉하여 유리한 감정결과를 청탁할 것이라고 의심한다. 일부 감정인들은 의료인의 과실 유무를 판정하여야 하는 진료기록감정의 경우 중소형병원에서 근무하는 개원의들에 대해서는 객관적이고 공정한 감정의견을 제시한다고 자부할 수 있으나, 대학병원에서 발생한 의료사고에 대해서는 해당 의료인과 관련 학회 등에서 마주쳐야 할 일이 있으므로 해당 의료인의 과실이 명확하지 않으면 해당 의료인에게 과실이 있다는 감정의견을 제시하기가 주저된다고 밝히기도 한다. 일부 감정인들은 원고 측이 찾아와 유리한 감정을 해달라고 소란을 피우는 사례가 드물지 않고, 바로 그런 이유에서 원고 측을 직접 대면하여야 하는 신체감정을 맡길 기피하는 경향이 있다고 밝히기도 한다. 현재의 감정제도는 종합병원 과장이나 대학병원 교수 이상의 사회적 신분을 가진 분들은 자존심이 있기 때문에 그런 사소한 청탁이나 압력에 흔들리지 않을 것이라는 막연한 믿음에 의지하고 있다. 감정절차의 공정성과 중립성을 어떠한 제도적 안전장치 없이, 오로지 감정인 개인의 양심과 윤리에 맡겨두고 있으며, 법원은 법원 밖에 벌어질 수 있는 문제 상황에 대해 누차 경고를 받고 있음에도 불구하고 그것은 법원과 무관한 일이라거나 법원이 책임질 일이 아니라는 입장에서 방관하고 있다. 이제는 일방적으로 감정인들을 의심하거나 비난하는 태도를 취하거나 또는 감정인의 개인적 책임의 영역으로 치부하고 방관하는 태도를 모두 지양하고, 감정절차의 공정성과 중립성을 확보하고 감정인들을 부당한 청탁이나 압력으로부터 보호할 수 있는 제도적 안전장치를 마련하는 것이 필요하다.

(4) 감정서와 진료기록 자체의 부실 문제

겉으로 드러나는 현상으로서 법원에 제출되는 대다수의 1차 의료감정서는 적어도 필자가 주관적으로 느끼기에는 매우 부실하며, 따라서 그것만을 가지고는 법관이 어떤 판단을 내리기가 어렵다. 여기에서 부실에는 2가지 측면이 있다. 한편으로는 설명이나 판단근거 제시가 충분하지 못하며, 다른 한편으로는 감정사항(질문)에 명확한 답을 하지 않고 판단을 회피하거나 유보하는 경우가 많다. 이러한 현상 결과에는 앞서 언급한 바와 같은 과소한 감정료나 감정인들의 시간 부족, 감정인들의 자질이나 용기 부족 외에도, 판단의 기초자료가 되는 의료기록 자체가 부실한 점이나, 원고 측이 제출하는 감정사항(질문) 자체가 방향이 잘못되었거나 지나치게 포괄적이어서 답변하기 곤란한 점 등이 복합적으로 개입된 것으로 보인다.

　1차 감정서가 도착하면, 대개의 경우 쌍방 당사자들이 질문과 답변을 보다 명확하게 하기 위하여 동일 감정인에 대한 사실조회(추가 질문)를 신청하거나 다른 감정인을 선정하여 재감정을 진행할 것을 신청하는 것이 보통이다. 그에 따라 2차 감정서(또는 사실조회 회신서)가 제출된 후에도 여전히 1차, 2차를 통틀어 감정서가 부실하여 도대체 의료인의 과실 유무를 판단하기 어려운 경우가 많다. 이런 경우에는 손해배상책임의 요건사실은 청구인(원고)이 증명하여야 한다는 증명책임의 대원칙에 의지하여 원고에게 불리한 판결을 선고할 수밖에 없다. 이러한 결과가 불공평하다는 비판을 고려하여, 대법원 판례는 의료소송에서 원고의 증명책임을 일부 완화하였으나,[4] 환자 측에서는 여전히 불공평하다고 주장하고 있다.

　다른 한편으로, 감정인이 의료인의 과실 유무를 명확하게 판정해 준 경우에도 문제는 있다. 불리한 판정을 받은 일방 당사자는 감정결과를 믿을 수 없다며 재감정을 요구한다. 그와 같이 판단한 근거를 풍부하게 제시한 경우에는 법원도 감정의견에 수긍하게 되므로 재감정 요구를 받아들이지 않을 것이지만, 판단근거가 불분명하거나 충분하지 않은 경우에는 재감정 여부를 고민하게 된다. 만약 재감정에서 1차 감정의견과 동일한 감정의견이 제시된 경우에는 법원이 보다 안심하고 결론을 도출하게 될 것이지만, 정반대의 감정의견이 제시된 경우에는 서로 상반되는 감정의견들 중에서 어느 것이 타당한지를 판별할 능력이 법관에게 없다는 것이 가장 본질적인 문제이다. 의대를 졸업하지 않은 보통의 법관들은 의학적인 문제에 관하여 전문적인 판단을 할 능력이 없기 때문에 '감정'이라는 형식·절차를 통해 전문가의 판단을 빌리는 것이다. 감정인이 최고의 권위와 전문성, 공정성, 신뢰성을 가지고 있다면, 그의 감정의견을 믿으면 될 것이지만, 근본적인 가정에 의문이 제기되거나 서로 상충되는 감정의견이 제시되면 어느 감정

---

4) 대법원 2019.2.14. 선고 2017다203763 판결 등 참조.

의견을 믿어야 할지를 법관은 선택하기 어렵다. 보통의 법관들은 논리와 경험칙, 자유심증주의라는 기준에 따라 판단근거를 설득력 있고 풍부하게 제시한 감정의견을 채택할 것이지만, 이유제시의 풍부함이 결론의 타당함을 100% 담보하는 것은 아닐 수도 있다는 점에도 일말의 걱정이 남는다. 그러나 서로 상충되는 명확한 감정의견이 제시되는 사례는 거의 없고, 얼핏 상충되는 것처럼 볼 여지가 있는 애매한 2가지 감정의견이 제시되는 경우가 보통이다. 바로 그렇기 때문에 법관들은 웬만하면 재감정 요구를 받아들이지 않으려고 하는데, 바로 이것이 재감정 신청인의 입장에서는 법관이 상대방을 편든다는 생각을 가지는 주된 요인이 된다.

진료기록 자체의 부실도 문제이다. 법원사무관이 재판장의 특별한 지시가 있지 않는 한, 법정에서 오고 간 주장이나 진술을 일일이 변론조서를 상세하게 기재하지 못하고 단지 '○○년 ○월 ○일자 준비서면 진술'과 같이 형식적으로 기재하고 있는 점에 대해 상당수의 소송당사자나 대리인들이 불만을 제기하고 있다. 이것은 기존의 업무관행과 현실적 여건상의 한계 때문이고, 그러한 불만을 고려하여 최근에는 변론조서를 보다 실질적으로 작성하려고 노력하여 예전에 비하면 변론조서가 상세해졌다. 이와 유사한 문제가 진료기록의 작성에서도 발생한다. 의료인은 진료기록부, 간호기록부 등에 환자의 주된 증상, 진단 및 치료내용 등에 관한 사항과 의견을 상세히 기록하여야 하는데(의료법 제22조 제1항), '상세히'에 관한 명확한 기준은 없어 의료기관마다, 의료인마다 제각각이다. 예상치 못한 의료사고가 발생하여 환자 측에서 법적 책임을 묻겠다는 태도를 보이면, 의료인이 기존의 부실한 진료기록에 당시 환자의 상태는 어떠했고 어떤 조치를 취했다는 점을 추가로 기재하거나, 기존의 진료기록을 일부 삭제하고 허위사실을 기재하는 진료기록 변조행위를 하는 경우가 드물지 않게 발생한다. 이런 진료기록 변조행위가 적발되면 환자 측에서는 의료인의 과실로 의료사고가 발생한 것이라는 확신을 가지게 되는 반면, 의료인 측에서는 사고 당시에는 바쁘고 경황이 없어 상세하고 정확하게 기재하지 못했으나 실제 있었던 객관적 사실을 사후적으로 기재한 것에 불과하다고 항변한다.

이에 대해 대법원 판례는 진료기록 변조행위는 증명방해행위에 해당하는 것으로, 법원은 이를 하나의 자료로 삼아 자유심증에 따라 방해자 측에 불리한 평가를 할 수 있음에 그칠 뿐, 증명책임이 전환되거나 곧바로 원고의 주장 사실이 증명된 것으로 보아야 하는 것은 아니라고 본다.[5] 의료인이 의료사고 발생 후 진료기록 변조행위를 하였다는 점이 증명되었음에도 의료사고에 의료인의 과실이 없다는 판결이 선고될 때, 환자 측은 극도의 좌절감을 느끼며 이것이 의료소송의 법원 판결에 대해 환자 측이 사법불신을 가지게 되는 또 다른 주요요인이다. 의료사고 당시의 의료인의 과실 유무와 사후적인 진료기록 변조행위에 대한 책임은 별개라는 대법원 판례의 입장은 논리적으로는 타당하지만, '도둑이 제 발 저린다'는 통념에 비추어 보면 환자 측의 강한 의심이 잘못이라고 단정하기도 어렵다. 다만 개별·구체적인 사안에서는 단지 사후 보완에 불과하며, 당시의 의료수준에서 최선의 조치를 다했음에도 의료행위 그 자체에 내재해 있는 위험이 현실화되어 나쁜 결과가 나온 것이라는 의료인 측의 해명이 진실인 경우도 있을 것이다.

여기에서 진정한 문제는, 환자의 입장에서는 의료인의 과실을 증명하기가 너무나도 어렵다는 점이고, 의료인의 입장에서는 특별히 부주의했던 것이 아니라 일반적인 의료수준에서 의료행위를 하였음에도 의료행위 그 자체에 내재해 있는 위험이 현실화되어 나쁜 결과가 나온 경우에도 의료인이 손해배상책임을 부담할 가능성이 있다는 점이다. 일부 재판부에서는 손해배상책임의 성립(의료인의 과실)은 비교적 넓게(쉽게) 인정하면서, 배상금액 산정 단계에서 기여도에 따른 책임제한을 함으로써 양자의 이해관계를 미시적으로 조정하는 내용의 판결을 선고하기도 하는데, 쌍방 당사자를 동시에 만족시키기보다는 쌍방 모두에게서 엄청난 비난을 받는 경우가 더 많은 것 같다.

3. 법관의 전문성 문제

의료소송에서 판결 결과에 만족하지 못하는 당사자나 대리인들은, '가재

---

5) 대법원 2010.7.8. 선고 2007다55866 판결 등 다수.

는 게 편'이어서 법관이 의료인을 두둔하였다는 불만 외에, 법관에게 전문성이 없어서 오판을 하였다는 불만도 제기하고 있다.

종래 법원이 지향하는 인재상(人才像)은 'generalist'로서의 법관이었다. 법질서는 서로 복잡하게 얽혀 있기 때문에 한정된 분야에 대한 전문성만으로는 법질서 전체를 조망하기 어렵고, 여러 분야의 사건들을 두루 처리하다 보면 세상에 대한 식견이 쌓이고 법질서에 대한 고민도 깊어지고 균형감각을 갖추어 올바른 재판을 할 수 있게 된다고 한다. 그러한 이유에서 법원은 1-2년마다 법관들의 사무분담을 바꾸어 가능하면 다양한 분야의 업무 경험을 쌓도록 한다. 그런데 개별 영역에 한정하여 보면, 일반 민·형사 사건을 제외하고는, 법관이 해당 영역의 사건을 처리해 본 경험이 전혀 없거나 1-2년에 불과하게 되고, 그 영역의 사건을 전문적으로 처리하는 변호사보다도 전문성이 부족한 문제가 발생한다. 2000년대 이후로 사법개혁 논의 속에서 법조일원화(변호사경력자들 중의 법관 선발) 요구가 대두되면서, 그 논거로서 법관의 조기퇴직 분위기(2000년대 초반 기준으로 법관의 평균재직기간은 10년에 불과했고, 현재는 약 15년으로 늘어난 것으로 보인다), 전관예우, 나이 어린(年少) 법관에 의한 재판 불신 등과 함께, 특히 대형로펌의 변호사집단으로부터 법관집단이 전문성이 없다는 비판이 제기되었다. 전문화, 분업화가 실현되어 자기 전공영역의 사건을 장기간 경험함으로써 전문성을 확보하여야 한다는 것이다.

법원 내부적으로 사법불신을 해소하기 위한 대책으로서 몇 년에 한 번씩 의료소송의 개선방안을 내놓고 있는데, 그중 하나가 의료소송을 담당하는 법관들의 전문성을 강화하기 위한 방안이다. 만약 법관이 의학에 관하여 의사와 같은 전문성을 가지고 있다면 의료인의 과실 유무를 직접 판단하면 되고, 전문의의 감정에 의존할 필요가 없을 테니까 사법불신이 어느 정도 해소될는지도 모른다. '의사와 같은 전문성을 갖춘 법관'을 양성하여야 한다는 이상은 요원하고, 현실적으로는 '의료소송 실무편람'이라는 재판업무 매뉴얼을 간행·배포하는 활동, 1년에 한 차례 사법연수원에서 '의료소송 실무연수'라는 법관연수 프로그램을 통해 최근 판례와 의학지식을 교육하는 활동, 법원 내부적으로 '의료법연구회'를 구성하여 자체 세미나를

하거나 외부 학회와의 공동 학술대회를 통해 지식을 전파하고 교류하는 활
동이 거의 전부이다.

　법관들이 기본적으로 generalist를 지향하면서 수년에 한 번씩 순환보직
으로 의료전담부를 맡는 현재의 여건 하에서 이런 방식의 전문성 강화 방
안은 법관들을 의학이나 의료소송실무에 좀 더 익숙해지게 만들 수는 있으
나, generalist로서의 한계와 전문의의 감정에 의존하여야 하는 의료소송
자체의 한계를 벗어나게 해주지는 못한다. 설령 의사가 법관이 되거나, 법
관이 의사 자격을 갖춘다고 하여도 감정서를 보다 쉽게, 잘 이해할 수 있
다는 점에서 의미를 찾아야 할 것이며, 전문의와 같은 수준의 전문성을 기
대하기는 어렵다. 설령 법관이 의사 또는 전문의의 자격을 갖춘다고 하더
라도 '가재는 게 편'이라는 환자 측의 의심은 해소할 수 없고, 오히려 더욱
강화될 것이다.

4. 발상의 전환 필요

　현재의 의료소송 시스템과 의료배상책임 법리에 의하면 의료소송에서
환자 측이 승소하기는 매우 어렵고, 의료인은 의료사고가 발생하였다는 이
유만으로 소송을 제기당하여 일종의 '죄인 취급'을 받는 문제가 있다. 법원
은 의료감정에 결정적으로 의존하지만, 감정절차의 지연으로 소송이 장기
화되고 있고, 권위 있는 주요 대학병원의 교수들이 감정을 잘 수락하지 않
는 등 감정결과의 전문성에도 의문이 제기되고 있으며, 감정절차의 공정성
과 중립성을 확보하고 감정인들을 부당한 청탁이나 압력으로부터 보호할
수 있는 제도적 안전장치는 없다. 이러한 요인들이 복합적으로 작용하여
판결 결과에 대해 패소한 당사자로부터 강한 불신을 받고 있다.

　법원 내부적으로 사법불신을 해소하기 위한 대책으로서 몇 년에 한 번
씩 관행적으로 내놓는 의료소송의 개선방안들, 예를 들어 감정료 현실화
등 감정절차 개선방안이나 법관연수나 연구회 등을 통해 의료소송을 담당
하는 법관의 전문성을 강화하는 방안은 미봉책에 불과하고 이를 통해서는
의료소송에서 근본적인 사법불신을 해소할 수 없을 것이다.

그 밖에 소송 외의 대체적 분쟁해결수단ADR을 활성화하려는 노력들을 통해 일부 유의미한 성과를 만들어낼 수 있을 것이지만, 의료분쟁의 불법행위책임에 관한 법리가 근본적으로 바뀌지 않고서는 ADR도 활성화되기 어렵다. 끝까지 버티면 최종적으로 승소할 것이라고 예상하는 일방 당사자는 ADR에서 상대방에게 양보할 유인이 없을 것이기 때문이다.

의료소송에서 사법불신을 해소하는 가장 근본적인 방안은 발상을 전환하여 법관이 가급적 의료분쟁을 재판하지 않도록 제도화하는 것이라고 생각한다. 이러한 목표 달성을 위해 필자는 의료행위에 내재된 위험을 사회화하여 의료사고를 공적 보험에서 보상을 하는 방안을 제안하고자 한다.

III. 의료소송의 개선방안

1. 공적 보험을 통한 의료사고 위험의 사회화 방안

'의료사고 위험의 사회화' 방안은 의료배상책임이 산재보험 제도와 같은 방향으로 나아가는 것을 지향한다. 산재보험 제도는 작업장에서 발생할 수 있는 산업안전보건상의 위험을 사업주나 근로자 어느 일방에 전가하는 것이 아니라 공적 보험을 통해서 산업과 사회 전체가 분담하는 것을 목적으로 한다. 이 제도는 간접적으로 근로자의 열악한 작업환경이 개선되도록 하는 유인으로 작용하고, 궁극적으로 경제·산업 발전 과정에서 소외될 수 있는 근로자의 안전과 건강을 위한 최소한의 사회적 안전망을 제공함으로써 사회 전체의 갈등과 비용을 줄여 안정적으로 산업의 발전과 경제성장에 기여하고 있다.[6]

'의료사고 위험의 사회화' 방안은 의료사고의 위험을 환자나 의료인 어느 일방에게 전가하는 것이 아니라 공적 보험을 통해서 사회적으로 분담함으로써, 의료사고 피해자에게 사회적 안전망을 제공하고 사회 전체의 갈등과 비용을 줄이는 것을 목적으로 한다. 이는 관련 법률의 제·개정이 필요한 입법정책적인 문제이다. 다만 '의료사고 위험의 사회화' 방안은 필자가

---

6) 대법원 2017.8.29. 선고 2015두3867 판결 참조.

독창적으로 구상해낸 것이 아니라, 이미 우리 법질서에 반영되어 있는 3가지 단초에 대한 주의환기를 촉구하는 것에 불과하다. 그것은 국가배상 제도, 산재보험 제도, 의료분쟁조정법상 분만 관련 불가항력 의료사고 보상제도이다. 이미 우리 법질서에 반영되어 있는 3가지 제도적 단초들을 잘 융합하여 발전시킨다면, 의료분쟁에 관하여 지금까지보다는 훨씬 적정한 해결방안이 도출될 수 있을 것이라고 생각한다.

2. 과도기적 해결방안으로서 국가배상책임

이러한 방향으로 나아가는 과도기적 해결방안으로서 의료배상책임을 국가배상책임으로 규율하는 것이 필요하다. 이는 실정법의 해석론이므로 관련 법률의 제·개정 없이도 실천가능하다.

헌법 제29조 제1항은 "공무원의 직무상 불법행위로 손해를 받은 국민은 법률이 정하는 바에 의하여 국가 또는 공공단체에 정당한 배상을 청구할 수 있다"라고 규정하고 있고, 그에 따라 국가배상법이 제정되었다. 국가배상법 제2조에 의하면, 공무원 또는 공무를 위탁받은 私人(통틀어 '공무원'이라 한다)이 공무를 수행하면서 고의 또는 과실로 타인에게 손해를 입힌 경우에는 공무원에게 일을 맡긴 국가나 지방자치단체가 손해를 배상하여야 하며, 공무원에게 경과실이 있는 경우에는 국가나 지방자치단체가 공무원에게 구상을 할 수 없으며, 피해자가 직접 그 공무원에게 손해배상을 청구하는 것도 허용되지 않는다.[7] 이러한 국가배상책임 제도는 공무원에게 일을 맡긴 국가나 지방자치단체의 면책을 불허하는 한편, 경과실 공무원을 면책시킨다는 점에서 피해자 보호 및 공무원 보호에 입법취지가 있다. 여기에서 공무원이란 형식적으로 공무원 신분을 가진 자에 국한하지 않고, 널리 공무(公務)를 위탁받아 실질적으로 공무에 종사하고 있는 일체의 사람(자연인 및 법인)을 가리킨다는 것이 확립된 판례이다.[8] 이러한 판례에 의하면, 논리적·개념적으로 공무에 해당하는지 여부가 우선 판명되어야 하며, 그에 따라 공무원에 해당하는지 여부가 판명되는 것이다.

---

7) 대법원 1996.2.15. 선고 95다38677 전원합의체 판결.
8) 대법원 2001.1.5. 선고 98다39060 판결 등 참조.

1977년 제정된 의료보험법에 의하여 500인 이상 사업장 근로자를 대상으로 시작된 공적 의료보험제도는 점차로 그 적용범위를 확대하여, 1999.2.8. 부터 시행된 국민건강보험법에 의하여 보험사업자가 국민건강보험공단으로 단일화되고(이하 '공단'이라고 약칭함) 전(全) 국민이 건강보험의 적용대상이 되어 현재의 모습을 갖추었다. 현행법에 의하면, 의료법에 따라 개설된 의료기관은 자동적으로 국민건강보험법상 요양기관이 되어, 의료기관은 국민건강보험법이 허용하는 틀 내에서 의료행위를 할 수 있다. 국민이 의료기관에서 받는 의료행위는 ① 국민건강보험법이 적용되는 의료행위와 ② 국민건강보험이 적용되지 않는 의료행위(이른바 '법정 비급여'와 '임의 비급여')로 구분된다. 국민건강보험법과 그 하위법령은 원칙적으로 모든 의료행위를 요양급여의 대상으로 삼고 있고, 국민건강보험의 가입자나 피부양자인 국민은 보험자인 공단으로부터 요양급여(의료서비스)를 받을 권리가 있는데, 수탁기관인 요양기관에서 해당 의료서비스를 받고, 그 의료서비스에 대한 비용(보수)은 공단이 요양기관에게 사후 정산해 주는 방식으로 운영된다.[9]

따라서 우리나라에서 국민건강보험의 가입자나 피부양자인 국민이 의료기관에서 받는 의료서비스는 (성형수술이나 새로 개발된 고액의 항암치료 등과 같은 예외적인 경우가 아닌 한) 원칙적으로 그리고 대부분 국민건강보험이라는 공적 보험의 일환으로 행해지는 것이다. 국민건강보험사업은 보건복지부장관이 맡아 주관하므로(국민건강보험법 제2조) 국가사무인데, 사업운용의 효율성과 행정실무상 편의를 위해 보건복지부장관 산하에 별도의 법인격을 보유한 공법인으로 공단을 설립하여 활용하고 있다. 공법인의 운영 성과에 대한 설립·지배주체의 책임은 면제되지 않으며, 공법인의 활동은 최종적으로 이를 설립·지배하는 국가나 지방자치단체의 책임으로 귀속된다. 그러므로 국민건강보험의 요양급여를 받는 과정에서 의료인의 고의·과실로 의료사고가 발생하였다면 국가배상책임에 관한 법리가 적용되어야 한다. 다만 행정의 효율성이라는 공단의 설립취지와 공단의 재정손실을 국가재정으로 메워주고 있는 점을 고려하면, 환자 측은 공단을 상대로 배상책임을

---

9) 국민건강보험제도의 내용, 법정 비급여, 임의 비급여 의료행위의 개념과 허용범위에 관해서는 대법원 2012.6.18. 선고 2010두27639, 27646 전원합의체 판결 참조.

청구하는 것으로 충분하며, 굳이 국가를 상대로 배상책임을 청구하도록 할 필요는 없다.

현재 의료소송 재판실무에서 적용되고 있는 법리들은 의료서비스가 환자와 의료인 사이의 순수한 사적 계약에 근거하여 이루어졌을 때 만들어진 것으로, 국민건강보험제도 도입으로 의료서비스의 법적 근거와 성질이 변경된 후에는 더 이상 그대로 적용하여서는 안 된다. 의료사고에 국가배상책임을 적용하는 경우 피해자 보호(국가배상책임 성립요건의 완화), 의료인 보호(경과실 공무원 면책), 사회적 갈등의 최소화라는 목표를 어느 정도 달성할 수 있을 것이다.

'의료사고 위험의 사회화'로 나아가기 위한 입법적 개선이 이루어지기 전, 현행법 하에서 의료소송의 문제점을 다소 보완할 수 있는 방안으로서 의료배상책임을 국가배상책임으로 규율하여야 할 필요성을 제기하는 가장 근본적인 이유는 의료사고에 대한 공동체의 책임을 강조하기 위함이다. 국민건강보험제도 도입 전에는 일반인의 인식 속에서 의료사고 이전의 부상·질병조차도 개인적 책임과 불운(不運)의 영역으로 치부되었다. 그러나 "국민보건 향상과 사회보장 증진"을 위하여 국민건강보험제도가 도입되었고(국민건강보험법 제1조), 부상·질병이라는 개인적 불운을 공적 보험을 통해 공동체가 분담하게 되었다. 국민건강보험 요양급여라는 형식으로 공동체가 제공하는 의료서비스에 하자가 있어 의료사고가 발생하였다면 그것은 환자나 의료인의 개인적 불운이 아니라 공동체의 책임으로 인식되어야 한다. 이러한 인식의 전환은 장래의 입법적 개선에 견인차 역할을 할 것이다.

의료배상책임을 국가배상책임으로 규율하는 문제, 그에 따라 의료인을 실질적인 의미의 공무원으로 보고 경과실 면책을 시켜주는 문제는 매우 논쟁적인 주제이다. 이에 관해서는 추후 별도의 학술논문에서 구체적으로 논증하기로 하고, 본고에서는 지면상의 한계가 있어 문제점에 관한 주의환기와 인식공유 차원에서 문제제기에 그치고자 한다.

08

'하버드 – 아시안 소송'과 인종을 고려한 대학입학정책의 딜레마

윤성현

한양대학교 정책학과 부교수, 헌법학

한양대학교 정책학과에서 헌법을 가르치고 있다. 영미(英美)의 18~19세기 민주주의·자유주의·입헌주의 사상과 역사에 대한 관심으로부터 출발하여, 현재는 우리 헌법상 민주주의 원리를 재정의하고 나아가 자유주의·입헌주의 등 다른 헌법원리와의 공존과 균형을 모색하는 헌법이론의 정립과 새로운 시대에 부응하는 헌법정책 제도화를 주된 연구목표로 삼고 있다. 『법학에서 위험한 생각들』, 『포스트휴먼 시대의 휴먼』의 공저자로 참여하였고, "통일헌법의 기본원리로서의 민주주의 연구", "국가정책 주민투표제도에 관한 헌법정책론-참여·숙의민주주의 이론을 중심으로", "J. S. Mill 민주주의론의 기초개념으로서 숙의(熟議)" 등의 논문을 집필하였다.

Ⅰ. 인종을 고려한 대학입학정책과 아시안 차별 문제

I am Asian American. I have a dream, too.

어느 아시안 피켓의 문구

1. 서 설

미국에서 인종차별 문제는 흑인 노예제 폐지 이후로도 흑인에 대한 차별 폐지를 중심으로 발전해왔다. 초기에는 흑인 학생들의 공립학교에서의 분리교육 폐지를 선언한 Brown(1954) 판결부터 마틴 루터 킹 목사로 대표되는 흑인민권운동Civil Rights Movement으로 이어지는 소극적 차별 철폐의 시기를 거쳐, 1960년대 이후로는 흑인 등 소수인종에 대한 과거의 피해를 구제하고 교육·고용 등에서의 다양성을 구현한다는 목표로 적극적 평등실현조치affirmative action 개념이 도입되어 시행되기 시작했다.[1]

적극적 평등실현조치의 일환으로 도입되기 시작한 '인종을 고려한 대학입학정책'race-conscious admissions은 이후 격렬한 사회적 논란을 부르면서 Bakke(1978)에서 처음으로 연방대법원 판결이 나온 이래 가장 최근 Fisher Ⅱ(2016)에 이르기까지 40년이 넘는 기간 동안 미국 사회에서 보수와 진보를 가르는 첨예한 쟁점으로 다투어져 왔다.

미국 사회의 주류이자 인종적 다수이기도 한 백인은, 흑인·히스패닉 등 소수인종을 위한 적극적 평등실현조치 시행으로 백인들이 역차별reverse discrimination을 받았다고 하면서 수정헌법상 평등보호조항 혹은 민권법 위반을 주장해온 데 대해, 연방대법원은 대학입학제도가 할당제·가산점 등

---

* 필자는 버클리 로스쿨(UC Berkeley School Of Law) 방문학자 체류 중 '하버드-아시안 소송' 관련 언론보도들을 접하게 되었고, 로스쿨에서 개최된 「2019 symposium on Asian Americans and Affirmative Action」(February 12, 2019)에 참여하면서 이 주제에 더욱 관심을 가지게 되었다. 1심 판결 선고 전 미국 내 분위기에 대한 간략한 소묘로는 윤성현, "하버드 아시안 차별 소송 1심 선고를 앞두고", 이데일리, 2019.5.20. 참조.
1) 케네디 대통령의 행정명령(Executive Order 10925 (1961))과 케네디 대통령 때 시작되어 린든 존슨 대통령 때 시행된 민권법(Title Ⅵ of the Civil Rights Act of 1964)이 대표적이다.

을 명시한 경우에는 평등조항 등 위배로 보고(Bakke(1978), Gratz(2003) 등), 인종을 입학전형에서 하나의 고려요소로만 보는 경우에 있어서는 평등조항 등 위배가 아니라는 입장을 견지해왔다(Grutter(2003), FisherⅡ(2016) 등). 이에 대해 인종을 고려하는 입학정책의 폐지를 주장하는 보수 백인 그룹은, 한편으로는 법원에 동 조치의 폐지를 위한 기획소송을 잇달아 제기하고, 다른 한편으로는 각 주에서 적극적 평등실현조치의 폐지를 주민발안에 의한 주 헌법개정과 같은 정치과정political process을 통해 관철하려는, 투 트랙 two track 전략으로 대응해왔다.

2. 아시안 차별과 적극적 평등실현조치

인종을 고려한 대학입학정책의 구도가 주로 백인과 흑인의 대립구도로 전개되어 왔기에, 아시안계 미국인(Asian American, 이하 '아시안')은 이 문제에서 크게 주목받는 당사자는 아니었다. 하지만 2014년 시작되어 2019년 10월 1일 1심 선고가 이루어진 '하버드-아시안 소송'(이하 'SFFA v. Harvard')[2]을 통해 아시안은 전국적으로 주목받는 위치에 서게 되었다.

아시안은 미국 내 인구 분포상 약 5.6%에 불과하여 백인은 물론 흑인, 히스패닉에 비해서도 정치적 영향력이 가장 약한, 소수자 중의 소수자이다. 또한 흑인 노예와 같이 오랜 기간 질곡의 역사를 겪어온 것까진 아니지만, 아시안 역시 과거 미국 내에서 인종적 차별의 대상이었음은 분명하다. 예컨대 중국인의 이민을 금지한 중국인 배제법(Chinese Exclusion Act, 1882)과 Yick Wo(1886) 판결, 제2차 세계대전 중 일본계라는 이유만으로 일본계 미국인에 대한 강제수용을 명한 루즈벨트 대통령의 행정명령을 합헌이라고 판시한 Korematsu(1944) 판결 등 아시안 차별의 역사는 존재했고 지금도 아시아인에 대한 차별은 '대나무 천장'bamboo ceiling으로 상징되며 암묵적으로 남아 있다.

그러나 아시안은 교육 분야, 특히 대학입시에 있어서는 미국을 구성하는 4대 인종(백인, 흑인, 히스패닉, 아시안) 중에서 평균적으로 가장 뛰어난

---

2) Students for Fair Admission, Inc. v. President & Fellows of Harvard College, 397 F. Supp. 3d 126 (D. Mass. 2019).

성취도를 자랑한다. 따라서 미국 내 여러 인종 중에서 인구비율로 따지면 하버드 등 최상위권 대학에 입학하는 비율은 최고이다. 이러한 교육적 성취의 배경에는 여러 인종 중 평균적으로 가장 높은 소득과 유교 문화권 등으로 인한 높은 교육열, 그리고 최근에 급증하는 아시안 이민자들의 상당수가 고학력이라는 점이 지목된다. 아시안이 인구·정치 면에서는 소수 인종이지만 흑인·히스패닉과 구분되어 모범적 소수인종model minority으로 불리고, 사회적으로 아시안의 백인화Whitening of Asian Americans[3] 현상이 논의되는 것은, 아시안의 사회경제적 배경에 따른 전형stereotype과 무관하지 않다. 즉 아시안은 기존의 백인 다수그룹과 흑인/히스패닉 소수 그룹 사이에서 일종의 '경계인'으로 존재하며, 따라서 아시안은 미국 내 다수/소수 인종 모두의 포섭 대상이 되기도 하지만, 한편으론 어느 인종에서도 크게 환영받지 못하는 딜레마dilemma의 상황에 직면해 있다.

'하버드-아시안 소송'은 아시안이 미국 사회에서 처한 인종정치의 딜레마가 법적 쟁점화하여 다투어지는 점에 특히 주목할 필요가 있다. 즉, 동 소송의 원고 측은 (1) 차별 금지를 요구하는 아시안과 (2) 아시안을 지원하는 백인 보수주의 그룹SFFA이 함께하는데,[4] 따라서 원고 측은 아시안 차별을 주장하지만, 그 배후에 있는 백인 보수주의 그룹이 아시안을 지렛대로 삼아 적극적 평등실현조치 폐지를 함으로써 결국 백인의 권익을 옹호하려는 것이 아니냐 하는 혐의를 받고 있는 상황이다.[5] 이에 반대하는 피

---

3) Iris Kuo, *The 'Whitening' of Asian Americans*, The Atlantic (AUGUST 31, 2018).

4) 백인 보수주의 운동가 에드워드 블럼(Edward Blum)이 주도하는 SFFA는 이미 2008년에 백인 여학생 Fisher를 청구인으로 하여 텍사스 대학(University of Texas at Austin)을 상대로 적극적 평등실현조치의 폐지를 청구하는 소를 제기했으나 패소한 바 있는데(Fisher I (2013), Fisher II (2016)), 2014년 SFFA가 직접 원고가 되어 하버드 아시안 소송을 시작하였다. 한편 트럼프의 임기가 시작된 후인 2017년 말에는 법무부가 새롭게 하버드에 대한 조사에 착수하고, 이후 소송과정에서 법원에 SFFA를 지지하는 의견서를 제출하는 등 원고 측을 전폭적으로 지원하는 모습을 보이고 있다.

5) Erwin Chemerinsky와 Nancy Leong 교수는 SFFA의 소송은 실패할 것으로 보았는데, 적극적 평등실현조치가 아시안에게 해악을 끼친다는 점은 정확하지 않을뿐더러(오히려 아시안, 특히 과소대표되고 있는 다수의 아시안 민족들에게도 이익이 된다고 본다), 그러한 논변은 아시안의 복지에 대한 진정한 관심보다는 전략적으로 동원된 것이라는 점에서 이 소송은 현존하는 인종적 위계를 유지하기 위해 보수주의자들이 아시안을 이용하는 것이라고 한다. Nancy Leong and Erwin Chemerinsky, *Don't use Asian Americans to justify anti-affirmative action politics*, The Washington Post (August 3, 2017).

고 하버드 대학 측은 인종을 고려하는 입학정책을 통해 인종적 다양성
diversity을 추구함을 대의로 내세우고 있지만, 한편으론 20세기 초반 WASP
White Anglo-Saxon Protestants들이 유대인들의 하버드 입학자 수를 제한했던
것처럼 인종균형 맞추기racial balancing를 통해 백인 기득권을 옹호하고 있지
않느냐, 더욱이 하버드가 '백인을 위한 affirmative action'으로도 불리는
레거시 입학 제도를 유지함으로써 아시안 차별의 간접 통로가 되고 있다는
혐의도 받고 있어 이 소송의 전선(戰線)은 다층적이다.

Ⅱ. '하버드 – 아시안 소송' 1심 판결 검토

Notwithstanding the fact that Harvard's admissions program
survives strict scrutiny, it is not perfect.

SFFA v. Harvard, at 127

1. 개   요

'하버드-아시안 소송'은 Fisher 판결에서 원고 측을 적극 지원했던 단체
SFFAStudents for Fair Admissions가 하버드에 지원했으나 불합격한 아시안 원
고를 모집하여 2014년 11월 17일 하버드 대학을 상대로 매사추세츠 연방
지방법원UNITED STATES DISTRICT COURT DISTRICT OF MASSACHUSETTS
에 민권법Title Ⅵ of the Civil Rights Act of 1964, 42 U.S.C. §§2000d *et seq*.을 위반
했다고 소를 제기하면서 시작되었다.[6] 매사추세츠 연방지방법원 앨리슨 버
러Allison D. Burroughs 판사는 2018년 10월과 2019년 2월에 변론절차를 진
행한 뒤, 거의 5년 만인 2019년 10월 1일 하버드 대학의 인종을 고려한
입학프로그램은 민권법 위반여부에 대한 엄격심사기준strict scrutiny을 충족
시킨다고 보아 피고 하버드의 손을 들어주었다.

또한 Nancy Leong, *The Misuse of Asian Americans in the Affirmative Action
Debate*, 64 UCLA L. Rev. Discourse 89 (2016-2017)도 동지.
6) 하버드 대학은 사립대학이지만, 정부의 재정지원을 받으므로 민권법의 적용대상이 된다.
SFFA v. Harvard, at 103.

2. 주요 사실관계

1심 판결은 인종을 고려한 대학입학정책의 쟁점들 전반을 폭넓게 다루
지만, 특히 아시안 차별의 측면에서 사실관계 확정의 주요 쟁점으로 대두
된 것은, 하버드의 입학절차에서 입학사정관의 주관적 평가가 개입될 수
있는 인성 분야의 점수가 아시안이 유독 낮다는 통계분석 자료를 어떻게
해석할 것인지, 그리고 동문자녀legacy로 대표되는 ALDC에서 백인 비중이
유독 높은 점을 볼 때 아시안이 백인을 위한 인종균형 맞추기의 대상이
되고 있는 것은 아닌지 등을 들 수 있다.

(1) 입시 통계자료 분석상 인성 점수 격차와 아시안 차별 여부

본 소송에서는 하버드 대학 학부 입시에서의 인종차별과 적극적 평등실
현조치와 관련된 제반 쟁점이 폭넓게 다루어졌는데, 그중에서도 1심 법원
의 명령에 의해 하버드 대학이 2014-2019 classes[7])에 해당하는 미국 시민
권이나 영주권을 가진 국내 지원자 150,000명 이상의 개인별applicant-by-
applicant 입시 통계자료statistics를 공개하였고, 2000-2017년 classes에 대해
서는 총계정보aggregate information를 제공하여,[8]) 이 데이터들을 소송당사자
양측 경제학 전문가들의 통계 분석을 통해 사실인정과 법적 결론의 주요
근거로 삼았다는 점에서 주목할 수 있다. 1심 법원도 양측 경제학 전문가
들의 입시자료 통계 분석이 이 사건의 가장 중요한 증거라고 보았다.[9])

SFFA 측 전문가인 듀크 대학의 Arcidiacono 교수 쪽에서는, 자신의 가
설모델에서 입학생의 30%에 달하는 ALDC는 빼고, 또 여러 평가 항목 중
에서 인성personal ratings 항목은 인종 요소에 의해 영향받는다고 보아 제외
exclude하고 분석한 결과, 아시안은 입학과정에서 차별받았다는 결론에 이

---

7) 한국의 학번 개념이 입학연도를 기준으로 하는 것과는 달리 미국의 class는 졸업연도를
   지칭.
8) Id, at 51-52. 외국인 지원자나 편입생, 입시서류가 불충분한 경우 등은 데이터 분석에
   서 제외하였다.
9) Id, at 50. 미국의 연방법원 체계에서 사실인정은 1심에서 마무리되기 때문에 이 부분은
   특히 의미가 있다고 생각된다.

른다. 하지만 Harvard 측 전문가인 버클리 대학의 Card 교수 쪽에서는, 자신의 가설모델에서 인성 항목은 인종을 반영하지 않는다고 보았기 때문에 이를 별도로 분석하지 않고 포함include하여 분석한 결과, 아시안은 통계적으로 의미있는 수준이 아닌, 아주 가벼운 수준의 부정적 영향negative coefficient을 받았을 뿐이라고 보아, 입학과정에서 차별받지 않았다는 결론에 이른다.[10] 즉 양측은 같은 자료를 가지고 분석 방법을 달리하여 각기 다른 결론에 이른 것이다.

1심 법원의 버러 판사는 인성 항목에서의 차이를 경미한 수적 격차disparity로 보았다. 학업academic과 과외활동extracurricular ratings 항목에서 차이나는 부분을 법원이 설명할 수 없는 것처럼, 인성 항목에서의 차이 여부에 대해서도 법원이 명확히 설명하기는 어렵다는 것이다.[11] 그리하여 1심 법원은 통계자료 분석의 결과가 하버드 대학이 인종 할당제racial quotas를 시행했거나 허용되지 않는 인종균형 맞추기racial balancing를 했다는 증거가 될 수는 없다고 한다.[12]

따라서 1심 법원은 하버드가 아시안에 대해 특별한 차별적 적대감discriminatory animus을 가졌거나 의식적 편견conscious prejudice을 가진 증거는 없다는 결론에 이른다.[13] 통계만으로는 하버드 대학이 부적절한 의도적 차별intentional discrimination을 했다고 결론짓기에 충분치 못하다는 것이다.[14]

한편, 입학사정관을 통한 종합평가에서, 전형화stereotyping와 편견bias의 작동 여부 문제는 여전히 남는다. 1심 법원은 아시안이 긍정/부정의 양면성을 가지고 있는 고정관념stereotype에 계속해서 직면하고 있는 것은 사실

---

10) Id, at 51.

11) Id, at 110. 또한 버러 판사는, 한 분야에서 어느 인종이 특별히 강점을 가진다는 것이, 그 인종이 모든 분야에서 필연적으로 잘한다는 것을 의미하지도 않는다고 본다(Id, at 110 n 59). Jeannie Suk Gersen(한국명 석지영) 하버드 로스쿨 교수는 이러한 논증은 매우 의문스러운 것이라고 비판한다(Jeannie Suk Gersen, *The Many Sins of College Admissions*, The New Yorker, October 7, 2019).

12) Id, at 83, 126. 특히 통계는 (인성 분야에서의 차이와 같은) "무엇"(what)에 대해서는 말해주지만, "왜"(why) 그런 차이가 나는지는 말해주지 못하는데, 중요한 것은 "왜" 그런가 하는 것이다. 인성은 쉽게 수치화될 수 없고, 통계에 잡힐 수도 없다고 한다(Id, at 126).

13) Id, at 111.

14) Id, at 126.

이라고 보았는데, 그것은 소심하고, 근면하며, 수학과 과학을 잘한다는 점, 그리고 다른 인종들에 비해 높은 중위소득 수준을 가지며 과학, 기술, 공학, 수학 관련 직군에 종사하는 비율이 높다는 점이다.[15] 하지만 법원은 SFFA 측에서 아시안 지원자가 이런 전형화에 조직적으로 노출되었는지 등에 대해서 입증하지 못했다고 보았다.[16]

(2) ALDC Tips 폐지 여부

ALDC는 체육특기자, 동문자녀, 학장 관심 명단, 교수·직원 자녀를 통칭하여 이르는 용어이다.[17] 체육특기자는 하버드 스포츠 팀에 합류할 재능 있는 학생으로 별도의 팁을 받게 되고, 나머지 세 종류는 주로 가족 관계 family circumstances와 관련하여 부여하며, 대학 발전을 목적으로 한다.[18] 하버드의 입학절차에서 우대를 받는 ALDC는, 하버드 합격생의 약 30%를 상회한다.[19]

2014-2017 classes 아시안 입학 비율은 백인보다 다소 낮은 수준인데, ALDC 입학 비율에 있어서는, 아시안 ALDC가 백인 ALDC와 비슷하거나 높은 수준이어서, SFFA 측 Arcidiacono 교수도 아시안 ALDC가 차별받는 것 같지는 않다고 한다.[20]

하지만 ALDC는 백인 비율이 월등히 높은데, 백인 지원자 중 8%. 흑인은 2.7%, 히스패닉은 2.2%, 아시안은 2%에 불과하다.[21] 그리고 ALDC Tips은 사회경제적인 상위 집단에게 훨씬 이익이 되기 때문에, ALDC Tips을 폐지한다면 아시안 합격생 수는 늘어날 것이고, 하버드의 사회경제적 다양성은 개선될 것으로 기대된다는 것이 1심 법원의 견해이다.[22]

---

15) Id, at 46.

16) Id, at 47.

17) recruited athletes, legacies, applicants on the dean's or director's interest lists, and children of faculty or staff("ALDCs") Id, at 15. 이 중에서도 동문자녀 우대입학 (Legacy Preferences)이 가장 대표적이다.

18) Id, at 22.

19) Id, at 52.

20) Id, at 53-54.

21) Id, at 16.

22) Id, at 86. 그러나 이 제도의 폐지만으로 흑인과 히스패닉 학생 수를 뚜렷하게 증대시키

나아가 버러 판사는, 체육특기자에 가산점을 주지 않으면 하버드가 아이비리그 대학 간 스포츠에서 경쟁력을 잃을 것이라는 점, 그리고 동문자녀 등에 대한 팁을 폐지하면 이는 상당한 출혈을 요구하는 것이어서, 이로 인해 최고의 교수·직원을 초빙하거나 동문 및 주요 기부자와의 관계로부터 얻을 수 있는 이익에 안 좋은 영향을 미칠 수 있음을 지적한다. 즉 버러 판사는 ALDC Tips의 폐지가 인종적 다양성 증대에는 제한적 영향만이 있을 것으로 보며, 오히려 하버드와 학생 생활에 안 좋은 영향을 미치게 될 수도 있다고 본다. 다만 이러한 판단에 대해서는 이견이 있을 수도 있음을 인정하지만, 그럼에도 이 문제를 해결하는 것은 대학의 재량에 맡기는 것이 최선임을 강조한다.[23]

3. 법 적용 및 결론

1심 법원은 SFFA가 원고적격이 있음을 재확인한 뒤, SFFA 측이 하버드 대학의 민권법 위반 혐의에 대해 주장한 4가지 소인counts에 대해 검토한다.[24] 법원은 인종을 고려한 입학정책에 대한 연방대법원의 선례에 비추어 하버드의 입학 프로그램이 인종차별에 해당하는지를 검토하였는데, 학생 집단의 다양성student body diversity이라는 긴절한 공익compelling interest을 위해 면밀하게 재단된narrowly tailored 프로그램이라고 보아 인종차별에 대한 엄격심사기준strict scrutiny을 충족시키며, 또한 하버드는 어떤 종류의 인종 할당제나 균형 맞추기를 하지 않았고, 인종을 기계적 할당이 아닌 가점 요소Non-Mechanical Plus Factor로만 활용하였으며, 유효·적절한 인종 중립적 대체 수단을 찾을 수도 없다고 보아, 하버드는 고의적으로 인종에 의해 차별하지 않았다고 보았다.

그러나 1심 법원은 법적인 차별을 부정하였음에도 불구하고, 결론에서

는 효과는 없을 것이라는 것이 또한 1심 법원의 예측이다(Id, at 86). 흑인과 히스패닉은 이미 인종 우대조치에 의해 학업 등 성취에 비해 상대적으로 많은 학생이 입학하고 있기 때문에, ALDC Tips을 폐지하더라도 흑인과 히스패닉의 입학비율이 의미 있는 수준으로 높아지지 않는다는 것이 적절한 반대논거가 되는지는 다소 의문이다.

23) Id, at 86-87.
24) Id, at 92-130.

하버드의 입학 프로그램이 완벽한 것이 아니라는 점을 명시하였다.[25) 버러 판사는, 입학과정에서 인종을 고려할 경우에 대한 명확한 가이드라인이 주어지고, 입학사정관들이 평가과정에서 인종 간 유의미한 통계적 격차가 발생하는지를 모니터하고 인식할 수 있도록 하는 '암묵적 편견 방지교육'implicit bias trainings을 실시하면 좋을 것이라고 권고한다.[26) 또한 동 판사는 하버드 등이 실시하는 종합평가holistic review는 수량으로 환산할 수는 없는 것이지만, 재판과정의 통계분석이 보여주듯, 미처 인지할 수 없었던 통계적 격차를 드러내주고 있으므로, 이 통계는 입학절차에 대한 견제수단check으로 사용되어야 함과 동시에 암묵적 편견이 결과에도 영향을 미칠 수 있음을 인식하게 하는 방법이 되어야 한다고 재차 강조한다.[27)

Ⅲ. '하버드 - 아시안 소송'이 제기하는 인종정치의 딜레마와 적극적 평등실현조치의 미래

We should reaffirm the principle of affirmative action and fix the practices.

We should have a simple slogan: Mend it, but don't end it.

President Clinton, National Archives, 1995

1. 1심 이후 상급심 판결 전망

1심에서 하버드가 승소했지만, 현재로서는 본 소송의 최종적인 승패 여부를 섣불리 예단하기는 쉽지 않다. 이미 SFFA의 항소를 시작으로 양측은 항소심 절차에 돌입했는데, 앞으로 항소심은 물론 대법원까지 가서 몇 년은 더 걸려야 끝날 것이라는 전망이 지배적이다.[28)

---

25) Id, at 127.
26) Id, at 127. 단, 이 부분은 소송진행 과정에서 하버드 측이 입학매뉴얼을 변경해 선고 전에 이미 일정부분 반영하였다.
27) Id, at 128.
28) Camille G. Caldera, Delano R. Franklin, and Samuel W. Zwickel, *Tuesday's Admissions Decision is Only the First Step in a Long Appeals Process, Experts Say*, The Harvard Crimson (October 2, 2019).

SFFA는 크게 ① 아시안이 입학전형과정에서 차별받고 있다는 문제를 제기하면서 동시에 ② 인종을 고려한 대학입학정책의 폐지를 주장하였는데, 1심 법원은 아시안이 법적으로 차별받은 것은 아니고, 인종을 고려한 대학입학정책은 여전히 필요하다고 보아 ①, ② 주장을 모두 배척하였다.

②의 경우에는 Bakke(1978) 이래의 기존 연방대법원 판례의 입장에 따를 때 비교적 무난한 결론이라 볼 수도 있지만, 이것 또한 변화의 조짐이 없는 것은 아니다. 예컨대 Grutter(2003)의 법정의견을 집필한 오코너 대법관Sandra Day O'Connor은, 25년 후에는 동 조치는 이용되지 않길 기대한다는 의견을 피력하였고,[29] 여러 다른 전문가들도 동 조치는 잠정적으로 시행될 사항으로 보고 있기 때문이다. 더욱이 Fisher I(2013)과 Fisher Ⅱ(2016)에서 ALITO 등 3인의 보수성향 대법관ALITO, CHIEF JUSTICE ROBERTS, THOMAS, dissenting은 엄격심사에 따라 텍사스 대학교University of Texas at Austin가 입학 결정에 있어 인종을 고려하는 것이 긴절한 이익에 기여하고 그 정책이 그러한 목표를 달성하도록 면밀하게 재단되었는지를 입증할 책임을 진다고 보는 입장을 취한 바 있는 점도 주목할 필요가 있다. 또한, 인종을 고려한 조치가 실제로는 인종의 다양성 증진 등에 도움이 되지 않으므로 이를 폐지하거나 다른 인종중립적 제도로 대체해야 한다는 견해 등 다른 차원의 접근법도 개진되고 있다.

①의 경우에는 ②의 적극적 평등실현조치에 관한 법리와는 달리, 일반적인 차별의 쟁점을 담고 있으며, ①과 같이 아시안에 대한 입학에서의 차별을 통계학적 접근으로 입증하려 하는 선례는 찾아보기 어려우므로, 이를 법적으로 어떻게 판단할 것이냐는 상급심에 새로운 과제를 던져주는 셈이다.

또한 트럼프 대통령은 재임 중 2017년 4월 닐 고서치Neil Gorsuch, 2018년 10월 브렛 캐버노Brett Kavanaugh 대법관을 잇달아 임명함으로써 보수 우위의 사법부 지형을 만들어 놓았다는 점도 주목해야 한다.[30] 더욱이 진보

---

29) The Court expects that 25 years from now, the use of racial preferences will no longer be necessary to further the interest approved today(Grutter v. Bollinger, 539 U.S. at 310 (2003)).

30) 연방지방법원과 항소법원 등 연방법원 전체로 볼 때도 그러하다. 트럼프는 트윗을 통해

성향의 대법관 긴즈버그Ruth Bader Ginsburg가 1933년생, 브레이어Stephen Breyer가 1938년생으로 고령이고 특히 긴즈버그는 결장암·췌장암·폐암 등 각종 암 투병에 시달려온 점을 고려하면, 앞으로 2021년 트럼프가 재선에 성공할 경우 보수 성향 대법관이 6-7명으로 늘어나 대법원이 압도적 보수 우위로 재편될 가능성도 있다고 봐야 할 것이다.[31] 1심에서 승소한 하버드대 총장도 보스턴 연방제1항소법원에서는 승리할 것으로 확신하지만, 대법원에 상고가 되면 이는 지켜봐야 할 것 같다고 언급한 것은,[32] 이러한 상황을 고려한 듯하다.

SFFA는 University of North Carolina, University of Texas at Austin을 상대로 하여서도 적극적 평등실현조치의 폐지를 위한 소송을 수행하고 있는데, 하버드 1심 판결은 이들 소송에 하나의 기준점으로 작용할 가능성도 있다.[33] 그러나 이들 소송의 1심 또는 2심 법원에서 SFFA의 승소 사례가 생긴다면, 이것이 차후 보스턴 연방항소법원이나 연방대법원의 판결 등에 역으로 영향을 미칠 수 있는 가능성도 있으므로, SFFA가 동시에 진행하고 있는 다른 대학들에 대한 소송의 진행경과와 상호 영향관계도 주목할 필요가 있다.

2. '하버드-아시안 소송'이 가져온 아시안 차별 공론화의 사회적 영향

1심에서 원고 SFFA 측이 패소하였지만, 그것만으로 원고 측의 오랜 소송 수행이 아무런 성과가 없었다고 단정하기엔 이르다. 동 소송에서 SFFA

다음과 같이 자신의 성과를 과시하기도 했다. 95% Approval Rating in the Republican Party, a Record. 218 Federal Judges, also a Record. 2 Supreme Court Justices. Thank you! (https://twitter.com/realDonaldTrump, Feb 23, 2020).

31) 현재 연방대법원은 5(보수) v. 4(진보)의 구도인데, 로버츠 대법원장이 가끔 진보의 편에서 캐스팅 보터의 역할을 수행하기도 하지만, 보수 성향 대법관이 6-7이 되면 이러한 상황도 기대하기 어렵게 될 것이다.

32) Alexandra A. Chaidez and Aidan F. Ryan, *Harvard President Bacow Says He's Confident Appeals Court Will Uphold Admissions Decision*, The Harvard Crimson (October 8, 2019).

33) Camille G. Caldera, Delano R. Franklin, and Samuel W. Zwickel, *Harvard Ruling May Offer 'Roadmap' for Other Affirmative Action Cases*, The Harvard Crimson (October 2, 2019).

가 핵심적으로 주장한 하버드 대학의 최근 입학자료 통계 분석은 비록 곧바로 아시안에 대한 차별을 입증하는 것으로 인정받지는 못하였지만, 그동안 베일에 쌓여있었던 하버드 대학의 종합평가 과정, 특히 유독 주관적 평가가 개입될 수 있는 인성personality 항목에서 아시안에게 가장 낮은 점수가 부여되었다는 정보 등을 대외적으로 처음 드러냈다는 점에 의미를 부여할 수 있다.[34] 이는 아시안 차별의 문제를 통계를 통해 새롭게 사회적 의제화함으로써, 법원 판결의 사실관계를 구성함은 물론이고, 사회적으로 '여론의 법정'에서 공론을 형성하는 실증적 토대를 제공한 것으로 평가할 수 있다.

그동안 미국사회에서 첨예하게 대립하는 사회적 쟁점들에 대한 논의들이 해결되어온 과정을 보면, 1심 판결 과정에서 노출된 다양한 사실관계와 의견들(무수히 쏟아진 Amicus Briefs 포함)은 법원의 의견형성에도 중요한 역할을 하지만, 그와는 별도로 여론public opinion의 형성에도 기여하고, 여론의 향배가 다시 연방항소법원과 연방대법원의 재판과정과 법리형성에 영향을 미치는 요소로 작용할 수 있기에, 법원 외부에서 형성되는 여론과 언론의 역할에 대해서도 주의를 기울일 필요가 있다.[35]

1심 법원은 하버드가 법적으로 차별을 의도하지 않았다고 보면서도, 입학절차를 더 투명하고 암묵적 편견이 작동하지 않도록 보완할 것을 권유하였는데, 하버드는 2018년 10월 1심 변론절차가 본격적으로 진행되기 직전에 2023 class 입학사정관 교육 매뉴얼을 새롭게 바꾸어, 어떤 경우에 인종을 고려해야 하는지를 명확하게 제시하고, 인성에 대한 평가를 측정하는 세부적인 지침을 제공했다.[36] 또한 하버드의 아시안 입학비율은 10년간에 걸쳐 20% 부근에서 완만한 상승곡선을 그리며 거의 일정하게 유지되다시피 했는데, 2023 class에서 유독 25.3%로 대폭 상승한 것은,[37] 직접적인

---

34) Peter Arcidiacono, Josh Kinsler, Tyler Ransom, *Legacy and Athlete Preferences at Harvard*, National Bureau of Economic Research (December 6, 2019), p. 2.

35) BARRY FRIEDMAN, THE WILL OF THE PEOPLE: HOW PUBLIC OPINION HAS INFLUENCED THE SUPREME COURT AND SHAPED THE MEANING OF THE CONSTITUTION (2009) 참조.

36) Deirdre Fernandes, *As trial loomed, Harvard changed guidance for admissions officers*, Boston Globe (October 30, 2018).

37) 하버드 입학통계 중 2023 class 요약 부분(https://college.harvard.edu/admissions/admissions-statistics) 참조. 이는 2014 class(18.2%) 이래로 10년 중에 가장 높은 비율

인과관계로 단정할 수는 없지만, 하버드 측이 앞서 본 것처럼 입학사정관 매뉴얼을 개정하고 1심 판결 선고를 의식해서 암묵적으로 대응한 결과로 추측할 여지는 다분하다.

아이비리그 주요 대학들에서 오랫동안 유지해온 레거시 입학 등 ALDC Tips 문제에 있어서도 동 소송을 기점으로 하여 언론 등을 통해 변화를 요구하는 움직임이 눈에 띄게 늘어나고 있다. 원고 측 전문가인 Arcidiacono 교수 등의 연구에 따르면, 하버드 대학의 백인 입학생 중 43% 이상이 ALDC 이고, 다른 세 인종의 ALDC 비중은 각각 16% 이하임이 밝혀졌다.[38] 이는 백인이 입학전형에서 ALDC를 통해 우대 내지 특혜를 받고 있음을 추정케 할 수 있는 수치이다. 레거시 입학은 기왕에도 '백인을 위한 쿼터제', 또는 '부유한 백인을 위한 어퍼머티브 액션'이라며 비판의 대상이 되어왔지만, 최근 미국에서 펠리시티 허프먼 등 유명 연예인과 사회 지도층 인사들이 대거 포함된 초대형 대학입시 비리college admissions scandal가 동문자녀 우대나 체육특기생 제도를 악용한 것으로 드러나면서 이에 대한 비난 여론이 어느 때보다 높아졌다는 것도 레거시 제도 폐지 주장에 힘을 실어주고 있다. 민주당의 차기 유력 경선주자였던 블룸버그 전 뉴욕시장은 최근 레거시 제도 폐지를 대선에서의 주요 교육 공약으로 제시하면서 이 제도를 유지하는 학교에는 연방 기금의 지원을 제한하겠노라고 언급했는데,[39] 이는 미국 사회에서는 좀처럼 보기 어려운 새로운 공약이었다.

3. 대학입학정책에서 아시안을 둘러싼 인종정치의 딜레마와 적극적 평등실현조치의 미래

1심 법원은 Bakke(1978) 이래 Fisher Ⅱ(2016)에 이르는 적극적 평등실현조치에 관한 연방대법원 판결들을 주된 선례로 삼았는데, 이 선례들이

이다.

38) Peter Arcidiacono, Josh Kinsler, Tyler Ransom, *Legacy and Athlete Preferences at Harvard*, National Bureau of Economic Research (December 6, 2019), pp. 15-16.

39) Valerie Strauss, *Bloomberg promises to end legacy preferences in college admissions – and threatens to limit federal funds to schools that refuse*, The Washington Post (Feb. 19, 2020).

제시한 심사기준의 체계를 따르는 한에서는 비교적 무리 없는 결론을 내렸다고 보인다. 피고인 하버드의 승소를 선언하면서도 SFFA와 아시안의 입장도 일부 고려하여, 원·피고 양측 전문가의 통계자료 분석이 모두 입론의 여지가 있다는 점을 인정하면서, 하버드의 입학절차에 입학사정관의 무의식적 편견이 개입되었을 가능성도 배제하지 않았다. ALDC는 백인 비율이 월등히 높다는 점과 ALDC Tips을 폐지한다면 아시안 합격생 수는 늘어날 것이라는 점도 사실관계로 인정하였다(그러나 ALDC 유지 여부는 대학 측의 재량으로 보았다). 즉 법적 차별은 아니더라도 정책적으로 문제의 소지는 있으며 제도 개선의 필요도 있음을 일부 시인한 것이다.

이러한 1심법원의 판단은 향후에도 유지되어야 하는가? 다인종사회인 미국의 인종정치 구도에서, '하버드-아시안 소송'을 통해 새롭게 대두된 아시안 차별의 문제는 어떻게 바라봐야 하며, 기왕에 흑인을 중심으로 발전되어온 적극적 평등실현조치의 법리와 체계는 아시안에게도 동일하게 적용되어야 하는가? 만약 그렇지 않다면, 어떻게 해결할 것인가? 이 문제에 답하기 위해서는, ① 아시안을 둘러싼 인종정치의 구조 변화와 아시안 차별의 딜레마 상황을 살피고, 이것이 ② 소수인종을 위한 적극적 평등실현조치와는 어떤 상관관계를 가질 것인가에 대해 개략적으로라도 답하지 않으면 안 될 것이다.

아시안은 소수자이고 미국 내에서 차별의 역사를 가지고 있으며, 현재도 그러하다. 그러나 대학입학과 관련해서 아시안은 애초부터 적극적 평등실현조치의 주된 대상이 아니었다. 가령 적극적 평등실현조치의 효시를 이루는 Bakke(1978) 판결에서조차 백인 Bakke가 역차별을 당했다며 다툰 상대방 소수 인종 속에 아시안은 포함되지 않았다.[40) 즉 대학입학에서 적극적 평등실현조치는 주로 흑인(그리고 히스패닉)을 대상으로 하였다. 이는

---

40) UC Davis 의과대학에서 1971년-1974년 사이에 소수자를 위한 특별입학으로 들어온 소수자는 흑인 21명, 멕시칸 30명, 아시안 12명이었고, 같은 기간에 정규입학으로 들어온 소수자는 흑인 1명, 멕시칸 6명, 아시안 37명이었다. Regents of Univ. of California v. Bakke, 438 U.S. 265 (1978) (438 U. S. 275-276). Bakke는 아시안에 대해서는 아무 언급도 하지 않았다(438 U. S. 296 n. 36). 그리고 우대조치(preferential treatment)와 관련해서 아시안을 소수자로 포함시킨 것은 아시안이 정규입학절차를 통해 입학한 숫자를 고려하면 의아스러운 것이라는 점이 판결문에 설시되어 있다(438 U. S. 309 n. 45).

파인골드Jonathan P. Feingold 교수가 "Affirmative Action 1.0"으로 명명한 「흑인 대 백인」Black v. White 구도에 상응한다.[41]

그런데 대학입학에서의 적극적 평등실현조치와 관련해서 피해자로서도 혹은 수혜자로서도 존재감이 없었던 아시안은, 경제적 지위가 향상되고 대학입학 등 교육 분야에서의 성취가 두드러지면서 흑인이나 히스패닉에게 주어지는 우대조치 때문에 오히려 아시안이 피해를 입는다는 점이 부각되기 시작한다.[42] 예컨대 적극적 평등실현조치를 다룬 가장 최근의 연방대법원 판결 FisherⅡ(2016)의 알리토 대법관 등 3인 반대의견에서는, "UT 플랜이 아시안을 차별하고 있으며, 아시안 학생의 수업구성에 대한 가치는 히스패닉 학생의 그것에 비해 저평가되고 있다는 점, UT의 입장에서는 아시안이 인종 간 이해를 위해 히스패닉만큼 가치있다고 보지 않는다는 점, 그리고 아시안은 거의 존재하지도 않는 것처럼 취급한다는 점" 등을 연이어 지적하고 있다.[43] 이는 소수인종이면서도 흑인·히스패닉과는 달리 '모범적 소수인종' 혹은 '백인화된 인종'으로 분류되었던 아시안의 전형과 무관하지는 않아 보인다. 이런 맥락에서 SFFA가 '하버드-아시안 소송'을 통해 아시안을 백인의 대용으로 내세워 적극적 평등실현 조치의 폐지를 기획하고 있다는 관점은 일견 설득력이 있는 부분이 있다.[44] 따라서 아시안은 다수인 백인의 편에 서서 다른 소수인종을 위한 우대조치 폐지에 기여하고 있다는 비판에 직면하게 된다.

하지만 '하버드-아시안 소송'의 의미를 적극적 평등실현 조치 폐지의 관점으로만 협소하게 이해할 필요는 없다고 본다. SFFA와 트럼프 행정부가 동 소송에서 아시안을 지원하고, 그것이 설사 적극적 평등실현조치를 폐지하려는 백인의 의도와 이해관계를 반영한 것이라고 하더라도, 그것과는 별

---

41) Jonathan P. Feingold, *SFFA v. Harvard— How Affirmative Action Myths Mask White Bonus*, 107 Calif. L. Rev. 707 (2019), pp. 713-716.
42) 이는 파인골드의 "Affirmative Action 2.0" 분류인 「흑인 대 아시안」(Black v. Asian) 구도 관점에서 이해할 수 있다. Id, pp. 716-719.
43) Fisher v. University of Texas at Austin, 579 U.S. ___ (2016). (Justice Alito, with whom The Chief Justice and Justice Thomas join, dissenting).
44) Id, p. 716 트럼프 행정부, 특히 법무부가 SFFA의 소송을 적극 지원하고 있는 것도 아시안을 백인그룹에 포섭하려는 움직임의 측면에서 이해할 수 있을 것이다.

도로 아시안의 정당한 이익의 영역이 있다면 아시안이 전국적인 관심의 대상이 되고 있는 이 소송을 통해 그러한 부분을 주장·입증하는 것은 의미가 있을 수 있다. '하버드-아시안 소송'에서 아시안이 다른 소수인종에 대한 적극적 평등실현조치로 인해 피해를 보는 부분보다, 앞서 보았듯이 백인과의 관계에서 아시안이 차별받고 그 반대급부로 백인이 보너스를 받고 있다는 혐의가 더 두드러지게 나타나고 있고(입학사정관의 인성평가 부분과 ALDC 제도), 이 부분이 점차 더 여론의 조명을 받기에 이르렀다는 점이 이를 방증한다.

이는 인종정치의 가장 전형적인 "Affirmative Action 1.0" 구도와, SFFA가 '하버드-아시안 소송'을 통해 '애초에' 기획했다고 볼 수 있는 "Affirmative Action 2.0" 구도와는 구별되는, 「백인 대 아시안」White v. Asian 구도에서의 아시안에 대한 차별조치Negative Action 문제로 이해할 수 있다.45) 즉 "Affirmative Action 2.0" 소송으로 애초에 기획되었던 '하버드-아시안 소송'의 실질은 '아시안의 피해penalty를 통해 백인이 이득bonus을 얻고 있다'Asian penalty v. White bonus는 점으로 중점이 옮아가고 있다고 보는 것이 더 정확하다. 아시안 차별은 SFFA의 주장처럼 '인종을 고려한 입학정책' 때문에 발생하는 것이 아니라, '인종 중립적 조치'Facially Neutral Conduct로부터 파생되고 있다는 것으로,46) 상당한 설득력이 있다고 생각된다.47)

이처럼 새롭게 이해된 인종정치 구도에서 '하버드-아시안 소송'을 다시 살피면, 하버드의 아시안 차별 혐의가 사실로 판명될 경우, 아시안 차별로 인한 수혜자는 백인이지 흑인 등 다른 소수 인종이 아니며, 그렇다면 본 소송을 통해 제기된 아시안 차별 문제는 적극적 평등실현조치의 시행과 필연적인 관련성이 없다고 생각된다.48) 따라서 비록 SFFA가 원래 적극적 평

---

45) Jerry Kang, *Negative Action Against Asian Americans: The Internal Instability of Dworkin's Defense of Affirmative Action*, 31 HARV. C.R.-C.L. L. REV. 1, 3 (1996); Jonathan P. Feingold, Id, pp. 719-728.

46) Jonathan P. Feingold, Id, pp. 725-728.

47) 1920년대 하버드의 유대인 쿼터는 역차별이 아니라 일반적인 차별이었고, 흑인 등을 돕기 위한 것이 아니었으며, '하버드-아시안 소송'은 유대인 쿼터와 같은 차원에서 이해할 수 있다는 것, 아시안 차별은 직접 차별(straightforward discrimination)이라는 프랭크 우 교수의 분석도 이와 맥을 같이 한다(Frank H. Wu, *Asian Americans and Affirmative Action-Again*, 26 Asian Am. L.J. 46 (2019), p. 49).

등실현조치 폐지를 목표로 하여 이 소송을 기획하고 진행하여 왔다고 하더라도, 재판과정에서 아시안 차별의 공론화를 통해 숨어있던 백인 기득권을 밝혀내어 그것을 가능케 하는 종합평가 입학절차를 좀 더 투명하게 개선·보완하고, 나아가 '백인을 위한 우대조치'를 상징하는 레거시 입학을 축소·폐지하는 방향으로 나아가게 하는 계기를 마련할 수 있다면, 그것만으로도 이 소송은 인종정의racial justice에 기여하는 의미를 가지게 될 것이다. 즉 아시안이 흑인, 히스패닉, 심지어 다른 아시안을 비난하거나 차별하지 않으면서 아시안의 이익을 위해 목소리를 높일 수 있는가49)에 주안점을 두고 이 소송의 향후 경과를 살피면 자못 흥미로울 것이다.

---

48) 다만, 인종을 고려한 입학정책이 원래의 다양성 취지에 부합하게 적절히 시행되고 있느냐 하는 것은 또 별도의 검토를 요하는 과제일 것이다.

49) Frank H. Wu, Id, p. 48.

09

북한법의 딜레마?

신동룡

강원대학교 법학전문대학원 교수

강원대학교 법학전문대학원에서 법철학, 법사상사, 법과 정의 등을 강의하고 있다. 연세대학교에서 학위과정을 밟으면서 전통적인 법철학보다는 포스트모던 법철학에 흥미를 더 느꼈다. 특히 미셀 푸코의 계보학과 미하일 바흐친의 대화이론을 중점적으로 연구하였고, 이를 토대로 근대 형법, 저작권법, 북한법 및 통일법 등을 법철학적으로 분석하였다. 최근에는 중세 법사상을 탐구하면서 재산권법의 계보를 추적하고 있다. '한국법철학회'에서 이사를 역임하고 있으며, 「법철학연구」의 편집위원으로 활동하고 있다.

Ⅰ. 북한법에도 딜레마가 있을까?

　북한법에도 딜레마가 있을까? 북한법 자체에 대해서도 아는 바가 거의 없는 현재로서 북한법의 딜레마를 논한다는 것은 무리다. 하지만 이념과 실제, 이론과 실천의 모순을 온전히 해결할 수 있는 체제는 없다. 모든 법체계들은 예외 없이 인간 실존의 측면에서 개인의 이익과 공동체의 이익 사이의 충돌이라는 딜레마 상황에 직면한다. 북한법도 예외가 될 수는 없을 것이다. 아래에서는 북한에도 개인과 공동체가 충돌하는 딜레마 상황이 있는지, 있으면 이를 어떻게 해결하려고 하는지를 북한 소설을 통해 試論적으로 살펴볼 것이다. 북한소설이 체제선전을 위한 수단인 점을 고려한다면, 그것을 통해 북한법의 딜레마를 살펴볼 수 있을까라는 의문을 제기할 수 있다. 또한 체제선동과 검열로 인하여 현실을 왜곡시킬 수도 있다. 하지만 체제선전 수단이라는 바로 그 점으로 인하여, 역설적이게도 북한의 문학작품은 북한법이 지향하려는 당위 이념이 무엇이며, 북한 당국이 그것을 구체적 삶 속에서 어떻게 실현하려고 하는지를 파악하는 데 도움이 될 수 있다. 더불어 북한의 소설 창작은 사회주의적 사실주의에 따르고 있는데, 이런 이유로 북한 소설은 당의 공식문서보다 주민들의 일상생활과 규범적 생활을 훨씬 풍부하게 묘사하고 있다.[1] 예를 들어 북한소설 『찬란한 미래』는 식량난에 직면한 당 간부가 당의 지침을 강하게 비판하는 모습을 여과 없이 보여주고 있다.

> "낟알 심어막을 땅 한 때기 변변하게 없는 이 시가지에서 나라에서 손을 내밀지 말라지, 무얼 좀 하자면 <이건 안되오, 저건 못하오>하

---

* 이 글이 만약 사반세기 전에 작성된 것이라면 국가보안법 위반 여부가 논란이 될 수도 있었을 것이다. 물론 오늘날에도 좌우의 논리 속에서 비난과 편견의 대상이 될 수도 있음은 당연하다. 학문하는 사람에게 있어서 검열이라는 것은 무섭다는 생각이 든다. 어찌하였든 우리 사회에서 북한법에 대한 이러한 접근은 자체검열을 부지불식간에 또는 의식적으로 요구한다. 학문적 접근이 사상적 낙인이 찍힌 괴물로 돌아 올 수 있다는 불안감과 그에 대한 경험… 때문에 분명히 밝힌다. 이 글은 발칙한(?) 분석이기는 하지만 북한을 찬양하거나 고무하려는 의도는 一度도 없다.

1) 전영선, 『북한의 문학과 예술』(역락, 2004), 75-76면.

며 코코에 그물을 쳐놓으니 도대체 어떻게 살아나가자는 겁니까? …
어디 대답 좀 해보지요. 입이 열 개라도 할 말이 없을 거요. 나는 이
불긴 보구 발 펴라는 말은 하지 않겠습니다. 틀림없이 보수주의 소극
분자라는 감투를 씌울 테니까요. 그러나 대용식품으로 견디어나가는
시민들의 감정도 생각해야지요. … 난 실무일군들과 토의해보았는데 모
두 쌍수 들고 (관광을 통한 외화벌이 사업에) 환영이지요. 하긴 코카콜라
대신에 맹물을 마시겠다는 사람이 어디 있겠습니까?"[2]

이러한 이유로 아래에서는 1980년대 말 북한의 베스트셀러였으며 남한
에도 소개되었던 남대현의 『청춘송가』,[3] 백남룡의 『벗』[4]이라는 소설을 중
심으로 북한법의 딜레마를 살펴볼 것이다. 『청춘송가』와 『벗』은 소설의 주
인공들이 자기의 개인적 욕망을 매우 적극적으로 추구하고 있다는 점에서
"집단 vs 개인"의 구도가 잘 구현되어 있다.

Ⅱ. 집단주의 법원리

북한은 '주체사상에 기반한 집단주의 원칙'에 의해 구성된 체제이다. 북
한헌법(1998년) 제10조 제2문은 "국가는 사상혁명을 강화하여 사회의 모든
성원들을 혁명화·로동계급화하며 온 사회를 동지적으로 결합된 하나의
집단으로 만든다"라고 규정하고 있으며, 제63조는 "조선민주주의인민공화
국에서 공민의 권리와 의무는 ≪하나는 전체를 위하여, 전체는 하나를 위
하여≫라는 집단주의 원칙에 기초한다"라고 규정하고 있다.

"많은 사람들이 집단적이며 조직적인 생활을 하려면 반드시 일정한
행동규범과 준칙이 있어야 하며 모든 사람들이 그것을 철저히 지켜야
합니다. 그래야 사람들의 행동통일을 실현할 수 있고 집단의 규률과
질서를 보장할 수 있습니다(김일성저작집, 제28권, 281면)."[5]

---

2) 림재성, 『찬란한 미래』(문학예술종합출판사, 2000), 331~362면.
3) 남대현, 『청춘송가 상·하』(공동체, 1988).
4) 백남룡, 『벗』(살림터, 1992).
5) 심형일, 「주체의 법리론」(사회과학출판사, 1987), 58면.

이와 같이 집단주의는 일종의 법원리로서 북한법의 본질적 토대를 이룬다. 『주체의 사회주의 법이론』에 따르면 집단주의는 그 본성으로부터 집단의 이익과 개인의 이익의 통일을 요구하며 후자를 전자에 복종시킬 것을 요구한다.[6] 국내 연구들은 이러한 북한 법률텍스트를 근거로 집단주의 법원리를 전체주의 미화수단으로 이해해 왔다. 집단을 내세워 개인의 권리추구를 박탈하고 김일성으로부터 시작되는 세습적 1인 지배체제를 더욱 강화하려 한다는 해석이다.[7] 즉 집단주의 원칙 때문에 "개인의 이익은 집단의 이익을 위해 철저히 희생되며, 따라서 북한주민들은 노예적 삶을 살아갈 수밖에 없[거나],"[8] "국민 각자가 지니는 인간으로서의 존엄성이라는 것도 존재할 여지가 없다. 국민들은 권력자의 조정에 따라 팔·다리를 움직이는 '꼭두각시'일 뿐"[9]이라는 것이다. 북한 소설 『청춘송가』에서도 이러한 해석과 일맥상통하는 일군간부(심사실장)의 주장이 실려 있다.

> 심사실장: 우린 누구나 그가 어떤 사람이던 사회가 요구하는 위치에 있어야 할 뿐 아니라 언제나 거기에는 정보로만 걸어야 하는 거야. '앞으로 갓', '뒤로 돌앗' 하는 구령에 맞추어 정확히 행동해야 하며 전체의 대오에 지장이 없이 움직여야 한단 말이야. 우리의 대오란 조직이고 집단이니까. 물론 사람이라면 누구에게나 욕망이야 다 있겠지. 하지만 그런 것을 어디까지나 집단의 요구에 순응시켜야 하는 거야. 제때에 아무 미련도 없이 말이다. 왜냐하면 개인이란 아무리 천재적이라 해도 집단에 비기면 티끌에 지나지 않으니까, 알겠니? 이게 바로 우리의 생활원칙이지.[10]

그런데 『청춘송가』는 이러한 입장에 대해 의문을 제기하고, 심지어 적극적으로 부정하는 과정으로 전개된다. 우선 심사실장으로부터 징계를 받

---

6) 심형일, 『주체의 사회주의 헌법이론』(사회과학출판사, 1991), 112-113면.
7) 강구진, "북한헌법상 기본권의 허구성에 관한 고찰,"「북한학보」제7집(1983), 15면.
8) 김병묵, "북한헌법상 기본권과 주체사상," 경희대학교 법학연구소, 『경희법학』제28권 제1호(1993), 22면.
9) 좌종흔, "북한에서의 '헌법'과 '공민의 기본권리'의 의미," 『안암법학』제16호(2003), 51-52면. 강구진, "북한헌법상 기본권의 허구성에 관한 고찰," 『북한학보』제7집(1983).
10) 『청춘송가 상』, 186-187면.

앉던 현장일군(진호)은 "우린 누구나 집단과 사회의 이익을 위해 자신을 바쳐야 한다고 교육받아오지 않았는가! 그것만이 가장 고상하고 아름다운 미덕으로, 고결한 의무로 된다고 배우지 않았는가! 그런데 그렇게 살려는 것이 어째서 조소와 힐난의 대상이 돼야 한단 말인가! 여기에 분명 사회의 요구와 사람들의 감정, 집단적인 의무와 그에 대한 견해, 이런 것들에 대한 리해할 수 없는 모순이 있는 것 같았다"[11]고 의문을 제기한다. 소설의 결론부분에서 심사실장은 자신의 이기적 무사안일주의를 집단주의라는 명목으로 감추면서 현장일군(진호)의 요구를 묵살하였다고 비판받는다. 그리고 자신의 여동생으로부터 다음과 같은 비난을 받는다.

> 심사실장의 여동생: 오빠야말로 언제나 자기만이 정당하다는 사람이지요. 집단이니 의무니 하는 말로 자기의 약점을 교묘하게 감추고는 안전한 한계 내에서만 활동하는 교활한 사람이지요. 오빠는 기계예요. 그것도 정당한 사람을 파멸시키는 독살스런 기계[12]

『청춘송가』의 기본 내용은 우리가 지금까지 가졌던 집단주의적 생활원리에 대한 해석에 의문을 제기한다. 북한에서도 집단의 이익과 개인의 이익이 충돌하는 상황이 있는 것이다. 또한 기존의 해석과는 달리, 『청춘송가』의 작가는 개인을 간단하게 집단에 종속시키려는 것이 아니라, 역으로 집단이 개인의 요구를 적극적으로 실현시켜 줄 수 있도록 갱신되어야 함을 주장한다.

Ⅲ. 딜레마: 집단의 이익 vs 개인주의적 욕망

『청춘송가』에서 제시되는 현장일군(진호)의 욕망은 집단을 부정하는 것이 아니라 집단에 헌신하려는 것이라는 점에서 자유주의에서 말하는 '개인 vs 공동체'의 대립구도와는 같을 수 없다. 우리에게 개인의 자유란 집단에 대한 헌신이 아니라 타인에게 해를 끼치지 않는 한 자기 행복을 추구할

---

11) 『청춘송가 상』, 87-88면.
12) 『청춘송가 하』, 161-162면.

수 있는 것을 의미할 뿐이다. 북한에서는 이러한 자유를 다음과 같이 비난
한다.

> 부르죠아 인권론자들은 자유란 … 그 무엇, 그 누구로부터의 무제한
> 한 자유라고 역설하고 있다. 이로부터 그들은 사람이 자기 식의 고유
> 한 삶의 방식대로 생활할 권리가 인간의 가장 으뜸가는 기본권리이며
> 그 누구의 간섭도 받지 않는 무제한한 선택의 자유와 활동의 자유에
> 대한 권리가 인간이 지니는 모든 권리의 기초를 이룬다고 떠벌리기고
> 있다. … (그러나) 조국과 인민, 사회와 집단이야 어떻게 되든 자기 개
> 인의 탐욕적 욕망만을 최고의 이익으로 내세우는 생활은 아무리 자유
> 롭고 평등하게 하여도 어디까지나 동물적 생활이며 이러한 권리는 다
> 른 사람들의 자유권과 평등권을 유린하는 조건에서만 실현될 수 있는
> 특권적 권리이다."[13]

하지만 북한에서 이기적인 개인의 욕망추구가 완전히 부정되는 것일까?
북한 판사를 소재로 삼고 있는 『벗』에서는 이기적인 개인의 욕망추구에
대해 북한법이 어떻게 대하는가를 예시적으로 보여준다. 『벗』의 주요한 소
재는 가족법과 이혼소송이다. 북한 『민사법사전』은 부부관계를 "참다운 사
랑에 기초하여 이루어져야 하며 사회생활과 가정생활에서 서로 인격을 존
중하고 서로 믿고 진심으로 도와주는 동지적 관계"[14]로 정의한다. 북한의
근로인민대중은 부부관계와 관련하여 '일신의 안일과 향락, 경제적 리익을
추구하는 결혼 및 가족관계를 철저히 반대해야 하고, 그것을 혁명의 근본
리익과 사회주의, 공산주의 위업을 위하여 싸우는 숭고한 목적에 복종시킬'
것을 요구받는다. 즉 북한 인민들은 개인 또는 부부 이기주의를 일소하고
'부부사이의 사랑을 혁명적 동지애와 결합시키고 공고발전시켜야'[15] 한다.
이러한 가정만이 '온 사회를 화목하고 단합된 하나의 대가정으로 만들며

---

13) 정성국, "부르죠아 인권이론의 반동적 본질," 『철학연구』(1995.2), 42-43면. 또한 김완선,
   "미제국주의자들이 떠드는 ≪인권≫ 소동의 반동성," 『정치·법률연구』(2006.3)를 참조.
14) 사회과학원 법학연구소, 『민사법사전』(사회안전부출판부, 1997), 32-33면(이하 『민사법
   사전』).
15) 『민사법사전』, 10-11면. 리송녀, "공화국가족법은 가정을 공고화하고 혁명화하는 무기",
   『법학론문집』(과학백과사전출판사, 1990), 142면.

일심단결된 사회주의제도를 공고발전시키는 위력한 원천'[16]이 되는 것이다. 북한 가족법(1990년)[17] 제1조도 가족법은 '사회주의적 결혼, 가족제도를 공고히 발전시켜 온 사회를 화목하고 단합된 사회주의 대가정으로 되게 하는 데 이바지'해야 하는 임무를 지닌다고 규정하고 있다.

하지만 아무리 사회적 대가정의 일부분으로서의 가족의 중요성을 인정할지라도 북한법도 이혼의 자유를 보장한다.[18] 문제는 무절제, 비도덕적, 경솔한 이혼이 남발될 경우, 가정이 파탄되고 자녀의 이익이 파괴될 수 있는 부작용이 존재한다는 점이다. 때문에 북한은 1956년 3월 8일자 내각결정 제24호 '이혼절차를 일부 변경할 데 대하여'에 따라 협의이혼을 폐지하고 현재까지 재판이혼만을 인정하고 있다.[19] 소설 『벗』에서도 이혼소송의 중요성을 다음과 같이 설명하고 있다.

> 북한판사: 우리 인민재판소는 문건이나 당사자들의 말이나 듣고 리혼문제를 경솔히 다루지 않습니다. … 처녀 총각이 사랑하고 결혼하는 건 자유입니다. 그러나 가정을 이룰 때에는 법기관에 등록해야 합니다. 가정의 형성은 법이 보증합니다. 그것은 가정이 국가의 개별적 생활단위이기 때문입니다. 이 국가의 단위가 파괴되는 일을 간단히 볼 수 있겠습니까 … 리혼문제는 부부관계를 끊어버리는가, 그대로 두는가 하는 사사로운 문제이거나 행정실무적 문제가 아닙니다. 사회의 세포인 가정의 운명과 나아가서 사회라는 대가정의 공고성과 관련되는 사회정치적 문제입니다. 때문에 우리 재판소는 리혼문제를 신중히 다루는 것입니다.[20]

북한 가족법에 따르면, 이혼청구를 용인하는가 거부하는가는 '부부생활을 더 이상 계속할 수 있는가, 없는가' 하는 기준으로 결정된다(가족법 제21조). 부부생활을 더 이상 계속할 수 없는 경우란 부부관계의 정치·도덕적

---

16) 『민사법사전』, 32–33면.

17) 1990.10.24.(최고인민회의 상설회의 결정 제5호로 채택).

18) 북조선의 남녀평등에 대한 법령(1946.7.30. 북조선임시인민위원회 결정 제54호) 제5조 제1항.

19) 최달곤, "북한가족법 40년과 그 동향", 고려대학교 법학연구원, 『북한행정논총』 제8집 (1990), 113–114면 참조.

20) 『벗』, 125–126면.

기초를 상실하였거나 배우자 일방이 부부의 사랑과 믿음을 혹심하게 배반한 경우를 의미한다.

주목해야 할 점은 북한은 결혼생활과 이혼을 후견주의적 관점에서 접근한다는 점이다. 사회적 대가정의 견지에서 바라볼 때 국가와 가정은 부모와 자식 간의 관계와 비슷하다. 국가는 결혼생활이 원만히 이루어지도록 주택공급과 같이 물질적 삶을 보장해 주어야 할 의무가 있다. 또한 국가는 그들이 부부관계를 올곧게 이끌어 갈 수 있도록 정치도덕적 삶을 지도하고 후견할 수 있는 권리와 의무를 지닌다. 이러한 이유로 소설 『벗』은 북한 판사가 이혼소송을 제기한 부부의 결혼생활을 요해하고 이혼에 이르게 되는 과정을 분석함으로써 사랑과 믿음을 회복시켜주는 과정을 보여준다. 그러나 아무리 정치사업을 통해 개인 이기주의적 관점을 가진 자를 설복·교양할지라도, 일방이 상대방에 대한 사랑과 믿음을 혹심히 배반한 정도가 심하여 부부관계를 더 이상 지속시키기 어려울 정도가 되었다면 상황은 달라진다.

> 정진우(북한판사)는 안해의 행실을 걸어서 리혼의 위장물로 삼은 전기문화용품공장의 판매과장이었던 채림에 대해 분개하고 있었다. 채림의 안해는 매달 타는 생활비는 자기가 쓸 것을 조금 내놓고 [옷 한 벌 해입지 않으면서] 남편에게 보내주었다. 그러나 녀인은 남편한테서 따뜻한 말을 들어보기 어려웠다. … 남편은 자기를 안해가 아니라 식모로 여기는 것 같았다. … [그런데] 안해가 직장의 생산지도원과 저녁 퇴근길에 몇 번 같이 온 것이 무슨 잘못이란 말인가. 집이 한방향이고, 동지적으로 즐거운 말이나 사업상 이야기를 할 수 있지 않은가 … 정진우는 채림이 제기한 리혼소송의 본질적 근원이 거기에 있지 않음을 사건심리에서 간파했다. 촌뜨기 여자를 출세전도가 양양한 공장의 일군이 데리고 살 수 없다는 것이 진짜 주장인 것이다. 이따위 부르죠아적 사상잔재, 인습, 관점의 소유자가 제기한 부당한 리혼소송은 기각을 하고 강한 통제와 투쟁을 벌려야 했다.[21] ([…]은 필자)

---

21) 『벗』, 25면.

이 사례에서 볼 때, 촌뜨기 여자를 출세전도가 양양한 공장의 일군이 데리고 살 수 없다는 이기주의적 사유는 사상교양의 대상일 뿐 이혼사유는 될 수 없다. 이 경우 남편의 사상의식을 개조시킴으로써 가정을 유지시키는 것이 집단의 이익에 합당할 것이며, 이것은 집단이 개인에게 주장할 수 있는 요구인 것이다. 그러나 아무리 가정이라는 사회의 기층단위가 중요할지라도, 집단 속에서 자신의 인격이 더 이상 존중되지 못한다면 가정의 유지는 행복추구권을 침해하는 것이 될 수 있다. 때문에 『벗』에서 판사는 다음과 같은 이유로 이혼판결을 내렸다.

> 정진우 판사는 녀인의 인권을 위해 사건을 기각하지 못했다. 녀인이 조금이라도 반대의사를 표명했더라면 리혼시키지 않을 것이다. 그러나 재판심리 단계에서 녀인의 호소는 뜻밖에도 강렬하였다. 그 여자는 남편의 사랑을 더 바라지 않았다. 보통 인간적 대접을 받고 싶어했으나 그것도 없었다. … 멸시와 모욕과 구속뿐이었다. 정진우는 법률의 힘으로 녀인의 인격과 의사를 존중해주어야 하리라고 생각했다. 정신도덕적, 인격적 측면을 구속하는 낡은 사상, 인습과 관념으로부터 녀성을 보호하는 것은 우리 법의 사명인 것이다.[22] … 그날의 법정에서 판결은 열 살인 딸애 채순희만 어머니가 키우고 일곱 살인 아들애 채영일은 아버지가 양육하도록 했다. 녀인에게 부담을 지울 수는 없었다. 아들애의 물질생활면과 관련된 장래도 고려해야 한다. 그리하여 오누이마저 갈라졌다.[23]

하지만 아무리 개인의 인격이 존중될 필요가 있다고 하더라도 어찌되었든 집단주의적 관점에서 보자면 이혼은 사회적 대가정의 해체와 직결된 문제이다. 북한 판사도 아내의 인격을 보호하고자 하였던 자신의 판결이 위험할 수 있음을 직감한다.

> 정진우 판사는 여인의 아들을 맡고 있는 담임선생님으로부터 여인의 아들이 친어머니에 대한 그리움과 계모의 무관심으로 인하여 너무

---

22) 『벗』, 25-27면.
23) 『벗』, 28면.

나도 안타까운 생활을 하고 있음을 전해 듣는다.

"바로 그러한 어린 후대, 혈육의 애정을 갈라놓은 부모는 피치 못할 사정이 어떻든지, 법적인 타당성이 있던지 간에 범죄를 저질렀다고 생각했습니다. 판사 동지 … 재판소에서 왜 리혼을 시켜주는가요?[24]

정진우 판사는 온몸이 얼어드는 것 같고 오한이 났다. 과연 그때 판결을 잘못 내렸단 말인가. 만약에 리혼시키지 않았더라면?… 판매과 장인 남편의 '인격'에 어울리게 그 녀성을 따라세웠어야 하는 게 아닌가? 그랬더라면 아이들의 처지는 지금보다 나았을지 모른다. 그러나 산골에서 나무를 심으며 혼자서 아이들을 키워온 그 녀성을 '때벗이'시 킨다고 판매과장과 의좋게 살지는 못한다. 그들은 지성의 차이로 갈라진 것이 아니다. 판매과장이 순박한 안해를 인간적으로 멸시했[다]. 십년 세월 건강과 청춘, 고뇌를 바쳐 남편이 공부하도록 뒷받침해준 그 녀성은 자기의 삶의 가치, 인격을 더는 상실할 수 없었다. 의리에 대한 가혹한 배반을 그 녀성은 참고 묵새길 수도 용서할 수도 없었다. 정진우는 6년 전 법정에서 옳게 판결했음을 확신했다.[25]

'집단의 이익' vs '개인의 욕망'이라는 딜레마 상황에서 이루어지는 북한 판사의 고뇌는 어디에서 비롯되었을까? 또한 집단의 와해를 인정하면서도 이기적으로 소송을 제기한 남편과 자신의 인격을 지키고자 주장한 아내, 각각의 요구를 수용해야 했던 북한 판사의 결단은 어디에 근거를 둔 것일까?

필자는 집단주의가 가지는 딜레마적 한계상황에서 비롯되었다고 이해한다. 이는 자유주의의 한계상황과 유사하다. 자유주의는 각 개인의 자율성을 강조하면서 자신의 삶은 자기가 책임지는 것이라고 여긴다. 각 개인이 어떠한 도덕적 가치에 따라 자기 삶을 영위할 것인가의 문제는 각 개인에게 맡겨져 있다. 국가권력의 행사 근거, 다시 말해 자유의 한계는 개인이 타인에게 해악을 미쳤을 경우이다. 타인에게 해악을 끼치지 않는 한, 개인적 삶의 문제는 설득과 토론의 대상일 뿐이지 국가권력이 개입할 수 없다. 그러나 여기에는 한계가 있다. 예를 들어 우리나라는 왜 대마흡연을 규제

24) 『벗』, 168면.
25) 『벗』, 168-169면.

하는가? 대마흡연의 유해성은 다른 사람의 권리를 침해하는 것이 아니다. 그것은 단지 자신의 건강을 훼손할 뿐이다. 원칙적으로 각 개인에게 신체나 건강에 대해서는 자기결정권이 보장된다. 하지만 대마흡연자는 스스로 감수하게 될 손실을 정확히 인지할 수 있는 능력이 없을 뿐만 아니라, 인지할지라도 그로 인해 발생할 수 있는 개인과 사회에 대한 위험성을 자의적으로 피할 수 있는 능력이 없다. 이러한 이유로 국가는 자기결정권을 제한한다.[26] 결국 자유주의에서 개인의 자율성은 모든 경우에 인정되지 않는다. 자율성이 한계상황에 봉착되었을 때 후견주의적 국가의 간섭이 정당화될 수 있다.

이러한 논리는 북한의 집단주의 법원리에도 적용될 수 있을 것이다. 다만 논리는 역방향으로 진행된다. 북한은 후견주의적 관점에서 집단주의 도덕을 준수할 것을 의무로서 개인에게 요구한다. 각 개인의 자주적 요구는 이러한 집단주의 도덕에 맞게 실현되어야 한다. 북한이 주장하는 자주적 인권은 도덕적 권리인 것이다. 국가권력은 개인의 자주적 인권을 제한할 수 있으나 그것은 자유주의 원리인 '해악의 원리'가 아니라 집단주의 도덕에 따르지 않음으로써 집단 내에 발생할 수 있는 해악을 제거하기 위함이다. 국가는 집단주의 도덕에 따르지 않은 자에게 직접 권력을 행사할 수 있다. 그것은 설득과 토론의 대상일 뿐만 아니라 법의 대상이 되는 것이다.

그러나 이러한 집단주의적 후견주의는 한계상황에 봉착할 수 있다. 개인의 행복을 위해 후견주의를 포기하고 개인의 자율성에 맡겨야 할 때가 있다는 것이다. 집단주의적 후견주의는 개인의 행복을 보장할 수 있는 최고의 수단으로 여겨질 수 있지만, 그것은 일종의 수단일 뿐이다. 아무리 집단이 설득과 교양, 법에 의한 제재를 동원한다고 할지라도, 후견적 국가 작용에 의해 사랑과 믿음을 배반당한 여인에게 부부관계를 계속 유지하라고 요청할 수 없다는 점은 이러한 한계상황을 반영한다. 나아가 그것이 사회적 불안요소로서 집단 전체에 해악을 끼칠 우려가 있다면 오히려 사회적 대가정의 안전을 위해 가정의 해체를 용인할 가능성이 있는 것이다. 요컨

---

26) 「마약류관리에관한법률」 제61조 제1항 제7호 등 위헌소원, 헌법재판소 2005.11.24. 선고 2005헌바46 결정.

대 그 한계 선상에서 개인의 이기적 욕망은 집단의 해체를 용인할지라도 인정될 수 있다.

앞서 언급하였듯이 북한 소설, 특히 30년 전의 소설을 통한 분석은 현재의 북한법을 반영하는 데 분명 한계가 있다. 그럼에도 불구하고 북한법에도 분명히 딜레마가 있음을, 그리고 그들이 주장하는 이른바, 자주적 인권에 기초하여 딜레마를 해소하려 한다는 점을 엿볼 수 있었다. 나아가 자유주의와 유사한(?) 이기적 욕망의 실현이 전적으로 부정되지 않음을 알 수 있다. 진정한 통일은 제도의 통일이 아니라 문화의 통일이어야 한다. 북한법에 대한 이러한 접근은 법문화의 통일을 달성하는 데 미약하지만 한 알의 밀알이 될 수도 있지 않을까라는 기대를 해 본다.[27]

---

27) 이 글은 필자의 논문, "북한의 집단주의 법원리 및 통일법 연구방법론에 대한 시론적 분석," 『법과 사회』 제37호(2009.12); "북한의 집단주의적 법원리와 권리─의무에 대한 법문학적 고찰," 「법철학연구」 제12권 제2호(2009.12) 및 "북한의 이혼소송과 집단주의 법원리에 대한 내재적 이해: 소설 『벗』을 중심으로," 「법학연구」, 제22권 제3호(2012.9)를 요약한 것임을 밝힌다.

10

협동조합의 딜레마:

협동조합은 비영리법인인가

김정연

인천대학교 법학부 교수

　서울대학교 법학전문대학원 졸업. 법학전문박사(상법). 로펌 변호사를 거쳐 인천대학교 법학부에서 상법을 가르치고 있다. 회사법 및 금융법 분야에서 연구를 진행하고 있으며, 회사, 협동조합, 비영리법인을 비롯하여 다양한 조직체들의 작동원리를 규명하는 조직법(organizational law)에도 많은 관심을 기울이고 있다.

I. 협동조합: 현실과 문제점

1. '협동조합 현상'의 대두와 법적 대응

협동조합의 기원은 영국, 독일, 네덜란드와 같은 유럽 국가에서 산업화의 병폐를 해결하기 위한 사회적 부조를 제공하거나, 농촌지역의 자조적 협동조직을 건설하는 데서 비롯된 것이라고 알려져 있다. 물론, 자조와 협동을 목적으로 하는 조직의 기원을 찾아 굳이 외국을 갈 것까지도 없다. 한국의 전통적 농촌공동체에서도 두레, 계, 향약 등과 같은 경제적 부조조직이 활발하게 작동하고 있었기 때문이다.

한국에서 2012년 협동조합기본법이 제정·시행되었고, 소위 '사회적 경제' 또는 '사회적 기업'에 대한 관심이 증가함에 따라 협동조합의 사회경제적 역할과 기능에 대한 논의들도 활발하게 이루어지고 있다. 실제로 협동조합기본법 시행 이후 설립된 협동조합의 숫자가 15,000개 이상으로 급증하였으므로 이를 과히 '협동조합 현상'이라고 부를 만도 하다.

협동조합기본법이 시행되기 이전에도 농업협동조합법·수산업협동조합법·중소기업협동조합법·신용협동조합법·소비자생활협동조합법·엽연초생산협동조합법·새마을금고법, 산림조합법과 같은 개별 근거법률에 의해서 협동조합이 설립, 운영되고 있었으므로 소위 '협동조합 현상'은 그다지 새로운 것이라고만은 할 수 없다. 특히 농업협동조합, 수산업협동조합, 산림조합, 새마을금고, 신용협동조합을 아우르는 '상호금융기관'은 2018년 말 현재 총 688조의 자산을 보유하고 있으며, 조합원의 수도 3,700만 명에 달하는 등 서민들의 경제생활에 매우 큰 영향력을 미치고 있다. 농업협동조합의 자산규모(346조, 2018년 말)는 대형 시중은행의 자산규모를 상회하고, 새마을금고의 자산규모(162조, 2018년 말)는 지방은행이나 외국계 은행의 자산규모의 약 3배에 이른다는 통계는 협동조합이 국민경제에서 차지하는 중요성을 단적으로 잘 보여준다. 물론 이들 상호금융기관은 지역단위에서 조직된 별개의 법인격을 지닌 조합들을 통칭하는 용어이고, 은행은 단일한 법인격을 지니고 지점 단위로 영업을 하고 있지만 말이다.

2. 협동조합의 부실운영: 대리비용의 문제

본인-대리인 문제는 계약 이전 단계의 깜깜이 정보와 계약 이후 단계의 도덕적 해이로 인하여 발생하는 것으로서, 주식회사에서와 마찬가지로 협동조합에서도 대리인에 대한 감시 비용을 통제하는 문제는 지배구조를 설계하는 데 핵심적인 고려요소이다. 협동조합에서도 이사회가 조합원들을 위하여 의사를 결정하고 업무를 집행하도록 기대되지만, 조합장의 전횡이나 조합원의 무관심으로 인한 부실운영의 위험이 상존하기 때문이다.

기존에는 협동조합이란 특별법에 의해 설립되는 특수법인으로만 취급되는 경향이 있었다. 즉, 한국의 법인제도 속에서 협동조합이 갖는 위치나 특성을 감안한 제도 개선보다는 협동조합의 부실 경영 문제가 언론 등을 통해 지적되면 개별 문제를 해소하기 위한 임시방편적 대증 요법을 각 특별법에 도입하는 데 급급한 경향이 있었다. 또, 협동조합기본법은 협동조합이라는 법적 형식을 통합적으로 규율한다는 의의에도 불구하고, 사회적 협동조합이라는 범주를 창설하여 감독부처에서 세제 및 지원금 등 혜택을 부여하고 정책적 목적에 따른 관리의 편의에 초점을 두었다는 한계가 있다. 그 결과 협동조합의 법적 성격을 규명하고 그에 바탕을 둔 대리비용 해소방안, 즉 지배구조 개선방안을 어떻게 도출할 수 있는지라는 본질적인 문제는 여전히 미래의 과제로 남아 있는 셈이다.

Ⅱ. 협동조합의 법적 딜레마

1. 영리법인과 비영리법인의 구별 기준

한국의 사법체계상 일반적으로 법인이란 비영리법인 또는 영리법인 가운데 어느 하나에 속한다. 학술, 종교, 자선, 기예, 사교 기타 영리 아닌 사업을 목적으로 하는 사단 또는 재단(이하 "비영리법인")은 주무관청의 허가를 얻어 이를 법인으로 할 수 있고(민법 제32조), 영리를 목적으로 하는 사단은 상사회사설립의 조건에 좇아 이를 법인으로 할 수 있으며(민법 제39

조 제2항), 상법에 따르면 상행위나 그 밖의 영리를 목적으로 하여 설립한 법인을 회사라고 명명하고 있기 때문이다(상법 제169조). 즉, 법인은 영리목적을 추구하는지 여부에 따라 비영리법인 또는 영리법인으로 구별될 수 있는 것처럼 보인다.

그렇다면 법인이 영리목적을 추구하는지 여부는 어떻게 판단되어야 할 것인가. 독일, 미국, 일본에서나 한국에서나 비영리법인의 본질은 구성원에 대한 수익배분이 제한된다는 점('수익배분제한성', Non-distribution Constraint)이라고 해석하는 데는 이론이 없다. 즉, 당해 법인이 이윤을 추구하는 사업을 영위하는지 여부가 기준이 될 수는 없고, 출자자에 해당하는 구성원들이 출자 몫에 비례하는 배당을 받는지 여부를 가지고 비영리법인인지 영리법인인지를 판단해야 한다는 것이다. 잔여재산청구권도 수익배분제한성과 함께 비영리법인의 핵심 표지로 생각되지만, 비영리법인이 설립목적 달성 후 해산 시 출자자들에게 출자재산을 환급하는 것까지 제한할 수 없다는 점을 감안한다면 '수익배분제한성'을 우회하기 위한 수단으로 잔여재산청구권을 행사하는 것은 허용될 수 없다는 정도로 정리하면 족할 것이다.

2. 협동조합은 비영리법인인가?

농업협동조합법, 새마을금고법과 같은 특별법이나 협동조합기본법에서는 조합원에 대한 이익 배당을 허용하고 있다. 협동조합의 근거법률상 허용되는 이익배당은 수익을 출자금에 비례하여 분배하는 것과 이용고에 따라 분배하는 것 두 가지 방식이 있다. 후자는 일종의 소비자 마일리지로서 협동조합의 영리성과는 무관할 수 있겠지만, 전자만큼은 영리법인에서의 이익배당과 성격상 일치한다. 즉, 이익배당이 허용되는 협동조합이라는 법적 형식은 비영리법인의 본질적 속성인 수익배분제한성과 양립하기 어렵다.

한편, 현행법상 이익배당을 허용하는 많은 협동조합들을 비영리법인으로 규정하는 경우를 쉽게 발견할 수 있다. 새마을금고법이나 신용협동조합법에서도 해당 법률에 의해 설립되는 개별 금고 및 조합을 비영리법인이라고 정의하고 있으며, 협동조합기본법에서도 "지역주민들의 권익·복리 증진과 관련된 사업을 수행하거나 취약계층에게 사회서비스 또는 일자리를 제공하는 등 영리를 목적으로 하지 아니하는 협동조합"을 사회적 협동조합으로 정의하면서 이들을 비영리법인이라고 규정한다.

새마을금고와 같은 상호금융기관들은 지역공동체의 구성원들에게 자조적인 목적의 금융서비스를 제공한다는 점에서 이들을 영리법인과 동일하게 취급할 수 없다는 논리를 전개한다. 사회적 협동조합 역시도 제공하는 서비스의 사회공헌적 성격을 감안하여 이들을 비영리법인으로 취급해야 한다는 논리에 바탕을 두고 있다. 그러나 각 법인이 제공하는 서비스의 성격을 감안하여 세제상 혜택을 부여하고, 정책적 지원을 받아야 한다는 문제의식과 특정한 법적 형태를 '비영리법인'으로 취급해야 한다는 법리 간에는 논리필연적인 연관관계를 찾기는 어렵다.

대법원에서는 새마을금고 등의 상호금융기관과 관련하여, 비영리법인으로 설립된 이상 조합원대상 대출 서비스 제공 행위를 상행위로 볼 수 없다거나(대법원 1998.7.10. 선고 98다10793 판결), 새마을금고의 임직원이 동일인 대출한도 규정을 위반한 행위는 배임죄의 구성요건인 손해를 야기한 행위에 해당한다는 입장을 취한 바 있었다(대법원 2003.5.16. 선고 2002도2030 판결).[1] 이들 대법원 판결은 새마을금고가 설립 근거법률상 비영리법인으로 정의되어 있는 이상 비영리성이 인정된다는 순환논리에 바탕을 두었거나, 회원대상으로만 서비스를 제공하도록 하는 자조적·비영리 금융기관에서는 동일인대출한도를 위반한 특정 회원에 대한 대출이 타회원의 이용기회를 침해하는 설립목적을 위반한 행위라는 판단에 근거를 둔 것으로 보인다.

한편, 아직까지 우리나라에서는 비영리법인의 본질적 속성이 '수익배분 제한성'이라는 것을 인정한 대법원 판결을 찾아보기는 어렵다. 다만, 부산 지역에서 새마을금고가 자신들이 비영리법인임을 내세워 의료법인 설립이 가능하다는 법제처의 유권해석까지 받은 후 의료기관 설립 신청을 하였으나 불허처분을 받자 행정소송으로 다투었는데, 해당 1심 법원에서는 새마을금고란 "출자에 따른 지분권과 지분에 따른 이익배당권이 인정되고 있

---

1) 대법원 2008.6.19. 선고 2006도4876 전원합의체 판결로 변경됨.

어” 일반적인 비영리법인이라고 보기는 어렵다는 판단을 한 바 있다(부산지방법원 2009.10.9. 선고 2009구합2796 판결).

위에서 언급한 대법원 판결례들은 비단 새마을금고라는 특수한 상호금융기관에 한정된 문제라기보다는 협동조합과 비영리법인의 속성에 관한 법리를 정립하는 본질적인 문제에 닿아 있는 것이라고 생각된다. 마찬가지로, 출자자들의 참여와 이익배분이 허용되는 사회적 협동조합도 협동조합기본법상 비영리법인으로 규정되어 있기 때문에 비영리법인으로 취급되어야 한다는 안이한 판단으로 이어질 우려가 있는 것이다.

3. 협동조합은 영리법인인가

이처럼 근거 법률에서 각 협동조합을 비영리법인으로 정의하는지 여부와는 무관하게 조합원에 대한 이익배당이 허용되는 협동조합을 비영리법인이라고 정의하는 것은 속성상 옳지 않다. 또한, 모든 형태의 협동조합에서는 조합원들의 참여와 감시가 전제되기 때문에 출자자의 의사결정 관여가 단절되거나 제한되는 재단법인이나 사단법인과는 성격이 다르다.

그렇다고 해서 협동조합을 ‘주식회사’로 대표되는 영리법인과 완전히 동일한 속성을 지니는 것으로 취급할 수는 없다. 그렇다면 주식회사와 협동조합은 무엇이 다른지 잠시 살펴보도록 하자. 우선, 협동조합의 설립목적은 조합원들에 대한 ‘지속가능한 경제적 기회의 제공’인 반면 주식회사는 ‘주주들의 이윤극대화’를 목적으로 한다. 즉, 협동조합에서나 주식회사에서나 출자자에 대한 이익배당이 이루어진다는 점은 일치하지만 협동조합은 ‘수익’의 극대화가 아니라 ‘이용가능성’을 ‘장기적’ 관점에서 극대화하는 것을 추구한다. 반면, 주식회사의 주주들은 정기적인 이익배당보다는 회사가치가 상승해서 투자의 차익을 실현하는 것에 더 큰 가치를 둔다. 다음으로 주식회사에서는 1주 1표의 원칙이 지배하고, 협동조합에서는 1인 1표의 원칙, 즉 민주주의 원리가 지배한다는 점에서 큰 차이가 있다. 따라서 협동조합에서는 의결권의 대리행사를 일정 범위에서 제한하고, 민주주의적 작동원리에 기반한 대의원제를 허용하는 등 출자자의 의사 표현을 위한 독특한 제도적 절차를 갖추고 있다.

4. 소결론: 특수한 형태의 영리법인으로서의 협동조합

협동조합이 처한 법적 딜레마와 관련해서는 다음과 같은 결론을 내리고
자 한다. 협동조합은 첫째, 조합원에 대한 이익 배당이 이루어진다는 점,
둘째 조합원의 의사결정 참여권이 인정된다는 점에서 비영리법인으로 분류
될 수는 없다. 설사 협동조합의 설립 근거 법령에서 협동조합을 비영리법
인으로 분류하고, 일부 대법원 판결례에서 이러한 분류를 무비판적으로 수
용한다고 하더라도 이는 어디까지나 세제를 포함한 정책적 목적만을 중요
하게 고려한 것으로서 입법론적으로나 해석론적으로나 수정이 요구된다고
생각된다. 21세기 들어 비영리법인에 관한 법제를 재정비한 일본에서는 협
동조합형 금융기관들의 법적 성격을 더 이상 비영리법인으로 한정하지 않
고, 특수한 형태의 영리법인으로 규정하고 회사법상 관련 조문들을 대폭
도입한 점도 유용한 참고가 될 것이다.

그런 연유로 협동조합은 일종의 영리법인으로 취급하되, 그 독자적인
성격을 인정해야 한다는 결론에 이르게 된다. 첫째, 협동조합은 주식회사
와 달리 이윤의 극대화가 아니라 세대와 계층을 아울러 공동체 전체의 지
속가능한 성장과 조합원들의 지속가능한 이용을 목표로 운영되어야 할 것
이다. 둘째, 협동조합은 1인 1표제를 핵심 운영원리로 삼고 있기 때문에
조합원들의 의사가 반영되는 절차를 설계함에 있어서도 민주적 기본원리가
존중되어야 할 것이다.

Ⅲ. 협동조합의 딜레마 극복과 바람직한 운영원리

1. 협동조합의 운영원리와 지속가능성의 원칙

1895년에 설립되어 전 세계 협동조합들의 지도원리를 제시하는 최대
규모의 국제기구인 국제협동조합연맹International Co-operative Alliance에는 협
동조합이란 "사람중심적 기업"으로서 그 조합원들에 의해서 설립되고, 통

제되고 운영되며 공통의 경제적, 경제적 필요와 기대를 실현시키기 위한 조직이라고 정의한다. 농협, 새마을금고, 산림조합중앙회, 신협, 수협, 일하는 사람들의 협동조합과 같은 한국의 대표적인 협동조합도 ICA의 회원으로 가입하여 활동하고 있다. ICA에서 1937년부터 제시해 온 협동조합 운영의 7대 원칙은 자발적이고 개방적인 조합원제도, 조합원의 민주적인 통제, 조합원의 경제적 참가, 자율과 독립, 교육, 훈련 및 정보 제공, 협동조합들 사이의 협동, 커뮤니티 관여로서 조합원들의 참여를 전제로 지속가능한 경제적, 사회적 기회를 제공한다는 협동조합의 독자적 속성을 잘 드러내 주고 있다.

특히, 협동조합이 추구하는 '지속가능성'이란 유엔이 새천년개발목표MDGs: Millenium Development Goals의 후속과제로서 2015년부터 2030년까지 15년간의 의제로 채택한 "지속가능발전목표SDGs: Sustainable Development Goals"의 근간을 이루는 것으로서, 협동조합이 거시적으로는 지속가능한 경제적, 사회적 발전을 위한 기업모델로 주목받고 있다는 점을 보여준다. 2012년 협동조합기본법의 제정은 2008년 세계금융위기를 겪으며 유엔이 2012년을 '세계 협동조합의 해'로 선포하고 회원국에 협동조합법 제·개정을 권고한 세계적 흐름에 발맞추는 일이다.

이러한 측면에서 국내법상으로도 기존의 협동조합의 설립 근거 법률 및 협동조합기본법을 정비하여 협동조합의 고유한 법적 특성을 지속가능한 경제발전을 위하여 효율적으로 활용될 수 있도록 할 필요성이 절실한 시점이다. 그 첫걸음은 협동조합을 기존의 비영리법인의 법적 형식에 묶어두지 않고 '지속가능성을 추구하는 영리법인'이라는 독자적 성격을 인정하는 데 있을 것이다.

2. 협동조합의 딜레마를 극복하기 위해서

마지막으로 협동조합에서 발생할 수 있는 대리비용의 문제를 극복하기 위한 구체적 방안들에 관해서 언급하고자 한다. 앞서 언급한 바와 같이 법인을 포함한 모든 조직에서는 본인-대리인의 문제가 발생할 수밖에 없지만, 그 해결 방안은 조직의 법적 성격과 경제적인 메커니즘에 따라 달라져야 할 것이다. 협동조합은 조합원들이 대리인인 운영진을 감시하고 통제하기 위한 인센티브를 제공하며, 조합원들의 적극적인 참여가 기대되기 때문에 오로지 설립목적의 구현을 위한 운영진의 의무와 책임을 강화하는 방안밖에 없는 비영리법인에 비해서는 다양한 대리문제 해결 방안을 강구할 수 있다. 또, 주식회사와는 달리 협동조합에서는 출자자와 이용자가 일치하고, 1인 1표의 민주적 운영원리가 지배하기 때문에 주주-채권자 및 지배주주-소수주주 간의 대리문제가 발생하지 않아서 운영진-조합원 간의 대리문제에만 집중하면 된다는 장점도 있다. 한편, 일부 협동조합형 금융기관에서는 비조합원 대상 영업의 비중이 커지고 있기 때문에 공동체의 지속가능한 발전을 위한 금융기회의 제공이라는 본래의 목표에서 벗어나지 않도록 할 필요성도 점점 증대하고 있는 것이 사실이다.

미국 및 유럽, 일본에서는 회사법 분야에서 발전한 다양한 대리비용 통제 전략을 비영리법인 및 협동조합 등 다양한 형태의 조직체에서도 구현할 수 있도록 많은 논의가 이루어진 바 있다. 한국에서도 최근 들어 '협동조합 현상'이라고 불릴 만큼 협동조합의 발전 가능성에 대해서 관심이 증대하고 있지만 구체적으로 조직의 특성에 맞게 어떤 운영원리를 관철시키고, 조합원들의 이용기회를 지속가능하게 극대화하기 위한 지배구조를 설계할지에 관한 고민은 부족한 것이 현실이다.

이 글에서는 협동조합의 바람직한 지배구조를 정착시키기 위한 두 가지 방안을 제안하는 것으로 마무리하고자 한다. 첫째, 협동조합 운영진의 의무와 책임을 재정비할 필요가 있다. 협동조합의 운영진은 명문 규정이 없더라도 공동체를 위하여 명예롭게 복무할 것이라는 기대가 있어 왔다. 그러나 현실에서는 일부 협동조합의 조합장들은 의무의 공백을 활용하여 조합장의 직위를 자신의 명예와 부를 축적시키는 수단으로 삼는 사례도 많이 발견된다. 이제는 협동조합의 이사들에 대해서도 조합과 조합원의 우선시할 충실의무를 명문화하고, 회사법의 영역에서와 마찬가지로 충실의무를 구체적으로 구현하기 위하여 자기거래의 승인 요건, 보수의 결정 방식과 한도 등에 관한 조문들을 법제화할 필요가 절실하다. 또 주식회사의 주주

대표소송과 같이 이사들의 의무위반에 관하여 일정한 수 이상의 조합원들의 제소로 사후적인 책임을 물을 수 있는 제도를 도입하는 것이 바람직할 것이다.

다음으로는, 조합원들의 참여를 활성화할 수 있도록 총회 제도 및 이사의 선임·해임과 관련된 제도를 정비할 필요가 있다. 현행 협동조합 기본법이나 기타 다수의 협동조합 설립·운영에 관한 근거법률들에서는 민주적 기본원리에 기대어 대규모 조합에 대한 대의원제를 도입을 허용하고, 심지어 조합장의 선출도 대의원제에 맡기는 경우가 있다. 그러나 훨씬 더 많은 수의 주식이 분산된 상장회사의 경우에도 전자적 방식을 활용하여 주주들의 참여를 활성화하는 다양한 방안들이 고민되고 있는 점에 비추어 볼 때, 협동조합에서도 총회제도를 활성화하는 방법을 본격적으로 도입해야 할 것이라고 생각된다. 구체적으로는 총회 소집이나 의안의 제안을 위한 조합원의 비율을 낮추고, 전자적 방법을 비롯한 기술의 발전을 적극적으로 도입할 필요가 있을 것이다.

이처럼 운영진의 의무와 책임을 강화하고 조합원의 참여를 위한 제도적 참여를 활성화하는 것은 협동조합이 본연의 목적인 지속가능한 경제적, 사회적 발전의 중요한 단위로 작동할 수 있는 최소한의 기틀이 될 것이라고 생각된다.

11

사증발급 거부 처분 취소소송의 딜레마

장혜진

제주대학교 법학전문대학원 부교수, 변호사

　사법연수원 34기 수료 후, 법무법인 광장에서 변호사로 재직하며 행정소송 분야에 많은 관심을 갖게 되었다. 2013년 제주대학교 법학전문대학원 교수로 전직한 이후 법조실무 분야 및 공법소송실무 분야 강의를 맡고 있으며, 행정의 권한과 의무, 사회적 이슈에서 드러나는 행정소송실무 분야의 흐름에 대한 관심을 가지고 연구하고 있다.

Ⅰ. 외국인에 대한 출입국관리에 적용되는 기본법률

우리나라의 출입국관리에 관한 가장 기본적인 법률은 먼저 대한민국에 입국하거나 대한민국에서 출국하는 모든 대한민국 국민과 외국인에 대하여 적용되는 출입국관리법이 있다. 출입국관리법에서의 국민이란 대한민국의 국적을 가진 대한민국의 국민을 의미하고, 외국인은 대한민국의 국적을 가지지 아니한 사람을 의미한다(출입국관리법 제2조 제1, 2호).

그런데 ① 대한민국의 국민이지만(즉, 대한민국의 국적을 가졌지만) 외국의 영주권을 취득하였거나 영주할 목적으로 외국에 거주하고 있는 자나, ② 대한민국의 국적을 현재는 가지고 있지 않지만, 대한민국의 국적을 가졌었거나 대한민국의 국적을 가진 자의 직계비속으로서 외국 국적을 취득한 자와 같이 대한민국과의 관계에 있어서 일정한 밀접성을 가진 사람에 대하여, 우리나라는 전자를 재외국민으로, 후자를 외국국적동포라 하고, 이들을 통칭하여 재외동포로 하며(재외동포의 출입국과 법적 지위에 관한 법률 제2조), 재외동포의 출입국과 법적 지위에 관한 법률을 두어 재외동포의 대한민국에서의 출입국과 대한민국 안에서의 법적 지위를 보장하고 있다(재외동포의 출입국과 법적 지위에 관한 법률 제1조).

Ⅱ. 외국인이 사증발급을 받지 못한 경우 취소소송을 제기할 수 있는지 여부

1. 취소소송을 제기할 수 있는지 여부를 검토하는 실익

국적만을 기준으로 하면, 외국국적동포의 경우는 현재 대한민국 국적을 보유하고 있지 아니하므로, 대한민국의 국적을 가지지 아니한 사람인 외국인에 해당한다. 즉, 외국인은 대한민국 국적을 가지지 아니한 사람이지만, 그러한 외국인에는 과거에 대한민국의 국적을 가졌었거나 대한민국의 국적을 가진 자의 직계비속에 해당하는 외국국적동포와 그렇지 아니한 외국인으로 구별할 수 있는 것이다. 외국인은 일단 외국국적동포인지 여부를 불문하고, 한국에 입국할 때에는 출입국관리법 제7조 제1항에 따라 유효한 여권과 법무부장관이 발급한 사증을 가지고 있어야 하는데 외국인이 만약 대한민국의 사증을 신청하였다가 이를 발급해 줄 수 없다는 사증발급 거부 처분을 받는다면, 우리나라 법원에 이러한 사증발급 거부 처분의 취소를 소송으로 구할 수 있는지 여부가 문제된다.

만약 외국인이 사증발급 거부 처분의 취소를 소송으로 구할 수 있다면 그 소송 결과에 따라 대한민국에의 입국 여부 결정이 달라지지만, 소송으로 취소를 구할 수 없다면 외국인이 사증을 발급받기 위해서는 발급이 될 때까지 계속적으로 사증발급 신청을 하는 방법 외에는 달리 방법이 없다. 결국 사증발급을 해주어야 하는가의 문제가 소송으로 다툴 수 있다면, 사증발급의 주체가 되는 행정청인 법무부장관의 판단 외에 사법부의 판단을 받을 수 있지만, 소송으로 다툴 수 없다면 오로지 행정청의 판단에 구속되게 되는 엄청난 차이가 있게 된다.

2. 외국국적동포가 아닌 외국인

먼저 대한민국 국민과 중국 및 대한민국에서 혼인 신고를 마친 후 결혼이민(F-6) 체류자격의 사증발급을 매년 1회씩 총 4차례 신청하였으나, 한국 국적자인 남편의 가족 부양능력 결여를 이유로 결국 사증발급을 받지 못한 '외국국적동포가 아닌' 외국인이 제기한 사증발급 거부 처분 취소소송에서 대법원은, "사증발급은 외국인에게 대한민국에 입국할 권리를 부여하거나 입국을 보장하는 완전한 의미에서의 입국허가결정이 아니라, 외국인이 대한민국에 입국하기 위한 예비조건 내지 입국허가의 추천으로서의 성질을 가진다고 봄이 타당하다. 체류자격 및 사증발급의 기준과 절차에 관한 출입국관리법과 그 하위법령의 위와 같은 규정들은, 대한민국의 출입국 질서와 국경관리라는 공익을 보호하려는 취지일 뿐, 외국인에게 대한민국에 입국할 권리를 보장하거나 대한민국에 입국하고자 하는 외국인의 사익까지 보호하려는 취지로 해석하기는 어렵다. 사증발급 거부 처분을 다투는 외국인은, 아직 대한민국에 입국하지 않은 상태에서 대한민국에 입국하게 해달라고 주장하는 것으로, 대한민국과의 실질적 관련성 내지 대한민국에서 법적으로 보호가치 있는 이해관계를 형성한 경우는 아니어서, 해당 처분의 취소를 구할 법률상 이익을 인정하여야 할 법정책적 필요성도 크지 않다. 반면, 국적법상 귀화불허가처분이나 출입국관리법상 체류자격변경 불허가처분, 강제퇴거명령 등을 다투는 외국인은 대한민국에 적법하게 입국하여 상당한 기간을 체류한 사람이므로, 이미 대한민국과의 실질적 관련성 내지 대한민국에서 법적으로 보호가치 있는 이해관계를 형성한 경우이어서, 해당 처분의 취소를 구할 법률상 이익이 인정된다고 보아야 한다. 나아가 중화인민공화국(이하 '중국'이라 한다) 출입경관리법 제36조 등은 외국인이 사증발급 거부 등 출입국 관련 제반 결정에 대하여 불복하지 못하도록 명문의 규정을 두고 있으므로, 국제법의 상호주의원칙상 대한민국이 중국 국적자에게 우리 출입국관리 행정청의 사증발급 거부에 대하여 행정소송 제기를 허용할 책무를 부담한다고 볼 수는 없다"라고 판단하였다(대법원 2018.5.15. 선고 2014두42506 판결).

결국 외국국적동포가 아닌 외국인에 대하여는 대법원은 ① 사증발급의 법적 성질, ② 출입국관리법의 입법 목적, ③ 사증발급 신청인의 대한민국과의 실질적 관련성, ④ 상호주의 원칙 등을 고려하여, 우리 출입국관리법의 해석상 사증발급 거부 처분의 취소를 구할 법률상 이익이 인정되지 않는다고 본 것이다.

3. 외국국적동포인 외국인

최근 대법원은 대한민국 국적을 보유하였으나 병역의무를 이행하지 않고 미국 시민권을 취득함으로써 대한민국 국적을 상실한 '외국국적동포'에 해당하는 외국인인 유명 가수 A가 재외동포(F-4) 체류 자격의 사증발급을 신청하였으나 사증발급이 거부된 사안에서, "원고는 대한민국에서 출생하여 오랜 기간 대한민국 국적을 보유하면서 거주한 사람이므로 이미 대한민국과 실질적 관련성이 있거나 대한민국에서 법적으로 보호가치 있는 이해관계를 형성하였다고 볼 수 있다. 또한 재외동포의 대한민국 출입국과 대한민국 안에서의 법적 지위를 보장함을 목적으로 재외동포의 출입국과 법적 지위에 관한 법률이 특별히 제정되어 시행 중이므로, 원고는 이 사건 사증발급 거부 처분의 취소를 구할 법률상 이익이 인정된다"라고 판단하였다(대법원 2019.7.11. 선고 2017두38874 판결).

즉 외국국적동포인 외국인에 대하여 대법원은 대한민국과 실질적 관련성이 있거나 대한민국에서 법적으로 보호가치 있는 이해관계를 형성하였음을 이유로 사증발급 거부 처분의 취소를 구할 법률상 이익이 인정된다고 본 것이다.

4. 소 결 론

결국 위와 같은 대법원 판결에 따르면 외국국적동포가 아닌 외국인은 우리나라의 사증발급 거부 처분과 관련하여 원칙적으로 사증발급 거부 처분 취소소송을 통해 사법적 방식으로 권리 구제를 받을 수 있는 방법이 없게 된다. 만에 하나 외국인의 국적국이 (그 나라를 기준으로 하였을 때의) 외국인에 대하여 출입국 관련 처분에 대해 다툴 수 있도록 하면 결론이 달라질 것인지 여부에 대하여는 앞서 살펴본 우리나라 대법원이 법률상 이익 존부의 판단 기준으로 제시한 ① 사증발급의 법적 성질, ② 출입국관리법의 입법 목적, ③ 사증발급 신청인의 대한민국과의 실질적 관련성을 이유로 하여, ④ "상호주의" 원칙에도 불구하고 사증발급 거부 처분에 대한 취소를 구할 수 있는 법률상 이익이 없다고 볼 것인지, 아니면 "상호주의" 원칙을 중시하여 사증발급 거부 처분에 대한 취소를 구할 수 있는 법률상 이익이 있다고 볼 것인지는 불명확하다.

다만 대법원 2018.5.15. 선고 2014두42506 판결을 자세히 살펴보면, 우리나라 출입국관리법 및 그 하위법령의 취지가 외국인에게 대한민국에 입국할 권리를 보장하거나 대한민국에 입국하고자 하는 외국인의 사익까지 보호하려는 취지로 해석하기는 어렵다고 판시한 점에서, 비록 외국인의 국적국에서 (그 나라를 기준으로 하였을 때의) 외국인의 출입국과 관련한 처분에 대하여 소송으로 다툴 수 있다고 규정하고 있다 할지라도 우리나라 법원은

외국국적동포가 아닌 외국인의 사증발급 거부 처분의 취소를 구하는 소송
에 있어서 법률상 이익이 없다고 해석할 여지가 더 높아 보인다.

Ⅲ. 거부 처분 취소소송에 있어서의 법률상 이익의 관점 에서 본 사증발급 거부 처분의 딜레마

  소의 이익은 소송제도의 효율적인 이용을 도모하기 위한 도구개념으로,
소의 이익을 너무 엄격하게 판단하면 재판청구권이 침해되고, 반대로 지나
치게 확대하면 남소를 초래하여 법원의 부담이 가중되게 된다.[1] 이러한 소
의 이익과 관련하여 특히 행정소송 중 행정처분에 대한 취소소송에서 원고
적격이 있는지는, 처분의 상대방인지 여부에 따라 결정되는 것이 아니라
그 취소를 구할 법률상 이익이 있는지 여부에 따라 결정된다. 여기에서 법
률상 이익이란 처분의 근거 법률에 따라 보호되는 직접적이고 구체적인 이
익이 있는 경우를 말하고, 간접적이거나 사실적·경제적 이해관계를 가지
는 데 불과한 경우는 포함되지 않는다는 것이 일관된 대법원 판결이다(대
법원 2001.9.28. 선고 99두8565 판결 등).

  행정소송에 있어서 소의 이익이라 함은 구체적 사안에서 계쟁처분의 취
소를 구할 현실적 필요성이 있는지 여부를 가지고 따져보아야 할 문제이므
로, 지나치게 소의 이익을 좁게 해석하여 처음부터 본안 판단을 받을 기회
조차 박탈하는 것은 바람직하지 않다는 견해,[2] 거부 처분의 범위에 관하여
판례가 점진적 확장을 하고 있다고 평가하면서 법률상 쟁송의 범위 혹은
재판을 받을 권리 자체의 절대적 범위를 확장하는 것으로 권리구제상 역기
능이 작용할 여지가 비교적 작다고 할 수 있기 때문에 보다 유연한 사고
를 통하여 보다 적극적으로 검토할 필요가 있다는 견해,[3] 실질적 법치주의

---

1) 전현철, "항고소송의 기능과 소의 이익", 「법학논총」 제38권 제1호, 단국대학교 법학연
  구소, 2014, 63면.
2) 김재춘, "국민의 신청에 대한 행정청의 거부행위가 항고소소의 대상이 되는 행정처분에
  해당하기 위한 조건", 2017.7.25.자 법률신문.
3) 김창조, "주민등록번호가 의사와 무관하게 유출된 경우 조리상 주민등록번호의 변경을
  요구할 신청권의 존부", 「행정판례연구」 23-2, 박영사, 2018, 82, 85면.

에 기초하고 재판청구권을 통한 권리구제확대가 행정소송의 본질이라는 견해,[4] 행정소송의 객관적 성격과 행정의 적법성 보장이라는 행정소송의 기능이 강조되고 있는 오늘날 소의 이익은 단순히 원고의 주관적 권리 회복에만 한정할 것이 아니고 이를 확대할 필요가 있다는 견해,[5] 현행 행정소송법상 행정소송은 권리구제기능과 행정통제기능을 함께 갖고 있을 뿐만 아니라 주관소송적 성격과 객관소송적 성격을 함께 갖고 있는 것으로 보고 현행 행정소송법하에서 행정소송의 행정통제적 기능을 최대한 확대·강화하는 것이 법치행정의 원칙 및 권력분립의 원칙에 비추어 타당하고, 법치행정의 실효성을 확보하기 위하여는 위법한 행정작용에 대한 법원의 통제가 있어야 하며, 권력분립의 원칙은 사법(司法)에 의한 행정의 통제 내지 견제를 포함하는 것으로 보아야 한다는 견해[6] 등을 종합하여 보면, 사증발급 거부와 관련하여 외국인 중 굳이 외국국적동포의 경우에만 한정적으로 사증발급 거부 처분의 취소를 구할 법률상 이익이 있다고 볼 이유가 없다고 생각한다.

　법원행정처 역시 순수 공익만을 위한 행정법규나 관계자의 사익만을 위한 행정법규는 오히려 드물고 행정법규는 대부분 공익 및 사익을 함께 보호하기 위한 것이어서, 행정법규가 행정권 행사에 일정한 법적 제한을 가하는 경우, 그것이 관계자의 개인적 이익을 보호하기 위한 것인지, 직접적 목적은 공익을 보호하기 위한 것이고, 그로 인한 관계자의 이익은 공익보호로 인한 반사적 이익에 불과한 것인지 여부의 판단 자체도 쉽지 아니할 뿐만 아니라, 양자의 구별은 상대적이며 유동적이고, 오늘날에는 환경권, 소비자권리, 문화적 생활을 누릴 권리 등의 중요성이 커짐으로써 과거 공익 내지 단순한 반사적 이익으로 여겨졌던 것들이 법에 의하여 보호되는 이익으로 해석되는 등 법적 이익의 개념이 확대되고 당사자적격을 인정하는 범위가 넓어져가는 추세라고 보고 있음에도[7] (따라서 법률상 이익의 유연

---

4) 김세규, "협의의 소의 이익과 집행정지에 관한 소고", 「공법학연구」 제9권 제3호, 한국비교공법학회, 449면.
5) 신철순, "의료원 폐업방침 발표의 처분성과 취소소송의 소의 이익", 「행정판례연구」 23-1. 박영사, 210면.
6) 박균성, "사법의 기능과 행정판례", 「행정판례연구」 22-1, 박영사, 2017, 7면.

한 해석 필요성에 대한 공감대가 사실상 법원 내에서도 형성된 것으로 보임에도) 대법원에서 원심 판결과 달리 외국국적동포가 아닌 외국인의 사증발급 거부 처분과 관련하여 법률상 이익을 협소하게 해석한 것은 참으로 아쉬운 판단이라고 여겨진다.

소송으로 사증발급 거부 처분을 다툴 수 없다면, 우리나라에 입국하고자 하는 외국국적동포가 아닌 외국인이 할 수 있는 방법은 앞서 말했듯이 계속적인 사증발급 재신청 외에는 달리 방법이 없게 되는 것이다. 외국국적동포가 아닌 외국인의 입장에서 도저히 사증발급이 왜 되지 않는지 행정청의 처분 사유를 납득할 수 없다면 우리나라 사법부를 통해 우리나라 행정부의 사증발급 거부 처분의 정당성 여부를 판단하게 하는 것조차 원천적으로 금지시킬 만큼 이 글로벌 시대에 외국인에게는 "법률상 이익"이 없는 것인가?

또한 우리나라 대법원 판결이 향후 우리나라에 사증발급을 신청한 외국인의 국적국에서는 (그 나라를 기준으로 하였을 때의) 외국인에게 출입국과 관련한 처분에 대하여 소송으로 다툴 수 있는 기회를 부여함에도 우리나라에서는 상호주의 원칙이 아닌 다른 요건들을 이유로 외국인에 대해서는 사증발급과 관련하여서는 다툴 수 없다고 판단한다면 결국 '상호주의' 원칙이라는 요건은 사증발급 거부 처분을 소송으로 다툴 수 있는지 여부와는 전혀 관계없는 것이 될 것이고, '상호주의' 원칙을 철저히 준수한다면 결국 함무라비 법전 이래의 '눈에는 눈, 이에는 이'라는 고전적 방식에 의한 대응과 무엇이 다르다고 평가할 수 있을 것인지 참으로 의문스러울 따름이다. 외국국적동포가 아닌 외국인은 사증발급 거부 처분에 대하여 소송으로 다툴 수 있는 법률상 이익이 없다고 판단하는 것은 결국 법이 그 영역에 있어서는 사법적 권리구제수단으로 활용되지 않아도 좋다는, 스스로의 역할을 포기한 것에 다름 아님을 알아야 할 것이다.

---

7) 법원행정처, "법원실무제요 행정", 2016, 52면.

12

재판도 결국엔 계몽될 것인가

– 신화와의 비교를 통해 바라본 재판의 과거, 현재, 미래 –

정욱도

대구지방법원 판사

　두 초등학생 아들을 양육하는 16년차 법관이다. 학생 시절에는 과학자가 될 것이라 철석같이 믿으며 스티븐 호킹의 내한강연을 쫓아다니던 사이언스 키드였다. 제일 재미없다고 여기던 계약서나 등기부 들춰보는 일을 20년째 업으로 하고 있다. 양자역학·천체물리학·생태학·인지과학 등 자연과학 일반, 경제학·문화인류학·정치학 등 일부 사회과학, 역사·공학·의학·인권·인공지능 등 몇몇 기타분야－축약하여 '잡학'에 대한 넓은 관심과 얕은 조예를 가지고 있다. 죽는 날까지 성실히 일하고 배우며 사랑하는 것을 궁극 목표로, 도무지 말을 듣지 않는 아이들을 멀쩡한 사회인으로 만드는 것을 당면 목표로 삼고 있다.

Ⅰ. 불행의 뿌리에 대한 대답들: 미개 혹은 문명?

- 판도라는 마침내 상자를 열었다. 그러자 상자 안에 갇혀있던 질병, 슬픔, 가난, 전쟁, 증오 등의 모든 악이 쏟아져 나왔다. 그 후 인간들은 불행 속에서 살게 되었다.
- 마마신(천연두)은 질투가 많다. 그래서 비위를 맞추려면 다른 귀신을 불러들이는 제사도 지내지 말고 오직 빌고 또 빌어야만 한다. 그래야 더 이상 해악을 끼치지 않고 지나간다.
- 삼풍백화점 붕괴사고에 관하여는 이준 회장이 업무상과실치사상죄로 징역 7년 6월을 확정 받는 등 관계자 10명이 처벌받았다. 다만 국가배상책임은 사고와 공무원들의 직무상 의무위반 사이에 인과관계가 없다는 이유로 부정되었다.
- 2011년에 대거 발생한 신종 폐질환과 이로 인한 1,288명의 사망 (2019.11.29. 기준 환경부 판정 결과)은 가습기 살균제에 함유된 PHMG, PGH라는 물질에 의한 것으로 밝혀졌다. 제조사 대표 및 돈을 받고 연구결과를 조작해준 대학교수 등이 처벌 받았다.

불행은 설명이 필요하다. "안나 카레니나"의 첫 문장이 함축하듯 행복은 누구에게나 조건과 내용이 엇비슷한 반면 불행은 그렇지 않기 때문이다. 원초적 설명인 신화[1]도 많은 경우 불행의 근원을 다룬다. 물론 세상이 살 만한 곳이 된 연유를 설명하는 해피엔딩의 신화도 많다. 재판도 예컨대 복권당첨금의 귀속을 가리는 등의 '행복한' 사안에서 행해지곤 한다. 하지만 '苦海' 또는 '가까이서 보면 비극'이라는 삶의 어려움을 반영하듯 신화도 재판도 행복보다는 과거나 현재의 불행에 관한 것들이 훨씬 두드러진다. 앞의 대표적인 예들이 그러하듯.

신화와 재판이 밀접하게 결부된 적이 있었다. 마녀·악마에 대한 전설

---

[1] "어떤 신격(神格)을 중심으로 한, 하나의 전승적인 설화. 우주 및 세계의 창조, 신이나 영웅의 사적, 민족의 기원 따위의, 고대인의 사유나 표상이 반영된 신성한 이야기(고려대한국어대사전)."

에 근거하여 근세 유럽에서 자행된 마녀재판, 신·정령·교리에 대한 믿음에 근거하여 동서양 모두에 존재했던 각종 시련재판trial by ordeal이 그랬다. 그러나 마녀재판과 시련재판이 악습으로 규정되어 모두 폐기된 오늘, 신화와 재판(내지 그 결과물인 판결)은 어떤 유비도 불가능할 만큼 완전히 별개인 활동·결과물로 여겨지고 있다. 전자는 잘못된 지식과 맹목적 신앙이 진리로 통하던 미개한 시대의 산물이자 온전한 가상으로서 이성의 발달에 따라 계몽되었다. 재판, 적어도 현대 법치국가의 그것은 실재의 객관적 표현이자 문명의 올바른 가치를 추구하는 일로서 제도화된 이성의 표상이다. 적어도 일반의 인식은 그러하다.

그런데 신화와 재판이 본질에 있어 정말 다른가? 상식에 도전하는 이 질문은 다른 질문들을 낳는다. 양자의 공통점은 재판의 어떤 한계, 법 일반의 어떤 딜레마를 시사하는가? 이를 극복할 길은 있는가? 실제 극복될 것인가? 양자를 관류하는 '이야기', 즉 서사에 대한 고찰로부터 하나씩 답을 찾아본다.

Ⅱ. 데이터, 시, 이야기, 그중에 제일은

언어는 현실을 기술한다. 묘사를 직접 목적으로 하지 않는 감탄의 표출, 명령이나 사교적 언사도 '발화자의 감정과 바람'이라는 내면의 현실을 기술한다고 볼 수 있다. 파악·기억·전달을 위해 현실을 정확하고 생생하게 기술할 필요는 동굴 벽에 사냥감을 그리던 구석기인이나 보험사에 교통사고 내용을 전하는 현대인에게도, 존재의 의미를 탐구하는 철학자나 전투의 승리를 노리는 군인에게도, 논문을 작성하는 과학자나 시상을 형상화하는 시인에게도 하나같이 절실하다. 그 다양한 필요에 대응하여 언어적 기술방식 또한 다양하게 발전했다. 그것이 실재이든 가상이든 구체이든 추상이든, 현실을 기술하는 언어적 방식을 '대상인 현실이 얼마나 객관적인지(외부세계에 속하는지) 아니면 주관적인지(내면에 속하는지)'를 척도로 스펙트럼에 배열한다면 거칠게는 다음과 같을 것이다.

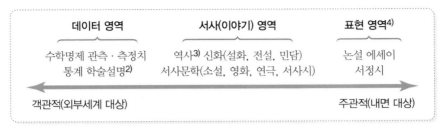

[언어적 기술방식의 스펙트럼]

그런데 서사(이야기) 영역의 기술방식에는 다른 영역들과 확연히 구별되는 특징이 하나 있다. 사람들이 유독 이 방식으로는 가상현실을 만들고 즐긴다는 점이다. 데이터 영역에서도 현실적 필요에 따라 가상현실을 만드는 경우가 간혹 있지만[5] 가상현실을 대상으로 하는 데이터 영역 기술방식은 그 자체 '즐길' 대상이 되지 못한다.[6] 한편 '가상의 의도나 마음'을 나타내는 순수 표현물 같은 건 즐길 만한지는 고사하고 애초부터 상상하기도 어렵다. 반면에 서사는 실제 현실에 대한 것 못지않게 가상현실에 대한 것들이 넘쳐나며 지금도 문자와 영상으로 끝없이 창조·향유되고 있다. 대중의 오락을 주목적으로 하는 영화관에서 '이야기'가 완전히 빠져버린 그 무엇이 상영되는 일은 결코 있을 법하지 않다.

---

2) 자연과학의 학술논문도 내면의 작용(실험의 설계·실시·분석)을 꽤 포함하지만 궁극적 대상은 어디까지나 외부세계이고 이는 실험 외의 연구방법이 주로 사용되는 사회과학에서도 마찬가지다. 심리학, 정신의학, 행동경제학, 진화심리학 문헌들은 대개 인간 내면을 궁극적 대상으로 하나, '화자 자신의 것이 아닌 제3자 내지 인간 일반의 내면'을 외부세계로서 탐구한다는 점에서 이 범주에 든다. 다만 주관의 개입이 최대한 배제되는 과학적 설명, 그리고 주관과 현상 간의 대화에 해당하는 인문학(특히 철학)적 설명 사이에는 스펙트럼상 거리가 상당할 것이다.

3) 사학의 연구대상으로서의 역사만이 아니라 사람의 행위와 그 결과가 중심이 되는 모든 기술, 예컨대 유명인의 행적, 개인사, 소문 등을 포함한다. 이런 의미의 '역사'는 데이터 전달을 위한 기술(보고서, 언론보도)에서도 상당 비중을 차지한다. 사학 중에서는 역사시대 이후 실존인물의 행적을 중심으로 역사적 사실을 설명하는 전통 사학에 국한되며, 사학과 중첩되지만 전통적으로 사학의 범주에 포함되지 않는 고고학·미시사나 학제적 성격이 강한 소위 big history는 논외로 한다.

4) 이 영역에서도 표현의 배경으로는 데이터, 서사를 포함하는 경우가 많다.

5) 가령 가상의 기상정보·전황정보를 이용하여 기상예보 시스템과 군사적 대비태세를 점검하는 경우. 기망을 목적으로 하는 비정상적 경우, 예컨대 연구결과 조작을 위한 데이터 가공이나 가짜 뉴스도 있다.

6) 게임, VR장비가 만들어내는 가상현실은 언어적 기술이 아닌 감각적 경험의 대상이므로 논외이다.

　　사람들이 여러 기술방식 중 서사에 있어서만은 '가상현실을 만들어내는 수고'와 '가상현실에 오도될 위험성[7]'이라는 적잖은 비용을 감수하고서 텍스트를 생산하고 소비하는 현상, 이는 인류가 이야기에 아주 특별한 매력을 느낀다는 경험적 진실을 방증한다. 하룻밤 뒤에 죽이려던 세헤라자데를 천일이나 살려두고 신부로 맞은 왕은 유별난 인간이 아니었다. 외부세계에 대한 데이터를 날줄 삼고 내면과 그 표현인 행위를 씨줄 삼아 직조된 서사는 1차원의 실로 짜여진 2차원의 직물처럼 두 실체 모두에 새로운 차원을 부여하며 인간과 세계의 상호작용을 드러낸다. 이 상호작용이 생존의 본질임을 떠올리면 이야기에 대한 본능적 끌림은 당연하게도 여겨진다. 뒷담화에 대한 선호가 유전자에 각인된 이유에 관한 진화심리학의 설명처럼 '누가 나와 공동체에 득이 되고 해가 되는지', '특정인의 파트너로서의 가치가 어떤지'에 대한 정보를 제공하고 그에 수반하여 인간에 대한 보상[8]과 제재(보상의 박탈)를 정당화할 수 있는 것은 오직 서사뿐이기 때문이다.

Ⅲ. 두 가지 과제 〉한 가지 해결 〉두 가지 형태

- 피실험자는 최면 상태에서 "당신은 잠에서 깨어나 한 시간 후 창문을 열지만 이 지시를 기억하지는 못합니다"라는 암시를 받는다. 깨어나면 암시받은 대로 한 시간 후에 창문을 연다. 그런데 창문을 연 이유를 질문받으면 재미있게도 '더워서', '답답해서' 등의 이유를 댄다. 그러면서 자신이 자유의지로 창문을 열었다고 믿는다.
- 어느 대형 빌딩 관리자가 같은 온도에 대해 상반된 불평을 하는 사람들 때문에 고민이었다. 그런데 사무실마다 가짜 온도조절기를 설치해서 각자가 온도를 통제할 수 있다고 믿게 하자 신기하게도 불평이 거의 사라졌다. 통제의 환상(Illusion of control; 환경을 자신이 원하는 방향으로 이끌어갈 수 있다고 믿는 심리상태)은 정신건강에 긍정적 영향을 미친다.

---

7) 극단적인 예로 화성인의 지구 침공을 소재로 한 소설 "우주 전쟁"은 20세기 중반 라디오로 방송되어 이를 실제사태로 오인한 청취자들에게 공황을 유발했다.
8) 생존, 건강, 물질, 권력, 명예, 안락, 성적 기회, 사회적 연결 등 '누림'의 대상인 일체의 것.

재앙은 고통스럽다. 재앙을 더 고통스럽게 만드는 것은 재앙의 이유를 알지 못한다는 막막함, 재앙을 막을 길이 없다는 무력감이다. 고대인에게 자연은 알 수 없는 일과 뜻대로 할 수 없는 일로 가득했다. 반면 인간의 행위는 고대인들에게도 어느 정도 이해와 통제가 가능했다. 배고프면 먹고 졸리면 자며 미우면 때린다. 역으로 그런 행위들로부터 각각의 동기가 유추된다. 보상받으면 시도하고 제재되면 자제한다. 따라서 장려할 행위는 보상하고 억제할 행위는 제재하면 된다. 직관으로 파악한 인격의 작동방식과 그에 따른 내면·외부세계의 상호작용을 기술한 '이야기'는 복잡한 사회조직을 생존전략으로 택한 인류가 언어능력을 발달시킨 동인이자 목적이었다. '누가 사냥과 전투에서 공을 세우고 실패했는지, 누가 굶주림과 죽음을 몰아내고 불러왔는지, 어째서 어떻게 그랬는지' 등의 정보로 인간을 이해·통제하는 과정에서 이야기가 생겨났다. 이야기에 대한 본능적 경로의존성이 생겨났다.

이 경로의존성이 사회를 넘어 자연에까지 닿아 가상의 이야기인 신화를 탄생시켰을 것이다. 현상 및 그 배후의 과거를 신·정령 등 초월적이면서도 인격적인 존재들의 행위결과로 설명·재구성하면서 비로소 자연에 대한 이해와 통제가 가능해졌다. 물론 자연현상의 이유에 대한 고대인들의 이해란 이유를 엉뚱하게 만들어 붙이는 앞의 최면 피실험자의 그것보다도 불완전했다. 이해의 환상에 바탕한 자연의 통제 역시 통제의 환상에 불과한 경우가 태반이었다. 그래도 이해·통제의 가능성이 제공하는 주관적 효용은 만만찮은 비용을 정당화하기에 충분했다.[9] 서사는 '이해와 통제'라는 두 근본과제를 해결하는 만능열쇠가 되었다. 자연에 속하는 일반적 영역에서는 신화의 형태로, 사회에 속하는 구체적 영역에서는 재판[10]의 형태로.

---

9) 초월적 존재를 향한 기원·숭배·청취·의무 등의 수많은 제의들은 상당한 비용을 감수하고 행해졌다. 심지어 인신공양이라는 막대한 비용을 치르는 경우도 있었다(심청전, 아즈텍 문명 등).

10) 여기서는 공적이고 특별한 절차로서의 재판뿐 아니라 행적을 근거로 보상과 제재를 일으키는 일체의 판단·집행 작용, 예컨대 가해에 대한 사적보복인 사형(私刑)이나 소문에 기초한 여론재판 등 재판유사 활동들을 포괄한다.

Ⅳ. 다 계몽된 신화와 덜 계몽된 재판

과학혁명이 일어났다. 연구 대상의 특성화, 가설의 설정과 예측, 관찰과 실험을 통한 검증, 학계 공동체의 동료평가라는 엄밀한 토대 위에 새로운 지식이 폭발적으로 쌓여갔다. 종래 신화로 재구성되던 상상의 과거는 우주의 태초에 관한 우주론, 은하계와 태양계의 형성에 관한 천체물리학, 지구의 역사에 관한 지질학·고기후학, 생명의 역사에 관한 고생물학·진화생물학, 선사시대의 인간 역사에 관한 고고학·고인류학, 유사 이래의 역사에 관한 사학으로 완벽히 대체되어 계몽됐다. 이성logos은 신화mythos에 승리했다. 다만 과거 중에서도 '보상과 제재를 정당화하는, 인간을 중심으로한 가장 최근의 과거'만큼은 어떤 이성과 학문으로도 충분한 정확도[11]로 재구성할 수 없었다. 현대과학이 개발한 장비와 실험방법으로는 과거의 객관적 현상을 모두 관측·재현하기에 한참 부족하고, 인류에게는 인간의 내면과 외부세계가 벌이는 복잡한 상호작용을 다 설명할 지식이 없기 때문이다. 때문에 신화의 형태로는 일찌감치 해체mythbusting된 '이야기'는 과학혁명 후에도 이런 종류의 과거를 재구성하는 데 계속 동원되었다. 서사의 직조는 최근의 인간 중심 과거에 대한 재구성 방식, 그중에서도 특히 이성적·객관적이어야 할 재판[12]의 핵심으로 지금까지 이어져왔다. 이렇게 재판은 계몽을 면했다.

그러나 재판은 완전한 대체를 면했을 뿐 이성의 세례를 면한 것은 아니었다. 깨어난 사람들은 신앙과 얽혀있던 마녀재판·시련재판을 타파했고, 학자들은 이성에 기반을 둔 근대법학으로 사실을 법적 개념에 포섭하는 규칙을 정교하고 공정하게 다듬었으며, 근래의 법학계는 방법론에 있어서도 종래의 철학적·사변적인 것 위주에서 벗어나 실증적 방법론이 많이 채택

---

11) 보상획득 또는 제재회피를 목적으로 특정 과거를 부인하거나 대체적 과거를 주장하는 강력한 목소리를 침묵시키거나 무시할 만큼의 정확도(다른 과거의 재구성에는 필요하지 않다).

12) 여기서는 린치·여론재판 등 재판유사 활동들과 대비되는 공식절차로서의 재판을 의미한다.

계몽된 영역(종래 신화의 설명 대상)	미계몽 영역
우주론 천체물리학 지질학 · 고기후학 고생물학 · 진화생물학 고고학 · 고인류학 사학	서사(소문, 기사, 재판)

태초(자연 중심) → 현재(인간 중심)

[과거 재구성 방식의 스펙트럼]

되게 되었다. 재판은 사건 심리에 과학기술의 성과를 전면적으로 받아들이는가 하면[13] 스스로 영역을 서사의 본령인 '보상(권리 인정, 지위 부여)과 제재(의무 인정, 지위 박탈)에 필요한 사실'의 확정 및 그에 기한 판단에 한정시켰다.[14] 이제 재판은 과거 재구성에 아직 사용되는 다른 서사들(소문, 기사[15])과는 합리성과 공정성에 있어 차별화되는 우월한 위치를 점한다. 재판에서 인정된 사실은 몇몇 이례적 사안을 제외하면 과학지식에 필적할 만큼 신뢰받고 있다. 재판도 어느 정도는 계몽되었다.

그럼에도 '서사 직조'라는 재판의 본질에는 변함이 없다. 법관은 당사자의 주장과 법정에 현출된 증거를 소재로 하고 사실인정에 관한 제반법리와 상식에서 우러나온 경험칙을 문법으로 하여 '인식과 의지'의 내용이 무엇이며 거기에 어떤 이름을 붙일지,[16] 그것이 어떤 행위로 표출됐는지, 그 행위가 어떻게 외부세계를 변화시켰는지,[17] 역으로 외부세계의 변화를 인식과 의지에 어느 정도나 귀속시킬 수 있는지[18] 등을 결정한다. 이런 과정을 거쳐 재판에서 인정된 '진실'은 법관이 인간과 세계의 무수한 상호작용 가운데 법적 보상과 제재에 의미 있다고 평가되는 극히 일부만을 추출하고

---

13) 주지하다시피 현대 법정에서는 측량 등 기술적 측정, 의학 · 공학 전문가에 의한 분석, 법과학(forensic science)에 기초한 과학수사 등의 객관적 자료가 적극 활용되고 있다.

14) 특정 지식의 진위(이단성)를 가리곤 했던 종교재판과 달리, 현대의 재판에서는 권리관계에 영향이 없는 사실의 확인은 소의 이익이 부정되는 등으로 대상에서 제외된다.

15) 논평이 없는 소위 스트레이트 기사를 가리킨다.

16) 민사에서의 고의와 과실, 경과실과 중과실, 선의와 악의, 효과의사와 표시의사의 구분론, 형사에서의 고의론 및 인식 있는 과실과 미필적 고의의 구분론 참고.

17) 민 · 형사에서의 인과관계론 참고.

18) 형사에서의 사실의 착오론 참고.

분류하여 선택 또는 구성한 법률적 서사에 해당한다. 그 결과물, 즉 법률효과를 가리는 민사판결의 핵심인 요건사실과 형사책임을 가리는 형사판결의 핵심인 범죄사실은 모두 서사이고 그 밖의 형태에 의한 구성은 상정할 수 없다.[19] 원고·검사 주장의 청구원인사실·공소사실에 대한 피고·피고인의 방어 또한 거의 대체적 서사의 주장이라는 형태를 띤다. 원고패소와 무죄는 때로 '서사 직조의 포기' 때문이기도 하지만[20] 대개는 법관이 이 대체적 서사–다른 진실–의 가능성을 선택한 데 따른 결과이다. 그리고 재판에서의 이런 모든 '합리적인' 서사 직조의 밑바탕에는 인간의 이성, 즉 합리성(일관되고 통합된 인식과 의지)과 자유의지에 대한 믿음이 깔려있다. 재판은 가장 이성적인 서사로 남았다.

V. 서사 직조로서의 재판이 가지는 태생적 한계

신화는 정확한 이해에 의한 것이 아니었기에 이에 기한 통제도 환상에 그쳤다. 재판에 기한 통제는 어떤가? 재판에 형사정책상 특별예방·일반예방 등 상당한 통제 효과가 있음에는 이견의 여지가 별로 없다.[21] 이런 통제 효과는 자유의지의 합리적 결정이 위법행위·계약파기를 좌우하는 현실을 재판이 정확히 이해하여 그 소유자에게 적절한 제재를 가했기 때문일 것으로 추측된다. 재판의 통제 효과에 대한 믿음과 재판에서 짜인 서사의 정확성에 대한 믿음은 서로를 담보한다.

한데 법관이 엮는 서사는 과연 정확한가? 재판에 대한 이런 종류의 의

---

19) 정신작용을 요소로 하는 '용태' 없이 '사건'만을 법률요건으로 하는 부당이득반환청구권은 서사를 요하지 않는다고 볼 여지가 있다. 그러나 그 요건 중 '법률상 원인 없음'은 특정한 서사의 평가 내지 특정한 서사의 부인을 통해서만 존부 판별이 가능하다는 점에서, 이를 소송물로 하는 재판도 실제로는 서사를 요하게 된다.

20) 자유의지가 부정되는 사안, 예컨대 의사표시 무효사유인 절대적 강박이 인정되는 민사재판 또는 책임조각사유인 심신상실이 인정되는 형사재판의 결론은 이렇게 표현함이 맞을 듯하다.

21) 법경제학은 형사처벌의 불효용 기대치(= 처벌가능성 × 처벌정도)가 범행의 효용을 초과하여 범행을 억제하는 효과를 의문 없이 전제한다. 영미법의 징벌적 손해배상은 도입시 기업을 소비자 보호에 적극적인 방향으로 유도하리라 기대되고 있고, 전보적 손해배상도 통상 불법행위를 억제한다고 믿어진다. 계약법의 확고한 적용이 계약준수의 강력한 동기임도 실증된 바는 없지만 자명하다.

심[22]) 중에는 증거 부족으로 인한 현실 포착 실패가 아닌 '서사라는 그물로 현실을 포착하는 행위'라는 본질에서 비롯된 부분도 있다고 본다. 그물질로는 바다의 실체는 물론이거니와 생태를 포함한 물고기의 실체마저 온전히 파악할 수 없는 것처럼, 성격상 서사로는 포착할 수 없는 현실이 존재한다. 특정 그물이나 어로방법에 대한 선호가 포획되는 물고기의 종류를 좌우하는 것처럼, 서사에 관한 본능적 편향도 재판에서 포착되는 현실을 선택 내지 왜곡할 수 있다. 본서의 주제인 '법(재판규범)의 딜레마'로 연결되는 재판의 이런 태생적 한계들을 상술하면

첫째, **부조리에 대한 포섭의 실패**다. 플라톤 이래 서구 철학을 관통한 본질주의에 대한 안티테제로서 등장한 실존주의는 '실존은 본질에 앞선다'는 통찰 하에 목적·합리성의 결여와 무의미함을 포괄하는 '부조리'를 존재의 기본양상으로 파악한다. 이는 문학에서 기존의 서사적 문법과 관례를 모두 파괴한 부조리극[23])으로 나타났다.[24] 만약 실존주의의 시각처럼 심판 대상이 된 행위가 어떤 본질(내면)의 표현이 아니라 '그냥 있었을 뿐'이라면 이 현실을 부조리극 아닌 어떤 서사로 표현해낸다는 것은 애당초 틀린 일이다. 비록 근대의 학문·제도가 전제한 이성적이고 합리적인 인간상이 행동경제학과 심리학의 성과로 상당 부분 해체되었다지만, '심리적 편향에 따른 다소간의 비합리성'과 격을 달리하는 '행위의 근원적 부조리'는 아예 서사로 포착될 수 없다. 그럼에도 이는 재판이 서사를 버릴 이유가 못 된다. 딱히 부조리하다고 보기 어려운 우연의 남발만으로도 방영 중인 드라마에

---

22) 예를 들면 필자의 것이 있다. 필자는 현재 형사재판을 맡고 있는데 상습 사기·절도·마약 사건에서 자주 장기 실형을 선고한다. 그러다가 피고인에게 이 사건과 비슷한 형량으로 처벌받은 다수의 동종 전과가 있음을 기록에서 발견할 때면, 동시에 인상과 언행으로 파악된 피고인이 전형적인 악당보다는 선량한 이웃에 훨씬 더 가깝다고 느껴질 때면, 통제 효과 없는 이 모든 재판들이 어쩌면 범행에 관한 중요한 진실을 '헛짚고' 있는 게 아닌가 하는 의심을 품게 된다.

23) 그 대표작인 "고도를 기다리며"는 두 주인공 간의 무의미한 허튼소리가 대부분이고, 시간의 흐름도 기억도 없는 기괴한 상황으로 시종일관한다.

24) 전통 서사에서도 '일관되고 통합된 인식과 의지'에 따라 움직이지 않는 부조리한 인물들은 간혹 등장한다. 그러나 그중 '광인(희곡 "리어 왕")'은 서사의 주동인물이 아니라는 점에서, '단기기억상실자(영화 "메멘토")'는 적어도 의지의 일관성을 유지한다는 점에서, '다중인격자(영화 "23 아이덴티티")'는 각각의 인격이 통합돼 있다는 점에서 서사 전체의 부조리를 유발하지 않는다.

악성 댓글이 빗발치는 사회에서, 헛소리 가득한 부조리극 같은 판결이 법관과 대중에게 승인받을 수는 없기 때문이다.

둘째, **자유의지의 기저에 대한 탐색 포기다.** 자유의지는 직관으로 경험되기에 당연한 것으로 받아들여지기 쉽지만 서양철학에서는 신학에 연원을 두고 자유의지론(비결정론)과 결정론의 치열한 대립이 수백 년 이어지고 있다. 자연과학 분야를 보면 뉴턴 역학을 위시한 근대과학이 만든 세계관 및 심리학·뇌과학 등 인지과학의 최근 연구결과[25]는 각기 다른 방식으로 결정론을 지지하는 반면, 양자역학 및 이를 접목한 신경생리학적 관찰에 근거해 자유의지론을 뒷받침하는 입장도 있다. 사회학적 차원에서 인간이 경험·정치·계급 등과 무관하게 자유로운 선택을 할 수 있는지 의문을 제기하는 견해도 있고, 철학사에는 신학적 구원과 무관한 맥락에서 양자를 절충하는 견해[26]도 있었다. 그럼에도 법관은 자유의지의 흠결이 적극적으로 입증되는[27] 예외적 사안 외에는 행위자의 자유의지(행위를 하겠다는 선택 또는 충분한 주의를 기울이지 않겠다는 선택)를 과감히 전제하고 그 본질이나 형성과정을 외면한 채 이를 인과의 첫 고리 삼아 서사를 엮어나간다.

셋째, **서사에 관한 본능적 편향이다.** 서사에 대한 몰입이나 좋은 평가는 개연성(현실성)을 필수요건으로 하고, 재미있고 수준 높은 서사는 대개 현실을 정확히 반영한다. 그러나 개연성 외에도 수많은 감흥들[28]이 서사에 대한 몰입도와 평가를 좌우하는 탓에 현실과 동떨어진 서사가 그럴 듯하게 여겨지며 높이 평가되는 일은 흔하다. 이런 관점에서 서사의 재미는 진화

---

25) 대표적으로 '버튼을 누르는 의지를 두뇌로 깨달은 시점'보다 '버튼을 누르는 행위를 근육으로 준비하는 시점'이 선행함을 밝힌 리벳 실험이 있다.

26) 인간을 '예측 불가능하게 굴러가는 수레(운명)에 충분히 긴 줄(자유의지를 발휘할 여지)로 묶인 개'에 비유하는 스토아 학파.

27) 형사상 심신미약·심신상실은 심신장애의 입증을, 민사상 하자 있는 의사표시는 사기·강박의 입증을 각각 요구하는데, 외관상 고의성이 추단되는 사안에서 그 문턱은 상당히 높은 것이 사실이다.

28) 얼른 나열하더라도 주인공의 성취(승리, 사랑 등)를 통한 대리만족, 알지 못하던 세계에 대한 지식의 획득, 타인의 불행에 대한 공감에 수반되는 자아의 확장·성숙, 영웅의 추락에서 찾아드는 연민·샤덴프로이데, 타인의 삶에서 자신을 재발견하며 받는 위로·동질감, 거대한 힘과 그 충돌에 대한 원초적 관심의 충족, 성적 흥분, 서스펜스의 해결에서 오는 정리·완결의 쾌감, 반전·전복에서 오는 인식지평의 확장, 갑갑한 현실을 비틀고 풍자하여 얻는 억압·불만의 해소, 타인의 어리석음과 기발한 상황이 주는 웃음 등등이 있다.

심리학에서 말하는 초정상 자극의 한 사례라고 할 만한데, 초정상 자극이 원래 그러하듯 이는 재미의 기초인 본능이 제공하는 진화적 이득(현실에 대한 파악)을 오히려 감소시키는 '위험함과 어리석음'을 유발하기 십상이다.[29] 나아가 완결적 서사를 추구하는 경향[30]은 '불행에는 누군가의 잘못이 있을 것이고 중한 결과에는 중한 책임이 있을 것이다'라는 편견[31]을 거쳐, 책임 추궁의 실패로 이어지는 '서사 직조의 포기'보다 '어떤 내용으로든 서사를 구성하기'를 선호하고 급기야 이왕이면 '보다 완결적인 서사를 선택·구성하기'를 선호하는 편향[32]이 될 수 있다. 앞서 본 부조리에 대한 포섭 실패, 자유의지의 기저 탐색 포기가 이해 어려운 동기에 대한 '무분별함, 준법의식 결여' 같은 악성의 규정으로 연결될 가능성까지 고려한다면 이런 편향들에 잠재된 위험성은 명백하다.

VI. 인공지능과 재판의 미래

- 2×××년 어느 날, 사람들은 어떤 총기살인 사건에 관한 인공지능 판사의 선고를 기다리고 있었다. 살해의 동기를 놓고 격렬한 공방과 사회적 논란이 빚어진 사건이었다. 모두의 이목이 집중된 법정에서 AI 판사는 다음과 같이 판결이유를 밝혔다. "생애에 걸친 피고인의 의료기록, 피고인과 연령·배경 및 성장환경이 유사한 인구집단에 대한 공격성 연구의 메타분석, 직사광선이 심리와 의사결정에 미치는 영향에 관한 신경생리학 문헌, 사건 현장의 기상정보, 피고인의 모친이 사망한 시점과 경위, 혈육의 사망에 대한 스트레

---

29) 이런 '이야기 편향(story bias)'은 특히 이혼사건처럼 실체가 모호한 한편 행위자의 내면이 큰 비중을 차지하는 사안에서 부각되는 함정이어서, 법정은 자주 대리인들이 각색해 온 소설에 대한 품평장으로 전락하곤 한다. 그런데, 예컨대 법관이 입증도가 엇비슷한 쌍방의 서사들 중 하나가 자신의 경험과 너무도 일치하여 특별히 와 닿는다고 느낀다면 이것이 그 서사를 택하는 결정적 이유로 작용할 소지가 있다. 물론 이는 법관이 가질 수 있는 여러 편향들 중 하나이겠으나 서사 직조 과정에서 특유하게 발현된다는 점에서는 재판의 본질에서 비롯되는 문제로 파악될 수도 있다.
30) 이 성향은 '그래서 어떻게 되었다는 건지'에 대한 설명의 부족에서 오는 불만, 이른바 열린 결말에서 오는 불편함 등과 동전의 양면 관계이다.
31) 사후 과잉 확신 편향(hindsight bias)도 여기에 기여한다.
32) 법관에게 내재됐을 수도 있고, 여론 등 사회적 압력의 형태로 발현될 수도 있다.

스 반응 연구결과, 피고인이 모친의 장례 전후에 보인 행태에 관한 임상심리사의 소견, 피고인에 대한 정신감정과 언어분석·성문분석 및 프로파일링 등 본 재판부가 참고할 수 있는 모든 정보를 종합하여 분석한 결과 살해가 검사의 주장처럼 피고인의 살해의도 때문일 가능성은 34%로, 피고인의 주장처럼 햇빛이 눈부셨기 때문일 가능성은 45%로 각각 산정됐다. 따라서 살인의 고의를 단정할 수 없다.” 그리고는 주문을 낭독했다. “피고인 뫼르소는 무죄.”

뫼르소는 알베르 카뮈 소설 “이방인”의 주인공이다. 그는 어머니의 장례식에서도 전혀 슬퍼하지 않고 장례를 마치자마자 애인과 노닥거리는 등 비상식적인 행동들을 하며 의식 없이 되는 대로 살다가 태양 아래서 충동적으로 살인을 저지른다. 재판에서 변호인은 ‘말이 되는’ 살인 동기를 만들어내려고 애쓰지만 뫼르소는 사실이 아니라며 거부하고는 신부의 회개권유도 거부한다. 그가 주장한 살인 동기(햇빛이 눈부셔서)는 너무나 터무니없고, 배심원들은 그의 행적들과 주장에서 비도덕성·폭력성·이단성이라는 세 가지 중대한 악성을 읽어내고 사형을 선고한다. 뫼르소는 사형 집행 직전에서야 현실의 부조리함을 깨닫고 죽음이 주는 자유와 사람들에 대한 사랑을 느낀다.

소설의 독자들은 작중 현실인 살인이 부조리함을, 뫼르소의 주장이 진실임을 안다. 하지만 이 주장은 재판에서 받아들여질 수 없다. 주장이 허위라서가 아니다. 주장을 받아들이면 아무 서사도 짤 수 없기 때문이다. 서사를 포기할 수는 없다. 멀쩡한 사람이 백주 대낮에 총탄을 맞고 죽어버린 일을 불가해의 영역에 남겨둘 수도, 언제 재발할지 모를 심각한 해악을 방지하지 않을 수도 없다. 살인의 합리적 동기를 찾을 수 없는 배심원들은 ‘합리적으로’ 채택 가능한 유일한 본질(내면)인 ‘악성’에 죽음의 원인을 전부 귀속시킨 뒤 극형으로 사건을 마무리한다. 갑작스런 살인에 얽힌 진실을 마침내 규명해냈다고, 함부로 총질을 하는 무도한 폭력배들에게 경종을 울렸다고 자부하면서.

1940년대를 배경으로 한 뫼르소 사건이 지금 일어나더라도 결론은 그닥 다르지 않을 것 같다. 언젠가는 실체적 진실에 부합하는 다른 판결이

내려지는 날도 올까? 재판에 인공지능이 도입된다면, 또 도입될 경우에만
그럴 여지가 있다고 생각한다. 생물로서의 본능이나 편향이 전혀 없는 AI
판사는 '어쨌든 서사를 짜야만 한다, 그것도 가급적 그럴 듯하게 짜야 한
다'는 강박 없이 일체의 가용정보를 종합·분석하여 뫼르소를 무죄 방면할
수 있을 것이다. 어쩌면 판단의 알고리즘으로 입력된, 인간이 만들어낸 법
리에서 서사를 향한 부자연스러운 집착을 감지하고 법리를 무시한 채 판단
할지도 모른다. 아예 새로운 법학을 창조할지도 모른다. 기존의 기보를 참
고하지 않고 바둑 규칙만으로 완전히 새롭고 인간에겐 불가해한 수를 창안
한 알파고 제로를 보는 것처럼 불편한 노릇이겠지만, 그때서야 재판은 비
로소 완전히 계몽됐다고 할 수 있을 것이다. 물론 재판 수요자인 인간들이
이런 판결을 감당할 수 있을지는 회의적이므로 재판의 계몽은 적어도 가까
운 미래에 일어날 성싶지 않다. 한 명의 판사로서는 그리 나쁜 일도 아니
라고 느껴진다.

Dilemma

Law's Dilemmas

형사사법제도의 딜레마

01

13

01

악의 혼재성 또는 검찰개혁의 딜레마

한 상 훈

연세대학교 법학전문대학원 교수, 법학박사

20년간 대학에서 형사법을 강의해 왔고, 법학전문대학원 출범 이후 12년째 다수의 우수한 법조인을 양성하였다. 형사법의 난해한 개념이나 판례, 학설을 알기 쉽고 명쾌하게 설명하려고 노력한다. 사법개혁위원회와 사법제도개혁추진위원회에 참여하여 국민참여재판, 형사소송법 등의 성안에 적극적으로 참여하였다. 이러한 경험을 바탕으로 최근 우리나라에서 법이나 제도의 개정이나 변화가 많고 빠른 점을 포착하여 법과 제도의 개혁의 구조에 관하여 "법은 패러다임이다"라는 명제를 발전시켰다. '법 패러다임주의'를 주창하고 이를 미국, 독일 등 법 선진국에도 소개하여 한국법과 이론의 세계화에 앞장서고 있다. 정의, 법적 안정성 등과 같은 전통적인 법의 이념을 넘어서 "법학을 통하여 사람들의 행복을 증진한다"는 모토하에 행복과 법을 접목시키는 탐구를 이어가고 있다. 법과 법학은 우리 사회의 행복을 위해 존재하고, 정의, 법치주의 등도 이러한 맥락이라는 것이다.

Ⅰ. 들어가는 글

2019년 광화문과 서초동을 달구었던 검찰개혁의 목소리와 찬반양론은 국회가 「고위공직자범죄수사처 설치 및 운영에 관한 법률」[1](이하 공수처법), 「형사소송법」,[2] 「검찰청법」[3] 등 검찰개혁 3법을 2019년 12월과 2020년 1월 본회의에서 통과시킴으로써 잦아들 것으로 생각되었다. 실제 거리의 촛불과 함성은 보기 어렵지만, 검찰개혁은 여전히 뜨거운 이슈이다.

검찰인사와 관련하여 법무부장관과 검찰총장의 관계, 피의사실 공표와 공소장의 공개, 검사를 수사검사와 기소검사로 분리 등 그동안 깊게 논의되지 않았던 새로운 쟁점들이 등장하고 이슈화되었다. 이는 어쩌면 우리 법학의 발전으로 볼 수도 있다. 미분화된 상태에서 분화로, 단순한 단계에서 복잡한 단계로, 미인식의 상태에서 인식으로 넘어가는 것은 하나의 발전일 수 있기 때문이다.

그런데 검찰개혁을 바라보는 시선은 크게 두 진영으로 나뉘어 있고, 검찰을 보는 시각도 같은 선상에 있다. 검찰은 선인가 악인가, 대통령과 법무장관은 선인가 악인가? 검찰을 선으로 보는 진영에서는 검찰의 모든 수사와 활동, 언행, 기소는 부패와 반칙, 권한남용에 대항하는 선으로 보이고, 이를 방해하려는 법무장관이나 정치권은 악이 된다. 반대로 검찰을 악으로 보는 진영에서는 검찰의 활동은 정치적으로 편향되어 있고 무소불위의 권한을 놓치지 않으려고 조직적 저항을 불사하는 악으로 보이고, 이러한 검찰을 개혁하려는 대통령과 법무장관, 정치권은 선이 된다. 과연 진실은 어디에 있을까? 실상은 그 대립하는 두 관점의 중간 어디엔가 있지 않을까. 어쩌면 우리는 여기에서 악의 혼재성(混在性)을 보게 된다.

한나 아렌트는 유태인을 학살했던 나찌 전범 아이히만에 대한 재판에서

---

* 이 글은 필자가 이전에 발표한 피의사실 공표의 절차적 개선방안 및 언론기고, 인터뷰 등을 수정, 보완한 것임.
1) 법률 제16863호, 2020.1.14. 공포.
2) 법률 제16924호, 2020.2.4. 공포.
3) 법률 제16908호, 2020.2.4. 공포.

악의 평범성을 발견하였다면,[4] 우리는 검찰개혁에서 악의 혼재성을 볼 수 있다. 어쩌면 선도 악도 우리 주위에 평범하게 혼재되어 산재(散在)하는지도 모르겠다. 검찰과 검찰지지진영도 선과 악을 모두 갖고 있고, 법무장관과 검찰개혁진영도 마찬가지로 선과 악을 공유하고 있는 것이다. 어느 한쪽을 절대선으로 보고, 다른 쪽을 절대악으로 몰아낼 수 없다는 점에 검찰개혁의 딜레마가 있는 것이다. 우리는 커다란 구호에 흥분하지 말고 좀 더 차분하게 현실을 분석하고 예리한 개혁의 칼을 들이대야 이 딜레마에서 빠져나올 가능성을 찾을 수 있을 것이다.

이러한 관점에서 최근 문제되고 있는 여러 쟁점 중에서 피의사실 공표 또는 피고사실 공표, 공소장 공개의 문제를 검토해 보고자 한다.[5]

Ⅱ. 피의사실 공표의 문제

피의사실 공표의 당벌성, 위법성 및 사문화되어 있는 피의사실공표죄를 어떻게 되살릴 것인가에 대한 문제의식은 이미 최고조에 이르렀다. 수사기관이 피의사실을 공표하는 사례가 비일비재하고, 이는 무죄추정을 받는 피의자, 혐의자에 대한 '인격살인'에 이르기도 한다.[6] 이와 관련하여 문제된 사건 중에 몇 가지면 예시하면, 2004년 소위 "쓰레기 만두소" 사건, 2009년 박연차 게이트수사와 노무현 전대통령의 서거,[7] 최근에는 고유정 살인 사건, 버닝썬 사건 등이 그러하다. 울산에서는 검경간의 갈등의 일환으로 약사법위반 사건에 대한 경찰의 피의사실 공표를 이유로 검사의 수사가 진

---

4) 한나 아렌트/김선욱 옮김, 예루살렘의 아이히만: 악의 평범성에 대한 보고서, 한길사, 2006.

5) 여기에서 용어를 정리하고자 한다. '피의사실'은 수사가 개시된 이후 공소제기 이전까지의 범죄사실을 말한다. '피고사실'은 공소제기 이후 판결이 확정되기 이전의 범죄사실을 말한다. '피내사사실'도 생각해볼 수 있는바, 이는 내사가 시작된 이후 수사가 시작되기 이전의 범죄사실을 지칭한다고 보면 되겠다. 범죄사실은 피내사사실, 피의사실과 피고사실을 포함한 개념이다. 「공개금지규정」 제2조는 수사 또는 내사 중이거나 이를 종결한 범죄사건 및 공소가 제기되어 재판이 진행 중인 사건을 "형사사건"으로 규정한다.

6) 임웅, 형법각론, 2017, 893면 참조.

7) 이에 관하여는 김창룡, "피의사실 공표죄, 무엇이 문제인가 ─ 노무현 전대통령 서거에서 나타난 검찰과 언론의 관행에 대해", 한국언론정보학회 토론회, 2009.6, 25-38면; 김재윤, 2010, 109면 이하 참조.

행되었고, 공소제기될 가능성도 있다.

특히 노무현 전대통령이 연루된 '박연차 게이트'수사와 관련하여 검찰이 공소제기 전에 피의사실을 40회 언론 브리핑을 통해 공표했고, 주요 일간신문과 방송은 검찰의 피의사실 공표를 확대 재생산하여 2009년 3월 20일부터 5월 22일까지 약 두 달간 1,871건의 기사를 경쟁적으로 보도하였다고 한다.[8]

아울러 조국 법무장관후보자의 인사검증과 관련하여 2019.8.27. 검찰은 20여 곳에 대하여 전격 압수수색하였고, 이 압수수색의 정보가 일부 언론기관에 그대로 유출되어 특종으로 보도되었다. 청와대는 이를 검찰의 피의사실 공표라고 보아 8월 30일 엄중히 경고하였고, 시민단체 등에서는 경찰에 고발하기도 하였다.[9] 공소권의 독점과 수사 등과 함께 검찰의 피의사실 유포를 '검찰적폐'의 하나로 본다.

국가인권위는 수사기관에 의해 공판청구 전에 피의사실이 공표됨으로써 개인의 인격권 및 초상권이 침해되는 사례가 반복되고 있으나 이에 대한 적절한 제재장치가 미흡하였다는 판단 하에, 안상수 인천시장 굴비상자사건, 불량만두소 사건, 연예인 병역비리 사건을 피의사실 공표로 인한 인권침해의 대표적인 사례로 선정하여 직권조사 결정을 한 바 있다.

검찰 과거사위원회는 2019.5.27. "범정부기구를 구성해 '수사공보에 관한 법률'을 마련할 것"을 권고했다. 또 "주요 혐의 사실은 공보 대상에서 제외시키고, 공적 인물인 경우 오보 해명 공보 외에는 절대 허용해선 안

---

8) 정미정, "우리 언론은 '노무현'을 어떻게 다루었는가", 검찰수사와 언론 보도, 무엇이 문제였나?-2009 한국언론정보학회 토론회 자료집, 4면, 김재윤, "피의사실공표죄 관련 법적 쟁점 고찰", 언론중재, 제30권 제3호, 2010, 88면에서 재인용).

9) 매일경제, "靑 '檢, 조국 관련 피의사실 흘린 건 범죄'", 2019.8.30. 강기정 청와대 정무수석은 8월 30일 브리핑에서 대통령 주치의 선임 과정에 대한 노환중 부산의료원장이 작성한 문건이 언론에 알려진 것과 관련해 "수사 과정에서 피의사실을 흘린 경우 이건 범죄"라고 지적했다. 강 수석은 "검찰이 흘렸는지, 아니면 그 취재하는 기자가 어떤 목적과 의도를 갖고 기사를 작성했는지는 저희들로서는 알 바가 없는데, 윤석열 검찰총장이라면 이 사실을 반드시 수사해야 한다"며 "윤 총장이기 때문에 그렇다"고 말했다. 이에 대하여 TV조선측은 "TV조선 취재진은 당일 검찰의 부산의료원 압수수색이 종료된 뒤 부산의료원 측 허가를 받아 해당 사무실에 들어가 다수의 타사기자들과 함께 켜져 있는 컴퓨터 바탕화면에서 보도된 내용이 담긴 문건을 확인했다"고 취재과정을 밝힌 바 있다. 동아일보, 檢 "'조국 의혹' 압수물 유출 사실아냐"…靑 수사촉구에 재해명, 2019. 8.31.

된다"고 권고했다.

원래 수사기관의 피의사실 공표는 피의사실공표죄로 형법 제126조에 의하여 3년 이하의 징역 또는 5년 이하의 자격정지에 처한다. 피의사실공표죄는 1953년 형법 제정시에 신설되어 지금까지 그대로 유지되고 있는 죄이다. 하지만 실제로 지난 11년간(2008~2018년) 피의사실 공표 혐의로 접수된 사건은 347건이나 기소된 건수는 전무하다.[10]

사실상 피의사실공표죄의 실체법적 실효성은 상실되었다고 말할 수 있을 수 있다. 이에 대한 보완책으로 2011년 형사소송법상 재정신청의 적용범위가 피의사실공표죄로 확대되었지만,[11] 이로 인하여 실제로 공소제기된 사례는 아직 없어 보인다. 또한 피의사실공표죄에 대한 개정안이 여러 차례 국회에 제출되었지만, 통과되지 않았다. 지속적으로 피의사실 공표의 문제점은 심화되고 있지만, 실효성은 상실하였고, 개정안조차 제대로 논의되고 있지 못한 현재의 상황은 어쩌면 피의사실 공표와 관련한 '법적 식물인간' 상태라고 할 수 있을지도 모르겠다.

물론 다른 관점에서는 국민의 알 권리와 언론의 자유를 주장한다. 그러므로 피의사실 공표가 무조건 악이고 공개금지가 절대선은 아니다. 피의자, 피고인의 공정한 재판을 받을 권리, 명예, 인격권이 한 편에 있고, 국민의 알 권리, 언론의 자유, 범죄와 권력에 대한 감시 등이 다른 편에 있다. 전형적으로 이익, 권리, 기본권이 충돌하는 지점이고 균형잡힌 교량과 형량, 비교가 필요한 장면이다.

수사기관의 피의사실 공표와 관련된 규정으로는, 사문화된 형법상의 피의사실공표죄 이외에 법무부훈령인 「형사사건 공개금지에 관한 규정」(이하 「공개금지규정」)이 있다. 이 훈령은 2019년 10월에 제정되어 그 이전에 존재하던 「인권보호를 위한 수사공보준칙」(이하 「인권보호준칙」)을 대체하였으며, 시행을 앞두고 2019년 11월 개정된 후 12월부터 시행되었다. 작년 피의사실 공표의 문제가 본격적으로 대두되어 그 공개를 보다 엄격하게 제한

---

10) 검찰과거사위원회 보도자료(2019.5.28); 매일경제, "피의사실공표는 죄인데…기소 한번 안된 수사기관", 2019.6.6.
11) 한상훈·안성조, 형법개론, 제2판, 정독출판사, 2020 참조.

하고, 공소제기 이후에도 공개를 제한한 점에 이 훈령의 의미가 있다. 이전의 「인권보호준칙」은 공소제기 이후에는 피고사실의 공개를 전혀 제한하지 않았었다. 이는 형법상 피의사실공표죄가 공소제기 이후에는 처벌하지 않는 것을 고려한 것으로 보인다. 하지만 공소제기 이후에도 피고인의 공정한 재판을 받을 권리와 명예, 인격권 등이 소멸되는 것이 아니라면 기소 이후에도 수사기관의 범죄사실 공표나 공개를 제한하는 것은 바람직한 바이다.

「공개금지규정」 제4조는 형사사건의 원칙적 공개금지를 규정하고, 제5조는 특히 공소제기 전의 공개는 금지한다. 이에 반하여 제6조는 "공소제기 후의 형사사건에 대하여는 국민들에게 알릴 필요가 있는 경우 공개할 수 있다. 다만 피고인의 공정한 재판을 받을 권리를 침해하지 않도록 유의해야 한다"고 규정한다. 공소제기 이전의 피의사실 공표는 대단히 제한적으로 이루어져야 한다. 물론 '피의사실'이 무엇인지 그 자체도 논란의 여지가 있다.

수사에 착수된 중요사건으로서 언론의 요청이 있는 등 국민들에게 알릴 필요가 있는 때에는 형사사건공개심의위원회의 의결을 거쳐 수사의 착수 또는 사건의 접수사실(사건 송치를 포함한다), 대상자, 죄명(죄명이 특정되지 않은 경우 죄명에 준하는 범위 내의 혐의사실 요지), 수사기관의 명칭, 수사상황을 공개할 수 있다(「공개금지규정」 제9조 참조).

이때에도 1. 사건관계인의 인격 및 사생활, 2. 사건관계인의 범죄전력, 3. 사건관계인의 주장 및 진술·증언 내용, 진술·증언 거부 사실 및 신빙성에 관련된 사항, 4. 검증·감정, 심리생리검사 등의 시행 및 거부 사실과 그 결과, 5. 증거의 내용 및 증거가치 등 증거관계, 6. 범행 충동을 일으키거나 모방 범죄의 우려가 있는 특수한 범행수단·방법 등은 공개금지 정보로서 공개가 금지된다(「공개금지규정」 제7조 참조).

또한 특별검사법에는 종종 대국민 보고에 관한 규정이 있다. 예를 들어 「드루킹의 인터넷상 불법 댓글 조작 사건과 관련된 진상규명을 위한 특별검사의 임명 등에 관한 법률」 제12조(사건의 대국민보고)는 "특별검사 또는 특별검사의 명을 받은 특별검사보는 제2조 각 호의 사건에 대하여 국민의 알권리 보장을 위하여 피의사실 외의 수사과정에 관한 언론브리핑을 실시할 수 있다"고 규정한다. 이에 관하여 상세한 내용은 없지만,「공개금지규정」제7조의 공개금지정보를 참고하여야 할 것이다. 즉 구체적 피의사실이 아니라 절차적 수사진행상황 정도에 국한되어야 한다.

나아가 근본적으로는 수사기관 자체나 검찰 내에 설치된 형사사건공개 심의위원회의 의결을 거치므로 역시 수사기관의 영향에서 자유롭지 못하다. 이러한 문제를 해결하고 피의자, 피고인의 방어권, 공정한 재판을 받을 권리, 무죄추정, 인격권 및 명예권을 보호하기 위하여 법원의 개입을 강화하는 제도적, 절차적 개선이 필요하다고 생각한다.[12]

Ⅲ. 공정한 재판과 공소장 공개의 문제

법무부는 2019년 1월 29일 불구속 기소된 송철호 울산시장과 백원우 전 대통령 민정비서관 등 13명에 대한 국회의 공소장 공개 요청을 6일간 미루다 2019년 2월 4일 적용 죄명과 공소사실 요지 등만 A4 용지 3장 정도 분량으로 정리해 국회에 제출했다. 이에 야권과 언론계는 추미애 법무장관이 국민의 알 권리를 무시한다며 격렬하게 반발하였다. 일부 언론은 공소장 전문을 언론에 공개하기도 하였다.

공소가 제기된 사건의 공소장을 국회의원이 법무부에 요청하면 법무부는 대검을 통하여 공소장 사본을 입수한 뒤 국회에 제출하는 것이 지난 2005년 노무현 정부 때부터 관행이었다고 한다. 그런데 하필 청와대의 울산지방선거 개입사건의 기소와 관련하여 공소장을 비공개하기로 한 결정이 공정하지 못하다는 비판이 제기된 것이다.

이러한 법무부의 결정에 대하여는 여러 가지 의견이 분분할 것이다. 하지만 이 문제는 꾸준히 제기되어 온 수사기관의 피의사실 공표 문제와 연장선상에 있다고 본다. 수사기관의 피의사실 공표를 좀 더 엄격히 규제하는 법무부 훈령이 작년에 제정되었음은 전술하였다. 그런데 이 규정에는

---

12) 이에 관하여 상세히는 졸고, "피의사실공표와 국민의 알권리", 제15회 월송기념 학술심포지엄 "형사소송과 인권" 자료집, 2019.9.24. 참조.

공소제기 이전과 마찬가지로 공소제기 이후에도 피고사실, 범죄사실을 공개하는 것을 원칙적으로 제한하고 있다. 그렇기 때문에 법무부의 입장에서도 공소가 제기되긴 했으나 공소장을 외부에 공개하는 것은 허용되지 않는다고 판단했을 것이다. 공소가 제기되었다고 하여도 공판이 개시되기 전까지는 공소장의 구체적 내용이 공개되는 것은 공정한 재판이라는 측면에서 볼 때 문제가 있다.

우리가 그동안 수 십 년 동안 피의사실이나 범죄사실을 언론을 통해서 무분별하게 접하는 것에 익숙해져 있고 또 그것이 어떤 관행으로 굳어져 있다 보니까 이에 대한 판단도 둔감해 있다고 보인다. 하지만 영국, 미국, 독일 등 사법선진국은 공소제기 이후 공판절차에서도 피고사건의 무분별한 공개와 유출, 보도를 엄격히 통제함으로써 피고인의 공정한 재판을 받을 권리를 보장한다는 점을 알 수 있다. 광범위한 언론보도가 비단 국민참여재판에서뿐 아니라 법관재판에서도 공정한 재판에 위협이 되고 실제 재판결과에 악영향을 준다는 점은 독일의 연구결과에서도 밝혀졌다.[13]

그렇기에 공소제기 이후의 공소사실 공개에 대하여 영국, 미국, 독일 등은 처벌규정을 두고 있다. 독일형법 제353d조는 공소장을 공판개시 전에 공개하는 행위를 처벌하고, 영국, 미국 등도 공개금지를 위반하면 법정모욕죄로 벌한다. 특히 배심제와 국민참여재판이 정착된 나라에서는 공판이 시작되어 배심원단이 구성되기 전까지를 중요하게 본다. 범죄의 종류와 무관하게 공정한 절차는 보장되어야 한다.

혹자는 미국도 공소장을 공개한다고 주장한다. 하지만 연방검사에 적용되는 사법매뉴얼Justice Manual을 보면, 검사 등은 공정한 재판을 위협할 수 있으면 사건내용을 공개할 수 없고, 이러한 판단은 법무부에서 행한다. 의회의 요구에 대하여는 더 엄격한 요건이 적용된다. 뿐만 아니라 공소장 자체가 우리의 공소장과는 판이하게 다르다. 대부분 공소장은 10쪽 정도이고, 사실관계가 간략히 기술되어 있으며, 공소장의 내용은 "주장"이고 유죄가 확정되기까지는 무죄로 추정된다는 주의문구도 있다. 이에 반하여, 한

---

13) 이에 관하여는 김성룡, "언론의 범죄보도와 재판의 공정성", 제8회 한국형사학대회 자료집「미디어와 인권 그리고 형사법」, 2019.6.15. 참조.

언론이 공개한 이번 사건의 공소장은 70쪽이 넘는 분량에 세세한 공소사실을 단정적 표현으로 꾸짖고 있다. 무죄추정에 대하여는 언급이 없고, 심지어 피고인이나 참고인의 진술내용도 그대로 인용되어 있다. 이러한 사항은 모두 공판정에서 반대신문을 거쳐 법관과 배심원이 확정해야 할 중요한 범죄사실들이다. 공소장이라는 명칭이 같다고 내용이 같은 것이 아니라는 생각이 든다. 그런 점에서 미국과의 비교는 무의미하다.

혹자는 이번 사안의 중대성을 들어서 비공개를 비판하기도 한다. 청와대의 선거개입 혐의는 중대한 사안이므로 오히려 국민의 알 권리를 위하여 공개했어야 한다는 것이다. 그런 의심을 받을 소지는 분명히 있다. 그러나 범죄가 중대하다고 하여 공판이 개시되기도 전에 범죄정보를 공개하여 일방 당사자의 주장을 마치 진실인양 보도하고, 이로 인하여 공정한 재판을 받을 권리가 훼손되는 것은 정당하지 않다고 생각된다. 실체적 범죄와 절차적 공정성은 구별되어야 한다. 범죄의 중대성이나 피의자, 피고인이 공적 인물인지 여부는 명예나 사생활의 보호에는 영향을 줄 수 있지만, 공정한 재판을 받을 권리를 제한할 수는 없을 것이다. 오히려 중대한 사건이고 높은 형량이 예상되는 범죄일수록 공정한 재판이나 피고인의 방어권, 무기평등의 원리는 더욱 철저하게 보장되어야 한다. 그래야 적법절차가 제대로 작동하는 것이다. 예를 들어 사형이 예상되는 흉악범죄와 경미한 교통위반죄 중에서 어느 사건에 대한 절차가 더욱 공정하고 엄격하게 진행되어야 할 것인가?

이번 사건의 공소장은 70쪽이 넘는 분량으로, 공개된 내용을 보면 지나치게 세세할 뿐 아니라 피의자, 참고인의 진술내용이 그대로 인용되어 있어서 공판중심주의나 무죄추정, 공정한 재판을 받을 권리를 심각하게 해친다고 볼 수밖에 없다.

법무장관의 결정을 비판하는 많은 언론, 심지어 지식인조차도 공판개시 전 공소장의 비공개의 방향이 맞는 것인지에 대한 명확한 언급 없이 이번 사건에서 비공개한 것을 한데 묶어서 비판한다. 이는 올바른 태도가 아니라고 본다. 이번과 같이 중대한 사건이라면 더욱더 공정한 재판을 받을 권리가 중요하다. 피고인인 황운하 전 울산경찰청장은 검찰의 공소장을 사실에 근거하지 않은 "허위공문서"라고 비판하였다. 검찰의 공소장공개를 통하여 피고인의 방어권이 일방적으로 무시되어서는 안 된다. 영국의 경우에도 공정한 형사절차의 발전은 지금과 같이 민감한 정치사건을 계기로 가능하였다.

국민과 여론의 관심이 집중되는 사건일수록 피고인의 권리는 더욱 중요할 뿐 아니라, 흉악범이든 정치범죄이든 무죄추정의 원칙과 적법절차의 보장은 평등하게 인정되어야 할 것이다. 이제는 향후 야당의원이 피고인인 사건에서도 동일한 원칙을 적용하도록 요구하는 편이 대한민국의 사법제도와 민주주의의 발전을 위하여 바람직할 것이다.

Ⅳ. 대안은 없는가? – 결론에 대신하여

검찰발 언론보도와 여론재판으로 피고인이 범죄자로 낙인찍혀 버리면, 공판중심주의나 무죄추정의 원칙은 온데간데없다. 피고인이 공판정에서 사건의 진상을 설명해도 뻔뻔한 거짓말로 들린다. 공소장의 사전 공개는 정박효과anchoring effect로 인해 진상의 기준을 형성하고, 검찰의 주장에 상반되는 증거는 모두 무시하려는 확증편향을 갖게 된다. 유죄의 편견에 빠진 사람들에게 사실을 말하는 증인은 허튼 소리를 하는 사람이고, 배심원은 피고인과 변호인에 현혹된 사람이며, 판사는 이념편향에 의해 판결하는 사람이 되어 버린다. 피의사실이나 피고사실, 또는 상세한 진술이 기재된 공소장 전문이 공판절차가 개시되기 전에는 언론이건 국회를 통해서건 공개되는 것은 곤란하다.

범죄사건에 대한 국민의 알 권리도 당연히 중요하다. 하지만 공소가 제기되고 공판절차가 개시되면 법정에서 공소사실이 알려지게 된다. 공판절차가 개시되는 것은 국민참여재판에서 배심원이 선정되어 법원의 지시를 받게 되기 때문에 일차적으로 중요하다. 하지만 선진국은 검사나 변호인의 법정 외 발언도 통제한다.

이러한 관점에서 선진국에는 국민의 알 권리와 공정한 재판을 받을 권리를 어떻게 조화시킬 수 있는지 여러 제도적 장치가 발전하였다. 하지만 우리의 경우, 공소제기 전의 피의사실 공표에 집중하느라, 그리고 국민의 알 권리에 편향되어, 공소제기 이후에도 공소사실이 광범위하게 공포되어 헌법상 보장된 적법절차와 국민의 방어권을 침해한다는 사실을 미처 깨닫지 못했다. 추미애 법무장관이 이를 명확하게 제기하고 검찰개혁의 논제로 부각시킨 것은 그 의도가 무엇이었건 간에 평가할 만한 업적이다. 다만 '공소장의 비공개'라고 하기보다 '제출유예'라고 했으면 지금과 같은 논란과 비난은 훨씬 적지 않았을까 생각해본다. 세련된 대응이 아쉬운 지점이다.

향후에는 이번 사건의 공소장과 같이 검찰이 주장하는 세세한 사실을 마치 사실인 것처럼 기술하고, 피고인, 참고인의 진술내용까지 공소장에 기재하는 것이 과연 공소장일본주의와 예단배제, 무죄추정, 공정한 재판을 받을 권리의 관점에서 정당하고 공정한지, 그리고 공소장기재방식을 어떻게 바꿀 것인지 정밀한 검토가 필요하다. 절차법적으로는 검사가 원칙적으로 공소장에 의하여 배심원 앞에서 공소사실 등을 낭독하게 되어 있기 때문에(형사소송법 제285조 참조) 더욱 그러하다.

고위공직자범죄수사처의 신설 등 검찰개혁법안이 국회를 통과했음에도 불구하고 검찰과 경찰의 공정하고 엄정한 수사 및 공정한 재판을 위하여는 아직도 가야 할 길이 멀다. 준사법기관이라고 하는 검찰의 성격이 애매하고, 국민의 대표이자 정당의 소속원인 대통령의 지위도 이중적인 점을 보면, 검찰개혁이라는 딜레마에서 빠져 나오기도 쉽지 않아 보인다. 무지의 미혹과 어둠 속에서 이성의 작은 촛불에 의지하여 느리더라도 한 걸음 한 걸음 나아갈 수밖에 없을 것이다.

02

재정신청의 딜레마,
무죄를 구하는 기소

김정환

연세대학교 법학전문대학원 교수

독일 괴팅엔(Göttingen)대학교에서 법학박사 학위를 받은 후, 국민대학교 법과대학 교수와 서울시립대학교 법학전문대학원 교수를 거쳐 현재 연세대학교 법학전문대학원 교수로서 형법·형사소송법·형사정책을 담당하고 있다. 학회와 학교에서 정암형사법학술상, 우수강의교수상, 우수지도교수상 등을 수상하였고, 학생들이 형사법을 바르고 쉽게 배울 수 있도록 연구하고 강의하고 있다.

Ⅰ. '재정신청의 딜레마'라는 신문기사

2017.5.28. 일간지에 "'재판부가 알아서' 구형 포기하는 檢… 재정신청의 딜레마"라는 제목의 기사가 실렸다.[1] 기사의 내용은 다음과 같다.

> 검사의 불기소 처분에 불복해 법원이 고소·고발사건을 다시 재판하는 재정신청제도에 대한 논란이 불거지고 있다. 공소유지를 책임지는 검사가 무죄 취지로 구형하는 모순이 발생하면서 이를 바로잡아야 한다는 목소리가 힘을 얻고 있다. … 재정신청사건 관련 논란은 최근 김○○ 자유한국당 의원의 허위사실 공표 혐의 재판에서 재현됐다. 20대 총선 당시 김 의원이 허위사실을 담은 문자메시지를 보낸 사실이 인정돼 지난 19일 1심에서 당선무효형(벌금 200만원)이 선고됐다. 이 재판에서 검찰은 '재판부가 알아서 판단하라'며 구형을 포기한 것으로 드러났다. 앞서 권○○ 국민의당 의원, 염○○ 자유한국당 의원의 재정신청사건 재판에서도 검찰은 무죄 취지의 구형을 했지만, 1심에서 모두 80만원의 벌금형이 선고됐다.

검사가 수사를 종결하고 공소를 제기하는 경우는 수사의 결과 범죄의 객관적 혐의가 인정되고 유죄의 판결을 받을 수 있다고 판단할 때이다. 수사결과 검사가 무죄라고 판단하는 경우는 공소를 제기하지 않는다. 그런데 위 기사의 경우에서처럼 검사가 무죄취지로 공소를 제기하는 모순적인 경우가 재정신청(裁定申請)의 경우에 발생한다. 왜 재정신청에서는 그러한 일이 발생하는 것일까? 그러한 것은 개선되어야 하지 않을까? 이에 대해서 살펴보고자 한다.

---

1) http://www.seoul.co.kr/news/newsView.php?id=20170529009010#csidx3fc1dc3b20 c0e62ad99822f12118299(2019.12.27. 검색).

Ⅱ. 기소독점주의와 기소편의주의

수사기관에는 검사와 사법경찰이 있는데, 수사기관이 수사결과 범죄의 객관적 혐의가 인정되고 유죄의 판결을 받을 수 있다고 판단할 때에는 수사를 종결하고 공소를 제기하게 된다. 수사기관 중에서 검사가 공소를 제기할 수 있다. 공소제기의 권한을 국가기관이 가지는 것을 국가소추주의라고 하는데, 형사소송법에는 국가기관 중에서 검사에 의한 국가소추주의가 채택되어 있다.

검찰제도는 프랑스 대혁명 이후 발전된 것인데, 프랑스 대혁명 이전에는 수사절차와 재판절차가 분리되지 않고 심리개시와 재판의 권한이 모두 법원에 집중되어 있었다. 이를 규문주의(糾問主義)라고 하는데, 규문주의에서는 법원의 직권에 의하여 재판의 심리가 개시된다. 직권으로 재판을 개시한 판사는 자신이 직접 인정한 범죄혐의를 재판에서 확인하는 방향으로 심리를 진행하였고, 나아가 범죄의 혐의를 받는 자에게는 진실을 진술할 의무까지도 부과되었다. 이러한 상황에서는 범죄의 혐의를 받는 자가 자신을 방어할 권리를 가질 수 없었다. 프랑스 대혁명을 계기로 종래의 규문절차를 개선하여 소추기관과 재판기관을 분리하여 소추기관의 공소제기에 의하여 형사절차를 개시하는 탄핵주의(彈劾主義)로 바뀌게 되었다.

탄핵주의에 의하면, 소추기관의 공소제기가 없으면 법원은 사건에 대해서 심판을 개시할 수 없고 법원의 심판의 대상도 소추기관이 공소를 제기한 범죄사실에 한정되게 된다(불고불리(不告不理)의 원칙). 탄핵주의에서는 소추권을 누구에게 인정하는지에 따라 유형이 나뉘는데, 국가기관 특히 검사에게 담당하게 하는 국가소추주의, 피해자나 그 친족에게 담당하게 하는 피해자소추주의, 일반시민에게 담당하게 하는 공중소추주의가 있다. 대한민국은 형사소송법 제246조에 "공소는 검사가 제기하여 수행한다"고 규정하여 검사에 의한 국가소추주의를 채택하고 있다. 검찰청의 조직, 직무 범위 및 인사와 그 밖에 필요한 사항을 규정함을 목적으로 하는 검찰청법에서도 검사의 직무로서 "범죄수사, 공소의 제기 및 그 유지에 필요한 사항"을 규정하고 있다(검찰청법 제4조 제1항 제1호).

국가소추주의를 전제로 국가기관 중에서도 검사만이 공소를 제기하고 수행할 권한을 인정하는 것을 기소독점주의(起訴獨占主義)라고 한다. 검사들은 검찰총장을 정점으로 피라미드형의 계층적 조직체를 형성하고 일체불가분의 통일체로서 활동하는데(검사동일체의 원칙), 통일된 조직체를 이루고 있는 검사에게 소추권을 행사하게 함으로써 공소제기의 통일성을 확보하여 적정한 공소권행사를 보장할 수 있다는 것이 기소독점주의를 인정하는 이유이다.

한편 형사소송법 제247조에서는 범인의 연령·성행·지능·환경, 피해자에 대한 관계, 범행의 동기·수단·결과, 범행 후의 정황을 참작하여 검사는 공소를 제기하지 아니할 수 있다고 하여, 기소편의주의(起訴便宜主義)가 규정되어 있다. 수사결과 범죄의 객관적 혐의가 존재하고 소송조건이 구비되어 있더라도 검사의 재량에 의한 불기소를 인정하고 있다. 기소편의주의와 대립되는 제도가 기소법정주의(起訴法定主義)인데,[2] 기소법정주의에서는 범죄의 객관적 혐의가 인정되고 소송조건이 구비되어 있는 경우에 검사는 반드시 공소를 제기할 것이 요구된다. 기소법정주의는 검사의 소추에 있어서 재량을 제한하여 공소제기에 대한 검사의 자의와 정치적 영향을 배제하고 획일적인 운영을 통해 형사사법제도의 안정성을 유지할 수 있는 장점이 있지만, 불필요한 심리의 진행으로 소송경제에 반하고 형사사법의 경직을 초래할 수 있는 단점이 있다. 반면 기소편의주의는 형사사법의 탄력적 운영을 통해 불필요한 기소를 억제하여 소송경제에 기여할 수 있다. 기소법정주의와 기소편의주의는 서로 반대되는 장점과 단점이 존재하여 어느 제도가 우월하다고 단정하기 어렵고, 양 제도 중 어느 제도를 채택하는 경우에 그 제도의 단점을 보완할 수 있는 법적 수단을 마련하는 것이 중요하다.[3]

이처럼 형사소송법에는 (검사의) 기소독점주의와 기소편의주의가 공소제기의 기본원칙으로 규정되고 있다. 기소독점주의와 기소편의주의가 존재하

---

2) 독일은 경미한 사건의 경우 등의 예외를 인정하면서 기소법정주의를 채택하고 있다.

3) 이은모·김정환, 형사소송법, 박영사, 2019, 378면.

는 현실에서는 공소권행사가 검사의 자의와 독선에 따라 이루어질 위험이 존재하므로, 기소독점주의와 기소편의주의를 규제하기 위한 제도로서 형사소송법 제260조 이하에 재정신청제도가 규정되어 있다.

Ⅲ. 재정신청제도의 개관

입법자는 1954년 형사소송법을 제정하면서 지금과 마찬가지로 검사의 기소독점주의와 기소편의주의를 제246조와 제247조에 규정하였는데, 이에 대한 통제수단으로 재정신청제도를 제260조 이하에 규정하였다. 형사소송법 제정당시 재정신청제도의 도입상황은 다음과 같다.[4]

1948년 대한민국 정부가 수립되자 정부는 1948.9.15. 대통령령 제4호로 법전편찬위원회를 구성하여 형사소송법 법전의 기초를 마련하고자 하였다. 법전편찬위원회가 기초한 형사소송법안은 1953.1.1. 국회에 제출되어 국회 법제사법위원회에서 수정을 거쳐 1954.2.15. 의결되어 1954.2.19. 정부에 이송되었다. 국회 법제사법위원회에서 제출한 수정안에는 검사의 불기소처분에 대한 통제의 필요성에서 재정신청제도를 도입하기로 하였다. 검사의 불기소처분에 대하여 검찰에 항고를 하더라도 검사동일체의 원칙에 의해서 다시 불기소처분을 받기 쉬우므로 검찰청을 관할하는 고등법원에 항소를 하게 하였으며, 이는 검사의 기소권행사에 있어서 불공평을 제거하기 위한 것이라고 설명되었다. 재정신청제도의 신설은 "신형사소송법상 가장 획기적인 입법조치이며 국회 법제사법위원회에서 가장 고심하고 또 자신을 가져서 제출한 수정안"이라고 하였다. 하지만 정부는 국회에서 의결한 형사소송법에 대하여 거부권을 행사하면서 7개 항목에 대하여 1954.3.13. 국회에 재의를 요구하였는데, 그중에 재정신청제도에 의한 공소제기 의제가 거부권행사의 핵심 사항이었다. 검사의 불기소처분에 대해서는 검찰항고로 충분하므로 재정신청제도는 삭제되어야 한다는 것이었다. 정부의 형사소송법안의 재의에 대하여 국회에서는 1954.3.19. 기존 수정안을 다시 가결하

---

4) 김정환, 제정형사소송법을 통해 본 재정신청제도의 본질, 법학연구 제26권 제2호, 2016, 65면 이하의 내용.

여 법률로 확정하였고, 시행일을 1954.5.30.로 규정하였다. 정부는 제정된 형사소송법을 국내치안유지의 곤란이라는 이유로 공포를 미루다가 비로소 1954.9.23. 공포하였다.[5]

입법당시 정부의 반대를 극복하고 입법된 (현재의) 재정신청제도에 의하면, 재정신청의 신청권자는 원칙적으로 검사로부터 불기소처분의 통지를 받은 고소인이고, 형법 제123조부터 제126조까지의 죄[6]의 경우는 고발인도 검사의 불기소처분에 대해서 재정신청을 할 수 있다. 재정신청권자가 재정신청을 하려면 먼저 검찰청법 제10조에 따른 검찰내부(관할고등검찰청 검사장)의 항고를 거쳐야 하는데, 이것은 고소인에게 재정신청 전에 신속한 권리구제의 기회를 부여하고 검사에게 자체시정의 기회를 준 것이다. 그러나 검찰항고를 통해 공소가 제기되는 비율은 매우 낮다. 검찰항고의 처리결과 공소제기의 경우는 2010년 0.0035%, 2011년 0.0045%, 2012년 0.013%, 2013년 0.0068%에 불과하다.[7] 검사동일체의 원칙이 작용하는 검찰에서 검사의 불기소처분에 대한 내부적인 통제는 실효성이 적다.

검찰항고에 대해서 고등검찰청 검사장이 이유 없다고 인정한 때에는 항고를 기각하는데, 기각결정의 통지를 받은 날로부터 10일 이내에 불기소처분을 한 검사가 소속한 지방검찰청 검사장 또는 지청장에게 재정신청을 하여야 한다. 재정신청서는 관할 고등검찰청을 경유하여 관할 고등법원에 송부되고, 관할고등법원은 재정신청서의 송부를 받은 날부터 3개월 이내에 재정결정을 한다.

재정신청이 이유 있는 경우 관할고등법원은 사건에 대한 공소제기를 결정하는데,[8] 이 경우 법원은 재정신청인 및 피의자와 관할 지방검찰청검사장 또는 지청장에게 공소제기결정서를 송부한다. 공소제기결정서의 송부를

---

5) 정부에서 형사소송법의 공포를 지연시킨 것은 5·20 선거와 관련한 선거사범에 대하여 형사소송법을 적용시키지 않으려는 의도였다고 설명되기도 한다(엄상섭, 권력과 자유, 1956, 321면).
6) 제123조(직권남용), 제124조(불법체포, 불법감금), 제125조(폭행, 가혹행위), 제126조(피의사실공표).
7) 2014년 국정감사 법제사법위원회 위원 요구에 대한 제출 자료, 168-171면.
8) 재정신청인용률도 높지 않은데, 2013년에서 2018년까지 처리된 재정신청사건은 87,937건이고 이 중 685건이 공소제기가 되어 재정신청인용률은 0.75%에 불과하다.

받은 관할 지방검찰청검사장 또는 지청장은 지체 없이 담당 검사를 지정하고 지정받은 검사는 공소를 제기하여야 한다. 공소제기결정 이후에 검사는 관할 지방법원에 공소장을 제출하여야 하며 공소유지도 담당하게 된다.

Ⅳ. 법원의 공소제기결정 후 공소유지담당기관

이렇듯 검사의 불기소처분에 대하여 고소인 등이 재정신청을 한 경우 법원이 재정신청이 이유 있다고 판단하여 공소제기결정을 하면 다시 검사가 강제적으로 기소를 하게 된다. 법원이 공소제기를 결정한 사건에 대해서 검사가 공소유지를 담당하게 된 것은 2007년 형사소송법 개정에 의한 것이다. 1954년 형사소송법 제정 시부터 2007년까지는 법원이 공소제기를 결정한 사건의 경우에는 검사가 아니라 변호사에게 공소유지를 담당하게 하였다(공소유지변호사).[9] 대표적으로 1986년 있었던 '부천경찰서 성고문사건'에 대한 재정신청사건에서 조영황 변호사가 공소유지를 맡아 법원에서 고문경찰관에게 징역 5년의 형벌이 선고되었다. 그러던 것이 2007년 형사소송법 개정 시에 재정신청의 대상이 확대되면서 재정신청대상의 확대에 따른 피해자의 권리보호강화의 필요성이 소추기관과 재판기관의 분리필요성과 함께 주장되어, 논의 끝에 공소유지변호사제도가 폐지되고 검사가 공소유지를 담당하게 되었다.[10]

공소유지변호사제도를 폐지하는 2007년 형사소송법 개정안의 논의 시에도 불기소처분을 한 검사가 법원의 공소제기결정사건에 대해서 성실하게 공소유지를 할 수 있는지에 대해서 의문이라는 부정적인 견해가 제시되었고, 이후 학계와 시민단체를 중심으로 공소제기결정사건에서 검사가 공소유지를 담당하는 것에 대한 비판이 다수 제기되었다.[11] 검사동일체의 원칙이 작용하는 상황에서, 검사가 불기소처분한 사건에 대해서 법원이 공소제기결정을 하더라도 (다른) 검사가 성실히 공소유지를 수행할 것을 기대하기

---

9) 구 형사소송법 제265조(공소의 유지와 지정변호사).
10) 법원행정처, 형사소송법 개정법률 해설, 2007, 70면.
11) 한영수, 재정신청제도의 문제점과 개선방안, 인권과 정의 제461호, 2016.11, 120면 이하; 참여연대 이슈리포트, 재정신청사건에서 모순에 빠진 검찰, 2009.9.30, 3면 이하 참조.

는 어렵기 때문이다.

이러한 비판은 현실로 확인되었다. 2008년부터 2015년까지 통계를 보면 재정신청에 의한 공소제기결정사건에 있어서 검사가 무죄를 구형한 경우는 15.9%, 구형 포기 등 기타의 경우가 33.6%이었으며, 검사가 무죄를 구형했으나 법원에서 유죄의 판결이 선고된 경우도 3.0%가 있었다.[12] 그리고 공소유지변호사제도가 폐지된 후 2년간(2008년-2009년)의 시행성과에 대해서 분석한 자료에 의하면, 재정신청 인용사건에 있어서 검사가 공소유지를 성실하게 수행하는지에 대하여 법관 중 33.3%가 '매우 아니다'라는 의견을, 25%가 '조금 아니다'라는 의견을 제시하였고, 법관의 62.3%가 공소유지변호사제도는 부활할 필요가 있다는 의견이었다.[13] 2016년 대한변호사협회에서는 공소제기결정사건에서 변호사가 공소유지를 담당해야 한다는 개정안을 제시하기도 하였다.[14]

물론 재정신청에 의한 공소제기결정사건에서 검사가 무죄를 구형하는 모든 경우가 잘못된 것은 아니다. 재판에서 검찰의 판단과 법원의 판단이 항상 일치하여야 하는 것도 아니고, 재정신청사건을 담당하는 법원은 유무죄의 판결을 하는 것이 아니라 단지 공소제기의 여부만을 판단하는 것이기 때문에 현실적으로 유무죄를 판단하는 재판과 같은 심리를 수행하기도 어렵다. 실제로 재정신청에 의한 공소제기결정사건의 경우에 검찰에서 공소의견을 판단할 때 무죄를 구형할 수밖에 없는 사건도 개인적으로 경험하기도 하였다.

그러나 검사의 불기소처분에 대해서 법원이 재정신청을 받아들여 공소제기를 결정한 사건에서 검사가 다시 무죄를 구형하는 것은 국민들의 입장에서는 모순적으로 보일 수밖에 없다. 특히 검사의 기소독점주의와 기소편의주의에 대한 통제라는 재정신청제도의 본질에 비추어 보면 공소제기결정사건에서 검사가 무죄를 구형하는 것은 재정신청제도의 올바른 운영이라고 할 수 없다. 검사의 소추재량이 불공정하게 행사될 가능성에 대한 통제수

---

12) 재정신청제도 개정 법률안 공청회 자료집, 2016.9.5, 63면.
13) 법원행정처, 개정 형사소송법 성과분석, 2010, 173-174면.
14) 재정신청제도 개정 법률안 공청회 자료집, 2016.9.5, 41면.

단인 재정신청제도에 있어서는 공소제기결정사건에서 검사가 공소를 담당하는 것이 아니라 공소유지변호사 등과 같은 제3자가 공소를 담당하게 하는 것이 바람직할 것이고, 재정신청의 딜레마라는 언급은 피할 수 있을 것이다.

03

국민참여재판에서 배심원의 독립성과 합리적 의사소통 사이의 딜레마

홍 진 영

서울대학교 법학전문대학원 조교수

법학전문대학원에서 형법과 형사소송법을 가르치고 있다. 대학에 오기 전에는 10년간 판사로 일하였으며 주로 민사, 형사, 파산 재판을 담당하였다. 현재는 국민참여재판을 둘러싼 다양한 이론적·실무적 쟁점에 관하여 특히 관심을 갖고 공부를 해 나가고 있는 중이다.

우리나라의 배심원은 유·무죄의 평결에 이르기 위해서는 법관으로부터 독립하여 평의를 하는 것이 원칙이다.[1] 국민참여재판 제도를 설계하는 과정에서는 미국형 배심제와 독일형 참심제의 평의 방식이 두루 고려되었는데, 참심제의 평의 방식에 관하여는 법관이 토론을 주도하고 참심원이 의견 개진에 있어 위축되는 현상으로 인해 일반 시민의 관점이 법적 판단과 사실 판단에 고루 반영되지 못한다는 의견이 강력하였다. 이에 국민참여재판법에서는 미국형 배심제의 평의 모델을 원칙적으로 받아들여, 법관의 평의 개입이 차단된 상태에서 '법관의 권위에 의존하지 않는 배심원 상호간의 자유로운 의견 교환'이 이루어지도록 함으로써, 배심원의 평결에 국민의 '건전한 상식'이 충분히 반영되도록 제도를 설계하고자 하였다. 다만, 국민참여재판법에서는 미국형 배심제와는 달리 배심원들이 스스로 요청하거나 만장일치에 이르지 못할 경우에는 예외적으로 법관이 평의 과정에 참여하여 의견을 진술할 수 있도록 함으로써(국민의 형사재판 참여에 관한 법률(이하 '국민참여재판법') 제46조 제2항 단서, 제3항, 같은 규칙 제41조 제5항) 법관이 평의 과정에서 조력자로서의 역할을 할 수 있는 여지를 남겨 두고 있으나, 이 경우에도 평결은 오로지 배심원들만이 참여할 수 있다는 점에서 배심원의 독립성은 약한 형태로나마 보존된다. 요컨대 배심원의 독립성에 관한 우리 국민참여재판법의 조항들은 배심원이 법관의 영향을 받지 않고 독립된 판단자로서의 역할을 수행할 수 있도록 하기 위한 제도적 장치라고 할 수 있다.[2] 그러나 다른 한편으로 배심원의 독립성에 관한 조항들은 법관의 전문성과 배심원의 상식이 유기적으로 결합된 결론을 도출하는 데에 있어서 필수적이라고 할 수 있는 법관과 배심원 사이의 雙方向 소통을 저해하는 요인이 된다.

만약 우리의 국민참여재판이 배심원의 독자적인 의사결정과 그 고유의

---

1) 한편, 양형에 대하여는 평의를 거쳐 독자적인 평결을 하는 것이 아니라 법관에게 의견을 개진할 수 있을 뿐인데, 이 글에서는 양형과 관련한 배심원의 의견 개진과 관련한 문제에 대하여는 지면의 한계상 다루지 않는다.

2) 다만, 법원이 배심원의 평결에 기속되지 않는다는 점에서(국민참여재판법 제46조 제5항), 위와 같은 배심원의 독립성은 평결의 결론을 끝까지 관철함으로써 사법부의 견제를 효과적으로 해내지는 못한다는 근본적인 한계점을 가지고 있다.

역할을 강조하는 영미의 배심제도를 최대한 닮고자 하는 것이라면, 법관과 배심원 사이의 쌍방향 소통은 그리 필요하지 않은 것, 아니 오히려 해악으로 여겨질 수도 있다. **영미의 배심제도**는 가치다원주의에 의해 뒷받침되는 **절차적 정의관**, 즉 합리적 의견을 도출할 수 있으리라고 여겨지는 일정한 조건들을 충족한 절차를 거쳐 결론이 내려졌다면 그 결과에 대하여 가능한 한 별도의 실체적 잣대를 들이대지 않고 그 자체를 정의로 받아들이는 관념과 매끄럽게 결합한다. 즉 법관은 배심원의 평결에 병행하여 유·무죄에 대한 판단을 하는 것이 아니라, 배심원이 **무지**ignorance, **인지적 편향**cognitive bias, **편견**prejudice**에 입각한 판단을 하지 않게끔 설계된 소송절차**(공정하고 대표성 있는 배심원 선정, 증거능력 없는 증거의 공판 전 배제, 배심원에 대한 충실한 법리 설명 등)를 적실히 운용하는 데에 집중하고, **그러한 절차에 따라 도출된 배심원의 (특히 무죄) 평결은 별도의 실체적 기준에 의한 평가를 거치지 않고 그대로 받아들이는 것이다.**[3] 한편 법관이 배심원의 평의 과정에 개입하는 것은 배심원에게 부당한 영향력을 미치는 것으로 평가되어 해당 재판 전체를 무효로 하는 사유가 된다. 물론 미국인들이라고 하여 배심원의 판단에 오류 가능성이 없다고 생각하는 것은 아니지만, 법관이 배심원의 판단을 무시하였을 때 발생하는 폐해가 배심원의 판단을 그대로 받아들였을 때 발생하는 폐해보다 더 클 것이라는 전제하에 위와 같은 방식으로 제도를 운용하고 있는 것이다.

그러나 우리나라의 국민참여재판은 대륙법계의 영향 하에서 그 기본적인 모습을 형성하고 있어 영미의 형사재판에서보다 '실체적 진실' 내지 '실체적 정의'에 대한 지향성이 더욱 강한 편이다. 뿐만 아니라, 우리 헌법 제27조 제1항에서 보장하고 있는 "헌법과 법률이 정한 법관에 의하여 법률에 의한 재판을 받을 권리"는 "법관이 사실을 확정하고 법률을 해석·적용하는 재판을 받을 권리"를 보장한다는 의미로 이해되고 있다.[4] 또한 법관은 헌법 제103조에 따라 "헌법과 법률에 의하여 그 양심에 따라 독립하여

---

3) 이러한 관점에서 미국의 배심제 절차의 기본 원리에 대해 설명하는 문헌으로 Jon Elster, Securities against Misrule: Juries, Assemblies, Elections, Cambridge University Press.

4) 헌법재판소 2002.2.28. 선고 2001헌가18 결정 등.

심판한다." 따라서 배심원의 평결이 **명백히 실체적 진실 내지 실체적 정의에 반한다는 판단에 이르렀음에도 불구하고 법관이 배심원의 평결을 그대로 받아들여야 한다는 관념은 실체적 정의관에 친숙한 우리의 형사재판 문화와 쉽게 결합하지 않을 뿐만 아니라, 위와 같은 헌법 조항들과의 충돌을 일으킨다.** 다음과 같은 판결은 도저히 동의할 수 없는 배심원의 평결 결과를 마주한 법관이 처하게 되는 고민의 흔적을 보여준다.

　　「국민의 형사재판 참여에 관한 법률」(이하 '국민참여재판법'이라 한다) 제46조 제5항은 배심원 평결에 대하여 권고적 효력만 부여하고 있지만, 법원은 가급적 배심원 평결의 효력을 존중하는 방향으로 국민참여재판을 운영하는 것이 바람직하며, 대법원도 같은 취지에서 사법의 민주적 정당성과 신뢰를 높이기 위해 도입한 국민참여재판의 형식으로 형사공판 절차를 진행하면서 엄격한 선정 절차를 거쳐 양식 있는 시민으로 구성한 배심원이 사실의 인정에 관하여 재판부에 제시하는 집단적 의견은 실질적 직접심리주의 및 공판중심주의 아래 증거 취사와 사실 인정의 전권을 가지는 사실심 법관에 대하여 권고적 효력을 가지는 것인바, 배심원이 증인신문 등 사실심리의 전체 과정에 함께 참여한 후 증인이 한 진술의 신빙성 등 증거의 취사와 사실의 인정에 관하여 만장일치로 내린 무죄의 평결이 재판부의 심증에 부합하여 그대로 채택한 경우라면, 제1심이 이러한 절차를 거쳐 증거의 취사 및 사실의 인정에 관하여 내린 판단은 실질적 직접심리주의 및 공판중심주의의 취지와 정신에 비추어 항소심에서 새로운 증거조사를 통해 그에 명백히 반대되는 충분하고도 납득할 만한 현저한 사정이 나타나지 않는 한 한층 더 존중할 필요가 있다고 판시하고 있다(대법원 2010.3.25. 선고 2009도14065 판결 참조).

　　국민참여재판에 참여한 배심원이 만장일치로 무죄의 평결을 하였더라도, 그 평결이 원심 법원 및 그 상급심이 채택·조사한 증거들에 비추어 **명백하게 잘못되었다고 볼만한 특별한 사정이 있거나, 평결 결과를 그대로 받아들이는 것이 현저하게 부당하여, 오히려 그 평결을 그대로 채택하는 것이 형사사법의 근본 목적인 실체적 진실 규명과 그를**

통한 형사사법 정의의 실현에 반하는 결과를 초래한다고 판단할 경우
에는, 위와 같은 법리에 불구하고 예외적으로 그 평결을 채택할 수는
없다고 봄이 **법의 정신에 더욱 부합**한다. 다만 위와 같은 특별한 사정
이나 예외적인 경우는 신빙성 있는 객관적 증거를 바탕으로 치밀한 논
증을 거쳐 합리적이고 신중하게 인정하여야 함은 물론이다.[5]

이와 같은 상황에서 법관이 직면하게 되는 딜레마를 법관의 논증의무와
연결지어 살펴보자. 법관은 당사자와 국민에 대한 책임을 다하기 위하여
자신이 내린 판결의 이유에 대하여 설명할 의무를 부담한다. 형사소송법
제39조에서 재판에는 이유를 명시하라고 규정하고, 제361조의5 제11호에
서 "판결에 이유를 붙이지 아니하거나 이유에 모순이 있는 때"를 항소이유
로 정하고 있는 것은 법관에게 이유 제시를 강제함으로써 사법의 책임성을
확보하고자 하는 것이다. 국민참여재판에서도 헌법 제27조 제1항과 제103
조의 요청이 후퇴하는 것은 아니므로, 법관은 여전히 판결에 대한 논증의
무를 부담한다. 그런데 배심원 판단의 독립성을 확보하기 위하여 법관의
평의 개입을 필요최소한으로 차단한 결과, 법관은 배심원이 만장일치의 평
결을 한 사건에서 오히려 배심원의 시각을 판결문의 논증에 녹여낼 기회를
부여받지 못하게 된다. 이러한 기회 박탈로 인한 문제는 배심원의 평결과
법관의 판결이 일치하는 경우와 불일치하는 경우에 모두 존재한다. 우선,
배심원의 평결과 법관의 판결이 일치하는 사건에서 판결의 정당성이 더욱
강화된다고 말할 수 있으려면 그 판결의 기초에 법관의 전문적인 법적 지
식과 배심원의 상식이 유기적으로 결합하여 일체가 되어 있음을 보일 수
있어야 한다. 그런데 법관과 배심원이 소통할 수 없는 구조 속에서 평결과
일치한 판결은 그저 배심원과 법관 각자의 독자적 판단이 병렬적으로 존재
하고 있음을 보여줄 뿐 양자의 합리적 소통에 따른 결과물을 보여주는 것
이 아니다. 현실적으로 국민참여재판보다 법관에 의한 재판이 압도적으로
많은 상황 속에서, 국민참여재판이 형사사법 전체에 대하여 긍정적인 파장

---

5) 서울고등법원(춘천) 2015.10.28. 선고 2015노136 판결(유사한 이유 설시를 한 판결례 다
   수 있음).

을 불러일으킬 수 있으려면 배심원의 시각을 판결문에 충분히 반영함으로써 동종의 후속 사건을 국민의 참여 없이 진행하는 법관이 선행 국민참여재판의 판결을 통하여 배심원이 생각하는 상식과 경험칙의 내용이 무엇인지 충분히 이해하고 참고할 수 있어야 할 것인데, 현재의 제도는 그러한 가능성의 실현을 가로막고 있는 것이다. 다음으로, 법관이 배심원의 평결에 도저히 동의하지 못하는 경우에는, 국민참여재판법 제49조 제2항의 취지에 따라 배심원의 평결을 어떠한 점에서 받아들일 수 없는지에 대하여 보다 치밀한 논증을 할 것이 요구된다.[6] 이는 법관이 자의적이거나 독단적인 판단에 의하여 배심원의 합리적인 평결을 배제할 위험을 차단하기 위한 제도 설계인 것인데, 그러한 제도의 취지에 부합하는 논증이 가능하기 위해서는 배심원이 판단에 이르게 된 근거에 대하여 효과적으로 반박할 수 있어야 한다. 그러나 막상 배심과 법관의 의사소통이 단절된 상황 속에서, 배심원은 법관에게 그러한 평결에 이르게 된 이유를 설명할 의무가 없으므로 법관은 배심원의 판단 근거의 허점을 반박함으로써 자신의 논증을 강화할 기회를 갖지 못하게 된다.

이와 같이 법관과 배심원이 상호 단절되어 올바른 결론 도출을 위한 합리적 의사소통을 하지 못하는데, 정작 그 단절의 정책적 기초가 된 배심원의 독립성이 어차피 배심원 평결의 권고적 효력으로 인해 결정적인 의미를 갖지는 못하는 상황으로 인해, 판결과 평결이 불일치하는 사건에서 배심원은 배심원대로 의견이 무시당한다는 좌절감에 휩싸여 오히려 사법제도에 대한 불신을 갖게 되고, 법관은 법관대로 헌법과 법률과 양심에 입각하여 실체적 정의에 입각한 판결을 내리기 위해 최선을 다 했는데 비민주적이라고 매도당한다는 피해의식을 갖게 되며, 피고인은 국민참여재판이 자신의 방어권을 보장받기 위한 제도인 줄 알았는데 알고 보니 무의미한 제도였다고 생각하게 될 수 있다. 이러한 혼란스러운 상황을 타개해 나가기 위해 우리가 취할 수 있는 개선의 방향은 크게 세 가지 정도로 생각해 볼 수 있을 것 같다.

---

6) 국민참여재판법 제49조 제2항 "배심원의 평결결과와 다른 판결을 선고하는 때에는 판결서에 그 이유를 기재하여야 한다."

우선 첫 번째는 **영미의 절차적 정의 관념을 적극적으로 받아들이는 전제에서 배심원의 평결에 기속력**을 부여하되, 배심원 선정, 재판, 평의 과정에 이르기까지의 절차를 현재 국민참여재판 절차에서보다 더욱 정밀하게 구성[7]하여 배심원의 편견, 편향, 무지로 인한 판단의 오류가 최소화되도록 하는 것이다. 이렇게 하기 위해서는 배심원 선정절차에서의 공정성 담보, 피고인의 공소사실과 관련 없는 전과 등 편견을 불러일으킬 수 있는 증거를 원천적으로 차단하는 새로운 증거규칙들의 도입 등 현재의 형사소송법에 대한 전반적인 재검토 작업을 필요로 할 것이다. 이 방법을 도입함에 있어서의 애로점은 앞서 지적한 것처럼 사건 하나하나에서 실체적 정의에 입각한 결론을 중시하고, 심지어 대법원에서 1, 2심의 기록을 면밀히 보고 직접 사실인정을 하여 채증법칙 위반이라는 표제 하에 유죄 취지의 파기환송을 하는 경우도 상당히 많은 우리의 형사사법 문화 속에서, 절차 위반이 없다면 배심원의 평결을 선한 결론으로 의제하고 눈을 감으라 요구하는 절차 중심적 정의 관념이 쉽사리 받아들여질 수 있을지 의구심이 생긴다는 점이다. 또한 우리는 마치 영미의 배심제도에서 배심원은 사실인정만을 담당하고 법관은 절차 진행과 법적 판단을 전담하는 방식으로 분업이 이루어진다고 오해하는 경우가 많으나, 실제 형사소송에 있어서 사실인정과 법적 판단이 반드시 명징하게 구별되는 것이 아닐 뿐만 아니라, 실상 미국에서는 배심원이 법률 또는 판례에 배치되는 법적 판단을 하며 무죄의 평결을 하더라도(이른바 '법적용 거부; jury nullification'의 문제) 그와 같은 무죄 평결의 기속력을 인정하고 있는바, 이처럼 배심원의 법형성 내지 법무시 권한을 일정 정도 긍정하는 부분까지도 함께 받아들일 수 있을 것인지에 대해 논의가 필요할 것이다. 근본적으로는 이와 같은 방향의 전환을 위해서는

---

7) 현재의 국민참여재판 절차는 미국 절차의 많은 부분을 참조하기는 하였으나, 이유부 기피 제도가 거의 활용되지 않고 있는 등 절차의 취지를 제대로 살리지 못하는 부분들이 존재한다. 또한 증거법의 경우 전문법칙을 이미 국민참여재판 절차를 도입하기 전부터 수용해 왔지만, 위법수집증거 여부가 공판준비절차가 아닌 공판절차 내에서 쟁점화되는 등 배심원에게 수용되어서는 안 될 정보들이 여과되지 않는 경우들이 종종 발생하고 있다. 다른 한편으로는, 과연 미국의 제도가 배심원의 편견, 편향, 무지로 인한 결정의 오류를 줄이는 방향으로 정밀하게 구성되어 있다고 할 수 있는지에 대한 근본적인 고민도 필요하다.

법관이 배심원의 평결에 대하여 추가적 판단 없이 그대로 받아들이는 것을 허용하는 새로운 헌법적 결단이 필요하다는 매우 큰 어려움이 존재한다.

두 번째는 **대륙의 다수 국가 및 일본과 같은 참심제로 방향을 급전환**하여, 법관과 배심원이 동등한 주체로서 함께 토론한 후 법관과 배심원이 함께 투표하여 내린 평결에 기속력을 부여하는 것이다. 배심제가 민주주의의 원리 중에서 권력분립과 견제와 균형의 원리에 기반하고 있다면, 참심제는 협치의 원리에 기반하고 있는 것으로 볼 수 있다. 배심원과 법관이 1인 1표의 동등한 주체로서 평의에 함께 임한다면, **배심원의 상식과 다양한 사회 경험이 법관의 전문적인 법적 지식과 유기적으로 결합**하여 법적 안정성을 해하지 않을 뿐만 아니라 사회 전반의 상식으로부터 동떨어져 있지 않은 합리적인 결론을 충분한 이유와 함께 제시할 수 있다는 점에서 상당한 장점이 있다고 생각된다. 다만 이 경우에는 우리 국민참여재판 제도의 도입 당시에 중요하게 고려되었던 배심원의 독립성을 전면적으로 후퇴시키고 합리적 의사소통의 필요성을 전면화하는 상당한 변화가 필요한데, 입법 과정에서 지적되고 우려되었던 바와 같이 과연 배심원이 법관과의 평의 과정에서 의견의 위축 없이 자유롭게 토론할 수 있는지에 대하여 의구심이 있을 수 있다. 또한 10년 동안 현행 제도에 익숙해진 사법 관여자의 입장에서는 이미 경로의존에 들어서서 또다시 새로운 제도를 시행한다는 것에 저항감을 가질 수 있으며, 일반 국민의 입장에서도 사법 제도를 두고 이런저런 실험을 한다는 부정적인 인상을 가질 수도 있어 쉽사리 선택할 수 있는 답이라고 선뜻 말하기는 어려워 보인다.

마지막으로 국민의 사법참여위원회에서 2013.3.6. 국민참여재판의 최종 형태를 확정·의결하였을 당시 평결의 기속력에 관하여 제시한 내용과 같이[8] 현행 국민참여재판 제도의 얼개를 유지하되 배심원의 평결에 원칙적으로 기속력을 부여하고, 예외적으로 배심원 평결의 절차나 내용이 헌법·법률·명령·규칙·대법원판례에 위반하는 경우, 평결의 내용이 논리법칙·

---

8) 의안번호 제7365호, 국민의 형사재판 참여에 관한 법률 일부 개정법률안(정성호 의원 대표발의), 2017.6.12; 의안번호 제19706호, 국민의 형사재판 참여에 관한 법률 일부 개정법률안(김종민 의원 대표발의), 2019.4.9.

경험법칙에 위반하는 경우, 그 밖에 평결·평의의 규칙이 부당하다고 인정할 사유가 있는 경우에 법관에게 기속력을 배제할 수 있는 권한을 부여하는 이른바 **'사실상의 기속력' 부여 방안**이다. 이 방안은 영미 배심제의 장점을 받아들이면서도 그 제도를 우리 법제에 그대로 융화시키는 것이 쉽지 않다는 자각 하에, 우리 헌법상 법관으로부터 재판을 받을 권리와의 충돌을 일으키지 않으면서 절차적 정의 관념을 실체적 정의 관념과 조화시키는 방안을 모색하기 위하여 고심한 바에 따른 결과물이라고 생각된다. 다만 배심원 평의의 독립성을 인정하는 대신, **배심원의 평결과 법관의 판결 사이의 가교**를 형성할 수 있는 장치가 추가되어야 앞서 지적한 딜레마가 해결될 수 있을 것이다. 예컨대 스페인의 배심원은 평결에 이르게 된 이유를 법관에게 설명할 의무가 있는데, 그 이유의 작성에 있어서는 법률 지식을 갖춘 (당해 재판에 관여한 법관이 아닌) 법원공무원의 도움을 받는 제도를 취하고 있다. 반드시 스페인과 같은 방식일 필요는 없지만, 법관이 배심원의 판단으로부터 실질적으로 도움을 얻거나 배심원의 평결에 대하여 효과적이고 납득 가능한 논박을 할 수 있기 위해서는, 나아가 배심원의 평결의 타당성에 대한 우리 공동체 차원에서의 숙고와 토론이 이루어지도록 하기 위해서는 배심원의 결론에 이른 근거가 법관과 당사자, 사회 일반에 공유될 수 있는 방법을 모색할 필요가 있다.

국민참여재판 제도가 도입된 때로부터 이제 12년이 흘렀다. 사법개혁위원회의 본래 의도는 4년간 국민참여재판의 잠정적 모델을 시행하여 본 후 우리의 법과 문화에 보다 부합하는 형태로 제도를 수정한다는 것이었으나, 후속 입법이 이루어지지 않음으로 인하여 잠정적 모델이 여러 모순과 고민의 지점을 안은 상태로 계속 시행되고 있다. 이 글에서는 그중 하나의 단면에 대하여 대략적인 스케치를 제공하고자 하였고, 보다 깊이 있는 논의는 학술논문을 통하여 전개해 나가고자 한다.

04

인간본성은 폭력적인가?

– 폭력적 인간본성 억제를 위한 형법의 필요성에 관한 시론 –

김혜경

계명대학교 사회과학대학 교수

한국형사정책연구원에서 부연구위원으로 형법분야 정책을 연구하다가 대학으로 와서 15년간 형사법을 강의하고 있다. 형사법 분야 중에서도 형법이론을 사회생물학 및 인간본성과 관련하여 연구하는 데 관심을 가지고 있으며, 최근에는 공동체주의 및 연대성의 원리에 비추어 본 형사법의 본질에 관하여 고민하고 있으며, 형법의 방향성과 한계는 인간성의 회복과 연대성의 원리로부터 찾아야 한다는 생각을 가지고 있다. 저서로는 『형법총론』, 『형법각론』 등이 있으며, 『법과 진화론』(공저, 2016) 및 『처벌의 원리』(2018)는 대한민국학술원 우수학술도서에 선정되었다.

I. 중형(重刑)주의화되는 형법의 경향

지난 20여 년간 법체계의 많은 변화들 중에서 가장 주목받는 영역이 바로 형사법일 것이다. 특히 중형주의화되어 가는 형벌과 예측불가능할 정도로 다양해진 보안처분들은 그것의 목적이 과연 응보와 예방인가를 재고하게 된다. 그러나 천편일률적인 중형주의적 형벌은 소극적 일반예방의 효과를 입증 받은 바 없고, 오히려 교정의 실패를 국가 스스로 자인하는 결과를 초래하는 것은 아닌가라는 의구심이 들게 할 뿐이다. 이에 더하여지는 보안처분의 다양화 및 장기화는 그것으로 인하여 과연 범죄자가 개선·교화되어 범죄로부터 안전한 '개과천선'한 인간으로 다시 우리 사회로 복귀할 것을 희망하고 부과되는 것인지조차 회의적일 뿐만 아니라, 현대판 주홍글씨라는 오명까지도 감수해야 한다.

이러한 현상은 소위 일반인의 법감정과 형법학자의 법이론적 확신 간의 불일치로부터 발생하는 것은 아닌가 한다. 즉 범죄에 대한 불안감과 범죄자에 대한 분노로 보다 가혹하고 중한 형벌을 통해 범죄자를 우리 사회에서 추방하여 안전을 보장받고 싶어 하는 것이 현대사회 일반인의 법감정이라고 주장한다면, 보다 강력한 위하력을 가지는 형벌을 요구할 것이다. 반면 형벌의 본질 또는 기능을 강조하고 천부인권 및 죄형법정주의를 바탕으로 하는 국가형벌권의 행사를 요구하는 형법학자들의 측면에서는 비례성의 원칙에 부합하는 형사법체계를 강조할 것이다. 양자 간의 괴리는 우선 일반인의 법감정이 과연 어떠한가의 문제와 형법의 한계를 어디에서 찾을 것인가라는 문제의 해결로부터 극복될 수 있을 것이다. 물론 보다 많은 문제들이 내재되어 있겠지만, 근본적으로는 위의 두 문제들 중에서도 전자만 가지고는 풀 수 없는 한계가 있다. 일반인의 법감정 그 자체에 관하여는, "일반인의 평가는 많은 사례들에 있어서 정확하게 확인될 수 없다. 사회과학적 방법의 도움을 빌린다 하더라도 종종 결정의 근거로서 기여할 수 있기에는 충분히 구체적이지 못한 평가들에 봉착하게 된다. … 어떠한 규범적 확신은 이미 그것이 널리 퍼져 있다는 이유로 법적 결정의 근거일 수 있는지 여부가 문제될 수 있다. … 다른 한편 결정권자에게는 ―이 결정권자가 법관의 자격으로 결정을 하는 경우 그는 당연히 자신의 결정을 "국민의 이름으로" 선포하는데― 그가 그 이름을 빌어 선언하는 대상인 국민들의 확신이 무의미한 것이 아니라는 점이 확인되어야 한다"[1]는 인용구로 그 모호함을 대변할 수 있을 것이다.

　그렇다면 두 번째 물음으로써 형법의 한계를 찾을 수 있을 것인가? 이를 위한 많은 접근방법과 시도가 있겠지만, 여기에서는 사회생물학적 논의들을 바탕으로 시도해 보고자 한다. 에드워드 윌슨 이후로 지난 반세기 동안 진화론을 토대로 구상된 사회생물학은 학문의 대통합을 이루어가며 생물학이 아닌 기타의 영역에 대하여도 생물학적인 접근을 통한 논증을 가능하게 해 왔다. 물론 그중에는 과학적 오류와 방법론적 실패들도 있었지만, 여전히 사회생물학적 접근이 유의미한 이유는 그 근저에 인간 또는 인간본성에 대한 객관적이고 과학적인 접근이 놓여 있기 때문이다.

　따라서 여기에서는 형법의 한계를 어디서 찾을 것인가라는 물음에 대하여 인간본성과 윤리의 측면을 사회생물학적 기초로부터 출발하고자 한다. 즉 인간의 본성으로부터 도덕 또는 윤리적 한계를 찾아낸 다음에, 형법 또는 형벌의 기능이 규범에 반하는 반가치태도를 형성함에 대한 도덕적 비난이라고 한다면 인간이 본성적으로 감내할 수 있는 그 '도덕성'의 한계를 사회생물학적으로 검증할 수 있는지를 살펴보고자 한다. 만일 그것이 가능하다면 비난가능한 도덕적 무게로부터 출발하여 비난의 수단인 형벌의 한계를 찾아낼 수 있는 것은 아닌가 하는 것이다. 물론 이와 같은 귀납적 추론이 정당한 결론에 이르지 못할 수도 있다. 그러나 실질적 죄형법정주의라는 현대적 의미에도 불구하고 왜 징역이 15년에서 갑자기 30년으로 또는 50년으로 무한정 확대되는 것을 막지 못하는지, 또는 반대로 왜 더 무겁게 하는 것을 주저하는지에 대하여 단서를 찾는 또 다른 방법론의 제시라는 점에 의미를 두고자 한다.

---

1) Robert Alexy, Theorie der juristischen Argumentation: Die Theorie des rationalen Diskurses als Theorie der jurstischen Begründung(변종필·최희수·박달현 역, 법적 논증이론, 고려대학교 출판부, 2007), 32-33면.

II. 사회생물학의 등장과 인간본성의 이해

1. 도덕감정의 기원과 진화론적 윤리학

다윈은 인간의 유래The Descent of Man에서 인간이 도덕감정을 가지고 있다는 점을 진화론으로 설명하고 있다.[2] 그에 따르면 사회적 본능을 가지고 있는 동물이라면 어떤 종이든지, 인간과 유사한 정도까지 지적 수준이 발달하면 도덕감정과 양심을 획득할 수 있다고 본다. 즉 도덕감정이란 생물의 단계에서 사회적 본능의 형태로 발달해 왔고, 동정이나 봉사와 같은 이타적 행동을 낳는 자연선택을 가능하게 하였다고 본다. 예컨대 동정을 베풀면 그것이 언젠가 되돌아온다는 것에 대한 확신이 습성으로 강화되면, 그와 같은 공감은 생존에도 이로운 성향으로써 자연선택을 통해 증가된다고 보는 것이다.[3]

그에 따르면 인간의 도덕감정의 대상은 처음에는 자신이 속한 공동체를 벗어나지 못하다가 문명의 진보와 함께 국가 차원, 나아가 인간 외의 모든 동물에까지도 확대된다고 본다. 그와 같은 사회적 본능은 점차 공존을 통한 생존에 이롭다는 점에서 선악의 규칙을 가지게 되고, 지적 능력의 발달로 인하여 동료애에서 더 나아가 동정을 베풀어도 그와 같은 혜택이 되돌아올 수 없는 자들에게까지도 넓혀지게 되고, 따라서 인류가 발달할수록 그 도덕의 기준은 높아진다고 본다. 생존에 이로운 행동이 인간의 지적 능력의 발달과 맞물려 고도의 도덕감정을 양산하였다고 보는 것이다.

요약건대, 인간의 도덕적 의미, 법과 불법에 대한 감정이나 양심은 동정심이라는 본능에 기인하는데, 도덕적 판단력은 동정심의 본능처럼 공동체의 복지를 지향하며 오로지 개인의 행복이라는 이기적인 추구에 그치지 않기 때문이라고 보았다. 그러면서도 모든 생명체에 공통하는 사회적 본능과

---

2) 찰스 다윈/김관선 역, 인간의 유래1, 한길사, 2006, 167면 이하.
3) 반면 김성한, "다윈의 진화론적 도덕 연구 방법론에 대한 비판적 검토", 대동철학 제48집, 대동철학회, 2009.9, 112면은 도덕적 특정은 오직 인간만의 독특한 진화과정에서 획득된 것이기 때문에, 오늘날 인류가 갖추고 있는 도덕적 특성이 진화의 산물임을 증명하기 위하여 동물의 이타적 행동을 끌어오는 것은 적절치 못하다고 비판한다.

인간의 도덕능력을 구분하면서 인간의 도덕본능은 지적 능력과 언어능력에 의하여 가능하게 된다는 점에서 다른 생명체와는 질적으로 차이가 있다고 보았다.[4] 이러한 사고가 진화론에 근거한 도덕성의 기원 찾기의 시발점인 것이다.[5]

2. 사회생물학과 윤리의 함의

윤리 또는 도덕의 기원을 설명하기 위한 많은 시도들 중에서, 안타깝게도 통합적이거나 다른 영역의 지지를 얻는 가설은 아직까지는 특별히 눈에 띄지 않는 듯하다. 그러나 인류가 도덕공동체 내에서 생존해 왔고, 그러한 도덕공동체 내에 공유된 가치가 개인에게 선악 또는 당·부당을 규정하며 개인에게 명시적 또는 묵시적인 강제로 작용하여 왔다는 점은 어느 학설에 의하든 공통적인 지지기반이 된다. 그리고 그 근저에는 인간다움, 즉 인간본성에 관한 논의가 놓여 있다. 물론 도덕성의 실체 찾기는 학제마다 다양하게 제시될 수 있으며, 어느 하나의 이론이 옳다고 해서 그와 다른 이론이 언제나 옳지 않은 명제인 것은 아니다. 당위로서의 규범윤리학적 접근을 하든 정의로서 메타윤리학적 접근을 하든 간에, 그것이 진화론이든 아니든, 무엇으로부터 출발하는가를 제한하거나 통제할 수 있는 것이 아니라는 점은 인정하여야 할 것이다.

지난 반세기 동안 도덕의 기원에 관한 치열한 논쟁의 도화선이 된 것은 사회생물학의 출현이라고 할 수 있다. 사회생물학은 진화론을 근저로 하여, 인간을 포함한 자연현상으로서의 생물의 모든 행태들이 진화를 통해서 생성되고 발달되어 왔다는 인식을 전제로 한 포괄적인 행동연구방법론의 분과라고 할 수 있다. 인간도 예외는 아니어서 '사회적 행동 양식의 진화와

---

4) 김형민, "진화윤리학의 규범적 논증의 가능성", 종교연구 제32권, 한국종교학회, 2003.9, 134면 이하 참조.
5) 다윈은 사회적 본능과 인간본성으로서의 도덕성에 차이를 두고 있음을 알 수 있다. 즉, 사회적 본능은 집단체계를 구성하는 모든 생물체에 공통하는 경향들을 의미하지만, 도덕성은 이보다 차원이 높은 무엇으로 보고 있다. 그러나 인간본성 역시 사회적 본능을 그 근저에 둔다는 점을 부인하지는 않는다. 이에 대한 내용은 김혜경, "사회생물학적 인간본성에 기원한 도덕과 형법의 무게", 형사정책연구 제27권 제1호, 한국형사정책연구원, 2016.3, 5면 이하 인용.

적응치에 관계되는 문제들'을, 사회생물학은 인간의 집단형성과 발전에도 동일한 이론을 적용하여 설명하려고 한다.[6] 진화론적 사고는 구조와 기능, 행동양식을 가지는 모든 생명체가 생물학적으로 가지는 역사를 기초로 하여 개체 또는 집단의 형성과 발전에 관하여 접근하기 때문에, 인간 역시 예외가 아니라고 보는 것이다. 따라서 도덕개념 역시 진화의 산물로 이해하고자 한다.[7] 사회생물학은 개체들에서 나타나는 중요한 행동 양태의 원천을 유전자의 특성 또는 영향력의 행사 과정으로 보면서 이를 역으로 추적하는바, 이와 같은 관점에서 본다면 인간 행동의 목적은 유전자의 적응도를 최대화하는 것이라는 점을 전제한다. 즉 사라지지 않고 계속 존속되는 행동은 특정 유전자의 재생산을 가능하게 하는 행동이라는 것이다.[8] 그리고 그러한 행동들의 축적이 인간본성으로 표현된다고 본다.

그러나 그 어떤 사회생물학자들도 오로지 유전자로부터 인간본성이 축적되어, 그것이 문화현상의 일부인 윤리로 구축되었다고 단언하지는 않는다. 그럼에도 불구하고 여전히 진화론을 바탕으로 한 이러한 연구와 논쟁이 지속되는 이유는, 인간본성을 기초로 하지 않은 형이상학적인 윤리학은 사상누각에 불과하다는 비판과도 무관하지 않을 것이다.

III. 인간본성과 도덕에 관한 최근의 논의

1. 폭력성은 인간본성인가?

(1) 폭력에 대한 오해

동물이 본래 유전적으로 지니고 있는 행동은 어떤 자극에 의하여 특정한 반응이 유발된다는 것이 동물행동학의 기초이다. 마치 식물이 생존에 유리하도록 굴지성, 굴광성, 굴화성, 굴수성 등을 가지는 것처럼 동물 역시

---

6) Barash, D., Soziobiologie und Verhalten, Berlin-Hamburg, 1980, 108면.
7) Wuketits, M., Gene, Kultur und Moral: Soziologie-Pro und Contra, 1990(부케티츠/ 김영철 역, 사회생물학 논쟁, 사이언스북스, 1999), 140면.
8) Roger Trigg, The Shaping of Man, 1982(로저 트리그/김성한 역, 인간본성과 사회생물학-사회생물학의 철학적 측면을 논하다, 궁리, 2007), 16면.

생존에 유리한 특정반응을 가지는 바, 공격성은 인간본성이라고 보는 견해
가 있다.[9] 생존경쟁은 진화를 앞으로 추진시키는 경쟁으로서 근친간의 경
쟁이라고 보고, 공격성은 다른 부족 또는 다른 공동체를 향해서만이 아니
라 동일한 사회내부에서도 드러난다고 본다. 따라서 공동체를 이룬 개체들
은 약자의 복종을 기할 수 있도록 위계질서를 만들어 내고, 위계질서가 동
일 집단 내의 공격성을 억제하는 기제로 작용하는데 이와 같은 과정이 하
나의 사회조직이 더 나은 조직으로 발달할 수 있는 원리로 작용한다고 보
는 것이다.

　또한 개인적 차원에서 공격성은 본능의 생명보존에 있어서 필수적이며,
모든 사람은 상당량의 잠재적인 공격성이 있으며, 이것이 유대에 의하여
보이지 않다가 유대가 파괴되면 미움이라는 가공할 만한 현상으로 그 모습
을 드러낸다고 본다. 즉 공격성은 진화적 적응이라는 것이다. 다만 그와
같은 진화적 현상이 이론으로 받아들여지지 않는 이유를 첫째, 인간이 인간
자신의 진화적 기원에 대한 인식을 언제시킴으로써 자기지식self-knowledge을
스스로 방해한다는 점, 둘째 인간 자신이 자신의 행동이 자연의 인과법칙
에 복종하고 있다는 사실 자체를 거부하는 점, 그리고 마지막으로 관념적
철학의 유산으로서, 세계를 사물의 외적인 세계와 내적인 세계로 이분하고
전자는 가치가 결여된 곳으로 관념적 사고로써 규정하고 내적인 세계만이
인간의 사고와 이성의 세계로서 그곳만이 가치가 귀속될 수 있다고 보기
때문이라고 한다.

　결론적으로는 생물학적 인간의 공격성은 문화적인 의식화에 의하여 계
발된 사회적 행동의 규범을 통해 통제되기 때문에, 의례화된 행동규범을
통해 개인은 개인적 유대를 넘어 집단의 일원으로 결속되고, 개인이 자신
의 개인적 복리의 희생을 통해 공동체의 복리를 위해 봉사하는 것도 본능
에서 진화된 행동양식이라고 한다.

---

9) Konrad Lorenz, Das sogenannte Böse, Zur Naturgeschichte der Agression, 1963(송
　준만 역, 공격성에 관하여, 이화여자대학교 출판부, 1986)의 주된 내용이다. 이에 따르면
　공격적 행동의 세 가지 다른 기능들─이른바 살 수 있는 환경 전반에 걸쳐 같은 종의
　동물의 균형도니 분포, 라이벌 싸움에 의한 최강자의 선택, 어린 동물의 보호─이 종족
　보존에 있어 유일한 주요 기능들이라는 믿음은 오류라는 점으로부터 출발한다.

이와 같은 이론은 정치철학에 있어서 홉스의 국가의 형성과정을 설명하는 데 유용하다.[10] 자연법적 관점에서 폭력은 정당한 목적을 위한 것과 그렇지 않은 것으로 구분되고, 법은 사람들의 일반적 승인에 따라 존재하는데, 자연법적 관점에서는 법적으로 승인되지 못한 폭력행위도 정당한 목적을 위해서는 용인될 수 있다는 것이다.[11] 이는 법에 대한 이해에 있어서도, 실정법Gesetz이 권리로서의 법Recht을 보장하지 않고 침해하면 당해 법은 권리로서의 법Recht의 관점에서 불법Unrecht이 된다. 그러한 법에 대하여는 법복종의무가 없으며, 오히려 당해 법에 의존하는 국가폭력행사에 저항할 권리, 즉 저항권Widerstand-recht이 발생한다는 점으로도 이해된다.[12]

(2) 협력에 대한 새로운 이해

폭력성이 인간본성이라는 주장에 대하여는, 인간의 공격성을 본능으로 간주함으로써 억압을 수단으로 삼는 권위적 사회를 정당화한다는 비판이 꾸준히 제기되어 왔다. 그러나 이를 진화론적으로 밝힌 구체적 근거들이 제시되지 않다가, 최근에 동 이론의 과학적 가설이 오류임을 진화론적으로 해결하는 주장이 제기되었다.[13] 이에 따르면 인류 진화사에서 수렵과 싸움이 함께 등장하였고, 생존을 위한 수렵과 싸움의 충동이 동시대에 일어나서, 동료에 대한 폭력으로 이어졌다는 역사적 주장[14]이 오류라는 점을 지적한다.[15]

동 이론에 의하면 인류는 먹이를 둘러싼 갈등을 서열관계로 풀지 않는

---

10) 김선욱, "폭력과 휴머니티 – 인류에게 폭력 극복의 희망은 있는가?", 지식의 지평, 대우, 2015, 38면.

11) 발터 벤야민/최성만 역, "폭력비판을 위하여", 발터 벤야민 선집 5, 도서출판 길, 2008, 80~96면.

12) 김세균, "국가권력의 폭력적 기초", 실천문학, 실천문학사, 1989.9, 90~91면.

13) 야마기와 주이치/한승동 역, 폭력은 어디서 왔나 – 인간성의 기원을 탐구하다 –, 곰출판, 2007, 44면 이하.

14) 물론 이러한 이론들도 대체로 폭력성만큼이나 질서와 문명에 대한 인간의 본능이 강하기 때문에 의식화된 문화규범 내에서 인간의 공존가능성을 낙관적으로 주장한다.

15) 야마기와 주이치/한승동 역, 앞의 책, 264면 이하는 현대인과 같은 뇌의 크기는 60만년 전에 달성되었지만, 인류의 본격적인 수렵은 극히 최근까지도 행해진 바 없다는 것이 과학적으로 입증되었기 때문에 수렵이 인간의 본성이 아니라고 본다. 또한 무기를 사용한 증거는 약 1만년 전 농경시대가 시작된 이후이기 때문에 수렵과 싸움이 동시대에 발생한 인간본성이라는 점은 그릇된 가설이라고 본다.

유인원들의 사회성을 이어받았고, 공존관계의 확립을 위해 근친상간의 금지와 음식의 공유를 선택하였다고 본다. 근친상간의 금지는 성적 관계를 유지하는 상대를 한정해서 동성간의 성적 갈등을 억제하고, 비모계 유인원 사회에서 그와 같은 근친상간 금지규범을 통해 혈연관계에 있는 수컷들의 공존이 강화되면서 가족이 탄생되었다고 주장한다. 그리고 가족은 근친상간 금지를 매개로 다른 가족과 연결될 수 있었고, 가족 내 또는 가족간 유대는 먹이공유로 강화되었다고 본다. 유인원의 그와 같은 행동은 다른 동물들과 달리 독자적으로 발전시켜 온 행동특성이라는 것이다. 또한 분배는 호혜적 이타성에 바탕을 두는 것이 아니라고 보는데, 만일 호혜적 이타성에 기인한다면 분배받는 자가 이에 대한 보답을 의무화하거나 습관화해야 하는데 인류는 그와 같은 방향으로 발전하지 않았다는 점을 근거로 한다.[16)]

2. 사회적 뇌 가설과 공동체의식

사회적인 뇌 가설이란 우리의 뇌 사이에는 항상 연관고리가 있는 바, 인간의 뇌 크기와 기본적 사회단위의 크기는 일정한 연관성이 있음을 입증하고자 하는 이론이다.[17)] 인간의 진화과정에서 뇌의 크기발달은 유사한 유인원에 비하여 세 배 이상 크며 이것은 집단을 이루는 규모에 비례하여 왔다고 보는 것이다. 즉, 현생인류 이전에 뇌의 크기가 작을 때에는 그에 비례하는 공동체를 이루었고, 뇌의 크기가 커질수록 공동체의 규모도 거대해진다는 점을 인류고고학적 측면에서 접근한다. 이는 궁극적으로 던바의 수가 적합하였던 수렵민의 작은 공동체에서 오늘날과 같이 거대규모로 발전된 사회에서 우리의 인지능력은 어떻게 진화해왔는지, 그리고 진화해 가는지를 탐구한다.

뇌의 크기가 커질수록 심리적 측면도 발달하게 되므로, 공감능력이나 타인에 대한 이해능력 역시 발달한다고 본다. 사회적 뇌와 인류의 진화는 그와 같은 감정의 또 다른 차원을 나타내는데, 감정이란 세 가지로 분류될

---

16) 야마기와 주이치/한승동 역, 앞의 책, 283면 이하.
17) 로빈 던바・클라이브 갬블・존 가울렛/이달리 역, 사회성, 두뇌진화의 비밀을 푸는 열쇠, 처음북스, 2017, 20면 이하.

수 있다고 본다.[18] 가장 기본적인 기분감정mood emotion이란 직감을, 다음 수준의 원시감정primary emotion이란 생존의 관점에서 다른 동물과 분노, 두려움, 행복을 공유하는 감정을 의미한다. 마지막으로 사회감정social emotion 이란 가장 복잡한 형태로 인간의 죄책감, 동정심, 자부심과 같은 감정으로 타인에 대한 특정한 믿음을 인식하는 것으로부터 비롯된다고 한다.

사회행위의 규칙의 발달도 상호작용과 유대성을 중심으로 이해될 수 있는데, 사회성이란 관계맺기이며 공동체 구성원간의 상호작용을 내포하게 된다. 이러한 상호작용은 종들이 사회유대를 유지하려고 가져오는 자원으로서 물질과 감각이 우리 사회의 핵심적 중추인데, 후자는 인간의 감각유산으로 인해 나타나는 것이라고 본다. 기본적으로 이와 같이 뇌의 크기가 감각의 발달을 유도하고 그것이 사회성의 발달 및 공동체의 규모형성에 직접적으로 연관되며, 행위규칙 역시 이로부터 비롯된다고 본다.

이로써 생활공동체 규모가 커지면 안전과 안도감이라는 두 개의 이익이 생기는 바, 이러한 이익은 타인에 대한 사회정보를 수용하고 기억할 때 필연적으로 찾아오는 막대한 인지부하를 감당하고자 더 커다란 뇌로 진화하는 데 소모되는 기타의 엄청난 진화적 비용을 상쇄하고도 남는다고 본다. 궁극적으로 타인을 이해하는 것과 그렇게 함으로써 사회게임규칙을 더 잘 이해하게 되는 것이 생존에 더욱 유리한 깊은 진화적 동인이라는 것이다.[19]

3. 마음이론

도적적 인지에 대한 주된 연구로는 도덕감정, 마음이론, 그리고 추상적인 도덕적 추론이 있다. 도덕감정은 행동의 동기가 되는 기본적인 충동을 조절하는 뇌의 작용을 통해서 설명되고, 추상적 도덕적 추론은 뇌의 여러 부분과 구조를 사용한다는 점이 주된 논지이다.[20] 이중에서 마음이론이란

---

18) 로빈 던바·클라이브 갬블·존 가울렛/이달리 역, 앞의 책, 79면 이하 참조.
19) 로빈 던바·클라이브 갬블·존 가울렛/이달리 역, 앞의 책, 195면 이하. 같은 책 87면은 뇌조직이 매우 비경제적이라서 근육조직보다 그램당 약 20배나 더 소비를 하므로 커다란 뇌로의 진화는 그것을 선호하는 강한 선택압이 작용하여야만 한다는 점을 강조한다.
20) Michael Gazzaniga, The Ethical Brain, Dana Press, 2005(김효은 역, 뇌는 윤리적인가, 바다출판사, 2009), 220면.

사회적 행동을 지도하는 도덕적 추론의 본질적인 것이라고 한다. 마음이론 Theory of Mind이란 타인의 생각을 이해하는 능력으로, 이는 자아를 인식하고 다른 자아 또는 타인의 다른 생각을 인지하는 사고체계를 의미한다.[21] 동 이론의 출발은 타인도 그들만의 마음이 있다는 것을 인식하게 된다는 주장으로, 궁극적으로 문화를 가능하게 만드는 것이라고 본다. 또한 이것을 통해 인간의 뇌가 사회행동을 구현할 수 있는 동인이 된다.

사회성이라는 것은 마음이론과 같이 마음을 계산할 수 있게끔 인지함으로써, 자신에게 호의적인 자와 그렇지 않은 자를 파악하게 된다.[22] 이로부터 가족의 형성이 가능하게 되는데, 가족 또는 더 나아가 공동체라는 소속감을 형성하는 근본적인 요소가 되는 것이다.[23] 뇌는 사회집단의 도덕적 규약을 발전시키는 생산적 역할을 하면서 타인의 마음상태를 고려하는데,[24] 마음이론은 이처럼 인간이 타인과 공감능력을 가지고 공동체를 형성해 나가는 데 필요한 인지능력을 지칭하는 것으로 공동체의식의 근저에 놓여 있다.

4. 환경윤리학과 인간본성

인간은 처해지는 환경에 따라 매우 다양한 관점을 발전시키고 세대를 거치면서 본성도 늘 변화한다고 보는 견해가 있다.[25] 물론 진화가 환경에의 적응도가 높은 방향으로 이루어짐으로써 생존가능성을 높이는 방향을 선택하도록 선택압을 가한다는 점에서, 진화와 환경과의 관련성은 진화론의 기본이 된다. 그런데 더 나아가 인간본성도 환경에 따라 변화한다면, 인간본성은 단일의 또는 공통의 것이 아닌 지리적 환경 또는 기후나 역사

---

21) Simon Baron-Cohen, Mindblindness: An Essay on Autism and Theory of Mind, MIT Press, 1997 참조.
22) 로빈 던바 · 클라이브 갬블 · 존 가울렛/이달리 역, 앞의 책, 82면.
23) Paul Ehrlich/Robert Ornstein, Humanity on a Tightrope, 2010(고기탁 역, 공감의 진화, 에이도스, 2012), 64면.
24) Michael Gazzaniga, 앞의 책, 223면.
25) Paul R. Ehrlich, HUMAN NATURES: Genes, Cultures, and the Human Prospect, 2001(폴 에얼릭/전방욱 역, 인간의 본성(들)-인간의 본성을 만드는 것은 유전자인가, 문화인가?, 이마고, 2008), 524면 이하.

적 환경에 따라 다르다고 주장할 수도 있을 것이다.

환경에 따라 변화하는 인간본성을 주장하는 견해에 따르면, 인간의 행위는 단순한 환경에 대한 반사작용도 아니고 주변 문화에 의해 강제된 욕망의 표현도 아니라고 본다. 유전자-환경 상호작용에 무엇이 중요한가에 대한 인간의 이해와 그 이해에 따른 인간의 욕망의 조절이 부가된다면, 결과적인 행동성향은 자유행동이 된다고 보는 것이다. 이러한 견해는 나아가 환경윤리학이라는 새로운 통섭적 학문영역을 제시하는데,[26] 생물학적 진화가 문화적 진화와 맞물려 있음을 인정하면서 인간이 생태계가 공급하는 자연의 혜택을 유지하기 위하여 개개인이 져야 하는 윤리적 책임이 무엇인가를 질문한다. 이를 "환경친화적이고 생태지향적인 규범 설정 및 그 가능성과 타당성을 탐구하는 윤리학"이라고 정의하기도 한다.[27] 여기에서 환경윤리학을 주목하는 이유는, 동 이론들이 도덕적 의무의 지평을 넓혀 인간 이외의 생명체, 그리고 무생물의 도덕적 지위를 고려하는 경우에는 인간이 아닌 비인격적인 것들조차도 도덕적인 연관성하에서 그 고유의 내재적 가치를 인정받아야 된다고 보기 때문이다.[28]

Ⅳ. 국가체계와 국가에 의한 처벌

1. 국가체계와 형법의 인위성

일반적으로 인간본성으로서의 공동체 형성과 그의 역할은 소규모, 약 100-200여명 정도의 소집단에서만 순기능을 할 수 있다고 본다. 자연발생적 사회공동체의 규모가 그러하였고, 그 정도의 규모에서 자치와 자발적 순종이 가능하다고 보기 때문이다.[29] 그러나 현대의 국가들은 몸집이 거대해

---

26) Garett Hardin, "The Tragedy of the Commons", Science Vol. 162, Issue 3859, 1968.12, 1243면 이하.
27) 구승희, "환경윤리의 문제영역", 철학사상 제7권, 서울대학교 철학사상연구소, 1997, 293면.
28) 자세한 내용은 Alan Marshall, "Ethics and the Extraterrestrial Environment. In: Journal of Applied Philosophy, Vol. 10, No. 2, 1993, 227면 이하 참조.
29) Paul R. Ehrlich, HUMAN NATURES: Genes, Cultures, and the Human Prospect, 2001(폴 에얼릭/전방욱 역, 인간의 본성(들) - 인간의 본성을 만드는 것은 유전자인가,

졌고, 구성원 개개인의 의지 또는 의사의 총합으로 운영된다고 할 수 없기 때문에 인간본성으로서의 집단구성(공동체)의 결과라고 할 수 없는 것이다.

여기에서 의미하는 바는 형법의 인위성이다. 앞서 사회성이란 인간본성임이 밝혀졌지만, 그와 같은 사회성은 생물학적 의미의 공동체로서 던바의 숫자[30]가 지칭하는 유대감의 형성과 인식가능한 범위를 지칭한다. 역사적으로도 개인적인 친분을 바탕으로 한 강력한 연대감을 형성할 수 있는 가구의 규모도 약 20-25개가 대다수였으며, 오늘날의 공감가능한 집단형성도 대략 그와 같다고 한다.[31] 그와 같은 친밀감에 의하여 형성되는 집단 내에서는 처벌 역시 불이익일 필요가 없었다. 착한 벌에의 감응을 보여주는 바벰바족의 사례가 이를 뒷받침한다.[32] 즉 처벌의 의미를 공동체의식의 회복 또는 공동체일원으로의 복귀에 둘 뿐, 반드시 그것이 행위자 개인에게 가해지는 고통을 통한 전체 공동체에 의한 보복이라고 이해하지 않는 것이다.

그러나 현대사회와 같은 확장된 집단형태가 가지는 비대면성과 기술진화의 속도와 사회조직의 진화속도 간의 불일치는 도덕의 기원으로서의 이타성으로 설명될 수 있는 한계를 넘어섰다. 진화론을 바탕으로 한 호혜성으로 설명될 수 있는 자연적 공동체를 넘어선 현대사회의 집단은 인위적인 체제와 도덕을 넘어선 강제적 규율이 필요불가결하게 되었고, 그것은 관료제와 법체계의 형성을 거의 대부분의 사회 또는 국가에서 양산하였다. 그러나 그와 같은 제도들 역시 인간의 진화의 산물이라거나 도덕의 연장이라

문화인가?, 이마고, 2008), 290면은 "이들 중간적인 수준의 사회구조를 일종의 유전적 편향으로 설명하자면 이 호모 사피엔스가 몇 백만이나 몇 십억 명이 아니라 기껏해야 몇 백이나 몇 천 명이라는 단위에서 생활하도록 되어 있는 기본적으로 여전히 소집단 동물이었다는 점을 알려 준다. 이것은 오랫동안 수렵-채취인으로 살았던 우리들의 역사에서 배울 수 있는 가장 중요한 교훈"이라고 설명한다.

30) Robin Dunbar, "Social Systems as Optimal Strategy Sets: The Costs and Benefits of sociality, in Comparative Socioecology, Blackwells Scientific, 1989, 73면 이하.

31) Paul Ehrlich/Robert Ornstein, 앞의 책, 54면 이하.

32) 바벰바족은 범죄를 범한 자에게 부족구성원들 모두가 돌아가면서 끊임없이 칭찬을 함으로써, 범죄자의 감화 또는 참회를 이끌어 내는 방식으로 범죄자를 '벌'하는 것으로 유명하다. 칭찬이라는 벌을 부과함으로써 범죄자가 가지는 사회구성원으로서의 연대성 또는 공동체적 결속력을 강화하는 것이다. Andrew Roberts. "Chronology of the Bemba (N.E. Zambia)", The Journal of African History Vol. 11, No. 2, Problems of African Chronology, 1970, 221면 이하에 자세한 내용 참고.

고 볼 수는 없다. 그렇다면 인위적 제도들을 없앨 수 있는 방법보다는, 인간의 본성들에 더 잘 부합하도록 만들 수 있는 방법을 찾아내야 할 것이다.

예컨대, 국가의 관료제의 경우 저연령의 임신이나 혼성부대의 설치 등의 문제에 있어서 성적으로 정상적인 인간의 성적 상호작용을 제도나 법을 이용하여 금지하는 것은 인간본성에 반하기 때문에 그러한 제도에 순응할 것을 기대하거나 그것을 강제할 수 없다.[33] 성적 상호작용은 사회성을 발달시킨 인간을 비롯한 많은 종들에게 생존에 있어서 그보다 자연스러운 부분이 없기 때문이다.

인간이 언어를 통하여 성적 상호작용을 대체할 수 있음으로써, 초기의 인류집단의 규모보다 커질 수 있었다고 하더라도, 국가의 형태가 이를 설명할 수는 없다. 성적 상호작용을 통한 유대감의 유지가 언어에 의한 호감의 표현으로 일 대 일의 형태가 아닌 일 대 다수의 형태를 가능하게 하였더라도, 국가라는 집단은 그것으로 대체될 수 있기에는 지나치게 크기 때문이다. 이는 국가형태가 얼마나 인위적이고 이합집산이 가능한 단위인지를 반증한다. 즉 인간본성만으로는 유지할 수 없는 규모인 셈이다. 따라서 국가의 관료제와 법체계는 국가 스스로의 생존을 위한 수단이지, 구성원인 인간 또는 인간본성에 부합하는 자연스러운 산물은 아니다.

2. 사회생물학적 이론과 형벌의 이해

사회생물학이 윤리와 인간본성을 설명하는 데 한계가 있다고 보는 견해에 의하면 인간의 문화가 유전적으로 유리한 결과를 산출하려는 인간의 이기적인 행위를 중화하거나 전환시킨다는 점을 근거로 하면서, 제재와 형벌체계가 가장 모범적인 예라고 본다.[34] 예컨대, 강간이 유전자를 확산시키는 훌륭한 방법이므로, 많은 세대를 거치면서 강간하는 자의 수는 증가되었겠지만, 반대로 처벌에 대한 두려움이 이를 방지할 수 있다고 본다. 형벌을 비롯한 많은 처벌의 형식이 특정유전자의 존속에 부정적 영향을 명백

---

33) Paul R. Ehrlich, 앞의 책, 477면.
34) Peter Singer, The Expanding Circle: Ethics, Evolution, and Moral Progress, 1981 (피터 싱어/김성한 역, 사회생물학과 윤리, 연암서가, 2012), 282-284면.

히 주는 것처럼, 사회제도가 인간의 진화과정에 영향을 미치고 그에 따라 인간본성을 변형시켜 왔다고 한다. 또한 과거의 공격적이고 이기적 행동을 통해 유전적으로 이득을 얻고자 하는 자들에게 제재를 가한 것도 인간의 문화라고 본다.

그러나 이러한 반론에는 한계가 있다. 왜냐하면 문화 역시 인간의 진화의 산물이기 때문이다. 문화의 저변이 되는 언어는 인간의 생존에 필수적인 상호호혜성의 표현을 하기 위한 시간을 생존에 유리하게 절약하는 방법으로써 선택된 진화의 방식이고, 문화 역시 거대해지는 공동체에서 생존하기 위한 합리적 전략이라는 선택압으로부터 벗어날 수 없는 진화의 역사를 거쳐 왔음을 부인할 수 없다. 또한 유전적으로 이득을 얻기 위한 해악적 행위에 가해지는 공동체의 제재는 그것이 공동체 전체의 영속에 궁극적으로 이롭지 않다는 진화적 선택이기도 하다.

도덕심리학의 최근 연구 결과는 인간의 합리성 판단이 본질적으로 다양한 가치판단과 결합하여 이루어진다는 점, 그리고 그러한 결합은 문화마다 어떤 가치를 선택적으로 고려하는지의 차이에 따라 달라진다는 점을 보여주고 있다.[35] 그럼에도 불구하고 앞서 언급한 바와 같이 역사적으로 대부분의 국가들은 유사한 '진화'의 경험을 가지고 있다. 인위적 결합체인 국가가 스스로 자기생존을 위한 필요재로써 관료제와 법체계를 구상하였다는 점에서는 마치 인간본성과 유사한 모습을 가진다. 다만 문화적 차이가 필요재의 구체적 형태를 결정하였지만, 궁극적으로는 국가의 영속만을 위해서 선택되었다면 그것이 인간본성에 부합하는 방식인지는 재고하여야 할 것이다. 형법과 형벌 역시 마찬가지이다. 형벌과 인간의 상호작용의 결과가 국가의 영속이 아닌 구성원인 인간의 진화론적 영속과 공동체의 안녕에 기여할 때에, 좋은 법이자 착한 벌이 될 수 있다.

국가가 가지는 인위성 및 불영속성이라는 속성을 이해한다면, 국가의 통제수단인 형벌 역시 영속성을 가질 수 없다는 점 역시 명약관화해진다.

---

35) 이상욱, "인간 조건 하에서의 합리성: 진화, 공감, 제도", 한국경제의 분석 제20권 제2호, 한국금융연구원, 2014.8, 9면.

05

격리구금을 통한 재사회화?

김한균

한국형사정책연구원 연구위원

고려대학교, 영국 케임브리지대학교, 서울대학교, KAIST 미래정책대학원에서 공부했다. 주요 연구 분야는 영미형법, 양형, 성폭력, 과학수사, 인권정책으로 70여편의 관련논문을 발표했다. 저서 및 역서로는 『아동성폭력전담검사의 증언』(R.Sax, 2013), 『법질서와 안전사회』(공저, 2014), 『미국형사사법의 위기』(W.Stunz, 2015년도 세종도서 우수학술도서), 『세월호가 남긴 절망과 희망』(공저, 2017년도 세종도서 우수학술도서), 『한영 북한인권용어집』(공저, 2016), 『대한민국 인권근현대사』(공저, 2019), 『4차산업혁명의 이해』(공저, 2020) 등이 있다.

15년 동안 한국형사정책연구원에서 다양한 형법과 형사정책 주제로 90여권의 정책연구보고서를 집필하면서, 치료감호시설, 여성교도소, 소년원을 포함한 전국 대부분의 교정보호시설에서 수용자, 교정공무원을 직접 만나 행형실태연구와 면접조사를 했고, 교도소와 보호관찰소에서 출소전 재소자와 보호관찰대상자에게 재범방지교육을 했으며, 유엔 범죄방지및형사사법위원회에서 수용자처우에 관한 국제기준이 만들어지는 과정을 참관했다.

양형위원회 전문위원, 여성가족부 정책자문위원, 양성평등교육진흥원 성폭력예방교육 전문강사를 지냈고, 현재 법원 전문심리위원, 대검찰청 디지털수사자문위원, 서울고등검찰청 형사상고심의위원이다.

I. 사회로부터 격리해 사회로 돌려보낸다?

우리 형법은 형벌의 종류를 아홉 가지 두고 있지만(제41조), 그야말로 우리가 진짜 형벌이라 여기는 실형(實刑)은 집행이 유예되지 않는 자유제한의 형벌, 즉 징역과 금고다. 실제 2019년 사법연감에 따르면 2018년 한 해 동안 1심 형사법원이 선고한 237,699건 중에 구금형 실형은 59,835건으로 전체의 25%에 달한다. 징역과 금고는 교정시설에 구금한다는 점에서는 같고, 징역은 일정한 노동을 강제한다는 점에서 금고와 다르다. 글자 그대로 징역(懲役)의 뜻은 혼을 내서 잘못을 고치거나 뉘우치도록 일을 부린다는 것인데, 격리구금하면서 자유를 제한하고 징벌이라며 일까지 하게 하니 거듭 자유를 제한한다. 더구나 무기징역은 종신(終身)이니 그야말로 생명에 생존의 의미만 남겨두는 자유의 박탈이다. 유기징역도 형을 가중하는 경우 상한이 50년이니(형법 제42조), 아무리 백세시대라도 종신형이나 다름없다. 유기징역의 하한인 1개월이라 해도 자유제한 기간이 최소라는 것일 뿐, 격리구금 상태 30일이 사회에서 자유를 누릴 때의 한 달만큼일 리 없다. 한 달이든 50년이든 격리 구금됨으로써 사회로부터 단절되었다가 다시 사회로 되돌아갈 때, 그 사람은 더 이상 예전의 자신이기 어렵다.

그런데 1950년에 제정한 구 행형법에 따르면 구금형 집행은 '수형자를 격리 보호하여 교정 교화하며 건전한 국민사상과 근로정신을 함양하고 기술교육을 실시하여 사회에 복귀케 함'이 목적이다(동법 제1조). 2007년부터는 「형의 집행 및 수용자의 처우에 관한 법률」(형집행법)로 이름을 바꾸었는데, 그 목적 또한 '수형자의 교정교화와 건전한 사회복귀를 도모'하는데 있다(동법 제1조). 2001년 「민영교도소 설치·운영에 관한 법률」의 목적도 '수용자의 처우 향상과 사회 복귀를 촉진함'이다(동법 제1조). 구금형 집행의 내용은 격리구금과 자유 제한과 교정 교화인데, 그 목적은 사회복귀. 단순히 저지른 범죄에 책임질 만큼 사회로부터 격리해 자유를 빼앗는 벌을 주었다가 되돌려 보낸다는 의미는 아니다. 격리 기간 동안에 교육과 노동을 통한 교정 교화를 거쳐 사회로 돌아가게 한다는 취지다. 그래서 법무부

교정행정의 목표도 교정교화를 통한 '재사회화'라고 규정한다.

어차피 수형자는 일단 격리구금되었다가 사회복귀하면 변화를 피할 수 없다. 전과자는 피하기 어려운 사회적 낙인이다. 또한 격리구금과 징벌적 노동 경험을 되풀이하고 싶은 사람은 없을 것이기 때문에 사회적으로도 개인적으로도 재범방지 효과는 기대할 수 있다. 그런데 한 사람을 어떻게 사회로부터 격리해 자유를 빼앗아 둔 채 건전하게 자유를 누릴 수 있는 사람으로 ─ 수형 전보다 좀 더 나은 사람으로 ─ 고치고 변화시켜서 되돌려 보낸다는 것일까.

이론적으로 본다면 수형자는 사회에서 자신이 누리는 자유를 남용해 타인에게 범죄피해를 입혔으니, 남용과 피해의 책임만큼 응분의 자유제한을 감당해야 한다. 행형체계 입장에서는 그저 자유를 제한하고 노역을 부과하는 고통의 보복만으로는 격리구금 형벌의 정당성을 주장하기에 충분치 않으니 교정교화 프로그램을 제공해 장차 사회로 복귀해서는 자신에게 다시 주어진 자유를 책임 있게 누릴 시민으로 바꾸어 놓겠다는 것이다. 하지만 상식적으로 생각해 보면 자유는 자유로운 상태에서만 익힐 수 있지 않을까. 자유의 기본은 신체의 자유인데, 신체를 가두고 억지로 자유를 가르칠 수도 없는 노릇이다. 게다가 오랜 기간 사회로부터 격리되어 있는데 어떻게 사회 안에서 책임 있게 자유를 누릴 수 있는 사람으로 거듭날까. 이론과 상식 사이에서 우리 형집행 체계는 어떻게 구금형의 목적을 이루려는 것일까.

Ⅱ. 건전한 사회복귀란 무엇인가?

현행 형집행법은 과연 '건전한 사회복귀'가 무엇인지 명시적으로 밝히고 있지 않다. 구 행형법이 말하는 건전한 국민사상과 근로정신을 함양하여 사회에 복귀케 한다는 뜻을 압축했다고 볼 수 있다. 1950년대 교정시설과 교화 프로그램의 낙후성을 생각해 보면 '사회에 복귀케 한다'는 목표규정은 과감해 보인다. 오히려 오늘날 형집행법이나 민영교도소법은 사회복귀를 도모하거나 촉진하는 정도로 목표를 잡고 있다.

건전해져서 사회로 돌아가 건전한 사회생활을 한다는 의미라면 1961년 구 갱생보호법에 나오는 '갱생(更生)'이라는 말도 있다. 동법의 목적은 '구 금형을 마친 자의 재범의 위험을 방지하고 자활독립의 경제적 기반을 조성시켜 사회를 보호하고 개인 및 공공의 복리를 증진함'이다(제1조). '갱생보호'는 출소자의 '선행을 장려하고 환경을 조성시켜 재범을 방지하는 관찰보호와 친족연고자등으로부터 원조를 얻을 수 없는 경우에 자활을 위한 생업의 지도취업을 보호 알선하는 등의 직접보호를 부여하는 것'(제3조)을 말한다. 1989년 보호관찰제도가 도입되기 전부터 관찰보호에 관한 법제가 있었다는 점 말고도 재범방지를 위한 사회경제적 환경의 중요성을 강조한다는 점이 눈에 띈다.

풀어보자면 구금형 기간 동안 교정시설이라는 환경 속에서 갱생토록 하고, 즉 말 그대로 생활 태도나 정신이 본디의 바람직한 상태로 되돌아가게 한 뒤, 사회로 돌아가서도 다시 범죄로 나가지 않도록 사회적 환경이 조성되어야 한다는 것이 우리 형집행 체계가 추구하는 건전한 사회복귀다. 그래서 현행 형집행법상 수형자 처우의 원칙에 따르면 '교육·교화프로그램, 작업, 직업훈련 등을 통하여 교정교화를 도모하고 사회생활에 적응하는 능력을 함양하도록 처우하여야 한다'(동법 제55조). 구금형의 내용은 교육 프로그램과 작업, 직업훈련이고, 목표는 교정교화 및 사회적응능력 함양이다.

그렇다면 형집행은 '수용자의 인권을 최대한으로 존중'해야 하고(동법 제4조), '합리적인 이유 없이 성별, 종교, 장애, 나이, 사회적 신분, 출신지역, 출신국가, 출신민족, 용모 등 신체조건, 병력, 혼인 여부, 정치적 의견 및 성적(性的) 지향 등을 이유로 차별'해서도 안 된다(동법 제5조). 교정시설에서 자유 제한이 기본환경이긴 할지라도 인권을 보장받고 차별로부터 보호받아야 교정교화도 가능할 뿐더러, 장차 되돌아갈 사회가 인권을 존중하고 차별을 금지하는 곳이기 때문이기도 하다. 수형자에 대한 강제력행사(동법 제100조)나 징벌(동법 제107조)도 법적 요건과 절차에 따르도록 하는 것도, 법치와 준법 사회에 적응케 하려는 것이다. 또한 수형자는 교정시설 안전과 질서유지를 위하여 규율을 준수할 의무를 지는데(동법 제105조), 2020년 2월 개정법에 따르면 수형자는 '교도관의 직무상 지시에 따라야 한다'(동조 제3

항). 종래에는 '교도관의 직무상 지시에 복종하여야 한다'고 규정되어 있었다. 교도소 규율에 대한 복종 강제는 적어도 법문상으로는 더 이상 행형의 기본도 아니요 징벌 남용의 여지도 될 수 없다. 자유를 책임 있게 누리는 시민이 되려면 법과 규율을 단지 복종이 아니라 준수해야 하기 때문이다.

그런데 장기구금형과 무기구금형도 건전한 사회복귀가 목표라 할 수 있을까. 장기간 격리되니 재범방지 효과만큼은 확실한데, 사회로 돌아가지 못한다면 교정교화와 사회적응능력 함양이 무슨 의미가 있겠으며, 장기간 교정시설 안에서 보내다 사회로 돌아간들 자활할 수나 있겠는지에 대한 의문이 들지 않을 수 없다. 물론 무기수라도 모범수형자로 인정받으면 특별감형을 받아 20년 정도 지나서 가석방될 여지는 있었다. 2000년대 말부터는 특별감형도 중단되고 형기 80% 이상을 복역해야 심사대상이라도 될 만큼 제도가 엄격해졌으며, 살인, 강도, 강간, 아동학대, 가정폭력 범죄자의 경우 가석방이 사실상 불가능하다.

6개월 미만 단기 구금형은 사회적 단절 충격은 별다를 바 없는데 교정교화를 해 볼 겨를도 없어 사회복귀를 오히려 어렵게 만든다는 점에서 격리구금 이외 대안을 적극적으로 찾는 경우다. 반면 사회복귀를 가늠해보기 어려울 만큼 장기간 격리구금된 수형자에게는 어떤 교정교화가 필요한지, 한편으로 해당 수형자에게 사회복귀 희망과 의지를 기대할 수 있을지에 대한 방안이 없다면 형집행법은 딜레마에 빠진다.

Ⅲ. 교정과 교화란 무엇인가?

구금형 수형자에 대한 교정교화와 인권보장 내지 인도적 처우는 구별될 문제다. 구금과 노역 상태에서도 인권을 보장하고 인도적 기준에 합당한 처우를 제공한다면 행형제도의 진보와 개선이라 할 수 있다. 그런데 19세기 서구 감옥개혁운동이 의도한 바는 규율을 통한 수형자 개선이었다. 수형자의 자유와 권리를 위한 교화라기보다는 대부분 빈민계급이었던 수형자들에게 부르주아 계급이 생각하는 근면과 복종의 규율에 따르도록 교정하는 데 목적이 있었다. 이를 푸코는 「감시와 처벌」(1975)에서 설명하기를,

야만적인 공개 신체형이 감옥에 격리하는 구금형으로, 이어 교정시설 교화형으로 발전한 역사는 인권에 입각한 진보라기보다는 인간 정비(整備)를 다루는 권력의 정교한 확장에 다름 아니라는 것이다.

구 행형법의 '건전한 국민사상'과 '근로정신 함양'이란 목표를 다시 생각해 보자. 한 사람이 지닌 자유에 다른 사람을 해치는 죄를 저지를 자유는 없지만, 건전하지 않게, 근면하지 않게 살 자유는 국가가 간섭할 일이 아니지 않을까. 죄를 범했으니 벌을 받아야 마땅하지만, 벌을 받게 되었다고 정비 받을 책임까지 져야 할까. 이런 의문이 들 수도 있을 터인데, 우리 입법자는 교정, 교화, 교도가 과연 무엇을 뜻하며 무엇을 목표로 고치거나 (법무부 행정에서 교정은 correction을 옮긴 말이다), 가르치거나 (교화는 가르치고 이끌어서 올바른 방향으로 나아가게 한다는 뜻이다) 또는 이끈다는 것인지(교도는 가르쳐 지도한다는 뜻이다)는 명시하지 아니하였다. 예를 들어 현행 교도관직무규칙에 따르면 '교도'관이란 수용자의 구금 및 형의 집행을 비롯하여 수형자의 교육·교화프로그램 및 사회복귀 지원업무를 담당하는 공무원을 말하고, '교정'시설이란 교도소와 구치소를 말하는바(동 규칙 제2조), 단지 교정, 교화와 사회복귀 개념은 서로를 빌려 자신을 말할 뿐이다.

구 행형법은 '수형자의 인격도야 개과천선을 촉진시키기 위하여 교회(教誨)를 행한다'(동법 제30조)고 규정했었다. 교회는 잘 가르쳐 지난날의 잘못을 깨우치게 한다는 뜻이다. 멋스럽다. 이에 비해 현행 형집행법에 따르면 '수형자가 건전한 사회복귀에 필요한 지식과 소양을 습득하도록 교육'할 수 있고, 이를 위해 '상담·심리치료, 그 밖의 교화프로그램'을 실시해야 한다(동법 제63-64조). 따라서 교정교화란 건전한 사회복귀에 필요한 교육으로서 지식, 소양, 심리치료 등이 내용이다.

현행 치료감호법에서 말하는 '재범의 위험성이 있고 특수한 교육·개선 및 치료가 필요하다고 인정되는 자에 대하여 적절한 보호와 치료를 함으로써 재범을 방지하고 사회복귀를 촉진하는'(동법 제1조) 내용의 치료와는 구별된다. 그러니까 교정교화는 재범위험성 방지에만 한정되지 않고 사회생활에 필요한 지식과 소양을 교육한다는 의미가 된다. 수형자에게 부과하는 작업이 '건전한 사회복귀를 위하여 기술을 습득하고 근로의욕을 고취하는 데에 적합한 것'(형집행법 제65조)이어야 하는 이유다. 또한 사회복귀가 불가한 사형확정자의 경우도 '심리적 안정 및 원만한 수용생활을 위하여 교육 또는 교화프로그램을 실시하거나 신청에 따라 작업을 부과할 수 있다'(동법 제90조)는 점을 볼 때 교화는 교정시설 내 안정적 생활을 위해서도 행해진다.

판례 또한 교정, 교화가 무엇을 뜻하는지 언급하지 않지만, '교화개선의 여지'에 대한 판단은 제시하고 있다. 흥미롭게도 사형 양형판단에 주로 등장한다. 피고인이 교화개선의 여지가 있고 범행이 우발적인 충동에서 비롯된 것이며 수사 및 재판과정에서 범행 모두를 시인하면서 용서를 빌고 참회하고 있는 점 등에 비추어 사형으로 처단하는 것은 형의 양정이 심히 부당하다(대법원 2001.3.9. 선고 2000도5736 판결). 교화개선 여지가 있다는 이유로 사형 대신 종신형을 택하는 판단은 사회복귀를 기대하지 못하게 될지라도 개선될 수 있는 사람이라면 그가 책임질 자유의 최소한 근거되는 생명만큼은 빼앗아서는 아니 된다는 의미로 보인다.

그렇다면 수형자는 격리구금 상태에서 교화프로그램을 거부할 수 있는가? 물론 교정교화되기를 거부한다면 재범 위험성이 다분하다 판단할 수 있겠지만, 보호감호는 폐지되고 치료감호 대상자는 한정되어 있는 현 제도하에서 교정교화가 안 되었다고 사회복귀를 금하거나 늦출 방법은 없다. 의무는 아니지만 형집행법상 정당한 사유 없이 교육·교화프로그램 등을 거부하거나 태만히 하는 행위는 징벌대상이다(동법 제107조). 수형자가 교육과 교화를 거부하거나 태만히 할 자유는 없다.

Ⅳ. 작업과 노역이란 무엇인가?

반면 징역형 수형자에게 '부과된 작업과 그 밖의 노역'은 의무다(형집행법 제66조). 형법상 징역은 구치하여 정역에 복무케 하는 형벌이기 때문이다(동법 제67조). 따라서 정당한 사유 없이 작업을 거부하거나 태만히 하면 징벌대상이다(동법 제107조). 다만, 일반적인 노역과 달리 작업은 '건전한 사회복귀를 위하여 기술을 습득하고 근로의욕을 고취하는 데에 적합한 것'이어야 한다(동법 제65조). 금고형 수형자나 사형확정자는 의무는 없고 신청할 수는 있다(동법 제67조, 제90조).

그렇다면 징역의 내용인 작업과 노역은 강제노동인가? 징역형 수형자 정역의무 규정의 위헌여부 심판에서 헌법재판소는 수형자의 교정교화와 건전한 사회복귀를 도모하고, 노동의 강제를 통하여 범죄 응보 및 일반예방에 기여하므로 그 목적의 정당함과 수단의 적합성을 인정했다. 재사회화와 이를 통한 사회질서 유지 및 공공복리라는 공익이 더 크므로 신체의 자유 침해라 인정할 수 없고, 교정교화와 사회복귀를 위한 것이므로 인격권이나 행복추구권도 침해하지 아니한다는 것이다(헌법재판소 2012.11.29. 선고 2011 헌마318 결정).

한편 2015년 개정 유엔 수형자처우 최소기준규칙United Nations Standard Minimum Rules on the Treatment of Prisoners도 강제노동이나 고통을 줄 목적의 노동은 금지하지만(규칙 97), 개인적으로 교화에 적합한 작업에 참여할 기회는 보장되어야 한다고 규정한다(규칙 96).

우리 헌법해석에 따르면 말 그대로 징역은 교정교화와 사회복귀가 목적이니 정당하고, 범죄 응보와 일반예방 수단으로서 적합성도 있는 셈이다. 특히 구 행형법이 말하는 근로정신 함양이나 현행 형집행법이 규정한 근로의욕 고취는 노동하지 않고 게을러 범죄로 나아갔던 자들에게 기술을 가르치고 근로의욕을 심어주어 유용한 노동자로 개조하면 도덕적으로도 개선되어 사회로 되돌아 갈 수 있다고 보았던 근대감옥 개혁자들의 생각을 이어받고 있는 것으로 보인다.

한편 우리 형법은 징역과 금고를 구분하고 금고는 과실범이나 정치범에게 주로 부과하는 명예적 구금이라 하였으니, 노역 자체를 고통으로 여기고 노동을 경시까지 하는 전근대적 사고의 잔재도 남아 있다고 볼 수 있다.

그런데 대체로 살인이나 성범죄자들이 직업이 없거나 근로의욕이 없어서 폭력 범죄로 나아가지는 않는다. 권력범죄나 화이트칼라 범죄자들은 오히려 자기 직업이 범죄의 발판이 된 경우다. 이들에게 새삼 새로운 직업훈련을 시키거나 근로정신을 함양해 줄 필요는 없을 것이다. 반면 금고형이나 사형확정 수형자들에게 작업은 오히려 기회를 주어야 할 대상이 된다. 그런 점에서는 근대 감옥에서 수형자에게 수치심을 느껴 교화되도록 하거나 수형생활의 괴로움을 진정시키는 종교의 역할을 오늘날에는 노역과 작업이 대신하고 있는 셈이다.

또한 형집행법상 수형자에는 벌금을 완납하지 아니하여 노역장 유치명령을 받아 수용된 사람도 포함된다(제2조). 이렇게 강제되는 노역은 벌금납입을 심리적으로 강제할 수 있는 최소한 유치기간이 정해지며, 그 실질이 신체의 자유를 박탈하는 것으로서 징역형과 유사한 형벌적 성격이 인정된다(헌법재판소 2017.10.26. 선고 2015헌바239 결정). 실질은 벌금을 내라고 고통을 주면서 신체의 자유를 박탈하는 것이니 강제노동이 아닐까. 선고벌금이 1억 원 이하면 길어야 300일 정도인 유치기간(형법 제70조 제2항) 동안 어떤 기술습득과 근로의욕 고취가 가능하기나 할까.

Ⅴ. Nothing Works?

구금형을 독일어로는 Freiheitstrafe라 하는데 일부에서는 글자 그대로 자유형이라고 옮긴다. Geldstrafe를 현금형이라고 하지는 않듯 의아한 번역이다. 실존주의 철학자 사르트르 말대로 '인간은 자유라는 형벌을 받고 있다'면 자유가 곧 벌이라 할 법도 하겠지만.

다시 사회로부터 격리해 자유를 박탈한 상태에서 어떻게 자유롭고 책임을 다하는 사회구성원으로 변화시켜 사회에 돌려보낼 수 있다는 것인지 의문으로 돌아가 보자. 플라톤은 「고르기아스Gorgias」에서 형벌의 고통을 감수함으로써 자신이 저지른 잘못이 교정되기 때문에, 정당한 형벌로 받는 고통은 오히려 명예롭고 이익이 되는 것이어서 영혼이 치유되고 더 나은 사람이 되게 한다고 본다. 피해자는 범죄를 당해 불이익과 불명예의 악에 빠져 있는데, 만일 범죄자가 형벌을 받아 영혼이 치유되지 않는다면 심지어 피해자보다 악한 처지가 된다고도 한다. 이렇게 보면 범죄자에게 형벌받을 권리가 있다는 헤겔의 주장도 수긍이 간다.

그러니까 격리구금을 통한 재사회화는 단지 재범방지 의미만은 아니다. 재범 억지는 개별(특별)예방 효과일 뿐이다. 재사회화rehabilitation는 복지국가 프로그램 안에서 대상자에게 이익이 되는 선의의 개입을 뜻한다. 1950-

70년대 교정낙관론'Prison Works' 시절에는 상담치료와 같은 적극적 개입과 격리와 같은 소극적 개입을 재사회화 내용으로 여겼다. 따라서 일정 기간 격리보호하면서 사회적으로 새 출발fresh start하여 재적응resettlement하며 재통합reintegration될 수 있도록 치료와 교육과 지원을 제공함으로써 개인과 사회 모두 복지에 기여할 수 있다고 믿었으니, 자유제한의 필요와 자유증진의 목표가 서로 갈등하지 않고도 복지 안에서 결합될 수 있었다.

하지만 정작 재사회화 프로그램에 대한 현실적 평가는 아무것도 되는 게 없다'Nothing Work'는 비관론이었다. 로버트 마틴슨Robert Martinson의 1974년 논문 'What Work: Questions and Answers About Prison Reform'은 1945년부터 1967년까지 200여건의 교정프로그램 재범방지 효과분석을 토대로 과연 재사회화가 효과가 있는지 묻고 거의 효과가 없다고 답했다. 이후 비관론이 진보와 보수를 가리지 않고 덮쳐서 격리구금에 치중하는 엄벌주의 시대로 이어지게 되었다.

우리나라에서도 '구금처우의 재범억제 효과성의 한계에 관한 연구'(허경미, 2011)에 따르면, 구금형은 오히려 재범 악순환을 부추기는 역할을 한다. 수형자 1/4 정도가 3회 이상 수형전력이 있고, 특히 강력사건 1/3 이상이 4범 이상 전과자가 저지른다. 교정교화를 통한 재사회화는 실패했다 할 만하다.

대안은 세 가지다. 첫째는 구금형이 재사회화는커녕 범죄경력을 더 악화시킨다고 본다면 구금형을 대신할 형벌을 찾는 길이다. 둘째는 재사회화는 현실적으로 기대하기 어려우니 장기 격리구금을 통해 재범방지 효과라도 최대화하는 엄벌주의로 나가는 길이다. 셋째는 재사회화는 여전히 정당하고 합리적인 행형 목적이며 그간의 실패는 충분한 자원부족 탓인 만큼 재사회화 프로그램을 더 밀고 나가는 길이다.

무엇보다 구금형에 대한 대안은 벌금, 집행유예, 보호관찰, 지역사회 내 처분 등 다양하게 모색되어 왔는데 이는 구금형의 악영향과 구금형 기간 동안 교정효과를 교량해 볼 때 악영향이 클 경우에 대비하기 위한 정책적 대응입장이다. 구금형을 완전 대체할 수는 없다.

재사회화 목적을 불신하는 정치적 대응 입장에서는 교정교화에 합당할 만큼으로 격리구금 기간을 제한하지 않고, 격리구금된 동안은 어찌됐든 범죄는 억지된다 해서 장기 격리구금 위주로 나가게 된다. 구금형의 악영향은 더 악화되고, 결국 장기구금, 대량구금에 따른 사회적 비용을 감당하기 어렵게 된다. 엄벌주의로 돌아선punitive turn 이후 뒤따른 교정시설 과밀수용prison overcrowding 문제가 그것이다.

규범적 대응입장에서 보면 교정교화와 재사회화는 사람은 고정되지 않고 변할 수 있다는 믿음, 그리고 충분한 자원과 환경, 프로그램이 뒷받침된다면 작업과 교육은 좋은 사람으로 거듭나는 데 도움이 된다는 믿음에 근거한다. 이러한 믿음은 실증자료 여부에 따라 포기되고 말고의 문제가 아니라, 민주적 가치의 문제다. 다만 형사사법자원은 한정될 수밖에 없기 때문에 현실적으로 충분한 교정교화 프로그램을 갖추기는 쉽지 않다.

근현대사를 살펴보면 새로운 형벌제도 구상은 언제나 새로운 사회 구상과 맞닿아 있었다. 과학기술의 발전 또한 새로운 구상을 가능하게 해 준다. 21세기 이른바 4차산업혁명 사회에서도 대안적 형벌과 새로운 형벌과 새로운 교정교화 프로그램을 기대해 볼 수 있을 것이다. 가상현실감옥을 방문해 보라.[1] 자유박탈의 부작용은 줄이면서 더 효과적인 교정교화를 통해 재사회화 효과는 높일 수 있는 사회적 아이디어와 자원의 등장을 기대해 본다.

---

1) https://www.theguardian.com/world/ng-interactive/2016/apr/27/6x9-a-virtual-experience-of-solitary-confinement

06

특별사면권의 딜레마:
곽노현, 박근혜를 특별사면해야 하는가?

김재윤

건국대학교 법학전문대학원 교수, 법학박사

기업범죄, 환경범죄, 의료범죄를 중심으로 활발한 연구 활동을 펼치고 있는 형사법 학자이다. 특히 2015년 출간한 단행본 『기업의 형사책임』은 기업(법인)에 대한 범죄능력 인정을 위한 이론적 탐구의 결과물로 2016년도 대한민국학술원 우수학술도서로 선정된 바 있다. 그리고 2020년 6월 말경 기업범죄예방을 위한 컴플라이언스 제도를 다룬 『기업범죄예방과 준법지원인제도』의 출간을 앞두고 있다. 또한 2004년 9월 1일 인제대학교 법학과 조교수 임용을 시작으로 2019년 8월 말까지 12년간 근무하던 전남대학교 법학전문대학원을 떠나 현재 건국대학교 법학전문대학원에서 변호사 양성에 힘쓰고 있다.

I. 특별사면권의 딜레마 상황

보수성향으로 알려진 안창호 전 헌법재판관은 2017년 3월 10일 역사적인 박근혜 대통령 탄핵심판 선고에서 "정경유착 등 정치적 폐습과 이전투구의 소모적 정쟁을 조장해 온 제왕적 대통령제는 협치와 투명하고 공정한 권력행사를 가능하게 하는 권력공유형 분권제로 전환하는 권력구조의 개혁이 필요하다"는 보충의견을 내놓았다.[1] 이러한 제왕적 대통령제에서 그간 역대 대통령은 헌법 제79조와 사면법(1948.8.30. 법률 제2호로 제정·시행) 제2조에 근거하여 인정하고 있는 특별사면권[2]을 총 85회(2019년 12월 말 기준)나 행사하여 특별사면의 정치적 남용을 일삼아 왔다. 군사독재정권 시대에 대통령은 무소불위로 특별사면권을 발동하여 권력유지의 도구로 사용하였고, 문민정부, 국민의 정부, 노무현 정부 그리고 이명박·박근혜 정부에서도 예외는 아니어서 권력형 비리에 연루된 고위공직자, 부패정치인, 재벌경제사범, 선거사범들이 특별사면에 의해 형의 집행이 면제되었다.

대통령에 의한 특별사면권의 정치적 남용의 대표적인 사례로 1997년 12월 22일 전격적으로 단행된 김영삼 전 대통령의 전두환·노태우에 대한 특별사면을 언급할 수 있다. 이 두 전직 대통령은 '12·12 군사반란' 및 '5·18 광주 학살' 그리고 '비자금 조성' 등의 비리 혐의로 1997년 4월 17일 대법원에서 각각 무기징역과 징역 17년이 확정되었는데, 판결이 확정된 지 불과 8개월 만에 특별사면되었다. 그리고 박근혜 전 대통령은 2016년 8월 광복절 특별사면을 통해 조세포탈, 특정경제범죄가중처벌법상 횡령·

---

* 이 글은 김재윤, "정치적 특별사면과 사법정의 – 특별사면 폐지론을 중심으로 –", 형사정책 제29권 제2호(2017.8), 93-118면의 내용을 최근 논의 상황까지 반영하여 수정·보완한 것임.
1) 헌법재판소 2017.3.10. 선고 2016헌나1 결정.
2) '특별사면'이란 죄를 범하여 형의 선고를 받은 자 중에서 일부를 특정하여 형의 집행을 면제해주는 대통령의 특권을 말한다. 특별사면은 원칙적으로 형의 선고를 받은 특정인에 대해 형의 집행을 면제해 준다는 점에서 범죄의 종류를 정하여 해당 범죄로 형의 선고를 받은 자 모두에 대해 형 선고의 효력을 상실시키는 '일반사면'과 구별된다(사면법 제2조, 제5조). 특별사면의 개념, 효과, 절차 등에 대해 자세한 설명으로는 이승호, "사면제도의 개혁을 위한 소고(小考)", 형사정책 제25권 제1호, 2013.4, 119-125면 참조.

배임 등의 혐의로 2015년 12월 15일 대법원에서 징역 2년 6월과 벌금 252억 원이 선고된 이재현 CJ그룹 회장을 특별사면 대상에 포함시켰다.

　대통령의 특별사면권 행사 논란은 최근에도 계속해서 불거지고 있다. 국정농단 사태로 실형을 선고받은 박근혜 전 대통령에 대해 특별사면의 요구가 지속적으로 제기되고 있기 때문이다. 2017년 3월 31일 안철수 국민의당 대선 후보는 경기도 하남시 소재 신장전통재래시장을 방문한 뒤 박근혜 전 대통령의 특별사면과 관련하여 "국민들의 요구가 있으면 사면심사위원회에서 다룰 내용"이라고 말하면서 논란을 일으켰다. 국정농단으로 구속된 지 얼마 되지 않았고 공소제기는 말할 것도 없고 유죄의 확정판결이 선고되지도 않은 시점에서 특별사면을 성급히 언급했기 때문이다.

　반면에 최근 세계적으로 유례가 없는 사후매수죄로 유죄가 선고된 곽노현 전 교육감, 세월호, 사드 배치 반대, 제주해군기지 반대 등과 관련한 집회로 처벌받은 경우나 불법시위의 혐의를 뒤집어 쓴 한상균 전 민주노총 위원장 등에 대해 특별사면을 하라는 목소리가 높다. 현대 민주사회에서의 사면제도는 대의제의 결함을 보충하는 중요한 수단으로 기능하는데, 국회나 법관들이 국민으로부터 위임받은 권력을 잘못 행사하는 경우, 주권자의 이름으로 이를 교정할 수 있는 틀이 바로 사면제도라는 것이다. 따라서 이들에 대한 특별사면은 대통령의 은사가 아니라, 혹은 경제살리기・민생배려니 하는 상투적인 연례행사의 수준이 아니라, 그동안 시민사회를 옥죄고 민주주의를 왜곡하며 인권을 억압하였던 수많은 적폐와 폭력에 대한 과감한 처단과 교정의 작업의 일환이라는 중요한 의미를 갖는다고 한다.[3] 이러한 요구에 부응해서인지 2020년 총선을 5달여 앞둔 2019년 11월 특별사면 대상 여권 인사로 한명숙 전 국무총리, 이광재 전 강원도지사, 곽노현 전 서울시 교육감 등이 거론되고 있으며, 야권에서는 형 확정을 전제로 박근혜 전 대통령 사면이나 형집행정지를 요구하고 있다.[4]

　일찍이 칸트는 "통치권자의 사면권행사는 '최대의 불법'을 행사하는 것이며 응보로써 정의를 다시 세운다는 형법의 명령에 위반되는 것"이라고

---

3) 한상희, "민주공화국 선포 100주년, 이들을 사면하라", 프레시안 2019.2.13.일자 기사.
4) 서울경제 2019.11.19.일자 기사, "연말 한명숙・이광재・곽노현 특별사면되나".

하여 사면 반대론을 설파하였다고 한다.[5] 그런데 이러한 칸트의 견해와 달리 대통령의 특별사면권 행사는 민주주의를 왜곡하며 인권을 억압하였던 수많은 적폐와 폭력에 대한 과감한 처단과 교정의 작업의 일환으로 입법자의 오류를, 법관의 왜곡을 적시에 바로잡을 수 있는 수단인 동시에 법과 법치주의원리 실현과정에서 나타나는 경직성을 완화하는 법치주의의 자기교정 수단이라고 한다. 특별사면권의 이러한 딜레마 상황에서 과연 우리는 어떤 결단을 내려야 하는가?

Ⅱ. 정치적 특별사면의 주요 국내외 사례

1. 주요 국내 사례

김영삼 정부 이후 시행된 특별사면 가운데 "형사사법의 빗장을 언제라도 열어젖히는 무소불위의 파옥(破獄)의 도구"[6]로 전락한 정치적 특별사면의 대표적 사례를 간략히 언급하면 다음과 같다. 우선 김영삼 정부는 1997년 12월 22일 특별사면을 통해 1997년 4월 17일 대법원[7]에서 '12·12 군사반란' 및 '5·18 광주 학살' 그리고 '비자금 조성' 등의 비리 혐의로 무기징역과 추징금 2천2백5억 원이 확정된 전두환과 징역 17년과 추징금 2천6백28억 원이 확정된 노태우를 복역 2년 만에 풀어주었다. 또한 정호용 전 국방부장관, 장세동 전 안기부장, 안현태·이현우 전 청와대 경호실장 등도 석방되거나 남은 형량을 면제받았다.

김대중·노무현 정부에서도 특별사면은 남용됐다. 김대중 정부에서는 한보그룹 정태수 전 회장으로부터 국정조사와 관련하여 금품을 수수한 범죄사실로 1997년 12월 26일 대법원[8]에서 징역 5년, 추징금 2억5천만 원의 형이 확정된 지 채 8개월이 지나지 않은 권노갑 전 의원에 대해 1998년 8월 광복절 특별사면을 단행하였다. 다음해 광복절 특별사면에서는 '한

---

5) 정현미, "사면의 법치국가적 한계", 형사법연구 제20호, 2003, 329면.
6) 이승호, 앞의 논문, 127면.
7) 대법원 1997.4.17. 선고 96도3376 전원합의체 판결.
8) 대법원 1997.12.26. 선고 97도2609 판결.

보 게이트'의 장본인이었던 정태수 전 회장과 여기에 연루된 김영삼 전 대통령의 차남 김현철 등도 특별사면되었다.

노무현 정부에서는 각종 비리 혐의로 구속 수감되거나 유죄 판결을 받은 김대중 전 대통령의 아들과 측근 인사들을 특별사면했다. 김대중 전 대통령의 차남인 김홍업은 2002년 '이용호 게이트'에 연루돼 대법원에서 실형을 선고 받았으나 2005년 8월 광복절 특별사면으로 사면 복권됐다. 이때 김대중 전 대통령의 측근인 신건·임동원 전 국정원장, 박지원 전 대통령 비서실장, 한화갑 민주당 전 대표, 신승남 전 검찰총장 등도 특별사면의 혜택을 받았다.

이명박 정부도 특별사면을 정치적으로 남용했다. 특히 2008년 8월 광복절 특별사면의 대상자 가운데 재벌 총수의 면면을 보면 화려하다. 정몽구 현대·기아차그룹 회장, 최태원 SK그룹 회장 등이 형이 확정된 지 두 달도 안 돼 특별사면됐고, 김승연 한화그룹 회장도 특별사면됐다. 김승연 회장은 기업 활동과 무관한 보복 폭행으로 처벌을 받았지만 경제인으로 분류돼 특별사면 대상에 포함됐다. 2009년 12월 31일 특별사면에는 경제 5단체의 특별사면 건의로 기업인 78명이 무더기로 사면됐다. 이때 이건희 삼성전자 회장, 김우중 대우그룹 전 회장이 포함되었는데, 배임과 조세포탈로 유죄 확정판결을 받은 이건희 회장의 경우 4개월도 지나지 않은 시점에서 특별사면이 단행돼 논란을 빚었다. 임기 마지막 해인 2013년 1월 31일 특별사면에서는 비리 혐의로 구속된 자신의 최측근들로 '박연차 게이트'에 연루된 천신일 세중나모여행 전 회장, 파이시티 비리로 구속됐던 최시중 전 방송통신위원장 등을 특별사면에 포함시켰다.

박근혜 정부도 예외는 아니다. 3차례의 특별사면 가운데 마지막인 2016년 8월 광복절 특별사면에서 이재현 CJ그룹 회장이 특별사면의 대상자에 포함되었다.[9] 이재현 회장은 2013년 7월 18일 조세포탈, 특정경제범죄가중처벌법상 횡령·배임 등의 혐의로 검찰에 의해 구속기소되었으나, 지병을 이유로 수차례 구속집행정지를 신청하였고 법원은 이를 받아들여 서울

---

9) 이재현 CJ그룹 회장에 대한 수사에서부터 특별사면까지의 과정에 대한 자세한 소개로는 아이뉴스24 2016년 8월 12일자 기사 참조.

구치소에 수감된 기간보다 서울대병원에 입원해 있는 기간이 더 긴 혜택을 누렸다. 2015년 12월 15일 대법원은 이재현 회장에 징역 2년 6개월과 벌금 252억 원을 선고하였고, 2016년 7월 19일 이재현 회장이 재상고를 포기함으로써 형이 확정되었다. 그런데 형이 확정되고 채 한 달도 되지 않는 8월 15일 김승연 한화 회장, 최재원 SK수석부회장, 구본상 LIG 넥스원 부회장은 빠진 채 유독 이재현 회장만이 특별사면되었다. 재빠른 재상고 포기와 특별사면이 우연의 일치인지 의문이 들지 않을 수 없다.

2. 미국 사례

미국은 연방헌법 제2조 제2항(대통령의 권한)에서 "대통령은 합중국에 대한 범죄에 관하여 탄핵의 경우를 제외하고, 형의 집행유예 및 사면을 명할 수 있는 권한을 가진다"[10]고 사면에 관한 규정을 두고 있으나, 이를 제외하고는 별도로 사면의 종류,[11] 절차 등을 정하고 있는 연방법률은 없다.[12] 미국의 사면제도가 우리나라의 사면제도와 다른 큰 차이점은 미국 대통령은 사면권 행사 여부에 대한 결정과 대상자 선정에 있어 매우 신중한 태도를 보이고 있다는 점이다.[13] 대표적으로 오바마 전 대통령은 8년의 재임 기간 동안 총 6번에 걸쳐 사면권을 행사하였는데, 1천866건 중 단 64건

---

10) The United States Constitution, Article Ⅱ, Section 2, Clause1
"The President …shall have power to grant reprieves and pardons for offences against the United States, except in cases of impeachment."
11) 미국의 판례는 사면의 종류와 양태를 일반사면(Amnesty), 특별사면(Pardon), 집행연기(Reprieve) 및 감형(Commutation)으로 구분하고 있는데, 일반사면의 경우 우리나라와 같이 의회의 동의를 요하는 등의 절차를 요하지 않기 때문에 일반사면과 특별사면의 구별에 큰 의미가 없고, 오늘날의 사면은 대개 특별사면을 의미한다고 한다(이영주·승재현·김성배·서보건, 사면권 행사 방법의 문제점과 개선 방향—사면권의 본질과 제한 가능성의 방향설정적 기초 마련—, 한국형사정책연구원, 2013, 56면).
12) 미국의 사면제도에 대한 상세한 설명으로는 문채규, "특별사면의 정상화를 위한 법제적 정비", 형사정책 제27권 제3호, 2015.12, 90−94면; 이영주·승재현·김성배·서보건, 앞의 보고서, 53−100면; 이종근, "미국의 사면제도에 관한 소고(小考)", 법학논총 제34집, 숭실대학교 법학연구소, 2015.7, 341면 이하; 이혜미, 앞의 보고서, 26−34면 참조.
13) 정치학자 P.S. 럭먼 주니어의 조사결과 조지 H.W. 부시 전 대통령은 10.1%(731건 중 74건), 빌 클린턴 전 대통령은 19.8%(2천1건 중 396건), 조지 W. 부시 전 대통령은 7.6%(2천498건 중 189건)의 사면율을 각각 기록했다고 한다(연합뉴스 2017년 3월 19일자 기사).

(3.4%)만을 허가해 역대 대통령 중 사면권 행사를 가장 신중하게 행사했다고 평가받고 있다. 그리고 사면 대상자 선정에도 매우 신중한데 형기를 마치지 않은 자에 대한 사면은 제한하고, 유명인사, 사회지도층 등이 아닌 일반인을 대상으로 하며, 테러범죄, 국가안보범죄, 폭력 및 어린이 대상 범죄, 총기범죄, 공공부패범죄와 중대한 경제범죄를 범한 자에 대해서는 사면권을 행사하지 않는 것을 원칙으로 한다고 한다.[14]

그러나 미국에서도 대통령의 사면권이 연방헌법이 보장한 권리지만 몇몇 사례에서는 대통령의 사면권 행사의 남용이 문제되었다. 그 대표적인 사례로 1974년 당시 제랄드 포드 대통령이 전임 대통령인 리처드 닉슨을 사면한 일을 언급할 수 있다. 당시 닉슨 대통령은 선거와 관련하여 민주당 사무실을 불법 도청한 '워터 게이트' 사건으로 대통령 탄핵절차가 시작되자 사임하였는데 포드 대통령이 사면권을 행사하면서 큰 논란이 됐다. 법정에 세워야 할 사람의 죄를 '사면'해줬다는 이유에서이다. 그리고 클린턴 대통령과 조지 W. 부시 대통령 때에도 '대통령 사면령'이 문제된 적이 있다. 클린턴 대통령의 경우 대통령직을 수행하는 마지막 날이던 2001년 1월 20일 퇴임하기 2시간 전에 마약 혐의로 교도소에 있던 이복동생과 사기와 조세포탈, 적성국과의 불법 석유 거래 등 각종 비리로 외국에 도피해있던 미국의 '석유왕' 마크 리치Marc Rich[15]를 포함하여 140명의 사면·복권과 36명의 감형·사면을 단행하였다. 이 사면을 부정적으로 평가하는 입장에서는 "역사상 유례없는", "최초의" 혹은 "듣지도 보지도 못한", "미국 역사상 최악의" 대통령 사면 등의 표현을 사용하면서 비판을 가하였다.[16] 또한 조지 W. 부시 대통령은 정보요원의 신상정보를 유출한 딕 체니Dick Cheney 부통령의 비서실장이었던 스쿠터 리비I. Lewis "Scooter" Libby의 30개월 징역형을 사면해 주면서 비난을 받았다. 리비는 정권 최고위층이 모이는 백악관 모임에

---

14) 이혜미, 특별사면권의 남용 문제와 개선방안, 국회입법조사처, 2015, 34면.

15) 그런데 마크 리치의 전 부인이 클린턴도서관 및 힐러리 클린턴의 2000년 상원의원 선거 캠프에 후원금을 냈던 게 드러나면서 클린턴의 임기 마지막 날 사면은 '후원금 사면', '정실 사면'이라는 거센 역풍을 불러 일으켰다. 당시 법무부는 빌 클린턴 전 대통령을 기소하지 않는 것으로 수사를 끝냈다(중앙일보 2016년 11월 3일자 기사 참조).

16) 클린턴의 사면 이후 학문적 연구와 견해에 대한 상세한 설명으로는 이영주·승재현·김성배·서보건, 앞의 보고서, 89-98면 참조.

참석할 정도로 신뢰를 받고 있던 정권 핵심인물 중 하나였는데, Valerie Plame이 비밀CIA요원이라는 사실을 누설한 자를 찾기 위해 임명된 특별검사 Patrick Fitzgerald의 조사를 받는 과정에서 위증perjury과 사법정의방해obstruction of justice 등 4가지 중범죄 혐의로 기소되었다. 리비는 2007년 6월 5일 1심에서 유죄로 판단되어 30개월의 징역형, 2년의 보호관찰형 및 2십5만 달러의 벌금형을 선고받았고, 같은 해 7월 2일 항소가 실패로 끝나자 부시 대통령은 같은 날 보호관찰과 벌금형은 그대로 두고 징역형에 대해서만 그 형량이 너무 가혹하다는 이유에서 사면을 전격적으로 단행하였다.[17] 이런 사면은 2차 세계대전 이후 미국 대통령이 행사한 사면권에서도 유래를 찾기 힘든 사례로, CNN이 실시한 여론조사에서 응답자의 72%가 부시 대통령의 사면 결정을 반대하였고 19%만이 찬성하였다고 한다.[18]

III. 「사면법」상 특별사면 폐지론의 주요 논거

1. 특별사면 개선론의 내용과 실현 가능성

(1) 특별사면의 남용을 억제하기 위한 주요 개선방안의 내용

앞서 살펴본 바와 같이 우리나라의 특별사면은 미국과 달리 제왕적 대통령에 의해 자의적으로 행사되어 그 정치적 남용의 문제가 지속으로 제기되었다. 특히 법을 통치의 수단으로 이용해 왔던 군사독재정권 시대에는 말할 것도 없고, 문민정부, 국민의 정부, 심지어 노무현 정부에서도 정치적 이해에 따라 비리 인사에 대한 무분별한 특별사면, 임기 초나 임기 말의 사회통합과 국민화합을 빙자한 특별사면을 시행함으로써 국민들로 하여금 법의 형평성에 대한 근본적인 회의를 품게 하였고, 사법권의 본질적 침해와 아울러 법치주의 확립에 커다란 장애물로 작용해 왔다.

이러한 특별사면의 정치적 남용의 문제를 해결하기 위해 그간 국회 차

---

17) 그러나 사법정의방해 혐의에 대한 연방판결을 조사한 연구결과 이 죄로 기소된 피고인들은 13개월에서 31개월 사이의 징역형을 받은 것으로 조사되어 리비의 형량(30개월의 징역형)은 전형적인 형량에 해당하는 것이라고 한다(이혜미, 앞의 보고서, 85-86면).

18) 이혜미, 앞의 보고서, 84-86면.

원에서 사면법의 여러 개정안이 제시되었고,[19] 2007년 12월 21일부터는 특별사면을 단행할 경우 사면심사위원회의 심사를 반드시 거치도록 절차를 보완하는 사면법 일부개정이 이루어졌다. 그리고 헌법과 형사법 학계 차원에서도 사면법에 대한 여러 개선방안이 제시되어 왔다.[20] 이러한 개선방안은 크게 요건통제방안, 절차통제방안, 외부통제방안 및 사후통제방안으로 구분할 수 있다. 우선 요건통제방안으로 ① 헌정질서파괴범죄, 반인륜범죄, 테러범죄, 조직범죄, 반사회적인 부정부패범죄 등 특별사면 배제규정의 신설,[21] ② 사면대상자 선정에 있어 일정 형기 이상의 수형기간을 경과한 자만 특별사면 대상자로 선정하는 의무적 최저형량 규정의 신설[22] 등의 방안이 제시되고 있다. 둘째, 절차통제방안과 관련하여 ① 사면심사위원회의 독립성 확보 및 기능 정상화와 관련된 것으로 사법심사위원회 위원의 일정 수를 국회와 대법원 등 외부기관에서 추천하는 방안, 그 소속과 성격을 법무부장관 소속의 자문기관에서 대통령 직속의 심의기관 내지 의결기관으로 변경하는 방안, 현행 9인의 위원을 확대하여 사회 각 분야의 의견을 대표

---

19) 제19대 국회(2012-2016)에서 사면법 일부개정법률안은 모두 16건이 제출되었으나 모두 임기만료폐기 되었다(제19대 국회 사면법개정안에 대한 상세한 분석으로는 고문현, 앞의 논문, 271면 이하 참조). 제20대 국회(2016-2020)에서도 김철민의원 대표발의(2016.7. 15.) 사면법 일부개정법률안을 포함하여 현재까지 모두 6건의 법안이 발의된 상태이다. 제18대 및 제19대 국회 발의 사면법 일부개정법률안에 대한 상세한 분석으로는 이승호, 앞의 논문, 12-133면; 이영주·승재현·김성배·서보건, 앞의 보고서, 165-190면 참조.

20) 대표적으로는 고문현, "사면권 행사의 실태분석을 통한 사면권 통제방안", 공법학연구 제11권 제2호, 2010, 18면 이하; 김민우, "대통령 사면권 행사의 한계와 법치주의", 공법학연구 제17권 제4호, 2016, 106면 이하; 김종덕, "사면권 행사의 통제와 사면법의 개정방향", 법학연구 제59집, 한국법학회, 2015, 209면 이하; 박광현, "대통령 사면권의 정당성과 한계", 법학연구 제17집 제3호, 인하대학교 법학연구소, 2014, 346면 이하; 박달현, "사면의 정당성과 사면의 현대적 의의-개정 사면법에 대한 검토를 포함하여-", 교정연구 제40호, 2008, 141면 이하; 박찬걸, "사면제도의 적절한 운영방안에 관한 연구-사면심사위원회 등에 의한 통제를 중심으로-", 교정연구 제51호, 2011, 267면 이하; 이금옥, "현행 사면법의 변천과 개정을 위한 논의", 공법학연구 제5권 제3호, 257면 이하; 정현미, 앞의 논문, 342면 이하 참조.

21) 비교법적으로도 프랑스 사면법은 '테러범죄, 전쟁범죄 옹호죄, 반인륜 범죄 등에 대해선 사면을 배제한다'는 조항을 둬 특별사면의 대상을 제한하고 있다(성낙인, 헌법학(제13판), 법문사, 2013, 1123면; 이희훈, "부패행위자에 대한 대통령의 사면권 제한에 관한 연구", 한국부패학회보 제12권 제3호, 2007, 167면 참조).

22) 예컨대 김철민의원 대표발의안에서는 "사형을 선고받은 경우 15년, 무기징역 또는 무기금고를 선고받은 경우 10년, 30년 이상의 유기징역 또는 유기금고를 선고받은 경우 10년, 30년 미만의 유기징역 또는 유기금고를 선고받은 경우 형기의 3분의 1의 기간이 경과하지 아니한 사람"에게 특별사면을 하지 못하게 하는 규정의 신설을 제안하고 있다.

할 수 있는 사람을 위원에 추가시키는 방안, 사면심사위원회의 회의록을 현행 5년 경과한 때에서 즉시 공개로 변경하는 방안 등이 제시되고 있다. 나아가 ② 사면신청 절차와 관련하여 현행 특별사면은 검사 또는 교정시설장의 보고에 의한 사면의 제청으로 절차가 개시되는 하향식Top-down 방식에서 벗어나 형 선고를 받은 자의 신청을 통해 절차가 개시되도록 하는 상향식Bottom-up 방식으로 변경하는 방안이 제시되고 있다.23) 셋째, 자의적 특별사면권 행사 방지를 위한 외부통제방안과 관련하여 현행 특별사면은 국회의 동의를 요하는 일반사면과 달리 아무런 외부적 통제장치가 없으므로 특별사면권의 행사시 사법부의 의견을 청취하는 절차 또는 국회에 보고하는 절차를 마련하는 방안이 제시되고 있다. 마지막으로, 사후통제방안과 관련하여 현재로서는 특별사면권 행사에 대한 법률상 사후통제 절차가 없는 상황이므로 자의적이고 위법한 특별사면권 행사에 대해서는 헌법소원심판제도 등을 통한 사법적 통제가 이루어질 수 있도록 하는 방안24)이 제시되고 있다.

(2) 사면법 개정의 실현 가능성

이처럼 제왕적 대통령에 의한 특별사면권 행사의 정치적 남용을 방지하기 위한 개선방안이 국회와 헌법·형사법 학계 차원에서 백가쟁명(百家爭鳴) 식으로 제시되고 있다. 그러나 한편으로 이러한 개선방안의 구체적 타당성을 하나하나 검토25)하기에 앞서 지금까지 제시된 개선방안이 실제로 사면법에 얼마만큼 반영될 수 있을지 그 개정입법의 실현 가능성은 매우 낮다. 왜냐하면 사면법이 1948년 8월 30일 제정된 이래 국회 차원에서 그

---

23) 미국, 독일, 일본은 모두 검사, 교도소장 이외에도 유죄판결을 받은 자 등에게 특별사면을 신청할 수 있도록 허용하고 있다(이혜미, 앞의 보고서, 49면).

24) 그러나 헌법재판소는 1997년 12월 22일 실시된 전두환·노태우에 대한 특별사면으로 기본권이 침해되었다며 청구한 헌법소원에서 "대통령의 특별사면에 관하여 일반국민인 청구인은 사실상 또는 간접적인 이해관계를 가진다고 할 수 있으나, 특별사면으로 인하여 청구인들의 법적 이익 또는 권리를 직접적으로 침해당한 피해자라 볼 수 없으므로 심판청구는 부적법하다"고 판단하여 각하결정을 하였다(헌법재판소 1998.9.30. 선고 97헌마404 결정).

25) 이에 대한 상세한 분석으로는 김종덕, 앞의 논문, 210-224면; 이혜미, 앞의 보고서, 45-53면 참조.

남용을 방지하기 위해 수차례 개정안이 제출되었음에도 단 4차례만 개정되었고, 그 개정의 내용도 2007년에 사면법 제10조의2를 신설하여 '사면심사위원회'를 둔 정도에 그쳤기 때문이다. 그럼에도 불구하고 단기적 관점에서 지금까지 제시된 사면법 개선방안이 사면법 개정을 통해 적극 반영될 수 있도록 노력할 필요가 있다고 본다.

다른 한편으로 지금까지 제시된 사면법의 개선방안이 우여곡절 끝에 입법화된다고 할지라도 제왕적 대통령제 하에서 대통령이 과연 미국의 대통령과 같이 절제된 특별사면권을 행사할지도 의문이다. 이러한 의문은 2007년에 사면심사위원회가 신설되었음에도 대통령은 사면심사위원회가 설치된 전이나 후나 계속해서 특별사면권을 남용하여 사용해 왔으며, 향후에도 계속 남용할 여지가 충분하다는 데서 기인한다. 그렇다면 대통령의 특별사면의 정치적 남용을 막을 실효적인 방안은 없는 것인가?

(3) 소 결

생각건대 지금까지 제시된 사면법의 개선방안으로는 대통령의 특별사면의 정치적 남용 문제를 해결할 수 없다고 본다. 지엽적이고 단편적인 개선방안이 아닌 보다 근본적인 개선방안이 필요하다고 보는데 그것은 바로 사면법에서 특별사면을 삭제하여 대통령에 의한 특별사면의 정치적 남용을 원천적으로 막는 것이다.[26] 무엇보다 이를 위해 헌법을 개정할 필요가 없다. 왜냐하면 헌법은 일반사면만을 규정하고 사면의 종류를 사면법에 위임하고 있기 때문이다. 일부 견해는 "일반사면을 명하려면 국회의 동의를 얻어야 한다"고 규정하고 있는 헌법 제79조 제2항에서 "일반"을 삭제하여 "대통령은 사면을 명하려면 국회의 동의를 얻어야 한다"는 내용으로 헌법을 개정함으로써 특별사면도 국회의 동의를 얻도록 할 필요가 있다고 한다.[27] 그러나 이러한 견해는 헌법 개정은 법률인 사면법의 개정보다 현실적으로 더 어렵다는 점, 특별사면권의 행사시 국회의 동의를 얻도록 한다

---

26) 같은 입장으로는 이세주, "대통령의 사면권에 대한 비판적 고찰", 법학연구 제26권 제4호, 연세대학교 법학연구원, 33-34면 참조.

27) 고문현, 앞의 논문, 2010, 24면; 이공주, "사회적 요구가 큰 헌법조항의 개정논의에 관한 검토", 법학연구 제59집, 한국법학회, 2015, 350-351면.

고 하여도 대통령을 당선시킨 집권여당이 국회에서 다소 다툼이 있겠지만 수적 우세를 앞세워 동의안을 통과시킬 가능성이 높다는 점에서 현실적인 방안이라고 보기는 어렵다.

사면법에서 특별사면을 삭제해야 할 또 다른 논거는 특별사면이 아래에서 살펴보는 바와 같이 헌법적 정당성도 갖지 못하고 있으며, 특별사면의 긍정적 기능과 형벌목적(특별예방효과)도 달성하고 있지 못하다는 것이다. 이에 사면법에서 특별감형, 특별복권만을 남겨둔 채 특별사면을 삭제함으로써 대통령으로 하여금 특별사면을 원천적으로 행사할 수 없게 하는 것이 유일한 해결책이라 보인다.

2. 특별사면 폐지론의 주요 논거

(1) 특별사면의 헌법적 정당성에 대한 의문

지금까지 국회와 헌법·형사법 학계 차원에서 제시된 사면법의 주요 개선방안에 대한 논의는 대통령의 사면권, 특히 특별사면권이 헌법적 정당성을 가지고 있다는 전제 하에서 논의된 것이다. 그런데 대통령의 특별사면권이 헌법의 위임에 의해 사면법에 규정되어 있다는 법형식적 정당성으로부터 헌법적 정당성이 당연히 인정되는 것은 아니다. 대통령의 특별사면권의 행사는 무엇보다 권력분립의 원칙과 평등의 원칙을 침해할 가능성이 매우 높기 때문에 그 행사에 있어 법치국가적 한계를 벗어나지 않을 때 헌법적 정당성이 인정될 수 있다. 우선 권력분립의 원칙과 관련하여 현행 헌법과 사면법은 특별사면권을 대통령에게 부여함으로써 그 행사와 효과는 권력분립의 원칙의 예외로서 사법권의 효과를 행정권이 변경시키는 것을 허용하고 있다. 이처럼 행정권으로서 대통령의 특별사면권의 행사는 이미 사법부의 재판절차를 통해 종국적으로 형의 선고를 받은 '특정인'에 대하여 형의 집행을 면제시켜 줌으로써 사법권에 대한 중대한 제약, 사법부의 판단을 변경시키는 것으로 사법권과 사법작용을 직접 침해할 가능성이 높다. 더욱이 특별사면은 일반사면과 달리 국회의 동의를 요하지 아니하므로 대통령이 일방적이거나 자의적으로 행사할 경우 사법부의 권한과 기능을 무의미하게 할 수 있다.[28] 그러나 대통령의 특별사면권의 행사가 권력분립의 원칙의 예외라 할지라도 자의적이고 무분별한 행사로 인하여 사법부의 판단을 무력화 및 형해화하여 사법권과 사법작용의 본질을 직접적으로 침해할 경우에 헌법적 정당성을 인정할 수 없다. 그 대표적인 예로 헌정질서파괴범죄를 자행한 신군부 집단 수뇌부의 핵심 인물인 전두환·노태우에 대한 김영삼 전 대통령의 1997년 12월 22일 특별사면을 언급할 수 있다. 이들에 대한 특별사면은 국민적 동의를 전혀 얻지 못하였을 뿐만 아니라 형법에 의한 형사처벌의 요청Pönalisierungsgebot에 정면으로 반하는 것으로, 형법이 요구하는 것과 금지하는 것의 중요성에 대한 의미를 상실시키고 형사소추를 사후에 마비시킴으로써 사법부의 판단을 무력화 및 형해화하여 사법권과 사법작용을 본질적으로 침해한 것이다.[29] 이러한 특별사면에 대해서는 헌법적 정당성이 결코 인정될 수 없다고 본다.

다음으로 평등의 원칙과 관련하여 대통령의 특별사면권의 행사는 헌법상 규정된 모든 인간은 법 앞에 평등하다는 기본권의 본질적 내용을 침해해서는 안 된다. 헌법 제11조의 평등의 원칙은 합리적으로 정당화되지 않는 모든 차별을 금지하는 것으로 기본권 체계의 지주를 형성하고 있다. 그러나 지금까지의 특별사면 대상자를 보면 일반 국민인 수형자보다 각종 권력형 비리에 연루된 고위공직자, 부패정치인, 재벌경제사범, 선거사범들이 빠지지 않았다. 이들은 비리, 부정부패, 경제질서의 파괴, 선거의 공정성의 훼손 등에 연루된 것으로 누구보다 엄정한 형사처벌이 요구됨에도 불구하고, 그동안 대통령은 특별사면권의 행사를 통해 이들을 비호해 왔다. 이는 국민들에게 유력 정치인이나 재벌회장은 특별사면으로 처벌이 면제되고 일반국민은 처벌되는 결과를 낳아 '유전무죄, 무전유죄' 내지 '유전특사, 무전만기'라는 인식을 심어주었고 법적용의 평등을 훼손하여 평등의 원칙에 의구심을 불러일으켰다.[30]

---

28) 이세주, 앞의 논문, 23-24면.

29) Johann-Georg Schätzler, Handbuch des Gnadenrechts, 2. Aufl., 1992, S. 213.

30) 김민우, 앞의 논문, 100면; 박광현, 앞의 논문, 343-344면; 이승호, 앞의 논문, 129면. 이와 달리 변종필 교수는 "평등원칙은 사면권을 제한할 수 있는 아무런 실천적 결론도 제공하지 못하며, 사면규정과 평등원칙 간의 조화는 극히 일반적 형태로 이루어질 수밖

결국 특별사면의 헌법적 정당성과 관련하여 우리나라와 같은 제왕적 대통령제 아래에서 자의적이고 무분별·무원칙적으로 행사되어 온 특별사면은 "사법적 절차의 모든 과정과 결과를 무효화시키는 행위"[31)]인 동시에 "법치국가에 대한 비생산적 장애물"[32)]이며, 그 대상자 선정이 불공평하고 정치적·정략적 판단에 의해 이루어져 법치국가의의 근간인 권력분립의 원칙과 평등의 원칙을 해칠 우려가 매우 높고, 또한 경험적 사실을 통해 우려가 아닌 현실에서 수차례 발생한 바 있으므로 장기적 관점에 대통령의 특별사면권을 폐지하는 것이 타당하다고 본다.

(2) 특별사면의 긍정적 기능에 대한 의문

특별사면은 주로 각종 국경일이나 경축일 등에 행사되는데, 이는 법의 적용·판단과 형 선고 등 법원의 전체 재판작용에서 나타날 수 있는 오류, 흠결, 과오 등을 교정하는 '오판 교정기능'과 아울러 법과 법치주의원리 실현과정에서 나타나는 경직성을 완화하는 '법치주의의 자기교정기능'이라는 순기능을 담당할 수 있다고 한다.[33)] 앞서 언급한 곽노현 전 교육감, 한상균 전 민주노총 위원장 등에 대한 특별사면 요구는 이러한 특별사면의 순기능을 전면으로 내세운다.

우선 특별사면의 오판 교정기능과 관련하여 대통령이 특별사면권을 행사함으로써 법 또는 법의 적용과정에 내재해 있는 오류나 오류 가능성에 대한 교정을 통해 보다 더 완전한 사법정의를 실현할 수 있고,[34)] 실질적으로 변호가 이루어지지 못하는 경제적 약자들에 대한 사법정의를 실현할 뿐만 아니라 지나치게 가혹한 형의 선고를 교정하는 중요한 기능을 수행함을

에 없다"고 한다(변종필, "사면의 법리와 사면권행사의 법치국가적 한계", 형사법연구 제12권, 1999, 297-298면 참조).

31) 장영수, "정치, 사법의 난맥상과 사면의 문제", 시민과 변호사 제51호, 1998.4, 25-27면.

32) Hermann Huba, "Gnade im Rechtsstaat?", Der Staat, Vol. 29, No. 1, 1990, S. 117 ff.

33) 박광현, 앞의 논문, 336면; 이금옥, 앞의 논문, 439-440면; 이세주, 앞의 논문, 15-16면; 이승호, 앞의 논문, 135-136면 참조.

34) 김영수·남광호, "사면권행사의 한계와 사면법의 개정방향", 성균관법학 제15권 제1호, 2003, 41면.

전적으로 부인할 수는 없다. 실제로 특별사면의 오판 교정기능과 관련하여 김대중 전 대통령은 1980년 9월 계엄사령부 군법회의에서 이른바 '김대중 내란음모사건'을 주동한 혐의로 사형선고를 받고 1981년 1월 대법원에서 사형 확정판결을 받았으나,[35] 세계 각국의 양심적 지식인·문화인·정치인 들이 대거 그의 구명운동을 벌이자 군사정권은 그의 형량을 무기징역으로 특별감형한 데 이어 다시 20년형으로 특별감형되고 형집행정지 처분을 받아 구속된 지 2년 7개월 만인 1982년 12월 미국 망명을 허용한 사례가 있다. 이처럼 지난날 군사독재정권 시대에 정치 예속적인 그릇된 사법권 행사로 인해 인권침해가 빈번했던 시대에는 대통령의 특별사면 내지 특별감형으로 억울한 수형자들을 풀어주거나 그 형량을 감경해 줌으로써 오히려 인권보호의 순기능을 담당하였다.[36] 그러나 현재의 사법부가 과거 군사독재정권 시대처럼 정치에 예속되어 그릇된 오판을 할 가능성은 현저히 낮다. 더욱이 사법부의 오판을 교정하기 위해서는 대통령이 특별사면권을 행사할 경우 대통령은 법적 문제를 정확히 판단하고, 법감정의 변화와 형법에 의한 형사처벌 요청의 소멸 등을 정확하게 파악하여 사법부의 판단보다 언제나 더 올바르고 적절한 최종판단을 한다는 전제가 성립되어야 하나,[37] 그러한 전제에서 대통령이 특별사면권을 행사해 왔는지 의문이다. 나아가 지금까지 총 85회 시행된 특별사면 가운데 이러한 오판을 바로잡는 안전판으로서 특별사면이 작동된 것은 극히 일부에 지나지 않고, 앞서 정치적 특별사면의 주요 국내 사례에서 살펴본 바와 같이 대다수의 사례에서 대통령은 특별사면권을 정치적으로 남용하여 행사했음을 고려할 때 특별사면의 오판 교정기능을 논거로 특별사면의 정당성을 인정하기에는 설득력이 떨어진다고 본다.

다음으로, 특별사면의 법치주의의 자기교정기능과 관련하여 이 기능은 사회 변화가 급속히 진행되면 이미 행해진 입법과 사법이 변화된 시대에 적합하지 않는 경우가 생기며, 이때 법의 내용이나 법치주의원리의 내용에

---

35) 대법원 1981.1.23. 선고 80도2756 판결.
36) 김재윤, "사형 구제제도의 현황과 완비", 비교형사법연구 제9권 제3호, 2007.12, 746면.
37) 이세주, 앞의 논문, 31면.

만 집착한다면 법치주의의 경직이 발생하는데, 대통령의 정치적 결단인 특별사면권의 행사를 통해 이러한 법치주의의 경직성을 완화함으로써 사법정의의 실현과 국민통합에 기여할 수 있다고 한다.[38] 그러나 이미 행해진 입법과 사법이 변화된 시대에 적합하지 않는 경우에는 특정인만을 대상으로 하는 특별사면이 아닌 사회변화에 따라 형의 집행이 시대에 적합하지 않다고 평가된 범죄의 종류를 정하여 해당 범죄를 범한 모든 범죄인의 죄를 사면하는 일반사면을 통해 해결할 문제이다. 한발 양보하여 그러한 경우 이미 형의 집행 중인 수형자에 대해 기존의 가석방제도나 특별감형을 통해 해결하면 될 것이지 형 집행의 전부를 면제하는 특별사면권을 행사할 정당한 사유로 보기 어렵다고 본다. 또한 실제로 지금까지 시행된 특별사면에서 과연 법치주의의 자기교정기능을 위해 시행된 사례가 얼마만큼 있는지도 의문이다.

(3) 특별사면의 형벌목적(특별예방효과) 달성에 대한 의문

일반사면은 특별히 '지정된 범죄의 모든 범죄자'에 대해 그 효과가 나타난다는 점에서 '일반예방효과'를 지향한다. 반면에 특별사면은 '특정인'에 대해 선고된 형의 집행을 면제시켜 준다는 점에서 '재사회화Resozialisierung' 또는 '개선Besserung'으로 대표되는 '특별예방효과'를 지향한다. 이에 따라 특별사면은 특별예방효과라는 형벌목적을 실현하는 하나의 수단으로 기능할 때, 즉 형 선고 당시에 나타나지 않았던 특별예방적 필요성이 형의 집행 도중에 나타나서 수형자의 인신의 자유를 더 이상 박탈 또는 제한할 필요성이 없어 수형자를 석방해야 할 때 정당화될 수 있다.[39] 사면법 제14조도 특별사면의 상신을 신청하는 신청서에는 범죄의 정상(情狀), 사건 본인의 성행(性行), 수형 중의 태도, 장래의 생계, 그 밖에 참고가 될 사항에 관한 조사서류를 첨부하도록 하여 범죄자의 특별예방효과를 고려하도록 하고 있다. 그러한 자료에 의하여 특별사면 대상자의 재사회화의 정도, 형의 계속적인 집행이 대상자에게 향후 미치게 될 효과 등을 고려하여 특별사면을

---

38) 이세주, 앞의 논문, 16면; 이승호, 앞의 논문, 135-136면.
39) 박달현, 앞의 논문, 134면.

결정해야 한다는 취지를 분명히 한 것이다. 이처럼 특별사면이 특별예방효과를 충분히 거둘 수 있다고 평가됨으로써 정당화되기 위해서는 특별사면 시점에서 그 대상자의 사회적 위험성이 경미하거나 소멸된 것으로 간주될 수 있어 당벌성과 필벌성을 배제시킬 수 있어야 한다.[40]

　그러나 지금까지 시행된 특별사면이 그 대상자에 대한 범죄의 정상, 사건 본인의 성행, 수형 중의 태도, 재사회화의 정도 등을 면밀히 검토하여 특별예방효과라는 형벌목적을 실현하는 하나의 수단으로 기능하였는지는 의문이다. 그 단적인 예로 김영삼 전 대통령이 전두환·노태우에 대한 특별사면을 단행하면서 이들이 특별사면을 받기 전까지 자신들이 저지른 헌정질서파괴범죄와 5·18 내란의 희생자에 대한 진정한 반성과 참회가 있어 개전의 정이 현저하다고 인정될 수 있었던 것인지, 그리고 이들의 사회적 위험성이 경미하거나 소멸된 것으로 재평가될 수 있는 사회의 변화된 사정이 있었는지 의문이다. 앞서 언급한 수많은 정치적 특별사면의 사례에서 특별사면 대상자가 효과적인 재사회화를 보이고 계속적인 형의 집행이 불필요하다는 특별예방효과의 달성 여부에 대한 평가는 실시되지 않았거나, 2007년 이후 도입된 사면심사위원회에서 그저 형식적으로 진행되었다고 판단된다.[41] 결국 지금까지의 특별사면은 특별예방효과의 달성이라는 형벌목적의 고려 없이 대통령의 정치적인 결단에 의해 정치적·정략적 고려에 따라 '사이비 국민화합형 특별사면', '폭정은폐형 특별사면', '끼워넣기형 특별사면', '셀프형 특별사면' 등을 시행해 왔을 뿐이다.[42] 그렇다면 대통령의 특별사면이 특별예방효과라는 형벌목적을 실현하는 하나의 수단으로 기능하여 정당화된다는 논거는 허구 내지 우리나라와 같은 제왕적 대통령제에서는 결코 실현될 수 없는 이상적 구호에 지나지 않는다고 본다.

---

40) 문채규, "사면의 형법체계적 위치와 그 한계－총체적 형법학의 양형체계의 맥락에서－", 형사법연구 제24호, 2005, 297-298면.

41) 예컨대 박근혜 정부에서 특별사면은 총 3회에 걸쳐 17,328명에 대해 시행되었는데 과연 사면심사위원회가 이들에 대한 특별예방효과를 판단하기 위한 자료를 충분히 그리고 실질적으로 심사한 것인지, 실질적으로 심사하였다면 2016년 8·15 특별사면으로 풀려난 이재현 CJ그룹 회장에 대해 특별예방효과를 달성할 수 있었던 것인지 의문이 아닐 수 없다.

42) 이러한 사면의 유형에 대한 상세한 분석으로는 고문현, 앞의 논문, 2010, 8-12면; 문채규, 앞의 논문, 83-84면 참조.

Ⅳ. 맺는 말

독일에서는 절대군주 시대에 "특별사면 없는 법은 불법이다Recht ohne Gnade ist Unrecht"라는 법언이 있었다고 한다.[43] 그러나 현재 대한민국 국민은 더 이상 절대군주 시대가 아닌 법치주의가 지배하는 민주주의 시대에 살고 있다. 그동안 우리나라 역대 대통령은 '절대군주 시대의 낡은 유물'인 특별사면을 자신의 정치적 이해관계에 따라 지속적으로 남용해 왔다. 헌정질서파괴범죄자인 전두환·노태우에 대한 특별사면과 같이 대다수 국민의 동의를 얻지 못한 '사이비 국민화합형 특별사면'과 정략적 차원의 '끼워넣기형 특별사면' 내지 '셀프형 특별사면'이 그것이다. 특히 판결문의 잉크가 마르기도 전에, 그리고 시민들의 경악과 분노가 가라앉기도 전에 단행된 특별사면, 범죄의 종류나 형의 경중, 형기 및 반성유무, 그리고 피해에 대한 배상 여부를 불문하고 국민적 공감대와는 거리가 멀게 행해진 무분별한 특별사면이 역대 정부에서 지속적으로 행사됨으로써 우리나라에서 특별사면의 역사는 오·남용의 역사라고 말할 수 있을 정도이다.[44] 이처럼 뿌리 깊은 특별사면의 오·남용의 적폐(積弊)는 헌정질서파괴범죄자 등에 대한 특별사면 대상자의 제한 등의 요건통제, 공정하고 투명한 사면심사위원회의 구성 등의 절차통제, 사법부의 의견 청취 등의 외부통제 및 헌법소원심판제도의 이용과 같은 사후통제에 의해서는 해결될 수 없다고 본다.

결론적으로, '절대군주 시대의 유물'에 지나지 않는 대통령에 의한 특별사면은 사면법에서 관련 조항을 삭제함으로써 폐지되어야 하며, 적어도 우리나라에서만큼은 "특별사면 없는 법이 진정한 법이다Recht ohne Gnade ist echtes Recht"라고 법언이 수정되어야 할 것이다. 다만 사면법의 개정을 통해 대통령의 특별사면권을 폐지하더라도 특별감형과 특별복권은 계속해서 유지함으로써 이들을 통해 법원의 전체 재판작용에서 나타날 수 있는 오류, 흠결 등을 교정하는 '오판 교정기능'과 법과 법치주의원리 실현과정에

---

43) 성낙인, 앞의 책, 1119면.
44) 김종덕, 앞의 논문, 222면.

서 나타나는 경직성을 완화하는 '법치주의의 자기교정기능'이라는 순기능을
달성할 수 있도록 함이 타당하다고 본다.

07

제정신 vs. 정상성
현대 형법에서 정신이상항변의 약점

Gabriel Hallevy

오노 아카데믹 칼리지(Ono Academic College) 교수

Gabriel Hallevy is a Full Professor at the Faculty of Law, Ono Academic College. He lectures Criminal Law, Criminal Justice, Evidence Law, Conflict of Laws, Bankruptcy law, Game Theory and the Law, and Robo-Ethics. His main research areas are Criminal Law, Criminal Justice, Evidence Law, Conflict of Laws, Bankruptcy Law, Civil Procedure, Criminal Liability of Artificial Intelligence (AI) Entities, Insanity, Legal Strategy, Honor and Mercy Killings, Legal Aspects of Human Survival, Virtual Reality Crimes, AI IP, AI accountability and personhood, Cyber Law and ADR in Criminal Law. He published over 30 books and dozens of articles around the world, and many of them are cited by the Israeli Supreme Court, besides hundreds of citations in academic articles and books. Some of his famous publications were translated and published in various languages around the world, such as Chinese and Turkish. In 2013 he was chosen as one of the 40 most promising persons under the age of 40 by "Globes" magazine in Israel, and he is a prominent speaker in many international popular events, such as TEDx and BBB.

박미랑 옮김/편집자 감수

한남대학교 경찰학 전공 부교수

서   론

판사는 체포되어 판사 앞에 선 사람이 정신이상 상태인지 반드시 확인해야 한다. 한 남자가 자신에게 어떤 행위를 지시하는 목소리를 종종 듣는다고 하자. 목소리가 시키는 일들이 해를 끼치지 전까지는 아무도 거기에 관심을 갖지 않았다. 그러나 최근 그 목소리가 그의 연약한 어린 아들을 죽이라고 말했다. 그는 목소리가 시키는 대로 아이를 결박하고 죽일 요량으로 칼을 꺼내 들었다. 그가 아동학대로 체포를 당하던 순간, 그 목소리가 갑자기 그에게 그만하라고 말했다. 이 사람은 제정신이 아닌 대중에 위협이 되는 존재인가? 물론 이 사건은 성서 속 아브라함과 이삭의 이야기를 재구성한 것이다(창세기 22장):

"5 이에 아브라함이 종들에게 이르되 너희는 나귀와 함께 여기서 기다리라 내가 아이와 함께 저기 가서 경배하고 너희에게로 돌아오리라 하고 6 아브라함이 이에 번제 나무를 가져다가 그의 아들 이삭에게 지우고 자기는 불과 칼을 손에 들고 두 사람이 동행하더니 7 이삭이 그 아버지 아브라함에게 말하여 이르되 내 아버지여 하니 그가 이르되 내 아들아 내가 여기 있노라 이삭이 이르되 불과 나무는 있거니와 번제할 어린 양은 어디 있나이까 8 아브라함이 이르되 아들아 번제할 어린 양은 하나님이 자기를 위하여 친히 준비하시리라 하고 두 사람이 함께 나아가서 9 하나님이 그에게 지시하신 곳에 이른지라 이에 아브라함이 그곳에 제단을 쌓고 나무를 벌여놓고 그 아들 이삭을 결박하여 제단 나무 위에 놓고 10 손을 내밀어 칼을 잡고 그 아들을 잡으려 하더니 11 여호와의 사자가 하늘에서부터 그를 불러 이르시되 아브라함아 아브라함아 하시는지라 아브라함이 이르되 내가 여기 있나이다 하매

12 사자가 이르시되 그 아이에게 네 손을 대지 말라 아무 일도 그에게 하지 말라 네가 네 아들 네 독자까지도 내게 아끼지 아니하였으니 내가 이제야 네가 하나님을 경외하는 줄을 아노라"

대부분의 사법체계에서 이러한 사건은 살인미수가 된다. 그러나 아브라함은 문화적 영웅으로 여겨진다. 전 세계 수백만의 사람들은 그를 국민적 아버지로 받아들인다. 지금 같으면 아마도 그는 위험한 사람으로 여겨져 사회에서 격리될 것이며, 그의 아들도 그로부터 분리되었을 것이다. 이를 통해 우리는 정신이상이 정신의학적 문제라기보다는 문화적인 문제인지, 정신이상의 의학적 정의가 법과 사회와 연관이 있는 것인지, 그리고 정신이상이 의학적 진단보다는 시대, 장소, 그리고 사회 환경적 요소에 좌우되는 것인지 생각해보게 된다. 본문을 통해 우리는 이와 같은 문제에 답해보고자 한다.

Ⅰ. 현대 형법상 정신이상의 법적 진화: 맥노튼 규칙M'Naghten rules과 억제불능충동검사Irrestible Impulse Test의 듀엣

형법상 항변으로서 정신이상에 관한 연구는 의학에 있어 정신이상 연구의 발달과 거의 궤를 같이 했다.[1] 정신이상의 주요 법적 의미 발달 지점들은 의학 발달에 영향을 받고 동력을 얻어왔다. 로마법 아래에서는 정신적으로 문제가 있는 사람에게 형사법적 책임을 부과하는 것을 용납하지 않았으며, 공공에 위협이 되는 특별한 상황이라면 그들은 공공 구금public custody을 당하기도 했지만 이것은 그들의 치료를 위함이 아니라 그들이 사회에 끼칠 수 있는 잠재적 위협으로부터 사회를 지키기 위함이었다. 이러한 구금은 처벌이라기보다는 사회를 지키기 위한 예방 조치였다.[2]

12세기 유럽의 법정에서는 정신이상을 이루는 본질적인 요소를 설명할 수 있는 일반적이고 정확한 이론들의 필요성에 대해 주목했는데, 이는 정신이상 범죄자들의 법적 면책을 고민하기 위함이었다.[3] 아마도 이러한 접

---

* 이 글의 원제는 "Sanity vs. Normality The Weakness of Insanity Defense in Modern Criminal Law"이다.
1) 정신이상에 대한 의학적 진화에 대하여는 Hallevy, The Matrix of Insanity in Modern Criminal Law 참고.
2) Digesta, 21.1.23.2; Digesta, 1.18.13.1; Robinson, The Criminal Law of Ancient Rome, 16.
3) Sendor, "Crime as Communication: An Interpretive Theory of the Insanity Defense

근은 법을 학문적으로 연구하는 새로운 유럽 기관인 "대학교university" 등장에 기인하였을 것으로 추정된다. 학문으로서 법학 연구는 일반적인 과학적 방법론을 요구하였는데, 이는 정신이상이라는 주제에도 동일하게 적용되었다. 법학 연구에 있어 정신이상에 관한 연구는 정신이상의 원인은 다루지 않았고, 범죄자의 법적 책임의 수준을 판단하기 위한 정신이상의 정확한 증상 확인에 그쳤다.

형법 이론들은 정신이상 범죄자의 법적 책임 범위를 결정하기 위해 정신이상 여부를 밝히는 다양한 법적 지표와 검사test를 낳았다. 이러한 지표들은 정신이상 분야의 사회적, 종교적, 신학적, 그리고 의학적 발달을 반영한다. 19세기 중반까지 법적 정신이상을 진단할 수 있는 주요 검사가 세 가지 개발되었으며, 이것은 1843년 영국에서 맥노튼 규칙으로 대체되었다. 이전의 세 가지 검사의 종류로는 선과 악 검사the good and evil test, 야생 동물 검사the wild beast test, 그리고 옳음과 그름 검사the right and wrong test가 있다.

1. 현대적 발달의 초기단계

선과 악 검사는 1313년 영국 보통법common law에서 처음 등장했다.[4] 이 사건에서 범죄자는 7살이었는데, 영국 보통법에서는 7살이 법적 책임을 부과할 수 있는 최소연령이었다. 이 검사지에는 정신질환에 대한 중세의 신학적 개념이 반영돼 있었다. 정신질환을 가지고 있는 사람은 마치 신생아와 같아서 범죄를 저지를 수 없다고 여겨졌는데, 정신이상 상태로는 자유의지를 행사할 수 없기 때문이었다. 결과적으로, 이러한 정신질환 범죄자들은 선과 악을 구별할 능력이 부족하고, 자신들의 자유의지로 선과 악 중 선택할 수 있는 능력이 부족하다는 것이다.[5]

---

and the Mental Elements of Crime", (1986) 1371, 1380; Rodriguez, LeWinn and Perlin, "The Insanity Defense Under Siege: Legislative Assaults and Legal Rejoinders", (1983) 397, 406-407; Crotty, "The History of Insanity as a Defence to Crime in English Common Law", (1924) 105.

4) Y.B., 6 & 7 Edw. II (1313).

5) Platt and Diamond, "The Origins of the 'Right and Wrong' Test of Criminal

선과 악 검사는 원죄original sin와 에덴에서의 추방 등 성서 이야기에서 주로 유래되었기에 사용되는 용어들이 상당히 신학적이다.[6] 정신이상 범죄자에게 법적 책임을 묻지 않는 것은 정신이상 그 자체가 이미 처벌이며, 범죄자 처벌의 필요요소를 이미 충족시켰다는 개념을 바탕으로 한다. 정신이상자를 처벌하는 것은 이중처벌로 간주되어 용납될 수 없었다.[7] 선과 악 검사는 14세기에서 18세기 사이 영국 보통법에서 가장 만연한 검사였다.[8] 당시 영국 법원은 범죄자가 선과 악을 구별할 수 있는 능력을 가졌는지를 판단할 수 있는 확실한 방법이 필요했다.

1616년에 선과 악 검사는 재정립되었는데, 그 내용은 다음과 같은 사람들을 구별하도록 구성되었다: 1부터 20까지 숫자를 세지 못하는 사람, 숫자 20의 양적 개념을 이해하지 못하는 사람, 부모를 알아보지 못하는 사람, 또는 유용한 것과 유해한 것의 문제를 구별하지 못하는 사람이 이에 포함되었다. 글을 읽지 못하거나 쓰지 못하는 사람들은 "바보"로 취급되었다.[9] 바보로 확인된 범죄자는 법인격을 가지고 있지 않다고 여겨졌고, 따라서 형사법적 책임 부과 대상이 아니었다.

범죄 행위에 대한 도덕적 가치를 기본적으로 이해할 수 없다면 그에게 법적 책임을 부과하는 것은 불가능하지만, 실제로는 아주 극단적인 정신이상 사건만이 검사를 통과했다. 그 당시 정신이상으로 인정된 사건은 많지 않았다.[10] 선과 악 검사는 정신이상에 대한 사실에 근거한 현실과 정신이상에 대한 이해 발전에 따라 법원에 의해 종종 수정되다가 1724년에 야생동물 검사로 대체되었다.

범죄자가 자신의 행동을 이해하지 못해 야생동물 수준 이하의 행동을

Responsibility and Its Subsequent Development in the United States: An Historical Survey", (1966) 1227, 1231-1233; Michel, Ayenbit of Inwyt, Or Remorse of Conscience 86.

6) Genesis 2:9,16, 3:1-21.

7) Golding, "Mental Health Professionals and the Courts: The Ethics of Expertise", (1990) 281, 287.

8) Platt and Diamond, supra note 5, at pp. 1233-1234.

9) Crotty, supra note 3, at pp. 107-108 quotes the definition of the term "idiot" from the 1616 edition of Novel Natura Brevium.

10) Hans and Vidmar, Judging the Jury (1986) 187-188.

한 것으로 밝혀진 경우, 판사는 배심원단에게 정신이상을 이유로 범죄자를 무죄평결하라고 지시할 수 있었고, 이 경우 야생 동물 기준에 의한 검사가 이루어졌다. 이러한 사람들은 형법에 의해 처벌받을 자격이 없었다.[11] 이 검사는 17세기 당시 영국에서 만연하던 정신이상에 대한 형사법적 책임과 종교적 태도에 대한 신념의 결과물이었다. 실제로, 13세기에 영국 법학자 Bracton에 의해 이 개념이 소개될 때 "wild beast(야생 동물)"라는 용어는 라틴어 "brutis(brutes, 짐승)"의 오역이기도 하다.[12]

이 용어는 그전까지는 정신이상과 관련한 어떠한 설명에도 등장하지 않았다. 18세기 초반에 "야생 동물"이라는 말은 보통 가축이나 오소리, 여우, 사슴, 토끼와 같이 초원에 사는 동물들을 지칭하는 말이었다.[13] 야생 동물 검사는 범죄자에 대한 정신이상 판정 기준을 상향조정하였고, 형사사건에 있어 정신이상항변에 대한 인용률을 감소시켰다. 증상에 대한 명칭에서도 알 수 있듯이 이 검사는 범죄자의 충동성보다는 인지적 역량을 강조했다.[14]

야생 동물 검사는 1812년 옳음과 그름 검사로 대체될 때까지 영국 보통법에서 가장 보편적으로 사용되었으며, 이러한 변화는 1843년 맥노튼 규칙 도입을 향한 가장 의미 있는 단계였다. 옳음과 그름 검사에 의하면 범죄자가 옳고 그름이나 선과 악의 구별에 대한 충분한 이해를 하고 있을 경우는 정신이상항변이 인정될 수 없다.[15] 선과 악good and evil이라는 용어 자체가 설명하기 매우 모호했기 때문에, 법정에서는 옳고 그름right and wrong 만을 검사의 기준으로 삼는 것을 선호했다.[16] 야생 동물 검사와 옳음과 그름 검사의 원칙적 차이는 옳음과 그름 검사에서는 옳고 그름의 법적 기준

---

11) Arnold, (1724) 16 How. St. Tr. 695.
12) Platt and Diamond, "The Origins and Development of the 'Wild Beast' Concept of Mental Illness and Its Relation to Theories of Criminal Responsibility", (1965) 355, 360; Bracton, De Legibus et Consuetudinibus Angliae.
13) Quen, "Isaac Ray and Charles Doe: Responsibility and Justice, Law and the Mental Health Professions: Friction at the Interface" (1978) 235, 237.
14) Perlin, The Jurisprudence of the Insanity Defence (1994) 76.
15) Collinson, Idiots, Lunatics, and Other Persons Non Compos Mentis (1812) 477, 636, 671.
16) Oxford, (1840) 9 Car. & P. 525, 173 Eng. Rep. 941.

을 적용하기 위하여 종교적인 도덕적 기준을 모두 제외했다는 점이다.

이러한 기준들은 도덕적 이해보다는 형사 범죄의 폭넓은 정의를 바탕으로 하고 있었다. "그름wrong"은 법적으로 "금지된"에 해당했고 "옳음right은 "허락된"에 해당했다. 범죄는 법적으로 옳은 것과 그른 것의 경계를 결정하므로 법원의 역할은 범죄자가 금지 규정을 이해했는지 여부를 판단하는 것이었다. 이 검사는 정신이상항변에 좀 더 넓은 가능성을 열어주었지만, 정신이상의 의학적 발전을 수용하지 못했다는 비판을 받았다.[17] 영국의 법정은 옳음과 그름 검사를 1843년까지 사용하였다.

2. 맥노튼 규칙

1843년 1월 20일, 다니엘 맥노튼(이하 맥노튼)은 로버트 필 당시 영국 수상을 암살하려다가 그의 보좌관인 에드워드 드루몬드를 총으로 쐈다. 드루몬드는 부상을 입었고 결국 5일 뒤 사망했다. 맥노튼은 편집증 증상으로 고통 받고 있었으며 자신이 영국 보수당Tory party에 의해 박해받고 있다고 믿었다.[18] 제1심 법원에서는 맥노튼의 정신적 역량을 이해하기 위해 정신 질환 전문가들의 증언을 들었다. 법원은 만일 맥노튼에게 무죄가 선고될 경우, 그가 공공에게 위협적인 존재로 인식될 것이기 때문에 정신병원에 수용될 것을 인지하였다.

마지막 재판에서 법원은 '옳음과 그름' 검사를 바탕으로 맥노튼을 정신이상으로 판단하여 그에게 무죄를 선고했으며, 이는 영국 내에서 매서운 논쟁을 유발했다. 빅토리아 여왕의 장려하에 특별 상원 회의가 소집됐다. 의원들은 법원에게 형사적 책임 부과에 정신이상이 미치는 영향에 대해 다섯 가지 질문을 던졌는데 이에 대한 법원의 응답이 바로 맥노튼 규칙에 해당한다. 그리고 이는 형사법 상 정신이상항변에 대한 현대 법상의 기준으로 여겨지기도 한다.[19]

---

17) Hovenkamp, "Insanity and Responsibility in Progressive America", (1981) 541, 552.
18) M'Naghten, (1843) 10 Cl. & Fin. 200, 8 Eng. Rep. 718.
19) For the questions and their legal interpretation see Hallevy, supra note 1.

맥노튼 규칙에 따르면 아무리 범죄자가 정신이상 상태에서 범죄를 저질렀다고 간주되더라도, 그가 범죄를 저지르는 순간에 그것이 법적으로 금지되어 있는 행동이라는 것을 인지하고 있다면 형사법적 책임을 부과할 수 있다. 특별하게 죄인의 정신이상이 증명되지 않는 이상 법원은 그의 정신이 온전하다고 추정presume한다. 정신이상은 반드시 범죄가 발생한 그 순간에 대해 판단되어야 하며, 옳고 그름을 구별하는 범죄자의 인지 능력과 관련 있어야 한다. 형사책임은 사실의 착오를 포함하여 범죄자가 주관적으로 이해하고 있는 사실상의 상황을 바탕으로 부과된다. 법원에 제기된 문제가 의학적인 문제일 경우에만 진단서가 유효하다.

맥노튼 규칙은 미국법의 정신이상항변에 대한 법적 근거를 구축했지만,[20] 맥노튼 규칙에 사용된 용어들은 변호사들이 해석하기에 충분히 정확하지 않았다. 맥노튼 규칙이 도입된 후, 정신질환의 의미는 상당히 좁게 해석되었으며, 주로 특정한 유형의 정신병만을 나타내게 되었다.[21] 이후, 다른 유형의 정신병, 신경증, 심지어는 아주 낮은 지능IQ 등 해당 범죄자가 옳고 그름을 구별하지 못할 정도로 낮은 이해력을 유발하는 정신장애 요소를 포함하도록 범위가 조금 더 확장되었다.[22]

이러한 법적 상황은 정신이상의 정의를 특정한 유형의 정신적 장애 또는 정신적 현상으로 축소시키지는 않았지만, 특정 정신병이 개인으로 하여금 법적 옳고 그름의 차이를 이해하는 데 끼치는 영향 여부를 제시했다. 따라서 각 정신병의 기능적 영향이 강조되어 형법상 특정 유형의 정신병은 정신이상으로 분류되지 않았는데, 이것은 맥노튼 규칙이 정신병과 옳고 그름을 구분하는 능력의 부재 사이의 인과관계를 요했기 때문이다.[23]

---

20) English, "The Light Between Twilight and Dusk: Federal Criminal Law and the Volitional Insanity Defense", (1988) 1; State v. Holder, 15 S.W.3d 905 (Tenn. Crim.App.1999); State v. Smith, 256 Neb. 705, 592 N.W.2d 143 (1999); Finger v. State, 117 Nev. 548, 27 P.3d 66 (2001); Vann v. Commonwealth, 35 Va.App. 304, 544 S.E.2d 879 (2001).

21) Goldstein, The Insanity Defense (1967) 48.

22) State v. Elsea, 251 S.W.2d 650 (Mo.1952); State v. Johnson, 233 Wis. 668, 290 N.W. 159 (1940); State v. Hadley, 65 Utah 109, 234 P. 940 (1925); Weihofen, Mental Disorder as a Criminal Defense (1954) 119.

23) See The American Law Institute, Model Penal Code-Official Draft and Explanatory

사실상의 인과관계는 맥노튼 규칙의 핵심에 있으며 형사 재판상 정신이상을 항변으로 인정하는 것에 기본이 된다. 옳고 그름을 구분하는 능력은 범죄자가 속한 사회의 법적, 사회적 통제 시스템을 적절하게 이해하고 있다는 인지적 능력과 관련되어 해석된다. 이러한 능력은 형법적 금지의 일반적 의미에 대한 인지로 요약될 수 있다.[24] 대부분의 미국 법정에서 이러한 인지적 능력은 범죄자가 형법적 금지의 관점에서 비추어 자신의 행동의 성격과 특성을 이해하는 능력으로 해석됐다.[25]

맥노튼 규칙 하에서 정신이상을 결정하는 주요 요소는 범죄자가 자신의 행동이 범죄라는 것을 일반적인 수준에서 이해하는 것이다. 만약 범죄자가 이러한 인지 능력이 부족하다면 그는 실체형법에서는 정신이상으로 판단되고, 소송법상으로는 형사 재판을 받을 능력이 없다고 판단된다(non compos menties; 정신 상태가 정상이 아님).

주요 요소인 "그름wrong"은 형법적 금지를 의미하는데, 이것은 맥노튼 이후로 해석하기가 쉽지 않게 됐다. 여기서 그름이 법적 의미의 금지를 의미하는 것인지 도덕적 의미의 금지를 의미하는 것인지 의문이 제기되었다.[26] 예를 들어, 범죄자가 사창가에 불을 질렀는데 이것은 그의 구원을 위한 신의 말씀으로 인한 것이라는 망상에 의한 것이었고, 그는 방화가 형법적으로 금지되어 있다는 것을 명확하게 의식하고 있었다고 하자. 행위자는 그의 행동이 법적으로 금지되어 있음을 이해하고 있었지만, 그는 그 행동을 도덕적으로 찬양 받을 만한 것이라고 생각했다. 맥노튼 규칙은 법적 금지와 도덕적 금지 사이에서 어떤 유형의 '그름'을 법원에서 다뤄야하는지 명쾌하게 제시하지 못했다. 영국 보통법은 도덕적 의미보다 법적 의미를 선호하며,[27] 미국 법원은 이 결정을 배심원단에게 남겨두기 때문에[28] 어떤

Notes (1962, 1985) (hereinafter "AMPC"), Appendix A to article 4.01.

24) LaFave, Criminal Law (2003) 382-383.

25) Montgomery v. State, 68 Tex.Crim.App. 78, 151 S.W. 813 (1912); Jessner v. State, 202 Wis. 184, 231 N.W. 634 (1930); Cochran v. State, 65 Fla. 91, 61 So. 187 (1913); State v. McGee, 631 Mo. 309, 234 S.W.2d 587 (1950).

26) Stephen, A History of the Criminal Law of England (1883, 1964) 149.

27) Windle, [1952] 2 Q.B. 826, [1952] 2 All E.R. 1, 36 Cr. App. Rep. 85, [1952] W.N. 283.

때는 법적 의미이고 또 다른 때에는 도덕적 의미가 된다.[29]

맥노튼 규칙은 또한 사실의 착오 법리factual mistake doctrine 내용을 다루고 있다. 사실의 착오는 결과를 야기하였다는 점과 무관하게 형법에서 독립적 항변으로서 기능한다. 물론 정신이상이 원인일 수 있겠지만 그렇다고 꼭 그럴 필요는 없다. 정신이상은 사실의 착오를 쉽게 증명할 수 있는 요소이지만, 사실의 착오를 증명하는 데 필수요소는 아니다. 맥노튼 규칙이 의학 보고서를 참조하는 방식은 정신이상에만 적용되는 것이 아니고, 다른 전문가 보고서에도 적용된다. 증거법에 따르면, 전문가 보고는 재판에서 제기된 사실적 문제를 언급하여야 증거로 인정되는 것이다.

맥노튼 규칙은 주로 세 가지 이유로 비판 받았다. 첫 번째는 이 규칙이 더 이상 사용되지 않는 낡은 시야와 관점을 바탕으로 만들어졌다는 것이다. 정신병은 사람의 인지 능력뿐만 아니라 의지와 감정을 포함한 인간의 모든 성격에 영향을 주며, 거의 모든 경우 비행delinquency에 관련되어 있다.[30] 두 번째는 이 규칙으로는 어떠한 개인에게 법적 책임이 부과되지 않는지 충분히 명확하게 밝히지 못한다는 것이다. 옳고 그름의 일반적인 구분으로는 이 목적을 만족시킬 수 없다.[31] 세 번째 이유는 맥노튼 규칙에서 제기되는 문제들을 정신과 의사나 전문 의료진들이 대답할 수 없다는 것이다. 옳고 그름의 차이는 의학적인 문제가 아니고, 최소한 의학분야의 단독의 문제가 아니라 사회과학, 철학 등의 깊은 이해를 포함한다.[32] 이러한 맥노튼 규칙에 쏟아진 비판들은 크고 작은 다양한 변화를 낳았다.

첫 번째 비판에 대한 대응으로 맥노튼 규칙에 대한 이해에 기반하여 정신이상의 법적 정의를 인지적 요소 이상으로 확장하자는 주장이 제기되었

---

28) State v. Hamann, 285 N.W.2d 180 (Iowa 1979); State v. Andrews, 187 Kan. 458, 357 P.2d 739 (1960).

29) People v. Schmidt, 216 N.Y. 324, 110 N.E. 945 (1915).

30) Royal Commission on Capital Punishment, 1949-53 Report 80 (1953).

31) Brakel and Rock, The Mentally Disabled and the Law (1971) 386; Guttmacher and Weihofen, Psychiatry and the Law (1952) 420.

32) AMPC, supra note 23, Appendix A to article 4.01; Francis A. Allen, "The Rule of the American Law Institute's Model Penal Code", Marq. L. Rev. 45 (1962) 494, 498.

다. 이에 따라 맥노튼 규칙과 동시에 검사를 추가하여 정신이상이 인지적 측면만으로 제한되지 않도록 하였고, 이것이 인간의 의지 측면에 중심을 둔 억제불능충동검사이다. 따라서 정신적 장애가 의지로 통제할 수 없는 행동을 유발한다면, 이것은 법적으로 정신이상항변으로 인정되었다.[33]

3. 억제불능충동검사The Irresistible Impulse Test

억제불능충동검사는 법적 금지에 대한 인지적 이해를 바탕으로 하지 않는다. 억제불능충동검사에 근거한 정신이상은 범죄자가 사실에 기반한 현실을 인지하고, 옳고 그름을 구별하고, 자신의 잘못된 행동에 대해 완전히 의식하고 있었다고 해도 법정에서 형사책임의 부과에 대한 항변으로 인정된다. 그러므로 억제불능충동검사의 결과로 통제할 수 없는 의지 또는 감정으로 인한 사건임이 밝혀지면 정신 장애가 범죄자의 인지적 측면에 직접 영향을 주지 않더라도 정신이상항변이 가능하다고 다수 사법 체계가 받아들였다. 억제불능충동검사는 형법상 과실책임주의와 관련하여 맥노튼 규칙의 보완적 기능으로 여겨졌다. 맥노튼 규칙이 인간정신의 인지적인 측면과 관련있다면, 억제불능충동검사는 의적 요소volition 및 형법상 과실책임주의와 관련된다.

그러나 억제불능충동검사는 맥노튼 규칙보다 앞선 판결을 기반으로 하고 있으며,[34] 일부 법원은 맥노튼 규칙이 만들어지기 전에 이를 적용했다. 맥노튼 규칙이 세워지기 3년 전, 영국 옥스퍼드의 한 법원은 정신이상적 의사를 바탕으로 한 판결을 내리기도 했다.[35] 맥노튼의 판결에서 옥스퍼드의 판결은 언급되지 않았는데, 그것은 아마도 당시에 망상이 의지보다 사

---

33) Dix, "Criminal Responsibility and Mental Impairment in American Criminal Law: Responses to the Hinckley Acquittal in Historical Perspective", Law and Mental Health: International Perspectives 1 (Weisstub ed., 1986) 1, 7; State v. Hartley, 90 N.M. 488, 565 P.2d 658 (1977); Vann v. Commonwealth, 35 Va.App. 304, 544 S.E.2d 879 (2001); State v. Carney, 347 N.W.2d 668 (Iowa 1984).

34) Ray, The Medical Jurisprudence of Insanity (1838) 263; Winslow, The Plea of Insanity in Criminal Cases (1843) 74; Glueck, Mental Disorders and the Criminal Law (1925) 153, 236-237.

35) Keedy, "Irresistible Impulse as a Defense in the Criminal Law", (1952) 956, 961; Oxford, (1840) 9 Car. & P. 525, 173 Eng. Rep. 941.

람의 인지에 더 영향을 미친다고 생각되었고, 맥노튼이 망상으로 고통 받고 있었기 때문이었을 것이다. 법원은 맥노튼 사건에는 억제불능충동검사가 해당되지 않는다고 생각했던 것으로 보인다. 그러나 맥노튼 규칙이 너무나 널리 받아들여졌기 때문에 억제불능충동검사는 영국 보통법에서 받아들여지지 않았고 "아주 위험한" 것으로 인식되었다.[36]

억제불능충동검사는 맥노튼 규칙이 인간정신의 의지적 측면을 고려하지 않는다는 비판으로 인해 재등장하였다. 억제불능충동검사와 맥노튼 규칙은 동시에 수용될 수 있었는데, 이는 본래 맥노튼 규칙의 검사를 조금만 조정하면 되었기 때문이었다. 즉 억제불능의 충동이 정신질환에서 비롯되고, 그 충동은 범죄자가 범죄를 저지를지 말지에 대한 자유로운 선택을 무력화할 정도로 충분히 높은 수준이어야 했다. 이러한 충동이 우발적이고 순간적이 아니라 지속되고 예측 가능한 것이라고 할지라도 말이다.[37]

실제로 이 "조정"은 "충동"의 문자 그대로의 뜻에서 벗어났다. 대부분의 충동은 오래 지속되지도 예측 가능하지도 않지만, 이러한 해석은 인간 정신의 의지에 영향을 미치는 많은 정신질환의 증상에 부합된다.[38] 조정된 억제불능충동검사와 맥노튼 규칙의 법적 조합에 대한 일반적인 비판은 정신질환의 결과로서의 행동이 통제 불가하다는 특성에 초점을 맞췄다. 일반적으로, 이 검사를 통과하려면 범죄자의 의지에 대한 통제를 완전하게 잃은 상태여야 한다. 억제불능충동검사의 경우 범죄자가 통제를 완전하게 잃은 것이 아니라면 그를 정신이상으로 분류하지 않는다.[39]

그 결과 맥노튼 규칙에 대하여 정신이상의 범위를 소수의 매우 희귀한 사건으로 제한하게 만든다는 비판이 제기된다.[40] 반면 억제불능충동검사는

---

36) Burton, (1863) 3 F. & F. 772, 176 Eng. Rep. 354.

37) State v. Thompson, Wright's Ohio Rep. 617 (1834); Clark v. State, 12 Ohio Rep. 483 (1843); Commonwealth v. Rogers, 48 Mass. 500 (1844); Parsons v. State, 81 Ala. 577, 2 So. 854 (1887).

38) State v. Davies, 146 Conn. 137, 148 A.2d 251 (1959); Commonwealth v. Harrison, 342 Mass. 279, 173 N.E.2d 87 (1961).

39) Wechsler, "The Criteria of Criminal Responsibility", (1954) 367, 375.

40) AMPC, supra note 23, Appendix A to article 4.01; United States v. Kunack, 17 C.M.R. 346 (1954).

정신이상항변의 경계를 지나치게 넓혔다는 주장도 있었다. 그러므로 억제 불능충동검사는 옳고 그름을 구분짓는 간접적인 부분을 포함하기 때문에, 범죄자의 형법적 책임 여부를 결정하는 요소보다는 범죄자의 양형 결정에 영향을 끼치는 요소로 적합하다고 여겨졌다.[41] 이는 무시하긴 너무 강력한 주장이었고, 때문에 일부 법원에서는 억제불능충동검사를 정신이상항변의 허용 근거로 적용하지 않는 것을 선호했다.[42] 억제불능충동검사를 적용해 도 형사법 억지력이 줄어들지 않는 것으로 여겨졌다.[43]

4. 맥노튼 규칙과 억제불능충동검사의 세계적 듀엣

맥노튼 규칙과 억제불능충동검사에 대한 일반적 비판 때문에 다수의 사 법 체계에서는 각 검사와 검사의 조합에 대해 각기 다른 태도를 취했다. 미국법은 맥노튼 규칙과 억제불능충동검사에 대한 비판을 완전하게 받아들 였다. 1871년에는 위의 비판들을 이유로 뉴 햄프셔 판결에서는 맥노튼 규 칙과 억제불능충동검사를 완전히 퇴출시켰다. 이에 따라 정신이상에 대한 새로운 기준이 만들어졌고, 새로운 기준에 비추어 정신질환의 결과로 범죄 가 행해진 것으로 판단되면 범죄자는 법적 책임에서 면제되었다.[44] 이러한 일반적 기준은 뉴 햄프셔 이외의 주에서는 받아들여지지 않았다.[45] 미국 법원은 1954년까지 맥노튼 규칙이나 억제불능충동검사가 적용된다고 생각 하지 않았다.

1954년, 뉴 햄프셔 지표는 맥노튼 규칙과 억제불능충동검사의 퇴출로 인한 공백을 메우기 위해 사용되었다.[46] 이 지표에 따라, 범죄자의 위법행

---

41) Waite, "Irresistible Impulse and Criminal Liability", (1925) 443, 454.

42) People v. Hubert, 119 Cal. 216, 51 P. 329 (1897).

43) Edward D. Hoedemaker, "'Irresistible Impulse' as a Defense in Criminal Law", (1948) 1, 7. For the deterrence considerations in criminal law see Hallevy, The Right to Be Punished-Modern Doctrinal Sentencing (2013) 25-36.

44) State v. Jones, 50 N.H. 369 (1871); State v. Pike, 49 N.H. 399 (1870); State v. Cegelis, 138 N.H. 249, 638 A.2d 783 (1994); Ray, Medical Jurisprudence of Insanity (1871) 39.

45) State v. Peel, 23 Mont. 358, 59 P. 169 (1899); State v. Keerl, 29 Mont. 508, 75 P. 362 (1904); State v. Narich, 92 Mont. 17, 9 P.2d 477 (1932).

46) Durham v. United States, 214 F.2d 862 (D.C.Cir.1954).

위가 어떠한 "정신적 질병 또는 결함"의 산물product이라면 그는 법적 책임이 없다고 판결되었다. 맥노튼 규칙과 억제불능충동검사의 조합에 대한 비판을 대체하기 위해 만들어진 이 지표는 적절한 이론적 대안을 제공했으나 법원은 이러한 대안에 포함된 용어를 해석하지 않았고, 결국엔 이 대안은 모호하고 지나치게 유연해졌다.

대안적 지표는 정신적 질환이나 결함을 알아보기 위한 기준을 내세우지 않았다. 그러므로 약간의 정신적 결함만 있으면 정신이상으로 인한 법적 책임 면제의 근거가 될 수 있는 것으로 추론할 수 있었다. 나아가 "산물product"이라는 용어도 해석되지 않아, 이 맥락에서 그 어떤 산물도 "산물"로 고려될 수 있는지 의문을 제기했다. 예를 들어 만일 범죄를 행하는 것이 다양한 현상의 부산물by-product이라고 한다면, 이 중 어떤 한 가지가, 심지어 정신적 결함이 이차적인 현상이라면, 이것은 정신이상항변에 대한 적절한 근거가 될 수 있는가?

결과적으로, 이 대안은 변호사와 정신과 의사 모두에게 비판을 받았다.[47] 주요 비판은 "정신적 질병 또는 결함mental disease or defect" 그리고 "산물product"이라는 용어가 정의되지 않았음에 초점이 맞춰졌다. 개별 사건에서 법원은 해당 용어를 해석하고자 했지만[48] 결국 1972년에 이러한 비판들에 의해 이 대안은 완전히 퇴출되었다.[49] 미국 모범 형법전The American Law Institute Model Penal Code은 범죄자의 실질적 역량과 관련한 내용을 약간 수정하여 맥노튼 규칙과 억제불능충동검사를 사용도록 제안했다.[50]

맥노튼 규칙의 기본 요소들은 모범 형법전 하에서 범죄자의 행위의 범

---

47) Grazia, "The Distinction of Being Mad", (1955) 339; Hill, "The Psychological Realism of Thurman Arnold", (1955) 377; Guttmacher, "The Psychiatrist as an Expert Witness", (1955) 325; Katz, "Law, Psychiatry, and Free Will", (1955) 397; Hall, "Psychiatry and Criminal Responsibility", (1956) 761.

48) For the term "product" see Carter v. United States, 252 F.2d 608 (D.C.Cir.1957); Blocker v. United States, 288 F.2d 853 (D.C.Cir.1961); Wright v. United States, 250 F.2d 4 (D.C.Cir.1957); Washington v. United States, 390 F.2d 444 (D.C.Cir. 1967); For the term "mental disease or defect" see Blocker v. United States, 274 F.2d 572 (D.C.Cir.1959); McDonald v. United States, 312 F.2d 847 (D.C.Cir.1962).

49) United States v. Brawner, 471 F.2d 969 (D.C.Cir.1972).

50) AMPC, supra note 23, at pp. 61-62.

죄성향을 평가할 때 옳음과 그름 검사를 수행하는 데 통합되었다. 억제불
능충동검사의 중요한 요소들 또한 범죄자의 행동이 법의 기준에 따르는지
결정하기 위한 대안적 기준에 통합되었다. 인지적이고 의지적인 측면에서
의 정신적 결함에 적절한 답을 제공하기 위해 만들어진 모범 형법전의 제
안은 미국 전역 다수의 법원들이 수용하였다.[51]

미국 의회는 1984년에 법개정의 한 부분으로 맥노튼 규칙에 기반한 검
사를 수용하였다.[52] 따라서 수정된 맥노튼 규칙과 억제불능충동검사는 현
재 미국 형법이 활용하는 정신이상항변의 수용을 결정하는 최종적 검사이
다.[53]

영국에서는 맥노튼 규칙이 형법상 정신이상항변 수용의 법적 기준으로
남아 있다. 영국에서 정신적 결함이 있는 범죄자는 정신이상보다 책임의
감소를 호소하지만, 정신이상항변은 여전히 영국 법정에서 널리 사용되고
있다. 억제불능충동검사는 영국에서 "아주 위험"하여 퇴출되었기에,[54] 정신
이상은 오직 인지적인 측면에서만 분석된다. 정신이상의 의지적 측면은 정
신이상항변 수용의 정당한 기준으로 고려되지 않는다.

정신이상항변에 대한 영국의 법적 논의는 정신적 요소의 필요조건에 대
한 논의와 유사하다.[55] 이러한 태도는 정신적 요소는 과실책임주의의 책임
을 가중하는 요소이고, 정신이상은 책임을 경감하는 한 부분이라는 법적

---

51) United States v. Freeman, 357 F.2d 606 (2nd Cir.1966); United States v. Currens,
   290 F.2d 751 (3rd Cir.1961); United States v. Chandler, 393 F.2d 920 (4th Cir.
   1968); Blake v. United States, 407 F.2d 908 (5th Cir.1969); United States v. Smith,
   404 F.2d 720 (6th Cir.1968).
52) 18 U.S.C.A. §17.
53) Commonwealth v. Herd, 413 Mass. 834, 604 N.E.2d 1294 (1992); State v. Curry,
   45 Ohio St.3d 109, 543 N.E.2d 1228 (1989); State v. Barrett, 768 A.2d 929
   (R.I.2001); State v. Lockhart, 208 W.Va. 622, 542 S.E.2d 443 (2000).
54) Burton, (1863) 3 F. & F. 772, 176 Eng. Rep. 354; Kopsch, (1925) 19 Cr. App.
   Rep. 50; True, (1922) 16 Cr. App. Rep. 164; Sodeman, [1936] 2 All E.R. 1138;
   Attorney-General for the State of South Australia v. Brown, [1960] A.C. 432,
   [1960] 1 All E.R. 734, [1960] 2 W.L.R. 588, 44 Cr. App. Rep. 100. In Canada see
   Creighton, (1909) 14 C.C.C. 349.
55) Roach, [2001] E.W.C.A. Crim. 2698; Attorney-General's Reference (No. 3 of
   1998), [2000] Q.B. 401, [1999] 3 All E.R. 40, [1999] 3 W.L.R. 1194, 49 B.M.L.R.
   124, [1999] 2 Cr. App. Rep. 214, [1999] Crim. L.R. 986.

이해와 일관된다. 정신이상항변에 호의적인 법원의 판결은 의학적 판결보다는 법적 판결이라고 여겨진다.[56] 일반적으로, 영국법에서는 만약 어떤 정신적 결함이 범죄자가 옳고 그름을 구분하는 능력에 방해가 된다면, 맥노튼 규칙 적용을 위해 이는 정신이상으로 여겨질 수도 있다.[57]

프랑스에서는 범죄자가 옳고 그른 것을 구분하는 것이나 자신의 행동을 신체적으로 통제하는 것을 방해하는 정신적 또는 신경학적 결함에도 정신이상항변을 적용한다.[58] 정신적 결함의 특정 유형에 대한 제약은 없다. 따라서 정신적 혹은 신경학적 결함과 범죄행동 사이의 사실상 인과관계가 요구된다. 프랑스법은 범죄행위 수행과 관련된 범죄자의 자유 선택을 강조한다.

범죄자가 정신이상의 상태에서 범죄를 저질렀다면, 그는 범죄를 저지를지 말지에 대한 자유 선택권을 갖지 못하고 강압적으로 범죄를 저지르게 됐다고 여겨지기 때문에, 그에게 범죄에 대한 법적 책임을 지게 하는 것은 불법이다. 이때 이 강제성은 내면적이고 이것의 원인은 정신에 있다.[59] 정신이상에 대한 판단은 재판을 받는 때가 아닌 범죄를 저지른 때를 기준으로 한다.

독일에서는 정신이상이 범죄자 책임의 중요한 부분이다. 정신이상의 추정은 독일 형법전에 명확하게 제시되어 있다.[60] 만약 범죄자가 이러한 조건을 완전히 충족시킨다면 범죄자의 책임은 부정되어 두 가지 선택권이 남는다. 범죄자에게 아무런 형사법적 책임이 부과되지 않거나, 책임이 약화된다.[61]

독일 형법상 정신이상 판단은 범죄자가 그의 행동이 금지를 위반했다는

56) Sullivan, [1984] 1 A.C. 156, [1983] 2 All E.R. 673, [1983] 3 W.L.R. 123, 77 Cr. App. Rep. 176, 148 J.P. 207.
57) Kemp, [1957] 1 Q.B. 399, [1956] 3 All E.R. 249, [1956] 3 W.L.R. 724; Bratty v. Attorney-General for Northern Ireland, [1963] A.C. 386, [1961] 3 All E.R. 523, [1961] 3 W.L.R. 965, 46 Cr. App. Rep. 1.
58) 프랑스 형법의 122-1조의 첫 부분 참고.
59) Elliott, French Criminal Law (2001) 120.
60) See article 20 of the German Penal Code.
61) Due to article 21 of the German Penal Code.

것을 확실하게 정신적으로 이해하고 있는지 아닌지에 중점을 둔다. 관련된 금지행위는 도덕적이나 다른 것에 대한 금지가 아닌 법적 금지를 말한다. 정신병적, 인지적 결함, 정신 질환, 또는 의지의 결함 등의 결과로 금지에 대해 이해하는 능력이 없는 것이다.[62] 따라서 독일 형법은 정신이상의 그 럴듯한 모든 원인들에 대해 개방적이며, 이는 범죄자 개개인을 역학적이고 주관적으로 조사함을 의미한다.[63]

요약하자면, 형법상 일반적 항변으로서 정신이상에 대한 법적 진화는 맥노튼 규칙과 억제불능충동검사의 상호작용으로 설명될 수 있다. 맥노튼 규칙과 억제불능충동검사의 상호작용을 통해 인간 정신의 인지적 측면과 의지적 측면을 통합하여 정신이상에 접근할 수 있다. 인지와 의지 두 가지 의 요소 모두가 법적 의미의 정신이상에 주요한 역할을 차지하며, 이 두 요소의 조합을 벗어나는 설명은 드물다.

Ⅱ. 정상성normality과 정신이상의 법적 범위

1. 사회적 정상성의 상대성

정신이상이 무엇인지 이해하기 위해서 우리는 반드시 정상성normality에 대한 사회적인 이해를 먼저 짚고 넘어가야 한다. 대부분의 사람들은 정신 이상을 판단할 때 자기 자신 또는 소위 말하는 정상적인 사람들normal people과 비교한다. 만약 표준적이고 정상적인 사람을 정확하게 묘사할 수 있다면, 개인과 정상성에 대한 비교의 바탕이 될 것이다. 그러나 피할 수 없는 질문이 발생한다. 누가 정상적인 사람인가? 정상성은 어떻게 정의되 는가? 또는 더 극단적으로, 정상적인 사람은 존재하는가? 정상성이 정의될 수 있기는 한가?

사람들은 한 개인의 행동이 그들의 관점에서 예외적이라고 느껴지지 않 을 때 "정상적"이라는 표현을 쓴다. 특정한 집단에 속해 있는 사람들은 그

---

62) RG 21, 131; RG 73, 121; BGH 3, 194; BGH 7, 238; BGH 7, 325; BGH 8, 113; BGH 11, 20; BGH 14, 30; BGH 19, 201; BGH 23, 133; BGH 23, 176; BGH 23.

63) Jescheck und Weigend, Lehrbuch des Strafrechts-Allgemeiner Teil (1996) 437-443.

들이 느끼는 예외적인 행동에 대해 공통적인 관점을 갖는다. 그러나 예외성exceptionality의 정의는 일반적으로 받아들여지는 것이 아니다. 다양한 사회집단과 문화들이 시대에 따라 그들만의 관점을 만들어왔다. 예를 들어, 눈에 보이지 않는 영혼에게 말을 하는 것은 어떠한 종교 집단에서는 정상적인 일이겠지만, 다른 집단에게는 비정상적인abnormal 일이다.

그럼에도 불구하고, 예외성이 반드시 금지 당하거나 탄압의 대상이 되는 것은 아니다. 인간의 행동을 정상과 비정상으로 구분하는 것은 부정확하며 지나친 단순화일 것이다. 적어도 정상, 평균이상above-normal, 평균이하sub-normal의 세 가지의 영역으로 구분하는 것이 조금 더 정확할 것이다.[64] 평균이상과 평균이하는 무한한 종류의 인간 행동을 포함하며, "정상"이 상상할 수 있는 것을 뛰어넘는 수준까지 달한다. 평균이상과 평균이하를 구별하는 가장 중요한 점은 그것들의 고유한 속성이 아니라, 사회가 그 둘을 어떻게 대하냐에 달려 있다. 평균이상의 비정상성은 일반적으로 장려되지만, 평균이하의 비정상성은 일반적으로 비난을 받는다.

두 엄마가 그들 초등학생 자녀의 선생님을 만나러 갔다. 한 엄마는 그녀의 딸이 생물학적 나이에 비해 수학적 재능이 무척 뛰어나다는 이야기를 듣는다. 다른 엄마는 그녀의 아들이 나이에 비해 과도하게 예민하고 폭력적이라는 이야기를 듣는다. 두 아이 모두 정상성의 범위에서 벗어나 있지만, 대부분의 현대 사회에서 사람들은 첫 번째 엄마에게는 아이의 비정상성을 독려할 수 있는 방법에 대해 조언할 것이고, 두 번째 엄마에게는 어떻게 아들을 억제할지에 대해 조언할 것이다. 이러한 조언은 이들이 처한 시대와 사회의 일반적 관점에 따라 완전히 달라진다. 특출하게 공격적인 남자아이는 고대 스파르타에서는 평균이상으로 분류되어 그의 성향을 전문적인 기술로 발전시킬 수 있도록 장려됐을 것이고, 수학적 능력이 뛰어난 여자아이는 중세의 어느 사회에서는 마녀로 판정되었을 수도 있다. 능력은 같지만, 그것이 발현되는 사회는 다르다. 그러므로 정상성은 뇌의 화학적 작용이라기보다는 사회적 문제이고, 시대와 문화에 따라 다르게 여겨진다.

---

64) 초정상성(ultranormality)이라는 말이 단순히 "매우 정상적"으로 보일 수 있기에 ultra-normality와 infra-normality를 선호하여 사용한다.

비슷하게, 현재 평균이하라고 여겨지는 행동이 미래에는 정상 또는 평균이상이 되지 않는다고 장담할 수 없다. 과거의 다양한 정상적, 평균이상의 행동들이 분명 현재에는 평균이하라고 분류되며, 심지어 위험성 때문에 사회로부터 제외될 수도 있다. 대부분의 서구 문화권에서 과거 영웅적으로 여겨지던 정상적인 행동들을 다시 검토해보는 것도 이해에 도움이 될 것이다.

다른 사람들은 들을 수 없는 목소리를 듣고, 그 목소리가 시키는 대로 행동하는 사람들은 보통 정신의학적 평가를 받는다. 대부분의 사건에서 그들은 비정상, 즉 정신이상으로 분류된다. 이러한 사람들은 현대의 서구권에서 존경하고, 예언을 가르치며, 그들의 방식을 배우기까지 하는 고대의 예언자들의 특성과 일치한다. 그럼에도 불구하고, 그중 일부 행동은 현대 형사법에서 범죄행위로 분류되고, 오늘날 그러한 행동을 저지르는 사람들은 사회로부터 격리될 수 있다. 성서 속 아브라함의 이야기가 좋은 예이다.

아브라함은 다른 사람들은 듣지 못하는 아들을 죽이라는 명령의 목소리를 들었다. 아브라함은 목소리의 말에 복종했고, 현대 형법상 살인미수로 여겨지는 행동을 저질렀다.[65] 현대 형법과 법원은 그러한 사람들로부터 사회를 지키려했을 것이다. 아브라함이 문화적 영웅이 된 것은 그가 그 행동을 저질렀던 시대와 사회의 조합 때문이었다. 성경은 이와 비슷한 예를 많이 제공하는데, 그만큼 반대의 경우도 많다. 성서 시대에는 논리적인 목소리를 따르는 사람들은 영웅으로 대접받지 않았다.[66]

많은 과거의 영웅들이 현대에 비추어보면 정신의학적인 평가를 받거나 사회로부터의 분리가 필요하다는 사실에도 불구하고, 시대적·문화적 변화와 무관하게 전 세계 사람들이 과거 영웅의 일부를 여전히 문화적 모델로 삼고 있는 것은 의아한 일이다. 이 수수께끼에 대한 답은 아마도 사회의 집단기억과 상관이 있을 것인데, 과거의 이해, 태도, 통찰력 등이 한 세대에서 다음 세대로 축적되기 때문일 것이다.

---

65) Genesis 22:3-13.
66) See e.g. 2 Kings 16:2, 5-9.

결함이 의학적 문제이고, 따라서 의학적 문제는 의학적 방법으로 해결할 수 있다는 것이다. 따라서 의학적 정신이상이 주목하는 점은 뇌의 화학작용과 환자 몸의 신체적 묘사이다. 이 방법론에서 정신이상 치료는 독감의 의학적 치료법과 크게 다르지 않다.

그러므로 정신이상에 대한 해결책으로 약물을 사용하는 것은 흔한 일이다. 약물이 정신적 결함을 치료하는 해결책은 아니더라도, 환자의 정신적 상태의 균형을 맞추기 위해 사용될 수는 있다. 위에서 논의했던 사회적 정신이상의 관점에서, 약물은 평균이하라고 고려되는 환자의 특성을 억제하기 위한 화학성분을 가지고 있다. 약물을 통한 화학적 억제는 사회가 또는 정신의학자가 평균이하라고 생각되는 모든 행동을 최소한으로 낮춘다. 당연히 정신의학자의 문화와 행동적 습성에 따라 치료용으로 추천하는 약물은 다를 수 있다.

정신이상의 의학적 진단은 사회적 이해의 영향을 받는다. 일반적으로 행동이 정상의 범주에 속했을 때에는 그 사람이 정신적 결함으로 고통을 받는지의 여부와는 관계없이 정신의학적 치료 또는 약물이 고려되지 않는다. 이는 모든 정신적 결함에 적용되어, 만약 정신적 결함이 외적 행동 증상을 보인다면 그것은 정신의학적 치료의 대상이 되는 것이다. 위에서 논의한 것과는 관계없이, 행동에서 나타나는 증상은 없지만 자신의 정신적 결함에 대해 인지하고 있는 사람들은 자발적으로 치료를 시작할 수 있다. 그러나 이것은 형법이 상관할 바는 아니다.

그러므로 의학적 정신이상은 사람의 외적 행동과 관련된 증상에 따라 분류한다. 그러나 정신이상은 좀 더 넓은 의미를 가지고 있을 수 있으며, 정신이상의 의학적 의미는 아직 거의 완성되지 않았다는 것을 반드시 고려해야 한다. 만약 정신의학자가 모든 유형의 정신이상과 정신적 결함에 대해 설명하지 못한다면 의학적 정신이상은 법적으로 정신이상을 판정하는 도구가 되기에는 너무 부족하다. 만약 의학적 관점에서 단 하나의 정신적 현상도 제대로 설명하지 못한다면, 의학적 정신이상은 정신이상을 이해하는 궁극적인 방법이 될 수 없으며, 정신의학자가 형사법적 용도를 위해 정신이상을 정의할 수도 없을 것이다.

정신의학이 아니라면 무엇이 정신이상을 명백하게 정의할 수 있을까? 이 질문에 대한 대답은 법적으로 정신이상을 정의하기 위한 가장 중요한 단계이다. 만약 형법이 반사회적 행동을 다루는 이상, 법적 정신이상은 분명 사람의 행동을 근거로 판단되어야 한다. 범죄의 영역에 관련된 행동에 정신적 결함이 미치는 영향을 유의미한 연관 요소로 고려해야 한다. 따라서 법적 목적으로 정신이상을 결론짓는 것은 기능적이지만 의학적이거나 전적으로 사회적이지 않다. 때문에 중요한 질문은 정신적 결함이 사람의 반사회적 행동에 기능적 영향을 주었는지 여부이다.

의학이나 사회적 분석은 범죄자의 정신적 상황에 대한 이해를 돕거나 그 일탈행위가 정상적 행위와 비교해 얼마나 심각한 수준으로 발생했는지에 대한 이해를 돕게 해줄 수 있지만, 법적 정신이상의 궁극적인 판단은 오직 기능적인 분석을 통해서만 이루어질 수 있다. 만약 어떠한 혐의가 제기되었다면, 범죄와 정신적 결함 사이의 관계를 분석하는 것은 법원의 몫이다. 모든 사회에서는 법적 의미의 정신이상 여부를 결정하기 위해 주어진 상황에서 판단의 근거로 삼을 만한 기능적 측면을 선택할 수 있다. 그러므로 만약 정신적 결함이 한 사람의 인지나 의지에 영향을 미친다는 사실이 밝혀졌다면, 대부분의 사법 시스템에서 그것은 법적 정신이상의 근거가 될 수 있다.

법원은 정신적 결함이 범죄자에게 기능적으로 영향을 주었는지 여부를 어떻게 판단할 수 있는가? 다시 말하자면, 정신적 결함이 반사회적 행동의 이유가 된다는 것을 법원은 어떻게 확신하는가? 나아가 법원은 애초에 그 범죄자가 정신적 결함으로 고통 받고 있다는 것을 어떻게 확신하는가? 이러한 질문들은 여전히 법적 분야 내에 존재하며, 그렇기 때문에 정신의학은 궁극적인 답을 제공할 필요가 없다. 기능적으로 그 이유가 내재적인 것이라면, 정신적 결함과 질환에 대한 의학적 분류법은 중요하지 않다. 따라서 의학적 분류가 이를 뒷받침해주지 않는다고 하더라도, 기능적 정신이상은 동적인 것이며 사람에게 나타나는 구체적인 영향과 관련 있다.

결과적으로, 법적 정신이상은 사건에 따라 의학적 의미보다 넓어지거나 좁아질 수 있다. 만약 법원이 범죄자의 행동이 내재적 이유로 인해 크게 기능적인 영향을 받았다고 믿는다면, 이러한 내재적인 이유들이 의학적으로는 정신이상으로 분류되지 않더라도 해당사건에서 정신이상을 이유로 정신이상항변이 허용될 수 있다. 뿐만 아니라, 정신의학이 범죄자의 증상을 명백한 정신질환으로 분류했지만 그것이 범죄자에게 기능적으로 영향을 주지 않았다면, 법원이 정신이상항변을 인정할 가능성은 크지 않다.

그렇기 때문에 법적 의미의 정신이상을 확인하는 궁극적인 방식은 기능적이다. 정신이상의 법적 요소들은 그것의 기능적 의미와 함께 고려된다. 의학적 측정방식은 증거주의 관점에서 범죄자의 정신적 결함을 확실하게 판단할 수 있게 도움을 줄 수는 있을 것이다. 만약 범죄자가 특정한 증상에 의해 올바른 판단을 하지 못해 힘들다고 주장한다면, 그리고 정신의학적 관점에서 해당 증상을 특정 정신적 결함으로 분류하여 이 결함이 범죄자의 주장과 일관되게 인간의 정신에 영향을 미칠 수 있다면, 실제로 정신에 영향을 주는 어떠한 정신적 결함으로 인해 범죄자가 고통 받고 있다고 법원이 결론을 내리는 데에 유용한 근거가 될 수 있다.

이와 동시에 법적 정신이상의 결정에 있어 지나치게 의학적 분석의 중요성을 강조하는 것은 잘못된 일이며 위험할 수 있다. 법적 정신이상은 오직 기능적 분석을 통해 결정될 수 있기에 잘못된 일이고, 범죄자가 의학적 분석을 조작하여 정신이상항변이라는 이득을 취할 수 있기 때문에 위험하다. 따라서 범죄자가 어떤 정신적 결함의 의학적 증상을 알고 있다면, 그가 범죄를 행함에 있어 어떠한 내재적 이유가 없었음에도 불구하고 의학적 진단을 얻기 위해 거짓으로 증상을 만들어낼 수도 있다. 이러한 조작을 막기 위한 유일한 방법은 법원이 정신의학 분석 보고서를 자동적으로 수용하는 상황을 피하는 것뿐이다.

이러한 이유로 정신의학적 분석보고서는 정신이상이라는 주장을 지지하거나 반박하는 증거적 역할 그 이상의 의미를 갖지 못한다. 이러한 보고서는 증거가 되지만, 범행 당시 범죄자의 정신에 대한 기능적 분석이 사법적 재량을 대체해서는 안 된다. 의학적 또는 사회적 의미의 정신이상으로부터 법적 정신이상을 분리하는 것은 정신이상의 법적 요소에 대한 논의의 기초를 형성한다.

Ⅲ. 현대 형법에서 일반적 항변으로서의 정신이상의 법적 요소

형사법에서 정신이상항변 인정의 법적 근거는 정신이상 상태의 추정이다. 다양한 법적 체계 속에서 정신이상에 대한 법적 진화는 이 추정을 위해 다양한 내용들을 생산해냈다. 정신이상의 추정은 완전한 추정praesumptio juris et de jure인데, 다시 설명하자면 반박할 수 없는 것이라는 것이다. 그러므로 그 추정에 대한 요소들이 통합됐을 때, 그에 대한 결론은 법적으로 반박할 수 없다. 다양한 사법 체계 간의 차이에도 불구하고 형법상 정신이상 인정의 법적 근거는 모두 동일한 것으로 보인다.

추정은 일반적으로 다음과 같이 형성될 수 있다. 통제 불가한 정신적 결함 때문에 특정한 행동에 대한 평가를 하기에는 인지능력 또는 의지에 대한 능력이 부족한 사람은 형사법적 책임을 부과하는 것이 불가능한 것으로 추정된다.

이러한 추정을 바탕으로 통제 불가한 정신적 결함이 특정한 행동에 대해 인지적 또는 자유 의지적으로 평가하는 것을 불가하게 만들 때 범죄자의 책임은 무효화된다. 일반적인 정신이상 항변은 형사법의 과실주의의 일환으로 이러한 추정에 바탕을 둔다. 형법상 다른 모든 일반적 항변과 마찬가지로 정신이상은 형사책임에 있어 감경요소가 된다. 분석적으로, 정신이상에 대한 추정은 다섯 가지 요소가 있으며, 이는 법원이 그 추정을 적용하기 위해 누적조건으로 사용한다.

(1) 범죄자의 신원(법인격)
(2) 정신적 결함
(3) 범죄자의 입장에서 정신적 결함을 통제하지 못하는 것
(4) 다음의 무효
   (ⅰ) 범죄행위와 관련한 범죄자의 인지 능력 또는,
   (ⅱ) 범죄행위와 관련한 범죄자의 의지적 능력

(5) 정신적 결함과 범죄행위 간의 실제적인 연관성

이러한 조건의 세부 내용은 이하에서 기술된다.

다섯 가지 요소에 대한 입증책임은 재판 중 그것에 의지하고자 하는 쪽에게 있다. 이 말은 대부분의 사건에서 입증책임은 정신이상을 통해 법적 책임을 피하려는 범죄자에게 있다는 것이다. 하지만 정신이상을 주장하는 쪽이 항상 범죄자 쪽인 것은 아니다. 일부 사법 체계에서는 누군가에 대해 정신병 치료를 시작하고자 하면 우선적으로 형사 절차가 시작되어야 하는데, 이때는 검찰 측이 정신이상을 주장한다. 이러한 경우에 법원은 재판을 중지하고, 이후 범죄자의 정신이상이 인정되면 순차적으로 정신과적 절차가 진행된다.

입증책임을 지고 있는 쪽이 검찰 측이든 범죄자 측이든, 범죄자의 정신 상태에 대한 합리적 의심을 넘어서지 않도록 해야 한다. 일부 사법 체계에서는 일반적인 항변을 펼치기 위해 반드시 증거의 우월성을 통해 증명되어야 한다. 만약 그 추정이 적절하게 증명된다면, 추정에 대한 결과는 절대적인 것이 되고, 따라서 범죄자는 형사책임을 질 능력이 없는 것으로 추정된다. 이러한 사람은 유죄 판결을 받지 않을 것이고, 형사책임도 부여되지 않을 것이다.

추정은 재판을 받는 순간이 아닌 범죄를 저지를 그 순간하고만 관련이 있다. 재판을 받는 순간은 절차상의 목적으로만 유의미하다. 형사책임 부과를 위해서는 범죄가 발생한 그 순간만이 유일하게 고려되어야 하는데, 이는 사실적 그리고 정신적 요소를 포함하여 형사책임을 결정짓는 데 필요한 모든 요소가 범죄 순간에 국한되는 것과 마찬가지이다. 따라서 정신이상항변을 사용하기 위해서는 범행이 발생했을 당시 범죄자의 정신 상태에 관한 합리적 의심을 반드시 해야 한다.

정신이상의 항변이 인용되기 위해서는 범죄자가 범행 당시에 정신이상 상태였음으로 여겨져야 한다. 만약 재판 과정에서 그의 정신적 결함이 약화되거나 완전히 나아지더라도, 범죄자의 법적 책임을 부과하는 것에 아무런 영향을 미치지 못하는데 이는 범행 당시의 순간만 유의미하기 때문이다. 이러한 변화는 재판 참석에 있어서 범죄자의 역량에는 영향을 줄지 몰라도, 법적 책임 부과에는 전혀 영향을 미치지 않는다. 이것은 추정이 실체법이나 법적 책임과 관련되기 때문이며, 따라서 범행과 관련하여 추정이 이루어져야 한다. 범죄자가 형사재판 초반 당시의 정신 상태를 진단받았다면, 이 결과는 법적 책임 부과의 목적과는 관계가 없다.

정신이상의 추정은 완전한 추정이기 때문에, 다섯 가지 요소들이 모두 증명된 이상 결론을 반박할 수 없다. 이런 상황에서는 만약 범죄자가 제정신이 아니라고 여겨지는 상태에서 범죄를 저질렀다면 범죄자에게 아무런 법적 책임을 부과할 수 없게 된다. 범죄자가 범행 당시에 제정신이 아니었음에도 불구하고 범죄자가 법적 책임을 부과할 만큼 충분한 잘못을 저지른 것이 의심할 여지없이 입증되었다고 하더라도, 그에게 법적 책임을 부과할 수 없다. 결과적으로, 완전한 추정으로서 이는 두 가지 원칙에 따라 무효화될 수 있다. 추정의 요인들을 무효화하거나, 추정을 적용함에 있어 법적 제재를 부과하는 방법이다.

추정의 요인들을 무효화하려면 입증책임 보충 단계에서 해당 요인 중 한 가지라도 존재하지 않는다는 것을 증명해야 한다. 예를 들어서, 만약 범죄자가 다섯 가지 요소 전부에 대해 합리적 의심을 통해 그 존재를 증명해야 한다면, 검사는 범행 당시 적어도 그중 한 가지가 전혀 존재하지 않았다는 것을 합리적 의심을 넘어선 수준에서 증명해야 한다. 모든 요소가 존재하지 않음을 증명할 필요는 없고 단 하나의 요소만을 증명하면 되는데, 이것은 요소들이 누적조건이기 때문이다. 만약 이러한 조건 중 하나라도 증명되지 못한다면, 추정 전체가 증명될 수 없다. 정신이상 추정을 증명해야 하는 쪽이 이를 증명하지 못한다면 법원은 정신이상을 인용하지 않고 그 추정을 기각한다.

추정의 적용에 법적 제한을 부과하는 것은 입법자나 법원의 사전적(事前, ex ante) 검토 대상이 된다. 입법자들은 특정한 상황을 정신이상의 적용에서 제외시킬 수 있다. 예를 들면, 어떠한 특정 범죄들은 정신이상항변의 대상이 아니고, 어떠한 특정 정신적 결함은 정신이상으로 간주되지 않는 등의 것이 그것들이다. 이 대안은 거의 사용되지 않는데, 실제로 정신이 온전치 못하고 범죄를 성립시킬 수 없는 범죄자들에게 부당한 결과를 낳게 할 수도 있기 때문이다. 추정의 요소들은 아래에서 논의된다.

1. 법 인 격

정신이상 추정의 제일 첫 번째 요인은 범죄자의 신원을 확인하는 것이다(법인격). 인간일 것으로 추정하는 것은 당연한데, 인간은 태고부터 정신적 결함의 주체였기 때문이다. 그럼에도 불구하고, 정신이상항변이 특별히 인간에게만 적용되는 것인지에 대한 질문은 남는다. 인간만이 범죄를 저지를 수 있는 법적 독립체가 아니기 때문이다. 기업 역시 범죄를 저지를 수 있다. 이 질문의 요점은 정신이상에 물리적 신체가 필요한지의 여부이다. 그러나 이 질문은 본 논문의 범위를 넘어서고, 이러한 질문은 기업체나 인공지능 등을 대상으로 하여 별도로 논의되고 있다.[67]

2. 일시적 그리고 영구적 정신 질환

정신이상 추정의 두 번째 요인은 정신적 결함이다. 이 요인의 주목적은 범죄자의 책임을 무효화시키는 다양한 이유들을 구분하기 위함이다. 만약 범죄자가 재판에 참석할 수 있는 능력이 결여된다는 것이 밝혀진다면, 이 요인들은 범죄자의 치료나 재활에도 중요한 역할을 한다. 보통 정신적 결함을 밝혀내는 두 가지 방식이 있는데 이 중 한 가지만 정신이상 추정과 관련이 있다. 하나는 유형 분류적인categorical 방식이고, 다른 하나는 기능적인functional 방식이다.

유형 분류적 방식에 따르면, 해당 정신결함이 범죄자의 사건에 미친 영향과는 관계없이 정신결함으로 인정되는 유형 목록에 따라 정신적 결함이 확인된다. 이때 이 방식에 대해 크게 두 가지의 문제점이 있다. 첫째는 과대포함over-inclusive이다. 이 목록에는 사람들 대부분이 정신이상항변을 정당화할 수 있게 해주는 정신적 결함을 포함하고 있다. 두 번째는, 과소포함

---

67) 형법상 정신이상 방위의 적용과 관련하여 Hallevy, supra note 1. 참고. 인공지능(AI)에 대한 형법의 정신이상 방위 적용은 Hallevy의 "When Robots Kill-Artificial Intelligence under Criminal Law" (2013) 128-130 참고.

under-inclusive이다. 대부분의 사람들이 목록에 나열되지 않은 정신결함의 영향을 받지 않을 수 있지만, 어떤 경우에는 분류에 포함되지 않은 다양한 정신적 결함을 근거로 개별 범죄자가 정신착란 방위 적용을 정당화할 수 있다. 게다가 이러한 목록이 완전한 것이려면, 아직 발견되지 않았거나 분류되지 않은 정신적 결함들에 대해 예측할 수 있어야 한다.

기능적 방식에 따르면, 범죄자의 인지 및 의지적 능력과 관련하여 정신적 결함이 사실상 범죄자에게 미치는 영향을 검사해야 한다. 기능적 방식에 따르면 이 정신적 결함이 의학적으로 분류되어 있는지 아닌지의 문제는 중요하지 않다. 같은 정신적 결함이라도 그것이 각 범죄자 개인의 증상에 따라 어떤 범죄자는 정신이상항변이 인정될 수 있지만, 다른 범죄자는 불가할 수 있다. 만약 개별 범죄자의 경우에 인지 및 의지를 무력화하는 증상이 포함된다면 해당 정신결함의 의학적 분류와는 관계없이 정신이상항변이 정당화될 수 있다.

기능적 방식은 범죄자의 인지적 및 의지적 능력에 대한 실질적인 분석 de facto examination을 포함한다. 특정한 범죄자에게 구체적으로 관련되지 않은 일반적인 의학 또는 정신의학적 연구를 근거로 추정을 하지 않는다. 왜냐하면 사람의 잘못은 개인적이고 주관적이기 때문이며, 이것은 정신이상항변을 적용하기 위한 정신 결함의 검사로서 가장 적절한 선택이다. "정신적 결함"이라는 말은 상황에 따라 다르게 해석될 수 있지만, 형법상 정신이상을 추정하는 상황에서 기능적 방식은 정신이상항변을 적용할 수 있는 기본적 근거로서 가장 적절한 방법으로 보인다.[68]

정신적 결함의 기능적 검사는 전통적으로 다름이 아닌 "정신적 결함"을 요구한다. 이 전통적 필요성은 아래에서 다시 다뤄진다. 만약 해당 전통적 필요 요소가 유효하다면, 그리고 해당 범죄자의 정신적 결함의 원인이 그의 뇌에 존재하는 어떠한 화학반응이라면, 이것은 정신이상이라기보다 명정intoxication에 더 가깝다고 분류될 수 있다.[69] 하지만 만약 화학물질이 범

---

[68] State v. Elsea, 251 S.W.2d 650 (Mo.1952); State v. Johnson, 233 Wis. 668, 290 N.W. 159 (1940); State v. Hadley, 65 Utah 109, 234 P. 940 (1925); Weihofen, Mental Disorder as a Criminal Defense (1954) 119; Fulford, "Value, Action, Mental Illness, and the Law", in Action and Value in Criminal Law (2003) 279.

죄자의 내분비 체계의 자연적인 분비현상의 일부분이라면, 이러한 현상은 정신이상과 관련이 있는 것일까 아니면 명정상태와 관련이 있는 것일까?

기능적 검사는 범죄자의 평생에 걸쳐 영원한 정신적 결함을 필요로 하지 않는다. 정신적 결함은 반드시 기능적이어야 하는데, 이는 즉 범죄자의 인지능력 또는 의지가 범죄가 발생한 그 순간에 영향을 주어야 하는 것이다. 정신적 결함의 결과는 오직 범죄행위와 관련 있다. 정신이상항변이 적용되기 위해서는 정신적 결함이 존재하는 시점이 범죄가 행해지는 순간이어야 하고, 이것은 범죄자가 범죄의 수행이라는 요소를 시행한 그 정확한 순간이다. 정신적 결함이 다른 순간에도 존재했는지 아닌지는 정신이상항변을 적용하는 것에 아무런 관련이 없다. 예를 들면 만약 정신적 결함이 범죄행위 이후에 더 심해졌다면, 이것은 범죄자의 법적 책임에 아무런 영향을 주지 못하지만, 그가 재판에 참석할 수 있는 능력에는 영향을 미칠 수 있다. 따라서 정신적 결함에 기능적 검사를 사용하는 것은 일시적 정신이상에 대해 의문을 일으킨다.

"일시적 정신이상"이란 단어는 일반적으로 특정 자극에 대해 발생하는 정신적 결함을 일컫는다. 자극에 의한 폭발적 반응은 범죄자의 인지와 의지에 영향을 미치며, 정신이상의 영역 안에 존재한다. 자극이 존재하지 않는다면, 범죄자는 완전한 인지력을 보여주고 그의 의지에 대해 통제할 수 있다. 그가 폭발적 반응을 겪은 후 자극이 가라앉았을 때, 인지와 의지에 미치는 영향도 함께 사라진다. 당연하게도 일시적 정신이상은 낮은 강도의 영구적 정신 결함을 뜻하며, 특정한 자극이 일정 정도 높아져 범죄자의 인지와 의지에 기능적으로 영향을 미치는 정신적 결함이다.

정신 결함의 기능적 검사에서는 일시적 정신이상을 형사법에서 정신이상항변의 한 부분으로 수용하는 것을 막을 만한 법적 근거가 없다. 범죄가 발생한 그 시점에 정신 결함이 기능적으로 범죄자의 인지나 의지에 영향을 미치고 있었다면, 그 행위는 정신이상항변으로 적용될 수 있다. 범행이 일어난 당시 정신 결함이 완전히 기능하고 있었다면, 해당 정신 결함이 일시

---

69) State v. White, 27 N.J. 158, 142 A.2d 65 (1958); Barbour v. State, 262 Ala. 297, 78 So.2d 328 (1954).

적인 것이라는 특성은 중요하지 않다. 범행의 순간 정신결함이 그 행위에 영향을 미쳤다면, 범죄자가 평소 일상생활에 그 정신 결함에 영향 받지 않았다는 사실은 정신이상항변에 아무런 영향을 주지 못한다.

대인적 항변in personam에 적용되는 태도 역시 비슷하다. 예를 들어 범죄자가 평소에 종종 화학적 중독 상태에 있었다는 사실은 그가 범행을 저지르는 순간에 중독으로 인해 영향 받고 있지 않는 한 중독 항변에 아무 영향을 주지 못한다. 같은 방식으로, 만약 범죄자가 범죄를 저지르는 순간 자동증automatism 상황 하에 있었다면, 그가 이전엔 단 한 번도 자동증을 경험해보지 못했더라도 그는 자동증 항변automatism defense에 적용될 수도 있다. 비슷하게, 다양한 사법 체계에서 일시적 정신이상을 형법상 정신이상항변으로 적용하는 것을 허용한다.[70)]

3. 통제 불가한 정신 질환

정신이상 추정에 세 번째 요소는 의식awareness과 적절히 대응하는 능력이 없는 상태, 즉 정신적 결함의 발현에 대한 통제control의 부재이다. 통제의 요소는 객관적으로 판단되는 것이 아니고 범죄자의 주관적인 관점에서 검사된다. 예를 들어, 만약 정신 결함이 약물을 통해 균형을 유지할 수 있지만 범죄자는 그것을 알고 있지 못했다면 (또는 정신 결함 자체를 몰랐다면), 정신 결함은 통제 가능한 것으로 고려되지 않는다.

범죄자가 그의 인지능력과 의지에 영향을 미치는 정신 결함으로 고통받지만, 약물 치료를 받아 그의 정신 상태를 유지하고 있을 때, 정신 결함은 통제 가능한 것으로 고려된다. 만약 범죄자가 지속적으로 약물 치료를 받고 그 결함이 그의 정신적 통제하에 있을 때 정신이상 추정은 적용되지 않는다. 정신 결함에 대해 통제할 수 있는 능력이 있는 것과 실제적으로 통제력이 있는 상태에 대한 구별이 필요하다. 약물이나 그 외 다른 방법으

---

70) Kemp, [1957] 1 Q.B. 399, [1956] 3 All E.R. 249, [1956] 3 W.L.R. 724; Kingston, [1995] 2 A.C. 355, [1994] 3 All E.R. 353, [1994] 3 W.L.R. 519, [1994] Crim. L.R. 846, 99 Cr. App. Rep. 286, 158 J.P. 717; People v. Sommers, 200 P.3d 1089 (2008); McNeil v. United States, 933 A.2d 354 (2007); Rangel v. State, 2009 Tex.App. 1555 (2009); Commonwealth v. Shumway, 72 Va.Cir. 481 (2007).

로 정신적 결함을 통제하는 것은 반드시 범죄자의 입장에서 통제 가능한 것이어야 한다.

정신 결함을 통제하는 능력은 당연하게도 정신 결함에 대한 통제력을 갖는 것의 예비 조건이다. 그럼에도 불구하고, 실제적인 정신 결함에 대한 통제력은 다양한 이유로 없을 수 있다. 그중 일부는 직접 또는 간접적으로 범죄자와 관련될 수 있고, 다른 일부는 그와 관련되지 않을 수 있다. 정신이상 추정의 세 번째 요소는 정신 결함에 대해 실제적인 통제력을 필요로 하지 않으며, 오직 그것을 통제할 수 있는 능력을 필요로 한다. 다시 말하자면, 오직 예비 조건만 필요하다는 것이다. 만약 범죄자가 정신 결함을 통제할 능력이 없다면, 그는 아마도 그것을 통제하지 못했을 것이다.

정신 결함을 통제할 수 있는 능력은 범죄자의 시선을 통해 주관적으로 평가된다. 범죄자는 정신적 결함이 있다는 것 자체를 의식하지 못했거나, 증상을 완화시키기 위한 의학적 치료가 필요한 것을 모르고 있었을 수 있다. 결과적으로, 정신이상 추정은 정신 결함의 통제를 위해 의학적 또는 다른 치료를 받고 있는 범죄자에게는 적용될 수 없다(통제 가능하기 때문이다). 예를 들어, 범죄자가 일부러 그의 정신 질환의 폭력적인 폭발의 경험을 위해 약물치료를 피한다면, 그리고 이 폭발 동안에 범죄를 저질렀다면, 정신이상항변은 적용될 수 없다.

이미 말했듯 만약 이 의도적 회피가 범죄행위를 의도하고 이루어진 것이라면 정신이상항변은 적용될 수 없다. 이러한 상황은 범죄자가 자신의 정신 결함을 통제할 수 있음에도 그렇지 않기로 선택한 경우, 책임의 변이 transformation of fault라는 개념으로 다루어질 수 있다. 정신적 결함을 통제하지 않은 책임은 범죄가 발생했을 때로 옮겨질 수 있다. 자연스럽게, 만약 정신 결함이 통제 가능하고 범죄자가 실제로 자신의 통제 하에 두었을 때, 정신이상항변은 적용될 수 없는데, 이는 범죄자가 정신이상의 영향을 받아 행동한 것이 아니기 때문이다.

4. 인지 또는 의지의 무력화 및 부분적 정신이상

정신이상 추정의 네 번째 요소는 범행과 관련하여 범죄자의 인지 또는 의지 능력의 무력화이다. 두 가지 모두 앞서 논의한 정신 결함의 기능적 검사의 추가적인 요소이다. 기능적 검사는 정신 결함의 인지적 그리고 의지적 측면 모두를 고려하는데, 따라서 두 대안들이 네 번째 요소로 포함되는 것은 기능적 검사의 성격을 반영한다.

인지 및 의지 요소의 조합은 유럽 대륙법 체계뿐만 아니라 맥노튼 규칙과 억제불능충동검사를 받아들인 영미법 체계에 수용되었다. 범죄자 인지 능력의 무력화는 그의 행동 또는 행위에 대한 이해 또는 해당 행위의 법적 금지에 대한 이해를 뜻한다. 자연적으로 행위의 도덕성이 아닌, 법적 금지만이 이해의 대상이 된다. 예를 들어, 망상을 가진 한 범죄자는 신의 명령으로 윤락업소에 불을 질러 그들을 처형하는 것이 인류에게 구원을 가져온다고 믿는다. 그는 그의 행동이 인간의 법으로 금지되어 있음을 완전히 이해하고 있지만, 그의 관점에서 그 행위는 도덕적으로 옳다.

그 범죄자는 윤락업소에 불을 지르는 것이 법적으로 금지되어 있다는 것을 이해하고 있었기 때문에, 법적 금지와 그것을 준수해야 하는 의무에 관한 그의 인지 능력은 정신 결함에 의해 무력화되지 않는다. 따라서 그는 불을 지르는 동안 그의 행위에 약간의 도덕적, 종교적, 또는 다른 정당화를 찾았을지라도 그 행동이 범죄에 해당하는 것을 완전히 의식하고 있었다. 그 결과, 이런 경우에 네 번째 요소는 인정될 수 없고, 정신이상 추정도 적용될 수 없다.

범죄자 의지 능력의 무력화는 그의 의지 또는 의지에 따르는 행위에 대한 통제 능력 부재를 뜻한다. 의지를 거부할 수 없을 때, 범죄자는 그것에 맞설 내적 힘이 없다. 이 결함은 행동으로도 행동의 부재로도 나타난다. 정신 결함이 특정한 모습으로 행동하고자 하는 충동을 만들거나, 마비된 듯한 느낌으로 인해 특정한 행동을 하는 것을 가로막을 때, 특정한 행위와 관련하여 범죄자의 의지가 무력화된 것이다. 이러한 상황들에서 범죄자는 특정한 행위(행동 또는 행동의 부재)를 내적으로 강제 당한다.

내적 강제는 범죄자가 허가된 행동 또는 금지된 행동 사이에서 선택할 수 있는 의지를 무력화한다. 예를 들어 한 사람이 다른 사람이 위험에 처하여 즉각적 도움이 필요한 것을 보았지만, 필요한 도움을 주지 않았다고 하자. 일부 사법 체계에서 이것은 범죄행위로 간주된다.[71] 그러나 이 경우에 그가 그렇게 행동한 이유는 과거 경험한 비슷한 일에 대한 기억으로 인한 내적 경련이 그를 마비시켰기 때문이었다. 이 경련이 범죄자의 행동을 강제한 것이다. 비슷하게, 아버지가 아들에게 심하게 소리치는 것은 아들로 하여금 정신적 경련을 일으키고 그가 아버지의 고함을 멈추기 위해 아버지를 폭행하게 만들 수도 있다. 다시 말하면, 경련이 범죄자의 행위를 강제한 것이다.

위 예시들에서 범죄자의 인지 능력과는 관계없이, 문제의 행위만 고려해보면 범죄자의 의지가 무력화된 것이다. 의지가 무력화된 상태는 인지능력이 동시에 무력화되었음을 가정하지도 요구하지도 않는다. 인지 또는 의지의 무력화는 네 번째 요건 충족을 위해 대안적 관계에 있으며 독립적인 예비조건이 아니다. 이 대안들은 정신이상항변의 적용을 위한 정신 결함의 기능적 검사의 한 부분이다. 결과적으로 네 번째 요소의 적용을 위하여 범죄자의 인지능력 또는 의지 중 하나의 무력화를 증명하는 것으로 충분하고, 두 가지 다 무력화할 필요는 없다.

두 가지 대안의 존재는 부분적 정신이상partial insanity과 관련한 의문을 일으킨다. 부분적 정신이상은 범죄의 사실적 요소에 대한 몇 가지 요소들과 관련한 범죄자의 인지에 대한 완전한 무력화를 의미한다. 부분적 정신이상은 의지 또는 의지 측면에의 정신이상의 부정은 포함하지 않으며, 오직 인지적 측면만을 포함한다. 부분적 정신이상 상태는 인지력이 완전히 무력화된 상태를 지칭하며, 여기에서 부분적이라 함은 인지력 무력화의 정도(즉 인지력의 정도)가 아닌 인지의 대상의 부분성을 지칭한다. 그러므로 부분적 정신이상은 일부 대상(실제적 요소의 구성들)에 대하여는 완전한 인

---

71) 대부분의 유럽의 대륙법적 법률 체계에서는 이를 범죄행위로 보지만, 영미법계에서는 일반적으로 그렇지 않다.

지력이 있음을 뜻한다.

완전한 정신이상은 사실적 요소의 모든 구성에 대한 완전한 무력화를 나타낸다. 예를 들면 강간사건에서 범죄자는 행위(성교)와 상황(인간 피해자와 비동의)에 대한 의식이 필요하다. 만약 범죄자가 인지와 관련한 완전한 정신이상을 경험하고 있다면, 행위와 상황에 대한 부족한 의식을 보인다. 범죄자는 행위(그가 성교를 하고 있다는 것을 모르는) 또는 상황(그가 피해자가 인간이며 행위에 대한 동의가 없었다는 것을 모르는)에 대해 의식하지 못했어야 한다. 이러한 상황은 굉장히 드물다.

대부분의 사건에서 범죄자는 전부 다는 아닐지라도 일부 사실적 요소를 의식하고 있다. 위의 예시에서 범죄자는 행위와 인간 피해자에 대해서는 의식했을 수 있지만, 비동의에 대해서는 의식하지 못했을 수 있다. 이러한 상황이 좀 더 흔하다. 따라서 부분적 정신이상이 완전한 정신이상보다 더 흔하다. 형사책임이 누적조건을 요구하기 때문에, 부분적 정신이상도 법적으로는 완전한 정신이상과 동일하다. 즉 형사책임의 완전한 부과에 있어 요구되는 정신적 요소가 하나라도 무력화되면 형사책임 부과가 무효화될 가능성이 있다는 것이다.

정신이상 추정이 적용되기 위하여 사실적 요소의 모든 구성과 관련하여 범행 당시 완전한 정신이상의 증상을 경험할 필요는 없다. 만약 정신 결함으로 인해 범죄자가 사실적 요소 중 하나라도 의식하지 못한 것이 범죄의 원인이라면 범죄자의 형사책임 부과를 완전히 무효화시킨다. 위의 예시에서 만약 범죄자가 정신 결함 때문에 피해자가 동의하지 않았다는 것을 의식하지 못했다면, 이는 정신이상 추정의 충분한 근거가 되며, 다른 추정의 요소의 존재에 따라 범죄자에게는 형사책임이 부과되지 않는다.

동시에, 부분적 정신이상이 모든 형사책임 부과를 막지는 않는다. 만일 한 범죄자의 개인적 과실이 원 범죄가 아닌 다른 범죄의 이유가 된다면 부분적 정신 이상을 겪은 범죄자에게 특정 유형의 형사적 책임이 부과될 수 있다. 부분적 정신이상이 동일한 사실적 요소에 적용되어 언제나 책임을 무효화시킨다면 형사책임을 부과할 수 있는 경우가 없을 것이다. 위의 예시에서 만약 부분적 정신이상이 비동의에 대한 의식을 무효화시켰다면,

범죄자는 강간에 대한 형법상 책임이 없는데, 성인 간 합의하의 성적 관계는 강간으로 간주되지 않기 때문이다.

그러나 만약 피해자가 미성년자라면 법적 결과가 달라진다. 만약 부분적 정신이상이 비동의에 대한 의식을 무효화시켰더라도 피해자의 생물학적 나이에 대한 의식을 무효화시키지 않았다면 이에 형사책임은 부과될 수 있다. 이런 경우, 부분적 정신이상이 형사책임 부과에 필요한 책임 중 한 가지 요소를 무효화시키지만 법정 강간이 성립하기 위한 과실을 무효화시키지는 못한다. 미성년자와 합의하에 성관계를 가지는 것은 법적 강간이고, 이런 경우에 부분적 정신이상은 어떠한 책임 요소도 무효화시키지 않는다.

따라서 실질적으로 법원은 부분적 정신이상으로 인해 제외된 요소들을 제외하고 남아있는 책임요소들을 반드시 찾아보아야 한다. 남아있는 책임요소들은 사건의 사실적 요소들과 맞춰보아야 한다. 만약 책임과 사실적 요소 구성의 결합이 특정한 범죄와 맞아떨어진다면 법원은 그 범죄에 대한 형사책임을 부과할 수 있다. 만약 그 조합이 어떠한 범죄구성요건과도 맞지 않는다면, 범죄자는 형사책임에서 자유로워진다.

5. 사실적 원인

정신이상 추정의 다섯 번째 요소는 정신 결함과 특정 범행 간의 사실적 인과관계factual causal relation이다. 이 요소는 오직 사실적 인과관계만을 뜻하는데, 법적 원인은 이미 범죄 성립에 필요한 정신적 요소에 포함되어 있기 때문이다.[72] 정신이상 추정을 위한 사실적 인과관계의 정의definition는 사실적 요소의 일반적 요건을 구성하는 행위conduct와 결과result 사이의 사실적 인과관계가 성립하기 위한 요건과 유사하다(필요한 부분만 약간 수정하여, mutatis mutandis). 따라서 정신 결함은 반드시 범행의 필수조건으로 존재해야 한다.

정신적 결함mental deficiency은 범죄가 발생한 방식에 입각해 범행의 궁극

---

72) 법적 인과관계 요소를 참고하기 위해서는 Hallevy, Theory of Criminal Law Vol. II (2009), 103-119 (in mens rea), 314-331 (in negligence), 366-373 (in strict liability) 참고.

적인 원인으로 고려되어야 한다. 범죄의 발생은 반드시 정신 결함의 직접적 결과여야 한다. 특정 정신적 결함이 없이는 해당 범죄행위가 나타난 방식 그대로 발생하지 않았을 것이라면, 사실적 원인이 다른 원인과 보충 관계에 있는지 여부는 중요하지 않다. 형법에서 인정되는 사실적 원인의 일반적인 규칙에 조금만 수정을 가하면 본문의 다섯 번째 추정 요소와 관련성이 있다. 행위conduct의 자리에 정신 결함을 대체하고, 결과result의 자리에 범죄행동을 대체하면 된다.

자연스럽게 이 사실적 인과관계 성립 요건은 필요에 따라 사실적 요소의 일부인 사실적 인과관계 요건을 대체할 수 없다. 예를 들어 만약 범죄자가 살인으로 기소되었다면, 검사는 반드시 합리적 의심의 수준 이상으로 범죄자의 행위와 결과(피해자의 죽음) 사이의 사실적 인과관계를 증명해야만 한다. 게다가, 만약 범죄자가 정신이상 추정을 변론에 사용하고자 한다면, 범죄자는 반드시 그의 정신 결함과 범죄행동 사이의 사실적 인과관계에 대해 최소한 합리적 의심이라도 제시해야 한다. 이 두 가지 사실적 원인관계는 두 가지의 별개의 성립 필요요건이 있으며, 하나가 다른 하나를 대체할 수 없다.

그럼에도 불구하고 실제적 인과관계의 일반적 규칙은 두 가지 필요요건에 모두 적용된다. 이 규칙들은 궁극적 이유의 법적 정의(필수 조건), 실제 사건의 발생 가능성 향상, 다양한 이유를 가진 상황들(대안적, 보충적, 누적, 그리고 유사 이유들), 원인의 지속성, 원인의 개입novus actus interveniens을 포함한다.73) 결과적으로 만약 범죄자가 특정한 정신 결함을 겪고 있더라도 그것이 범죄가 실제 수행된 방식대로 이루어진 궁극적인 원인이 아니라면, 그 사이에는 실제적 인과관계는 존재하지 않는다.

이 경우 범죄자가 그의 정신적 결함과는 관계없이 어쨌든 범죄를 저질렀을 것이 밝혀진다. 그러므로 정신 결함은 범죄의 내적 절차에 포함되지 않았고, 정신결함이 범죄가 실제 발생한 방식대로 발생하도록 만들지도 않았다. 따라서 정신이상의 추정은 적용되지 않는다. 이 경우에 정신 결함은

---

73) Ibid.

범죄가 발생하는 것에 영향을 주지 않는 상황적 배경의 일부분에 지나지 않는다. 만약 정신이상 추정의 다섯 가지 요소가 전부 유효하다면 정신이상 추정은 적용가능해지고 정신이상항변을 사용할 수 있다.

Ⅳ. 법적 효과

정신이상의 법적 효과legal consequences는 범죄자가 법적 정신이상자로 인정될 때 유의미하다. 정신이상은 실체적substantive 측면과 절차적procedural 측면이라는 두 가지 주요 법적 측면이 있다. 실체적 측면은 (형사책임 배제라는 측면에서) 형사책임과 관련 있고, 절차적 측면은 범죄자가 (재판 출석 거부라는 측면에서) 재판에 출석할 수 있는 능력(소송능력)과 관련 있다. 그럼에도 불구하고, 이 둘은 정신이상의 다른 법적 측면을 보여주며, 그들의 결과는 같지 않다. 범죄자는 실체법에 있어서 형사법적 책임을 갖지만 재판에 설 능력이 없을 수 있고, 반대로 범죄자가 재판에 설 능력이 있더라도 형사법적 책임을 지지 않을 수 있다.

두 법적 측면의 기본적인 차이는 실체법과 절차법의 차이에서 비롯된다. 정신이상항변은 범죄자에게 형사책임에 대한 배제를 준용하게 해준다. 이 면책특권은 기소 또는 재판에서 형성되는 것이 아니고 오직 범죄가 발생한 순간에만 형성된 것이다. 만약 범죄자의 정신적 상태가 그때와 달라졌다면, 이것은 형사책임과 아무런 관련이 없다. 범죄자는 범죄가 수행된 그 순간에 정신이상의 추정이 존재하지 않은 경우에만 형사법적 책임을 갖는다.

재판을 받을 능력이 없는 범죄자는 기소되지 않는다. 이 면책에서 범죄자는 그의 형사책임과 관련 없이 아무 기소도 받지 않는다. 모든 절차적 면책과 비슷하게, 정신이상이 유의미한 시점은 범죄가 발생한 시점이 아닌 재판을 받는 시점이다. 결과적으로 범죄자의 정신이상과 관련하여 범죄가 수행된 시점과 재판을 받는 시점, 이 두 가지 시점이 조사되어야 한다. 두 시점은 구분되는 별도의 시점이며, 일반적으로 재판을 받는 시점이 범죄를 저지를 시점보다 늦게 존재한다.

어떤 상황에서는, 한 시점의 정신이상이 다른 시점의 정신이상을 반영하기도 하지만, 여전히 그 둘은 별도로 존재하며, 반드시 분리되어 조사되어야 한다. 이러한 구분을 바탕으로 네 가지의 다른 결과를 예측해볼 수 있다:

(1) 범죄 발생 시점에 정신이상이지만, 재판 진행 시점에는 정신이상이 아님,
(2) 재판 진행 시점에 정신이상이지만, 범죄 발생 시점에는 정신이상이 아님,
(3) 두 시점 모두에서 정신이상,
(4) 두 시점 모두에서 정신이상이 아님.

첫 번째 상황에서 범죄자는 재판을 받을 능력이 있고 범죄로 기소당할 수 있지만, 법원이 형사책임의 문제를 결정하는 순간에 실질적인 면책(예: 정신이상항변)이 가능해지고 범죄자는 형사책임을 부과 받지 않을 수 있다. 당연히 이것은 정신이상항변이 주장될 수 있는 유일한 상황이다. 만약 범죄자가 재판을 받을 능력이 있다면, 형사책임의 문제는 그때 결정된다. 만약 범죄자가 재판을 받을 능력이 없다면, 정신이상항변을 주장할 기회는 아예 발생하지 않는다.

두 번째 상황은 예를 들어 범죄자가 정신 결함에 의해 고통 받지만 그가 범죄를 저지를 당시의 인지에는 영향을 미치지 않은 상황이다. 범죄 발생 이후, 범죄자가 인지능력 악화가 임계점을 넘어 정신이상에 미치는 정도로 정신 결함이 심화되고, 재판을 받아야 할 때 재판에 설 능력이 없을 정도가 된 것이다. 범죄자의 무능력을 판단해야 할 시점은 재판의 과정 중 어느 때라도 가능하다. 따라서 만약 기소 후 정신이상이 시작된다면 아무런 일도 추가적으로 일어나지 않는다. 만약 정신이상이 재판이 시작된 후에 발생한다면 재판은 멈추고, 그 후 아무 일도 진행되지 않는다.

세 번째 상황에서 정신이상은 두 가지 시점 모두에 제기된다. 범죄자는 범행 당시에도, 재판 시에도 정신이상 상태에 있다. 따라서 범죄자에게 형사책임은 부과될 수 없고, 그는 재판에 설 능력도 없다. 그러나 이런 경우

에 절차상의 정신이상이 우선시된다. 만약 범죄자가 재판을 받을 능력이 없다면, 그가 범행을 저지를 당시에 정신이상인지 아닌지에 관계없이 어떠한 형사 절차도 개시되지 않고, 따라서 실질적 정신이상을 주장할 기회도 사라진다. 그러므로 범죄자가 재판을 받을 능력이 없을 때 절차상 면책이 정신이상항변 주장을 배제시킨다.

네 번째 상황에서 범죄자는 아마 인생에서 한번쯤은 정신이상을 경험해 보았을 수도 있지만, 범행 당시 또는 재판 과정에서는 전혀 발생하지 않은 경우이다. 이러한 상황에서 범죄자는 재판의 진행과 형사책임의 부과에서 완전히 제정신인 것으로 간주된다. 대부분, 적절한 처벌의 고려 과정에서 그의 정신적 배경이 감형요인이 되기도 한다.

결   론

정신이상항변에 대한 본 연구는 형사법에서의 항변의 진화에 대한 조사에서 시작되었다. 형사법에서의 일반적인 항변으로서 정신이상은 의학적이기보다 사회적이며, 유형 분류적이기보다는 기능적으로 정의된다. 정신이상항변은 완전한 법적 추정의 법적 구조를 가지고 있으며 법적·사회적 결과를 낳는다. 법적 결과는 실질적이고 절차적이다. 하지만 정신이상은 의학적이기보다는 사회적으로 정의되며, 정신의학적이기보다 문화적인 문제이다. 정신이상의 의학적 정의가 법과 사회에 반드시 유의미한 것은 아니다. 정신이상은 의학적 진단보다는 시대, 장소, 그리고 사회 환경에 따라 달라진다.

08

법을 알지 못한 사람도 처벌되어야 하는가?

장성원

세명대학교 법학과 교수

  서울대학교에서 형사법을 전공하고 독일 프라이부르크 대학교에 수학하였다. 독일 막스플랑크 형법연구소에서 방문학자로 연구하였으며, 고의와 착오 등 형법 해석학을 공부하고 있다.

Ⅰ. 법률의 부지는 용서받지 못한다?

법규범Rechtsnorm에 수반되는 강제적 구속력은 법의 지배를 받는 수범자에게 그 법이 적용되어야 비로소 현실화된다. 법이 수범자에게 적용되기 위하여는 법이 존재하는 자체만으로 충분하다고 볼 수 있을까? 아니면 법의 존재 외에 어떤 조건이 추가로 구비될 때에야 가능할까? 여기에 대하여는 법 적용을 받는 수범자가 법의 존재나 내용을 알고 있어야 하는지 우선 논란이 된다. 법을 적용하는 전제로서 수범자의 규범인식Normkenntnis 요부는 어떤 사태를 인식하지 못한 상태에서 행위한 자에게 법적 책임을 강제할 수 있는가의 문제로 환원된다. 형법에 와서는 범죄가 성립되고 그에 상응하는 형벌을 부과하기 위하여는 행위자에게 법규범의식Normenbewusstsein이 있어야 하는지를 묻도록 진화한다.

가령 자신의 행위가 법규범에 의해 금지된다는 사실을 모른 채, 즉 범죄를 범한다는 의식을 갖지 못한 상태에서, '성범죄자 알림e'에 등재된 신상정보를 SNS를 이용해 공유한 경우를 생각해보자. 또는 체육단체에 종사하는 사람이 금지 규범을 전혀 인식하지 못하였거나 아니면 종전 규정에 따라 처벌대상이 아니라고 오인하여, 아동·청소년대상 성범죄 신고의무를 방기하고 당사자간 합의 중재로 사건을 처리한 경우를 예로 들 수 있다.[1] 자신의 행위가 법률에 의하여 금지되거나 허용된다는 사실, 즉 법규범이 정한 작위의무나 부작위의무가 존재한다는 사정에 대하여 수범자가 인식하지 못하였거나 잘못 인식한 상태에서 행위한 사안들이다. 해당 법규범이 정당한 절차를 거쳐 제정된 이상 그 자체로 규범력을 갖는다고 보아 법규범의 존재나 내용에 대한 인식 여하는 묻지 않고 이 사람들은 처벌되어야 하는가?

---

1) 「아동·청소년의 성보호에 관한 법률」(제55조 제2항 및 제65조 제1항 제2호)에 따르면, 성범죄자의 공개정보를 확인한 사람은 정보통신망을 이용해 이를 공개해서는 안 되며 위반하면 5년 이하의 징역이나 5천만 원 이하의 벌금이 부과될 수 있다. 또한, 2020.5.27. 개정 시행된 같은 법에서는 직무상 아동·청소년대상 성범죄 신고의무 대상자에 체육단체의 장과 그 종사자를 추가하여 제재의 대상으로 삼고 있다(제34조 제2항 제15호 및 제67조 제4항).

"법률의 부지는 용서받지 못한다"error juris nocet는 법언이 있다. 법을 몰랐다고 하여도 법적 책임을 면제받을 수는 없다는 이 법언은 로마법 이래 오랜 기간 법실무에 복무하여 왔다. 로마법대전에서는 주로 민사상 책임을 다루는 장면에서 원용되었다지만, 이후에는 형사법적 귀책을 따지는 자리에서 빈번히 등장하는 듯하다.[2] 형법에 위반되는 행위를 한 자가 자기 책임을 면하기 위한 사유로 법에 대한 무지를 주장하더라도 법원이 인용할 수는 없다는 취지이다. 이 법언은 그 이면에 법은 제정되어 시행됨으로써 법 적용을 위한 조건을 충족한다는 명제를 암시하고 있다. 법 적용을 받는 국민 개개인이 해당 법률의 제정·시행 사실을 인지하고 있는가와 무관하게 법규범은 효력을 지니게 된다는 것이다. 여기에는 수범자에게 법규범에 대한 인식이 따로 필요하지 않다는 관점이 들어있고, 다른 면에서는 수범자에게 인식은 요구되더라도 그 인식은 구체적이고 실제적인 인식이 아니라 법의 제정 및 시행으로 당연히 인정되는 이른바 당위적 인식일 뿐이라는 이해가 내재되어 있다. 법규범에 대한 당위적 인식론은 법이 제정되고 공포되면서 관보에 게재되거나 국회나 법제처 홈페이지에 공개되는 방식으로 국민이 그 법의 존재와 내용을 인식할 가능성이 생긴 이상 인식이 존재하는 것으로 보겠다는 구조를 취한다.

법규범의 존재와 내용에 대한 이 같은 인식 구조를 전체 국민이나 수범자를 대상으로 한 전면적 인식 또는 동시적 인식이라고 본다면, 이에 대하여 수범자 각 개인이 법규범에 대하여 개별적인 인식을 해야만 법을 적용시킬 수 있다는 반론이 가능하다. 다만 법규범에 대한 각자의 개별적인 인식이 요구된다고 하더라도 그 인식 수준은 구체적이거나 전문적일 필요는 없고 금지나 허용에 대한 포괄적이고 일반적인 이해 정도에 그쳐도 무방하다고 볼 수 있다. 그렇더라도 문제는 특정 법령에 대하여 문외한인 국민이 어떻게 법규범을 제대로 인식할 수 있는가 하는 점이다. 평균적인 국민이 국가의 법규범을 어느 정도 수준에서 인식하고 있다는 사실에는 의문의 여

---

2) Karl Binding은 이 논의가 대개 형법적 착오로 제한된다고 한다(Die Normen und ihre Übertretung Bd. Ⅲ Der Irrtum, 1918, S. 38 이하). 이 법언은 로마법대전의 학설휘찬(Digesta)을 거쳐 법원칙으로 자리잡은 이후에, 독일법뿐 아니라 각국의 법실무에서 같은 취지의 법원칙을 수용하거나 운용하고 있다는 점에서 나름 보편성을 지니고 있다.

지가 없다. 아울러 법규범에 대한 인식이 없는 때에도 일반적인 수범자는 대체로 규범에 부합하는 행위를 하게 된다. 그 까닭은 수범자가 법상식이 나 도덕률, 사회 보편의 가치를 공유하고 있기 때문이며, 한편에서는 해당 규범이 이 같은 상식이나 보편가치의 범주 안에 머무르고 있기 때문일 것 이다.

그렇지만 앞서 예에서 보듯이 사회 일반의 법경험이나 건전한 상식으로 유추하기 쉽지 않은 규범에 대해 수범자가 이를 인식하지 못한 경우에는 상황이 달라진다. 이 경우 일부 수범자는 그 규범에 대한 불인식이나 오인 식으로 인해 법규범이 예정한 금지나 명령을 위반할 가능성이 높아진다. 그에 따라 행위자는 법규범이 예정한 강제적 구속력을 전혀 예상하지 못한 상태에서 맞닥뜨리게 된다. 여기서 수범자가 어느 규범을 인식하고 있는가 또는 인식해야 하는가, 그리고 그때 규범 인식의 방법과 수준은 어떠한가, 또 어떤 규범에 대한 인식이나 불인식이 법적으로 고려되어야 하는가는 법 규범의 유형에 따라 다르게 나타날 것으로 짐작된다. 이에 대해 사안별로 약간 구체적인 탐색이 이루어진 연후에야 법규범에 대한 불인식이나 오인 식을 법적으로 어떻게 다룰 것인가 하는 문제에 다가갈 수 있다.

II. 형법에서 규범 인식의 두 차원

법규범의 수신자Adressat로서 수범자는 법규범에 대한 의무를 지는 사람 이자 규범에 부합하는 행동이 요구되는 자이다.[3] 형법의 경우 행위규범이 나 제재규범으로서 형법을 준수해야 하는 잠재적 범죄자로서 국민이 수범 자가 된다. 입법자는 어떤 행위를 가벌적으로 하고 어떤 행위는 비가벌적 으로 남겨둘 것인지를 확정한다. 형법에서 그 작업은 범죄와 형벌에 관한 개별 구성요건을 두는 방식으로 나타난다. 살인죄(제250조)와 같은 형법 구 성요건에는 어떤 법익이 보호받아야 하는가에 대한 입법자의 잠정적 가치

---

3) Julius Binder, Der Adressat der Rechtsnorm und seine Verpflichtung, 1927/1970, S. 21 이하; Uwe Krüger, Der Adressat des Rechtsgesetzes: Ein Beitrag zur Gesetzgebungslehre, 1969, S. 19 이하 참고(법규범의 수신자에 대한 입법정책과 입법 기술 문제는 각 S. 63, S. 82 이하).

판단이 들어 있다. 규범인식 관련해서는 특히 행위규범으로서 법규범의 기능이 주목된다. 행위규범으로서 형법은 어떤 행위에 대한 당부를 정해서 수범자에게 그에 맞게 행동함으로써 이 규범을 준수할 것을 요구한다.[4] 입법자의 결단이 담긴 법규범을 통해 예컨대, 성범죄자의 신상정보를 공개하는 작위범에서는 부작위를, 아동·청소년대상 성범죄를 신고하지 않는 부작위범에 대하여는 작위를 명령한다. 「도로교통법」에서는 음주운전을 하지 않을 부작위를 요구하면서 이를 어기고 작위로 나아가면 벌칙을 부과하며(제44조 제1항; 제148조의2 제1항), 사고발생 시에는 사상자에 대한 구호 조치라는 작위를 요구하고 이를 위반하여 부작위하면 구조불이행에 대한 책임을 묻는다(제54조 제1항; 제148조).

그런데 수범자로서는 인식하지 못한 법규범에 부합하게 행동한다는 것이 때로는 어려울 수 있다. 이때 인식하지 못한 법규범을 위반한 행위를 두고 수범자에게 책임을 묻는 근거를 어디에서 찾을지 문제된다. 돌려보면 애초에 수범자가 인식하지 못한 규범을 준수해야 하는 까닭은 무엇인지부터 묻게 된다. 법률의 부지는 용서받지 못한다는 격언은 이 같은 규범 인식이 갖는 의미에 대해 일부분 해명을 보태고 있다. 다만 법격언으로서 불문율과 같은 지위를 누리고 있는가에 대하여는 제한적으로만 동의할 수 있다. 판례로만 유효하게 수용될 뿐 학자들은 대개 이 명제에 동의하지 않고 있기 때문이다.[5] 세부적으로 들어가면 과연 판례조차 이 격률을 완전히 수용하고 있는지, 학계에서는 전적으로 배척하고 있는지는 논란이 된다. 하

---

4) Stephan Ast, Normentheorie und Strafrechtsdogmatik: eine Systematisierung von Normarten und deren Nutzen für Fragen der Erfolgszurechnung, insbesondere die Abgrenzung des Begehungs- vom Unterlassungsdelikt, 2010, S. 22 이하.

5) 판례는 일관하여, "형법 제16조에 자기의 행위가 법령에 의하여 죄가 되지 아니하는 것으로 그릇 인정한 행위는 그 그릇 인정함에 정당한 이유가 있는 때에 한하여 벌하지 아니한다고 규정되어 있는 바 이는 **단순한 법률의 부지의 경우를 말하는 것이 아니고**[강조 필자] 일반적으로는 범죄가 되는 행위이지만 자기의 특수한 경우에는 법령에 의하여 허락된 행위로서 죄가 되지 아니한다고 그릇 인정하고 그와 같이 그릇 인정함에 있어서 정당한 이유가 있는 경우에는 벌하지 아니한다는 뜻"이라고 한다(대법원 1961.10.5. 선고 4294형상208 판결 참조). 이 판례에서는 수사기관에 고지하지 아니하면 죄가 된다는 것은 몰랐다는 취지는 "국가보안법」 제9조 불고지죄의 규정을 알지 못하였다는 것에 지나지 못하는 것이고 피고인이 고지하지 아니하여도 죄가 되지 아니한다고 적극적으로 그릇 인정한 경우에는 해당되지 아니하므로" 법률의 착오에 해당 않는다고 보았다.

지만 법에 대한 부지를 어떻게 취급할 것인가에 대한 입장에 상관없이, 법규범에 대한 인식 문제는 형사상 범죄의 성립과 행위자에 대한 처벌을 가늠하는 중요한 잣대가 된다는 데에 이견이 없다.

행위자가 범죄행위를 하면서 법을 알지 못했다는 논제는 사실 두 가지 차원의 다른 문제를 내포하고 있다. 하나는 법에 대한 인식 또는 불인식을 어떻게 처리할 것인가의 문제이다. 이는 범죄성립과 행위자의 처벌에 인식이 필요한가의 문제, 즉 법규범에 대한 인식이 범죄와 형벌 성립의 전제조건인가 하는 물음으로 나타난다. 법을 준수하도록 규율된 수범자의 규범 인식 요부와 규범 인식의 정도 및 규범 불인식에 대한 처리 방향에 대한 논의가 여기에 해당한다.[6] 다른 하나의 측면은 법규범에 대한 인식과 불인식의 구체적인 현상이 존재하는 형태에 관한 문제이다. 행위자의 인식 대상이 어디를 표적으로 하는가, 즉 법규범 전체의 관점에서 허용이나 금지 여부를 알아야 하는지, 개별 구성요건 또는 그 요건에 상응하는 행위사정에 대한 해당성 여부를 알아야 하는지 하는 문제에 관련된다. 범죄성립단계를 염두에 둔 위법성과 구성요건요소에 관한 인식 문제, 양자의 구별과 중첩 문제가 이 부분에서 중심 논제로 다뤄져왔다.[7] 물론 두 차원의 문제는 서로 별개의 문제로 양립한다기보다 한 쪽의 존재와 구성이 다른 쪽에 영향을 주는 관계라 할 수 있다.

Ⅲ. 규범에 대한 정당화 근거와 규범인식 요구

법규범은 그 존재 자체의 속성이 수범자에게 규범을 준수하며 행위할 것을 요구한다.[8] 규범이 수범자를 향해 명령하는 규범에 부합하는 행위란

---

6) 일례로 Petra Velten, Normkenntnis und Normverständnis, 2002, S. 162 이하에 규범 인식의 형법이론적 기초에 관한 논의나 불인식한 규범을 준수할 의무 및 한계에 대한 논의(S. 313 이하)가 보인다.

7) 가령 Christian Schmid, Das Verhältnis von Tatbestand und Rechtswidrigkeit aus rechtstheoretischer Sicht, 2002, S. 84 이하에서는 구성요건표지와 정당화사유의 실제적 구분이 검토되고 있다.

8) Binding, Die Normen und ihre Übertretung Bd. I Normen und Strafgesetze, 4. Aufl., 1922, S. 101 이하. Binding의 규범인식과 규범존재형식에 대하여는 신동일, "규범과 형법률－칼 빈딩의 이론을 중심으로", 형사법연구 제12호, 1999, 202-203면.

규범에 대한 인식을 떠나서는 상정하기 어렵다. 그렇기 때문에 수범자가 규범에 부합하는 행위를 해야 하는 중요한 근거로 수범자가 규범에 대하여 실질적으로 인식하고 있다는 점이 고려된다. 일정한 규범을 인식하지 못한 상태에서 수범자는 그 규범위반행위를 회피하기 위한 노력을 아예 않거나 덜 할 수 있다. 특정 규범의 내용이 수범자에게 전달되지 않은 경우에 수범자의 행위는 그 규범을 위반할 가능성을 상당한 수준으로 배태하게 된다. 규범의 인식을 판단하는 데에는 수범자가 법률의 형식적인 존재나 내용을 인식했는가 하는 점보다는 실질적인 금지 여부에 대한 인식이 존재하는가를 중요한 기준으로 삼게 된다. 실질적으로 규범을 인식하지 못한 상태가 발견되면 이는 해당 규범의 규범력을 적용하는 데에 장애가 발생한 상황으로 볼 수 있다. 실질 규범에 대한 수범자의 인식이 규범 준수를 정당화시키는 근거가 된다고 보기 때문이다.

그렇다면 규범이 갖는 정당성, 즉 수범자이자 행위자에게 규범에 대한 준수를 요구하게 된 근본적인 이유는 어디에 있을까? 규범에 대한 정당성을 모색하는 데에는 사회계약에 기초한 정당화 논의에서부터 당사자의 합의와 동의에 의한 정당화 시도까지 다각도로 진행되어 왔다. 근래에는 기대가능한 (합리적) 규범에 대한 승인Anerkennung zumutbarer Normen 또는 이중 승인에 대한 논의로 이어지고 있다.[9] 이 같은 규범 정당화 논의에서 규범인식과 관련하여 문제되는 것은 특정 법규범에 존재하는 개별적이고 구체적인 내용에 관한 것들이다. 이 개별규범들은 다시 보편성을 띠는 것과 특수성을 띠는 것으로 나눠볼 수 있다. 일단 살인, 강간, 절도, 사기와 같이 보편적으로 인식되어온 법익에 대한 침해, 즉 도덕률이나 사회가치와 평행한 법익들에 대하여는 그 금지 규범에 대한 정당화는 물론 수범자의 규범인식 문제도 크게 돋보이지 않는다. 그에 반해 정보통신망을 이용한 개인정보 유출행위에서 침해범위라든가 공익활동의 일환으로 행한 명예훼손에서 위법성배제사유, 준법감시절차에 부합하지 못한 경영판단행위, 재산

---

9) Kurt Seelmann/Daniela Demko, Rechtsphilosophie, 7. Aufl., 2019, S. 200 이하. 규범 정당화 논의에 대한 상세는 § 9 Rn. 1 이하 및 SS. 170-171에 소개된 문헌 참조. 형법에서는 이용식, "형법해석의 방법 — 형법해석에 있어서 법규구속성과 정당성의 문제", 서울대 법학 제46권 제2호, 2005, 55면 이하.

범죄에서 민사상 논란이 되는 소유나 점유관계 등과 같이 구체적이고 개별적이며 법규범이 상호 관련을 맺거나 그 밖에 특수한 사정이 개재된 경우에는 규범 정당화와 규범인식 요구가 법적으로 민감한 문제를 야기하게 된다. 이런 분야에서는 규범의 정당화 근거라든가 규범인식 여부가 수범자에 대한 불법 평가에 미치는 연관성을 쉽사리 배제하기 어렵다.

사회일반에 공통으로 내면화된 규범들, 이른바 보편적 법익을 담고 있는 규범에 대하여는 규범인식의 범위와 정도에 대한 구체적인 차이는 있더라도 외견상 인식이 의제된다고 볼 정도로 수범자의 행위평가에서 인식 여부를 고려하지 않는다. 그러나 사회구조가 복잡하게 변화하면서 나타나는 각종 전문영역에서 등장하는 특별규범들, 도덕률과 병행되지 않는 다수의 행정규범들, 그리고 민법상 원리가 편입된 형법 구성요건처럼 복수의 규범이 긴밀하게 얽혀있는 복합규범들과 같은 경우에는 수범자에게 그 규범에 대한 인식이 의제된다고 보기에 무리가 따른다. 이들 영역에서는 실제 규범에 대한 불인식이 상존하고 오인식이 빈발하기 때문에 규범인식에 대한 당연한 의제는 부담스러울 수밖에 없다. 이를 해소하기 위한 방편으로, 규범에 대해 불인식한 상태라고 하더라도 인식 여부는 수범자의 법적 책임을 묻는 요건에 포함되지 않는다는 입론이 가능하다. 이 같은 규범인식 불요설은 간명하지만 수범자에 대한 법적 책임, 특히 형벌과 같은 강제적 처분을 부과할 때에는 규범의 강제적 성격만 부각시킬 뿐 법규범의 정당성과 구속력에 대한 수범자의 이해와 동의를 구하기 어렵다는 난점이 있다. 차라리 어떤 방식으로든 행위자가 규범을 인식하고 있다고 의제하는 쪽이 이 문제를 완화시킬 수 있다고 보게 된다.

이렇게 보면 이제는, 보편적으로 공유되지 못한 규범들, 국민이 구체적으로 인식할 가능성이 낮은 규범들, 일부 공통 인식은 있으나 불명확하고 추상적인 이해에 그치는 규범들 같은 경우에 수범자가 인식하고 있다고 볼 근거가 무엇인지를 해명하는 것이 관건이 된다. 보편 법익처럼 국민의 사회화 과정에서 자연스레 법상식으로 내면화되었다고 보기 어렵기 때문에 다른 측면에서 인식 의제에 대한 근거가 필요하다. 그 대표적인 논거가 일반 규범 승인론이다. 국민이 일반적으로 규범에 대해 승인하고 있기 때문에 개별적으로나 구체적으로 규범에 대해 인식하고 있는지와 상관없이 규범은 정당한 규범으로서 규범력을 지닌다. 이에 따라 수범자에게는 규범에 대한 인식이 의제되는 결과에 이른다. 즉 일반적 규범 승인이 인정되므로 개별적 규범 인식 여부는 중요하지 않다고 보거나 필요하다면 인식이 있는 것으로 처리한다.

Ⅳ. 일반적 규범 승인과 규범인식 의제

일반적 규범 승인이 수용되는 근거는 법규범이라는 존재 자체의 속성이 정당한 절차와 근거에 의해 성립되었다면 그 법규범의 정당성과 구속력을 수범자가 승인하고 있다고 전제하는 구조에 있다.[10] 대표자에 입법권을 위임하고 그 입법이 다시 수범자를 구속하게 된다는 순환구조, 즉 대의민주주의 체제에 동의한 이상 규범에 대한 승인은 필연적으로 수반된다는 것이다. 이 또한 사회계약의 일환이라 할 수 있다. 입법권 양도와 법규 구속성 등이 내재된 사회계약에 대한 암묵적 동의나 묵시적 합의가 규범에 대한 일반 승인의 근거가 된다. 수범자가 일반적으로 규범을 승인하고 있다고 보게 되면 앞서 구체적인 법규들이나 특별한 규범, 복잡하고 전문적인 규범에 대하여도 수범자가 승인한 것으로 보게 된다. 지식재산권법이나 세법, 환경법과 같은 법역에서 아주 세부적인 조건과 고유한 이론, 전문적인 용어로 이루어진 법규범의 내용을 인식하지 못한 대부분의 국민에게 그 법들은 이론의 여지없이 강제력을 포함한 규범력을 갖고 적용되고 있다. 이에 대해 특수하고 전문적인 법률은 일반 수범자가 인식이 어렵기에 복잡하고 특별한 내용에 접근이 용이한 전문가와는 차별적으로 취급해야 한다는 입장도 있다. 이에 따르면 일반인에게 보통 수준의 인식 요구를 한다면 이들 전문가들에게는 상대적으로 높은 수준의 인식을 요구하게 된다.[11] 그러나

---

10) 승인설 관련하여 양천수, "입법절차상의 흠결과 법률의 효력: 민주적 법치국가에서 본 법규범의 효력근거 — 법철학의 관점에서", 법과 사회 제38호, 2010, 39면 이하 참고. 법의 효력으로서 법적 강제력 내지 구속력에 대하여는 Michael Köhler, Recht und Gerechtigkeit: Grundzüge einer Rechtsphilosophie der verwirklichten Freiheit, 2017, S. 158 이하.

개별 법규의 특성에 따라 인식 수준은 다르게 요구할 수 있다고 하더라도 그 자체로 규범의 적용범위를 달리하거나 규범력의 인정 여부를 가를 수 있을지는 의문이다.

이 같은 규범의 일반적 승인에 대한 구조론을 받아들이더라도 이를 통하여 해당 개별 규범에 대한 수범자의 인식도 의제할 것인가는 별론으로 취급할 수 있다. 규범이 수범자를 향해 포괄적이고 일반적으로 규범력을 갖는다는 점을 동의하더라도 개별 규범에 대한 수범자의 불인식이나 오인식이 법적으로 무의미함을 방증하는 것은 아니다. 규범에 대한 수범자의 일반적 승인을 인정하더라도 개별 규범에 대한 불인식이나 오인식은 그 규범의 적용여부에 여전히 영향을 미칠 수 있다고 보아야 한다. 규범에 대한 일반 승인만으로 수범자의 규범 불인식을 부인하거나 무시하는 것이 바람직하지 못하다.[12] 그렇게 볼 때 일반적 규범 승인이 존재한다고 하여 이를 근거로 개별 법률에 대한 인식을 의제하는 것은 문제가 있다. 국민이 규범의 존재와 강제성 내지 구속력을 인정했더라도 수범자가 당연히 그 규범을 알고 행위한다고 볼 근거는 없다. 규범에 대한 승인과 규범에 대한 인식은 상당한 연관관계를 갖지만 그 존부에 대한 판단은 양립할 수 있고 수범자에 대한 불이익처분과 같이 필요한 경우 그 판단은 별개로 진행되어야 한다.

사회계약에 근거한 합의나 동의로 추동되는 법규범에 대한 승인이 개별 법규범에 대한 인식을 평행하게 가져오지 않는다는 점은 규범력을 정당화하는 데에 새로운 문제를 가져온다. 규범에 대한 정당화 근거가 규범에 대한 일반적인 승인에 있다고 보면 규범에 대한 인식이 불요하다거나 의제된다거나 하는 논의와 상관없이 규범력에 대한 추가적인 정당화는 필요하지 않다. 규범 인식이 규범 승인에 부수되지 않는다는 측면에서는 규범 인식이 갖는 법적 의미를 다시 평가해야 한다. 규범 인식이 규범 승인과 달리 일반적으로 인정될 수 없고 별도의 차원에서 개별적으로 평가되어야 한다는 말은, 규범 인식이 법규에 따라 또 수범자에 따라 차별적으로 평가되어

---

11) Ingeborg Puppe, Strafrechtsdogmatische Analysen, 2006, S. 291.
12) Vgl. Claus Roxin, Strafrecht Allgemeiner Teil Bd. I Grundlagen · Der Aufbau der Verbrechenslehre, 4. Aufl., 2006, § 21 Rn. 10.

야 함을 의미한다. 즉 규범 인식의 양상은 개별 법규범의 특성과 수범자의 주관적 사정에 상당 부분 의탁하게 된다.

　법규범은 그 속성에 따라 수범자가 사회일반의 질서나 보편가치, 도덕률과 조리에 따라 인식할 수 있는 부류가 있고, 그렇지 못하고 전문가가 아닌 일반인으로서는 구체적인 내용은 물론 입법취지와 규정내용의 개요를 추상적인 수준에서조차 파악하기 어려운 부류가 있다. 전자를 법규범의 핵심영역Kernbereich이라 할 수 있고, 후자는 주변영역Nebenbereich이라 부를 수 있다.[13] 핵심영역은 수범자인 국민이 법규범에 대한 지식이 없더라도 사회화하는 과정에서 누구나 체득하여 인식할 수 있다고 보는 영역이다. 주변영역은 이와 달리 수범자의 보편적 공유성이 취약하기 때문에, 특히 전문적이고 복잡한 규범의 경우에는 전문가와 일반인 사이에서는 물론이고 일반 수범자 사이에서도 규범 인식이나 이해에는 큰 차이가 발생한다. 이들 영역에서 수범자가 규범을 인식하지 못하였거나 잘못 인식한 경우에 어떻게 취급할 것인가를 결정하기 위하여는 수범자가 인식해야 하는 규범의 범위와 수준을 개별적으로 획정하여야 한다.

Ⅴ. 규범 인식의 개별성

　어떤 식으로든 규범에 위반한다는 인식이 없다면 규범에 부합하는 행위를 할 것을 기대할 근거가 약해진다.[14] 처벌법규의 존재나 내용을 알지 못한 사람은 자기 행위가 적법하다고 믿고 행위하였다고 추정되기 때문이다. 형법의 주변부에서 많은 경우에 일반인으로서 행위자는 명령이나 금지규범에 대한 인식이 부재하는 결과가 발생한다. 주의의무에서처럼 개인 경험Lebenskreis이나 직업적 특성Berufskreis에 따라 특별한 인식의무가 있는지에 대한 차이는 있지만,[15] 일반 수범자로서는 개별 법규에 금지된 구체적 명

---

13) Vgl. Jürgen Wolter (Hrsg.), Systematischer Kommentar zum Strafgesetzbuch: SK-StGB/Rogall, Bd. I, 9. Aufl., 2017, § 17 Rn. 56.
14) Roxin, AT Ⅰ, § 21 Rn. 10.
15) Vgl. Schönke/Schröder/Sternberg-Lieben/Schuster, Strafgesetzbuch: Kommentar, 30. Aufl., 2019, § 17 Rn. 17.

령을 인식하기란 쉽지 않다. 이 말은 곧 행위자가 자신의 행위가 갖는 법적 의미를 금지규범에 대비시켜 인식할 수 없다는 뜻이 된다. 이를 두고 반사회적인 행위로서 금지규범에 대한 위반을 이유로 처벌할 수 있다고 단언하기는 어렵다. 반사회가치나 도덕률에 평행하지 않는 주변영역에서는 수범자에게 일반적인 규범인식을 기대하기가 쉽지 않다. 다만 규범인식에 대한 기대가능성이 낮다고 하여 인식이 아예 없다고 보아 모두를 불가벌로 처리할 수는 없다. 오히려 이때에는 규범이 금지하거나 명령하는 최소한의 내용이나 처벌 가능성에 대한 인식을 수범자에게 요구하고 그에 근거해 규범 적용을 정당화할 수 있다. 그렇더라도 인식 기대 수준이 낮기 때문에 불인식이나 오인식으로 인한 결과에 대하여 핵심영역에 비해 상대적으로 행위자에게 유리하게 평가할 여지가 생기게 된다.

　법규범의 핵심영역과 주변영역에 대한 명확한 구분은 사실상 불가능하다. 핵심영역이라고 하더라도 수범자의 인식 능력이나 개별적 행위사정에 따라 그 인식 여부에 대한 판단은 유동적임을 부인할 수 없다. 주변영역이더라도 해당 분야의 전문가와 같이 수범자의 규범인식에 대한 기대수준이 높은 경우를 상정할 수 있다. 다만 적어도 이 논의는 일반인으로서 수범자가 인식해야 할 규범의 범위가 모든 규범을 향하고 있지 않다는 사실은 말해주고 있다. 아울러 인식이 한층 까다로운 특정 규범에 대한 인식 범위는 그 규범의 중점내용에 국한될 수 있음을 시사한다.

VI. 인식 대상의 관점에서 법률 부지와 고의·과실의 구별

　법규범을 알지 못한 경우에 발생하는 법적 문제는 법적용에 규범인식이 요구되느냐, 어떤 부분에서 얼마만큼 요구되느냐에 따라 달라질 수 있음을 보았다. 형법에서도 행위자의 인식 여부는 중요한 사항이다. 형법은 인식(＋의사)이 없는 행위, 즉 고의가 없는 행위는 과실범이 성립하는 경우를 제외하고는 원칙적으로 처벌하지 않는다. 형법은 구성요건적 행위에 대한 인식과 의사가 존재하는 고의범을 범죄성립과 처벌의 기조로 설정하고 있다. 형법에서 행위자의 인식을 요구하는 문제는 고의 부존재가 법의 부지와 어떤 관계를 형성하느냐와 관련하여 특히 논란이 된다.[16] 법률에 대한 부지라는 개념은 자신의 행위를 불법으로 보는 법률의 존재에 대한 불인식을 예정하고 있다. 이에 대하여 고의를 배제시키는 행위자의 불인식은 그 대상을 구성요건이라는 구체적 범죄성립요건으로 한정하고 있다. 구체적인 구성요건표지로서 범죄를 구성하는 개별 조문에 기재된 행위 주체, 행위 객체, 행위 방법이나 유형, 행위 결과, 그리고 인과관계가 여기에 해당한다. 이 부분에 대한 행위자 불인식이 문제되면 고의 배제 여부가 검토된다.

구성요건 불인식에서 행위자의 인식 대상은 법문에 규정된 구성요건 표지 자체를 향하고 있지 않다는 점은 주의해야 한다. 절도죄(제329조)에서는 '타인의 재물'을 '절취'한다는 구성요건 표지를 알고 있느냐보다는, 그 표지에 해당하는 자신의 행위를 인식하고 있는지가 심사의 대상이다. 즉 행위자가 행위시에 당면하는 개별적이고 구체적인 행위상황이 인식대상이 된다. 예를 들어, 닭집 앞 평상 위에 있던 그 집 소유의 고양이를 자기가 몇 시간 전에 빌려왔다가 잃어버린 고양이와 생김새가 유사하다고 여겨 잃어버린 고양이로 잘못 알고 가져간 행위를 놓고 보자.[17] 이 행위가 절도에 해당하는지를 확인하기 위하여는 행위자가 행위 당시에 절도의 구성요건표지를 어떤 방식으로든 인식하고 있었는가를 따져보아야 한다. 그 인식에 관한 판단은 법문에 있는 구체적 표지 자체를 알고 있었는가보다는, 그 특정 고양이에 관한 속성, 자기 소유 여부, 고양이를 데려가게 된 계기 등 절도 구성요건에 대응하는 행위당시의 사정에 관하여 행위자가 어떻게 이해하고 인식하고 있었는지가 관건이 된다. 즉 절도죄 규정에 '절취'와 '타인의 재물'의 용어가 있는지, 그 문언의 법률상 의미와 해석의 한계는 무엇인지 등과 같은 구성요건표지 자체를 향한 행위자의 인식 여부는 판단대상이 아니다.

위법성에 대한 불인식에 와서는 자기의 행위가 금지규범을 위반하고 있는지에 관한 인식이 문제된다. 구성요건표지에 해당하는 행위사정에 대한

---

16) 조기영, "고의와 법률의 부지의 구별", 형사법연구 제27권 제2호, 2015, 73면 이하; 김영환, "고의와 법률의 부지의 구별 – 대법원 2014. 11. 27. 선고 2013도15164 판결과 관련하여", 형사판례연구 [24], 2016, 123면 이하 참고.

17) 상고심에서 절도 범의가 조각되었다(대법원 1983.9.13. 선고 83도1762 판결).

인식 문제보다 대체로 포괄적이고 추상적인 차원에서 문제가 된다. 위법성을 판단하는 근거는 특정 구성요건이나 법률이라기보다는 형법을 넘어 법질서 전체의 시각에 비추어 자기 행위가 금지에 위반된다는 점을 인식했는가를 묻는다. 예컨대 허가를 받지 않고 건축설계를 변경하여 준공하는 경우에 자신의 행위가 「건축법」의 특정 규정에 위반되는가, 건축법에 규정한 허가의 대상과 조건에 객관적으로 부합하는지와 같은 개별적인 행위상황과 구체적인 요건에 대한 인식 문제로 들어갈 것을 반드시 전제하지는 않는다.[18] 자신이 인식한 행위와 법질서에 대한 이해를 대비하여 상위가 있는지, 법체계 또는 법질서 안에서 자기 행위의 금지 여부를 인식하였는가를 묻는다.

VII. 구성요건요소와 위법성에 대한 불인식의 공존

물론 위법성에 대한 불인식 문제는 구성요건표지와 관련된 불인식 문제와 중첩되어 상호 공유되는 부분이 존재한다. 가령 행위자가 구성요건표지의 구체적인 내용이나 의미, 적용범위 등에 대하여 불인식하여, 즉 구성요건표지에 해당하는 행위사정에 대한 불인식(오인과 오포섭을 포함)으로 자신의 행위가 위법하지 않다고 생각하게 된 경우에는 양 측면에서의 불인식이 공존한다. 수범자로서 행위자가 규범을 인식하지 못하거나 잘못 인식한 경우에는 소위 착오error의 문제가 발생한다. 즉 형법에서 법규범의 존재나 내용, 규범에 사용된 개념과 의미 등에 대하여 제대로 인식하지 못하여 오인식이나 불인식한 사정이 개재되는 경우에는 착오Irrtum라는 형상으로 취급되어 애초의 법효과를 재평가하는 작업을 하게 된다.[19] 그 가운데 양쪽

---

18) 대법원은 부수형법 영역에서, 허가대상이나 신고대상인 줄 몰랐다고 하는 행위자의 규범 불인식 주장에 대하여 이를 배척하는 수단으로 '단순한 법률 부지' 개념을 원용한다. 가령 대법원 2015.1.15. 선고 2014도9691 판결에서는 「자본시장과 금융투자업에 관한 법률」 위반 관련하여 주식 소유상황 등의 변동내용을 5일 이내에 신고하여야 한다는 점을 알지 못하였다는 사정 등은 단순한 법률의 부지에 해당한다며 배척한다. 대법원 1990.1.23. 선고 89도1476 판결(식품위생법); 대법원 1992.4.24. 선고 92도245 판결(국토이용관리법); 대법원 2011.10.13. 선고 2010도15260 판결(건축법) 등 다수의 판례가 궤를 같이한다.

19) 형법에서 착오의 내용과 구분문제에 관하여는 장성원, "구성요건착오와 금지착오의 구별 – 구성요건착오의 도출을 중심으로", 형사법연구 제25권 제2호, 2013, 25면 이하; 장성원,

의 불인식이 동시에 존재하는 경우에 어떻게 다룰 것인가, 다시 말해 형법이 규정하는 두 착오 가운데 어떤 착오를 적용할 것인가는 크게 논란이 되지 않는다.

　이 경우 구성요건에 관한 불인식 문제로 다루는 쪽으로 의견이 접근한다. 그 이유는 첫째 본질적인 속성의 차원에서, 구성요건표지라는 것이 위법성에 대하여 보다 구체적인 형상이므로 공통의 교집합이 존재하는 경우 이른바 특별관계에 의거 일반적인 속성을 가지는 위법성에 대해 특별한 지위를 갖는 구성요건 불해당성을 우선 고려해야 하기 때문이다. 둘째는 범죄성립을 검토하는 체계 차원으로서, 범죄의 구성을 검토하는 순서에 따라 구성요건에 대한 인식 여부를 위법성에 대한 인식 여부보다 먼저 검토하게 되는데, 그 앞선 순위에서 불인식을 인정받아 범죄성립으로부터 자유로워지는 경우 굳이 후순위단계에서 인식 여부를 검토할 실익이 없기 때문이다. 세 번째 이유는 현실적인 차원에서, 구성요건표지에 대한 인식 문제로 다루는 것이 현행법상 행위자에게 유리하므로 위법성 불인식을 동시에 충족하더라도 구성요건 사정에 대한 불인식으로 처리하는 것이 양가적인 상황에서는 '행위자(피고인)에 유리하게'라는 형법 정신에 부합하기 때문이다.

Ⅷ. 법규범의 보장적 기능과 규범 인식의 한계

　형법과 같이 강제력이 수반되는 영역에서 법규범은 국가형벌권에 근거를 부여하면서 동시에 한계를 설정하고 있다. 입법자의 가치판단과 선택이 담긴 법규범은 법관에게 재판상 기속 기준으로 작용하고 수범자인 국민에게는 행위반경에 대한 예측가능성을 부여한다. 법규범은 그 자체로 수범자에게 행위규범이자 재판규범으로 기능한다. 형법에서는 다른 법규범과 달리 특히 구성요건에 대한 기속이 중요하다. 형법에 무엇이 범죄이고 형벌인가를 규정함으로써, 법적 안정성을 도모하고 자의적인 형벌로부터 국민

　"반전된 착오의 구분과 체계적 지위", 형사정책 제26권 제1호, 2014, 241면 이하; 장성원, "범죄체계론의 변화에 따른 포섭착오의 정서 - 고의 및 위법성인식의 체계적 지위와 포섭착오", 경북대 법학논고 제49집, 2015, 530면 이하; 장성원, "방법 착오와 인과과정 착오의 관계", 형사법연구 제30권 제2호, 2018, 183면 이하 참고.

의 자유와 권리를 보장한다. 법률 없으면 범죄도 형벌도 없다는 근대 형법의 원리인 죄형법정주의nulla poena sine lege[20]는 국가의 모든 권력이 헌법과 법률에 기속됨을 선언하고 있다. 헌법은 국가형벌권의 내용상 한계를 설정하고 법률의 구성요건을 명확하게 규정할 것을 입법자에게 의무로써 요구하고 있다.[21] 특히 법관은 다른 법률과 마찬가지로 형법이 규정하는 모든 구성요건을 헌법에 부합하도록 해석하여야 한다.[22] 수범자인 국민이 형법 구성요건을 통하여 금지와 제재를 사전에 예측할 수 있도록 한다는 명제는 입법자가 형법 구성요건에 범죄성립 및 처벌부과의 전제가 되는 구체적 조건과 효과를 명확히 규정함으로써 실현될 수 있다. 법규범에 대한 수범자의 예측가능성은 규범에 대한 신뢰, 그리고 죄형법정주의의 실질적 구현을 담보하게 된다.

그런데 법규범이 갖는 복잡성과 전문성, 체계적 특성으로 인하여 일반 수범자에게는 구성요건에 대한 온전한 인식을 기대하기 어렵다는 사정이 생겨난다. 그 결과 형법의 예측가능성도 제한된다. 복잡다단한 법문의 존재 자체가 수범자의 규범 인식을 저해하고 규범에 대한 불인식이나 오인식을 유발한다. 수범자가 특정 규범을 인식하지 못한 경우에는 그 규범에 부합하는 행동을 기대하기 어려울 뿐만 아니라 그 규범에 근거한 법관의 판결도 신뢰받기 어렵다. 그렇더라도 수범자가 규범에 대해 인식하고 있어야 한다든가 규범 불인식이 곧바로 불이익으로 연결된다든가 하는 구도를 받아들이기는 곤란하다. 국가에서 수범자에게 규범인식을 위한 노력을 요청하고 규범인식이 수월하도록 지원하여야 한다. 규범 불인식을 두고 법 적용을 결정할 때에는 최대한 수범자의 입장을 고려하여야 한다. 수범자인 국민이 규범을 의무적으로 인식하도록 강요해서는 안 된다. 수범자가 규범을 발견하거나 인식하지 못하였다고 하여 그 자체로 잘못이나 책임으로 귀결되어서는 안 된다. 그리고 법규범에 대한 수범자의 인식을 요구하더라도 특정 규범에 대한 완전한 인식을 기대할 수는 없다. 법 문외한

20) SK-StGB/Jäger, § 1 Rn. 1 이하 및 SS. 96-100에 소개된 문헌 참고.
21) Schönke/Schröder/Hecker, § 1 Rn. 16-17.
22) Vgl. Hans Kudlich, „Grundrechtsorientierte Auslegung im Strafrecht", JZ 2003, S. 127 이하.

으로서 일반 수범자는 입법자가 설정한 입법의도나 법관이 적용하는 법해석에 부합하지 않는 인식을 가질 가능성이 상존한다.[23] 일례로 승용차 운전을 두고 특수한 상해나 폭행범죄(제258조의2, 제261조)의 요건으로서 위험한 물건에 대한 휴대 또는 소지에 해당한다고 포섭할 일반인을 기대하기는 쉽지 않다.[24] 문외한에게 해석의 여지가 있는 법률개념은 법적 의미가 온전히 이해되기를 기대하기 어렵다는 사정을 고려하면, 비전문가인 일반 수범자는 문외한으로서 소박한 수준의 인식Parallelwertung in der Laiensphäre[25]이 요구될 뿐이다. 다만 사안이 지니는 구체적인 사정이나 특별한 조건, 그리고 경험이나 직업으로부터 행위자에게 귀속되는 주관적 생활반경에 따라 문외한에 평행한 평가가 조정될 여지는 있다.

Ⅸ. 법률의 부지는 용서받을 수 있다!

법규범의 규범력에 대한 근거, 그리고 규범인식 요구 논의는 궁극에는 규범 불인식에 대한 정당한 처우문제에 맞닿아 있다. 법규범이 갖는 특성으로 인하여 수범자가 이를 자연스럽고 온전하게 인식할 것을 기대하기는 어렵다는 점을 앞서 살펴보았다. 또한 법규범에 대한 일반적 승인이 인정되더라도 이로써 수범자가 법규범을 인식했는가는 별개로 남을 수 있다는 점도 보았다. 법규범에 대한 인식 필요성을 인정하더라도 국가가 수범자에게 이를 강요해서는 곤란하다. 규범인식이 일반적으로 선재한다고 의제해서도 안 된다. 법적 문외한으로서 일반 수범자가 법규범을 인식해야 할 의무가 있다는 식의 사고는 받아들일 수 없다. 개별적 법 적용에 수반되는 규범력은 결국 해당 수범자의 규범인식에 대한 확인을 전제로 하여서만 현실화될 수 있다고 보아야 한다. 개별적 규범인식에 대한 확인은 일반적 규

---

23) 법규범 해석의 가변성에 관하여 차강진, "법규범의 불확정성과 법해석", 부산대 법학연구 제37권 제1호, 1996, 257면 이하.

24) 대법원 1997.5.30. 선고 97도597 판결 등 참조.

25) Arthur Kaufmann, Die Parallelwertung in der Laiensphäre: ein sprachphilosophischer Beitrag zur allgemeinen Verbrechenslehre, 1982, S. 3. 또한 Joachim Schulz, „Parallelwertung in der Laiensphäre und Vorsatzbegriff: Skizzen zur Dogmengeschichte eines Kuriosums", Festschrift für Günter Bemmann, 1997, S. 246 이하 참고.

범 승인과는 별도로 규범 적용에 선행하여 이루어져야 한다. 반사회질서나 비도덕적인 행위가 편입된 형법 영역에서는 수범자의 인식을 비교적 쉽게, 의제에 가까울 정도로 인정할 수 있지만, 보편적인 지식과 상식으로 유추하기 어려운 주변부에서는 행위자의 입장에서 그 인식 여부가 한층 엄격하게 판단되어야 한다.

　규범인식을 토대로 규범의 구속력 또는 강제력이 실현된다고 할 때, 법 적용의 전제로 수범자의 규범인식이 요구된다고 할 때, 여기서 수범자에게 기대되는 규범에 부합하는 행위란 단순히 형식적 법률에 대한 인식을 뜻하지는 않는다. 수범자가 규범이 정하고 있는 실질적인 명령이나 금지를 인식하고 있었는가 하는 점이 중요하다. 만약 수범자에게 법규범에 대한 인식이 없는 경우, 그것이 완전한 불인식이든 잘못된 오인식이든 해당 규범이 갖는 법적 구속력의 정당성을 약화시킨다. 문외한으로서 수범자가 법규범을 인식하지 못한 경우에는 자기 행위의 위법성이나 불법성 자체를 인식하지 못하는 결과로 이어질 수 있다. 법규범에 대한 불인식으로부터는 적법한 해석이나 규범부합적 행위를 도출하기 어렵다. 규범에 대한 필요한 수준의 인식이 없는 경우에 상응한 법적 고려가 수반되어야 할 이유이다. 따라서 행위자가 형법에 관한 실질적 금지나 구성요건적 불법을 인식하지 못한 경우에는 그 불인식이나 오인식에 대한 정당한 평가를 거쳐 행위자에게 의미있는 법적 판단을 부여하여야 한다. 형법에서 규범에 대한 불인식이나 오인식은 종래 착오의 영역으로 취급되어 왔다(제13조, 제15조 및 제16조 참고). 착오 성립을 위한 조건의 충족 여부에 따라 규범에 대한 불인식이나 오인식은 법적으로 중요하지 않은 이탈로 처리될 수도 있고 법적으로 중요한 사태로 평가되어 행위자에게 유리하게 고려될 수도 있다.

　형법 적용을 받는 수범자로서 행위자에게는 형법규범에 대한 인식이 존재해야 한다. 법률의 부지는 용서받지 못한다는 법언이 법률을 인식하지 못하더라도 형법 수범자가 법 적용을 피할 수 없다는 의미로 읽혀서는 안 된다. 법률의 부지는 용서받지 못한다는 말이 수범자인 국민이 법규범을 인식하고 있어야 한다는 요구로 발현되는 순간 우리는 더 이상 이 법언을 받아들일 수 없다. 어떤 경우든 법률에 대한 부지가 형법에서 보호받지 못한다는 논리에 귀착되어서는 안 된다. 이는 규범에 대한 일반적 승인을 근거로 수범자인 국민에게 규범인식을 의제하는 결과에 다름 아니기 때문이다. 법 적용을 위한 전제조건을 나타내는 측면에서가 아니라 법 적용에 선험적으로 존재하는 당위적 의제를 드러내는 표현으로서 국민이 법규범을 인식해야 한다는 명제는 구현될 수도 없고 필요하지도 않다. 수범자인 국민이 법규범을 인식하고 있어야 한다는 당위적 요구는 책임주의를 제약한다는 점에서도 온전히 견지될 수 없다. 수범자에 대한 법규범 인식은 규범 적용을 위한 조건으로서 법률의 기능을 실현하기 위해 필요한 경우에만 기대할 수 있다. 수범자인 국민이 법규범을 인식하고 있다는 말은 해당 규범의 내용을 문외한의 관점에서 실질적인 의미를 이해한다는 정도로 받아들여야 한다. 법규범은 수범자인 국민 자신이 인식한 정도에 상응한 적법행위를 기대할 수 있을 뿐이다.

09

형사소송법의 이념적 딜레마:
실체진실주의

박 광 배

법무법인 케이에스앤피 법과인간행동연구소

　　1970년대 후반에 법학을 공부하고, 심리학으로 전공을 바꾸어 1989년 미국 시카고 소재 일리노이 주립대학에서 박사학위를 받았다. 이후 30년 동안 충북대학교에서 심리학 연구방법론, 심리측정, 그리고 법심리학 분야에서 학생들을 지도하고 정년을 1.5년 앞두고 명예퇴직한 후, 지금까지 법무법인 케이에스앤피 법과인간행동연구소에서 연구를 계속하고 있다. 교수로 재직 중 실증과학적 방법으로 법현상과 법행동을 이해하고 설명하는 분야인 법심리학을 한국의 학계에 처음 소개하고, 네브라스카-링컨 대학의 로스쿨에서 법심리학 박사후 과정을 수료하였으며, 학술지 Bahavioral Sciences and the Law의 국제편집장을 역임하였다. 이후 사법제도개혁추진위원회에 참여하여 국민참여재판 제도가 축적된 과학적 지식과 성찰에 근거하여 성안되도록 노력하였다. 저서로 『법심리학』, 『범주변인분석』 등이 있고, 논문으로 "An explanation for camera perspective bias in voluntariness judgment for video-recorded confession: Suggestion of cognitive frame", "Estimating juror accuracy, juror ability, and the relationship between them" 등이 있다.

의 약 30% 에서는 피고인 혹은 공범의 허위자백이 1심 유죄판결의 한 요인인 것으로 나타난다(김상준, 2003). 이미 울린 종소리를 지우는 것unring the bell이 불가능하듯이, 자백을 비롯해서 기타 증거능력이 없는 증거(예를 들면, 전문증거, 불법수집증거 등)가 일단 존재하면, 보강증거가 있건 없건, 공판에서 피고인이 인정하건 부인하건, 심지어는 그것이 허위건 아니건, 그 증거가 실체진실을 발견해야 하는 책무를 지닌 사실판단자의 심증을 이미 채색한 오염이 씻겨 사라지지 않기 때문이다(Leo & Davis, 2010; Wistrich, Guthrie & Rachlinski, 2005).[10] 형사절차에서 이러한 요인들의 발생이 완전히 제거되거나 원천적으로 방지되지 않는 한, 의식적, 무의식적으로, 실체진실의 발견을 절차원칙의 준수보다 더 중요시하는 인간의 오판은 계속해서 불가피하게 출현할 것이고, 그래서 실체진실주의는 계속 실패할 것이다.

IV.

진화심리학의 오류관리이론(Haseltone, 2007; Haseltone & Bus, 2003)[11]에 의하면, 인간은 오판에 의한 손해를 최소화하는 합리성을 통해 진화해 왔다. 즉, 인간은 기로에 선 순간, 결정적인 순간, 위험한 순간 등에서 옳은 판단과 정확한 판단을 하여 위기를 넘기고 생존해서 번식해온 것이 아니다. 매 순간 해야 하는 판단에서 무수히 많은 오판을 하며 오판에 의한 손해를 최소화하는 합리성을 획득하게 되었고, 그 합리성을 통해 진화해온 것이다. 왜 인간의 진화에 기여한 합리성은 옳은 판단을 추구하는 것이 아

---

10) Leo, R. A. & Davis, D. (2010), From false confession to wrongful conviction: Seven psychological processes. The Journal of Psychiatry and Law, 38, pp. 9-56; Wistrich, A. J., Guthrie, C. & Rachlinski, J. J. (2005), Can judges ignore inadmissible information? The difficulty of deliberately disregarding, University of Pennsylvania Law Review, 153, pp. 1251-1345.

11) Haselton, M. G. (2007), Error management theory In R. F. Baumeister & K. D. Vohs (eds.), Encyclopedia of Social Psychology (Vol. 1), pp. 311-312, Thousand Oaks, CA: Sage; Haselton, M. G. & Bus, D. M. (2003), Biases in social judgment: Design flaws or design features? In J. P. Forgas, K. D. Wiliams, W. Von Hippel (eds.), Social Judgments: Implicit and Explicit Processes, Cambridge University Press.

니고, 오판에 의한 손해를 회피하는 데 있다고 보는 것일까?

사실에 대한 오판은 불가피한 인간의 조건이다. 합리적인 인간이 사실을 정확히 판단하기 위해서는 그 사실을 직접 경험하거나, 필요충분한 정보가 주어져야 하지만, 거의 언제나 인간은 판단이 필요한 사실을 직접 경험하는 것이 불가능하거나(예를 들어, 과거에 발생한 사실, 미래에 발생할 사실), 정보의 부족, 왜곡된 정보, 정보처리를 위한 시간의 부족 등의 비이상적인 상황에서 판단을 해야 하기 때문에 수시로 오판을 범할 수 있다. 오판을 하면 그에 따른 비용과 손해를 감수해야 하는데, 독사를 독이 없는 뱀으로 오판하거나, 독버섯을 독 없는 버섯으로 오판할 때와 같이, 어떤 오판은 치명적인 손해를 유발하기도 한다. 따라서 인간은 오판이 불가피하다는 사실을 인지하고, 그 대신 불가피한 오판에 의해 초래되는 손해를 최소화하는 합리성을 가지게 되었고, 그 합리성을 통해 생존, 번식하여 진화했다는 것이 오류관리이론의 기본전제다. 즉, 인간의 합리성은 판단오류 혹은 오판을 관리manage하는 데 있다.

오판에 의한 손해를 최소화한다 혹은 오판을 관리한다는 것은 무엇을 뜻하는가? 사실에 대한 판단이 오판이 되는 상황에는 두 종류가 있다. 하나는 사실을 사실이 아닌 것으로 잘못 판단하는 오류부정이고, 또 하나는 사실이 아닌 것을 사실인 것으로 잘못 판단하는 오류긍정이다. 이 두 종류 오류의 가능성은 모든 확률적인 사실인정에 항상 공존한다. 불확실성 속에서 주관적 확률에 의존하여 모호한 추론과정을 거쳐 사실여부에 대한 판단을 해야 하는 인간에게 오판이 불가피한 이유는 두 종류의 오판을 모두 회피하는 것이 불가능하기 때문이다. 오류긍정을 회피하고자 하면, 오류부정을 많이 범하게 되고, 반대로 오류부정을 회피하고자 하면, 오류긍정을 많이 범하게 된다(Green & Swets, 1966). 독사를 독 없는 뱀으로 오판하여 물리는 일이 절대로 생기지 않도록 눈에 띄는 모든 뱀을 독사로 간주해서 죽이는 절차를 만들면, 오류부정은 더 이상 생기지 않지만, 무수히 많은 오류긍정이 발생하여 독 없는 무해한 뱀들이 수없이 희생되고, 쥐 등의 해로운 동물과 해충 등이 창궐한다. 즉, 사실을 판단하는 인간은 달리는 승용차를 피하면 덤프트럭에 치이는 경우와 같이, 만약 한 종류의 오판을 회피하면 다른 종류의 오판을 범하게 되는 딜레마 상황에 처한 비장한 존재다. 이런 불가피한 딜레마 상황에서 비장한 존재가 가질 수 있는 "합리성"은 두 종류의 오판 중 어떤 것이 더 적은 손해를 초래하는지 계산하고, 손해가 더 적을 것으로 기대되는 오판의 회피를 포기하는 것이다. 트럭을 피하기 위해 승용차를 피하지 않기로 순식간에 결단하는 것과 같다. 트럭에 치이는 것보다는 승용차에 치이는 것이 합리적이듯이, 손해가 상대적으로 적을 것으로 기대되는 오판을 범하는 것이 합리적이다. 그래서 오판의 불가피성을 인정하고, 손해가 더 적은 오판을 범하는 방안을 모색하는 합리성을 지닌 인간은 옳은 판단에 의한 이익만 추구하느라 오판을 수용하지 못해서 우유부단해진 인간보다 더 잘 생존하고 번식하여 진화하였다(Johnson, Blumstein, Fowler & Haselton, 2013).[12]

V.

과학계에서 최초의 결정(판단)이론decision theory으로 알려진 '파스칼의 내기Pascal's Wager'(Hájek, 2012)[13]는 오판의 합리적 관리를 표현하고 있다. 파스칼은 신의 존재는 인간의 이성으로 증명하거나 부정할 수 없기 때문에 신의 존재를 믿을 것인가, 믿지 않을 것인가의 판단은 오판이 초래할 손해를 비교하여 내기 혹은 투기를 할 수밖에 없다고 생각하였다: 신의 존재를 믿지 않았다가 신이 실제로 존재하면 벌을 받아 지옥에 떨어지는 무한손해를 감수해야 한다; 반면 신의 존재를 믿었다가 신이 존재하지 않으면 사소한 세속적인 손해(교회에 바친 헌금 등)만 감수하면 된다; 따라서 신이 존재한다고 믿고 살아가는 것이 합리적이다.

인류의 진화와 합리성에 대한 오류관리이론의 성찰은 당연히 사실인정에 관여된 현대과학의 논리철학과도 일맥상통한다. 그래서 과학이 인류의 진화와 합리성, 문명과 문화의 발전을 주도해온 것이 설명된다. 필자는 20

---

12) Johnson, D. D. P., Blumstein, D. T., Fowler, J. H. & Haselton, M. G. (2013), The evolution of error: error management, cognitive constraints, and adaptive decision-making biases, Trends in Ecology & Evolution, 28, 8, pp. 474-481.

13) Hájek, A. (2012), Pascal's Wager, Stanford Encyclopedia of Philosophy.

대 중반에 과학적 사실인정의 방법, 과학자가 사실에 대한 판단과 결정을 하는 논리와 절차를 처음 체계적으로 배우게 되었다. 그때 필자가 배운 방법에 의해 과학은 세상에 대한 많은 사실들을 발견하며 발전해왔고, 문명과 문화의 발전에 기여해 왔다. 그래서 필자도 자신이 배운 과학적 사실인정 방법을 30여년간 매해 학생들과 예비과학자들에게 다시 가르쳐왔고, 같은 방법으로 여러 가지 인간의 행동에 관한 나름의 사실인정을 해왔다.

과학자는 현상을 설명할 수 있는 가설("A의 원인은 B다")을 세우고, 그 가설에 반하는 현상("A의 원인은 B가 아니다")을 발견하여 가설을 반증하기 위한 절차를 고안하고 실행한 후, 그 결과(증거)를 관찰해서 처음의 가설을 폐기하거나 폐기하지 않는 판단과 결정, 다시 말해서, 사실인정을 한다. 현상을 설명할 수 있는 가설을 세우고, 그 가설을 반증할 수 있는 증거를 구하고, 구해진 증거의 의미를 귀납적으로 해석해서, 가설의 사실 여부에 대해 최종적인 결정을 하는 모든 과정과 절차에는 알려지지 않거나 알려질 수 없는 무수히 많은 오류, 오차, 오인, 오염이 개입할 수 있기 때문에 모든 과학적인 사실인정은 틀릴 가능성을 내포하는 확률적인 결정이다. 과학적인 사실인정은 두 종류의 틀릴 가능성을 내포한다. 원인이 아닌 것을 원인이라고 잘못 인정하는 오류긍정의 가능성과 원인을 원인이 아니라고 잘못 인정하는 오류부정의 가능성은 모든 확률적인 사실인정에 항상, 동시에 공존한다.

과학자는 사실인정에서 두 가지 오류 가능성을 모두 회피할 수 없다. 한 가지 오류 가능성을 줄이고자 하면, 다른 오류 가능성이 늘어난다. 따라서 과학자는 둘 중 어떤 오류를 회피할지에 대한 선택을 먼저 해야 한다. 과학자의 그 선택은 그 과학자가 두 가지 오류에 대해 가지는 상대적 가치를 반영한다. 과학자는 어떤 오류가 더 심각한 오류인가, 더 피해야 하는 오류인가를 판단하고, 그 판단에 따라 가설의 사실 여부에 대한 최종적인 결정을 위해 필요한 기준standard 혹은 결정의 임계치critical value를 선택하는 것이다. 대부분의 과학자는 오류긍정(원인이 아닌 것을 원인이라고 잘못 인정하는 오류)이 오류부정(원인을 원인이 아니라고 잘못 인정하는 오류)보다 더 심각한 오류, 피해야 할 오류라고 생각하고, 그래서 오류부정을 범할 확률이 높아지더라도 오류긍정을 범하지 않기 위한 결정기준을 선택한다. 그 기준은 가설("A의 원인은 B다")이 사실이라는 결정을 하기 위해서는 그 가설이 사실이 아닐 확률이 매우 작거나 아예 없어야 한다(5% 혹은 1% 미만)는 선험적 원칙이다. 즉, 가설이 사실이라는 것에 합리적 의심(가설을 반증하는 증거)이 거의 혹은 전혀 없어야 한다.

VI.

실체적 진실을 발견한다는 형사소송법의 이념은 사실을 오판하지 않는다는 이념이다. 이 이념을 구현할 목적으로 구성된 형사소송법에 의해 형사절차를 진행하면 죄지은 자를 무죄로 잘못 판단하는 무죄오판과 무고한 자를 유죄로 잘못 판단하는 유죄오판은 발생하지 않아야 한다. 그런데, 윌리엄 블랙스톤William Blackstone 판사는 유죄와 무죄의 판단을 정확히 해서 정의를 실현해야 한다고 말하지 않고, "한 명의 무고한 사람이 고통 받는 것보다 10명의 죄인이 도망하는 것이 더 좋다It is better that ten guilty persons escape than that one innocent suffer"고 말하였다.[14] 법학자들뿐만 아니라 수많은 지성인들을 감동시킨 이 유명한 경구에는 무죄오판과 유죄오판 중 하나는 불가피하다는 전제가 내재한다. 오판의 불가피성을 전제했을 때 "합리적 의심이 없는 증명" 기준(법 제307조)이 합리성을 가진다. 형사재판에서 사실인정을 위해 사용되는 "합리적 의심이 없는 증명" 기준은 유죄오판을 범하지 않기 위한 엄격한 기준이다. 이 기준을 성실하게, 일관되게 사용해서 사실인정을 하면 무고한 사람이 고통 받는 유죄오판은 최소화될 것으로 기대된다.[15] 그러나 블랙스톤 판사가 정확히 간파한 바와 같이, 이 기준은

---

14) 무죄오판보다 유죄오판이 상대적으로 더 나쁘다는 비유는 서구에서 블랙스톤 판사 이전에도 여러 번 나타났다. 12세기에 유대교 랍비 모세스 마이모니데스(Moses Maimonides)는 무죄오판보다 유죄오판이 1,000배 더 나쁘다고 표현하였고, 15세기 영국에서 존 포테스큐(John Fortescue)는 유죄오판이 무죄오판보다 20배 더 나쁘다고 표현하였으며, 17세기 미국에서 인크리스 마더(Increase Mather)도 유죄오판이 무죄오판보다 10배 더 나쁘다고 표현하였다(Alexander, V., 1997, n Guilty Men. University of Pennsylvania Law Review, 146, 1, pp. 173-216).

15) "합리적 의심이 없는 증명" 기준의 역사적 기원을 연구한 James Q. Whitman에 의하면 이 유죄판단기준은 17세기 중세유럽에서 죄를 판단하는 것은 신의 영역이라고 믿는 사

죄인이 도망하는 무죄오판을 많이 발생시키는 기준이다. 그래서 "합리적 의심이 없는 증명" 기준을 사실인정의 기준으로 사용하는 것은 실체진실의 발견을 포기해야 하는 것이고, 대한민국 형사소송법의 최고지도이념을 버려야 하는 것이다.

블랙스톤 판사와는 달리, 대한민국의 형사소송법은 실체진실주의를 포기할 수 없다. 그래서 또 하나의 결정기준을 조문화하였다. 법 제325조 "피고사건이 범죄로 되지 아니하거나 범죄사실의 증명이 없는 때에는 판결로써 무죄를 선고하여야 한다"가 그 조문이다. 무죄의 선고는 범죄사실의 증명이 아예 없어야 한다.[16] 이 무죄선고기준은 유죄선고기준(합리적 의심이 없는 증명)만큼 혹은 그보다 더 엄격한 기준이다. 이 기준을 일관되게 사용해서 사실인정을 하면 죄인이 도망하는 무죄오판은 거의 발생하지 않을 것으로 기대된다. 그러나 이 기준은 무고한 사람이 고통 받는 유죄오판을 매우 많이 발생시키는 기준이다. 그래서 "범죄사실의 증명이 없는 때" 기준을 사실인정의 기준으로 사용하는 것 또한 실체진실의 발견을 포기해야 하는 것이고, 형사소송법의 최고지도이념을 버려야 하는 것이다.

아마도 대한민국의 형사소송법은 엄격한 유죄선고기준(합리적 의심이 없을 때)과 엄격한 무죄선고기준(범죄의 증명이 없을 때)을 동시에 사용해서 사안의 진상을 판단하면 실체진실주의가 실현될 것으로 기대하는 듯하다. 즉, 절차법에 엄격성을 가진 기준과 원칙을 여러 개 포진시키면 "적법한 절차"에 의한 "실체적 진실의 발견"이 실현될 것으로 기대하는 듯하다. 그 기대는 현실성과 합리성이 있는 것인가? 유죄선고기준과 무죄선고기준을 동시에 사용하면 실체진실주의가 실현되지 않을 뿐만 아니라 사안에 대해 이중잣대를 적용하는 위선이 추가로 발생할 뿐이다. 실체진실주의를 실현하기 위해 엄격한 유죄선고기준과 엄격한 무죄선고기준을 동시에 사용하면, 당

람들이 깊은 내면의 확신 (*intime* conviction) 없이 유죄를 판단하는 것을 너무 두려워한 나머지 명백히 죄지은 자도 처벌하지 못하는 경우가 많아서 검사들에 의해 만들어진 기준으로, 당시에는 범죄사실의 증명에 합리적 의심이 없다면 판결로서 유죄를 선고해야 한다는 의미였다고 한다(Whitman, J. Q. (2008), The Origins of Reasonable Doubt: Theological Roots of the Criminal Trial, New Haven: Yale University Press).

16) "범죄사실의 증명이 없는 때"가 어떤 의미인지에 대해서는 여러 가지 해석이 있을 수 있다. 이 글에서는 해석을 하지 않고 자구 그대로의 의미로 이해한다.

연히 두 가지 기준을 모두 충족하지 못하는 사건이 많이 발생한다. 모종의 범죄 증명이 있지만, 합리적 의심을 초월할 정도의 증명이 못 되는 경우다. 그러한 사건들에 대한 판단은 당연히 일관된 기준 없이 이루어지게 되므로, 일시적 정책, 당시의 욕구, 유행, 여론, 운, 판단자의 편향된 가치 등의 편의적 결정기준이 우왕좌왕 선택적으로 사용되고, 그래서 그중 상당수는 김상준(2013)이 일부 확인한 바와 같이 오판으로 귀착된다. 그래서 엄격한 유죄선고기준과 엄격한 무죄선고기준을 동시에 사용하면 실체진실주의가 실패할 확률이 더 높아진다.

그리스 신화의 시지프스Sisyphus와 같이, 항상 실패할 수밖에 없는 이념의 실현을 맹목적으로 추구하는 것이 형사소송법의 최고 딜레마일지도 모른다. 본원적인 딜레마를 가지는 이념을 추구하는 형사소송법은 사실인정의 실패 이외에도 여러 가지 다른 내적 모순을 잉태한다. 법 제307조에 명시된 "합리적 의심이 없을 때" 기준은 무죄추정의 원칙을 전제하는 기준이고, 법 제325조에 명시된 "범죄사실의 증명이 없는 때" 기준은 유죄추정의 원칙을 전제하는 기준이다. 그래서 엄격한 유죄선고기준과 엄격한 무죄선고기준을 동시에 사용하는 것은 무죄추정과 유죄추정을 동시에 전제하는 위선이다. 그 밖에도, 사람을 같은 사안으로 반복해서 처벌하는 것은 인권의 침해가 되지만, 처벌할 수 있을 때까지 반복해서 처벌위험에 노출시키는 것double jeopardy은 인권의 침해가 아니라는 모순(제338조), 재판 도중에 법관이 유죄판결을 할 수 있도록 공소장의 내용을 변경하라고 검사에게 요구하는 것(제298조)은 불공정이 아니라는 모순 등은 실체진실주의가 형사소송법을 지도하는 이념이기 때문에 생기는 모순들일 것이다. 21년간 법관으로 재직하며 실체진실주의의 이러한 모순들을 체험한 이승택 변호사는 현재 일본과 대한민국에서만 사용하는 '무죄innocent' 주문을 '유죄가 아님not guilty'으로 개정할 것을 제안하기도 하였다(이승택, "형사소송법의 '무죄' 선고 규정의 개정을 바란다" 법률신문, 2017.5.24). 형사재판의 사실인정에서 '무죄'를 '유죄가 아님'으로 바꾸는 것은 단순한 언어의 변경이 아니다. 최소한 사실인정에서 실체진실주의와 무죄선고기준을 버리고, 적법절차원칙과 유죄선고기준에 집중하자는 제안이다. 사실인정에서 최고의 딜레마가 해소되면 형사소송법의 다른 모순들도 논리적으로 해소될 가능성이 열리게 될 것이다. 그래서 형사소송법이 더 합리적이고, 과학적이고, 더 일관성을 가진 법으로 진화할 수 있는 길이 열리게 될 것이다.

10

사실인정의 딜레마

최병천

전남대학교 법학전문대학원 교수

　검사와 변호사를 거쳐 전남대학교에서 형사법을 가르치고 있다. 저서로는 판례를 중심으로 한 『형법총론』, 『형법각론』, 『형사소송법』이 있다. 논문은 주로 영미의 전문법칙을 토대로 우리나라의 증거법 체계를 개선하는 방법들을 모색하고 있다. 법률이론은 현실에서 발생하는 문제를 구체적이고 논리적으로 분석함으로써 그것이 옳고 그른지에 관하여 집단 지성을 형성할 수 있는 방향으로 전개되어야 한다고 믿고 있다.

Ⅰ. 문제의 제기

재판은 먼저 사실을 확정한 다음, 확정된 사실에 대해 법률을 적용함으로써 결론을 도출하는 과정을 거친다. 사실 인정의 근거가 되는 자료를 증거라고 한다. 증거는 물적 증거(예컨대, 사람을 찔러 살해하는 데 사용된 칼)와 인적 증거(예컨대, 교통사고를 목격한 증인)로 나누어 볼 수 있다. 물적 증거에 있어서는 판사나 배심원이 증거를 직접 조사하여 사실을 확인하지만, 인적 증거의 경우 판사나 배심원은 증인이 한 진술을 토대로 하여 사실 판단을 하게 된다. 그래서 인적 증거에 있어서는 증인으로 하여금 진실을 말하게 하는 것이 중요하다. 이 글에서는 인적 증거인 사람의 진술을 증거로 사용함에 있어서 발생하는 여러 문제들 중에서 논리적으로 복잡하고 흥미도 있는 부분을 다룬다.

가령, 철수는 영희를 살해하려고 칼로 영희의 가슴을 찔렀으나 영희가 이를 피하면서 크게 소리치는 바람에 살해하지 못하고 미수에 그쳤다는 내용으로 기소되어 재판을 받는 가상의 사례를 들어보자. 위 사례에서 철수와 영희가 경찰관이나 주변 사람들에게 한 진술은 다음과 같다고 가정해보자.

> 철수: 만수가 장난으로 영희 앞에서 칼을 휘둘렀을 뿐 내가 영희를 살해하려고 칼로 찌른 것은 아니다.
> 영희: 철수가 나를 죽이려고 가슴을 찔렀는데 다행히 술에 취한 철수의 움직임이 둔해서 공격을 피할 수 있었다.
> (만수는 소재불명인 상태이다)

위 사안의 쟁점은 철수가 영희를 살해하기 위하여 칼로 영희의 가슴을 찌르려고 하였느냐이다. 법원이 위와 같은 사실을 인정함에 있어 '영희가 경찰관이나 주변 사람들에게 한 진술'을 그대로 증거로 사용한다면 어떤 불합리한 점이 발생할까? 다시 말하면 영희가 법정에서 판사와 배심원이 지켜보는 가운데 선서하고, 철수와 그의 변호인에게 반대신문할 수 있는 기회가 주어진 상태에서 한 진술만 증거로 사용하는 것이 바람직한지, 아니면 그러한 조건이 충족되지 않은 채 법정 외에서 이루어진 진술도 증거로 사용하는 것이 좋은지의 문제이다. 영희가 법정 외에서 한 진술을 증거로 사용하는 방법은, '법정외 진술을 들은 사람(경찰관 또는 주변 사람들)'이 법정에서 '들은 내용(영희의 법정외 진술)'을 증언하거나 또는 영희의 법정외 진술을 서면에 기재하거나 녹음하여 그 서면 또는 녹음물을 법정에서 낭독 또는 재생하는 것이다.

이러한 문제를 보다 구체적으로 들여다보기 위해, 법정외 진술을 증거로 사용했기 때문에 나중에 많은 비판을 받았던 Raleigh에 대한 재판을 살펴보자.

Ⅱ. Raleigh에 대한 재판

1603년에 영국에서 Elizabeth 여왕이 사망하고 James 1세가 잉글랜드의 왕으로 즉위하였다. James 1세는, Elizabeth 여왕 시절에 정치인으로서 전성기를 누렸던 Raleigh에 대해 우호적이지 않았다. 1603년에 James 1세를 폐위하고 Arabella Stuart를 왕으로 옹립하려는 반역죄가 발각되었고 그 주모자는 Henry Brooke으로 알려졌다. Henry Brooke은 추밀원Privy council의 조사과정에서 Raleigh도 반역죄에 가담하였다고 자백하였다. Raleigh가 반역죄에 가담하였다는 증거는 그 외에도 Henry Brooke이 스페인의 경제적 지원을 받기 위해 Aremberg 백작에게 보냈다는 편지와 증인 1명이 있었다.

Raleigh는 재판과정에서, Henry Brooke이 James 1세의 은혜를 바라고 목숨을 부지하기 위하여 거짓말을 했을 수 있고, 런던탑에 수감되어 있는 Henry Brooke을 법정에 출석시키는 것이 어려운 일도 아니므로 그를 소환하여 대면할 수 있게 해달라고 요구하였다. 이에 재판장 Popham은 다음과 같은 이유를 대며 Henry Brooke을 증인으로 소환하지 않았다.

"Henry Brooke은 임의로voluntarily 먼저 자신의 범행을 자백하고 그 다음에 당신의 범행을 인정하였다. Henry Brooke을 이 법정으로

소환하면 당신에 대한 호의 내지 두려움 때문에 과거의 진술을 뒤집을
지 모른다. 만약 그렇게 되면 배심원들이 허위 증언에 속을지도 모른다."

법원은 위와 같이 Henry Brooke을 증인으로 소환하지 않은 채 그가
법정 밖에서 한 자백과 편지를 배심원들 앞에서 낭독하고 다른 증인 1명
을 신문하는 것으로 증거조사를 마치고 Raleigh에게 사형을 선고하였다.
증인의 증언은 Raleigh와 Henry Brooke이 James 1세를 폐위하려고 한다
는 소문을 포르투갈의 리스본 시에서 어떤 포르투갈 신사로부터 들었다는
내용에 불과하여 그다지 증명력이 없었다. 그러므로 Raleigh가 반역죄에
가담하였다는 증거는 사실상 Henry Brooke이 조사과정에서 한 자백과 그
가 작성한 편지가 전부였다.

Popham이 Henry Brooke을 증인으로 소환해달라는 요구를 거부하면
서 내세운 이유는, Henry Brooke의 진술은 임의성이 인정되므로 이를 신
뢰할 수 있고, Henry Brooke이 법정에 출석하여 Raleigh와 대질한 상태
에서 신문을 받게 되면 Raleigh가 저명한 정치인이고 Henry Brooke과는
친구 사이라는 사정에 의해 진술을 번복할 우려가 있다는 것이다. Raleigh
에 대한 유죄판결은 사실상 Henry Brooke의 진술에만 의존하여 이루어졌
고, 사형을 선고받은 Raleigh에게는 Henry Brooke과 대면하여 반대신문
할 수 있는 기회가 주어지지 않았다. 더욱이 Henry Brooke은 Raleigh가
반역죄에 가담하였다고 진술했지만 나중에 이를 철회했었다. 그러한 이유
로 Raleigh의 재판을 담당한 판사 중 한 명은 훗날, "영국의 사법이
Raleigh에 대한 유죄판결에서처럼 타락하고 상처받은 적이 없다"라고 탄식
하였다.

가상의 사례인 철수의 살인미수사건에 대한 재판을 Raleigh에 대한 재
판과 동일한 방법으로 진행한다면, 판사는 영희가 경찰이나 다른 사람들에
게 한 진술을 증거로 사용하여 철수에게 유죄판결을 선고할 수 있다. 즉
판사는 영희를 조사한 경찰관이 작성한 진술조서나, 영희의 진술을 들었다
는 다른 사람의 증언에 의해서 유죄판결을 선고할 수 있는 것이다. 이와
같이 철수가 법정에서 영희를 대면해서 반대신문을 해보지도 못한 채, 법

정 외에서 이루어진 영희의 진술만을 근거로 하여 유죄판결이 선고되는 것은 대단히 부당하다고 하지 않을 수 없다.

그러한 이유로 Raleigh에 대한 재판 이후 영국에서는 법령의 변경과 사법 제도의 개혁을 통해 재판이 남용되지 않도록 대면권right to confront face-to-face with witnesses 이론을 전개하였다. 1661년에 반역죄에 관한 법령에서 피고인에게 증인을 대면할 수 있는 권리를 부여하도록 규정하였다. 이와 별개로 법원은 법정 밖에서 진술했던 증인이 사망하거나 소재불명되는 등으로 직접 법정에 출석해서 증언할 수 없는 사정이 존재한다는 사실이 인정되는 경우에만 그 법정외 진술을 증거로 사용할 수 있다는 이론을 전개시켰다. 또한 법정외 자백은 피고인 자신에 대해서는 증거로 사용될 수 있지만 공범의 범죄에 대한 증거로는 사용될 수 없다는 이론도 적용되었다.

Ⅲ. 법정외 진술의 문제점과 그 진실성을 담보할 수 있는 방법

법원이 철수가 영희를 살해하려고 칼로 영희의 가슴을 찌르려고 했다는 사실을 인정함에 있어, 영희가 경찰관이나 주변 사람들에게 한 말을 그대로 증거로 사용하는 것은 무슨 문제가 있을까? 다시 말하면 영희가 한 법정외 진술은 과연 신뢰할 수 있는가? 영희가 법정 밖에서 한 진술은 여러 가지 요인으로 인하여 진실하지 않을 개연성을 가진다. 영희가 한 법정외 진술의 진실성을 저해하는 요소는 다음과 같은 4가지의 형태로 분석해 볼 수 있다.

첫째, 철수가 칼을 휘두를 당시는 매우 어두웠기 때문에 영희가 철수의 행동을 제대로 보지 못하였을 수도 있고, 아니면 영희가 만수의 급작스런 행동에 당황해서 상황을 오인했을 수도 있다. 이것은 인식의 영역과 관련된다.

둘째, 영희에게 칼을 휘두른 사람은 사실은 철수 옆에 있던 만수인데 영희가 몹시 흥분했었거나 아니면 오랜 시간이 지났기 때문에 나중에 철수가 칼을 휘둘렀다고 잘못 진술했을 수도 있다. 이것은 기억의 문제이다.

셋째, 사실은 철수가 영희를 협박하기 위해 칼로 영희의 가슴을 찌르는 듯한 행동을 했고 영희도 그러한 사정을 잘 알았지만 영희가 부주의해서 또는 한국어에 서툴러서 칼로 찔러 죽이려 하였다고 진술했을 수도 있다. 이것은 표현의 정확성과 관련된다.

넷째, 영희는 철수가 칼로 장난을 친다는 것을 잘 알고 있었지만, 철수에 대해 좋지 않은 감정을 가지고 있었기 때문에 철수가 칼로 찌르려 하였다고 허위 진술했을 수도 있다. 이것은 진정성의 문제이다.

위와 같이 정확하지 못한 진술을 할 가능성을 배제하고, 영희로부터 신뢰할 수 있는 진술을 받아내기 위해서는 어떤 방법을 사용할 수 있을까? 우리나라의 형사소송절차에서는 진술의 진실성을 담보하기 위해서 다음과 같은 장치들이 사용되고 있다.

첫째, 법정에서 증언하는 영희로 하여금 진실을 말하겠다고 선서한 다음에 증언하게 하고, 허위진술을 한 때에는 위증죄로 처벌한다.

둘째, 사실판단을 할 판사나 배심원이 영희가 증언하는 것을 직접 지켜봄으로써 영희의 진술 태도를 관찰한다. 사람이 진술을 하는 때에는 그 진실성이 태도에 나타날 수 있으므로 태도를 관찰하는 것은 진실 발견에 도움이 될 수 있다.

셋째, 철수가 그에게 유리한 진술을 이끌어내기 위해 영희를 상대로 질문한다. 철수가 그가 저질렀다는 범죄에 관하여 진술하는 영희를 상대로 신문하는 것은 진실 발견을 위해 대단히 중요하다. 또한 철수는 영희를 상대로 신문하면서 법정외 진술 자체뿐만 아니라 그 진술이 이루어진 전후 맥락에 관하여 물어볼 수도 있다. 예컨대 영희와 철수가 평소에 친한 사이였는지, 칼을 휘두르기 직전에 어떤 대화가 오고 갔는지, 만수가 그 자리에 있었는지, 영희가 철수의 칼을 피한 후에 어떤 반응을 보였는지 등을 알 수 있다면 철수가 칼을 휘둘렀는지, 그렇다면 그 의도가 무엇인지를 보다 정확히 판단할 수 있을 것이다.

Ⅳ. 전문법칙

영희가 경찰관이나 주변 사람들에게 한 진술, Henry Brooke이 추밀원의 조사과정에서 한 자백(그리고 Henry Brooke이 Aremberg 백작에게 보냈다는 편지)은 선서, 태도의 관찰 그리고 반대신문이라는 진실을 발견하기 위한 장치들이 전혀 작동되지 않은 상태에서 행해졌다. 영희와 Henry Brooke의 법정외 진술은 그러한 한도에서 상대적으로 진실성이 떨어진다고 할 수 있다. 진실을 발견하기 위한 장치들은, 증명하고자 하는 사실(즉, 철수가 영희를 살해하려고 칼로 영희의 가슴을 찌르거나 Raleigh가 반역죄에 가담한 사실)을 직접 경험한 사람이 법정에 출석했을 때에만 작동시킬 수 있다. 영희와 Henry Brooke이 법정에 출석한 때에만 선서, 태도의 관찰 그리고 반대신문이라는 진실을 발견하기 위한 장치들이 작동될 수 있는 것이다. 영희와 Henry Brooke의 진술을 들었다는 경찰관, 주변 사람들 그리고 조사관이 법정에 출석한 경우, 진실을 발견하기 위한 장치들이 작동하는 대상은 경찰관, 주변 사람들 그리고 조사관의 경험 사실(즉, 영희와 Henry Brooke의 진술을 들음)이지, 영희와 Henry Brooke의 경험 사실이 될 수 없다.

영희와 Henry Brooke이 법정 밖에서 한 진술을 전문증거hearsay evidence라고 한다. 전문증거는 그 진술의 진실성을 담보하기 위한 장치가 작동되지 않으므로 증거로 사용할 수 없다는 원칙을 전문법칙hearsay rule이라고 한다. 철수와 Raleigh에 대한 재판에서 경찰관이나 주변 사람들 그리고 조사관이 영희와 Henry Brooke이 법정 밖에서 한 진술에 관하여 증언하더라도 이것들은 전문증거에 해당하므로 전문법칙에 의해 증거로 사용될 수 없다.

전문법칙은 인적 증거에 대해서만 적용하고, 물적 증거에 대해서는 적용하지 않는다. 물적 증거에 있어서는 판사와 배심원이 증거를 직접 조사하여 사실판단을 하므로 진술의 진실성을 담보하기 위한 장치들이 작동될 여지가 없음에 반하여, 인적 증거에 있어서는 판사와 배심원이 사람의 진술을 토대로 사실판단을 하여야 하므로 그 진술을 신뢰할 수 있어야 하고 이를 위해서는 진술의 진실성을 담보하기 위한 장치들을 작동시켜야 하기 때문이다.

Raleigh에 대한 재판에 관하여 주로 피고인의 대면권이 보장되지 않았다는 이유로 많은 비판이 있었고, 법령의 개정과 재판제도의 개혁을 통해 1690년경에는 영국 법원이 전문법칙을 재판실무에서 적용하기에 이르렀다. 전문법칙이 정착된 초기에는 그 적용이 엄격하여 증거사용이 크게 제한되었다. 전문법칙을 엄격하게 적용하면 증거사용이 어느 정도로 제한될 수 있는지에 관하여 Baron Park가 제시한 가상의 사례를 살펴보자.

선박충돌사건에 있어서 선박의 기계장치가 제대로 작동하지 않았기 때문에 선박이 충돌하게 되었는지 논란이 생겼다고 하자. 선장이 선박의 모든 기계장치가 제대로 작동되고 있는지를 충분히 검사한 다음 선장의 가족을 태우고 선박의 운항을 시작하였다. 여기서 선장이 출항 전에 선박의 기계장치를 검사하였다는 사실을 선박이 항행 가능한 상황에 있었음을 입증하기 위한 증거로 사용하려고 한다면 이는 전문법칙에 의해 증거능력이 부정되어야 한다. 왜냐하면, (1) 선장이 가족과 함께 승선한 사실은 그가 선박의 항행가능성을 믿었음을 나타내고, (2) 선장이 선박을 검사한 다음 항행 가능한 상태에 있었다고 믿었다면 선박은 아마 그러한 상태에 있었을 것이다. 여기서 선장의 행동은 '비언어적 행위nonverbal conduct'이지만 그것은 사실상 선장이 선박을 검사한 후에 "이 선박은 항행가능하다"라고 말하는 것과 기능적으로 전혀 다르지 않다. 그런데 "이 선박은 항행가능하다"라는 진술은 그 진실성을 담보하기 위한 장치가 작동되지 않은 상태에서 이루어졌으므로, 증거로 사용되면 안 된다. 다시 말하면 '비언어적 행동(선장이 선박을 검사한 다음 가족을 태우고 운항을 시작함)'이 '일정한 사실(이 선박은 안전함)'을 암시하는 경우에, '비언어적 행동'을 '일정한 사실'을 증명하기 위한 증거로 사용하는 것은 전문법칙에 의해 허용될 수 없다. Baron Park의 위와 같은 주장과 동일한 결론에 도달한 Wright v. Doe d. Tatham 판결을 보자. 위 판결은 1837년에 영국의 House of Lords가 선고하였다.

John은 그의 재산을 유언을 통해 재산관리인 Wright에게 물려주었다. John의 법적 상속인인 Tatham은 John이 유언장을 작성할 때 정신적 결함으로 인하여 유언무능력자였으므로 유언이 무효라고 다투었다. Wright는 유언이 유효함을 입증하기 위하여 John에게 배달된 몇 통의 편지를 증거로 제출하였다. 한 편지에는 편지의 작성자가 John으로 하여금 편지 작성자의 변호사를 만나 영업적인 문제를 상의하라고 강권하는 내용이 있었고, 다른 편지에는 특정 모임에 나와 공적인 사무에 대해 논의하자고 초청하는 내용이 있었고, 미국으로 이민간 사촌이 보낸 또 다른 편지에는 그곳 상황을 논의한 내용이 있었다. Wright가 편지들을 증거로 제출한 이유는, 편지들에서 그 작성자들이 통상적인 지능과 정신을 가진 사람과 교신하고 있다고 생각했음을 알 수 있다는 것이다. 즉 편지의 작성자들은 John이 의사능력을 가졌다고 생각하였으므로 John이 유언장을 작성할 때 실제로 의사능력이 있었음을 추론할 수 있다는 것이다.

House of Lords는 편지들이 John의 의사능력에 관하여 전문진술로서 사실을 밝히고 있고hearsay declaration of John's sanity, 심신상태를 입증하기 위해 제출되었다는 논리로 편지들의 증거능력을 부정하였다.

증거인 위 편지들에서는 '진술이 행동으로부터 암시적으로 드러나는 statement implied from conduct' 상황이 존재한다. 즉 위 편지들의 작성자들은 John이 의사능력 있는 사람이라고 명시적으로 주장하지는 않았지만, John이 의사능력이 있는 사람이라고 전제하면서 편지를 썼기 때문에 John이 의사능력이 있음을 묵시적으로 나타낸 것이다. 사람의 진술의 정확성을 담보하기 위해 전개된 전문법칙을, 위와 같이 '행동(편지의 작성)을 통해 묵시적으로 드러난 주장(John은 의사능력이 있음)'에 적용한 House of Lords의 견해가 타당한지에 대해서는 논란이 있다. 오늘날 미국에서는 '행동을 통해 묵시적으로 드러난 주장'에 대해서는 전문법칙을 적용하지 않는다. 이와 달리 예컨대 누가 범인이냐는 질문에 대해 손가락으로 특정인을 가리키는 경우와 같이 '행동을 통해 명시적으로 하는 주장'에 대해서는 통상의 진술로 취급하여 전문법칙을 적용한다.

전문진술 내지 전문증거에 대해서 원칙적으로 증거로 사용할 수 없게 하는 이유는, 그러한 증거가 진실하지 않을 위험성이 존재하기 때문이다. 그렇지만 진실성을 담보하기 위한 장치가 작동되지 않은 채 법정 외에서 행해진 진술이라고 하더라도 고도로 신빙할 수 있는 경우들이 있다. 가령, 사람이 죽어가면서 사망원인에 관하여 하는 말, 환자가 치료받기 위하여 의사에게 하는 말 또는 흥분상태에서 자기도 모르게 하는 말 등은 허위가 개입될 여지가 거의 없으므로 전문진술이기는 하지만 증거로 사용할 필요 가 크다. 증거가 전혀 없는 것보다는 허위개입의 위험성이 있는 전문증거 라도 존재하는 것이 진실발견에 도움이 될 수도 있다. 증인으로 소환해야 할 사람이 사망했거나 소재불명된 경우에는 그가 한 법정외 진술을 증거로 사용하는 것이 부득이할 수 있다.

이상에서 살펴본 것처럼 무엇을 전문증거로 보아 증거로 사용할 수 없 게 할 것인지, 전문증거에 해당하더라도 예외적으로 증거 사용을 허용해야 할 것인지에 대해서는 나라마다 조금씩 달리 취급하고 있다.

11

접근권한정보로 사용하는 생체정보의 법적 문제

조성훈

김·장 법률사무소 변호사, 법학박사

   검사로 특수·첨단범죄 분야 수사를 담당하였고, 미 버클리법대, 서울법대에서 박사학위를 취득하였다. 현재 김·장 법률사무소에서 변호사로 일하는 한편, 연세대, 서강대, 이화여대 법학대학원 등에서 겸임교수로 형사법과 IT법을 강의하고 있다. 기업형사, 첨단범죄, 프라이버시·정보보호, 금융보안·핀테크, 영업비밀, 지식재산권, 공정거래 등의 분야에서 실무 및 연구에 종사하고 있다.

Ⅰ. 들어가며

1. 전자정보 수집과 '접근권한정보'

프라이버시에 대한 인식이 높아짐에 따라 컴퓨터, 휴대전화기와 같은 개인용 정보기기personal device에도 아이디, 패스워드 등으로 다른 사용자의 사용을 방지하는 경우가 빈번하다. 한편 서버의 경우는 그 특성상 '접근권한에 대한 정보'(아이디, 패스워드 등)의 사용이 필수적이다.[1] 서버server란 컴퓨터네트워크에서 다른 컴퓨터에 서비스를 제공하기 위한 컴퓨터 또는 소프트웨어를 말하며, 반대로 서버에서 보내 주는 정보 서비스를 받는 측 또는 요구하는 측의 컴퓨터 또는 소프트웨어를 클라이언트client라고 한다.

서버는 일종의 공동사용 자원으로 볼 수 있다.[2] 공동으로 사용되는 자원은 ① 특정 사용자 집단(**주체**), ② 사용자들을 위한 컴퓨팅 자원(**객체**), ③ 컴퓨팅 자원을 사용하는 방법(**규칙**)을 필수적 구성요소로 한다. 개별 사용자들은 사용규칙에 따라 컴퓨팅 자원의 사용에 대하여 각자 다른 범위의 권한을 가지게 된다. 그런데 개별 사용자들에 대한 권한을 인증하고 이를 배분할 때 가장 많이 사용되는 수단은 사용자들에게 아이디와 패스워드와 같은 접근권한정보를 부여하는 방법이다. 따라서 서버에 대한 압수·수색은 원칙적으로 피압수자의 '접근권한에 대한 정보(아이디, 패스워드 등)' 획득을 전제로 하는 것이다.

---

1) '접근권한정보'(access information)를 '계정정보'(account information)라 부르기도 한다.
2) 서버 자체는 서버 운영자(인터넷서비스 제공자)의 소유인 상태에서 사용자들이 서버 운영자와 일종의 임차계약을 체결하여 공동으로 사용할 수도 있고, 사용자들이 서버 자체를 공동소유(common property)하면서 법령, 계약, 관습 등에 의한 내부사용규칙을 설정하여 공동으로 사용할 수도 있다. 어느 경우든 ① 특정 사용자 집단(주체), ② 그 집단이 사용하는 대상(객체)을 식별하고, ③ 특정 사용자 집단이 대상을 사용하는 방법(사용규칙)이 설정되어야 할 것이다. 이러한 사용 관계의 법적 성격과 가상공간에 대한 응용에 대하여는 다음의 문헌을 참고할 수 있다. 拙稿, "정보통신망 침입에 대한 연구: 정보통신망 이용촉진 및 정보보호 등에 관한 법률 제48조를 중심으로", 법조 제62권 제12호(2013), 117면.

2. 전자정보 수집과 '암호화정보'

더 나아가 저장매체 자체 또는 개별 파일에 대하여 개인정보·영업비밀 등의 보호를 위해 암호화 방법을 사용할 수 있다. '암호화'encryption는 정보를 제3자가 알아볼 수 없도록 평문plain text을 재구성하여 암호문cipher text을 만드는 것이고, 이때 정보의 재구성방법을 암호화 알고리즘encryption algorithm이라 한다.[3] 암호시스템의 안전성은 암호화 키encryption key의 비밀성에 의존한다는 케르크호프스 원리Kerckhoff's principle에 따라 암호화 알고리즘은 일반적으로 공개되며, 암호에 의해 보호되는 정보의 보안은 키에 대한 보호에 의존하게 된다. 현대 암호 실무에서는 통상 128비트 또는 256비트 길이의 키를 사용한다. 그런데 일반적인 사용자는 이러한 길이의 암호화 키에 대한 정보를 기억하기 어렵기 때문에, 짧고 기억이 쉬운 패스워드password를 설정하는 방법으로 키에 대한 보안을 유지하게 된다. 보다 구체적으로 살펴보면 '암호해제'(복호화, decryption)는 다음과 같은 2단계 과정을 거치게 된다. 먼저 패스워드를 이용하여 키에 대한 암호화를 해제하고(**1단계**), 암호화 해제된 키를 이용하여 복호화 알고리즘decryption algorithm을 시동하게 된다(**2단계**). 결론적으로 대부분 사용자에게 패스워드는 실질적으로 키와 같은 기능을 하게 된다. 따라서 이하에서 암호화·복호화 알고리즘을 구동하는 '암호화 키', 그러한 키를 복호화하는 '패스워드'를 통칭하여 '암호화정보'라는 용어를 사용하기로 한다.

서버에 대한 '접근권한정보'와 암호화된 정보에 접근할 수 있도록 하는 '암호화정보'는 ① 특정 정보에 대한 접근권한을 부여하는 기능을 하고, ② 사용자의 정보결정권을 강화한다는 점에서 기술적·규범적으로 유사한 역할을 한다. 따라서 본 문헌에서는 위 두 개념을 모두 포괄하는 넓은 개념으로 '접근권한정보 등'이라는 용어를 사용하며, 특히 구분할 필요가 있는 경우에 이를 명시하도록 할 것이다.[4]

---

3) 정진욱·김현철·조강홍, 컴퓨터네트워크(2003), 518면.
4) 따라서 본 문헌에서 사용하는 개념들의 관계는 다음과 같이 정리할 수 있다. '접근권한 정보 등'='접근권한정보'+'암호화정보'.

Ⅱ. 암호와 프라이버시

1. 암호 관련 규제의 역사

미연방 정부는 1990년대에 암호화 수단에 대한 규제를 시도한 바 있다. '암호전쟁'crypto wars이라 불리는 치열한 논쟁을 거쳐 클린턴 행정부는 1999년에 정책을 전환하여 암호화에 대한 규제를 포기하기에 이르렀다. 이후 암호문제는 주요한 정책적 주제로 다루어지지 아니하였으나 최근 중국, 인도 등의 국가에서 유사한 논쟁이 진행 중인바, 본 항목에서는 위와 같은 경위와 관련된 법적 쟁점에 대하여 간략히 살피기로 한다.

(1) 키 위탁 방식과 클리퍼 칩

1990년 이전에는 국가안전국National Security Agency, NSA이 암호 관련 정책에서 주된 역할을 하였다. 국방부department of defense 소속기관으로서 국가안전국은 상호보완하는 두 가지 기능을 하였다. 즉, ① 감시 대상이 설정한 암호를 해제하고, ② 정부, 기업 등에서 사용하는 암호화 수단을 효과적으로 보호함이 바로 그것이다. 그러나 기술발전에 따라 공개키 방식의 암호화 방법이 개발됨에 따라, 암호화 관련 주도권은 민간으로 넘어가고 국가안전국의 역할은 자연스럽게 줄어들게 된 것이다.[5]

1990년대 초반에 이르러서는 민간에서 발전한 암호화 기법에 여하히 대처할 것인지가 중요한 정책 과제로 대두되었다. 특히 '암호화 키 위탁' encryption key escrow과 '클리퍼 칩'Clipper chip이 암호 관련 정책에서 핵심 쟁점이 되었다.[6] 암호화 수단에 대한 규제를 완화하여 민간에서 충분히 강력한 암호화 수단을 쓸 수 있게 하면서도, 키를 위탁하도록 하여 수사기관

---

5) 암호화 관련 정책의 역사에 대하여는 다음의 문헌을 참고할 수 있다. Electronic Privacy Information Center, Cryptography Policy, available at: http://epic.org/crypto; Peter Swire & Kenesa Ahmad, *Encryption and Globalization*, 13 Colum. Sci. & Tech. L. Rev. 416, 433-441(2012).

6) 키 위탁 정책과 클리퍼 칩의 헌법적 문제점을 분석한 것은 다음의 논문이 대표적이다. A. Michael Froomkin, *The Metaphor is the Key: Cryptography, the Clipper Chip and the Constitution*, 143 U. Pa. L. Rev. 709, 810(1995).

등이 필요에 따라 접근할 수 있도록 한다는 것이 기본적 정책 구상이었다. 정부의 계획은 상호 독립적으로 운영되는 2개의 보관기구를 설치하고 각 기구가 키의 일부분씩을 보관하도록 하는 것이었다. 2개의 독립된 보관기구를 설치한 이유는 수사기관 등이 위탁된 키를 자의적으로 사용하는 것을 막기 위함이었고, 수사기관은 법원의 심사를 거쳐 필요성이 인정될 경우 2개의 보관기구로부터 키를 받아 대상 정보에 대한 암호화 해제를 할 수 있었다.

'클리퍼 칩'은 키 위탁 방식을 실현하려는 초기의 시도였다.[7] 그러나 클리퍼 칩에 대한 계획은 암호 관련 규제를 상징하는 것으로 받아들여졌고, 기술적 측면, 법리적 측면에서 광범위한 비판을 받게 되었다. 이후 클리퍼 칩 자체의 기술적 결함이 발견되고, 암호 관련 규제에 대한 격렬한 반대도 더하여져, 결국 '클리퍼 칩'은 성공적으로 보급되지 못하였다. 미연방 정부는 클리퍼 칩이 실패한 후에도 키 위탁 방식을 계속 진행하려 하였으나, 정보화 전문가들은 1997년에 키 위탁 방식에 대한 상세한 보고서를 발간하여 이를 비판하기도 하였다.[8] 위 보고서에서 언급하는 키 위탁 방식에 대한 비판의 요지는 다음과 같다. 먼저 ① 키 위탁은 인위적으로 암호시스템의 보안취약점security vulnerability을 만드는 결과가 된다. 키를 보관하는 기관은 해커나 범죄자들에게 주요 공격대상이 될 것이며, 보관기구의 내부자들이 권한을 남용하여 보관된 키를 불법적 목적으로 사용할 가능성도 배제하기 어렵다. 다음으로 ② 집중화된 보관기구에서 요청하는 수사기관이 적법한 권한을 가지는 것인지를 검증·확인하고, 대상 정보를 정확히 추출

---

7) 미국 연방정부는 클리퍼를 암호기술의 표준으로 하여 암호화 기술의 활용을 통제하려고 시도하였다. 클리퍼 논쟁에 대하여는 앞서 언급한 프룸킨(Froomkin)의 방대한 논문 외에 다음의 문헌을 참고할 수 있다. Howard S. Dakoff, *The Clipper Chip Proposal: Deciphering the Unfounded Fears That Are Wrongfully Derailing Its Implementation*, 29 J. Marshall L. Rev. 475(1996); A. Michael Froomkin, *It Came from Planet Clipper: The Battle Over Cryptographic Key "Escrow"*, 1996 U. Chi. Legal F. 15(1996).

8) Hal Abelson, Ross Anderson, Steven M. Bellovin, Josh Benaloh, Matt Blaze, Whiteld Die, John Gilmore, Peter G. Neumann, Ronald L. Rivest, Jerey I. Schiller & Bruce Schneier, The Risks of Key Recovery, Key Escrow, and Trusted Third-Party Encryption(1997).

하여 복호화 과정을 거친 후, 그 정보를 요청 기관에 전송하는 일련의 과정이 오류 없이 작동하도록 하는 것은 쉬운 일이 아니다. 이러한 복잡한 과정에서 작은 오류가 발생하는 것만으로도 보안에 심각한 위험이 발생할 수 있다. 또한 ③ 위와 같은 복잡한 일련의 과정을 유지하고 작동하도록 하는 것은 경제적 측면에서도 높은 비용이 요구된다는 것이다.

(2) 암호화 수단의 수출규제

한편 클리퍼 칩의 실패 이후 암호 관련 규제의 초점은 ① 암호화 기구에 대한 수출규제와 ② 국내에서 암호화 수단 사용의 제약으로 옮겨졌다. 암호화 소프트웨어는 전통적으로 군수품munition으로 분류되었고, 전투기와 같은 고도의 기술에 적용되는 수출규제가 그대로 적용되었다. 1990년대에 국방부의 규제 대상에서 상무부department of commerce의 수출규제 대상으로 바뀌기는 하였으나, 여전히 강한 규제의 대상으로 취급된 것이다.[9] 나아가 1997년에는 하원 정보위원회Intelligence Committee가 수사기관 등이 사용할 수 있는 백도어back door를 설치하지 않은 암호화 제품의 제조·판매를 금지하고 이에 위반할 경우 형사처벌까지 할 수 있는 법안을 논의하기도 하였다. 다만 암호 규제 정책에 대한 논쟁이 가열되면서 결국 위 법안은 의회를 통과하지 못하였다.

(3) 암호 관련 규제의 전환

암호 관련 정책논쟁에서 수정헌법 제4조와 프라이버시, 수정헌법 제1조와 표현의 자유는 중요한 이론적 도구 역할을 하였다. 암호 관련 규제를 반대하는 견해는 암호 관련 각종 규제, 특히 키를 위탁하도록 하는 것은 영장 없이 행하여지는 '수색·압수'와 다르지 않고, 나아가 법적 요건을 준수하지 않은 '감청'과 유사하다는 견해를 피력하였다.[10] 또한, 표현의 자유

---

9) Encryption Items Transferred From the U.S. Munitions List to the Commerce Control List, 61 Fed. Reg. 68572(Dec. 30, 1996).

10) Froomkin, 앞의 논문(주 6), 828면; Joel C. Mandelman, *Lest We Walk Into the Well: Guarding the Keys-Encrypting the Constitution: To Speak, Search, & Seize in Cyberspace*, 8 Alb. L. J. Sci. & Tech. 227, 268(1998); Kirsten Scheurer, *The*

에 기초한 암호 규제 반대 논리는 일부 법원에서 판결의 논거로 채용되기
도 하였다.[11] 이러한 법률적·정책적 반대 논리에 더하여, 공개키 암호화
알고리즘 방식이 광범위하게 보급되자 기술적인 의미에서도 암호화를 규제
하려는 노력은 큰 의미가 없게 되었다.[12]

이러한 변화를 반영하여 1999년 9월 미연방 정부는 암호 관련 정책의
방향을 크게 전향하면서 대부분의 수출규제를 폐지하기에 이르렀다.[13] 정
책전환의 배경에 대하여 다양한 견해가 있지만, 대체로 1990년대 후반 인
터넷과 암호화 기술의 발전을 배경으로 날로 증가하는 프라이버시에 대한
규범적 인식의 전환이 이루어진 것으로 평가되고 있다. 따라서 현재 미국
의 암호 관련 법과 정책은, 정부도 민간에 대한 암호화 관련 규제를 하지
않지만, 다른 한편으로 기존에 정립된 형사 절차 관련 규제에 어긋나지 않
는 한 수사기관의 암호해제 시도 그 자체를 따로 제한할 법적 근거도 없
는 것이라 할 수 있다.

2. 암호 관련 규제의 문제점

암호 관련 정책논쟁이 완전히 종결된 것이라 말하기는 어렵다. 앞서 본
정책논쟁은 이후 다른 나라에서도 재연되고 있기 때문이다. 예컨대 인도는
국가 안전보장을 이유로 약한 암호화 시스템을 선호하고, 중국은 국내에서
제조된 암호화 제품을 장려하는 등, 1990년대 이전의 미국과 마찬가지로
암호 문제를 국가정책의 대상으로 보고 있다.[14] 또한 영국의 경우 '수사

Clipper Chip: Cryptography Technology and the Constitution-The Government's Answer to Encryption "Chips" away at Constitutional Rights, 21 Rutgers Computer & Tech. L.J. 263(1995).

11) *Bernstein v. U.S. Department of Justice*, 945 F. Supp. 1279(N.D. Cal. 1996)(암호화 알고리즘에 관한 책을 출판하려는 저자에게 출판 전에 수출규제 관련 허가를 취득하도록 한 것에 대하여, 법원은 표현의 자유에 의하여 금지되는 사전검열에 해당한다는 이유로 수정헌법 제1조에 위반된다고 판시하였다).

12) 공개키 암호화 방식은 1970년 중반에 컴퓨터과학자들에 의해 개발되었다. 대표적인 공개 키 암호화 알고리즘으로 'PGP'(Pretty Good Privacy)를 들 수 있다. Whitfield Diffie & Martin E. Hellman, *New Directions in Cryptography*, 22 IEEE Transactions on Information Theory 644(1976).

13) Statement by Commerce Secretary William Daley Re: Administration encryption policy(Sept. 16, 1999).

권한 규제법'Regulation of Investigatory Powers Act 2000, RIPA과 '암호화된 전자 정보의 수사에 관한 규칙'Code of practice for the investigation of protected electronic information에 따라 수사기관이 암호화된 정보를 해독할 수 있는 패스워드 등의 제공을 명령할 수 있도록 규정한다. 즉 국가정책의 차원이 아니라 직접 형사 절차에서 암호 관련 규정을 두고 있다. 또한 각국의 수사기관·정보기관은 자신들이 접근할 수 있는 백도어를 열어두도록 한다는 의심을 받고 있다.[15)]

그러나 이러한 조치는 정보보호의 관점, 경제적 측면, 규범적 측면 등에서 문제점을 안고 있다. 먼저 ① 정부가 적절한 법적 통제 없이 개인의 정보에 접근하도록 할 위험이 있고, 정보보호에도 심각한 위험이 될 수 있다. 인위적으로 설정한 백도어가 수사기관에 의하여만 사용된다는 보장이 없기 때문이다.[16)] 즉 수사 목적을 위해 인위적으로 '결함'을 만들어 두는 경우, 오히려 해당 시스템을 손상하는 기회를 제공할 수 있는 것이다. 또한 ② 암호화 기술은 정보보호에 대한 사용자의 수요에 따라 발전하고 있는데, 경제적 측면에서 볼 때 주로 IT 기업인 서비스제공자가 그러한 사용자의 요청을 거부하고 정부의 요청에 순응하기는 쉽지 않다.[17)] ③ 경제적 측면의 고려 외에도 암호 관련 조치는 불리한 진술을 강요당하지 아니할 권리(헌법 제12조 제2항), 자기부죄거부특권privilege against self-incrimination을 침해할 수 있으므로, 과도한 암호화 금지는 규범적 차원에서도 논의의 여지가 있다.

---

14) 인도, 중국의 암호 관련 정책논쟁은 다음의 문헌을 참고할 수 있다. Swire & Ahmad, 앞의 논문(주 5), 441-449면.

15) 미국 국가보안국(NSA)의 감시실태를 폭로한 스노든 사건에서도 이러한 위험을 충분히 감지할 수 있다. Ewen Macaskill & Gabriel Dance, *NSA Files: Decoded*, Guardian (2013.11.1).

16) 예컨대 전자상거래 시스템의 경우 신용카드 정보 등 민감한 정보가 전송되는바, 이러한 정보를 수사기관이 아닌 자가 획득하여 남용할 경우 예상되는 해악은 상상하기 어렵다.

17) 최근 수사기관의 아이폰 암호해제 요청이 큰 논쟁을 불러온 사례가 있다. *In re Search of an Apple iPhone Seized During Execution of a Search Warrant on a Black Lexus IS300, Cal. License Plate 35KGD203*, No. ED 15-0451M, 2016 WL 618401, at *1(C.D. Cal. Feb. 16, 2016).

3. 암호와 개인정보자기결정권

압수·수색과 감청 관련 법제는 수사기관으로 대표되는 국가의 정보통제권이라는 관점에서 바라보아야 한다. 달리 말하면, 정부와 민간 사이에 정보 통제에 대한 적절한 범위를 결정한다는 관점이 필요하다. 오늘날의 개인정보보호는 단순한 사생활의 소극적 보호라는 차원을 넘어 '개인정보자기결정권'이라는 헌법상 권리를 중심으로 전개된다. 암호는 정보 주체가 결정한 정보의 공개 대상과 범위를 보호하는 역할을 한다. 개인정보자기결정권의 보호는 법적 수단만으로는 불충분한 경우가 많은데, 암호는 사적 수단에 의해 보호의 사각지대를 보완하는 기능을 하는 것이다.[18]

우리의 암호 관련 법 제도는, 앞서 논한 미국의 예와 유사하게, 정부도 민간에 대한 암호화 관련 규제를 하지 않지만,[19] 다른 한편으로 형사소송법 등의 관련 절차에 어긋나지 않는 한 수사기관의 암호해제 시도 그 자체를 따로 제한할 법적 근거도 없는 것이라 할 수 있다. 현재의 법 상태는 암호를 통한 프라이버시 보호라는 사익과 수사를 통해 달성하는 공익이 나름의 균형을 이룬 상태라 평가할 수 있으며, 본 문헌에서 다루는 쟁점을 검토할 때에는 이러한 배경을 염두에 둘 필요가 있다. 즉 '접근권한정보 등'에 진술거부권에 의한 보호를 인정하려는 시도가 실체진실의 발견을 저해하는 결과가 된다는 반론이 가능하나, 접근권한정보 등의 보호는 피의자·피고인의 입장에서 다양한 방법으로 전자정보를 취득할 수 있는 수사기관의 권한에 대응할 수 있는 최소한의 방어 수단이 되는 것이다.

---

18) 다만 본 문헌은 피의자가 피의사실 관련 증거를 암호화를 통해 보호하고 수사기관은 그에 대한 해제를 시도하는 국면을 중심으로 논의하나, 반면 정부 기관에서 각종 정보를 암호화하여 보호하고 범죄자는 그에 대한 해킹을 시도하는 국면도 있다는 점도 유념할 필요가 있다.

19) 개인정보보호 관련 법령이나 행정규칙에서 암호화 조치를 법률적으로 요구하는 경우도 있으므로 암호화가 전적으로 법적 규율을 벗어난 수단이라 보기는 어렵다. 그러한 예로 '개인정보의 기술적·관리적 보호조치 기준(방송통신위원회 고시 제2019-13호)'을 들 수 있다. 다만 위 기준은 '정보통신망 이용촉진 및 정보보호 등에 관한 법률'의 관련 규정에 따라 정보통신서비스 제공자 등이 이용자의 개인정보를 처리함에 있어 개인정보의 분실 등을 방지하고 개인정보의 안전성 확보를 위하여 필요한 기술적·관리적 보호조치의 기준을 정하는 것이므로, 개인의 암호화 수단 사용을 제약하려는 것은 아니다.

Ⅲ. 암호와 진술거부권: 접근권한정보 등으로 사용하는 생체정보[20)]

1. 들어가며

'접근권한정보'나 '암호화 정보'는 진술거부권의 차원에서도 새로운 쟁점을 제시하고 있다. 본 문헌에서는 그중에서도 접근권한정보 등으로 사용하는 생체인식수단biometric means과 진술거부권의 문제를 살펴본다.[21)] 지문과 같은 생체인식수단을 접근권한정보 등으로 사용하는 경우로, 현재까지는 휴대전화기 등의 개인기기에서 주로 사용되고 있다. 만약 영장에 '지문 등의 제공을 강제'하는 내용이 기재된 경우, 당해 영장의 효력을 어떻게 볼 것이며, 과연 집행 가능한지가 문제 된다.

'디엔에이 신원확인정보의 이용 및 보호에 관한 법률'(이하 'DNA 신원확인법'이라 함) 제5조 등은 영장에 의해 '디엔에이 감식자료'를 채취할 수 있도록 하고, 마약 사건에서 피의자의 모발·뇨(尿) 등을 압수대상으로 하는 영장을 발부받는 경우가 있으므로 '지문 제공을 강제'하는 내용의 영장이 불가능하다고 할 수는 없다. 우리 형사 실무에서도 최근 그러한 영장이 발부된 사례가 있으나,[22)] 아직 그 적법성 여부가 다투어진 판례는 없다. 이하에서는 참고를 위해 관련 국외 사례를 살펴본 후 우리 형사소송법의 해석과 관련하여 그 적법성을 검토하기로 한다.

---

20) 본 항목의 내용 중 일부는 拙稿, "수사기관 정보수집활동의 요건과 한계", 비교형사법연구 제18권 제3호(2016), 153면 이하의 내용을 수정·발전시킨 것이다.

21) 논의에 앞서 '생체정보'와 관련 개념들에 대하여 정리할 필요가 있다. 먼저 ① '**생체정보**'(biometric data, bio-information)는 생체에서 비롯되는 모든 정보를 의미하므로 가장 넓은 개념이다. 기존에 논의되어 온 '생체정보'는 ② 지문, DNA 정보와 같은 '**신원확인용 생체정보**(= 신원확인정보)'이거나, ③ 음주측정용 호흡과 같이 '**증거**'의 의미를 가지는 것이었다. 한편 ④ 새롭게 등장한 '접근권한정보 등으로 사용되는 생체정보'를 의미하는 'biometric means'는 '**생체인식수단**'으로 번역되는 경우가 많다. 그러나 '생체인식수단'도 접근권한정보의 기능을 한다는 점이 번역어 선택에 작용한 것일 뿐 넓게 보아 '생체정보'의 일종이다. 본 문헌에서는 '생체인식수단', '접근권한정보 등으로 사용하는 생체인식수단', '접근권한정보 등으로 사용하는 생체정보' 등의 용어를 혼용하여 사용한다.

22) 스마트폰 잠금 해제 위한 '지문 검증' 영장 논란, 법률신문(2019.12.9).

2. 비교법적 검토

(1) 생체정보와 수정헌법 제4조

신원확인 등에 필요한 생체정보와 관련하여 기존에 논의된 것은 대표적으로 미연방 수정헌법 제4조의 문제였다.[23] 미국 연방대법원의 1967년 카츠 *Katz* 판결 이래 수정헌법 제4조는 '프라이버시에 대한 합리적 기대'reasonable expectation of privacy를 보호하는 것으로 이해된다.[24] 위 기준에 따르면, 미국 연방헌법상 '수색'search은 프라이버시에 대한 합리적 기대에 반하는 공권력 행사를 의미하게 된다.[25] 보다 구체적으로 살펴본다면, 일반적으로 외부에 공개된 물품, 장소objects held out to the public 등에 대하여는 프라이버시 이익을 인정할 수 없다.

따라서 미국 연방대법원은 개인은 ① 자신의 목소리,[26] ② 필적[27] 등에 대하여 프라이버시를 가지지 않고, ③ 은행이 보유하는 계좌기록,[28] ④ 전자장치에 의한 차량의 운행궤적 추적,[29] ⑤ 가방에서 흘러나오는 냄새를

---

23) 수정헌법 제4조는 다음과 같이 규정한다. "① **(합리성조항)** 비합리적인 체포, 수색, 압수로부터 신체, 주거, 서류 및 물건의 안전을 보장받을 인민의 권리는 이를 침해할 수 없다. ② **(영장조항)** 영장은 상당한 이유가 있고, 선서 또는 확약에 의하여 뒷받침되며, 수색될 장소, 체포될 사람, 또는 압수될 물건을 특정하여 기재하지 아니하면 발부되지 아니한다."("① The right of the people to be secure in their persons, houses, papers, and effects, against unreasonable searches and seizures, shall not violated, and ② no Warrants shall issue, but upon probable cause, supported by Oath or affirmation, and particularly describing the place to be searched, and the persons or things seized.")(문장구분기호 ①, ②는 필자가 부기).

24) 미국 연방대법원의 1967년 카츠(*Katz*) 판결은 **수사기관이 피의자가 이용하는 공중전화 부스 내부에 침입하지 않고 외부에 도청장치를 부착하여 통화 내용을 녹음**한 사안에 대하여, 수정헌법 제4조는 '장소가 아니라 사람'을 보호하는 것이며 위 도청은 '프라이버시에 대한 합리적 기대'를 침해한 것으로 위헌이라고 판시함으로써 위 조항의 해석론에 새로운 장을 열게 된 것으로 평가받고 있다. *Katz v. United States*, 389 U.S. 347(1967).

25) *Katz v. United States*, 389 U.S. 347(1967); *Smith v. Maryland*, 442 U.S. 735, 740(1979). 유의할 점은 수정헌법 제4조는 반드시 수사 활동에만 한정되는 것이 아니라 프라이버시에 대한 합리적 기대에 반하는 모든 공권력 행사에 적용된다는 점이다. 한편 헌법상 '압수'(seizure)는 '점유이익'(possessory interest)을 방해하는 공권력 행사를 의미한다. *United States v. Jacobson*, 466 U.S. 109, 113(1984).

26) *United States v. Dionisio*, 410 U.S. 1(1973)(목소리).

27) *United States v. Mara*, 410 U.S. 19(1973)(필적).

28) *United States v. Miller*, 425 U.S. 435(1976)(은행이 보유하는 계좌기록).

마약견이 탐지하는 경우[30] 등에 대하여도 프라이버시 이익을 인정할 수 없다고 하였다. 위 논리의 연장선에서 각급 법원은 ⑥ 피의자의 신원확인에 사용되는 지문채취는 헌법상 수색에 해당하지 않는다고 판시하였다.[31]

반면 ⑦ 혈액채취,[32] ⑧ 손톱에서 감식자료를 긁어낸 경우,[33] ⑨ 호흡측정기로 폐 속에 있는 공기를 분석한 경우[34] 등에는 프라이버시 기대가 있다. 즉 아무리 경미하더라도 외부에 드러나지 아니한 사적 정보를 취득하는 경우 프라이버시에 대한 합리적 기대 기준에 따른다면 헌법상 수색에 해당하는 것이다. 한편 ⑩ DNA 정보의 경우 혈액채취, 구강점막채취 등의

〈표 1〉

사건	대상	프라이버시
United States v. Dionisio(1973)	목소리	인정되지 않음
United States v. Mara(1973)	필적	인정되지 않음
United States v. Miller(1976)	은행이 보유하는 계좌기록	인정되지 않음
United States v. Knotts(1983)	차량의 운행궤적	인정되지 않음
United States v. Place(1983)	가방에서 흘러나오는 냄새	인정되지 않음
Napolitano v. United States(1st Cir. 1965)	지문	인정되지 않음
Schmerber v. California(1966)	혈액	인정
Cupp v. Murphy(1973)	손톱에서 긁어낸 감식자료	인정
Skinner v. Railway Labor Executives' Association(1989)	호흡측정	인정
Kyllo v. United States(2001)	적외선 장치를 이용한 온도 측정	인정
Maryland v. King(2013).	DNA정보	인정

---

29) *United States v. Knotts*, 460 U.S. 276(1983)(전자장치에 의한 차량의 운행궤적 추적).
30) *United States v. Place*, 462 U.S. 696(1983)(가방에서 흘러나오는 냄새).
31) *United States v. Iacullo*, 226 F.2d 788, 792-793(7th Cir. 1955); *Napolitano v. United States*, 340 F.2d 313, 314(1st Cir. 1965); *State v. Inman*, 301 A.2d 348, 355(Me. 1973).
32) *Schmerber v. California*, 384 U.S. 757(1966)(혈액채취).
33) *Cupp v. Murphy*, 412 U.S. 291(1973)(손톱에서 감식자료를 긁어낸 경우).
34) *Skinner v. Railway Labor Executives' Association*, 489 U.S. 602(1989)(호흡측정).

방법을 사용하는바, 미국의 각급 법원은 과거 혈액채취 방법으로 DNA 정보를 취득한 경우 헌법상 수색에 해당한다고 판단하였고,[35] 미국 연방대법원은 구강점막에서 DNA 샘플을 채취하는 것 역시 수색에 해당한다고 판시한다.[36]

(2) 생체정보와 수정헌법 제5조

1) 견해의 대립

그러나 지문 등의 생체인식수단이 접근권한정보 등으로 사용될 때에는 오히려 수정헌법 제5조가 핵심적 쟁점으로 떠오르게 된다. 즉 신원확인수단에 그치는 생체정보나 그 자체로 증거로 기능하는 생체정보(마약 사건에서 모발·뇨(尿))와 달리 패스워드 등으로 사용되는 지문, 홍채 등의 생체인식수단은 자기부죄거부특권에 의한 보호 대상인가라는 문제가 새롭게 등장한 것이다.

본 문제에 대하여 학설은 치열하게 대립하고 있고,[37] 하급심의 입장도 통일되어 있지 않다. 국외 사례를 보면 영장 또는 제출명령의 적법성을 부정한 사례,[38] 이를 인정한 사례가 나뉘어 있다.[39]

---

35) *Roe v. Marcotte*, 193 F.3d 72(2nd Cir. 1999); *Jones v. Murray*, 962 F.2d 302(4th Cir. 1992); *United States v. Kincade*, 379 F.3d 813(9th Cir. 2004).

36) *Maryland v. King*, 133 S.Ct. 1958, 1968-1969(2013).

37) ① 적법성을 부정하는 견해: Laurent Sacharoff, *Unlocking the Fifth Amendment: Passwords and Encrypted Devices*, 87 Fordham L. Rev. 203(2018); Bryan H. Choi, *The Privilege Against Cellphone Incrimination*, 97 Texas L. Rev. Online 73(2019). ② 적법성을 인정하는 견해: Orin S. Kerr, *Compelled Decryption and the Privilege Against Self-Incrimination*, 97 Tex. L. Rev. 767(2019).

38) 적법성을 부정한 사례: ① *In re Application for a Search Warrant*, 236 F. Supp. 3d 1066, 1073(N.D. Ill. 2017)(지문을 사용하여 누군가의 가장 사적인 정보의 데이터베이스에 접근하는 것은 누군가 어떤 장소에 있었는지 확인하기 위해 지문을 사용하는 것과 확연히 다른 것이라 판시함); ② *In re Search of Residence in Oakland, California*, 354 F. Supp. 3d 1010, 1016(N.D. Cal. 2019); ③ *In re A White Google Pixel 3XI*, 2019 U.S. Dist. LEXIS 83300(D. Idaho, June 6, 2019)(휴대전화 잠금 해제를 위해 지문을 강제로 사용하는 것은 수정헌법 제5조에 위반된다고 판시함).

39) 적법성을 인정한 사례: ① *Commonwealth v. Baust*, 89 Va. Cir. 267, 271(2014); ② *In re Search Warrant Application for [Redacted]*, 279 F. Supp. 3d 800, 805-06(N.D. Ill. 2017); ③ *State v. Diamond*, 905 N.W. 2d 870, 875-78(Minn. 2018); ④ *In re Search of [Redacted] Washington, District of Columbia*, 317 F. Supp. 3d 523, 535-36, 539(D.D.C. 2018).

2) 생체인식수단 제출 강제의 적법성을 인정하는 견해

생체인식수단 제출 강제의 적법성을 인정하는 견해는 대체로 다음과 같은 논리를 바탕으로 한다. 즉 ① 대상자의 생체인식수단을 강제로 사용하는 것은 금고를 열 수 있는 열쇠의 압수와 유사하다. ② 이를 강제하는 경우 대상자의 사고과정을 밝힐 필요가 없으므로 생체인식수단의 강제 사용은 필적 표본이나 지문의 취득과 다르지 않다. 따라서 생체인식수단의 제출행위는 수정헌법 제5조의 보호 범위에 포함되지 않는다는 것이다.

3) 생체인식수단 제출 강제의 적법성을 부정하는 견해

최근 캘리포니아주 북부 연방지방법원은, 현장에서 발견된 디지털기기를 잠금 해제하기 위해 해당 장소에 있는 모든 사람에게 생체인식수단 제공을 강제할 수 있는 영장을 기각하였다.[40] 위 판결에서 법원은 생체인식수단의 강제 사용과 관련된 주목할 논리를 전개하였다.

먼저 ① 개인용 정보기기의 잠금 해제에 사용되는 생체인식수단은 비밀번호passcode와 같은 접근권한정보의 기능을 수행하며, 신원확인을 위한 지문채취와 근본적으로 다르다고 판단하였다. 따라서 접근권한정보 등의 진술을 강제하는 것이나 그 정보의 입력을 강제하는 것이 수정헌법 제5조를 위반하는 것이라면, 접근권한정보로 사용되는 생체인식수단을 강제하는 것도 마찬가지로 수정헌법 제5조에 위반한다는 것이다. 다음으로 ② 생체인식수단의 강제 사용은 용의자의 유·무죄 판단에 사용된다는 점에서 '거짓말탐지기 검사 중에 도출된 비언어적이고 생리적인 반응'nonverbal, physiological responses elicited during a polygraph test과 유사한 성격을 가진다고 판단하였다. 따라서 수정헌법 제5조에 의한 보호가 필요하다는 것이다.

---

40) *In re Search of a Residence in Oakland, California*, 354 F. Supp. 3d 1010(N.D. Calif. 2019).

3. 접근권한정보 등으로 사용하는 생체정보의 법적 문제

(1) 강제처분의 의미

먼저 수사기관의 생체정보 수집과 관련하여 기존에 고려되어 온 법 원칙을 간략히 살펴본다. 수사기관의 생체정보 수집과 관련된 가장 기본적인 법적 쟁점은 헌법 제12조 제1항, 제3항이 보장하는 신체의 자유, 적법절차와 영장주의이다. 영장주의는 법관이 발부한 영장에 의하지 아니하고는 수사에 필요한 강제처분을 하지 못한다는 원칙이다. 따라서 문제되는 생체정보 수집이 강제처분에 해당하는지를 먼저 따져보아야 한다.

강제처분의 의의에 대하여는 ① 물리적 강제력을 행사하는 경우뿐만 아니라 상대방에게 의무를 부담하게 하는 경우를 포함한다는 견해,[41] ② 상대방의 의사에 반하여 실질적으로 법익을 침해하는 처분을 의미한다는 견해,[42] ③ 강제수사와 임의수사의 한계는 적법절차의 요청과 관련하여 구해야 한다는 전제에서, 수사기관의 처분이 헌법상 개별적으로 명시된 기본권을 침해하거나 명시되지 아니하였더라도 법 공동체가 공유하는 최저한도의 기본적 인권을 침해할 우려가 있는 때에는 강제처분에 해당한다는 견해가 제시되고 있다.[43] 이에 대하여 헌법재판소는 영장주의가 적용되는 강제처분을 물리적 강제력을 행사하는 경우로 제한하고 있다.[44] 본 문헌에서는 일단 헌법재판소의 견해를 중심으로 정보수집 활동의 강제처분 여부를 살

---

41) 차용석·최용성, 형사소송법(제4판, 2013), 190면.
42) 이재상·조균석, 형사소송법(제11판, 2017), 222면.
43) 신동운, 신형사소송법(제5판, 2014), 224면.
44) 헌법재판소 2004.9.23. 선고 2002헌가17 등 결정(경범죄처벌법 제1조 제42호 위헌제청): "물리적 강제력을 행사하는 경우뿐 아니라, '상대방에게 의무를 부담하게 하는 경우'가 강제처분에 포함된다고 하거나 '상대방의 의사에 반하여 실질적으로 법익 또는 기본권을 침해하는 처분'이면 강제처분에 해당된다고 보기도 하며, 이에 따르면 이 사건 법률조항에 의한 지문채취의 간접적인 강요 역시 강제처분으로 볼 수도 있다. 그러나 <u>수사절차에서 발생하는 의무부담 또는 기본권 제한의 경우 그 범위가 광범위하여 명확한 기준을 제시해준다고 볼 수 없고, 모든 의무부담 또는 기본권 제한을 법관이 발부한 영장에 의하도록 하는 것이 가능하지도 않다.</u> (⋯) 이러한 이유로 우리 재판소는 (⋯) <u>영장주의가 적용되는 강제처분을 물리적 강제력을 행사하는 경우로 제한하고 있다.</u> 따라서 이 사건 법률조항에 의한 지문채취의 강요는 영장주의에 의하여야 할 강제처분이라 할 수 없다." (밑줄은 필자가 부기함)

펴본다.

1) 음주측정, 지문채취

도로교통법 제44조 제2항은 경찰공무원은 ① 교통의 안전과 위험방지를 위하여 필요하다고 인정하거나 ② 술에 취한 상태에서 자동차 등을 운전하였다고 인정할 만한 상당한 이유가 있는 경우에는 음주측정을 할 수 있다고 규정한다. 위 ①의 경우는 위험 예방을 위한 행정경찰 작용의 성격을 가지나, ②의 경우는 초동수사의 일종이라고 할 수 있음에도 경찰관에게 검증영장 없이 음주측정을 할 수 있는 권한을 부여하여 영장주의를 위반한 것인지가 문제되었다. 이에 대하여 헌법재판소는 "음주측정은 호흡측정기에 의한 측정의 성질상 강제될 수 있는 것이 아니며 당사자의 자발적 협조가 필수적인 것이므로 법관의 영장을 필요로 하는 강제처분이라고 할 수 없다"고 판시한다.[45]

또한 범죄의 피의자로 입건된 사람의 신원을 지문조사 외의 다른 방법으로 그 신원을 확인할 수 없어 지문을 채취하려고 할 때 정당한 이유 없이 이를 거부한 자를 10만 원 이하의 벌금형 등으로 처벌할 수 있도록 규정한 경범죄처벌법 제1조 제42호에 대하여, "수사기관이 직접 물리적 강제력을 행사하여 피의자에게 강제로 지문을 찍도록 하는 것을 허용하는 규정이 아니며 형벌에 의한 불이익을 부과함으로써 심리적·간접적으로 지문채취를 강요하고 있을 뿐"이므로 "궁극적으로 당사자의 자발적 협조가 필수적"인 것이어서 법관의 영장을 필요로 하는 강제처분이 될 수 없다고 판시하였다.[46]

두 경우 모두 직접 물리적 강제력을 행사하지 않고 음주측정이나 지문채취를 거부하는 경우 형사처벌함으로써 간접적으로 강제하는바, 헌법재판소는 그러한 점을 근거로 강제처분에 해당하지 않는다고 판단한 것이다.[47]

---

45) 헌법재판소 1997.3.27. 선고 96헌가11 결정(도로교통법 제41조 제2항 등 위헌제청).
46) 헌법재판소 2004.9.23. 선고 2002헌가17 등 결정(경범죄처벌법 제1조 제42호 위헌제청).
47) 음주측정·지문채취의 경우 헌법재판소의 논리와 미국 연방대법원의 프라이버시에 대한 합리적 기대 기준이 구체적 판단 과정에 있어 차이가 있음을 알 수 있다. 미국 연방대법원의 프라이버시 기준에 따를 경우 ① 호흡측정기로 폐 속에 있는 공기를 분석하는 것은 '외부에 드러나 있지 아니한 정보'를 취득하는 것이기 때문에 수정헌법 제4조의 적용

2) DNA 신원확인정보

한편 'DNA 신원확인법'은 음주측정·지문채취와 다른 방법을 택하고 있다. 즉 감식시료채취에 거부하는 경우 형사처벌하는 간접적 방법 대신, 강제적으로 감식시료를 채취하는 방법을 채택한 것이다. 따라서 헌법재판소의 견해에 따르면 DNA 감식시료채취행위는 법관의 영장을 필요로 하는 강제처분에 해당하게 된다.

(2) 적법절차 원칙

1) 간접강제의 경우: 음주측정, 지문채취

적법절차 원칙은 절차상의 적법성을 갖추어야 할 뿐 아니라 공권력 행사의 근거가 되는 법률의 실체적 내용도 합리성과 정당성을 갖출 것을 요구한다.[48] 헌법재판소는 정보제공거부행위를 처벌하는 방법으로 간접강제 방식을 채택한 입법자의 선택에 대하여 과잉금지원칙 또는 비례의 원칙에 따라 그 합리성 여부를 판단하여 왔다.

먼저 헌법재판소는 도로교통법 제41조 제2항 등 위헌제청 사건에서, "음주문화, 음주측정에 필요한 의료시설·법집행장치의 구비 정도, 측정방법의 편의성 및 정확성, 측정방법에 관한 국민의 정서 등 여러 가지 요소들을 고려하여 합리적으로 결정"하여야 한다고 설시하면서, ① 목적의 중대성(음주운전 규제의 절실성), ② 음주측정의 불가피성(주취운전에 대한 증거확보의 유일한 방법), ③ 국민에게 부과되는 부담의 정도(경미한 부담, 간편한 실시), ④ 처벌의 요건과 처벌의 정도에 비추어 헌법 제12조 제1항 후문의 적법절차가 요청하는 합리성과 정당성을 갖추고 있다고 판단한 바 있다.[49]

또한 지문채취에 불응하는 경우 형사처벌을 받도록 한 경범죄처벌법 제1조 제42호에 대한 위헌제청 사건에서, ① "수사상 피의자의 신원확인은

대상이 되고, ② 지문은 이미 '외부에 공개되어 있는 정보'이기 때문에 수정헌법 제4조의 보호범위에서 벗어나게 된다. 반면 헌법재판소는 본문의 서술과 같이 물리적 강제력 행사 여부를 기준으로 영장주의 적용 여부를 판단한다.

48) 헌법재판소 1992.12.24. 선고 92헌가8 결정(형사소송법 제331조 단서규정에 대한 위헌심판).

49) 헌법재판소 1997.3.27. 선고 96헌가11 결정(도로교통법 제41조 제2항 등 위헌제청).

피의자를 특정하고 범죄경력을 조회함으로써 타인의 인적사항 도용과 범죄 및 전과사실의 은폐 등을 차단하고 형사사법제도를 적정하게 운영하기 위해 필수적이라는 점에서 그 목적은 정당"하고(**목적의 정당성**), ② "지문채취는 신원확인을 위한 경제적이고 간편하면서도 확실성이 높은 적절한 방법"이며(**수단의 적합성**), ③ "지문채취 그 자체가 피의자에게 주는 피해는 그리 크지 않은 반면, 일단 채취된 지문은 피의자의 신원을 확인하는 효과적인 수단이 될 뿐 아니라 수사절차에서 범인을 검거하는 데에 중요한 역할"을 하는 점(**침해의 최소성 및 법익의 균형성**)을 종합적으로 고려하여 대상 조항이 적법절차 원칙에 위배되지 아니하였다고 판단하였다.[50]

2) 직접강제의 경우: DNA 신원확인정보

간접강제방식의 경우 제반 요소를 고려하는 과잉금지원칙 또는 비례의 원칙에 따라 그 합리성 여부를 판단한 것과 마찬가지로, 직접강제방식으로 정보를 취득하기로 한 입법자의 선택에 대하여도 같은 기준을 적용하여 그 합리성 여부를 판단할 수 있다.

DNA 신원확인정보와 관련하여 미국 연방대법원의 2013년 킹*King* 판결도 이익형량 분석을 통하여 DNA 신원확인법령의 합헌성 여부를 판단하였고,[51] 우리 헌법재판소도 'DNA 신원확인법에 대한 위헌확인 사건'에서, 과잉금지원칙 또는 비례의 원칙에 따라 합헌성 여부를 판단하였다.[52] 대표적으로 동법 제5조 제1항 제1호, 제4호, 제6호, 제8호(채취조항)의 신체의 자유 침해 여부를 판단함에 있어, ① 범죄 수사 및 예방을 위하여 특정범죄의 수형자로부터 DNA 감식시료를 채취하는 입법 목적이 정당한 점(**목적의 정당성**), ② 재범의 위험성이 높은 범죄를 범한 자들의 DNA 신원확인정보

---

50) 헌법재판소 2004.9.23. 선고 2002헌가17 등 결정(경범죄처벌법 제1조 제42호 위헌제청).

51) *Maryland v. King*, 133 S.Ct. 1958 (2013).

52) 헌법재판소 2014.8.28. 선고 2011헌마29 등 결정(디엔에이신원확인정보의 이용 및 보호에 관한 법률 부칙 제2조 제1항 위헌확인). 위 사건에서 헌법재판소는 ① DNA 신원확인법 제5조 제1항 제1호, 제4호, 제6호, 제8호(채취조항)의 신체의 자유 및 평등권 침해 여부, ② 같은 법 제8조 제3호(채취동의조항)의 영장주의 및 적법절차원칙 위배 여부, ③ 같은 법 제13조 제3항(삭제조항)의 개인정보자기결정권 침해 여부, ④ 같은 법 제11조 제1항(검색 · 회보조항)이 개인정보자기결정권을 침해하는지 여부, ⑤ 부칙조항의 소급입법금지원칙, 신체의 자유, 개인정보자기결정권, 평등권의 침해 여부 등을 판단하였다.

를 데이터베이스에 수록하고 관리하기 위하여 DNA 감식시료를 채취하는 것은 입법 목적을 달성하기 위한 적절한 수단인 점(**수단의 적합성**), ③ 시료를 서면 동의 또는 영장에 의하여 채취하되, 채취 이유, 채취할 시료의 종류 및 방법을 고지하도록 하고 있고, 우선적으로 구강점막, 모발에서 채취하되 부득이한 경우만 그 외의 신체 부분, 분비물, 체액을 채취하게 하는 등 채취대상자의 신체나 명예에 대한 침해를 최소화하도록 규정하는 점(**침해의 최소성**), ④ 제한되는 신체의 자유의 정도는 일상생활 중에서도 경험할 수 있는 정도의 미약한 것으로서 외상이나 생리적 기능의 저하를 수반하지 아니한다는 점에서, 범죄수사 및 범죄예방 등에 기여하고자 하는 공익에 비하여 크다고 할 수 없는 점(**법익의 균형성**) 등을 고려하여 그 합헌성을 인정한 것이다.

또한 2018년 DNA 신원확인법 제8조에 대하여 의견진술·불복의 기회를 보장하지 아니한다는 이유로 재판청구권을 침해한다고 판단하면서도 마찬가지로 과잉금지원칙을 기준으로 채용하였다.[53]

(3) 생체인식수단 강제 사용의 적법성

1) 문제의 제기

앞서 살핀 바와 같이, 수사기관의 생체정보 수집과 관련하여 논의되어 온 주된 쟁점은 헌법 제12조 제1항, 제3항이 보장하는 적법절차와 영장주의이다. 기존에 검토되어온 신원확인정보로 사용된 지문, DNA 정보와 접근권한정보로 사용되는 생체정보 사이에 차이를 둘 수 있는 것인가? 차이를 둔다면 그 이유는 무엇인가? 등의 문제가 검토되어야 할 것이다.

---

53) ① 영장절차 조항은 채취대상자에게 DNA 감식시료채취영장 발부 과정에서 자신의 의견을 진술할 기회를 절차적으로 보장하지 않을 뿐만 아니라, 발부 후 그 영장 발부에 대하여 불복할 기회를 주거나 채취행위의 위법성 확인을 청구할 수 있도록 하는 구제절차마저 마련하고 있지 않아 청구인들의 재판청구권을 과도하게 제한하고(**침해의 최소성**), ② DNA 신원확인정보를 확보함으로써 장래 범죄수사 및 범죄예방 등에 기여하는 공익적 측면이 있으나, 이 사건 영장절차 조항의 불완전·불충분한 입법으로 인하여 채취대상자의 재판청구권이 형해화되고 채취대상자가 범죄수사 및 범죄예방의 객체로만 취급받게 된다는 점에서, 양자 사이에 법익의 균형성이 인정된다고 볼 수도 없다(**법익의 균형성**)는 점을 이유로 하였다. 헌법재판소 2018.8.30. 선고 2016헌마344 등 결정(디엔에이감식시료채취영장 발부 위헌확인 등).

접근권한정보 등으로 사용되는 생체정보에 대한 강제처분은 '생체정보, 즉 접근권한정보 등의 제출행위'를 강제하는 것으로 본다면, '생체정보(= 접근권한정보 등)를 제출하는 행위'는 해당 정보를 '진술'하는 것과 동일한 가치를 가지므로 진술거부권의 보호 대상이 된다는 주장이 가능하다. 앞서 살펴본 캘리포니아주 북부 연방지방법원의 2019년 결정도 '접근권한정보 등의 진술을 강제하는 것, 또는 그 정보의 입력을 강제하는 것이 수정헌법 제5조를 위반하는 것이라면, 접근권한정보로 사용되는 생체인식수단을 강제하는 것도 마찬가지로 수정헌법 제5조에 위반한다'는 취지로 판시하여 이러한 입장에 있다.[54]

그러나 이러한 논리에도 약점은 있다. 기존에 신원확인용으로 사용되는 생체정보, 즉 지문, DNA 정보에 대하여도 '신원정보에 대한 진술을 강요하는 것'이라는 구성이 가능함에도, 각국의 판례들은 이러한 논리를 적용하지 않고 비례원칙에 따라 그 합헌성을 인정해 왔다. 따라서 신원확인용 생체정보와 접근권한정보로 사용되는 생체정보 사이에 어떠한 차이점이 있는지가 충분히 규명될 필요가 있다. 필자는 다음과 같은 세 가지 논리가 가능하다고 생각한다.

2) 논증 1: 기술적 접근방법

먼저 생체정보와 그와 연결·상응하는 정보 사이에 직접성에 차이가 있다는 논리가 가능할 것이다.[55] ① 신원확인용 생체정보(지문, DNA 정보)와 신원정보는 직접 연결성이 부족하다. 지문이나 DNA 정보를 안다고 하여 특정인의 신원정보를 바로 알 수 있는 것이 아니다. 신원정보를 파악하려면, 국가의 행정체계에 의하여 개별 시민의 존재를 확인하고 특정인의 지문 또는 DNA 정보를 미리 파악하여 거대한 데이터베이스를 구축하는 것이 필요하다.[56] 이러한 데이터베이스를 전제하지 않는다면, 지문이나 DNA

---

54) *In re Search of a Residence in Oakland, California*, 354 F. Supp. 3d 1010(N.D. Calif. 2019).

55) 정보기술의 관점을 논증의 기초로 하고 있으므로, 필자는 이를 '**기술적 접근방법**'이라 칭하고자 한다.

56) 특정 사건의 수사와 관련하여 현장에 유류된 지문 또는 DNA 정보의 흔적과 용의자의 그것을 대비하여 동일성 여부를 확인하는 경우도 있다. 그러나 이러한 경우는, 우리

정보는 그야말로 '無'에 불과하다.[57] ② 반면, 접근권한정보로 사용되는 생체정보는 특정한 변환 알고리즘에 의하여 바로 암호화 키의 정보로 변환된다. 생체정보는 접근권한정보의 다른 표현형식에 불과할 정도의 기술적 연관성을 가지고 있다.

이러한 차이점을 고려하면, 신원정보로 사용되는 생체정보는 어떤 정보에 대한 직접 '진술'로서의 가치가 없고 단지 다른 정보(데이터베이스)와 결합하여 의미를 가지는 것에 불과하나, 접근권한정보로 사용되는 생체정보는 어떠한 정보를 직접 '진술'하는 것이라 평가할 수 있을 것이다.

3) 논증 2: 규범적 접근방법

다음으로 신원정보로 사용되는 생체정보와 접근권한정보로 사용되는 생체정보는 규범적 측면에서 전혀 다른 의미와 기능을 가진다는 논리가 가능하다. ① 신원정보로 사용되는 생체정보는 단순히 특정인이 신원에 대한 정보와 연결될 뿐이다. ② 반면, 접근권한정보로 사용되는 생체정보는 그와는 비교할 수 없을 정도의 다양하고 방대한 정보로 연결되게 한다.

당사자 참여권을 보장한 대법원 2015.7.16.자 2011모1839 전원합의체 결정(종근당 사건)은 '전자정보의 특성'을 바탕으로 종래 일반적 물건에 대한 압수·수색 제한이론만으로는 적법절차의 실질적 내용을 보장할 수 없고, 새로운 법리가 필요하다는 논증을 전개하였다.[58] 또한 그러한 '전자정보의 특성'으로 '정보의 대량성과 다양성', '전자정보의 비가시성' 등을 들고 있다.

① **정보의 대량성과 다양성**: 압수의 목적물이 전자정보가 저장된 대용

'DNA 신원확인법'이 전제하는 상황이 아니며, '형사소송법'에 의한 수사의 영역이므로 본문의 논의와는 평면을 달리함을 유의하여야 한다. 즉 DNA 신원확인정보 수집은 개별적·구체적 혐의에 기초하지 아니하는 정보수집행위로서, 도로에서 무차별적으로 행해지는 음주측정과 유사한 성격을 가지는 것이다. 이에 대한 상세한 내용은 拙稿, 앞의 논문(주 20), 169면 이하를 참고.

57) DNA 정보가 특정인의 신체적 상태에 대한 제한된 범위의 정보를 제공한다는 의미는 있겠으나, 특별한 맥락이 없는 한 형사 절차의 관점에서 유의미한 정보가 되기는 어렵다고 판단된다.

58) 대법원 2015.7.16.자 2011모1839 전원합의체 결정, 판례공보 제473호(2015.9.1), 1274면. 이하에서는 '대법원 2011모1839 전원합의체 결정, 판례공보 제473호, 해당 면수'의 형식으로 각주를 표기하기로 한다.

량 저장매체일 경우 "과학기술이 발전할수록 기존의 법률이 예상조차 할 수 없었던 엄청난 양의 정보가 담기게 될 가능성"이 있는바,[59] 이러한 대량의 전자정보는 "개인의 행동을 시간, 장소적으로 재구성할 수 있게 할 뿐만 아니라 개인의 내밀한 생각까지 포함하고 있는 경우"가 많고,[60] "개인이나 기업의 일생 내지 영업비밀 등 사업 전체를 드러내는 일기장"과도 같아 수사기관 등 국가에 의한 법익침해의 위험은 종래의 일반적 물건에 대한 압수·수색과는 비교할 수 없을 정도로 높다.[61]

② **전자정보의 비가시성**: 전자정보는 대량성 및 다양성으로 인한 큰 위험성을 가지고 있음에도, 수사기관이 찾고자 하는 대상을 그 외적 특성을 통해 구별할 수 없는 특성 때문에 어느 것이 범죄혐의와 관련되지 않은 것인지를 확인하기 위해 일정 부분 정보의 내용을 살펴볼 수밖에 없다.[62] 즉 비가시성이라는 특징 때문에 어쩌면 개인이나 기업의 모든 것이 담겨져 있을지 모를 정보 전체가 수사기관의 검열의 대상이 될 가능성이 있는 것이다.[63]

위와 같은 '전자정보의 특성'을 고려할 때, 접근권한정보로 사용되는 생체정보는 신원확인을 위한 생체정보와 본질적으로 그 기능을 달리한다고 볼 수밖에 없다.[64] 따라서 접근권한정보 등을 진술하도록 강제함이 진술거부권을 침해하는 것이라면, 접근권한정보로 사용되는 생체인식수단을 강제하는 것도 마찬가지로 진술거부권을 침해한다고 보아야 할 것이다.

4) 논증 3: 이익형량적 접근방법

마지막으로 신원정보로 사용되는 생체정보와 접근권한정보로 사용되는

---

59) 대법원 2011모1839 전원합의체 결정, 판례공보 제473호, 1295면.
60) 대법원 2011모1839 전원합의체 결정, 판례공보 제473호, 1295면.
61) 대법원 2011모1839 전원합의체 결정, 판례공보 제473호, 1297면.
62) 대법원 2011모1839 전원합의체 결정, 판례공보 제473호, 1296면.
63) 대법원 2011모1839 전원합의체 결정, 판례공보 제473호, 1296면.
64) 앞서 살펴본 캘리포니아주 북부 연방지방법원도 이러한 견해를 기초로 한다. 즉 개인용 정보기기의 잠금 해제에 사용되는 생체인식수단은 비밀번호(passcode)와 같은 접근권한 정보의 기능을 수행하며, 신원확인을 위한 지문채취와 근본적으로 다르다는 것이다. *In re Search of a Residence in Oakland, California*, 354 F. Supp. 3d 1010(N.D. Calif. 2019).

생체정보 사이에 기술적·규범적 차이점을 구체적으로 밝히는 방법을 피하고, 기존에 고려해 온 적법절차 원칙, 또는 그 핵심적 판단기준인 비례원칙에 따른 논증도 가능하다. 이러한 방법에도 위 '논증 2: 규범적 접근방법'에서 검토한 '전자정보의 특성'이 중요한 역할을 한다.

즉 국가가 기존에 확보한 정보와 단순한 대조를 위해 사용되는 신원정보 확인용 생체정보와 달리, 접근권한정보로 사용되는 생체정보는 다양하고 방대한 정보에 대한 수사기관의 접근을 허용하게 된다. 이는 이익형량에서 어느 한쪽의 균형을 심각하게 변화시키는 요소가 되는 것이다. 따라서 비례원칙에 의하더라도 접근권한정보로 사용되는 생체정보를 강제로 취득하는 것은 적법성을 인정할 수 없다는 결론을 도출할 수 있다.

5) 검 토

접근권한정보로 사용하는 생체정보의 취득과 관련하여 기술적 접근방법, 규범적 접근방법, 이익형량적 접근방법을 살펴보았다. 이러한 다양한 측면을 고려하는 이유는, 신원확인용 생체정보와 관련한 기존 논의들도 나름의 법리에 기초하여 다양한 사례 군을 축적해 왔기 때문이다. 본 쟁점에 대하여는 더욱 치밀한 논리 구성이 필요하나, 현재로서는 위에 제시한 세 가지 논리를 중첩하여 주장함으로써 논증의 설득력을 더할 수 있다고 본다.

12

학교폭력예방법은 학교폭력을 예방하였는가

이정민

단국대학교 법과대학 교수

전공은 형사법으로 단국대학교에서 형법, 형사소송법, 형사정책을 강의하고 있으며, 특히 경제형법에 관심이 많다. 새로운 경영기법과 관련된 형법적 문제에 관심이 있으며, 대표적인 논문으로 "프로젝트파이낸싱에서의 배임죄", "공정거래위원회 사건처리 절차의 합리화"가 있다. 한국형사정책연구원에서 근무한 경력을 바탕으로 사법개혁에 관심이 많으며, DT(Data Technology)시대의 형사절차에 대한 연구를 진행 중이다. 日本 中央大學 訪問准教授를 계기로 일본학자들과의 교류에 힘쓰고 있다. 최근에는 「이지메 법제의 동아시아 비교(いじめ法制の東アジア比較)」 프로젝트에 참여하고 있다.

Ⅰ. 상   황

"수개월 동안 왕따를 당하다가 이를 견디다 못해 한 대 때린 학생은 학교폭력의 가해자인가? 피해자인가?"

2004년 학교폭력을 막기 위해 「학교폭력예방 및 대책에 관한 법률」(이하 학교폭력예방법)이 제정되었다. 2011년 대구에서 자살한 학생사건이 피해학생 집에서 이루어지고, 그 폭행의 심각성이 알려지면서, 2012년 학교폭력에 대한 조치들이 강화되었다. 특히 이 때 나온 대표적인 대책들이 학교 안팎의 숨어 있는 학교폭력을 드러내는 것이었고, 학교폭력 근절이라는 취지하에 가해학생에 대한 처분을 의무화하고, 이러한 처분은 신속하게 이루어져야 한다는 주장 하에, 학교폭력대책자치위원회가 요청하면, 14일 이내에 가해학생에 대한 조치를 이행하도록 하였다(학교폭력예방법 제17조). 한편, 학교 현장에서 학교폭력에 대한 축소・은폐를 방지하기 위해, 학교장 및 교원에 대해서 징계할 수 있는 법적 근거(학교폭력예방법 제11조 제10항)를 마련하고, 학교폭력대책자치위원회를 분기별로 의무화하였다(학교폭력예방법 제13조 제2항). 또한 학교폭력 재발방지를 위해 가해자의 보호자를 특별교육에 참여하게 하였고(학교폭력예방법 제17조 제9항), 가해사실을 학생부에 기재하게 하였다. 이는 「학교생활기록 작성 및 관리지침」(교육과학기술부 훈령)에 규정되었는데, 당시에도 찬반에 관한 논란[1]이 있었다. 그러나 학교폭력의 효과적인 예방책이라는 기대로 각 학교에서 실시되었다. 그런데 학교폭력은 여전히 존재하고, 학생부 기재와 관련하여 학교폭력 소송이 폭증하는 등 많은 부작용[2]을 낳고 있다. 학교는 교육의 장이 아니라 소송의 장

---

* 이 글은 이정민, "개정 학교폭력예방법의 운영방향", 『형사정책』 제32권 제1호, 2020, 159-191면의 논문을 "법의 딜레마"와 관련하여 발췌・재구성한 것임을 밝힙니다.

1) "학교폭력 가해 사실의 학생부 기재는 학생의 교육받을 권리와 낙인효과 등 학생의 인권 제한과 관련되므로 법률에서 정해야지 위임입법에서 정할 수 있는 사항이 아니므로 이는 지침의 한계를 벗어난 것"이라는 주장이 있다. 윤계형・정상우・이덕난, 「학교폭력예방 및 대책에 관한 법률」에 대한 입법평가, 한국법제연구원, 2012, 132면 참조.

2) 이에 대해 단기적으로 학교폭력을 예방할 수 있을지 모르겠으나, 소송의 빈발, 교육적 목적의 소멸, 선별적 학생부 기록 등의 부작용이 있을 것이라고 예상한 보고서로, 윤계형・정상우・이덕난, 「학교폭력예방 및 대책에 관한 법률」에 대한 입법평가, 한국법제연

으로 변질되어 버렸다.

Ⅱ. 학교폭력예방법의 정책실패

1. 학교폭력을 예방하기 위해 학교폭력예방법이 필요하다

학교폭력예방법 제정 당시 학교폭력예방을 위해 기존 법령을 개정하여 대처할 것인지 별도의 특별법을 제정할 것인지에 대해 논란이 있었다. 당시에도 형법 등 다수의 법령들로 학교폭력을 제재할 수 있었으므로, 이와 관련하여 중복여부나 모순여부, 과잉입법 가능성이 제기되었으나, 새로운 법률이 제정·시행됨으로써 학교 폭력에 대한 인식을 제고하고, 피해학생의 보호, 가해학생과 피해학생의 교육 및 치료를 더 효율적으로 수행하고자 하는[3] 목적이 있었기 때문에 학교폭력예방법의 평가는 긍정적이었다. 학교폭력예방법의 입법평가에 따르면,[4] 학교폭력예방법은 "학생의 인권을 보호하고 학생을 건전한 사회구성원으로 육성하기 위해 교육적 목적에서 제정"되었으므로, 형법과는 구별되는 성격을 가지고 있고, 형법이나 소년법이 적용되는 경우에도 보다 적극적으로 교육적 목적을 가지고 학교폭력예방법이 적용될 수 있다고 평가하고 있다. 예를 들어 학교폭력예방법 제17조에 따라 가해학생에게 선도·징계조치가 내려진 후, 소년법이 적용되어도 일사부재리원칙에 반하지 않는데, 여기서 선도나 징계는 적극적으로 교육적 목적을 가지고 해야 하는 것이기 때문이다. 한편, '피해학생에 대한 서면사과'와 같은 사과명령은 경징계에 해당하고 교육적 목적도 있지만, 헌법상 보장된 양심의 자유를 침해할 여지가 있는 것이다.[5]

구원, 2012, 171면 참조.

3) 윤계형·정상우·이덕난, 「학교폭력예방 및 대책에 관한 법률」에 대한 입법평가, 한국법제연구원, 2012, 126-127면 참조.

4) 윤계형·정상우·이덕난, 「학교폭력예방 및 대책에 관한 법률」에 대한 입법평가, 한국법제연구원, 2012, 169면 이하 결론 요약.

5) 윤계형·정상우·이덕난, 「학교폭력예방 및 대책에 관한 법률」에 대한 입법평가, 한국법제연구원, 2012, 132-133면 참조.

2. 은폐축소를 막아보자

학교폭력예방법 제정당시에는 학교의 은폐·축소를 막고자 법 제20조에서 학교폭력 발견시 신고의무를 두었다. 다음 사례를 학교폭력으로 취급하여야 하는지 같이 생각해 보자.

〈사례〉

서울의 한 초등학교에서 남학생 4명이 '말타기 놀이(일명 말뚝박기)'를 하다가 A군의 앞니가 부러지는 사고가 발생했다. 화가 난 A군의 부모는 다른 3명을 학교폭력으로 신고했다. 가해자로 지목된 학생의 어머니는 "다툼이 있었던 것도 아니고 A가 실수로 넘어지면서 발생한 사고인데 무작정 학교폭력이라고 하면 어떡하냐"며 사정을 했다.[6]

학교 측에서 이 같은 사안이 발생하게 되면, 학교폭력예방법 제13조 제2항에 따라, 학교폭력 신고가 접수되었으므로 학교폭력대책자치위원회를 소집해야만 한다. 학교폭력예방법 제13조에 따라 학교폭력 신고 또는 보고, 피해학생 또는 그 보호자가 요청하는 경우, 그것이 경미한 수준의 학교폭력 사안이라도 학교폭력대책자치위원회가 소집되어야 한다. 그로 인해 다음 [그림 1]과 같이 2014년 19,521건이었던 자치위원회 심의건수가 2018년 32,632건으로 증가하게 되었다.[7]

실제로 어느 초등학교에서 한해 15건의 학교폭력이 신고되어 15차례 학교폭력대책자치위원회를 열었는데 14건이 학교폭력이 아닌 것으로 결정되었다. 나머지 한 건도 1호 조치인 서면사과[8]로 마무리되었다.[9] 이 학교

---

6) [중앙일보] [현장에서] "왕따 말리려다 학폭위, 말타기 놀이하다 다쳐도 학폭위"
https://news.joins.com/article/23528421
7) 정제영, "제4차 학교폭력 예방 및 대책 기본계획 수립을 위한 공청회", 2019.11.21, 20면 참조.
8) 가해학생에 대한 조치로는 학교폭력예방법 제17조에 따라, 교내선도인 1호에서 3호가 있다. 1호 피해학생에 대한 서면사과, 2호 피해학생 및 신고·고발 학생에 대한 접촉, 협박 및 보복행위 금지, 3호, 학교에서의 봉사, 외부기관 연계선도로서 4호-5호가 있다. 4호 사회봉사, 5호 학내외 전문가에 의한 특별 교육이수 또는 심리치료, 6호 출석정지, 7호 학급교체, 8호 전학, 9호 퇴학처분이다.
9) 왕건환·김성환·박재원·이상우·정유진, 학교폭력으로부터 학교를 구하라, 에듀니티,

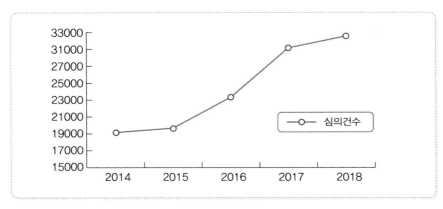

[그림 1] 학교폭력대책자치위원회 전체 심의건수

에 신고된 15건의 사건을 해결하는 데 학교폭력대책자치위원회 소집이 과
연 적절했는지 의문이다.

3. 학교폭력 가해 사실 학생부에 기재

학생부에 학교폭력 가해사실을 기록하게 되면, 이를 두려워하여 학교폭
력이 자연스럽게 줄어들 것이라고 예상했었다. 그런데 이는 학교폭력이 줄
어드는 결과로 이어진 것이 아니라, 학교폭력에 관한 분쟁을 증가시켰다.
학부모들은 학생부에 남게 될 '주홍글씨'를 막기 위해 소송을 불사하게 되
었다. 사실 고등학생이 성인을 폭행하여 합의가 이루어지면, 반의사불벌죄
로 처벌되지 않는다. 또한 절도로 소년사건으로 소년원에 송치되어도 일반
인이 열람할 수 있는 기록으로는 남지 않는다. 그런데 친구에게 욕한 일로
학교폭력대책자치위원회가 열리고 서면사과조치라도 받게 되면, 그 일이
졸업시까지는 학교생활기록부에 남게 되었다.[10]

2019, 88면 참조.
10) 개정 학교폭력예방법에 따르면, 학교폭력 가해학생이 학교폭력대책심의위원회에서 서면
   사과(제1호), 피해학생 및 신고·고발 학생 접촉·협박·보복 금지(제2호), 교내봉사(제
   3호) 조치를 받는 경우, 조건부 기재 유보대상이 된다.

4. 학교폭력대책자치위원회 못 믿겠다

학교폭력대책자치위원회는 전체 위원의 과반수를 학부모 전체회의에서 직접 선출한 학부모로 구성하였다. 그러나 학부모 위원들에게 전문성을 기대하기도 어려울 뿐더러 사안처리의 공정성 및 객관성 문제, 학교별 결과의 차이 등 학교폭력대책자치위원회 심의 결과에 대한 불만이 재심 및 관련 소송을 증가시켰다. 2014년 피해학생의 재심건수가 493건이었던 것에 비해, 2018년 피해학생 재심건수가 1422건,[11] 2014년 가해학생 재심건수가 408건이었던 것에 비해, 2018년 가해학생 재심건수가 717건으로 큰 폭으로 증가하게 되었고, 교육청 행정심판[12]의 경우, 2014년 가해학생 246명

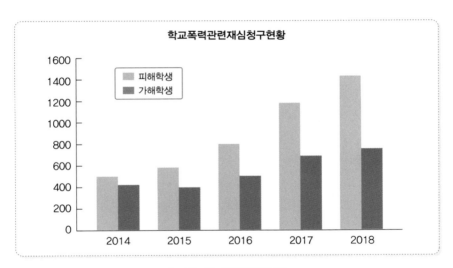

[그림 2] 재심청구현황

---

11) 피해학생은 학교폭력대책지역위원회에 재심을 청구할 수 있고, 가해학생은 전학이나 퇴학의 조치를 받은 경우 학생징계조정위원회에 재심을 청구할 수 있다. 학교폭력예방법 제17조의 2 제2항. http://news.seoul.go.kr/welfare/archives/503797
12) 가해학생인 경우 교육청 행정심판으로, 피해학생인 경우 중앙행정심판위원회 행정심판으로 이원화되어 있었지만, 2020년 3월부터 학교폭력예방법이 개정되어 학교폭력대책자치위원회의 기능이 각 교육지원청 학교폭력대책심의위원회로 이관되고, 불복방법도 행정심판으로 일원화되었다.

이었던 것에 비해, 2018년 660명으로 3배 가까이 증가하게 되었다.[13]

Ⅲ. 학교폭력예방법의 개정

앞서 [그림 1]에서 보듯이 학교폭력대책자치위원회 심의 건수의 증가는 학교 업무를 증가시켰다.[14] 학교폭력 책임교사가 2012년 법 개정으로 있지만, 처리과정의 복잡함, 학부모의 잦은 민원 등으로 아무도 맡으려 하지 않는 보직이 되었다. 학교폭력이 발생했다는 신고가 있으면 책임교사는 먼저 접수한 사안을 신고대장에 기록한다. 신고자와 관련된 사람들에게 상황을 확인하고, 학교폭력 전담기구를 열어서 어떻게 대처할지 협의하여 신고가 접수된 지 48시간 안에 교육청에 사안 보고를 마쳐야 한다. 이어서 담임교사가 관련 학생에 대한 조사를 하고, 학부모 상담을 한다. 이 조사가 마무리되면 책임교사는 학교폭력대책자치위원회 개최를 위해 관련 학부모와 자치위원들이 참석 가능한 시간을 확인하고 관련 학생의 가정으로 회의 개최를 알리는 등기우편을 보낸다. 이렇게 학교에서 열리던 학교폭력대책자치위원회의 업무가 2019년 8월 개정된 법률(2020.3.1. 시행)에 따라 교육지원청으로 넘어갔다. 학교폭력예방법 제12조에 따라서, '학교폭력대책심의위원회'가 신설되었다. 또한 법 제13조의2에 따라, 경미한 사안[15]은 학교의 장이 자체 해결하도록 하였다.[16] 과거 학교폭력의 은폐를 방지하기 위해 모든 학교폭력 사안을 학교폭력대책자치위원회에서 심의했던 것에 대해, 일정한 요건에 해당되는 학교폭력 사안에 대해서는 학교장이 자체적으로 해결할 수 있도록 하였다. 마치 소년정책에서 "Get tough"의 무관용

---

13) 정제영, "제4차 학교폭력 예방 및 대책 기본계획 수립을 위한 공청회," 2019.11.21, 20면 참조.

14) 자세하게 왕건환·김성환·박재원·이상우·정유진, 학교폭력으로부터 학교를 구하라, 에듀니티, 2019, 66-67면 참조.

15) 피해학생 및 그 보호자가 학교폭력대책심의위원회의 개최를 원하지 아니하는 경미한 학교폭력으로, 2주 이상의 신체적·정신적 치료를 요하는 진단서를 발급받지 않은 경우, 재산상 피해가 없거나 즉각 복구된 경우, 학교폭력이 지속적이지 않은 경우, 학교폭력에 대한 신고, 진술, 자료제공 등에 대한 보복행위가 아닌 경우 학교장이 자체 해결할 수 있다.

16) 그러나 이 경우 학교의 장은 지체 없이 이를 심의위원회에 보고하여야 한다.

(zero-tolerance)정책이 진행되다가 약화되는 수순을 밟고 있는 듯하다.[17) 경미한 사안에 과잉 정책을 투여했다 다시 그 부작용으로 인해 학교장 자체 해결로 바뀐 것이다. 즉 경미한 사안에 대해서도 학교폭력대책자치위원회가 열려야만 했던 과거 비효율성을 반성하여 합리적으로 개선한 것이다. 경미한 사안에 대해서는 경미한 대책이 합리적인 것이다. 엄벌만이 정의는 아니다.

IV. 사건이 계기가 된 법제화의 문제점

실제 학교폭력의 스펙트럼은 다양하고 넓다. 하나의 사건이 계기가 된 법제화는 그 사건 이외의 다른 스펙트럼을 규율할 때 부작용을 낳기 마련이다. 법제화를 통해 매스컴에서 부추기는 법에 대한 수요는 어느 정도 충족될 수 있겠지만, 법제화하는 순간 언어의 다의적인 특성 때문에 입법자의 의도와 달리 법제화하고자 하는 사안과 별도로 다양한 사안까지 규율하게 된다. 학교폭력이 그 대표적인 예라고 볼 수 있다. 과거 학교폭력이 인지되지 않아서 학교폭력으로 인한 자살이 발생했으니, 피해가 경미해도 신고하라고 하였다. 서로 사과하고 화해하여 친하게 지내고 있는데도 1년에 두 번씩 하는 학교폭력 실태조사 질문에 답을 한다. 언론에서 보도하는 심각한 학교폭력은 형사사건으로 가야만 하는 사건들이 대부분이다. 학교폭력예방법 제5조에서도 이미 밝히고 있듯이, 성폭력사건은 학교폭력예방법이 아니라, 「아동·청소년의 성보호에 관한 법률」이 적용된다. 물론 매스컴에 나오는 과도한 상해사건은 경찰서에 신고해서, 형사절차로 가야 한다. 학교에서 교사가 할 수 있는 학교폭력예방의 영역은 따로 존재한다고 보아야 한다.[18)

---

17) 한국형사정책연구원, 학교폭력 위기에 대한 단기적 대응방안, 2012, 33면 참조.
18) 동지의 견해로, 왕건환·김성환·박재원·이상우·정유진, 학교폭력으로부터 학교를 구하라, 에듀니티, 2019, 71면 참조.

Ⅴ. 결 론

학교폭력예방법은 학교폭력을 막았다기보다는 학교폭력 인지능력[19]을 증가시켰다. 인지능력의 증가는 민감도의 증가를 의미하기도 한다. 그러므로 학교폭력이 줄어들어도 인지능력의 상승에 힘입어 신고 건수가 높아지게 되고, 학교폭력은 다시 증가한 것이 된다. 통계의 아이러니라고 생각할 수 있다. 숨은 범죄(범죄 통계상 '암수')가 드러난 결과로도 볼 수 있지만, 학교폭력은 학교폭력예방법으로 인해 더욱 심각하게 변질되었다. 법이 분쟁을 증가시킨 꼴이다. 선생님들조차도 소송에 휘말리고 있다. 선생님들은 이제 교육보다는 소송에 휘말리지 않도록 방어교육을 하고 있다.

학교폭력대책자치위원회의 처분을 믿지 못하고 학교 구성원 간의 갈등은 심화되었다. 학교는 이제 더 이상 사법부 놀이를 그만두어야 한다. 법에 의해 사회 통합이 와해[20]되는 대표적인 사례이다. 개정 학교폭력예방법에서는 학교의 학교폭력대책자치위원회를 없애고 교육청에 심의위원회를 두었다. 바람직한 방향으로 가고 있으나 교육청에서 각 학교별로 쏟아지는 사건들을 해결할 능력이 있는지 의문이다.

학교는 교육하는 곳이다. 학교폭력예방법도 처음 기획은 학교폭력 없는 아름다운 학교였을 것이다. 사후 재발방지와 상처 회복을 위한 교육이 필요하다. 전체 맥락을 파악하여, 타인에게 입힌 피해에 대한 반성과 책임 있는 행동을 이끌어 내는 교육이 절실하다.[21]

---

19) 황지태, 한국사회의 범죄증가추세에 대한 비판적 연구, 고려대학교 박사학위논문, 2009, 141면 참조.
20) 이상돈, 형법학, 법문사, 1999, 107면 참조.
21) 왕건환·김성환·박재원·이상우·정유진, 학교폭력으로부터 학교를 구하라, 에듀니티, 2019, 47면 참조.

13

억울한 것Innocent과 다행인 것not guilty: 두 가지 무죄에 대한 국가의 같은 보상

박미랑

한남대학교 경찰학 전공 부교수

범죄와 법을 연구한다.

사회의 범죄현상을 연구하는 범죄학 박사이자, 판결의 불평등을 연구하는 형법 박사이기도 하다. 미국 플로리다 대학교에서 범죄학 학위를 받았고, 고려대학교에서 형법 박사를 받았다. 법학의 규범적 연구와 범죄학의 경험적 연구의 경계를 넘나드는 능력자이다.

범죄를 개개인의 문제행동으로 보기보다는 건강하지 못한 사회 생태계의 파괴현상으로 해석하며 법이 미처 포착하지 못한 범죄행동에 관심을 두고 있다. 법의 카테고리 밖에 있는 범죄와 피해를 범죄학 관점에서 지속적으로 문제제기를 하며, 다양한 형사정책의 당위성과 효과성을 평가하는 연구를 진행 중이다. 데이트 폭력을 범죄학 관점에서 서술한 박사논문을 시작으로 활발한 범죄학 및 형사정책 연구를 진행하고 있다. 대표 저서로는 『왜 그들은 우리를 파괴하는가?』, 『범죄예방정책론』 등이 있고 범죄 패턴 분석, 형사정책 평가, 그리고 판결 패턴에 대한 많은 논문을 발표하였다.

Ⅰ. 억울한 이들의 옥살이

범죄가 언론을 통해 보도되면 사람들은 그 사람이 어떤 처벌을 받는지에 관심을 갖는다. 그 관심은 주로 처벌의 무게, 즉 형량에 쏠린다. 그러나 그 과정이 공정했는지, 누명을 쓴 것은 아닌지는 관심의 대상이 아니다. 안타깝게도 유죄를 선고받고 교도소에서 복역을 마친 자가 억울한 누명을 쓴 사람이었음이 밝혀지기도 한다. 이 사람 역시 용의자가 되었을 때에는 언론에서 크게 다뤘을 것인데, 유죄를 선고받았던 때에 비해 억울한 옥살이를 하고 풀려난 이들에게는 사회적 이목이 그리 집중되지 않는다.
다음의 사건을 한번 살펴보자.

> 1991년 5월 8일, 김기설 전국민족민주연합 사회부장의 분신자살 사건이 있었다. 검찰은 자살한 김기설의 친구였던 대학생 강기훈 씨를 유서 대필과 자살방조 혐의로 기소했다. 강기훈 씨는 당시 국과수의 필적 감정결과와 정황에 따라 자살방조 및 국가보안법 위반으로 징역 3년에 자격정지 1년 6월을 선고받았고, 1994년 8월 17일에 만기 출소했다. 그가 만기 출소하고도 14년이 지난 시점, "진실화해를위한과거사정리위원회"는 강기훈 유서 대필 의혹 사건에 대한 재심을 권고했다. 대법원의 재심 결과, 강기훈 씨는 무죄 판결을 받았다. 억울한 누명을 쓰고 24년이 지나고서야 받은 무죄 판결이었다.

강기훈 씨는 3년 동안 옥살이를 했고 그 이후 20년 동안을 전과자로 살았다. 그러나 알고 보니 무죄였던 그의 억울함은 어떻게 풀어줘야 할까?

Ⅱ. 억울함과 그 보상

범죄 사건도, 증거도, 판단도 모두 신이 아닌 인간에 의해 행해지기 때문에 오판의 가능성은 늘 존재한다. 그 오판이 실제 몇 건이었는지, 그 확률이 몇인지는 사실 크게 중요하지 않다. 단지 '0건' 혹은 확률이 0이 아니라는 것이 중요할 뿐이다.

다행히도 국가에 의한 형벌권의 한계는 국가에 의해 인정되어 있고, 국가는 억울하게 처벌을 받은 이들을 보상해주는 제도를 마련해두었다. 우리 나라 헌법은 제28조에서 "형사 피의자 또는 형사피고인으로 구금되었던 자가 법률이 정하는 불기소 처분을 받거나 무죄판결을 받은 때에는 법률이 정하는 바에 의하여 국가에 상당한 보상을 청구할 수 있다"고 규정하고 있다. 그리고 형사소송법에서는 이를 "형사보상 및 명예회복에 관한 법률"로 칭하고 보상 기준과 방법을 제시한다.

앞에서 서술한 강기훈 씨는 이 형사보상제도에 의해 억울한 지난 과거를 국가에 의해 보상받는다. 그러나 이 국가에 의한 형사보상제도는 정말 무고한 이, 억울한 사람으로 여겨지는 사람에게만 적용되는 것이 아니다. 범죄 혐의를 받고 구속된 상태로 수사를 받고 재판 후 무죄로 풀려난 이들도 구속된 기간을 보상받을 수 있다. 때로는 다행인 사람, 혐의는 있으나 혐의가 충분히 밝혀지지 않은 이들에 대하여도 같은 보상제도가 적용된다.

Ⅲ. 억울함과 보상의 무게

억울한 구금과 옥살이 문제는 언론을 통해 잘 다뤄지지 않지만 실제로 통계치를 들여다보면 억울하게 형사처벌을 받고 구금된 이들은 생각보다 많다. 2018년 사법연감에 따르면 지방법원에서 무죄판결을 받은 인원은 2014년 2만 2,074명, 2015년 1만 3,008명, 2016년 1만 212명, 2017년 1만 190명, 2018년 8,677명이다. 2018년 한해 무죄 선고 인원은 8,677명이고, 형사보상청구사건은 3554건이다. 기각된 사건은 115건에 불과하여 거의 모든 사건이 인용되었음을 알 수 있다.

이들은 얼마의 금전적 보상을 받을 수 있을까? 보상받는 금액은 형사보상법에 따라서 결정되며, 기준은 보상청구 원인[1]이 발생한 연도의 일급 최

---

1) 형사보상제도에 의해 실질적 보상을 받는 과정은 ① 형사보상금 청구, ② 법원에 의한 보상 결정, ③ 보상금 지급 청구, ④ 검찰에 의한 보상금 지급 절차로 이루어진다. 보상을 받기 위해서는 당사자가 형사보상청구를 해야 하고, 법원에 의해 보상청구 결정을 받고 난 이후에 또 다시 검찰에 실질적 보상금을 받기 위한 지급청구를 해야 한다.

저임금액이다. 물론 사안에 따라서는 1일 최저임금액의 5배까지도 보상이 가능하다. 예를 들어, 2019년에 구속수사를 받았는데 무죄 판결을 받은 사람이 있다고 가정하자. 이 사람이 10일 동안 구속되었다고 하면 매우 보수적으로 잡아도 한 시간에 8,350원, 하루 66,800원, 10일 동안의 최저 보상금액은 668,000원이 된다. 상황에 따라 최대 5배가 가능하기도 하니 10일 동안 3,340,000까지도 보상받을 수 있다는 말이다. 지급이 지연될 경우 발생하는 법정 연 이자까지 계산해서도 말이다.

그렇다면 얼마의 예산이 형사보상금으로 쓰였을까? 2018년에는 총 2763건에 대하여 38,142일이 보상되었고, 그 보상금액은 120억이었다.[2] 평균치로 계산하면 1명당 10일에 대하여 3,186,916원이 보상되었고, 1인당 하루 보상금액은 31,443원인 셈이다. 그러나 이를 평균으로 보는 것은 형사보상 이해에 대한 왜곡을 낳을 수 있다. 외환의 죄에 대한 보상건수는 단 1건이었지만 보상일수가 3,529일(10년가량)로 10년의 세월을 보상하였으며, 보상금액도 10억여 원이었다. 국가보안법 위반의 경우 18건에 대하여 11,167일이 보상되었고, 31억 원이 보상금으로 지급되었다. 반면 빈도수가 높은 사기와 공갈의 죄는 313건에 대하여 2,411일이 보상되었고, 보상금액은 4억 5천만 원 수준이었다. 사기와 공갈관련 무죄 판결을 받았던 그들은 143만 원을 1인당 보상받았다.

IV. 보상제도의 근원과 보상의 범위

우리나라의 형사보상제도는 유럽의 형사보상제도를 뼈대로 삼은 일본의 보상제도를 기초로 삼아 만들었다. 유럽의 형사보상제도는 전체주의와 국가 절대주의를 극복한 17~18세기 계몽주의에서 영향을 받았다.[3] "무고한 백성을 처벌하는 것은 크고 작음을 불문하고 모두 자연법을 위반하는 일"이라는 토마스 홉스의 말에서도 알 수 있듯이 이러한 형사보상제도는 자연법사상과 긴밀한 관련성을 갖고 있다. 이러한 보상제도는 1789년 시민혁명

---

2) 정확한 금액은 11,992,365,753원이다. 2018사법연감, 1057면.
3) 김정환, 형사보상제도의 역사와 본질, 서울법학 제18권 제2호, 61-65면, 2010.

이후 유럽에서 실질적으로 입법에 반영되기 시작했다. 초반에는 재심 판결로 무고함이 증명된 사건만을 보상의 대상으로 인정했지만 점차 미결구금도 포함하게 되었고, 그 보상 범위도 확대되었다. 현재 우리나라 역시 수사를 위해 구속된 기간까지 형사 보상의 범위에 포함하고 있다. 결백 innocent하여 억울한 사건뿐만 아니라 때로는 유죄가 아니어서 다행인 사건 not guilty도 보상되고 있다는 의미이다.[4]

앞서 우리는 일본이 유럽의 형사보상제도 뼈대를 빌린 것이라 기술했지만 일본과 유럽이 모두 동일한 제도를 운영하고 있는 것은 아니다. 일본의 형사보상제도의 구조는 우리나라와 상당히 유사하다. 지급 절차, 방식 그리고 금액까지도 말이다. 일본은 1일 1,000~12,500엔의 보상금을 지급하고 있다. 무고함이 밝혀졌는데 안타깝게 사형이 이미 집행된 경우에는 3,000만 엔 이내에서 보상금이 지급된다. 그러나 유럽의[5] 보상제도는 일본보다 보상의 범위가 더욱 넓고 선진적이다. 보상의 범위가 단순히 재산상의 손해에 그치지 않고 그 억울함에 따른 정신적 손해까지 포함하고 있다. 또한 1일 최대 보상금액을 한정하는 우리와 달리 다른 나라에서는 보상금 자체의 상한선을 두지 않기도 한다. 미국에서는 상한이 없는 엄청난 보상금 판결이 왕왕 선고되기도 한다.

> 2007년에는 미국 FBI가 무죄 판결에 사용될 수 있는 증거를 의도적으로 법정에 제출하지 않아 4명이 억울하게 살인죄의 누명을 쓰고 30년을 복역한 사건에 대한 보상판결이 있었다. 매사추세츠주 연방판사는 이들에게 1억 달러(약 1,200억 원) 보상금을 지급하는 결정을 내렸다. 또한 2015년에는 20년의 억울한 옥살이를 한 미국 일리노이주의 한 남성은 2,000만 달러(약 240억 원)의 보상금 판결을 받기도 하였다.

우리와 비교하여 엄청난 보상금액이 먼저 눈에 들어올 수도 있다. 우리가 더욱 눈여겨 볼 제도들은 금전적 보상 이외의 지원들이다. 루이지애나

---

4) 형사보상청구 신청 기한은 무죄 재판이 확정된 사실을 알게 된 날로부터 3년, 무죄 재판이 확정된 때부터 5년 이내다.
5) 독일과 프랑스가 대표적이다.

주는 보상제도의 일환으로 1년간 직업훈련과 취업정보를 제공하고, 의료서
비스와 상담서비스 그리고 대학교 등록금을 추가로 지원한다. 텍사스주는
취업지원, 의료지원, 교육지원에 더해 자녀들에 대한 지원금도 보상 항목
으로 마련했다. 교도소에서 출소한 이들이 사회 적응의 첫 단계로 취업을
꼽는다. 하지만 그 취업단계에서 가장 큰 좌절을 느끼게 된다. 이런 상황
은 또 다른 사회 문제로 이어질 가능성이 높다. 국가에 의해 억울하게 처
벌 받은 이와 이들의 가족에 대한 보상이 단순한 물질적 보상에 그치지
않고 의료복지, 가족복지, 교육복지, 노동복지제도와 함께 톱니바퀴처럼 물
려 돌아가는 것은 매우 인상적이다.

V. 결백과 증거불충분에 대한 같은 보상

현재 우리나라의 형사보상제도의 대상은 '무죄 판결을 받은 자'로 규정
된다. 하지만 무죄판결을 받은 이들은 두 상황으로 나뉜다. 첫째는 범죄와
전혀 상관이 없는 결백한 상황innocent이며 둘째는 범죄와 연관은 있으나
범죄 사실의 증명이 어려운not guilty 상황이다. 두 번째 상황을 2종 오류라
고 부른다. 혐의는 있지만 적극적으로 유죄라고 판결하기는 증거가 불충분
한 상황인 것이다. 법의 기준으로 보자면 첫 번째와 두 번째 피고인 모두
무죄라는 같은 이름표를 붙인다. 그리고 우리나라의 경우 형사보상이 작용
할 때 그 절차도 내용도 동일하다. 하지만 보상과 연결될 때는 두 상황을
동일하게 취급하는 것이 과연 타당한지 의문이다.

미국 변호사 협회에 따르면 2010년 판결 중 유죄판결은 93%, 무죄판결
은 7%였다. 유죄판결을 받은 이들 가운데 무고하고 억울한 사람은 0.027%
였다. 1종 오류(즉, 무고)에 해당하는 0.027%와 비교하면 무죄에 해당되는
사람들의 수는 600배가량 된다. 즉, 무죄판결이라 말하고 전혀 범죄와 상
관없는 이의 억울한 옥살이를 보상하기 위해 형사보상제도를 이야기하지
만, 정작 보상제도를 통해 보상받는 대다수는 범죄를 입증하기 위한 충분
한 증거가 제시되지 못하여 무죄판결을 받은 상황인 것이다. 2018년에 우
리나라에서 형사보상으로 지급된 120억 원도 주로 충분한 증거가 없어 무

죄판결을 받은 이들이 받은 것이다.

Ⅵ. 보상의 내용과 대상에 대한 재 고민

보상의 대상은 당연히 무죄판결을 받은 이들이다. 그리고 그 무죄가 혐의와 증거 사이에서 줄다리기를 하는 사건이 아니라 혐의가 전혀 없음에도 불구하고 잘못된 목격증언, 잘못된 과학증거, 잘못된 자백과 이에 대한 인정, 잘못된 밀고자 등에 의하여 재판에 서게 된 사람이어야 한다.[6] 이는 결코 무고하고 결백한innocent 이들에게만 보상을 하자는 뜻이 아니다. 무고한 이들을 포함해 억울한 판결을 받은 이들에게는 삶을 재건하는 차별된 보상제도가 필요하다는 말이다.

우리나라의 보상제도와 비교해봤을 때, 가장 이상적인 제도를 시행하는 곳은 물질적 손해뿐만 아니라 그 이외 범위까지 포괄하여 보상의 범위로 설정하고 있는 미국의 몇 개의 주states와 금액의 제한을 두지 않는 독일과 프랑스다. 이들 국가 혹은 주에서 시행 중인 단순 무죄판결이 아닌 억울한 이에 대하여는 남은 인생까지 보상해주는 시스템을 눈여겨볼 필요가 있다. 상한선이 정해진, 그것도 최저임금에 기초한 금전적 보상이 아니라, 무고하게 사회와 격리되어 살아온 이에게 삶의 재건에 투자할 수 있도록 직업의 기회, 교육의 기회 그리고 평균 소득의 보장뿐만 아니라 물리적·정신적 치료비용까지 담아내는 보상이어야 할 것이다.

한 20대 대학생이 누명을 쓰고 억울한 옥살이를 했다. 전과자가 되어 세상에 나와 무죄판결을 받기 위해 20년간 국가 형벌권과 처절한 투쟁을

---

6) 미국에서는 '이노센스 프로젝트(Innocence Project)'가 진행 중이다. 무고한 사람에 대한 무죄판결, 즉 억울한 옥살이를 한 사람들이 재심청구를 하고 보상을 받을 수 있도록 돕는 프로젝트다. 1992년에 시작된 이 프로젝트를 통해 총 344명의 무고가 증명되었다. 이들 중 337건은 DNA 검사결과로 무고함이 증명되었고 7건은 DNA나 생물학적 이외의 증거에 의해 무죄판결이 내려졌다. 이노센스 프로젝트에서는 DNA 검사 결과를 통해 무죄선고를 받은 사건을 대상으로 법정에서 오판이 발생하는 원인을 분석했다. 오판이 발생하는 이유로는 잘못된 목격증언, 유효하지 않거나 부적절한 과학수사 증거, 잘못된 자백과 자백의 인정 그리고 잘못된 정보원 혹은 밀고가 꼽혔다. 실제 사건에서는 각 해당 사항의 수치가 서로 연관되어 더욱 높은 것으로 예상된다고 한다. 또한 형사사법기관의 잘못과 부적절한 변호 등도 오판 원인에 포함되어 있다고 경고한다.

I. 서 론

필자는 『법학에서 위험한 생각들』에서 "국제적 법치주의는 실현 가능한 가"라는 제목 하에 국제법international law은 국제공동체의 법으로서 국제적 법치주의international rule of law를 담보하기 위하여 필수불가결한 역할을 수 행하고 있다는 점을 강조한 바 있다. 그러나 국제공동체 속에서 국제적 법 치주의의 실현가능성에 대해서는 두 가지 상반된 입장이 있다는 점도 언급 한 바 있다. 한 가지 입장은, Hobbes가 견지하고 있던 정치적 현실주의 realism에 바탕을 두고, 아직도 국제사회international society는 무정부적 상태 를 벗어나지 못하고 있기 때문에 이른바 국제법의 법적 성질에 대해서조차 확신을 갖지 못할 정도여서 국제적 법치주의를 논하는 것조차 매우 섣부르 거나 비현실적이라고 보는 입장이다. 반면에 이와 대척점에 서 있는 입 장은, 국제사회는 Grotius가 견지하고 있던 국제주의internationalism의 단계 를 넘어서서 Kant가 취하고 있던 보편주의universalism에 바탕을 둔 국제공 동체international community로 진입하고 있으며 이러한 국제공동체는 이미 국 제적 법치주의에 의하여 운용되고 있는 국제법공동체international legal community로서 발전하고 있다고 한다.

후자의 입장은 더 나아가서, 국제법은 단순한 국가 간의 법으로부터 국 가 외에 다양한 법적 주체들을 구성원으로 하는 국제공동체의 법으로 진화 하고 있으며 궁극적으로는 개별국가의 주권sovereignty이 소멸되고 개인들이 그 주된 구성원이 되는 하나의 인류공동체community of human beings 또는 세계국가world state의 법을 향하여 진화해 나가고 있다고 주장하기도 한다.

국제적 법치주의에 관한 논의는 단순히 국제공동체 속에서의 국제법의 역할을 논의하는 수준을 넘어서서 세계국가의 가능성과 함께 국제법의 세

---

* 이 글은 『법학에서 위험한 생각들』(법문사, 2018)에 게재된 필자의 논문, "국제적 법치 주의는 실현 가능한가?"(pp. 22-69)의 후속편에 해당하는 것이다. 더 자세한 내용과 관 련 문헌은 앞의 글과 함께 필자의 영어 논문, "The Changing Structure and Paradigm Shift in International Law"(『국제법학회논총』, 제63권 제4호, 2018, pp. 25-55)를 참 고하기 바란다.

계국가법으로의 발전 가능성을 염두에 두고 전개될 수도 있다. 그런데 국제법의 '세계법'world law 또는 '세계국가법'world state law으로의 발전은 개념적으로 보아 국제법의 패러다임paradigm의 근본적인 전환 내지 그 부정을 전제로 한다는 점에서 단순한 국제법의 '진화'evolution가 아니라 오히려 그 '소멸'demise을 의미한다고 보아야만 할 것이다.

이처럼 국제법의 세계법으로의 발전은, 국제법의 패러다임이 단순히 기존의 '국가 중심적'state-centered 패러다임으로부터 '인간 중심적'human-centered 패러다임으로 바뀌는 차원이 아니라 궁극적으로는 그 자신의 소멸을 가져올 수도 있다는 점에서, 국제법 스스로의 입장에서 보면 일종의 '딜레마'dilemma에 봉착하는 상황이 되는 것이다.

Ⅱ. 국제법의 패러다임과 그 전환

Thomas Kuhn의 『과학혁명의 구조』*The Structure of Scientific Revolution*에 의하면 '패러다임'paradigm이란 일정 시기 동안 과학을 지배하는 인식이나 이론의 틀을 의미하는 것으로서, 정상과학normal science에 통용되어 오던 기존의 패러다임에 의하여 이해하거나 설명할 수 없는 현상이나 사실들이 새롭게 나타나게 되면 또 하나의 다른 패러다임이 생겨나서 기존의 패러다임과 경쟁하게 되고 결과적으로 기존의 패러다임을 대신하여 새로운 패러다임으로 자리잡게 된다고 한다. 이처럼 새로운 패러다임이 기존의 패러다임을 대체함으로써 과학에 있어서 혁명적 변화를 초래하는 것을 '패러다임의 전환'paradigm shift이라고 한다.

당초 Kuhn은 자연과학의 경우에 한정하여 패러다임이나 패러다임의 전환이라는 용어를 사용하였지만 오늘날 이는 모든 학문 분야에 널리 쓰이는 보편적 개념으로 발전하였으며 이에 따라 국제법의 경우에도 패러다임 또는 패러다임 전환이라는 용어를 사용하는 것이 전혀 어색하지 않게 되었다. 이러한 의미에서 국제법의 패러다임이라는 용어를 사용하는 경우, 이는 바로 국제법의 특성 내지 본질에 대한 정합적 설명체계로서의 의미를 갖게 되며 특별히 '국내법'domestic law과의 관계에서 그 개념적 징표를 적절하게 보여줄 수 있는 것이어야만 한다.

『국제법의 역사』*A Concise History of International Law*의 저자 A. Nussbaum에 의하면 국내법과는 달리 원시 시대에는 인류에게 타고난 관념으로서의 국제법은 존재하지 않았으며 고대와 중세 시대에도 오늘날 우리가 패러다임 차원에서 국제법으로 인식하고 있는 그러한 체계적 의미의 국가 간 법규범은 형성되지 않았다고 한다. 물론 고대부터 오늘날 국가에 해당하는 정치공동체들이 성립되고 이들 간의 관계가 형성되어 있었던 것은 사실이다. 그리고 조약treaty과 같이 국가 간의 관계를 규율하는 규범이 존재했던 것도 사실로 확인되고 있다. 그러나 이러한 규범들이 오늘날의 국제법과 동일한 성격의 규범체계로 규정하기는 힘들다. 왜냐하면 현행 국제법의 탄생은 '주권국가'sovereign state 간의 관계를 바탕으로 성립된 근대 국제사회의 시대적 상황 속에서 이루어졌다고 보기 때문이다.

Nussbaum에 의하면 고대 그리스 도시국가들 간의 관계는 대체로 종교적이며 국가 간의 관계라기보다는 사실상 지방자치단체 간의 관계로 평가될 수 있으며 (근대) 국제법의 형성에 큰 영향을 미친 고대 로마제국의 법, 즉 만민법*jus gentium*은 그 자체로 하나의 국가법 또는 국내법에 해당하는 것이지 국제법은 아니었던 것이다. 중세 유럽사회를 지배했던 정치공동체도 하나의 교회법체계canon law가 상위법으로 적용되고 있던 보편적 공동체였으며, 이 경우 교회법은 일종의 초국가적 법규범으로서 국제법이 아니라 국내법과 유사한 성격을 띠고 있었던 것이다.

근대 국제사회의 법규범으로서의 '국제'inter-national법은 글자 그대로 국가 간의 관계를 규율하기 위한 법체계로 탄생하고 발전해 왔다. 이러한 의미에서 국제법은 H. Morgenthau가 적절히 지적했듯이 '분권적'decentralized 또는 국가 중심적 패러다임에 입각하고 있다고 규정할 수 있을 것이다. 이는 개별국가의 국내법이 정부기관에 의하여 정립되고 시행된다는 점에서 '집권적'centralized 특성을 지니고 있으며, 기본적으로 국민의 권리·의무를 규정하는 법체계라는 점에서 '개인 중심적'individual-centered 패러다임에 입각하고 있다는 사실과 분명하게 대비된다.

그러나 근대의 국가 중심적 또는 분권적 특성을 강하게 띠고 있던 국제

사회는 점차 조직화되고 국가 이외의 실체들entities이 그 구성원으로 등장하는 과정을 밟아왔다. 19세기와 20세기 중반을 지나, 특히 20세기 후반에서부터 국제사회는 세계화globalization의 과정을 거쳐서 점차 국제 '공동체'community로서의 성격을 갖추게 되었다. 21세기에 접어든 현재 세계화는 국가 및 국제공동체가 직면하고 있는 가장 중요한 도전적 요소들 가운데 하나로 인식되고 있다.

국제공동체의 구조적 변화 가운데 가장 두드러진 요소 가운데 하나가 바로 개인을 비롯하여, 국가 이외의 다양한 실체들 즉, 비국가적 행위자들non-state actors이 국제공동체 및 국제법의 무대에 등장하고 있다는 점이다. 이에 따라 개인을 포함한 다양한 국제법주체들subjects of international law의 상호관계를 규율하기 위하여 국제법의 규율 대상과 영역이 획기적으로 넓어지게 되는 현상이 초래되고 있는 것이다.

국제사회가 국제공동체로 변화함에 따라 국제법의 패러다임도 크게 변화하고 있다. 우선 국가의 '주권' 개념이 변화하고 있는 것이 가장 기본적인 특징이라고 할 수 있다. 절대적인 권한 또는 통제력으로 인식되고 있던 주권 개념이 점차 상대화 되고 국가의 의사 여하에 불구하고 구속력이 인정되는 '강행규범'jus cogens 및 '대세적 의무'obligations erga omnes 규범이 국제법 체계에 도입됨에 따라 전통적으로 국제사회의 성립 기초인 동시에 국제법의 구속력의 근거로 간주되어 왔던 '주권 개념에 대한 재검토'reconceptualization of sovereignty가 이루어지고 있는 것이다.

그동안 국가 간 상호주의에 바탕을 둔 평등한 질서로 존재해 오던 국제법 질서도 위계질서를 특징으로 하는 일종의 헌법적 질서constitutional order로 발전하고 있다. 이러한 의미에서 '국제법의 헌법화'constitutionalization of international law 현상은 최근 국제법 질서의 가장 두드러진 변화 가운데 하나로 주목을 받고 있다.

또한 국제공동체의 법규범의 발전과 관련하여 20세기 중반 유엔의 창설 이후 인권human rights 및 국제인권법international human rights law이 점차 국제법 전반에 걸쳐서 그 영향력을 증대시켜 나가고 그 성격 변화까지 야기하고 있다는 점을 지적하지 않을 수 없을 것이다. 국제법 체계 속에서 인권 존중과 인권법의 원칙을 우선시 하는 '국제법의 인간화'humanization of international law 현상도 국제법의 헌법화와 더불어 현재 국제법의 패러다임의 전환을 보여주고 있는 일종의 혁명적 변화라고 할 수 있을 것이다.

그러나 국제공동체가 일종의 헌법적 질서를 보유한 하나의 법적 공동체로 존재하고 있다고 하더라도, 주권국가들이 존재하는 한 국제공동체는 국가와는 달리 스스로 집권적인 정부 조직을 갖지는 못한 채 개별국가를 비롯한 그 구성원들의 협조체제에 그 존립과 운영을 의존할 수밖에 없다는 점에서 분권적 사회decentralized society의 본질적 한계를 벗어나지는 못하는 것이다. 이러한 의미에서 국제공동체는 '정부 없는 거버넌스'governance without로서 '글로벌 거버넌스'global governace를 효율적으로 구축해야만 하는 과제를 안고 있다. 글로벌 거버넌스의 구축을 법적으로 뒷받침하는 것이 현대 국제법의 주요한 과제로 등장하고 있는 것은 바로 이 때문이다.

글로벌 거버넌스, 즉 정부 없는 거버넌스가 가능한 이유는 바로 국제공동체 속에서 국제법에 바탕을 둔 법치주의, 즉 국제적 법치주의가 작동하고 있기 때문이다. 국제적 법치주의는, 전통적으로 '법치주의'rule of law가 하나의 개별 국가 내에서 수행하는 역할을 국제공동체 속에서 수행하고 있다는 점에서 글로벌 거버넌스와 매우 밀접한 관련을 맺고 있는 것이다.

오늘날 국제사회가 국제적 법치주의 및 글로벌 거버넌스에 바탕을 둔 국제공동체로 발전하고 국제법의 인간화 및 헌법화 현상이 두드러지고 있다고 하더라도 국제공동체의 주요 구성원이자 국제법의 기본적 주체는 여전히 주권국가임을 부인할 수 없을 것이다. 그러나 인간 중심적인 국제법을 지향하는 새로운 패러다임은, 여전히 강력하게 영향력을 행사하고 있는 국가 중심적인 전통적인 패러다임과의 사이에서 긴장관계를 형성하면서 국제법의 패러다임 전환을 견인하는 역할을 수행해 나가고 있다는 사실도 부인할 수는 없다고 본다.

국제법은 국제공동체의 발전과 더불어 계속 발전해 나가고 있다. 그러나 국제법의 국가 중심적 패러다임이 인간 중심적 패러다임으로 완전히 전환되는 단계는, 여전히 주권국가의 존속을 전제로 하는 현재의 국제공동체가 개인들을 그 기본적 구성원으로 하는 완전한 의미의 인류공동체로 바뀌는 상황을 가정하지 않으면 성립할 수 없는 것이다. 국가가 아닌 개인들이 그 핵심적 구성원이 되는 인류공동체는, 모두의 공멸을 의미하는 '무정부적 사회'anarchical society가 아니라 글로벌 거버넌스가 완전하게 작동하는 진정한 의미의 '세계공동체'world community 또는 하나의 '세계정부'world government 에 의하여 통치되는 '세계국가'world state의 모습을 띠게 될 것이다.

Ⅲ. 세계법으로의 발전: 국제법의 딜레마?

우리가 사용하고 있는 '세계법'의 개념은 세계국가의 존재를 가정할 때 가장 확실하게 그 의미 및 성립 가능성을 설명할 수 있을 것이다. 그러나 과거 로마제국과 같은 의미의 세계제국의 탄생과는 무관하게 오늘날 국제 공동체의 현실 속에서도 세계법의 개념 및 존재성을 인정할 수 있다고 하 는 입장도 매우 유력하다. 즉, 근대 이후 국제사회가 국제공동체로 발전해 나가고 국제공동체 속에서 국가 이외의 구성원들, 특히 개인들의 역할과 위상이 강화되고 있다는 점을 감안할 때 이미 국제공동체는 상당 부분 인 류 중심의 세계공동체로 그 성격이 전환되고 있으며 국제법도 상당 부분 그 성격이 세계법으로 진화하고 있다고 보는 것이다.

그러나 다른 한편으로 오늘날의 세계화 추세 및 국제공동체의 발전 속 도로 보아 언젠가는, 아마도 몇백 년 뒤에는 지금과 같은 주권국가, 즉 '민 족국가들'nation states이 더 이상 존재하지 않는 상황이 도래하게 될 것으로 보는 견해에 주목할 필요가 있다. 『도덕의 궤적』The Moral Arc의 저자 Michael Shermer는 인류의 삶을 규정하는 정치공동체의 형태와 관련하여 '국가'가 아니라 '도시'가 그 미래의 형태라고 보고 있다. 그는 인류의 역사에서 민 족국가들이 성립되고 존속해 온 역사는 겨우 수백 년밖에 되지 않는 반면 도시의 역사는 1만년 이상이라는 점을 상기시키고 있다. 『도덕의 궤적』에 서 Shermer는 인류 문명의 진보와 관련하여, 인류가 집단을 이루어 거주 하기 시작한 단계를 '문명 1.0'으로 규정한 다음, 명확하게 구분되는 지리 적 영토와 그곳에 거주하는 사람들에 대한 관할권을 갖는 정치공동체로서 민족국가의 시작점을 '문명 1.5'의 시작으로 본다면 전 지구적 커뮤니케이션 시스템, 전 지구적 지식, 전 지구적 경제, 전 지구적 정치체, 재생가능하고 지속가능한 자원들로 운영되는 전 지구적 에너지 시스템, 그리고 부족이나 인종 간의 차이를 뒤로 하고 모든 사람이 한 종의 일원이라고 느끼는 전 지구적 문화를 특징으로 하는, 지구촌과 지구문명의 단계는 '문명 2.0'에 해당한다고 한다. Shermer는 지금 국제공동체와 인류는 문명 1.5와 문명 2.0 사이에서 문명 2.0을 향해 발전해 나가고 있으며 지금까지의 진보의 역사로 보아 인류는 분명히 문명 2.0에 도달할 것으로 보고 있다.

오늘날 여러 가지 변수와 퇴행적 모습이 나타나고 있는 것도 사실이지만 국가 간의 상호경쟁 및 의존관계를 중심으로 발전되어 오던 국제사회가 이미 인류 전체의 공동이익의 증진에 역점을 두는 국제공동체 내지 인류공동체로 발전하고 있다는 점은 분명해 보인다. 그 증거 가운데 하나가 유엔, 즉 국제연합the United Nations 등의 국제기구를 통한 국제공동체의 발전 양상이다. 특히 유엔을 통한 국제사회의 조직화systematization 또는 집권화centralization 현상은 궁극적으로 오래된 개별국가의 주권 개념single state-sovereignty을 일종의 공동주권some kind of joint-sovereignty, 즉 국제공동체 속에서의 공동의사의 지배supremacy of the common will로 대체할 가능성을 보여주고 있다.

실제로 그동안 진행되어 온 주권 개념의 변화를 살펴보면, 당초 확고히 인정되고 있던 절대적 주권 개념이 이미 상대적 주권 개념으로 전환되었다는 사실은 재론의 여지가 없을 정도가 되었다. 더 나아가서 21세기 들어 구체화되고 있는 R2P, 즉 '보호책임'responsibility to protect의 법리에서 알 수 있듯이, 주권 개념은 이제 '지배 또는 권한'이 아니라 '책임'으로서의 성격이 강조되는 방향으로 개념적 변화가 이루어지고 있다는 점도 확인할 수 있게 되었다.

언젠가 개별국가들의 주권이 완전히 소멸된다면, 그때까지 국가 간 체제를 바탕으로 성립되고 있던 국제사회 내지 국제공동체는 인간 중심의 단일한 법체계, 즉 세계법을 기초로 완전한 법치주의가 실현되는 진정한 의미의 세계공동체 또는 세계국가의 형태로 그 존립 형태가 바뀌게 될 것이다. 그러나 현 단계에서, 과연 국가들의 주권이 완전히 소멸되는 것을 전제로 하는 세계국가의 출현이 가능할지, 그리고 그러한 세계국가가 어떠한 형태로 성립될지는 예측하기 어려운 것이 사실이다.

생각건대, 그동안 인류 및 인류공동체의 발전이 분열과 공멸이 아니라 협력과 공생의 과정을 밟아 온 것이 사실이라고 한다면, 지금까지의 국제사회나 현재의 국제공동체의 모습이 인류가 살아가는 최종적인 형태는 아닐 것으로 보인다. 지금의 국제공동체는 그 공동체적인 요소나 특성이 더욱 강화되어 가는 방향으로 진보해 나갈 것이고 국제공동체의 법으로서의 국제법의 형태나 패러다임도 국제공동체의 발전에 따라 큰 변화의 과정을 밟아 나갈 것으로 전망된다. 존재하는 모든 것이 변화하고 진화해 나간다고 하는 것이 과학 및 역사의 경험에 비추어 부인할 수 없는 법칙이라고 한다면, 국제법도 그 발전 과정으로 보아 현행 국제법의 수준을 넘어서는 단계로 진화해 나갈 수도 있다는 점을 부인할 수 없다고 본다. 만일 국제공동체나 국제법의 발전이 최소한으로도 국가 '주권'의 존속을 인정할 수 없는 정도로 진전되어 나간다고 한다면 국제법은 그야말로 진정한 의미의 세계법, 즉 '세계국가의 국내법'world internal law으로 그 패러다임 및 정체성 identity의 변화를 수반하게 될 것이다. 이러한 변화는 단순한 국제법의 진화가 아니라 그 소멸을 의미하게 되는 것이기 때문에, 국제법의 입장에서 보면 '세계법으로의 발전'은 일종의 딜레마에 해당하는 것이다.

02

국민과 동포 사이에서:

초국가적 네이션의 법제화와 주권/아이덴티티의 딜레마

이철우

연세대학교 법학전문대학원 교수

연세대학교 법학전문대학원에 재직 중이며 법사회학과 국적·이민 분야 교과목을 담당하고 있다. 주된 연구 분야는 법과 사회이론, 한국의 법사회사, 국적과 시민권, 민족주의와 재외동포정책 등이다. 법과사회이론학회, 한국법사회학회, 한국이민학회 회장 및 법무부 이민정책자문위원회 위원장을 역임했으며 현재 법무부 국적심의위원회와 외국인권익증진협의회 위원으로 봉사하고 있다. 공저로『이민법』(제2판, 2019),『이주민법연구』(2017),『현대 법사회학의 흐름』(2017) 등이 있으며, 학술지 논문으로는 이 책에 담긴 글의 바탕을 이루는 "재외동포정책과 초국가적 민족의 헌법적 정초"(2019)와 그것을 보완한 "Nation v. State: Constitutionalizing Transnational Nationhood, Creating Ethnizens, and Engaging with Kin-Foreigners in Europe and Asia"(출간예정) 외 50여편이 있다.

Ⅰ. 들어가는 말

유토피아공화국과 루리타니아공화국은 역사적으로 교호해온 인접국이지만 서로 다른 언어를 사용하며 상이한 풍습을 가지고 있다. 두 나라 사이에는 옛부터 많은 인구이동이 있어, 상대국으로부터 이주한 많은 사람과 그 자손이 각각의 역내에 거주하고 있다. 그들의 대부분은 거주국 국적을 가졌을 뿐 출신국 국적을 가지고 있지 않다.

그러던 중 유토피아공화국(이하 유토피아로 칭함)은 자국 밖에 있는 유토피아계 사람들을 대상으로 「재외동포법」이라는 이름의 법률을 제정했다. 이 법률에 따라 유토피아 국적을 가지지 않은 사람이 동포coethnic, 즉 유토피아 출신Utopian origin임을 인정받으면 재외동포증을 발급받을 수 있다. 재외동포는 80년 전 유토피아공화국 출범 이후 유토피아 국민이었던 사람과 그 자손은 물론 그 전 유토피아왕국의 신민(臣民)으로서 이주한 사람 및 그 자손을 포함하며, 문서로 증명할 수 없다면 내국인과의 친족관계, 언어 능력과 문화적 활동경력에 근거하여 동포임을 인정받을 수 있다. 재외동포증 소지자는 입국과 거주, 취업에서 자유를 누릴 수 있게 되었고, 거주국/국적국에서 공부를 계속하기 위해 현지 유토피아문화원을 통해 장학금을 지원받을 수 있으며, 현지에서 창업하는 경우 유토피아 정부가 지정한 은행을 통해 저리의 자금대출도 받을 수 있게 되었다. 이러한 유토피아의 입법조치에 대해 루리타니아는 반발한다. 루리타니아 역내에 많은 유토피아인이 살고 있는 이상 유토피아의 입법은 루리타니아의 국민통합에 부정적 영향을 준다는 것이다. 루리타니아 정부는 유토피아가 자국민도 아닌 사람을 대상으로 하는 법률을 만들어 루리타니아의 주권을 침해하며, 자국의 초국가적 민족주의 프로젝트에 타국의 소수민족을 동원한다고 항의한다.

한편 루리타니아는 「국적법」을 개정하여 유토피아와 동일한 방식으로 동포를 정의하고 그들이 루리타니아 국적을 쉽게 취득하게끔 특별한 절차를 마련했다. 일반귀화자와 달리 루리타니아에 거주했거나 거주하고 있을 것을 국적취득의 요건으로 삼지 않으며, 국적을 취득해도 가지고 있던 외국국적을 포기하지 않아도 된다. 그렇게 국적을 취득한 사람은 다른 국민과 마찬가지로 참정권과 사회적 권리를 누릴 수 있다. 이번에는 유토피아가 반발한다. 유토피아에 상주하는 유토피아 국민에게 루리타니아 국적을 부여하는 방식으로 국경을 넘어 국민을 확대함으로써 유토피아의 주권을 침해한다는 것이다. 유토피아의 국적법은 국적취득의 요건으로서 5년 이상의 거주를 요구하며, 그 요건은 모든 외국인에게 동일하게 적용됨을 강조한다.

두 나라의 주장을 어떻게 평가하고, 분쟁을 어떻게 조정해야 할까?

Ⅱ. 다차원의 딜레마

유토피아와 루리타니아의 법제는 각각 딜레마를 수반하며, 두 나라의 법제 사이에도 딜레마가 존재한다. 이를 열거하면 다음과 같다.

① 양국의 법제 공히 국가와 민족nation의 딜레마를 안고 있다.[1] 두 나라의 관념에 따르면 민족은 역사, 언어, 문화, 혈통을 공유하는 공동체로서 국가의 인적 경계를 초월한다. 국가는 민족을 바탕으로 생겨나며, 그 구성원의 아이덴티티는 단순히 헌정질서나 정치적 가치를 공유하는 것에서 도출되는 것이 아니라 오랜 세월 축적된 역사적 경험, 문화적 동질성, 혈연적 유대에 바탕을 두고 있다는 것이다. 그런데 이러한 민족(소위 종족적 ethnic 네이션) 관념은 오늘날의 국제법질서의 구성원리와 괴리를 빚는다. 종종 민족 갈등의 조정을 요구받는 유럽평의회Council of Europe의 한 문건은 다음과 같이 말한다. "유럽평의회와 일반 국제공법은 '국가'와 '국적'의 개념에 입각할 뿐… '민족nation'에 아무 자리도 내어주지 않는다."[2] 즉 오

---

1) Nation은 문화적·종족적 집단을 의미할 때에는 「민족」과 통하지만 다른 한편으로는 「국민」에 가까운 뜻을 가진다. 이 글에서는 주로 우리말 「민족」을 사용하지만, 「민족」과 「국민」을 동시에 지칭하거나 nation 개념의 양면성을 강조할 필요가 있는 경우 음독 「네이션」을 사용한다.

2) Explanatory Memorandum to Resolution 1335 (2003): Preferential Treatment of National Minorities by the Kin-State: The Case of the Hungarian Law of 19 June 2001 on Hungarians Living in Neighbouring Countries ("Magyars"), reprinted in Zoltán Kántor et al. (eds.), *The Hungarian Status Law: Nation Building and/or Minority Protection* (Sapporo: Slavic Research Center, Hokkaido University, 2004), pp. 574-581.

늘날의 국제공법은 확정된 영토를 단위로 하여 주권을 행사하는 국가와 그 주권을 집합적으로 행사하는 확정된 인구＝국민만을 인지한다는 것이다. 그러나 그러한 원리는 하나의 이데올로기이다. 그러한 확정된 경계를 가지는 인민은 스스로를 집합적 주권자로 구성하기 전에 선행하는 아이덴티티를 가지고 있었다. 그러한 아이덴티티가 허구적 구성물이라 할지라도 모종의 아이덴티티가 존재한다는 사실은 실재성을 가진다. 자유·평등·박애와 같은 보편적 가치에 바탕한 아이덴티티를 주장하는 집단(소위 시민적civic 네이션)도 그 구성원의 자격은 대부분 출생에 의해 주어지고, 집단의 통합은 문화적 동질성에 기초한다. 주권은 국가에 소재하지만 국가는 나씨옹nation에 터잡고 있다. "내셔널리즘은 주권의 문화적 감수성sensibility이다."[3] 국제법은 민족적 아이덴티티의 정치를 무시할 수 없었다. 국제법은 하나의 민족이 주권적 결단에 의해 하나의 국가를 구성한다는 엄격한 의미의 민족(국민)국가nation-state의 이상과 국가와 민족의 항상적 불일치라는 현실 사이에서 고민해야 했다. 그러한 고민이 시대마다 다른 강도와 양상을 띠었음은 민족자결주의와 소수민족 보호의 원리가 어떻게 변해왔는가를 통해 알 수 있다.[4] 그러나 분명한 것은 민족의 이름으로 국가의 경계를 변개하려는 데 극도의 거부감을 가지는 현대 국제법도 국가의 경계를 넘는 민족의 유대를 부정할 수 없다는 점이다.[5] 문제는 어느 정도의, 그리고 어떤 방식의 유대 형성과 재생산을 용인할 것인가이다.

② 두 번째의 딜레마도 국가와 민족 사이에서 빚어지는 것이지만 이번에는 유토피아와 루리타니아의 법제가 딜레마의 양변에 위치한다. 유토피아의 재외동포법은 자국민이 아닌 사람을 같은 민족이라는 이유만으로 특별히 대우한다. 루리타니아는 자국민이 아닌 사람을 민족의 범주 속에 포섭하지만 그들이 루리타니아의 국적을 취득할 때까지는 아무런 조치를 취

3) Anthony Giddens, *The Nation-State and Violence* (Cambridge: Polity Press, 1985), p. 219.
4) Robert J. Beck and Thomas Ambrosio (eds.), *International Law and the Rise of Nations: The State System and the Challenge of Ethnic Groups* (New York: Seven Briges Press, 2002)에 수록된 논문들 참조.
5) 출신국과 재외 소수민족 구성원간의 접촉과 협력을 규정하는 유럽의 「소수민족보호기본협약」(Framework Convention for the Protection of National Minorities) 제17·18조 참조.

하지 않는다. 따라서 루리타니아는 자국의 정책이 재외국민, 즉 자국의 대인관할권에 속하는 사람만을 대상으로 할 뿐이며 "국적과 국가의 개념에 입각할 뿐"인 국제공법의 원리에 반하지 않는다고 정당화하는 한편 유토피아의 입법은 대인관할권을 가지지 않는 외국인을 대상으로 삼는 것이어서 국제법 위반에 해당한다고 비판한다. 이에 대해, 유토피아는 자국이 재외동포에게 부여하는 지위는 일정한 분야에서 혜택을 부여하는 것에 불과한 데 비해 루리타니아는 아예 국적을 부여해 국민으로 만드는 것이기 때문에 훨씬 공격적이라고 말한다.

③ 두 나라의 법제는 영토와 인민의 딜레마를 수반한다. 양국 모두 초국경transborder 네이션을 만들고자 한다. 유토피아는 내국인과 분리된 민족을 창출하며, 루리타니아는 재외동포를 국민에 편입하는 방법으로 그리한다. 유토피아의 경우, 민족의 아이덴티티와 타국의 영토주권이 충돌한다. 루리타니아의 경우, 재외국민에 대한 대인관할권과 타국의 영토주권이 충돌한다. 다른 한편으로, 루리타니아의 재외국민은 모국과의 실질적 인연 또는 모국 국내 정치와의 이해관계와 무관하게 모국 국정에 참여하는 한편 거주국 국민이면서 타국의 정치에 참여하는 묘한 위치에 있는바, 이 역시 영토와 인민의 딜레마를 야기한다.

④ 두 나라의 법제는 모두 외국인 중 일부를 동포라는 이유로 우대함으로써 종족성ethnicity에 따른 차별의 문제를 불러일으킨다. 우대의 대상인 동포를 어떻게 정의할 것인가의 문제부터 딜레마를 안고 있다. 문화적 아이덴티티는 경계가 불분명한 문제가 있는 반면, 혈통은 차별의 문제를 야기할 가능성이 크다. 과거국적을 요건으로 삼는 것은 기준이 명확할 뿐만 아니라 시민적civic인 분류라 할 수 있으나, 과거국민의 자손으로 우대를 연장할 경우 혈통을 요건으로 하는 것과 다름이 없다. 유토피아는 입국, 체류, 취업상의 우대, 문화적·경제적 지원을 제공하며, 루리타니아는 국적취득에서 우대한다. 어떤 종류의 편익 및 우대조치가 허용되고 허용되지 않는지를 고민하게 된다. 역사적 연고를 가진 동포에 대한 문화적 지원이 공리적 동기를 가진 동포에게 경제적 편익을 제공하는 것에 비해 강한 도덕적 정당성을 가지지만, 역사와 문화를 둘러싼 갈등이 더 격렬한 분쟁으로 비

화되는 경우가 많다.

⑤ 양국의 정책과 법제는 거리와 역사적 연고의 딜레마도 수반한다. 오랜 세월을 통해 인접국으로 이주한 동포는 근래에 세계 각지로 이주한 동포에 비해 혈연국kin-state과의 강한 역사적·문화적 유대를 가지는 경우가 많다. 그러한 유대를 소중히 한다는 것이 재외동포정책의 가장 큰 정당성 근거이다. 반면 인접국 동포에 손을 뻗치는 국가의 전략은 세계 각지에 흩어진 동포를 대상으로 하는 조치에 비해 국가간 갈등을 일으킬 위험이 크다.

①~⑤의 딜레마가 어떻게 현실화하며, 이를 해소하기 위한 법규범의 대응은 어떠한지 살펴보자.

Ⅲ. 초국가적 네이션 만들기의 두 가지 방식: 에스니즌십과 복수국적

유토피아와 루리타니아의 입법은 초국가적transnational 네이션을 만들어내는 두 가지 유형을 대표한다. 초국가적 네이션이라 함은 민족(국민)국가nation-state의 인적·영토적 경계를 넘어 외연을 넓힌 민족 또는 국민을 일컫는다. 민족(국민)국가는 영토 내에 거주하는 인민이 하나의 문화공동체＝민족과 동시에 하나의 정치공동체＝국민을 이루는 상태를 추구한다. 초국가성transnationalism은 그러한 일치의 모델을 깨뜨린다. 초국가성은 민족(국민)국가의 경계를 넘는 활동, 관계, 네트워크, 조직의 전개를 뜻하는데, 경계를 넘는 것은 국가의 영토적 경계의 횡단, 즉 초국경성과 함께 국경과 반드시 일치하지 않는 인민의 경계를 넘나드는 이중의 횡단성을 가진다.[6] 유토피아는 재외동포에게 국적을 부여하는 대신 일반 외국인과 차별화되는 특별한 지위를 부여하는데, 오스트리아의 정치학자 바우뵉Rainer Bauböck은 그러한 법적 지위를 지칭하는 에스니즌십ethnizenship이라는 흥미로운 용어를 제안했다.[7] 반면 루리타니아는 국경을 넘어 혈연국의 인적 경계를 확장

---

6) 이철우, 「재외동포정책과 초국가적 민족의 헌법적 정초」, 『유럽연구』 제37권 제4호(2019), 33면.

7) Rainer Bauböck, "Stakeholder Citizenship and Transnational Political Participation: A Normative Evaluation of External Voting," *Fordham Law Review*, Vol. 75

하고 초국가적 네이션(국민＝민족)을 창출한다.

1. 에스니즌십을 통한 초국가적 네이션 만들기

루리타니아는 외국에 사는 외국인을 동포로 편입시키는 유토피아의 전략이 세계에 유례없는 국제법 위반에 해당한다고 일갈한다. 그러나 국민을 넘어 초국가적 민족을 만드는 국가의 전략이 그렇게 드문 것은 아니다. 생각보다 많은 나라가 헌법에 재외국민보호 조항뿐만 아니라 외국국적동포를 위한 규정을 가지고 있다. 예를 들어, 헝가리 헌법은 전문(前文)에서 국적과 무관한 "헝가리 민족성원Members of the Hungarian Nation"을 언급하는 한편 "국경 너머에 거주하는 헝가리인의 운명에 대해 책임"을 진다고 규정한다. 크로아티아 헌법은 "타국에 있는 크로아티아 민족의 구성부분parts of the Croatian nation"에 "특별한 배려와 보호"를 약속한다. 강도와 내용에 차이가 있지만 슬로바키아, 폴란드, 세르비아, 그리스, 아일랜드, 우크라이나, 타지키스탄도 외국국적동포에 관한 규정을 헌법에 담고 있다.[8] 물론 헌법이 그렇게 말한다고 해서 에스니즌십을 입법화하는 것은 아니며, 헌법에 그런 규정이 없다고 해서 에스니즌십을 도입하지 않는 것도 아니다.

우리에게 가장 익숙한 에스니즌십 입법은 1999년 대한민국이 제정한 「재외동포의 출입국과 법적 지위에 관한 법률」, 일명 「재외동포법」이다. 이 법률은 제정 당시 중국 및 구소련의 동포를 배제하여 논란을 빚었고, 결국 2001년 헌법재판소의 헌법불합치 결정에 따라 2004년 법을 개정해 차별을 제거했다.[9] 논란의 와중에서 「재외동포법」이 세계에서 유례를 찾을 수 없는 기형적인 것이라는 주장도 있었으나 그것은 사실이 아님이 밝혀졌다. 국적을 상실한 해외이주자에게 국민에 준하는 경제적 권리를 인정한 터키의 1995년 로나법(Lex Rona, 국적법개정법률), 재외동포증을 발급하고 입국, 거주, 취업, 부동산소유와 사회적 급부에서 우대를 규정한 1997년

(2007), p. 2396.

8) 이철우, 앞의 글(2019), 33-44면.

9) 재외동포법을 둘러싼 논란에 대해서는 정인섭 엮음, 『재외동포법』(사람생각, 2002); 이철우, 「재외동포법을 둘러싼 논쟁의 비판적 검토」, 최대권 교수 정년기념 『헌법과 사회』(철학과현실사, 2003).

슬로바키아의 「재외슬로바키아인에 관한 법」Law on Expatriate Slovaks이 비슷한 시기의 사례였다. 에스니즌십 입법은 2000년대 들어 확산되었다. 2001년 헝가리가 제정한 「인근국 거주 헝가리인에 관한 법률」Act on Hungarians Living in Neighbouring Countries, 일명 헝가리인지위법Hungarian Status Law은 많은 논란을 불러일으킨 결과 그러한 입법의 대명사가 되었다. 이 법률은 인접한 6개국에 거주하는 마자르종족출신인persons of Hungarian ethnic origin, magyar nemzetiségünek에 대해 종족증을 발급하고 문화와 교육에서의 지원 및 단기노동허가를 제공하는 것을 내용으로 했다. 그와 같은 헝가리의 입법조치에 대해 루마니아와 슬로바키아가 주권침해를 이유로 강력히 항의하자 유럽평의회Council of Europe의 베니스위원회Venice Commission가 조사를 수행했다. 동 위원회는 유사 사례를 파악하고 재외동포지원 입법에 대한 규범적 가이드라인을 제시했다.[10)]

베니스위원회는 제2차 세계대전 후 이탈리아에 편입된 독일어 사용 주민을 대상으로 하는 오스트리아의 1979년 입법을 비롯하여 불가리아, 그리스, 이탈리아, 루마니아, 러시아, 슬로바키아, 슬로베니아에서 법률 또는 행정입법의 사례들을 밝혀냈다.[11)] 그 후 우크라이나, 폴란드, 세르비아, 크로아티아가 재외동포법을 제정했다. 헝가리는 베니스위원회의 지적을 받아들여 2003년 지원을 축소하는 방향으로 「지위법」을 개정했고, 슬로바키아도 경제적 편익을 배제한 새 법률을 제정했으나, 슬로베니아는 오히려 새 법률로써, 그리스는 몇 개의 입법과 행정조치를 추가함으로써, 러시아는 수차례에 걸쳐 기존 법률을 개정하여 지원을 강화했다.[12)]

유럽 외의 사례를 보면, 인도는 1999년 인도출신인persons of Indian origin, PIO이라는 범주를 제도화했고 2003년 재외인도시민Overseas Citizens of India,

---

10) Venice Commission [European Commission for Democracy through Law], Report on the Preferential Treatment of National Minorities by Their Kin-State, CDL-INF (2001) 19, 22 October 2001.

11) 정인섭, 「유럽의 해외동포 지원입법의 검토-한국의 재외동포법 개정논의와 관련하여」, 『국제법학회논총』 제48권 제2호(2003), 189-217면.

12) 이철우, 앞의 글(2019), 46-49면; Francesco Ragazzi, Igor Štiks, Victor Koska, Country Report: Croatia, EUDO Citizenship Observatory RSCAS/EUDO-CIT-CR 2013/12 (Fielsole: Robert Schuman Centre for Advanced Studies, European University Institute, 2013), pp. 18-19.

OCI을 도입했으며 현재는 양자를 통합하고 있다. 재외인도시민권은 국적처럼 들리지만 국적이 아닌 특별한 지위이다. 에티오피아와 수리남도 2002년과 2004년에 각각 동포 우대 법률을 제정했다.[13] 일본이 일본계 남미인을 일계인(日系人)이라 하여 노동시장에서 우대하는 것은 잘 알려져 있다.

위의 사례들은 상당한 편차를 가지고 있다. 루마니아의 입법은 집단에 대한 추상적이고 일반적인 문화적 지원만을 제공하는데, 이처럼 개인에게 특별한 법적 지위를 부여하지 않는 경우에까지 에스니즌십이라는 용어를 적용하는 것은 적절치 않다. 에스니즌을 정의하는 준거 기준은 혈통, 언어·종교 등 문화적 아이덴티티, 지리적 출신, 과거국적 등 다양하다. 전세계의 재외동포를 전부 지원 대상으로 삼는가, 아니면 특정 국가에 거주하는 재외동포만을 대상으로 삼는가에도 편차가 있다. 에스니즌십의 내용을 이루는 권리와 이익이 문화적인 것에 국한되는가 경제적인 것도 포함하는가에 따라서도 구별된다. 그러한 권리와 이익을 동포가 혈연국으로 돌아왔을 때에만 누릴 수 있는지, 아니면 상주국/국적국에 있으면서도 누릴 수 있는지에 따른 차이도 있다.[14]

2. 국적을 통한 초국가적 네이션 만들기

법형식의 차원에서만 볼 때 루리타니아가 취한 방식은 흔하다. 아일랜드, 그리스, 이탈리아 등 구(舊) 이민이출국, 그리고 전후시대에 이민을 송출한 터키 및 중미·남미의 여러 나라가 해외이주자의 복수국적을 용인함으로써 초국가적 네이션을 구축한다.[15] 이민이출국의 디아스포라 정책과는 정치적 맥락을 달리하는 국적의 전략적 도구화 현상도 등장했다. 냉전 종식 후 독일은 폴란드 영토인 상부실레지아Upper Silesia 독일인에게 독일 국적을 부여하고 복수국적을 용인했다.[16] 1991년 루마니아는 1989년 이전에 국적을 상실한 외국 거주자로 하여금 현지에서 루마니아 국적을 취득할 수

---

13) 이철우, 앞의 글(2019), 50면.
14) 같은 글, 50-53면.
15) 이철우, 「이중국적의 논리와 유형」, 『법과 사회』 제25호(2004), 111-144면.
16) Tomasz Kamusella, "Dual Citizenship in Opole Silesia in the Context of European Integration," *Facta Universitatis*, Vol. 2, No. 10 (2003), pp. 699-711.

있도록 했다. 이로써 몰도바와 우크라이나로 편입된 베사라비아Bessarabia와 북부 부코비나Bukovina의 옛 루마니아 국민이 대거 루마니아 국적을 취득했다. 몰도바는 외국국적 취득을 이유로 국적을 상실시키는 방식으로 응수했다가 대세를 받아들인 반면 우크라이나는 복수국적을 용인하지 않는 법제를 고수하고 있다.[17] 동포의 간이귀화를 1991년 헌법에서 규정한 불가리아는 동포에게 거주요건 없이 국적을 부여함으로써 마케도니아와 터키 등 인근국 동포를 국민으로 받아들였는데, 그중에는 과거 탄압에 의해 터키로 이주한 터키계 불가리아인들도 포함되었다.[18] 크로아티아는 1991년 국적법을 통해 보스니아-헤르체코비나 등 인근국의 크로아티아 동포를 자국민화했으며, 그들을 국정 선거에서 활용하여 종족적 민족주의 정치세력을 강화했다.[19] 헝가리는 2004년 「지위법」의 적용 대상자인 인근국 거주 헝가리인이 국내 거주 없이 국적을 취득할 수 있게 할 것인지를 묻는 국민투표를 시도했으나 정족수 미달로 실패한 후 2010년 국적법 개정을 통해 그러한 국적취득을 가능하게 했다. 이로써 「지위법」의 적용대상자들은 복수국적을 가진 재외국민이 되었다.[20]

상부실레지아 독일인에 대한 독일의 조치가 인구 유입을 제한하려는 독일과 유출을 막으려는 폴란드의 이해가 맞아떨어져 암묵적 합의 아래 이루어진 것에 비해 재외동포 복수국적 전략은 국가간 갈등을 빚기 쉽다. 가장 극단적인 사례는 조지아의 영토인 압하지아Abkhazia와 남오세티아South Ossetia의 주민을 상대로 대규모로 러시아 국적을 부여한 러시아의 조치이다. 러시아의 국적부여는 러시아 종족성을 근거로 한 것이 아니라 과거 소련방

---

17) Constantin Iordachi, Country Report: Romania, EUDO Citizenship Observatory RSCAS/EUDO-CIT-CR 2013/19 (Fielsole: Robert Schuman Centre for Advanced Studies, European University Institute, 2013), pp. 9-24.

18) Daniel Smilov and Elena Jileva, Country Report: Bulgaria, EUDO Citizenship Observatory RSCAS/EUDO-CIT-CR 2013/22 (Fiesole: Robert Schuman Centre for Advanced Studies, European University Institute, 2013), pp. 11-22.

19) Ragazzi, Štiks and Koska, 앞의 글(2013), 5-10, 18면; 이철우, 「주권의 탈영토화와 재영토화: 이중국적의 논리」, 『한국사회학』 제42집 제1호(2008), 41-42면.

20) Mária Kovács and Judit Tóth, Country Report: Hungary, EUDO Citizenship Observatory RSCAS-CIT-CR 2013/18 (Fiesole: Robert Schumann Centre for Advanced Studies, European University Institute, 2013), pp. 13-19.

국적을 근거로 한 것이어서 해당 지역 주민의 다수를 포섭할 수 있었다. 러시아는 이렇게 자국민이 된 사람들을 보호한다는 명분으로 2008년 조지아 내전에 개입했다.[21)

Ⅳ. 국제규범의 눈으로 본 초국가적 네이션 만들기

초국가적 네이션 만들기에 대한 세계의 반응은 구구하며 법의 대응은 체계적이지 않다. 유토피아와 루리타니아의 전략에 대해 국제규범은 어떻게 대응할 것인가?

1. 에스니즌십, 어떻게 볼 것인가

외국의 국민을 자민족에 포함시키는 분류법taxonomy은 그 자체만으로 국제규범에 반하는가? 유토피아는 헌법에서까지 외국국적동포를 규정하지는 않지만 설사 헌법에 그러한 규정을 둔다고 하더라도 그것만으로 국제규범에 반하는 것으로 간주되지는 않을 것으로 예상된다. 헝가리의 2011년 신헌법은 노골적인 초국경 민족 만들기로 인해 베니스위원회의 질타를 받았지만 이는 예외적이다.[22) 귀환동포 처우의 원칙을 선언한 독일 기본법 제116조 제1항이 "독일 민족에 소속된 지위deutscher Volkszugehörigkeit"를 만들어냈지만 이를 국제규범에 반한다고 보지는 않는다. 2001년 베니스위원회 보고서의 가이드라인을 발전시킨 유럽안보협력기구OSCE 소수민족최고대표HCNM의 볼자노/보젠권고는 헌법을 통해 초국경 동포에 대한 관심을 표명할 수 있음을 명시적으로 인정하기까지 했다.[23)

---

21) Toru Nagashima, "Russia's Passportization Policy Toward Unrecognized Republics," *Problems of Post-Communism*, Vol. 66, No. 3 (2019), pp. 186-199; Alexander Salenko, Country Report: Russia, EUDO Citizenship Observatory RSCAS/EUDO-CIT-CR 2012/1 (Fiesole: Robert Schuman Centre, European University Institute, 2012), p. 31.

22) 이철우, 앞의 글(2019), 45-46면.

23) OSCE High Commissioner on National Minorities, The Bolzano/Bozen Recommendations on National Minorities in Inter-State Relations & Explanatory Note (2008) 중 Recommendation 4.

2001년 베니스위원회 보고서는 혈연소수민족kin-minorities 우대 입법이 지켜야 할 원칙을 다음과 같이 제시했다. ① 타국의 영토주권을 침해해서는 안 된다. ② 합의는 지켜져야 한다. ③ 우호선린관계를 해쳐서는 안 된다. ④ 인권, 특히 평등권과 차별금지의 원칙을 침해해서는 안 된다.

베니스위원회는 한 국가가 다른 나라 국민에게 효과를 미치는 법을 제정해도 그 효과가 자국 내에 한정된다면 주권침해가 되지 않는다고 보았다. 한편 법의 효과가 에스니즌의 거주국/국적국에서 발휘되는 경우 상대국의 명시적 동의나 관습이 있어야 하는데, 문화적 또는 교육상의 지원을 하는 것은 관습상 허용되지만 지원 대상 행위가 혈연국의 문화와 연관성을 가져야 한다고 보았다. 「헝가리인지위법」은 그러한 연관성 없는 지원을 제공하였기에 대폭적인 개정이 요구되었다.

합의는 지켜져야 한다pacta sunt servanda는 원칙은 선행하는 조약이 있다면 그것을 따라야 한다는 것으로서 별론을 요하지 않는다. 세 번째로, 우호선린관계를 해쳐서는 안 된다는 원칙은 혈연국과 동포 사이에 정치적 유대를 형성하지 않아야 한다는 점, 동포지원은 철저히 문화적 아이덴티티를 가꾸는 데 국한되어야 하며 정치적 민족주의로 발전해서는 안 된다는 것을 골자로 한다. 재외동포증이 여권이나 신분증이 되어 혈연국과의 정치적 유대를 표출해서는 안 된다고 경고한다.

특정 외국인을 동포라는 이유로 다른 외국인에 비해 우대하는 것은 국제인권법이 금지하는 차별에 해당하는가? 현실을 보면, 상이한 외국인 집단을 차등적으로 취급하는 것이 이상하지 않다. 모든 나라에서 입국과 체류, 경제활동, 지방선거권에서 우대받는 외국인집단이 있다. 문제는 종족성을 이유로 특정 집단을 우대하는 것이다. 대한민국 국가인권위원회는 "한민족의 혈통"에 입각해 재외동포를 정의하고 우대하는 법률은 "민족적 또는 종족적 출신national or ethnic origin"에 따른 차별을 금지하는 「인종차별철폐협약」 제1조 제1항에 반한다고 본 반면 과거국민 및 그 자손을 우대하는 것은 위법하지 않다고 보았다.[24] 베니스위원회는 종족성에 기초한 우대

---

24) 「재외동포법 개정법률안에 대한 국가인권위원회의 의견」(2001.12), 정인섭 엮음, 앞의 책(2002), 263-270면.

가 가능하지만, 문화와 교육 분야에서 혜택을 주는 것에 그쳐야 하며 그 외의 지원은 예외적인 경우에 한하여 허용된다는 원칙을 제시했다. 그렇게 되면, 취업에서 우대를 제공하는 불가리아, 그리스, 슬로바키아(2005년 개정 전), 슬로베니아, 폴란드, 터키, 인도, 에티오피아, 수리남, 대한민국의 동포 지원 입법이 모두 국제규범에 반하는 것이 된다. 반면 볼자노/보젠권고는 동포에 대한 특별한 사증visa 발급, 취업에서의 우대를 문화적 지원과 마찬가지로 용인함으로써 현실을 반영하고 있다. 그렇지만 베니스위원회 보고서와의 차이에 대해서는 설명하지 않는다.[25]

2. 민족주의적 재외국민 만들기, 국제규범은 어떻게 대응하는가

유토피아는 재외동포에게 국적을 부여하는 루리타니아의 정책이 주권을 탈영토화하여 상대국의 주권을 침해한다고 비난한다. 그에 대해, 루리타니아는 "사람이 어떤 특정 국가의 국적을 가지는지의 문제는 그 국가의 법에 따라 정한다"는 「헤이그국적협약」Convention on Certain Questions Relating to the Conflict of Nationality Laws 제2조를 거론한다. 또 조약 내 어느 규정도 "국적, 시민권 또는 귀화에 관한 체약국의 법규정에 어떠한 영향도 주는 것으로 해석될 수 없다"는 「인종차별철폐협약」 제1조 제3항을 들어 자국 국적법을 옹호한다. 그러자 유토피아는 각국 국적법은 "국제협약, 국제관습, 국적에 관해 일반적으로 승인된 법의 원칙에 합치하여야만 타국에 의해 승인된다"는 헤이그국적협약 제1조와 "민족적 또는 종족적 출신"에 따른 차별을 금지하는 유럽국적협약European Convention on Nationality 제5조를 거론한다.

국적과 관련해서는 국가의 주권적 결단이 여전히 폭넓게 인정된다. 유럽국적협약 설명보고서는 혈통descent, 언어 지식 등 다양한 사유에 따른 우대가 이루어짐을 인정했다.[26] 베니스위원회도 특정 종족을 겨냥ethnic targeting하는 국적의 부여가 흔하다는 점을 현실로 받아들였고, OSCE 볼자노/보젠권고에서도 국적을 부여할 때 언어와 문화적·역사적·가족적 유대를 감

---

25) Recommendation 9.
26) European Convention on Nationality (ETS No.166), Explanatory Report (1997), para. 40.

안할 수 있음을 인정했다.[27] 미주인권재판소는 중미 국가의 국민, 스페인인, 이베로아메리카인의 귀화에 거주요건을 낮춘 코스타리카의 헌법 조항 및 개정안에 대한 권고적 의견에서 우대받는 사람들이 코스타리카 국민과 깊은 역사적·문화적·정신적 유대를 가졌고 그들이 코스타리카의 전통과 가치에 더 쉽게 동화될 수 있다고 추정되는 한 미주인권협약에 반하는 차별에 해당하지 않는다고 논시했다.[28] 재외동포우대 귀화제도를 도입한 2010년 헝가리의 국적법 개정에 대한 11인 전문가의 라운드테이블은 이 문제에 큰 적실성을 가진다. 「지위법」이 대상으로 삼는 헝가리인, 즉 1919년 트리아농조약 체결 전 헝가리제국의 신민이었던 사람과 그 자손의 귀화에 거주요건을 면제한 헝가리의 입법조치에 대해 11인 전문가는 현행 국제법상 그러한 국적제도를 위법하다고 볼 수는 없다는 데 동의했다. 오히려 외국국적 취득을 이유로 국내 거주자의 국적을 상실시키는 방식으로 보복을 가한 슬로바키아의 조치가 국제규범에 반한다는 데 의견을 모았다. 그렇지만 헝가리 입법의 정치적 정당성에 대해서는 상이한 관점을 제시했는바, 발제자인 바우뵉은 헝가리와의 실질적 유대를 가지지 않는 수세대 아래의 자손에게 국적을 부여하는 것이 적절치 않음을 역설하면서 "진정한 유대genuine link"를 국적부여의 기준으로 삼을 것을 제창했다.[29] 그러나 국제사법재판소의 노테봄Nottebohm 판결을 통해 형성된 "진정한 유대"의 법리는 국적을 부여하는 국가주권에 제한을 가하는 것이 아니라 외교적 보호를 거부할 수 있는 근거를 다른 나라에 부여하는 법리인데다 조상의 나라라는 정신적 연고가 있는데 진정한 유대가 없다고 할 수 있는가라는 의문이 생긴다. 유럽국적협약 제7조도 "진정한 유대"의 법리를 도입했으나 이는 진정한 유대를 결여한 재외국민의 국적을 상실시킬 수 있다는 것이지 국적부여를 제한하는 것이 아니다. 볼자노/보젠권고에서도 "진정한 유대"

---

27) Recommendation 11.

28) Advisory Opinion OC-4/84 of January 19, 1984, Inter-American Court of Human Rights.

29) Rainer Bauböck (ed.), Dual Citizenship for Transborder Minorities? How to Respond to the Hungarian-Slovak Tit-for-Tat, EUI Working Papers, EUDO Citizenship Observatory RSCAS 2010/75 (Fiesole: Robert Schuman Centre, European University Institute, 2010).

를 결여한 국적부여를 삼가야 한다는 원칙을 제시하고 있으나 이는 대량의
집단적 국적부여를 금하는 원칙을 구체화하기 위한 것이었다.[30] 그것은 압
하지아와 남오세티아에 대한 러시아의 대량적 여권발급mass passportization을
염두에 둔 것일 뿐 헝가리, 루마니아, 크로아티아, 불가리아 등 재외동포를
위한 국적정책 전체에 적용을 의도한 것은 아니다. 후자는 정치적 논란에
도 불구하고 규제되지 않았다. 유럽연합EU이 조직한 조지아분쟁독립국제사
실조사미션은 러시아의 대량의 국적부여가 국제법에 부합하지 않고 구속력
을 가지지 않는다고 언명했다.[31] 그러한 평가의 근거를 대상 주민과 러시
아 사이에 진정한 유대가 없다는 데에서 찾기는 어려우므로 그것보다는 러
시아의 권한남용을 문제삼아야 한다는 견해가 있다.[32]

Ⅴ. 딜레마는 해소될 수 있는가

국가의 인적·영토적 경계를 넘어 민족을 법제화하는 유토피아의 프로
젝트는 국제법의 헤게모니적 시선 아래 위험하고 비정상적으로 보일지 모
른다(딜레마①). 그러나 민족적 네이션Volksnation과 국가적 네이션Staatsnation
의 불일치라는 민족(국민)국가의 항상적 면모를 국제법은 부정할 수 없다.
영토와 인민의 딜레마(딜레마③)가 해소된다면 딜레마①의 상당 부분은 피
해갈 수 있다는 것이 베니스위원회의 입장이다. 그에 따르면, 외국의 역내
에서 법을 집행하는 것을 제한하고, 외국에서 문화 활동을 지원하는 경우
유토피아 문화와의 연관성을 확실히 하는 법개정이 필요하다. 또 민족적
유대를 정치적 유대로 발전시키지 않아야 하므로 재외동포증의 발급과 용
도에 주의를 기울여야 한다.

국경 너머에 국민을 만들어 주권을 탈영토화하는 루리타니아의 전략은

---

30) Recommendation 11에 대한 explanatory note.
31) Independent International Fact-Finding Mission on the Conflict in Georgia, *Report of the Independent International Fact-Finding Mission on the Conflict in Georgia*, Vol. 1 (2009), p. 18.
32) Kristopher Natoli, "Weaponizing Nationality: An Analysis of Russia's Passport Policy in Georgia," *Boston University International Law Journal*, Vol. 28 (2010), pp. 389-417.

강력한 국가 권력의 초국경 투사를 가능하게 한다(딜레마③). 그러나 루리타니아 과거국민 또는 출신인과 그 자손에 대해 국적취득상 우대를 제공하는 것은, 굳이 "진정한 유대"를 국적의 일반적 요건으로 삼는다고 해도 문제가 없다. 루리타니아의 국적정책은 러시아가 행한 대규모 국적부여와는 구별된다. 루리타니아의 전략은 유토피아의 초국가적 민족 만들기보다 더욱 강력한 개입을 가능하게 하지만 베스트팔렌 국제질서의 조직화원리인 주권의 논리에 보다 합치하기 때문에 유토피아의 전략보다 덜 이단시되는 딜레마가 있다(딜레마②).[33]

한편 루리타니아의 국적을 취득한 유토피아 국민의 루리타니아 국정 참여는 국민의 당연한 권리로 볼 수 있는 반면 모국과의 연고 및 모국의 정치적 운명에 대해 가지는 이해관계가 적은 사람이 국가의 의사결정에 동등하게, 때로는 선거의 결과를 좌우할 정도의 영향력을 가지고 참여하는 것이 타당한가, 그리고 거주국의 국민이면서 타국의 주권자가 되어 정치적 권리를 행사하는 것이 타당한가라는 또 다른 문제를 자극한다(딜레마③). 이는 재외국민 참정권의 일반적 문제로서 더 이상의 논의는 생략한다.[34]

평등/차별의 딜레마(딜레마④)와 관련하여 보면, 국적취득에서 종족적 연고에 따른 우대를 정하는 정도는 국제인권법 위반이 되지 않는다고 보는 것이 국제규범의 경향이라 루리타니아의 입장은 그리 불편하지 않다. 종족적 연고를 이유로 입국, 거주, 취업에서 우대하는 유토피아의 법제는 대한민국 국가인권위원회의 판단에 따르면 위법한 차별에 해당하고, 베니스위원회의 가이드라인을 적용하면 특히 취업상의 우대가 문제될 수 있겠으나 볼자노/보젠권고는 이를 용인되는 우대 유형으로 취급한다. 재외동포에 대한 문화적 지원은 고무되기까지 하지만 그 경우에도 합리적 차별의 범위를 넘을 수는 없다. 따라서 유토피아의 지원은 유토피아 문화를 배우려는 비유토피아계 외국인에게도 동등하게 적용되어야 한다. 유토피아가 루리타니아 역내 동포에게 장학금을 지원할 때 그 대상자가 받는 교육이 유토피아

---

33) Bauböck (ed.), 앞의 문헌(2010) 중 Enikő Horváth의 입장 참조.

34) 이에 관해서는 이철우, 「영토와 인민의 대립과 통일 – 재외국민참정권의 변증법」, 『법과 사회』 제34호(2008), 271–296면 참조.

의 문화와 무관하다면 차별 문제 이전에 영토주권의 침해 문제가 발생한다(딜레마③). 그러나 유토피아계 우수 학자에게 전공과 무관하게 연구비를 지원한다고 해서 그것을 국제규범 위반이라 할 수 있을지에 대해 많은 사람은 의문을 제기할 것이다. 동포에 대한 현지 창업 지원도 차별과 함께 영토주권 침해의 문제를 야기한다. 루리타니아의 비난이 자국 내에서 유토피아가 벌이는 활동을 주된 대상으로 삼고 있는 것에 비추어 볼 때, 유토피아 역내에서 제공하는 경제적 우대가 국경 밖에서 제공하는 문화적 지원보다 갈등을 야기할 위험이 적다고 추정할 수 있다.

유토피아와 루리타니아 입법은 공히 전 세계의 모든 동포를 대상으로 한다. 그 점에서 「헝가리인지위법」과는 다르고, 대한민국과 슬로바키아의 재외동포법에 가깝다. 유토피아와 루리타니아 사이의 인적 이동이 일제시대 한인의 이동처럼 농도 짙은 역사적 배경을 가졌다면 이 인접국의 소수민족을 이루는 동포를 특별 대상으로 삼는 정책이 세계 각지로 이주한 사람을 대상으로 하는 것에 비해 더욱 강한 정당성을 가질 수 있을 것이다. 반면 그러한 역사적 배경 때문에 재외동포정책의 정치적 민감성이 커질 수 있음을 앞에서 언급했다(딜레마⑤). 「헝가리인지위법」이 대상으로 삼는 동포는 영토 상실에 의해 모국으로부터 분리되어 인접국의 소수민족이 된 사람들이라는 점에서 유대 지속의 도덕적 정당성이 큰 반면 고토회복주의irredentism의 잠재력을 가진 민족주의에 대한 우려를 환기시켰다.

그간 유럽평의회 의회Parliamentary Assembly는 유럽 각국에 디아스포라와의 관계를 돈독히 할 것을 주문하는 결의, 권고, 보고서를 산출했다. 재외국민, 과거국민과 그 자손, 혈연소수민족을 모두 포함하는 디아스포라에 대한 문화적 유대 강화, 용이한 입국과 장기거주, 국적취득의 배려, 투자촉진, 재외국민 참정권 등을 권고하는 이 문건들은 유럽평의회와 국제공법이 "'민족nation'에 아무 자리도 내어주지 않는다"고 공언한, 앞에서 언급한 문건과 대조적으로 초국가적 네이션 만들기의 정당성을 강화해준다.[35] 그

---

35) Parliamentary Assembly, Council of Europe, "Links between Europeans Living Abroad and Their Country of Origin" 제하의 Report of the Committee on Migration, Refugees and Demography, Doc. 8339, 5 March 1999; Recommendation 1410 (1999), 26 May 1999; Report of the Committee on Migration, Refugees and

러나 그에 담긴 개념과 분류, 메시지의 비체계성과 불확정성은 국가와 민족, 국민과 동포, 영토와 인민, 주권과 아이덴티티의 딜레마를 여실히 보여준다.

Population, Doc. 10072, 12 February 2004; Recommendation 1650 (2004), 2 March 2004; "Engaging European Diasporas, Recommendation: The Need for Governmental and Intergovernmental Responses" 제하의 Report of the Committee on Migration, Refugees and Population, Doc. 12076, 5 November 2009; Recommendation 1890 (2009), 20 November 2009; Resolution 1696 (2009), 20 November 2009.

03

같은 레스토랑, 두 셰프의 두 메뉴?

― 보통법(common law)·형평법(equity) 동거의 딜레마 ―

오영걸

서울대학교 법학전문대학원 조교수

교수와 연구 분야는 신탁법, 영국사법, 비교민사법이다. 특히, 대륙과 영미 민사법 사이에 법인식 및 법이론적 교량을 축조하는 작업에 큰 관심을 가지고 있다.

"세계화의 경향은 비교법의 발전, 판례와 학설의 교환 및 법학자들 사이의 대화를 필요불가결한 것으로 만들었습니다...이번 작업은 이런 목적에 훌륭하게 부합하는 것으로, 여전히 *애매모호한 영미법의 '형평법equity'*이라는 전통의 중재를 통하지 않고 프랑스법과 한국법이 직접 가까워질 수 있게 하였습니다"[1]

Ⅰ. 들어가며

이 글은 영국법[2]에 관한 이야기를 담고 있다. 영국법은 영국요리와 같다. 우리 입맛에 영 맛깔스럽지 못하다. 왜냐하면 용어사용이 엄격하지 않고 체계적 정합성도 부족해 보이기 때문이다. 이러한 특징(?)이 우리를 적잖게 당혹스럽게 한다. 용어와 체계는 우리법에서 맛있는 법요리를 조리하기 위한 핵심 양념이기 때문이다. 이 양념이 빠졌다니 모두에서 소개한 전주한 프랑스대사의 발언에 동감할 수밖에. 영미법을 접할 때 우리법률가의 입맛(이해)을 방해하는 요인은 많다. 지면의 한계로 모두 다룰 수는 없다. 이 중 앞서 프랑스대사가 언급한 '애매모호한 영미법의 형평법equity'만을 다루고자 한다. 왜냐하면 영국법상 용어 및 체계의 혼란을 낳은 주범 중 하나가 바로 이 형평법 법리이기 때문이다. 따라서 형평법이라는 영역은 영미사법을 접하는 우리에게는 실로 공공의 적이라고 하지 않을 수 없다.

한편, 우리는 형평법 법리가 형태를 알 수 없는 모호한 규범이라면 어떻게 현실에서 작동할 수 있는가라는 의문을 품지 않을 수 없다. 그것도 영국을 비롯하여 미국, 호주, 캐나다 등 영미권의 선진국들에서 말이다. 이들 국가에서 실체법 차원에서 형평법 법리를 폐지한 나라는 없다. 그럼에도 불구하고 법률선진국들이다. 이러한 사실은 형평법 법리가 실무에서 그 기능을 잘 발휘하고 있음을 나타낸다. 한편 아래에서 보겠지만 형평법 법

---

1) 2004년 프랑스민법전(명순구 역, 법문사, 2004)의 한국어번역이 출간되었다. 이 책 모두에 프랑수아 데스꾸에뜨(Frqnçois DESCOUEYTE) 당시 주한 프랑스대사의 축사가 실렸다. 이 구절은 그중 일부를 발췌한 것이다. 여기서 밑줄은 저자가 단 것임을 밝힌다.

2) 이 글에서 '영국'은 잉글랜드(England)를 뜻한다. 한편 우리나라에서 영국은 UK의 의미로도 사용되는데 이때 영국이라는 용어는 잉글랜드, 웨일즈, 스코틀랜드, 그리고 북아일랜드를 모두 포함한다.

리의 개입으로 영국사법은 자국 법체계 내에서는 물론 비교법적 차원에서도 '참을 수 없는 인식상의 딜레마epistemological dilemma'를 낳고 있다. 이 글에서는 이러한 인식적 딜레마 중 일부를 소개하고자 한다.

이를 소개하는 이유는 다음과 같다. 첫째, 우리는 기존과 다른 관점에서 형평법 법리를 인식할 필요가 있다는 것이다. 이는 이어지는 둘째와 셋째 주장의 전제조건이 되기도 한다. 둘째, '형평법'이라는 수식어가 붙었다고 하여 무조건 우리에게는 이질적이고 특수한 것이라고 인식할 필요가 전혀 없다는 것이다. '형평법'이라는 용어는 지극히 추상적이고 포괄적인 상위개념인 관계로 현실적으로 큰 역할을 하지 못한다. 문제의 핵심은 그 형평법이라는 개념 하부에 존재하는 구체적 내용을 파악하는 데 있다. 셋째, 아래에서 보겠지만, 형평법 법리는 과거 형평법 법원에 의하여 창설된 다양한 종류의 법리들이다. 이 때문인지 형평법 법리 중의 어떤 것을 검토하거나 도입여부를 논하는 과정에서 우리는 종종 "형평법(혹은 형평법 법원)은 대륙법계에는 없는 영미 특수한 것이므로 우리에게 이질적이거나 도입하기 어렵다"라는 주장을 접하는 경우가 있다. 하지만 이러한 접근법은 지양될 필요가 있다. 방금 언급하였듯이 형평법 그 자체가 중요한 것이 아니라 그 속의 구체적 내용을 파악하는 것이 중요하다. 그리고 그 내용들을 자세히 들여다 볼 경우 우리는 다음과 같은 사실을 알 수 있다. 즉 우리 현행법 하에서도 영미의 형평법 법리에 속하는 법리 중 일부와 동일한 기능을 갖는 것들이 이미 있다는 것이다. 예컨대, 특정이행 혹은 강제이행specific performance, 착오에 의한 계약내용수정rectification 또는 절차법상의 가처분명령freezing order 등. 흥미로운 것은 아래에서 언급하게 될 (형평법 법원과 경합하는) 코먼로 법원도 다양한 법리를 창설했는데 그중 우리에게 매우 생소하고 이질적인 것들도 있다는 것이다. 예컨대 그중 하나로 손해를 요건으로 하지 않는 불법행위로서 tort of assault(위협에 의한 불법행위)를 들 수 있다. 손해를 전제하지 않는 불법행위책임의 성립은 우리에게 이질적이고 현행법상 가능하지 않다. 따라서 이를 수용할 수 없는 이유는 '손해'라는 민법 제750조 요건을 충족하지 못했기 때문이지, "tort of assault가 코먼로 법원이 만든 법리이므로 받아들일 수 없다"라는 이유를 내세울 수는 없을 것이다. 이러한 예들은 우리에게 다음과 같은 사실을 말해준다. 즉, 어떤 법리가 형평법 법원에 의해서 창설된 것인가 아니면 코먼로 법원에 의해서 창설된 것인가 하는 것은 그다지 중요하지 않다는 것이다. 논의의 핵심은 문제가 된 사실관계 하에서 동일한 기능과 효력을 갖는 메커니즘을 우리 법 하에서 수용할 것인가 말 것인가에 달려 있는 것이다. 이는 결국 개별적인 해석 또는 정책적 판단의 문제로 귀결된다. 형평법 법원(또는 코먼로 법원)이 존재하였다거나 형평법 법리라는 사실과는 전혀 상관없다.

형평법 법리에 대한 올바른 이해를 위해서 우리는 우선 영국법의 역사 속에서 형평법 법리가 생성된 시대로 가벼운 여행을 떠날 필요가 있다. 형평법 법리가 애당초 어떤 이유로 탄생했고 또 구체적으로 어떠한 내용으로 현실에서 이용되는지 살펴보기 위함이다. 한 사람의 행동을 이해하려면 그의 성장배경을 보라 하지 않았는가. 영미 형평법을 더욱 깊이 이해하기 위해서라도 우리는 그의 인생을 한 번쯤 들여다 볼 필요가 있어 보인다 ― 서로를 포용하기 위해서라도.

Ⅱ. 어느 레스토랑의 이야기

본격적으로 영국법을 논의하기 전에 어느 레스토랑에 관한 이야기를 소개한다. 내 친구 앵글로네 집안은 레스토랑을 운영한다. 그의 아버지는 이곳의 메인 셰프이다. 어머니는 주문을 받으며 홀의 일손을 돕고 있다. 이곳의 메뉴판을 살펴보자. 제공되는 음식은 다음과 같다.

〈메뉴〉

1. 잔치국수 2. 계란라면

메뉴를 통해 알 수 있듯이 앵글로의 아버지는 면요리의 전문가이시다. 아버지의 탁월한 요리솜씨로 레스토랑은 호황을 누리게 된다. 그런데 시일이 지나자 몇몇 손님으로부터 다음과 같은 요구가 들어온다. 잔치국수의 면발을 혹시 우동면발로 바꿔줄 수 있나요? 계란라면에 치즈를 좀 넣어줄 수 없나요? 심지어 기존 메뉴에도 없는 볶음밥을 원하는 손님까지 생긴다.

기존 메뉴의 맛에 자부심이 강한 데다 원래의 맛이 변질될 것을 우려, 아버지는 이 모든 요구를 정중히 거절한다.

하지만 홀에서 일손을 도우시는 어머니께서는 약간 생각을 달리 하시는 모양이다. 면발을 바꾸는 것, 단순히 치즈를 넣는 것 등은 그리 어려운 일이 아니라고 보기 때문이다. 게다가 기존 메뉴에 없지만 볶음밥 메뉴의 추가도 가능한 것으로 생각하신다. 그리하여 어머니는 아버지께 손님의 요청을 수용하자고 건의한다. 더 많은 손님을 만족시켜 드릴 수 있다면 더욱 좋지 않냐고. 그러나 아버지는 이 제안을 매몰차게 거절한다. 이에 불만을 품고 화가 난 어머니께서는 같은 식당에서 스스로 메뉴를 따로 하나 만들고 직접 요리하기로 마음먹는다. 특히 고객의 요청을 수용하여 우동면발이 들어간 잔치국수, 치즈가 곁들여진 계란라면 그리고 새로운 메뉴 볶음밥을 제공한다. 한편 아버지 메뉴와 차이성을 나타내기 위해 각 메뉴 앞에 '어머니'를 붙이게 된다. 어머니 메뉴는 다음과 같다.

〈어머니 메뉴〉
1. 어머니 잔치국수 2. 어머니 계란라면 3. 어머니 볶음밥

보다시피 1-2번 메뉴는 기존의 것을 없앤 것이 아니다. 단지 새로운 재료로 살짝 변경한 것뿐이다. 어머니 잔치국수는 우동면발이 든 종류를 말하고 어머니 계란라면은 치즈가 들어간 것을 말한다. 반면에 3번은 완전히 새로운 메뉴이다. 이제 손님이 올 때마다 어머니는 기존 메뉴판도 드리고 이 새로운 메뉴판도 함께 제공한다. 손님은 입맛에 따라 선택하면 된다. 손님은 기존 메뉴판을 '아버지 메뉴'라고 하고 새로운 메뉴판을 '어머니 메뉴'라고 부르게 된다. 한동안 이렇게 두 가지 메뉴를 제공하면서 레스토랑의 영업이 지속된다. 하지만 문제가 발생한다. 굳이 두 개의 메뉴를 제작하여 손님들께 제공할 필요가 있느냐 하는 것이다. 일단 두 개의 메뉴판이 제공되니 아버지 메뉴의 잔치국수와 어머니 메뉴의 잔치국수를 보고 손님들 사이에 혼란이 생긴다. 게다가 하나의 레스토랑에서 두 명의 셰프가 (어머니와 아버지) 두 개의 메뉴판을 따로 제공하니 운영비용이 더 든다. 따라서 아버지와 어머니는 회의를 하고 두 메뉴판을 합치기로 결심한다. 새

로운 통합메뉴판은 다음과 같다.

〈메뉴〉
아버지 잔치국수 / 어머니 잔치국수
아버지 계란라면 / 어머니 계란라면
어머니 볶음밥

사실 아버지 잔치국수와 어머니 잔치국수를 굳이 두 개의 메뉴로 구분할 필요는 없다. 하나의 잔치국수만을 두고 그 뒤에 괄호로 '우동면발가능' 등의 표시를 해주면 그만일 것이다. 다음과 같이.

〈메뉴〉
잔치국수(우동면발 가능)
계란라면(치즈추가 가능)
볶음밥

하지만 두 종류의 잔치국수는 여전히 차이가 있고 더군다나 이미 일정 기간 따로 불려온 전통을 이어가고 싶은 생각에 첫 번째 통합메뉴판을 택하게 된다. 한편, 메뉴가 합쳐졌음에도 아버지께서는 우동면발의 잔치국수나 치즈가 추가된 계란라면 주문이 들어오면 자신은 그 요리들은 하지 않는다고 답하신다. 그러면 어머니께서 듣고는 손님의 요청대로 해당 메뉴를 대접해 드린다. 처음 레스토랑을 방문한 손님은 매우 혼란스러워 한다. 안되는 줄로만 알았던 메뉴가 나왔기 때문이다. 결국 앵글로네 레스토랑은 우동면발 잔치국수와 치즈가 담긴 계란라면이 있는 것이다. 아버지의 '저는 그 요리를 안 합니다'라고 한 말은 마치 이 레스토랑은 그 요리를 제공하지 않는다는 것과 같은 인식을 주어 손님들께 모순만 안기는 결과를 초래했다. 어머니는 애당초 아버지의 메뉴를 부정할 생각은 없으시고 단지 손님의 요청에 따라 기존에 있는 아버지 메뉴를 보충하고자 할 뿐인데 왜 그렇게 자존심이 강하신지… (물론 아버지 입장에서는 당신과 요리법을 달리하는 것 자체가 당신의 요리에 대한 부정이라고 생각하셨을 수는 있겠지만…) 여하튼 앵글로네 레스토랑의 메뉴는 형식적으로는 통합됐지만 실질적으로 여전히 셰프도 두 명, 메뉴도 두 개가 있는 셈이다. 이 이야기는 아래에서 전개될 영국 사법의 과거 및 현재의 모습을 담고 있다. 이제 중세 영국으로 가보기로 한다.

Ⅲ. 영국 – 새로운 법체계의 탄생

1. 판례법 체계의 탄생

때는 중세시대가 정점을 찍었던 1066년. 노르만 공국의 윌리엄 왕은 헤이스팅스 전쟁Battle of Hastings에서 앵글로 색슨족을 물리친다. 같은 해 크리스마스 날 그는 대관식을 거행하고 신흥 왕국인 영국의 초대 국왕이 된다. 새로운 나라를 다스리려면 법과 제도가 마련될 필요가 있었다. 이 임무는 국회격인 '국왕의회Curia Regis'가 제정한 법률이 맡게 된다. 하지만 사인 사이의 분쟁을 해결하는 규범을 하루아침에 제정하기란 불가능한 것이었다. 따라서 런던의 웨스트민스터Westminster에 국왕의회 소속의 법원을 설치하여 사건을 해결하도록 한다. 그리고 이 법원(즉, 판사)에게는 제정법에서 다루지 않는 사건에 대해서는 스스로 기준을 제시하여 결정할 수 있도록 했다. 이리하여 법원도 판결을 통해 법(즉, 규범)을 창설할 수 있게 되었다. 이렇게 만들어진 법규범은 동일한 사실관계에 관한 후속 사건에도 적용되고 이것이 선례구속원칙the doctrine of precedent으로 발전한다.[3] 이렇게 쌓여진 판례법체계the case law system는 영국시민에게 보편적으로 적용된다고 하여 보통법common law이라고 불리게 된다. 원칙적으로 제정법(즉, 성문법)만이 재판의 근거가 될 수 있는 우리 법체계와는 구별되는 '영국의 코먼로' 또는 '보통법common law system' 체계가 세워지게 된다. 새로운 *法傳統* legal tradition이 탄생하는 순간이다.[4] 그 후 이 코먼로 법전통[5]의 섬나라는

---

3) 선례구속원칙의 구체적 내용 및 그 작동원리에 대해서는 Rupert Cross & J. W. Harris, *Precedent in English Law* (OUP, Oxford 1991) 참조.

4) 세상에는 다양한 법전통이 있다. 예컨대, 우리 법제가 채택한 대륙법전통(the civil law tradition), 영국과 영국의 영향을 받는 미국, 캐나다, 호주, 싱가포르 등이 속한 영미법전통(the common law tradition), 그리고 코란을 기본으로 하는 이슬람법전통(the Islamic tradition), 그리고 최상의 복지이념을 실현하고 있는 북유럽법전통(the Nordic

오늘날까지 1000년에 가까운 세월 동안 자국법의 체계를 스스로 꾸려오게 된다 - 그것도 나름 독특한 스타일로.

2. 보통법common law의 발전 - 아버지 메뉴

앞서 국왕의회Curia Regis 내에 법원을 두었다고 했는데 이 법원은 런던의 웨스트민스터 홀에 설치되었다. 그 공간은 현재까지 보존되어 있다.[6] 대표적으로 다음과 같은 세 법원을 설치하였다. 첫째, 재정법원The Court of Exchequer. 둘째, 민사법원The Court of Common Pleas. 그리고 셋째, 왕좌법원 The Court of King's Bench. 재정법원은 국가재원에 관한 소송을 담당하였다. 주로 세금문제를 다루었으므로 성질상 행정법원이라고 할 수 있다. 민사법원은 계약 또는 부동산 등 민사에 관한 소송을 다루었다.[7] 그리고 왕좌법원은 형사사건과 불법행위Torts 사건을 관할하였다. 형사사건과 불법행위사건을 함께 묶어 놓은 이유는 둘 다 왕국의 평화를 해하였다는 공통점을 가지고 있었기 때문이다.[8]

---

legal tradition) 등이 있다. 이에 관한 탁월한 저술로는 H. Patrick Glenn, *Legal Traditions of the World* (5th edn OUP, Oxford 2014) 참조.

5) '코먼로(common law)'라는 용어는 세 가지 의미로 사용된다. 첫째, '법전통'으로서의 코먼로이다. 이는 다른 법전통과 대비되는 개념으로 사용된다. 둘째, '판례법'으로서의 코먼로이다. 이 경우 국회가 제정한 법률과 대비되는 개념으로 사용된다. 셋째, 과거 '코먼로 법원이 창설한 판례법리'로서의 코먼로이다. 코먼로 법원에 관하여는 후술한다. 이 경우 '형평법 법원이 창설한 판례법리'와 대비되는 개념으로 사용된다. 하나의 용어가 이렇게 다의적으로 사용되고 있으므로(영미법의 개성(?)이기도 하다) 오역과 오해의 소지가 있다. 각 문헌에서 사용되고 있는 의미가 무엇인지 유심히 살펴야 하는 이유이기도 하다.

6) 영국의 국회의사당(The UK Parliament)을 방문할 경우 입장하자마자 마주하게 되는 큰 홀이 바로 코먼로 법원이 자리했던 곳이다. 이곳에 있었던 법원은 19세기 후반 고등법원 내로 통합되고 현재 Holborn 거리에 위치하고 있다.

7) 한편, 가족법 사건은 교회법원(Ecclesiastical Courts)의 관할이었다. 교회법원은 교회법(Cannon law)을 적용하였다. 이는 혼인 등 가족문제 그리고 망자의 유언을 집행하는 것은 신성한 것이었다는 인식이 깔려 있었기 때문이다. 이곳의 판사는 물론 교회법에 정통한 성직자들이었다. 그때 영국에서 로마교회법을 가르친 곳이 바로 옥스퍼드 대학교이다. 그리고 교회법은 로마에서 수입된 법으로서 로마, 즉 Civil Law의 한 축으로 인식되었다. 따라서 이 전공으로 취득한 학위의 이름도 Bachelor of Civil Law, 약칭 BCL이었다. 그 전통으로 인하여 옥스퍼드의 법대에서는 아직도 로마법이 필수과목이다. 그리고 옥스퍼드대학교의 법학석사학위 중 한 종류의 명칭으로 BCL이 여전히 사용되고 있다.

8) 또한 왕좌로 불린 이유는 당해 법원의 판사석 뒤에 국왕을 위한 의자가 마련되어 있었기 때문이다. 당시 국왕은 왕국의 평화를 해친 자가 누구인지 종종 확인하기 위해 이 법원에 방문하였다고 한다. 결국 왕의 의자, 즉 국왕이 앉는 곳이 있는 법원이기에 왕좌법원

앞에서도 언급하였듯이, 이 세 법원이 언도한 판결은 규범적 효력을 가졌다. 즉 법률이 된다는 의미이다. 법률의 효력을 갖는 만큼 전 국민에 '보편적'으로 적용되었다. 따라서 보편적인 법, 즉 보통법common law을 다룬다 하여 이들 법원에게는 보통법 법원common law courts이라는 이름이 붙게 된다. 한편, 당시 이들 법원에 소송을 제기하기 위해 당사자는 소정의 비용을 지급하고 국가로부터 소송장이라는 것을 발급받아야 했다.9) 쉽게 말해서 법원에 입장하기 위한(소송을 제기하기 위한) 티켓과 같은 것이었다. 이 제도를 소송장제도The Writs System라고 한다. 몇 가지 예를 들면 다음과 같다.10) 채무이행과 관련된 소송장으로는 writ of assumpsit와 writ of indebitatus assumpsit 등이 있다. 전자는 이미 지급한 대금에 상응한 계약상 채무를 이행하지 않은 상대방에게 그 이행을 청구하는 경우에 필요한

으로 불리게 된다. '왕좌'법원이라는 멋진 이름에 비해 그 유래가 다소 허무한 감이 없지 않은가?

9) 소송장의 발급처는 The Chancery 부서였다. 이곳은 쉽게 말해 국왕의 비서실(the royal secretariat)이다. 이곳의 수장은 Lord Chancellor이다. 국왕의 비서실장이라고 할 수 있다. Lord Chancellor는 국왕을 대신하여 나라의 옥새를 보관하는데 모든 국왕(즉 국가)이 발행하는 문서에는 이 옥새를 찍어야 한다. 소송장 또한 국왕(즉, 국가)이 발급하는 것이었기에 이 옥새를 찍어야 했다. 이러한 이유로 그 일은 옥새의 보관처인 The Chancery 부서가 맡게 된 것이다. 이곳의 수장인 Lord Chancellor는 사실상 입법, 행정, 그리고 사법 전방위에 걸쳐 국왕의 국정운영을 보조하는 수석비서관과 같았다. 2009년 전까지 Lord Chancellor는 국회귀족원(House of Lords)의 귀족의원이자 행정관료의 한 구성원(minister)이며 나아가 항소법원(Court of Appeal)의 법원장의 직위까지 맡았다. 그러고 보면 영국의 통치구조는 2009년 전까지 삼권분립원칙과는 (최소한 형식적으로는) 거리가 있었다. 2009년 이후부터 Lord Chancellor는 오로지 행정관료의 신분만을 갖게 되었다. Lord Chancellor는 과거 일반적으로 성직자 중에서 임명되었다. 한편, 소송장의 발급과 법관으로서의 직책을 수행하였어야 하므로 법학을 수학한 법률가의 요건도 갖추어야 했다. Lord Chancellor 중 우리에게 가장 잘 알려진 사람이 바로 유토피아의 저자 토마스 모어(Sir Thomas More)이다. 그는 헨리 8세의 Lord Chancellor였는데 성직자이자 법률가였다. 한편 Lord Chancellor라는 직위는 동아시아에서 흔히 대법관으로 번역이 되는데 이는 오해를 불러일으킬 우려가 있다. 여기서 보았듯이 Lord Chancellor는 대법관이 아니다. 2009년 전에도 물론 아니었고(그의 직위가 입법부, 사법부, 행정부에 걸쳐 있었으므로) 지금은 더더욱 아니다. 우리의 경우 여기에 딱 부합하는 직위가 없어 적당한 번역을 찾기 어렵다. 그렇다고 대법관이라는 용어를 택할 수도 없다. 원래의 의미와 너무 거리가 있기 때문이다. 따라서 이 글에서는 원래의 발음을 차용하여 The Chancery는 '챈서리'로 그리고 Lord Chancellor는 '챈슬러'로 표기하겠다. The Chancery 또는 Lord Chancellor에 관하여 자세한 내용은 Diana Woodhouse, *The Office of Lord Chancellor* (Hart Publishing, 2001 Oxford) 참조.

10) 당시 소송장은 라틴어를 사용하였다. 과거 소송장의 모습과 내용에 관하여 관심 있는 분은 F. W. Maitland, *Equity and the Forms of Action at Common Law* (CUP, Cambridge 1929)의 부록 참조.

소송장이다. 후자는 금전지급의무를 이행하지 않은 상대방에 대하여 대금 지급을 청구할 때 요구되는 소송장이다. 또 writ of assumpsit에서 파생된 소송장으로 quantum valebant와 quantum meruit가 있다. 예컨대 甲이 乙로부터 물품 또는 노무를 제공받았으나 양자 사이에 이에 관한 약정이 없는 경우 乙은 그에 관한 가치의 지급을 청구할 수 있었는데 乙이 제공한 내용이 물품일 경우에는 quantum valebant 소송장을, 노무일 경우에는 quantum meruit 소송장을 발급받아야 했다. 이는 실질적으로 부당이득을 청구하기 위한 소송장인 셈이다.[11] 기타 동산점유가 완전히 침해될 경우에는 writ of conversion을, 부동산 또는 신체가 침해될 경우에는 tort of trespass 등을 이용해야 했다.

청구인이 적합한 소송장을 구비하지 않을 경우 소는 각하된다. 이들 소송장에는 청구에 대한 법률효과 즉 구제내용도 명시되어 있다. 따라서 소송장은 단지 한 장의 문서를 넘어 당사자의 권리침해에 대한 구제가 화체된 셈이다. 다시 말해서 규범이 적힌 법조문과 같았다. 당사자가 승소하여 구제(예컨대, 손해배상)를 받는 이유는 소송장 위에 그러한 효과가 적혀 있기 때문이다. 이러한 이유로 흔히 '소송장이 없으면 구제도 없다no writ, no remedy'라는 말을 하는 것이다. 즉, 관련 소송장이 없으면 스스로 불이익을 받았다고 생각해도 구제받을 길이 없는 것이다. 그만큼 소송장은 당사자의 권리를 보장하는 역할을 하였다. 영국 사법영역에서 현존하는 구제 및 이를 통해 보호되는 권리 중 많은 것들이 당시 소송장에서 유래한 것도 이 때문이다.

아래에서 다시 언급하겠지만 이 소송장제도는 12세기에 시작하여 19세기 중후반에 이르러서야 공식적으로 폐지되었다. 그만큼 영국법 발전에 지대한 영향을 미쳤다. 당시 영국의 법학교육의 핵심은 바로 일정한 사건에

---

11) 부당이득은 영미에서 unjust enrichment 또는 restitution이라고 한다. 본문의 예처럼 실질적으로는 이미 부당이득에 관한 소는 있었으나 부당이득법이 하나의 독자적 영역으로서 영미실무에서 승인된 것은 20세기에 들어서다. 영국에서는 1943년에 Lord Wright 판사가 *Fibrosa Spolka Akcyjna v. Fairboairn Lawson Combe Barbour Ltd.* ([1943] AC 32, 61 참조) 사건에서 부당이득법의 독자성을 역설하였으나(그가 사용한 용어는 quasi-contract와 restitution이었다) 판례가 이 분야의 독자성을 승인한 것은 1991년의 *Lipkin Gorman v. Karpnale Ltd.* ([1991] 2 AC 548) 사건에서다.

적합한 소송장은 어느 것인지를 익히는 데 있었다. 마치 대륙법계 법률가들이 사안에 적합한 법조문을 찾아야 하는 것처럼 말이다. 요컨대 당시 소송장의 종류는 소송의 성질을 결정하고 코먼로체계의 바탕 내지 지도가 된 것이다. 12세기에 시작된 소송장제도는 13세기 중반까지 그 종류를 확대해 나갔다. 당사자가 코먼로 법원에 청구할 수 있는 구제의 리스트(메뉴)는 이렇게 완성되어 갔다. 그리고 소송장에 기초해 코먼로 법원에서 내린 구체적 법리가 담긴 판례는 하나하나 규범적 효력을 보유하며 코먼로 (판례)체계의 거탑을 건축해 갔다. 요컨대, 여기서 단순히 코먼로 또는 코먼로 법리라고 할 때 이는 코먼로 법원이 세운 판례법체계를 뜻한다.

3. 형평법Equity의 발전 – 어머니 메뉴

(1) 고집스런 코먼로 법원 – 이원적 시스템의 불씨를 당기다

13세기 중반쯤 코먼로 법원에서는 소송장의 종류가 어느 정도 완비되었다고 보았다. 이제는 기존에 확립된 질서대로 법체계를 유지하는 것이 중요하다고 생각해서 새로운 소송장의 창설은 법적 안정성을 해한다고 보았는지 더 이상 새로운 유형의 소송장은 불필요하다고 여겼다. 따라서 코먼로 법원은 13세기 중반이 되자 '새로운, 들어보지 못한, 그리고 이성에 반하는 소송장은 파기되어야 한다'[12]는 입장을 취하면서 국왕에 대하여 새로운 소송장의 발급을 중단할 것을 강력히 요구하였다. 그 결과 새로운 소송장의 발급은 국왕의회Curia Regis[13]의 동의가 없는 한 허용되지 않는다는 내용이 옥스퍼드조항The Provisions of Oxford[14]에 포함되기에 이른다. 새로운 유형의 소송장에 대한 발급은 이로써 중단되었다. 바야흐로 소송장의 리스트가 완성되었다 – 마치 앞에서 아버지에게 주문할 수 있는 메뉴가 일정

---

12) *Abbot of Lilleshall v. Harcourt* (1256) 96 SS xxix, 44.
13) 앞에서도 언급하였듯이 국왕의회는 국왕과 귀족으로 구성된 기구로서 입법, 사법, 행정 작용을 모두 관할하는 국가조직이다. 단 여기서는 국회적 작용만을 의미한다. 현대적으로 해석하면 마치 대통령의 일정한 조치가 국회의 동의를 얻어야 하는 것과 유사하다.
14) 이 문서는 1258년 당시 헨리 3세와 귀족들 사이에서 체결된 합의문서인데 그 핵심내용은 (1215년의 마그나 카르타처럼) 왕의 권한을 제어하기 위한 것이었다. 헌법차원에서 중요한 사건이었다.

한 종류로 확정된 것처럼.

14세기 중반에 접어들었다. 유럽은 이제 암흑의 시대 중세를 떠나보내고 르네상스 시대를 맞이하기 위해 분주하게 움직이고 있었다. 세상은 더욱 복잡해져만 갔다. 이제는 부유한 상인계급도 등장하였다. 사건도 더욱 다양해졌다. 코먼로 판사들의 자신감과 오만함이 지나쳤을까? 이제는 더 이상 제한된 소송장 및 그에 기초한 코먼로 법리만으로는 해결할 수 없거나 부당한 결과가 도출되는 사례가 속출한다. 예컨대, 당시 코먼로 법리에 따르면 날인증서deed[15]로 작성된 내용은 그 증서를 회수하거나 파기하지 않는 한 구두증거parol evidence로는 뒤집을 수 없었다.[16] 이에 관하여 1330년에 있었던 *Glaston v. Abbot of Crowland*[17] 사건을 예로 들어본다. 이 사건에서 채무자는 채무를 변제하였으나 채무증명에 관한 날인증서를 회수하거나 파기하지 못하였다. 이를 빌미로 채권자는 재차 금전지급소송을 제기하였다. 채무자는 성공적으로 구두증거를 제출하여 반박하였다. 하지만 법원은 구두증거는 날인증서상의 내용을 항변하는 데 이용할 수 없다고 하였다. 채무자는 패소하고 다시 금전지급의무를 이행해야 했다. 결국 아무리 구두증거가 확실해도 날인증서를 (부당하게 이용하였다 하더라도) 인정할 수밖에 없다는 것이다. 이는 누가 보더라도 부당한 결과이다.

문제는 그 밖의 많은 사건에서도 유사한 경우가 발생하여 소송결과에 불만에 품은 당사자가 늘어가기만 했다는 것이다. 이에 대하여 항소의 가능성을 생각해 볼 수도 있겠지만 당시 코먼로 법원 위에 항소할 법원이 존재하지 않았다. 유일한 길은 국왕에게 청원하는 것뿐이었다 – '형평'을 추구해 달라고.

(2) 챈서리 법원The Court of Chancery의 등장

앞에서 국왕의회는 입법적, 행정적, 그리고 사법적 작용 모두 담당한다

---

15) 영미법하에서 deed라는 용어는 다양한 의미로 사용된다. 이곳에서는 당사자의 날인이 있고 그 내용이 봉인된 문서를 말한다.

16) *Fishacre v. Kirkham* (1289) 112 SS 322; *Abbot of Grace Dieu v. Anon* (1306) B.&M 277.

17) (1330) B.& M. 278.

고 하였다. 그러나 14세기 중반에 이르러 각 작용을 담당하는 기관이 (첸슬러를 제외하면) 어느 정도 구분되었다. 한편, 이들 기관의 작용이 불합리하다고 여길 경우 형평에 맞는 공평한 처우를 구하기 위해 국왕에게 청원할 수 있었다. 공법적 사항[18]에 관한 청원이 있을 경우 국왕은 그 성질을 고려해 주로 입법적 작용(즉, 국회)에 회부하여(입법을 통해) 해결하였다. 私法적 사항(예컨대, 물권 또는 계약 등)에 관한 사인 간의 분쟁은 챈서리 부서에 회부하여 해결하도록 하였다. 처음부터 사인 간의 사법적 분쟁에 대한 청원을 챈서리 부서가 맡은 관계로 법원으로 발전한 이후에도 오로지 사법적 사항에 관한 사건만을 다루게 되었다. 특기할 것은 사법적 분쟁 중에서도 재산법 분야에 집중되었다는 것이다. 형평법 법리가 공법에서는 찾아볼 수 없고 재산법 분야(상속법 포함)에만 존재하는 이유이기도 하다.

처음에 챈서리 부서는 얼마 되지 않는 청원사건만을 다루었다. 문제는 코먼로 법원의 판결에 불만은 품은 당사자가 점점 폭증하게 된 것이다. 계약에 관한 분쟁, 부동산에 관한 분쟁, 동산에 관한 분쟁, 불법행위에 관한 분쟁 나아가 종래 존재하지 않는 성질의 재산관련 사건까지. 그 종류는 그야말로 너무 다양해 재산법 전 분야(실체법뿐만 아니라 절차법까지)에 걸쳤다. 청원을 접수한 로드 챈슬러로서는 기존에 참고할 선례가 없으므로 자연적으로 오로지 '양심conscience과 형평equity'에 따라 결정을 내렸다. 이들 청원에 대한 결정은 점차 쌓여가 선례처럼 작용하게 되었다. 이제 청원사건을 처리했던 챈서리 부서는 15세기 들어서 정식으로 챈서리 법원the Court of Chancery이 된다.[19] 처음부터 양심과 형평에 따라 결정했기에 보통 양심법원the Court of Conscience 혹은 형평법 법원the Court of Equity이라고도 부르게 된다.[20]

---

18) 공법적 사항이란 대부분 귀족원 의원과 국가관리 사이 또는 이들과 국왕 사이의 분쟁에 관한 사항이었다. 성질상 헌법사항이라고 볼 수 있겠다. 형법사항에 관한 청원은 한때 16세기부터 17세기 중반까지 Star Chamber라는 기구에 회부되었다. 그러나 이는 주로 정치적 목적에 악용하기 위한 기구라는 비난을 받고 폐지되었다.

19) John McGhee et. al. (eds), *Snell's Equity* (23nd edn Sweet & Maxwell, London 2010), 5-6.

20) 동아시아 문헌에서는 통상 '형평법 법원'이라는 용어를 사용한다. 그러나 이 법원의 공식 명칭은 챈서리 법원(the Court of Chancery)이다.

챈서리 법원은 애당초 코먼로 법원에 대항하여 코먼로 법원의 판결을 뒤집을 의도는 없었다. 오로지 기존 코먼로 법리에 관한 흠을 메우고자 했다(마치 어머니가 아버지 메뉴를 보충하고자 했던 것처럼). 그리고 사법 분야와 관련된 다양한 사건에 대하여 코먼로 법원을 통한 보호가 미흡하다고 생각되는 부분을 채워나갔다.[21] 이는 결과적으로 코먼로 법원의 입장과 배치되는 결과를 내놓게 되었는데 이에 관하여는 후술한다. 코먼로 법원이 이를 반길 리 만무하다. 따라서 17세기 초에 코먼로 법원의 Coke C. J. 판사(당시 왕좌법원의 법원장)는 챈서리 법원의 존재에 강력히 반발하였고 챈서리 법원의 챈슬러(당시 챈서리 법원의 법원장)인 Lord Ellesmere 또한 이에 완강히 맞서는 다툼이 벌어졌다. 팽팽한 줄다리기 속에 해결의 기미가 보이지 않자 결국 국왕이 나서 중재하기에 이른다. 결론은 챈서리 법원의 승. 즉, 1616년 당시 국왕이었던 제임스 1세James I는 칙령을 통해 챈서리 법원의 관할을 인정하였다.

챈서리 법원은 그 후 1873년 사법부상급법원개혁법The Supreme Court of Judicature Act 1873이 시행되기 전까지 존속하며 활약하게 된다. 이 챈서리 법원에서 언도한 판결들 속에 담겨져 있는 것이 바로 형평법 법리equitable doctrines이다. 여기서 한 가지 주의할 것은 챈서리 법원은 사법 분야의 다양한 사건에서 형평법 법리를 제공하였다는 것이다. 이는 곧 형평법 법리가 계약법, 물권법, 불법행위법처럼 종적으로 구분되는 단독적 영역이 아님을 뜻한다. 다시 말해서 형평법 법리는 이들 분야에 횡적으로 침투함으로써 일부는 계약법 내용이 되고, 일부는 물권법 내용이 되고, 일부 부당이득법의 내용이 되고 나아가 후술하듯이 새로운 분야까지 창설[22]하게 된다. 어느 한 분야에 특정되지 않은 관계로 형평법 법리를 한마디로 정의내리기 어려운 것이다. 동시에 비영미권 법률가들이 분류상 어려움을 겪는

---

21) 소송의 형식 또한 엄격한 방식에 따르지 않았다. 코먼로 법원과 같은 소송장(writs)은 요구되지 않았고 배심원 제도(즉, the jury system)도 채택하지 않았다. 무엇보다 소송 전에 당사자는 수중의 모든 증거를 제출할 것이 요구되었고(the rule of discovery) 당사자의 변론에만 의존하기보다 법원이 직접 개입하여 진상을 파악할 수도 있었다. 즉 일종의 규문주의 소송방식(an inquisitorial style)에 가까웠다.

22) 예컨대 신탁법.

대목이기도 하다. 굳이 정의하면 다음과 같을 수밖에 없다: 형평법 법리는 챈서리 법원이 형평과 양심에 기초하여 다양한 사법 분야에서 정립한 법리들의 총합. 이제 이들 형평법 법리 중 몇 가지만 살펴보도록 한다.

(3) 형평법 법리

1) 새로운 분야를 창설한 경우

중세시대 영국은 십자군 전쟁을 비롯하여 수많은 전쟁을 치렀다. 대부분의 남성은 참전하였어야 했다. 그리고 생환할 가능성은 아무도 장담하지 못했다. 문제는 만일 큰 아들이 없을 경우 당시 봉건제도 하에서 자신이 보유하고 있었던 토지(봉토)는 사망과 함께 자신의 영주에게 귀속되었다. 그리고 자신의 가족은 영주가 돌봐주게 된다. 이를 달가워할 사람이 어디 있으랴. 따라서 전쟁에 나가기 전 자신의 토지를 친한 친구에게 이전하고 자신의 가족을 위하여 보유해달라고 부탁하게 된다. 그리고 자신이 살아서 돌아올 경우 다시 자신에게 토지를 이전해 줄 것을 약속받는다. 하지만 참전하였던 자신은 운 좋게 살아 돌아왔으나 믿었던 친구는 이미 자신의 가족을 쫓아내고 부동산을 차지하였다. 배신당한 친구는 코먼로 법원에 찾아가 호소하였으나 보호받지 못한다. 일단 봉건제도의 규율을 회피할 목적이 있었던 데다 대가를 지급하지 않고 이전된 재산은 증여로 간주되어 일단 양도절차가 완료되면 상대방에게 확정적으로 귀속되었기 때문이다. 자신은 하루아침에 집 없는 부랑자가 된 셈이다. 국가를 위해 헌신하고 친구를 믿은 죄밖에 없는데 말이다.

하루아침에 집과 가족을 잃어버려 결국 국왕에 청원하기로 한다. 사건은 챈서리 법원에 회부되었고 챈서리 법원은 배신한 친구의 행위가 형평의 원칙에 어긋난다고 판단하였다. 따라서 당해 토지를 이전받은 친구는 참전한 친구의 가족을 수익자로 하여 이들을 위하여 당해 재산을 보유하는 것이라고 판결한다. 이것이 훗날 신탁제도trust law로 발전하게 된다. 신탁이란 위탁자가 자신의 재산을 수탁자에게 이전하고 수탁자는 수익자를 위하여 재산(신탁재산)을 소유, 관리, 그리고 운영하는 법률관계를 말한다. 여기서 수탁자(친구)에게 이전된 재산(부동산)은 신탁재산이 된다. 그리고 수탁자는 수익자(가족)에게 충실의무duty of loyalty를 부담한다는 원칙이 세워진다.[23] 신탁법은 그야말로 챈서리 법원이 형평법 법리로 창설한 제도라고 할 수 있다. 따라서 이 분야는 전체가 형평법 법리에 기초한다.

흥미로운 것은 챈서리 법원은 훗날 이러한 신탁법에서 창설한 형평법 법리를 회사법에도 (유추)적용한다. 즉, 회사재산은 신탁재산처럼 취급되고 회사이사는 수탁자처럼 그리고 주주는 수익자처럼 취급된다.[24] 회사이사가 충실의무를 부담하는 것도 이 때문이다. 이러한 구조는 상속재산에도 적용되어 피상속인이 사망하면 그의 재산은 모두 유산관리인(또는 유언집행자)에게 귀속되는데 이때 상속재산은 신탁재산처럼, 유산관리인은 수탁자처럼, 그리고 피상속인의 채권자와 상속인은 수익자처럼 다루어진다. 유산관리인 역시 충실의무를 부담하는 이유도 이 때문이다.

요컨대, 신탁법 법리와 회사법[25] 법리는 종래 코먼로 법원이 알지 못한 제도로서 챈서리 법원의 형평법 법리에 의하여 창설되고 발전된 것들이다.[26]

2) 계약법

당사자가 계약을 문서로 작성한 경우 코먼로 법리는 그 효력을 강력히 보호한다. 이 계약내용은 구두증거를 통해 변경할 수 없다. 그러나 당사자가 문서를 작성하는 과정에서 명백히 표시를 잘못하였을 경우 당해 문서의 효력을 그대로 인정한다면 매우 불합리할 것이다. 챈서리 법원은 증거의 종류에 제한을 두지 않았으므로 여하한 방식으로 오표시가 분명하다는 것이 증명된다면 계약서의 수정을 허용하였다. 나아가 쌍방이 착오로 작성한 계약서의 수정도 가능하게 되었다.[27] 한편, 쌍방착오는 없었으나 당사자 일방이 착오에 빠진 상태에서 합의했을 경우 타방당사자가 그 착오사실을

---

23) 충실의무 중 가장 중요한 내용으로는 이익충돌금지의무를 들 수 있다. 다시 말해서 수탁자는 수익자의 이익과 충돌되는 행위를 할 수 없다는 것이다. 이는 우리 신탁법 제33조와 제34조에서도 규정하고 있다.

24) 주주의 주식이 영어로 equity라고도 불리는 이유는 이 때문이다.

25) 현재는 제정법인 Companies Act 2006에 의하여 대부분의 내용이 규율된다. 그러나 제정법이 다루지 않은 부분에서는 여전히 판례법리가 적용된다.

26) 그 밖에 지적재산권법에 관한 법리도 초기에는 형평법 법리에 기초하여 발전된 것이다. 지금은 대부분 제정법에 의하여 규율되고 있다.

27) *Joscelyne v. Nissen* [1970] 2 QB 86.

알았다면 역시 계약문서의 수정이 가능하게 되었다.[28] 이와 같은 교정법리 the doctrine of rectification를 통해 계약내용을 수정할 수 있는 길이 형평법 법리에 의해 열리게 되었다. 코먼로의 부작용이 완화되었음은 물론이다.

코먼로 법리에 따르면 채무자가 임의로 계약을 이행하지 않을 경우 채권자는 이행이익의 금전손해배상damages만을 청구할 수 있다.[29] 즉, 만일 계약목적물이 동산일 경우 당사자는 당해 동산의 인도를 법원에 청구할 수 없고 채무자의 채무불이행으로 인한 손해배상만을 청구할 수 있다.[30] 당해 채권자로 하여금 손해배상금으로 시장에서 다시 동일한 종류의 물건을 재구매하도록 하는 것이 당사자에게나 집행법원에게나 더욱 효율적이라고 보았기 때문이다. 하지만 당해 동산이 골동품이거나 부동산일 경우 시장에서 동일한 종류를 구매하기란 불가능할 것이다. 이 경우에도 손해배상만을 허용한다면 구체적 타당성을 결할 것이다. 이를 극복하고자 챈서리 법원은 이들 비대체적인 계약목적물에 한하여 특정이행specific performance이라는 구제수단을 허용했다. 이것이 형평에 맞다고 보았기 때문이다.[31] 따라서 이러한 형평법 법리를 통하여 계약목적물이 비대체물일 경우 손해배상으로 만족할 수 없는 당사자는 그 대신에 특정이행을 청구할 수 있게 되었다. 이로써 비대체물에 대한 채권자는 특정이행이라는 구제수단도 선택할 수 있게 되었다.

3) 물권법

동산을 담보로 돈을 빌릴 경우에 사용할 수 있는 제도로 질권pledge이 있다. 즉, 자기 소유 동산을 채권자에게 인도하고 채무상환과 동시에 다시 찾아오는 것이다. 코먼로 법리에 따르면 우리의 그것과 마찬가지로[32] 질권

---

28) *Thomas Bates & Son Ltd. v. Wyndham's (Lingerie) Ltd.* [1981] 1 WLR 505 (CA).

29) *Robinson v. Harman* (1848) 1 Ex 850.

30) 즉 우리민법 제389조 제1항 본문과 같은 규율이 없다는 것이다. 우리민법 제389조 제1항 본문은 다음과 같이 규정하고 있다: "채무자가 임의로 채무를 이행하지 아니한 때에는 채권자는 그 강제이행을 법원에 청구할 수 있다."

31) 영국특정이행에 관하여 자세한 내용은 Andrew Burrows, *Remedies for Torts, Breach of Contract, and Equitable Wrongs* (4th edn OUP, Oxford 2019), 401 이하 참조.

32) 우리민법 제329조: "동산질권자는 채권의 담보로 채무자 또는 제3자가 제공한 동산을 점유하고 그 동산에 대하여 다른 채권자보다 자기채권의 우선변제를 받을 권리가 있다."

관계에서 담보물의 점유는 반드시 채권자에게 넘겨져야 한다. 그러나 만일 채무자가 사업자라면 당해 동산을 사용할 수 없게 되어 사업운영에 차질을 빚을 수 있다. 따라서 채무자가 계속하여 당해 담보목적동산을 점유 내지 사용할 수 있도록 하는 것이 유리할 것이다. 그러나 코먼로 법리는 이를 허용하지 않았다. 챈서리 법원의 생각은 달랐다. 점유를 수반하지 않는 동산담보를 허용함으로써 사업자는 영업을 더욱 원활하게 진행할 수 있고 나아가 채무를 상환할 가능성도 높아질 것으로 판단한 것이다. 따라서 당사자만 원한다면 이를 거부할 이유가 없었다. 따라서 챈서리 법원은 코먼로 법원보다 유연한 입장을 취하면서 점유를 수반하지 않는 담보권fixed charge 을[33] 정면으로 수용한다는 형평법 법리를 만들게 된다.

　채무를 담보하는 담보권의 목적물(예컨대, 동산 또는 부동산)은 통상 확정될 것이 요구된다. 이는 매우 상식적인 얘기다. 왜냐하면 채권자는 대여한 금액을 채무자가 상환하지 않을 경우 어떤 물건을 경매에 붙여 자신의 채무를 만족시킬 수 있을지 알아야 하기 때문이다. 코먼로 법리도 이러한 입장을 취해 모든 담보권의 목적물은 확정되어야 한다고 보았다. 하지만 공장주인이 채권자와 다음과 같은 합의를 한다고 가정하자: "내 공장에 있는 제품 모두를 담보로 제공하겠소. 그런데 내가 이 제품들을 팔아야 수익을 내고 또 그 수익으로 다시 제품을 생산해야 사업을 운용하고 수익을 낼 수 있기 때문에 담보목적물은 내가 대여한 금액을 갚지 못하게 된 때(즉 채무불이행에 빠질 때) 그 당시 공장에 있는 모든 제품들로 합시다." 즉 목적물의 특정시기가 담보설정시가 아니라 장래의 채무불이행시이다. 코먼로 법리는 물론 이를 부정하였다. 채무자가 차용금을 상환하지 못하기 전에 공장의 물품을 고의로 빼돌리거나 없앨 위험이 있기 때문이다. 문제는 채권자 측에서 그 위험을 감수하겠다면 그래도 반대할 것인가 하는 것이다. 챈서리 법원은 채권자와 채무자 쌍방이 원한다면 이러한 담보권도 마다할 이유가 없다는 형평법 법리를 도입한다. 이 경우 담보목적물은 채무의 이행기까지 확정되지 않고 계속 유동적이기 때문에 이를 유동담보 혹은 부동

---

33) Duncan Sheehan, *The Principle of Personal Property Law* (2nd edn Hart Publishing, Oxford 2017), 345 이하 참조.

(浮動)담보floating charges라고 하였다.[34][35]

4) 불법행위법과 부당이득법

불법행위법 분야를 살펴보면 사생활의 침해invasion of privacy에 대한 구제 측면에서 코먼로 법리와 형평법 법리가 다른 입장을 취하고 있다. 사실 과거 코먼로 법원은 사생활의 보호에 관한 코먼로 법리를 발전시키지 않았다. 사생활의 개념 자체가 모호하였기 때문이다. 하지만 챈서리 법원은 일찍이 변호사와 의뢰인 사이, 의사와 환자 사이, 위임인과 수임인 사이 등 이들 관계에서 변호사, 의사, 또는 수임인이 그가 취득한 정보를 남용할 경우 사적 비밀정보에 대한 권리right to confidential information를 침해하였다고 보았다. 챈서리 법원은 이를 형평법상의 위법행위equitable wrong라고 이름 붙였다. 처음에는 이렇게 일정한 관계가 전제된 당사자들 사이에서만 사적 비밀침해에 대한 구제가 인정되었으나 이후의 판결에서는 일정한 관계가 없는 당사자들 사이까지로 그 범위를 확대하였다.[36] 비밀정보의 개념 범위는 분명 사생활의 그것보다 좁을 것이다. 한편, 유럽인권협약 제8조는 사생활의 보호를 규정하고 있는데 영국은 1998년에 인권법the Human Rights Act 1998의 제정을 통해 이를 수용하였다.[37] 이러한 영향으로 비밀침해에 관한 소송의 근거로 유럽인권협약 제8조에 대한 위반이 포함될 수 있다는 주장이 제기되었다.[38] 실제로 영국법원은 비밀정보에 대한 개념을 지속적으로 확대해가고 있는 추세다.[39] 여하튼, 비밀침해breach of confidence는 코

---

34) 영국실무에서 채권자는 일차적으로 채무자의 기타 재산, 예컨대 특정 부동산에 대하여 담보권을 우선 설정하고, 부차적으로 채무자의 나머지 동산 전체에 대하여 유동담보를 설정하는 것이 일반적이다.

35) 우리법은 아직 유동담보를 수용하지 않았지만, 판례가 인정하고 있는 유동집합물(예컨대, 양돈농가에 있는 돼지나 양만장에 있는 뱀장어)에 대한 양도담보가 유동담보와 유사한 면이 있다. 한편 우리민법상 담보금액이 유동적인 제도가 있다. 바로 근저당권(민법 제357 참조)이다. 요컨대, 유동담보는 근저당권의 반대유형이라고 할 수 있다.

36) *Att Gen v. Guardian Newspapers (No.2)* [1990] A.C. 109.

37) 영국의 1998년 인권법에 관한 자세한 소개 및 이것이 사법에 미친 영향에 관하여는 윤진수, '영국의 1998년 인권법(Human Rights Act 1998)이 사법관계에 미친 영향', 43(1) 서울대학교 법학 2002 3면 이하 참조).

38) H. Fenwick & G. Phillipson, *Media Freedom under the Human Rights Act* (OUP, 2006 Oxford) [17] 참조.

39) *Campbell v. MGN Ltd.* [2004] UKHL 22(유명모델이 초라한 모습으로 집에서 나오는

먼로 법리가 아닌 형평법 법리의 일부이고 이러한 이유로 기존 교과서에서도 형평법상의 위법행위equitable wrongs라는 목차를 따로 두어 이를 설명하고 있다.

부당이득법 분야에서도 우리는 형평법 법리가 작동하고 있는 예를 찾아볼 수 있다. 예컨대, 채무를 이미 변제하여 채무가 없음에도 불구하고 착오로 다시 금전을 지급한 경우 혹은 원래의 채무액을 초과하는 금액을 착오로 지급한 경우, 지급 당사자는 착오송금 내지 지급mistaken payment으로 인한 부당이득unjust enrichment을 근거로 수령자에게 해당 금액의 반환을 청구할 수 있다. 코먼로 법리에서는 이 경우 지급인에게 오로지 채권적 반환청구권만을 인정한다. 하지만 만일 수령인이 파산하게 되면 채권자 평등원칙에 따라서 착오로 지급된 금전은 고스란히 수령인의 기타 채권자와 지급인이 공동으로 채권비율에 따라 분배받게 된다. 이러한 결과를 불합리하다고 여긴 챈서리 법원은 또 다시 형평법 법리의 망치를 들어 다른 방식으로 언도한다. 즉, 당해 금전이 수령인의 소유라는 것을 부정하지 않으면서 동시에 당사자 사이에 신탁관계가 있는 것으로 추정해 버린다.[40] 결국 수령인은 당해 초과 지급된 금전이 증여에 의한 것임을 증명하지 못하는 한 지급자를 수익자로 하는 신탁관계에 놓이게 된다. 이 경우 초과지급된 금전은 신탁재산으로서 수령인이 파산하더라도 그의 파산재단에 속하지 않게 된다. 요컨대 지급인은 수령인의 기타 채권자보다 우선하여 당해 금전을 찾아올 수 있게 된다.[41]

사진을 게재한 경우를 게재한 신문사의 행위를 비밀침해로 본 사례); *Prince of Wales v. Associated Newspapers Ltd.* [2006] EWCA Civ 1776(대중에게 공개된 내용이라도 개인의 일기 내에 적힌 것이라면 이를 무단으로 공개할 경우 비밀침해가 성립된다고 본 사례).

40) *Chase Manhattan Bank v. Israel British Bank* [1981] 1 Ch 105.

41) 우리 법제하에서 부당이득 법리는 채권채무관계만을 창설한다. 따라서 이러한 방식으로 지급인에게 우선권을 부여하는 것은 매우 이질적으로 다가올 수 있다. 그러나 이러한 사안에서 '지급인'을 우선 보호하려는 시도 자체는 우리에게도 시사하는 바가 크다고 생각된다.

Ⅳ. 코먼로 법리와 형평법 법리의 二重奏

(1) 형식적 통합과 실체적 구분

앞에서 우리는 코먼로 법원의 코먼로 법리와 챈서리 법원의 형평법 법리 사이의 차이를 간략히 살펴보았다. 결론적으로 동일한 사건에 대하여 판결을 언도하는 법원이 이원적으로 존재하게 된 셈이다. 그것도 서로 다른 내용의 판결로 말이다(!) 물론 제임스 1세가 형평법 법리의 우위를 인정하였으나 이러한 운영방식은 누가 보더라도 효율적이지 않고 비합리적이다. 버틸 대로 버틴 것일까? 더 이상 이런 상태로 법체계를 운영하면 안된다는 생각에 법원조직에 대한 대대적인 개혁작업에 착수하게 된다. 그리하여 사법부상급법원개혁법 1873The Judicature Acts 1873을 통해 코먼로 법원과 챈서리 법원을 하나의 고등법원The High Court[42) 내로 통합하게 된다. 그리고 이때 소송장 제도도 함께 폐지된다. 당사자는 청구서면claim form 위에 주장하고 싶은 권리를 적으면 된다. 특기할 것은 이 권리들이 대부분 과거 소송장을 통해 발전된 것들이라는 것이다.[43) 다만 과거에는 하나의 권리/구제에 하나의 특정 소송장을 신청하였어야 했으나 이제는 하나의 서면 위에 청구하고자 하는 권리/구제를 하나 또는 여러 개를 동시에 주장할 수 있다는 것이다. 소송장이 청구서면의 이름으로 포괄적인 성질을 갖게 된 것이다.

그러나 이는 조직적 통합에 불과하였다. 다시 말해서, 기존의 코먼로 법원 내의 왕좌법원, 재정법원, 그리고 민사법원은 하나의 왕좌부The Queen's Bench Division[44)로 통합되었고 챈서리 법원은 챈서리부The Chancery Division

---

42) 영국에서 고등법원은 일정한 중요한 사건의 1심법원이 되기도 하고 경미한 사건의 최종심이 되기도 한다. 따라서 우리의 고등법원과 완전치 일치하지는 않으나 이 글에서는 일단 고등법원으로 부르기로 한다.

43) 이러한 이유로 고 F. W. Maitland 교수는 다음과 같은 재치 있는 비유를 든 적이 있다. 즉, "우리는 소송장들을 땅에 묻었지만 그들은 무덤에서 여전히 우리를 규율하고 있다 (The forms of action we have buried...still rule us from their graves)." F. W. Maitland, Equity and the Forms of Action at Common Law (CUP, Cambridge 1929).

가 되어 같은 고등법원의 지붕 아래 함께 있게 된 것이다. 그리고 이러한 모습은 지금까지 이어져 오고 있다. 한편, 계약, 불법행위, 부당이득, 그리고 물권법 분야에 사건과 관련하여 왕좌법원의 판사들은 코먼로 법리와 형평법 법리 모두 적용할 수 있게 되었다. 그리고 기존에 챈서리 법원이 창설한 형평법 법리가 주된 내용을 이루는 분야인 신탁법, 유언검인법, 회사법, 지적재산권법 등 분야는 여전히 챈서리부가 전속적으로 관할하고 있다.

이처럼 법원은 통합되었다고 하나 법리적용에 있어서는 여전히 코먼로 법리와 형평법 법리를 확연히 구분하여 운용하고 있다. 즉, 고등법원 내 왕좌부의 판사들은 사실관계가 코먼로 법리에 관한 것이면 코먼로 법리를, 형평법 법리에 관한 것이면 형평법 법리를 적용한다는 것이다. 한 가지 특기할 것은 사법개혁법에서는 코먼로 법리와 형평법 법리가 충돌할 경우에는 형평법 법리가 우선한다고 규정하였다는 것이다.[45] 이는 코먼로 법리를 무시할 수 있다는 것은 아니고 당사자가 형평법상의 구제를 청구할 경우 법원으로서는 코먼로에서 인정하지 않으므로 이를 거부할 수 없다는 것이다. 반대로 만일 당사자가 코먼로 상의 구제를 주장(예컨대 앞선 부당이득의 예에서 당사자가 코먼로상의 채권적 반환청구만을 주장할 경우)하였고 법원 또한 이유 있다고 판단한다면 이를 부인할 필요가 없는 것이다. 즉 굳이 코먼로 상의 구제를 거부하고 형평법 법리를 원용하여 신탁이 추정되었다고 언도할 필요는 없다는 것이다. 한편, 고등법원의 챈서리부는 관할분야 자체가 형평법 법리로만 채워진 것이기에 코먼로 법리를 적용할 일은 없다.

요컨대, 1873년에 이루어진 개혁은 그야말로 두 법원이 발전시킨 법리를 실체법적 차원에서 하나로 통합한 것이 아니었다. 그 결과 코먼로 법리와 형평법 법리는 법원의 통합에도 불구하고 수정 없이 그대로 평행을 그리며 존속하게 된다. 한마디로 실체적 통합이 아닌 형식적 조직적 통합만 이루어진 셈이다 ─ 오늘날까지.

---

44) 이름이 King's Bench에서 Queen's Bench로 변경된 것은 이 시기의 왕이 여성 빅토리아 여왕이었기 때문이다.

45) Judicature Act 1873, s.25(11): "…in all matters…in which there is any conflict or variance between the rules of equity and the rules of the common law with reference to the same matter, the rules of equity shall prevail."

(2) 이원적 판례법리 체계의 딜레마

1) 제도를 새로 창설한 경우

앞서 형평법 법리의 예에서 우리는 다음과 같은 딜레마를 확인할 수 있다. 첫째: 코먼로 법리는 신탁이라는 제도를 인정하지 않는다. 그러나 형평법 법리는 신탁을 창설하고 발전하였다. 한 쪽에서는 제도 자체를 인정하지 않고 다른 한 쪽에서는 제도 전체를 만들었다. 이 딜레마를 어떻게 타협할 것인가? 물론 앞에서 언급된 사법부상급법원개혁법에서는 양자가 충돌할 경우 형평법 법리가 우선한다고 정하고 있다. 결론은 영국에서는 신탁제도를 인정해야 한다는 것이다. 그렇다면 코먼로와 형평법 사이의 대립은 사실상 의미가 없어진다. 그럼에도 불구하고 여전히 신탁법은 형평법 법리의 소산이요 코먼로 법리에서는 이 분야를 다루지 않는다는 설명과 사고를 하고 있다.[46] 이것이 대저 어떠한 의미를 갖는 것인지 의문이다. 불필요한 딜레마를 조장할 뿐이다. 마치 아버지와 어머니가 메뉴를 통합하였는데 불구하고 볶음밥을 두고 '이건 아버지의 메뉴가 아니고' '어머니의 메뉴입니다'라고 설명하는 격이다. 아버지께서 볶음밥을 요리하지 않는다고 말씀해도 앵글로네 레스토랑에는 볶음밥이라는 메뉴가 있고 손님은 그것을 주문할 수 있다. 요컨대 그냥 볶음밥이라고 하는 것이 깔끔하다. 법은 더더욱 그래야 하지 않을까?[47] ― 명확성과 딜레마를 없애기 위해서.

2) 기존 제도를 보충한 경우

계약법 분야에서 우리는 문서로 된 계약내용은 코먼로 법리에서는 수정이 안 되지만 형평법 법리에서는 일정한 경우에 교정법리rectification를 통해 수정이 가능하다는 것을 보았다. 일정한 경우라고 하였으니 코먼로 법리의

---

46) 이는 영국의 권위 있는 교과서 제목도 보통 "형평법과 신탁" 혹은 단순히 "형평법"이라고 짓는 것에서 알 수 있다. 예컨대 Graham Virgo, *The Principles of Equity and Trusts* (3rd edn, OUP, Oxford 2019); Jamie Glister & James Lee, *Modern Equity* (21st edn, London 2018).

47) 이는 앞서 살펴본 비밀침해(breach of confidence)에 대해서도 적용된다. 즉 그냥 불법행위의 한 유형이라고 하면 되지 이제는 법원도 통합된 마당에 굳이 형평법상의 침해행위(equitable wrong)라고 구별할 이유가 없다.

기본적 태도를 변경한 것은 아니다. 한편, 계약을 이행하지 않을 경우 코먼로 법리에서는 손해배상만 가능하나 형평법 법리에서는 일정한 경우(즉 비대체물일 경우)에는 특정이행을 청구할 수 있었다. 또한 물권법 분야에서 우리는 점유이전을 요구하는 코먼로상의 질권과 점유이전이 요구되지 않는 형평법상의 담보equitable charge를 보았다. 심지어 담보목적물이 변동되며 그 확정시기가 늦춰지는 유동담보floating charge라는 것도 살펴보았다. 마지막으로 부당이득에서는 채무 없이 지급된 금전에 대하여 코먼로 법리에서는 채권적 반환청구권만을 부여하였으나 형평법 법리에서는 신탁제도를 원용하여 지급자에게 우선권을 부여하였다.

계약법, 물권법, 그리고 부당이득법에 관한 예들에서 우리는 형평법 법리가 코먼로 법리를 대체한 것이 아니라 코먼로 법리를 인정한 전제 위에서 이를 보충해주고 있다는 것을 알 수 있다. 그러나 코먼로 법리에서는 이들 형평법 법리를 인정하지 않는다. 우리는 또 다시 딜레마에 빠지게 된다. 그런데 사법부상급법원개혁법에서는 양자가 충돌할 경우 형평법 법리가 우선한다고 하였다. 그럼 여기서 소개된 코먼로 법리는 전부 무시하여도 좋다는 말인가? 우선하지 못하니까? 전혀 그렇지 않다. 예컨대 앞에서 든 매매계약사건에서 당사자는 비록 계약목적물이 비대체물이라 하더라도 여전히 특정이행을 포기하고 코먼로 법리에 따라 손해배상만을 청구할 수 있다. 이는 기타의 경우에도 그대로 적용된다. 따라서 양자가 병존하는 것이다concurrent claims. 결국 사법부상급법원개혁법이 의미하는 것은 법원이 통합된 이후에 당사자가 법원에서 형평법 법리를 주장할 경우 관할법원은 코먼로 법리를 들어 이를 거부할 수 없다는 것뿐이다. 결국 소송당사자로서는 원하는 쪽을 선택하면 된다. 형평법 법리에 따른 구제를 코먼로 법리에서는 인정하지 않는다는 얘기는 따라서 아무런 의미를 갖지 않는다. 당사자로서는 손해배상과 특정이행 두 가지 선택이 있는데 각각은 어느 사실관계 하에서 주장할 수 있는가가 중요할 뿐이다. '전자는 코먼로 법리이고 후자는 형평법 법리인데 전자의 법리에서는 후자의 법리를 인정하지 않습니다'라는 것은 전혀 중요하지 않고 혼란만 가중한다. 그러나 현실적으로 그렇게 하고 있으니 딜레마의 악령이 또 다시 활개를 치고 있는 셈이다.

　결론적으로 "코먼로 법리와 형평법 법리를 여전히 구분하는 것은 과거 서로 다른 법원에 의하여 창설 및 발전되어 온 법리라는 역사적 의미 이외에는 현실적 필요성이 전혀 없다. 마치 아버지 잔치국수와 어머니 잔치국수 또는 아버지 계란라면과 어머니 계란라면을 따로 표시할 실익이 (과거 메뉴판이 그리운 손님을 위한 경우가 아니라면) 전혀 없는 것처럼 말이다. 그냥 '잔치국수(우동면발 가능)', '계란라면(치즈추가 가능)'이라고 표기하면 그만이다. 그리고 이렇게 하는 것이 더욱 명확하다. 마찬가지로, 계약문서는 원칙적으로 구속력 가짐(일정한 경우 수정가능); 계약채무불이행시 원칙적으로 손해배상책임부담(일정한 경우 특정이행가능); 질권설정시 담보물의 점유수반(일정한 경우 점유이전불요); 담보목적물은 설정시 특정되어야 함(일정한 경우 추후 특정가능); 부당이득은 채권적 반환청구권을 발생케 함(일정한 경우 물권적 반환청구권 부여)"라고 하면 된다. 이처럼 코먼로라는 수식어와 형평법이라는 수식어는 더 이상 큰 의미를 갖지 않는다. 중요한 것은 오히려 괄호 안의 구제수단이 인정되는 '일정한 경우'가 의미하는 것이 언제인지를 파악하는 것이다.

　요컨대, 부동산매매에서 채권자가 채무자의 채무불이행에 대하여 손해배상을 청구할지 특정이행을 청구할지 선택할 수 있다. 이런 상황에서 "코먼로 법리에선 손해배상만 가능합니다"라는 사실은 채권자에게 전혀 중요하지도 않고 아무런 실익도 없다. 채권자가 알아야 할 것은 부동산은 비대체물이기 때문에 특정이행의 옵션이 있다는 사실뿐이다. 이것이 형평법 법리에 기초한 것이고 코먼로 법리에서는 이를 인정하지 않는다는 사실은 현대적 맥락에서 전혀 의미가 없고 혼란만 가중하며 무엇보다 딜레마를 조장한다.

V. 나 가 며

　이 글은 영국 사법에서 코먼로 (판례)법리와 형평법 (판례)법리가 이원적으로 작동함으로써 발생하는 인식적 딜레마Epistemological dilemma에 대해 다루었다.[48] 사실 영국 내에서도 양 판례체계를 분리하는 사고방식에 대한 비판이 적지 않다.[49] 그럼에도 불구하고 아직 형평법 법리(즉 어머니 메뉴)만 나열하는 교과서가 출간되고 있다.[50] 이는 앵글로네 레스토랑의 메뉴판이 통합되었는데도 불구하고 손님들에게 어머니 메뉴만을 따로 다시 소개하는 격이다. 이곳을 찾는 새로운 손님이 혼란을 겪을 것이 분명하다. 마찬가지로 다른 나라 법률가들이 영미 사법을 분석할 때 적잖은 혼란이 야기되는 이유이기도 하다.

게다가 형평법 법리만을 언급할 경우 한 분야가 아닌 여러 분야에 걸친 이야기를 해야 한다. 이는 우리 법체계 내지 독일과 프랑스의 법체계와도 전혀 꿰맞춰지지 않는다. 그리고 보니 전 주한 프랑스 대사의 생각이 이해되기도 한다. 분류가 안 되니 모호할 수밖에 없을 것이다. 설상가상으로 한 쪽에 의할 경우에는 안 되지만 다른 쪽에 의하면 된다는 식의 설명을 하고 있으니 당혹스러울 뿐이다. 한편 수백 년 동안 이러한 이원적 판례법 체계를 다루어 온 데다 현재 시점에서 통합적으로 정리하는 사업을 하기 위해서는 막대한 비용이 들어가기 때문일까? 영미 법률가들은 아직 이 양자를 정리할 생각은 없는 듯하다. 아니면 그것을 다른 법체계에서는 찾아볼 수 없는 자신만의 개성이라고 여기는지도 모르겠다.

요컨대 영미는 여전히 깔끔하게 '잔치국수(우동면발 가능)'이라 하지 않고

---

48) 영국 사법 분야를 규율하는 규범의 종류에는 이 두 가지 판례법리만 있는 것이 아니다. 국회가 제정한 법률(statutes)도 존재한다. 예컨대 계약법 또는 물권법의 경우, 코먼로 판례법리, 형평법 판례법리와는 별도로 국회가 만든 제정법도 있는데 이 경우 이 종류의 규범을 통합해야 한 분야의 전체적 모습을 온전히 파악할 수 있다. 유의할 것은 사법 분야에서 제정법의 역할은 어느 한 분야를 전체적으로 규율하지 않는다는 것이다. 보통 코먼로 판례법리와 형평법 판례법리를 변경하거나 보충하기 위해 특정 주제에 대해서만 다룬다는 것이다. 예컨대 '제3자를 위한 계약법 1999(Contracts (Rights of Third Parties) Act 1999))', '불공정계약 조항법1977(Unfair Contract Terms Act 1977)', 부실표시법 1967(Misrepresentation Act 1967) 등은 일정한 특정 주제만을 다루고 있다. 한편, 반대의 경우도 있다. 즉 제정법 자체가 매우 포괄적으로 제정되었다면 판례법이 보충적인 역할만 하게 된다. 회사법 2006(Companies Act 2006)이 좋은 예이다. 이 경우 제정법이 다루지 않는 사항에는 코먼로 판례법리와 형평법 판례법리가 여전히 적용된다. 참고로, 영미국가에서는 법률이름 뒤에 그 법률이 제정되거나 개정된 연도를 표기한다.

49) 예컨대 Andrew Burrows, 'We Do This in Common Law and That in Equity' 22(1) *Oxford Journal of Legal Studies*, 2002, p. 1; Sarah Worthington, Equity (2nd edn OUP, Oxford 2006).

50) 가장 권위 있는 책으로는 John McGhee et. al. (eds), *Snell's Equity* (23nd edn Sweet & Maxwell, London 2010)을 들 수 있다.

'아버지 잔치국수'와 '어머니 잔치국수'라고 표시하면서 아버지는 우동면발의 잔치국수를 요리하지 않고 어머니는 한다는 식의 사족을 계속 달고 있는 셈이다. 환언하자면, 계약위반에 대한 구제수단을 논하면서 코먼로상 손해배상과 형평법상 특정이행이 있는데 코먼로 법리에서는 특정이행을 구할 수 없다는 불필요한 사족을 단다는 것이다. 그냥 구제를 원하는 당사자는 '손해배상' 또는 '비대체물일 경우 특정이행'을 청구할 수 있다고 객관적으로 서술하면 간단명료해질 것을 말이다(!).

같은 레스토랑, 두 셰프의 두 메뉴, 즉 코먼로 법리와 형평법 법리의 동거(同居)가 낳은 딜레마라고 하지 않을 수 없다.[51]

---

51) 한편, 영국, 미국, 호주, 캐나다 등이 법률선진국이라는 점을 감안한다면, 현실적 사건을 지혜롭게 해결할 수만 있다면 사실 코먼로 법리와 형평법 법리의 법률용어가 혼란스럽고 체계가 다소 정교하지 못해 딜레마를 조성한들 무슨 상관이 있을까라는 생각도 해본다. 다시 말해서 앵글로네 레스토랑의 메뉴가 어떻게 짜여 있든지 간에 더욱 중요한 것은 그 메뉴 각각의 실질적인 맛에 있다(!)는 것이다.

Dilemma

Law's Dilemmas

V

가치의 충돌과
이익형량의 딜레마

01
⋮
09

01

정의로움, 그 혼돈과
모호함에 대하여

허성욱

서울대학교 법학전문대학원 교수

서울중앙지방법원 판사를 거쳐 2006년 9월부터 현재까지 서울대학교 법과대학/법학전문대학원에서 공법 교수로서 행정법, 환경법, 법경제학 관련 과목 강의와 연구에 전념하고 있다.

법대에서 강의를 하다보면, 수업 중의 어느 맥락에선가는 반드시 학생들과 '정의로움'에 대한 이야기를 나누게 된다. 전통적인 시험과목으로서 법과목뿐만 아니라 경제규제법, 법경제학, 에너지법 등과 같이 시장에서의 효율적인 자원배분과 관련된 국가의 역할, 규제의 본질 등에 관한 내용을 다룰 때도 마찬가지이다.

학부를 이미 마친 학생들이 모인 법학전문대학원 과정이긴 하지만 아직 어리고, 순수함을 간직한 학생들에게 무엇이 법의 정의로운 역할인가에 대한 질문을 던지면, 매우 높은 비율로 '사회적 약자와 소수자를 보호하는 것'이라는 답변이 돌아온다. 그럼 다시 묻는다. 구체적으로 어떤 범위의 약자들에 대해 어떤 방식으로 국가가 법의 이름으로 돕는 것을 정의롭다고 할 것인가? 저마다 각자가 생각하는 정의 실현의 장면들이 있기는 하지만 그 질문에 대한 논리적인 대답은 금방 나오지 않는다. 각자가 본 영화 속 극적인 장면들이 머릿속을 맴돌면서 스치고 있음이 보인다. 다시 조금 쉬운 질문으로 돌아간다. 고등학교 시기까지 각자 노력의 결과로 정해진 대학 입시의 결과가 가져다주는 사회적 보상의 불균형이 존재한다면 그 불균형을 없애는 국가의 조치는 정의로운 것인가? 여러 학생들의 눈동자에서 동요가 보이고, 그건 좀 아닌 것 같다는 반응이 나온다. 그 근거를 묻는 질문에 대해서는 대체로 수험생으로서 각자의 노력에 상응하는 정당한 보상이 주어지는 것이 정의로운 것이라는 답변이 관찰된다. 그에 대해 그 입시의 결과도 수험생 각자의 노력 이외에 수험생을 뒷받침하는 가정적 환경과 지역적 환경의 차이에서 기인하는 것이라면 그 부분은 어떻게 볼 것인가, 또는 수험생 각자가 차등적으로 가지고 태어난 지적인 능력으로 인한 결과의 차이는 과연 얼마나 자신의 정당한 몫으로 귀결될 수 있는 것인가라는 질문에 이르게 되면 강의실은 사뭇 혼돈 속으로 빠져든다. 그와 같은 질문에 온전히 대답하기에는 대부분의 학생들은 존 스튜어트 밀의 자유론, 존 롤스의 정의론, 제레미 벤담의 공리주의, 임마누엘 칸트의 의무론적 사고 등에 대한 공부가 되어 있지 않다. 법대에 입학하는 순간부터 하늘이

---

* 이 글은 한은소식 Vol. 490(2019년 7월) '생각하는 경제'란에 실린 글을 부분적으로 수정 및 보완한 글이다.

무너져도 정의를 세우는 법조인이 되어야 한다고 배우는 학생들이지만 막상 실제로 하늘이 무너지는 그 순간에 함께 무너지고 있는 여러 정의들 중에서 과연 어떤 정의를 세워야 하는지에 대해서는 갈피를 잡지 못한다.

비슷한 상황은 현실의 정치에서도 마찬가지로 반복된다.

선거의 계절, 정치의 국면이 심화될수록 국가의 개입과 정부의 규제를 통해 시장에서의 사적 자치를 통한 자원배분의 결과를 바꾸겠다는 약속이 힘을 얻는다. 전월세의 상한을 정하겠다거나, 최저임금의 하한을 올리겠다거나, 지방정부가 직접 카드결제를 대체할 수 있는 지급결제수단을 제공하겠다거나, 대기업이 진출할 수 있는 업종을 제한하겠다거나, 택시산업의 보호를 위해 공유차량서비스를 금지하겠다거나 하는 등의 정치적 약속은 이미 우리에게 익숙하고 많은 부분 입법을 거쳐서 이미 시행중인 제도들이다. 이러한 정부규제의 명목상의 목적은 경제민주화, 포용적 성장 등과 같은 경제정의의 실현이다. 명목상의 정의의 약속에 따른 정부규제는 많은 경우 현실에서는 정반대의 결과를 가져오기도 한다. 시장에서 수요와 공급의 원리에 의해 결정되는 가격이 너무 높다는 규범적 정의관념에 따른 가격상한제는 상시적인 초과수요의 상황을 만들어낸다. 시장기능에 의한 효율적 자원배분기능이 차단되어 있으므로 사람들이 원하는 것을 얻기 위해서는 줄을 길게 서야 하거나, 암시장을 찾아 헤매야 하거나, 아니면 부족한 공급량을 누구에게 배분할 것인지에 대한 결정권을 가진 사람에게 잘 보이기 위한 노력을 해야 한다. 그리고 대부분의 경우 규제를 통해 보호하겠다는 사회적 약자와 소수자는 그러한 비시장적 경쟁에 능숙하지 못하다. 모든 사람이 평등하게 잘 사는 정의로운 세상을 만들겠다는 국가의 정치적 약속과 개입은 언제나 그 취지와는 정반대의 결과를 만들어낸다.

정의의 약속을 대가로 정치적 권력을 얻게 되는 사람들을 제도적으로 얼마나 신뢰할 수 있을 것인가도 중요한 문제이다. 처음에는 선한 정치적 의도에서 출발했더라도 제도화된 권력이 주는 매력을 느끼고 나면 대부분의 정치주체들은 자신들이 갖게 된 권력을 더 공고하게 유지하는 것이 최우선의 목표가 된다. 사실 많은 경우 처음부터 선한 정치적 의도가 아닐 가능성이 높다. 정의의 논변 뒤에 굳건하게 자리 잡고 있는 기득권 집단,

이익집단들이 대중들의 감성적 나약함을 자극해서 자신들의 이익을 보호하는 카르텔을 형성하기도 한다.

시장참가자 그리고 정치참가자로서 개인들의 합리적인 판단들이 어떻게 사회적 합리적 판단으로 이어질 수 있을 것인지, 그 맥락에서 시민적 자유와 권리의 범위를 어떻게 설정하고 보호할 것인지에 대한 진지한 고민이 필요한 시점이다.

대한민국은 세계 역사상 유례없는 짧은 기간에 산업화와 민주화를 함께 달성한 성공사례로 평가받고 있다. 그러나 그 빠른 성공의 이면에는 정치적 정의와 경제적 정의를 둘러싼 정리되지 않은 혼돈과 모호함의 문제가 존재한다. 이 혼돈과 모호함을 얼마나 슬기롭게 해결해내느냐 따라 대한민국이 지금까지의 성공스토리를 미래에도 이어나갈 수 있을 것인지 여부가 결정될 것이다.

02

자기결정의 딜레마

이 동 진

서울대학교 법학전문대학원 교수

  판사를 거쳐 서울대학교에서 민법, 의료법 등을 가르치고 있다. "계약위험의 귀속과 그 한계: 사정변경, 불능, 착오"를 비롯한 약 80편의 논문을 발표하였고, 여러 책에 공저자로 참여하였다.

Ⅰ.

자기결정은 현대 법질서의 가장 중요한 기초 중 하나를 이룬다. 어떠한 교육을 받을지, 어떠한 직업을 가질지, 누구와 결혼할지, 어떤 집에서 살지, 어디에 투자하고 또 어디를 여행하며 어느 정당의 누구에게 표를 줄지 등 많은 사항이 각자의 결정에 맡겨져 있다. 그리고 우리는 그 결정에 대하여 어떤 형태로든 '책임'을 진다. 자기결정은 그러한 '책임'의 근거를 이룬다. 내가 불행한 까닭은 삶의 중요한 사항에 관하여 잘못된 결정을 하였기 때문이며, 내가 가난한 까닭은 잘못된 투자결정을 하였기 때문이다. 적어도 일정 부분은 그렇다.

그런데 이처럼 결정이 책임의 근거가 되려면 일정한 질(質)을 갖추어야 한다. 내가 결정하였다는 것만으로 그 결정이 내 책임이라고 하기는 어려운 것이다. 법의 역사를 통하여 보편적으로 인정되어온, 결정의 자기결정으로서의 질(質)을 부정하는 사유 중 첫째는 강박 내지 강압일 것이다. 내 목에 총칼을 들이대고 받은 동의는 동의가 아니고, 자기결정이 아니다. 강박으로 체결된 계약이나 혼인은 구속력을 부인할 수 있고, 강박에 의한 신체침해나 성행위에 대한 동의는 동의가 아니어서 상해나 강간이 될 수 있다. 그 이외에도 기망 내지 사기에 의한 결정, 그리고 적절한 판단을 할 능력이 전혀 없는 사람의 결정은 일반적으로 자기결정으로서의 질(質)을 인정받지 못한다.

Ⅱ.

문제는 강박이나 사기가 없을 것이 자기결정을 적극적으로 규정하기보다는 소극적으로 배제할 뿐이라는 점이다. 확실히 강박이 있거나 사기에 의한 결정이 진정한 자기결정이라고 하기는 어렵다. 왜 그러한가, 자기결정이 도대체 무엇이기에 강박이나 사기가 있어서는 안 되는 것일까. 이는 자기결정이 되려면 그 결정이 자유로워야, 즉 그 자체 자기의 판단과 결정에서 비롯한 것이어야 하고, 나아가 잘못된 정보 등으로 오도(誤導)되어서는 안 되기 때문이다. 이는 자기결정이 자기 자신이 그 원인이 되는 자유로운 결정이자, 신중한 결정이어야 함이 전제되어 있음을 암시한다. 이러한 전제는 별다른 설명 없이도 어느 정도 납득할 수 있는 것이기도 하다.

그럼에도 불구하고 왜 자유롭고 충분한 정보에 기초한 신중한 결정이어야 한다고 정하지 아니하고 반대로 강박과 사기에 의한 결정을 배제하는 방식을 취하는지 의문이 남는다. 이는 대체로 두 가지 점으로 설명할 수 있다. 첫째, 자기 자신에게서 비롯된 신중한 결정은 내심의 의사결정과정의 질(質)에 관한 것으로, 제3자가 직접 관찰할 수 없거나 관찰하기 어려울 뿐 아니라 결정주체 자신도 증명하거나 검증해보이기 어렵다. 자기결정으로서의 질(質)이 갖추어져야 자기결정으로 존중받을 수 있다면 자기결정과 그 상관자로서 자기책임이 대부분의 경우 부정될 것이다. 이는 자기결정에 기초한 사회를 불가능하게 한다. 자기결정은 관찰가능하고 검증 가능한 외부적 배제사유가 없는 한 자기결정으로서의 질(質)을 갖추었다고 추정하는 까닭이 여기에 있다. 둘째, 누구도 완전히 자유롭고 신중하지 아니하다. 결정은 진공 속에서 이루어지지 아니한다. 누구나 자신이 선택하지 아니한 타고난 제약과 자신의 선택에서 비롯하기는 하였으나 바라지는 않은 결과로 인한 제약 속에서, 그리고 자기 자신도 어쩌지 못하는 욕망과 충동, 콤플렉스에 다소간 휘둘리며 결정을 한다. 누구도 모든 문제에서 충분한 정보를 확보한 다음 이를 이해하고 충분한 시간을 들여 고민한 끝에 어떤 선택을 할 수는 없다. 자기결정이 순수하게 자유롭고 신중한 것이어야만 존중받을 수 있다는 말은 대부분의 경우 존중받을 수 없다는 말과 같다. 존중받을 만한, 그리고 책임이 따르는 자기결정인지 여부는 자기결정의 질(質)의 문제이고, 결국 그 정도의 문제이다. 법은 일응 자기 내부의 일은 자기책임이라는 전제하에 부당한 외부적 압력이나 속임이 있을 때에 한하여 자기결정의 존중의 추정을 깨뜨리는 것이다. 요컨대 외부의 부당한 영향이 없는 자기결정의 질(質)을 따지는 것은 증명할 수 없거나 증명하기 어려운 것을 관건으로 삼는 셈이 되어 부적절하고 번거로울 뿐 아니라 그러한 점은 자기 책임으로 돌려도 좋고 그래야만 모두가 자기의 자유와 책임의 범위를 인식하면서 어울려 살 수 있다.

Ⅲ.

그러나 이러한 일견 설득력 있는 구분선은 현실에서 여러 흠을 드러낸다. 법이 당초 예정한 바와 달리 현실에서 결정의 쌍방 당사자는 전혀 대등하지 아니하고, 그들의 지위는 교환 가능하지 아니하다. 현대사회에서는 오히려 그러한 상황이 더 중요하고 빈번한 상황 아닌가 생각될 정도이다. 재화와 용역이 교환되는 시장은, 부동산 매매시장 정도를 제외하면, 대등한 당사자가 아닌 기업과 소비자로 구성되어 있고, 몇몇 잡화를 제외하면 완전경쟁시장보다는 과점시장에 훨씬 더 가깝다. 노동시장이 체계적으로 우위에 있는 사용자와 열위에 있는 근로자로 이루어져 있음은 물론이다. 의료서비스에서는 전문지식 등으로 압도적 우위에 있는 의료인과 환자 사이의 거래가 문제된다. 정치와 언론에서도, 직업적인 정치인과 언론인이 한편에, 단순한 유권자 내지 수용자가 다른 한편에 있다. 남녀 사이에도 육체적, 사회적 차별이 존재한다. 전자와 후자의 지위가 뒤바뀌는 일은 좀처럼 일어나지 아니한다. 자기결정이 결정주체와 그 상대방의 지위의 대등을 요구하는 것은 아니다. 완전한 지위 대등은 현실에 존재하기 어렵고, 그러한 것을 요구한다면 자기결정의 존중 자체가 곤란해진다. 그러나 결정주체의 지위가 결정의 상대방 내지 상관자에 대하여 체계적으로 열위에 있다는 등으로 그의 결정이 체계적으로 자유롭지 못하거나 신중하지 못한 것이 될 가능성이 높을 때에는, 그러한 자기결정을 존중하거나 그에 터 잡아 자기책임을 지우는 법은 그 정당성을 의심받게 된다. 이따금 발생하는 비체계적인 부작용은 하나의 질서의 정당성을 위협하지 아니하나, 구조적, 체계적으로 발생하는 부작용 내지 왜곡은 그 질서의 정당성을 위협하게 마련이다.

IV.

원론적으로 가장 바람직한 해결책은 자기결정을 왜곡하는 구조 내지 체계를 바로잡거나 열위에 놓인 결정주체의 자기결정능력을 강화하는 것이다. 경쟁법은 시장 내 경쟁을 보존하고 촉진함으로써 소비자에게 더 많은 선택지를 주어 사업자의 힘을 약화시키고 소비자의 자기결정을 가능하게 한다. 집단적 노사관계법은 사용자의 결합은 막고 근로자의 결합은 허용하여 근로자 측의 교섭력을 강화한다. 선거법은 유의미한 정치적 선택이 실제로 가능하게끔 적절한 수와 폭의 선택지를 유권자에게 제공하는 것을 하나의 목적으로 한다. 언론법은 수용자가 적절한 정보를 전달받고 의견을 형성하도록 일정 수준의 언론의 다양성을 확보한다. 소비자법이나 의료법은 열위에 있는 소비자와 환자에게 충분한 정보를 제공하고 숙고할 시간 내지 기회를 부여한다.

그러나 이러한 해결책은 현실의 문제를 완전히 해결하지 못한다. 경쟁법은 충분한 수준의 경쟁을 확보하지 못하며, 경쟁법이 제법 잘 집행되는 동안에도 시장에서 소비자는 여전히 약자에 속하고 체계적으로 왜곡된 결정에 노출되어 있다. 집단적 노사관계법이 근로자의 교섭력을 높여줄 수 있는 경우 또한 제한적이다. 선거법이 잘 작동한다고 유권자가 충분히 합리적인 선택을 하는 것은 아니며, 언론법이 잘 작동해도 선정적이거나 오도(誤導)적인 뉴스를 생산해내는 미디어가 인기를 끄는 일은 생긴다. 아무리 정보를 많이 제공하고 설명을 많이 해도 소비자와 환자가 이를 충분히 읽고 현명한 결정을 하지는 아니한다. 어떤 의미에서는 너무 많은 정보와 선택지가 오히려 결정을 왜곡하기 쉽다. 약관이 열 페이지가 넘어가고 개인정보 수집 제공 동의를 포함한 체크박스가 대여섯 개 되며 별로 중요하지도 않고 어차피 다른 선택지도 분명하지 아니하다면 누구도 구체적인 내용을 일일이 들여다보지 않으려고 할 것이다. 이른바 합리적 무지rational ignorance이다.

V.

이러한 한계 또한 오늘날 잘 알려져 있다. 구조적 내지 체계적 문제가 완전히 해결될 '장기'에는 우리 모두 죽을 것이거니와 그러한 날이 영영 오지 않을 가능성이 제법 크다. 당장 쓸 수 있는 보완책이 필요하다.

그리하여 근래 위와 같이 자기결정권을 잘 행사하지 못하고 잘 행사하게 만들기도 어려운 경우에 대하여도 대응이 이루어지고 있다. 전형적인 예로는 약관의 내용통제를 들 수 있다. 약관을 이용하여 계약을 체결하는 경우 재화나 용역의 주요내용과 그 대금 등 핵심내용을 살펴볼 수는 있지만 부수적인 계약조항까지 일일이 따져가면서 계약을 체결하기는 어렵다. 시장이 제법 경쟁적이라 하더라도, 무엇보다도 소비자가 합리적으로 무지하여, 부수적인 계약조항에 대한 경쟁은 충분히 이루어지지 아니하곤 할 뿐 아니라, 다양한 계약조항이 오히려 소비자의 이해가능성을 떨어뜨릴 수 있다. 그러므로 법은 부수적인 계약조항을 사실상 일정한 내용으로 제한하고 그로부터 벗어나려면 그 이탈이 소비자에게 유리한 것임을 보여야 한다고 한다. 남녀 사이에 체계적 차별이 있는 세계에서 각자가 자율적 교섭으로 근로조건 등을 정하게 하면 별 방법을 다 써도 여성에게 불리한 근로조건이 강제될 수 있다. 그리하여 법은 남녀에 따른 차별의 도입 자체를 막고, 차별을 도입하려면 여성에게 유리하거나 차별의 합리적 이유가 존재하여야 한다고 한다.

문제는 이러한 규제방식이 결국 자기결정 자체를 축소시킨다는 점이다. 앞서 언급한 바와 같이 합리적이어야, 정당해야 존중받을 수 있다면 그것은 이미 자기결정의 존중이 아니기 때문이다. 위와 같은 규제는 '자율과 창의'를 기반으로 하는 다양성이 존중되는 사회와도 맞지 아니한다. '정당'한 규율로 획일화하는 것이기 때문이다. 위와 같은 규율방식이 일반적으로 쓰일 수 없고 일정한 범위, 가령 대기업과의 하도급거래, 약관거래, 남녀고용평등, 근로계약 등 일정한 범주에 국한하여 적용되는 까닭이다.

그런데 이처럼 일정한 범주를 설정하면 다시 그 범주를 피함으로써 위

규제를 전부 피할 가능성이 생긴다. 약관 대신 일정한 선택지를 주고 어느 하나를 고르게 하거나 근로자를 법에 따라 정리해고하는 대신 일괄사직의 의사표시를 받아내고 그중 일부를 선별하여 수리하는 방식을 취함으로써 약관법이나 노동법의 규제를 피할 수 있다면, 위와 같은 규제는 너무 쉽게 무력화될 것이다. 그렇다면 그때마다 이러한 회피가능성을 전부 부정할 것인가.

확실히 이러한 회피가능성을 부정하는 것도 하나의 선택지이다. 실제 그러한 방식으로 해결되는 경우가 있다. 가령 일정 연령 이하의 미성년자를 간음하는 것은 현행법상, 비록 그가 진지하게 (아마도 사랑하여) 동의하였다 하더라도, 금지된다. 그러나 자기결정에 터 잡은, 자율과 창의에 기초한 사회에서 이처럼 획일적, 내용적인 규제가 널리 쓰이고 이를 피할 합법적 방법도 없어도 되는 것일까. 그리하여 많은 경우 법은 어떻게든 자기결정의 여지를 열어두되, 위와 같은 규제를 피하기 위해서는 자기결정의 실질적 질(質)을 더 강하게 요구한다. 이른바, 형식적 자기결정과 대비되는, 실질적 자기결정의 요구이다. 다시 성행위의 예를 든다면, 자신의 감독 하에 있는 사람을 간음하는 경우에는 좀 더 높은 수준의 동의 또는 폭행, 협박에는 이르지 아니하더라도 위계나 위력이 없이 이루어진 동의가 있어야 하나, 그러한 요건이 갖추어지면 또 합법적으로 이를 할 수 있는 것이다. 그 결과 자기결정의 공간이 다시 확보된다.

그러나 실질적 자기결정의 요구는 형식적 자기결정에 터 잡은 자기결정의 존중만큼 개념적으로 명확한 틀을 가지기 어렵다. 이는 오히려 하나의 목표 내지 지향에 가깝다. 앞서 언급한 바와 같이 실질적 자기결정이 이루어졌는지 자체가 또 하나의 정도의 문제일 뿐 아니라, 관찰할 수 없는 내심의 사정에 달려 있기 때문이다. 상대방의 목에 칼을 들이대고 계약서에 서명을 받으면 안 된다고 말하기는 쉬우나, 대기업이 중소거래업체와 계약을 체결하면 당연히 자기결정의 질(質)이 나쁘다고 할 수는 없다. 사용자가 일괄사직서를 징구하는 경우 상당수의 근로자는 어쩔 수 없이 사직서를 제출하겠지만 실제 사직할 의사로 신중히 판단하여 사직서를 제출하는 경우도 있다. 둘 사이를 가리기는 매우 어렵다.

판례는 이러한 상황에서 우위에 있는 측에게 실질적 자기결정이 이루어졌음을 증명할 책임을 지우곤 한다. 그러나 이는 문제가 될 만한, 어떻든 결정주체에게 최선은 아닌 자기결정 대부분을 의심스럽게 한다. 불편하고 불리한 선택을 자발적으로 심사숙고하여 하였음을 직접 증명하는 것은 대부분의 사안에서 불가능하다. 결정주체가 이제와 결정의 질(質)을 문제 삼고 있는 상황에서 그 결정주체의 내심의 의사형성과정을 증명하여야 하기 때문이다. 현실적으로 실질적 자기결정의 증명은 결정과정에서 상대방의 결정을 더 배려하는 외관을 취함으로써 행해질 수밖에 없다. 부드러운 분위기에서 거래조건을 교섭할 수 있게 배려하고, 사직서를 내는 경우 어떠한 결과가 초래될지 심사숙고하여 편안한 분위기에서 결정하게 하는 식이다. 그러나 그 결정이 그 자체 불리하고 불편한 결정인 이상, 그리고 시간과 공간, 상황의 제약 하에서 이루어지는 결정인 이상, 위와 같은 절차나 외관이 자기결정의 질(質)을 충분히 확보해준다는 보장은 어디에도 없다. 그리고 위와 같은 외관을 넘어 자기결정의 질을 확인할 방법도 마땅치 아니하다. 선택지는 대개의 경우 결국 위와 같은 외관이 갖추어지면 실질적 자기결정이 있다고 보는 것과 위와 같은 외관만으로는 실질적 자기결정이 증명되었다고 보지 않는 것 둘로 축소된다. 어느 쪽이든 현재로서는 상당한 위양성false positive 또는 위음성false negative을 감수하여야 한다. 그러한 위험은, 그로 인하여 상당한 손해를 감수하여야 하는 경우에는, 결정주체의 상대방의 행동에도 큰 영향을 미친다. 가령 그러한 범주의 결정주체를 상대하는 것 자체를 꺼리게 될 수 있다.

자기결정은 스스로 결정하고 그 책임도 지는 사람이어야 보장될 수 있다. 압박과 유혹에 굴하지 아니하고 자기결정을 할 수 있어야, 그리고 그 책임도 인수하여야 존중받을 수 있다. 그러한 한 자기결정 존중의 핵심은 결정의 내용을 따지지 않고 그 결정을 존중하는 데 있다. 반면 스스로 자기결정의 일반적 존중을 주장하지 아니하는 경우 결정의 내용과 방향을 따지지 아니한 채 그 결정을 존중하거나 존중하지 아니하기는 어려워진다. 공정하거나 약자에게 유리한 계약을 체결하기로 하는 계약은 존중되나, 그 반대의 계약은 존중되지 아니한다. 자기 자신으로부터의 자유까지 보장함으로써 자기 자신을 구속함으로써 자신의 장래의 삶을 형성할 자유가 제약된다. 이는 결정과정만 따지고 그 결과를 따지지 아니하는 자기결정의 핵심에 반하고, 어떤 의미에서는 그 결과 보호받는 결정주체 자신의 자기결정에도 반한다. 전면적 금지나 내용통제와 같이 정면에서 자기결정과의 충돌을 감수하든 결정주체의 상대방에게 실질적 자기결정을 증명할 책임을 지움으로써 이를 우회하든 결과는 별로 다르지 아니하다. 울퉁불퉁하고 기울어진 세계에서 자율과 공정은 이런 식으로 길항(拮抗)한다. 둘 다 보전할 방법은 애초에 마땅치 아니하다. 현실적으로 어느 하나를 보전하면 다른 하나는 잘 보이지 않는 존재로 축소되게 마련이다. 법은 영역을 나누어 이곳에서는 어느 하나를, 저곳에서는 다른 하나를 우선하는 식으로 대응한다.

Ⅵ.

자기결정을 존중하는 것은 우리가 이 사회와 국가, 법질서를 이루는 가장 근본적인 준거로 남기 위해서도 필수적이다. 그러나 유일하거나 절대적인 이념일 수는 없다. 이런저런 방식으로 구획된 일정한 영역 내에서 실질적 공정 내지 정의, 소극적 자유의 적극적 자유 내지 자율에 대한 우위 등에 의하여 상당 정도 제약되는 일이 있을 수 있고 또 있으며 그 자체 큰 문제라고 할 수는 없다. 오늘날 자기결정이 문제되는 까닭은 그러한 영역이 점차 뚜렷한 구획을 잃어가고 더 넓은 범위에서 형식적 자기결정 대신 실질적 자기결정 내지 실체적 공정을 앞세우는 경향이 나타나고 있기 때문이다. 여기에서도 문제는 정도이다. 답을 정해놓은 자율은 어떻게 포장해도 자율이 아니다. 실질적 자기결정은 드러내놓고 또는 은밀하게 특정 방향으로 편향된 답을 유도하게 마련이다. 아이러니는 실질적 자기결정 자체가 자기결정의 질(質)을 높이려는 노력이었다는 점이다. 그 결과 자기결정을 타인의 가치결정으로 대체하게 되는 것이다. 그렇다고 허울만 남은 자기결정을 그대로 존중하자고 할 수도 없다. 자기결정의 딜레마는 결정주체의 역량 내지 그 신장이 한계에 부딪히는 지점에서 시작되는 것이다.

03

"다수지배"의 딜레마와 "소수결"의 필요성:
"최소소수의 최소불행 확보방안"

이중기

홍익대학교 법과대학 교수

홍익대학교 법과대학 교수로 상법을 강의하고 있으며, 학장 및 로봇윤리와 법제연구센터 소장을 역임하였다. 영국의 Cambridge와 Sheffield에서 신탁법, 회사법, 자본시장법을 공부했으며, 인적·물적 자원의 조직방법, 그 가버넌스, 신뢰보호를 위한 충실의무의 역할에 대해 연구하였다.

자율주행차, AI와 같이 과학기술의 발전에 따라 등장한 새로운 유형의 권리의무 관계 혹은 가상재산과 같은 새로운 재산의 형태 및 그 담보와 거래에 대하여 관심이 많다.

현재 법인격을 이용한 전통적 출자조직에서 플랫폼을 이용한 계약적 공유경제조직으로의 전환에 따른 조직법적 과제와 도전, 블록체인과 AI의 활용을 위한 규제법과 책임법의 정비, 가상재산을 기초자산으로 하는 파생거래와 거래소 규제의 정비 등에 대하여 연구하고 있다.

Ⅰ. 다수지배의 딜레마: 필연적인 소수자의 보호

여럿이 모여 생활할 때 사람은 자신의 의사를 어떻게 결정할 수 있는 가? 각자는 독립된 의사의 주체이므로 타인에게 영향을 미치지 않는 한 각자가 자율적 의사에 따라 결정하면 된다. 그런데 다른 사람 혹은 모두에게 영향을 미치는 경우에는 어떻게 단체의 의사를 결정하는가? 특히 각자의 생각이 다른 경우에는 어떻게 단체의 의사를 결정하는가? "다수결"로 결정하고 "소수는 다수의 뜻에 구속된다"는 "다수지배의 원칙"이 통용되는 상식이다. 이러한 "다수지배의 원칙"은 정치적 결사인 정당에서뿐만 아니라 영리단체인 주식회사에서, 나아가 국민의 의사를 결정하는 투표에서도 확고한 원칙으로 자리잡았다. 하지만 의사결정의 원칙은 결정에 구속되려는 개인의 동의가 있어야 하고, 단체의 경우에도 다르지 않기 때문에, 결의에 구속되려는 구성원이 만장일치로 다수결을 채택하거나 다수결을 강제하는 법률의 규정이 있는 경우에만 다수결은 정당화되고, 기본원칙은 항상 만장일치이어야 한다.

1. 다수결의 정당화

(1) 다수결의 장점: 만장일치에 드는 비용의 절감

다수결은 어떠한 근거에서 정당화되는가? 다수결은 만장일치와 비교할 때 사람들의 의사를 하나로 수렴하는 데 드는 노력과 비용을 줄이는 "효율성 관점"에서 정당화된다. 당사자가 구속되기 위해서는 그 사람의 찬성의사가 필수적이므로, 모든 구성원을 구속하기 위해서는 모든 사람들의 찬성의사를 도출해야 한다. 그런데 모든 구성원이 자신의 의견을 다른 사람에게 제시하고 협상을 통해 만장일치의 의견을 도출하기 위해서는 구성원의 수에 비례하는 상당한 시간과 노력이 더 필요하게 된다. 하지만 만약 사전에 구성원 전원이 다수결을 약속한 경우 구성원들은 모든 구성원들의 찬성의사를 도출하기보다는 다수결에 요구되는 요건에 필요한 수의 찬성의사만

도출하면 된다.

(2) 다수자의 '지배권 프리미엄' 향유와 충실의무의 정당화

이와 같이 효율성의 관점에서 기본원칙인 만장일치 대신 다수결을 채택하는 경우, 다수결은 다수결요건을 충족시키는 다수지배자에 대하여 "지분의 비례적 이익 이상의 편익", 소위 지배권 프리미엄control premium을 향유하게 하고, 반대로 소수자에 대해는 "지분의 비례적 이익 이하의 할인", 소위 소수자 디스카운트minority discount를 강제하는 역할을 한다. 이와 같이 다수결제도는 다수결요건을 충족시킨 다수지배자로 하여금 나머지 소수자의 동의없이도 전체의 뜻을 결정할 수 있는 결정권을 부여하는 역할을 한다.[1]

그리고 다수결제도하에서 다수지배자는 이러한 지배권 프리미엄을 향유하기 때문에, 이러한 지배권의 정당한 행사를 담보하기 위해서는 자신의 이익뿐만 아니라 "지분의 비례적 이익을 존중받지 못하는" 소수자의 이익을 고려하도록 하는 것이 필요하고, 특히 주식회사의 맥락에서 다수지배주주에 대해서는 소수주주를 포함한 "주주전체"의 이익을 위해 지배권을 행사하도록 하는 충실의무 부과가 정당화될 수 있다.[2]

(3) 소 결

이와 같이 "다수결"에 의한 "다수자의 지배"는 소수자의 승복을 요구하고, 대신 소수자의 승복을 도출하기 위해 소수자의 적정한 보호수준과 보호절차를 요구한다. 이와 같이 다수지배는 효율성의 관점에서 다수의 의사를 실현하기 위한 실용적 원리로서 채용되었지만, 역설적으로 항상 소수자 보호문제를 수반하고 다수지배가 정당화되기 위해서는 절차적 정당성과 소수자의 보호를 위한 최소한의 보호수준이 전제되어야 한다.

---

1) 자세한 분석은 이중기, "지배권 프리미엄의 표현으로서 다수지배원칙과 통제장치로서의 지배주주의 충실의무", 상사법연구 제32권 제1호(2013), 251면 참조.
2) 충실의무 일반에 대해서는 이중기, 충실의무법(2016) 참조.

2. 소수결의 정당화: 다수결과 다른 목적의 지향

더 나아가, 단체의 의사를 결정하기 위한 방법으로서 "다수결"에 의한 결정방법이 항상 타당한가에 대한 의문을 제기할 수 있다. 예를 들어, 어느 안건에 대한 '찬부방식'이 아니라 여러 방안 중 하나를 결정하는 '선택방식'에 있어서는 (i) "찬성표의 최대다수"로서 결정하는 다수결 방식도 있지만, (ii) "반대표의 최소소수"로 결정하는 소수결 방식도 존재하기 때문이다. 이러한 다수결에 의한 결정방식과 소수결에 의한 결정방식은 동전의 양면과 같아서 "다수결의 방법"으로서 "소수결의 효과"를 동일하게 실현할 수 있는 것처럼 보인다. 예를 들어, 3분의 2이상 다수의 찬성을 요하는 다수결은 3분의 1의 반대로 부결시키는 소수결과 동일한 효과를 낼 수 있다.

하지만 다수결과 소수결은 지향하는 목표가 다르기 때문에 다수결의 방법으로서 항상 소수결의 효과를 낼 수 있는 것은 아니다. 특히 뒤에서 보는 것처럼, 의결권의 보유기간 혹은 행사빈도에 따라 의결권에 가중치를 주는 경우[3]에는 다수결의 효과와 소수결의 효과는 완전히 달라진다. 따라서 소수결은 그 자체로서 독자적인 단체의 의사결정방법이 되어야 한다.

II. 다수결의 목표와 소수결의 목표의 비교

1. 다수결의 목표: 적극적인 "최대다수의 최대행복" 추구

현재 지역사회의 구성원들의 행복감을 0이라고 할 때, 현재의 상태를 적극적으로 변경시킴으로써 얻는 행복이 증가하고 그 증가폭이 1 혹은 5인 경우와 같은 상황이 있다. 이러한 경우 지역사회의 지도자는 현상태를 변경시킴으로써 구성원들의 행복도를 높일 수 있는 안건을 제안하고, 이러한 제안의 선택에 대해서는 "찬성표의 다수"로서 결정하는 다수결 방식이 효과적이다.

예를 들어, 동네의 한쪽에 거대한 바위가 위치해 있어 통행에 불편을

---

3) 아래의 III. 참조.

주어왔는데, 파괴기술의 발전으로 인해 이 거대한 바위를 이제 제거할 수 있게 되었다고 하자. 만약 불편한 거대바위를 파괴함으로써 통행을 편리하게 하고 공원을 만들 수 있고, 그로 인해 창출되는 구성원들의 만족도가 1이나 5로 증가하는 경우, 바위를 파괴하고 바위터에 공원을 만들겠다는 안건은 여러 방법 중 찬성자의 표가 가장 많은 방법을 다수결방식으로 결정하는 것이 타당하다. 왜냐하면 이러한 경우 의사결정의 목표는 찬성자의 최대 다수결이 추구하는 바와 같이 현상황을 적극적으로 변경시켜 "최대의 다수"가 "최대의 행복"을 달성할 수 있도록 하는 것이기 때문이다.

2. 소수결의 목표: 소극적인 "최소소수의 최소 불행" 담보

그런데 이 거대바위에 마애불상이나 십자가가 새겨져 있어서 역사적 유물로서 의미가 크고 이 바위가 구성원들의 종교적·정신적 안정을 주는 효과가 있는데 불가피하게 고속도로를 내야 하는 경우에는 어떠한가? 이 상황은 앞의 상황과 조금 다르다. 이 상황은 현상태를 변경하는 경우 구성원들의 행복도를 높이는 것이 아니라 오히려 행복도를 −1 혹은 −5로 낮출수 있는 상황이다. 이러한 상황에서는 바위를 파괴하여 도로나 공원을 짓는 경우의 효용보다는 구성원들이 겪을 수 있는 불행을 최소화할 수 있는 여러 방법을 제시하고, "반대자"의 "최소수"로서 결정하는 소수결 방식이 타당하다.

다시 말해 이 상황에서 의사결정의 목표는 적극적인 변화를 통해 최대 다수가 느낄 수 있는 최대의 행복을 실현할 수 있도록 하는 것이 아니라, 반대로 현상황을 변화시킴으로써 구성원들이 겪을 수 있는 불행을 사전에 방지하거나 최소화하기 위한 것이고, 이를 위해 "최소 소수"의 구성원이 "최소의 불행"을 느끼도록 하는 방법을 채택해야 한다. 따라서 이 경우 타당한 의사결정방식은 반대자의 관점에서 반대표가 가장 적게 나오는 방법을 선택하는 것이다. 이와 같이 반대자의 소수결이 추구하는 것은 현상황의 유지가 바람직한 경우 "최소의 소수"가 "최소의 불행"을 겪도록 하는 것이다. 반대자의 소수결은 적극적 현상타개를 위한 '최선'의 방안을 제시

할 수는 없지만 '최악'의 선택을 배제함으로써 소극적 현상유지를 가능하게
한다.

3. 소결: 소수자 보호를 위한 다양한 의사결정방법 채택의 필요성

개발로 인한 적극적 이익이 큰 경우와 같이 "적극적인 변화" 의사의 실
현이 바람직한 경우, 다수결에 의한 "최대다수의 최대행복"을 추구하도록
하고 그 증가된 행복도를 예측하여 다수결로서 의사를 결정하도록 하는 것
이 타당하다. 예를 들어 적극적 이익추구를 위해 설립한 주식회사에 있어,
주주는 이사로 하여금 적극적인 경영위험을 선택하도록 하고 특히 회사이
익의 최대화를 요구하기 때문에 주주들이나 이사들이 의사를 결정함에 있
어서는 이러한 방식이 타당해 보인다.

반면에 자연유산과 환경보호의 필요성이 큰 경우와 같이 "소극적인 유
지" 의사의 실현이 우선 존중되어야 하는 경우도 있다. 이러한 상황에서는
변경이나 개발로 감소될 불행도를 예측해 반대자의 관점에서 소수결로 단
체의 의사를 결정하게 하는 것이 타당해 보인다. 예를 들어 지역공동체와
같이 경제적 이익이 아닌 다른 가치가 중요한 경우 주민들의 의사는 다른
가치의 상실로 인해 "반대자"가 느낄 수 있는 불행을 최소화하도록 하는 것
이 타당하고, 이 경우 반대주민의 소수결에 의하는 방식이 타당해 보인다.

III. 다수결의 문제점과 보완 방안 I: 다수자의 지배권 프리미엄과 소수자 보호방안

앞서 본 것처럼, 주민이 소극적으로 참여하는 지역사회와 같은 단체에
서 소수결 방식은 유효한 의사결정방식이 될 수 있다. 하지만 대부분의 경
우, 특히 회사와 같이 인적 물적 자원을 활용해 적극적으로 이윤을 추구하
는 영리단체에서는 다수결이 일반적 방식이다. 이 경우 다수자가 행사하는
지배권 프리미엄을 어떻게 통제하는가가 문제된다.

1. 방안 I: 지배권 프리미엄에 기한 다수자의 충실의무 부과

하나의 방안은 앞서 본 것처럼, 지배권 프리미엄을 누리는 지배적 다수자에 대하여 결정권을 행사할 때 소수자의 이익을 고려하도록 하는 충실의무를 부과하는 것이다. 하지만 다수지배자의 충실의무를 실제 집행하는 것은 쉽지 않다. 다수주주의 예를 들어 설명해 보자. 주주는 회사에 대한 투자자로서 회사지배의 이익을 누린다. 이 경우 자신의 "다수지분에 상응하는 의결권 행사"는 언제나 정당화되고, 비례적 지분을 넘어 향유하는 "지배권 프리미엄의 행사" 부분에 대해서만 소수주주의 이익을 고려하면 된다. 그런데 실제 주총의 결의 형식이 여러 개 중의 "선택"이 아니라 하나의 의안에 대해 "가부"만 묻는 불가분적 결단 형식인 경우, 다수주주의 의결권 행사가 결과적으로 자신의 지분적 이익과 일치하였다고 해서 소수주주 이익의 현저한 훼손, 즉 "현저한 부당성"이 자동적으로 인정되는 것은 아니다. 따라서 소수주주가 지배주주의 충실의무 위반을 이유로 구제를 받기 위해서는 "지배권 프리미엄"의 행사 결과 소수주주의 이익이 "현저하게 훼손"되었다는 사실을 구체적으로 입증하는 것이 필요하다. 따라서 좀 더 적극적인 소수주주의 보호방안이 필요해진다.

2. 방안 II: 이해관계자의 의결권의 "사전적", "자동적" 배제

(1) 다수주주의 의결권의 사전적 배제와 소수자의 결정권

우리 상법은 다수지배를 원칙으로 도입하고 있지만, "총회의 결의에 관하여 특별한 이해관계가 있는 자는 의결권을 행사하지 못한다"(상법 제368조 제3항)고 규정함으로써, 다수주주가 제안된 안건에 이해관계가 있는 경우 다수주주의 의결권을 사전적, 자동적으로 배제하는 방법을 채택한다. 이와 같이 다수주주가 의안에 대해 특별이해관계가 있으면, 이해관계 다수주주의 의결권을 배제하고, 이해관계가 없는 소수자로 하여금 "소수자의 다수"로 의안을 결정하도록 함으로써 소수자를 보호하고 있다. 이 한도에서 우리상법은 예외적 이해관계 상황에서 정책적으로 소수자의 컨트롤 프리미엄을 인정하고 있는 것이다.

(2) 예외적 소수결 상황에서 소수주주의 충실의무의 정당화

그런데 이러한 소수결 상황은 이해관계 있는 다수의 의견을 고려함이 없이 소수자가 공정하게 "회사의 이익"을 위해 의안을 결정하도록 하는 장점이 있지만, 만약 이해관계없는 소수자가 오히려 자신들의 이익을 추구하는 기회로 활용하면 입법이 의도했던 공정성은 실현되지 못하게 된다. 따라서 소수자에 대해서도 소수자가 향유하는 지배권 프리미엄을 이유로 충실의무의 부과가 정당화되고,[4] 소수자에 의한 "결의가 현저하게 부당하고 [이해관계주주]가 의결권을 행사하였다면 이를 저지할 수 있었을 때에는 [이해관계]주주는 결의의 날로부터 2월 내에 결의의 취소의 소 또는 변경의 소를 제기할 수 있"도록 하고 있다(제381조 제1항).

Ⅳ. 다수결의 문제점과 보완 방안 Ⅱ: 소수자의 무관심과 소수자의 참여동기 부여방안

1. 소수자의 낮은 결의참여율과 그로 인한 폐해

다수결을 채택한 경우 다수자의 지배권 프리미엄 문제와 아울러 발생하는 문제는 소수자의 결의에 대한 무관심이다. 다수자는 의안의 결정권을 행사하기 때문에 의안에 참여할 동기가 충분히 부여되는 반면, 참여해도 의안의 결정에 영향력을 발휘할 수 없는 소수자는 회사지배에 적극적으로 참여할 동기가 부여되지 않는다.

결의안에 대한 낮은 참여비율은 특히 회사의 맥락에서 현저한데, 소수자의 회사지배에 대한 무관심은 소수투자자로 하여금 주식지분의 장기보유를 억제하는 역할을 한다. 예를 들어 다수주주는 회사지배를 통한 회사가치의 장기적 상승을 도모할 유인이 높으므로 장기보유의 유인이 높은 반

---

4) 자세히는 이중기, "지배권 프리미엄에 근거한 주주의 충실의무 인정과 그 집행방법 — 특별이해관계없는 "지배" 소수주주의 충실의무와 그 집행을 중심으로", 홍익법학 제20권 제4호(2019) 참조.

면, 소수지분 투자자는 회사지배의 가능성이 없으므로 주가의 "단기적 변동"에 더욱 관심을 갖고 주가의 단기적 변동요인에 따라 불필요한 매도, 매수 거래를 반복할 유인이 크다. 따라서 소수주주에 대해서도 회사지배에 참여할 유인을 제공해 결의의 참여율을 높일 필요가 있다.

2. 방안 I: 의결권의 보유기간에 기한 가중치의 부여

소수주주에 대한 회사지배 유인을 제공할 수 있는 하나의 방법은 소수주주에 대해 주식 보유기간이 일정기간 이상이면 의결권의 가중치를 부여하는 방법이다(소위 "테뉴어 보팅"). 예를 들어 일년을 보유한 소수주식에 대해서는 의결권의 1.1을 가중해서 인정하는 방법이다. 이러한 가중치부여를 5년간 허용하면 5년간 보유한 의결권은 의결권의 1.5를 행사할 수 있게 되므로, 소수주주의 결의참여에 대한 유인을 높일 수 있다. 마찬가지로 다수주주의 입장에서도 소수주주의 영향력이 확대되므로 좀 더 소수주주의 이익을 반영할 가능성이 증대한다. 물론 가중치를 부여하는 기간을 무한정 인정할 수는 없을 것이고, 예를 들어 3년 정도에서 제한하여 의결권이 1.3 의결권이 되는 선에서 한정할 필요가 있다.

3. 방안 II: 의결권의 행사빈도에 따른 가중치 부여

소수주주에 대한 회사지배 유인을 제공할 수 있는 다른 하나의 방법은 소수주주에 대해 주식 의결권의 행사빈도에 따라 가중치를 부여하는 방법이다. 예를 들어 어느 영업연도에 회사의 주주총회가 5번 개최되었는데, 5번 모두 의결권을 행사한 주식에 대해서는 다음 연도에 의결권의 1.1을 가중해서 인정하는 것이다. 마찬가지로 가중치를 부여하는 횟수를 무한정 인정할 수는 없을 것이고, 예를 들어 연도별로 제한하여 의결권이 1.1 의결권이 되는 선에서 한정할 필요가 있다.

V. 소수자의 보호필요성과 제도의 단순화 필요성

1. 단순한 제도의 우월성

어떤 제도가 잘 작동하기 위해서는 그 제도의 참여자가 그 제도를 잘 이해할 수 있어야 한다. 다수의 의사결정방식도 마찬가지이다. 모든 결의 참여자가 결의제도를 잘 이해할 때 결의제도는 가장 잘 작동한다. 지금까지 다수결제도가 상식으로 된 이유는 일인 일표의 다수결제도가 매우 간명하기 때문이다. 하지만 앞서 살펴본 것처럼, 다수결제도는 소수자 보호를 필요로 하는데, 소수자 보호를 위해 제안된 여러 방법들은 상대적으로 복잡하다. 따라서 실제 이러한 복잡한 방법들이 소수자 보호를 위하여 잘 작동할 것인가가 문제된다.

2. 소수자 보호장치의 복잡성 극복방안

앞서 본 것처럼, 의결권의 보유기간 혹은 행사빈도에 따라 의결권을 가중하는 방법은 소수주주의 결의참여를 활성화시키는 긍정적 역할을 할 수 있다. 하지만 의결권 가중제도를 실행함에 있어, 각 주주의 주식에 대해 보유기간이 얼마인지 및 해당 연도에 해당주식의 의결권이 몇 번 행사되었는지에 대한 각각의 계산이 필요하게 되므로, 실제 주주총회에서 소수주주의 의결권 가중치를 결정하는 데 많은 비용과 시간을 소요하게 한다. 그렇다면 상대적으로 복잡한 의결권 가중제도는 효율적으로 작동하지 않을 가능성이 높아지므로, 이를 어떻게 극복할 것인가가 문제된다.

(1) 극복방안 I: 정보통신기술의 발달과 활용

소수자 보호를 위한 의결권 가중제도는 상대적으로 복잡한 계산을 요하지만, 오늘날의 정보통신기술의 발달속도와 수준을 생각하면 이러한 계산은 쉽게 행할 수 있기 때문에, 의결권가중제도의 상대적 복잡성은 기술의 발달로 인해 쉽게 극복될 수 있는 문제라고 생각된다. 즉 의결권의 가중제도는 의결권을 행사하는 주주나 의결권을 관리하는 회사가 복잡하다고 느끼면 쉽게 채용하기 어려울 수 있지만, 누구나 접근가능한 인터넷 플랫폼이 확립되어 있고 이를 통해 회사와 개별 주주들이 자신의 가중된 의결권을 쉽게 계산하고 행사할 수 있다면 이 정도의 복잡성은 문제가 되지 않는다고 본다.

(2) 극복방안 Ⅱ : 지속적 교육

소수자 보호를 위한 의결권가중제도의 복잡성은 또한 계속적인 교육을 통해서도 극복될 수 있다. 다수결제도는 지배권프리미엄과 소수자 디스카운트를 필연적으로 수반하므로 소수자의 보호를 필요로 하고, 이러한 다수결의 문제점을 보완하기 위한 소수자 의결권 가중제도는 지속적으로 교육되어야 하는데, 이러한 지속적 교육을 통해 처음에는 어렵다고 느낄 수 있는 의결권가중제도의 난이성은 쉽게 극복될 수 있다고 생각된다.

Ⅵ. 정리의 말: 새로운 소수자 보호장치의 모색, 반대자 소수결 제도의 도입

지금까지 단체의 의사는 "다수결"로 결정하고 "소수는 다수의 뜻에 구속된다"는 "다수지배의 원칙"이 통용되는 상식이다. 하지만 의사결정의 원칙은 약속에 구속되려는 개인의 동의가 있어야 하고, 당사자가 수인인 경우에도 마찬가지이다. 따라서 단체의 경우에도 기본적인 의사결정방식은 각 구성원이 동의하는 만장일치가 의사결정의 기본방법이 되어야 한다. 하지만 이러한 만장일치의 방식은 효율성의 관점에서 현실적으로 채택되기 어려웠기 때문에 대부분의 경우 다수결이 채용된다.

그런데 다수결방식은 다수자에게 결정권을 부여하므로 필연적으로 희생되는 소수자의 보호를 요구하고, 어떠한 방식으로 소수자를 보호할 것인가가 문제된다. 지금 시대는 정보통신기술의 발전으로 과거에는 상상할 수 없었던 상황을 가능하게 한다. 가상현실을 현실처럼 만들 수 있는 현재 상황에서 소수자 보호를 위해 검토할 수 있는 하나의 방법은 다시 만장일치의 방법으로 되돌아가는 것이다. 만장일치를 포기하고 다수결제도를 채택한 현실적 이유는 경제적 효율성 때문인데, 만약 정보통신기술의 발전으로 (i) 협상을 가능하게 하는 인터넷플랫폼이 작동하고, (ii) 구성원이 결정에 참여할 수 있는 시간을 언제나 낼 수 있고, 또 (iii) 그 비용도 작게 든다면, 다시 만장일치의 방법을 채택하는 것을 한번 고려할 수 있다. 하지만 모든 인간은 자유로운 존재이고 각 개인은 "다양한" 의사를 표출할 것이기 때문에 만장일치는 여전히 어려운 과정이 될 것이다.

　현실적으로 만장일치가 어렵다면 계속 다수결방식을 채택할 수밖에 없다. 하지만 시대의 상황에 맞는 소수자 보호장치는 달라질 수 있을 것이다. 소수자 보호방법으로서 다양한 방법이 채택될 수 있는데, 과거 그 실행이 어려웠던 방법들이 정보통신기술의 발전으로 인해 이제는 가능해질 수 있는 것들이 있다. 과거에는 현실적용에의 복잡성을 이유로 더 이상 검토되지 않았던 여러 소수자 보호장치들은 이제 (i) 협상을 가능하게 하는 인터넷플랫폼이 작동하고, (ii) 구성원이 시간을 언제나 낼 수 있고, (iii) 그 비용도 작게 드는 변화된 현실에 적용될 수 있다. 이제 변화된 환경에서 가능해진 소수자 보호장치, 예를 들어 보유기간, 행사빈도 등에 따라 의결권의 가중치를 주는 방법, 기타 새로운 방안의 채택을 적극적으로 모색할 때이다.

　또 특별한 단체 혹은 안건의 경우 다수결원칙이 아닌 소수결원칙을 채택할 필요도 있는데, 예를 들어, 현상유지의 이익이 큰 경우 그 변경여부나 변경방법에 대해서는 찬성자의 다수결이 아니라 "최소소수 반대자"의 "소수결"로 결정하는 방법도 고려하여야 할 것이다.

04

알 권리와 모를 권리

홍 영 기

고려대학교 법학전문대학원 교수

고려대학교 법과대학에서 학부와 대학원을, 독일 베를린대학(Humboldt Univ. zu Berlin)에서 박사과정을 마치고 현재 고려대학교 법학전문대학원과 자유전공학부의 교수로 재직하고 있다. "국가형벌권의 한계로서 시간의 흐름(Zeitablauf als Grenze des staatlichen Strafanspruchs, 2005)"이라는 논문으로 박사학위를 취득하였으며, "법개념요소의 법비판 작용", "죄형법정주의의 근본적 의미", "형사소송법, 그 독자적인 법 목적에 대한 이해" 등 여러 편의 논문을 발표하였다. 저서로서 『법학논문작성법』을 냈으며 『형사소송법』과 『형사정책』을 배종대 교수와 함께 썼다.

'알지 않으려는 의지가
알려는 의지보다 강하다'[1]

Ⅰ. 변   명

글을 시작하는 지금 어느 유명한 가수가 클럽운영에 참여하면서 벌어진 범죄사건이 일파만파로 번지고 있다. 그가 표현의 자유를 누리던 단톡방(단체로 채팅을 주고받는 대화공간)이 공개된 이후, 피해자들에게 약물을 먹이고 성범죄를 저지른 다른 연예인도 구속되었다. 수사를 제대로 하지 않은 경찰도 문제되는 모양이다. 인터넷과 방송 어디에서나 이 사건이 계속 언급되고 있기에 이렇게나마 정리할 수가 있다. 그런데 나는 그 이상 아는 게 없다. 기자로부터 종종 전화를 받을 때가 있다. 주로 일반에게 알려진 이런 종류의 사건에 대한 '해설' 같은 것을 기대하는 전화다. 그러나 대부분 '말씀하시는 사건을 잘 모른다'고 응대할 수밖에 없다. 진짜로 모르기 때문이다. '검찰과 경찰 간 수사권조정' 문제가 불거질 때마다 난감하기까지 했다. 언론은 물론 주변사람들까지 나의 생각을 물어오는 것이 당연했지만 별로 아는 게 없었다. 공수처가 무엇인지 수사청이 무엇을 하려는 것인지 일반적인 내용 이상을 알지 못한다. 민정수석과 야당수뇌부 사이에 어떠한 공방이 오갔는지까지는 알고 싶지도 않다. 작년에 어느 기관으로부터 관련된 코멘트를 해달라는 부탁을 받은 적이 있다. 왜 나에게 연락을 했냐고 물었더니, '수사권조정에 대해서 무슨 생각을 하는지 전혀 알 수 없는 형법교수이기에 연락했다'는 말을 들었다.

명색이 법학자인데 사회에서 많은 이들이 관심을 둔 사건에 대해 아는 게 없다고 말하는 상황이 떳떳할 리는 없다. 모름지기 법을 공부하고 가르치는 자라면 알려진 사건사고는 물론이고 희귀한 사례들까지 광범위하게 머릿속에 넣어 두고서 넉넉히 해설할 수 있을 것으로 기대받는다. 극히 일부만 관심있을 한가한 공부나 한답시고 현실문제에 무신경한 교수처럼 욕

---

1) Nietzsche, Jenseits von Gut und Böse, S. 41.

먹기 쉬운 대상이 없다는 사실을 모르는 것도 아니다.

다른 이들과 대화를 하려면 알아야 하는 것, 알아야 한다고 여겨지는 것이 무척 많다. 대북관계의 복잡한 국면을 어느 정도는 꿰고 있어야 수준 있는 대화에 낄 수가 있다. 최저임금 상향이 미치는 영향에 대해 말하기 위해서는 다른 나라의 비슷한 상황까지 알고 있으면 좋다. 가볍게는 스케이트선수간 갈등에 대한 담소에 참여하기 위해 '단체추발'이라는 경기규칙을 알아야 하고, 무겁게는 천안함사건에 대해 한마디라도 입을 떼려면 군함이 쪼개진 구조를 살펴 어뢰에 의한 것인지 지형지물에 의한 것인지를 구별할 수 있어야 한다. 소재 내용이 복잡해지는 만큼 갈수록 더 많은 정보를 상대방이 알고 있을 것이라는 기대를 서로에게 갖는 듯하다.

예전부터 막연히 구상했던 이 글은 이러한 분위기에 대한 개인적인 변명과 반발심을 담고 있다. 저절로 많이 알게 된다면야 상관없지만, 정보를 머리에 넣는 것은 일부러 노력해야 하는 힘든 작업이다. 알고 나서 후회스러운 정보들도 넘쳐나고 있고, 좀 더 머리를 비우고 살 수 있게 그냥 좀 내버려뒀으면 싶은 순간도 많이 있다. 제목이 '권리'라는 단어를 쓰고 있기에 그럴 듯하게 들릴 수 있지만, 결국 이러한 '번거로움'을 넘어선 '모름의 가치'가 있는지를 함께 생각해보려는 글이다. 과거에 비해 비교할 수 없을 정도로 많은 것을 알아야만 하는 지금 이 상황이 우리 각자의 행복을 증진시키는 데에 얼마만큼 도움을 주고 있는지까지 독자들이 자문하게 된다면 글쓰기는 분에 넘친 보람을 얻을 것이다.

Ⅱ. '아는 것이 힘'

앎은 역사 어느 때나 필요한 것으로 여겨지는 덕목이었다. 특히 합리성에 대한 신뢰가 자리잡은 근대 이후 '아는 것이 힘'이라는 생각은 점점 더 강한 신념으로 변해왔다. 이제 앎은 단순한 '좋은 것' 이상의 지위를 누리고 있다. 지금은 세계 전체가 지식경쟁사회로 신속하게 바뀌어가면서, 개개인의 '앎'이 그 사람의 가치이며, 그 총합인 공동체의 지식이 곧 해당 사회의 역량이라고 생각하고 있는 듯하다. 먼 과거, '권력'은 곧 물리적인

'힘'을 가리키는 것이었다. 후기 근대부터는 경제적인 '부'가 권력을 형성하기도 하였다. 그러나 현재의 권력은 '지식'과 그것을 바탕으로 한 '의사소통능력'으로부터 나온다. 그에 앞서 있던 두 권력매개인 '폭력'과 '자본'은 휴머니즘을 통해, 또는 도덕적·종교적 명령에 따라 부정적인 측면이 늘 동시에 조명되어왔기 때문에 극한의 팽창에 이르지 않도록 절제되어온 반면, '앎'이라는 권력도구에는 그동안 어떠한 통제도 없었다. 지식은 좋은 것이자 선한 것으로서 긍정적인 이미지를 단 한 번도 놓친 적이 없었다.

이와 같은 지위에 걸맞게 누군가 지식을 독점하면 안 된다는 생각도 커졌다. 이 불균형문제를 전통적인 권리·의무구조와 같이 바라보기에, 정보습득을 위한 '알 권리'가 기본권의 뚜렷한 핵심영역을 차지한 지도 오래되었다. 이는 개개인이 의사소통의 마당으로부터 소외되지 아니할 주관적 권리로 작용하고 있다. 특히 국가작용의 적극성과 능동성이 강조되고 있는 이 시대에, 국가기관을 비롯한 권력기관은 각 시민들이 앎의 조건으로부터 소외되지 않게끔 기회를 동등하게 보장해야 하는 데에도 특별한 주의를 기울인다고 한다.

III. 모름의 필요성에 대해

'앎'의 반대개념인 '모름' 중에는 부정적인 이미지를 씻기 어려운 것이 있다. '나는 네가 언제 올지 모른다,' '저녁에 약속이 있는지 모른다'와 같은 예에서는 사실관계가 머릿속에 분명하지 않다는 의미로 쓰이며, 대체로 그로부터 이어지는 좋지 않은 결과를 예견하게 한다. 반면에 '어느 휴대전화가 가장 많이 팔리고 있는지 모른다'는 표현에서처럼 정보를 머리에 갖고 있지 않다는 것을 가리키는 중립적인 의미에서는[2] 이러한 부지 또는 무지가 반드시 부정적인 것만은 아니다.

독일의 신경과학자 푀펠E. Pöppel은 머릿속에서 정보를 덜어내는 능력(정보를 담지 않는 능력, 잊는 능력 등)이 곧 추상화능력과 밀접한 관계가 있다는

---

2) Kraft/Rott, Was ist Nichtwissen?, S. 27 이하.

것을 밝혀내었다. 과제를 부여받은 피실험자들이 그 안에 들어 있는 단어를 보고 그에 대한 수많은 관련정보가 연상되는 바람에 정작 그 과제가 묻고 있는 핵심으로 다가서지 못하였다는 말도 전한다.[3] 푀펠은 위의 예로서 한국유학생 이야기도 하고 있는데 우리가 더 잘 아는 내용이다. 지금 우리나라 젊은이들은 모든 역사상, 그리고 전 세계에서 가장 아는 게 많은 인류에 속할 것이다. 수학능력시험이라는 정점으로 나아가고자 노력한 끝에, 말단의 정보뿐만 아니라 수학·과학 등의 원리적 지식도 다른 나라 사람들과 비교할 수 없을 정도로 많이 안다. 인터넷과 뗄 수 없는 생활을 하는 것도 이유가 된다. 그런데 창의적인 구성능력이나 논거를 대어 의견을 말하는 능력 등은 외국학생들에 비해서 낮지 않다는 말을 듣고 있다(서로 다른 장점이 있다는 것이지 우열을 말하는 게 아니다). 주변을 보아도 알 수 있다. 암기 위주로 출제되는 중간·기말고사를 완벽하게 치러내어 거의 만점에 가까운 성적을 거두고 있는 학생이 정작 기초적인 논리를 묻는 말에 답을 못하는가 하면, 방대한 판례를 암기해야 하는 변호사시험에서 우수한 성적을 거둬 법조인이 된 사람이 현실사안을 접할 때 어느 법리를 이용해야 할지 기초를 모르는 경우가 많다는 말도 들린다. 너무 머리에 들어 있는 것이 많아 좀 뻑뻑해져버린 것 아닐까? 여러 정보들을 좀 더 알지 못한 채로 비워두었으면 어땠을까?

머릿속에 찾아들어오는 정보 때문에 스스로 갖고 있는 능력을 믿지 못하게 되는 경우도 있다. 입맛에 대한 자신의 판단력을 믿기보다 맛집 정보를 더 믿고 싶은 것은 사소한 일이다. 그러나 부모가 소위 '학업상담전문가'를 짧게 만나본 후에, 그의 말을 좇아서 스스로 낳아 길렀고 매일 대화를 나눠온 자기 아이를 외국유학의 길로 떠미는 상황은 그렇게 가벼운 문제만은 아니다. 또한 앎은 드물지 않게, 모르는 상태의 기대와 평온을 해치기도 한다. 홍콩의 어느 영화관에서는 영화 '어벤저스 엔드게임'의 결말을 외친 남성(=스포일러)이 주변 사람들에게 흠씬 두들겨 맞았다고 한다.[4] 연인이나 배우자의 과거를 굳이 알고 싶어 하지 아니하는 마음도 충분히

---

3) Pöppel/Wagner, 노력 중독, S. 38.
4) 국민일보 2019.4.28일자.

이해된다. 테러리스트가 인질에 대해 행한 끔찍한 짓을 굳이 일일이 알아 보고 싶지 않으며, 주변 친구들의 집안사들을 알고 싶어 하지 않을 수도 있다. 즉 공연히 필요 이상으로 아는 것 때문에 '속 시끄러운' 일을 겪고 싶어 하지 않는 경우도 자주 만나고 있다.

Ⅳ. '알고 싶지 않음'으로부터 '모를 권리'로

그런데 단순히 모르고 싶어 하는 것을 넘어, '모를 권리'가 있다는 말을 들은 적이 있는가? 의학계에서는 이미 쓰고 있는 단어이다. 쉬운 사례를 들어보자. 아이를 임신하여 출산을 준비하고 있는 부부에게 의사가 태아의 성별을 알고 싶은지 묻는 경우가 많다. 적지 않은 사람들이 굳이 이를 알 고 싶어 하지 않기 때문이다. 만약 어느 의사가 묻지도 않고 대뜸 성별을 이야기해주면 부모는 아마 '김이 새는 것' 이상의 불쾌를 느낄 수도 있다. 조금 더 심각한 이야기를 해보자. 유전자정보는 장차 어떤 유전성질환에 걸 릴 것이라거나 걸릴 가능성이 큰지를 알려줄 수가 있다. 이로써 미리 질병 에 대한 조치를 할 수 있기에 유용한 정보임에 틀림없다.[5] 그렇지만 굳이 이를 알고 싶어 하지 않는 사람이 있음을 짐작하기도 어렵지가 않다. 수십 년 후에 발생할 질병을 미리 알게 되면, 그 시간 동안 불안감이나 초조감 에 빠져 지내게 되고 즐거움은 줄어들 것이며, 다음 세대로 질병을 건네줄 것에 대한 필요 이상의 염려와 죄의식을 가질 수도 있다. 여기서의 모를 권리는 해로움을 피한다거나 몸 관리를 할지 여부에 대해 자기 스스로 결 정할 수 있도록 하는 전제가 된다.[6] 독일에서는 2010년 2월 발효된 유전자 진단법Gesetz über genetische Untersuchungen beim Menschen; Gendiagnostikgesetz 제 8조 제1항, 제9조 제1, 2항에서 '자신의 유전자정보를 모를 권리'가 있다는 점을 명시하였다. 모를 권리가 있는 사람에게 원하지 않는 정보를 알려주

---

5) 간략히는 Lenk/Frommel, Ethische und soziologische Aspekte des Rechtes auf Nichtwissen, S. 49.
6) 이에 대해서는 유호종, '유전정보를 모를 권리'의 윤리적·법적 근거와 실현 방법, 105면 이하. Maunz/Dürig, Grundgesetz-Kommentar, Rn. 192; Lenk/Frommel, 앞의 책, S. 50.

면 독일민법 제823조 제1항에 따라 손해배상을 청구할 수 있게 하고 있다.[7]

의학 분야에서 '모를 권리'라는 용어를 처음 제시한 사람은 한스 요나스 H. Jonas이다. 그는 [기술 의학 윤리]에서 복제인간을 만들 때에 복사본으로 존재하는 사람에게는 결코 원본인 사람에 대한 정보가 알려져서는 안 된다고 하였다. 복제인간이 태어났을 때 그가 완전히 개방된 자기의 유전정보 하에서 살아가게 된다면, 스스로 갖게 되는 '나는 누구인가?'라는 물음으로부터 차단된다고 한다. 자연적으로 태어나는 보통의 인간은 다른 주위사람들에게 '새것'이며 그렇기에 장차 어떻게 그 삶이 전개될지 개방되어 있는 상태인데, 바로 이러한 '모름'이 그에게 진정한 자유의 전제가 된다고 한다. 반면에 복제인간은 그가 어떠한 상태에 놓여 있으며 장차 어떠한 모습으로 살아가게 될지 이미 알려져 있기에 미래에 대한 이 같은 개방성을 박탈당한다는 것이다. 그는 '자신에 대한 무지의 권리'로서, 자기의 고유한 길을 찾아가며 자기 자신에게 놀라워할 수 있는, 인간적 삶을 존중받을 권리를 빼앗긴 채로 태어난다.[8]

요나스의 이와 같은 권리개념은 보편적인 대상이 아니라 복제인간이라는 특수한 주체에 인정되는 것이지만, 오로지 역사적 의의 때문에 소개한 것만은 아니다. 질병가능성이나 태아성별을 비롯한 의료정보들이 모든 사람들이 알기 원하는 공통관심이 아니며, 개인마다 이에 대해 다르게 반응할 수 있다는 사실을 보이려는 의도도 있다.[9] 이와 같은 전제는 의료정보에만 해당하는 것이 아니다. 다른 모든 영역에서 '진실'이라는 것 또한 개

---

7) 대표적인 판례는 2014년 미성년자인 자녀에게 50%의 발병률을 가진 유전병인 헌팅턴무도병(Huntington Chorea)이 있다는 사실을 원치 않게 의사로부터 알게 된 그의 모친이 이 법률위배를 이유로 의사를 고소한 사안이다. 연방헌법재판소는 '모를 권리'는 당사자인 자녀의 일신전속적인 권리이기 때문에 이로부터 부모가 손해배상을 받을 수는 없다고 판시하였다(BGH, NJW 2014, S. 2190 이하). 인권과 생명의학에 대한 유럽협약(Das Übereinkommen über Menschenrechte und Biomedizin des Europarats)의 제10조 제2호도 누구나 자신의 의학적 정보를 알 권리가 있으나 모를 권리 또한 존중되어야 한다는 점을 규정하고 있다.

8) Jonas, 기술 의학 윤리, S. 183 이하. 이에 대한 간략한 평가는 노기호·정문식, 인간복제의 헌법적 문제, 102면 이하.

9) Lenk/Frommel, 앞의 책, S. 51 이하. 이러한 상대적인 질병개념은 병리학자인 브루세(F. Broussais)가 1828년 '브루세의 원리'에서 이야기한 것으로서 콩트(A. Comte)가 사회과학의 원리로 수용한 것이기도 하다. 이에 대해서는 배종대·홍영기, 형사정책, 52/5.

인에 따라 단지 상대적인 중요성만 갖는다. 누구에게는 알아야 하는 진실이 다른 사람에게는 굳이 알고 싶지 않거나 알기 싫은 정보일 수 있는 것이다. 그렇기에 모를 권리가 의미하는 것은 주체가 알지 말지 여부를 그 개별주체 스스로 선택할 수 있음Nicht-Wissen-Können이다. 그리고 누군가의 이 권리를 인정해주는 방식은 접근되는 정보로부터 그가 차단될 수 있도록 개별적으로 보장하는 것이다.[10] 이 점에서 듯게G. Duttge가 이와 같은 권리를 '정보로부터 은둔할 권리'Recht auf informationelle Abgeschidenheit로 본 것은 바른 이해이다. 모를 권리는 바로 '자신의 정서적인 현재 상태epistemischer status quo를 공연히 들쑤시지 말라'는 요청에 그 뿌리를 내리고 있다.[11]

V. 알 권리와의 관계

정보에 접촉하지 아니할 개별 주체의 권리를 인정하는 것은 어려운 일이 아니라고 말할 수도 있다. 정보를 나르는 매체에 스스로 접근하지 않으면 되는 것 아니냐고 물을 사람도 있을 것이다. 극단적으로, 정보전달수단이 없는 장소에 숨는 방식으로 이러한 권리를 지킬 수도 있다. 즉 모를 권리는 다른 사람의 의무와 쌍을 이루는 개념이 아니라 스스로 충족할 방법이 없지 않다는 점에서 기존 권리와 다르다. 알 권리와 상충되는 것이 아니라는 생각도 가능하다. 왜냐하면 안다는 것은 적극적인 작위를, 모른다는 것은 소극적인 부작위를 원인으로 하기 때문이다. 가만히 있으면 알 권리를 충족할 수는 없지만, 적어도 모를 권리를 침해당하는 것은 아니므로 양자가 충돌하지 않는다고 본다면 여기에 딜레마가 존재할 여지는 없다. '알 권리가 포기된 상태' 또는 '알 권리를 실천하지 아니하는 상태'로부터 모를 권리가 충족된다고 말하기도 하며, 기본권의 포기가 가능하다는 결론을 따른다면 알 권리를 주장할 것인지 포기할 것인지를 결정할 수 있도록 미리 알리는 '고지'가 중요하다는 의견도 있다.[12]

---

10) Duttge, Das Recht auf Nichtwissen in der Medizin, Datenschutz und Datensicherheit, S. 38.

11) Kraft/Rott, Was ist Nichtwissen?, S. 43.

12) 최정호, 생명의료인권협약에 비추어 본 '모를 권리'의 문제, 309면 이하. 기본권포기에

그러나 알 권리의 포기가 곧 모를 권리의 확보로 이어지는 것은 아니다. 전자의 상태는 알 권리를 갖고 있는 주체가 특정된 정보를 알려고 하지 않는 결정을 할 수 있음을 내용으로 한다. 그가 알려고 하지 않는다면 알려줄 권한·의무가 있는 상대는 그에게 정보를 '전달하지 아니하여도 된다.' 반면에 후자는 권리 주체가 정보를 전달받지 않을 수 있는 권리이므로, 이를 인정한다면 그 상대방은 정보를 '전하면 안 되는 것'이다. 이와 구별되는 사실상의 반론은 사회 안에서 알 권리를 누리고자 하는 시민들의 수가 모를 권리 안에 머물고자 하는 사람의 수보다 많다는 일상적인 느낌에 자리하는 듯하다. 또는 알 권리의 동기는 강력하나 모를 권리를 누리려는 생각은 형체가 불분명하다는 정서도 있다. 그리하여 일단 원하든 그렇지 않든 간에 모든 사람에게 특정한 정보를 흩뿌리는 상태에 놓이게 되기 쉽다. 그렇지 않아도 허약한 권리내용을 가진 소수의 사람들은 어떠한 방어장치 없이 사방에서 접근해오는 정보에 속수무책으로 피폭당하게 된다.

일상적으로 생각되는, '알 권리는 모를 권리에 비하여 강하게 보장되어야 한다'는 말에 대해 다시 물어보고 싶다. 우선 알 권리를 보장해주어야 하는 근본 목적이 중요하다. 짧게만 말한다면, 이는 그 권리주체가 의사소통에 참여할 수 있어야 한다는 당위에 놓여 있다. 알 권리는 의사를 형성하기 위한 전제이며, 그것은 나아가 표현의 자유를 확인하기 위한 조건이기 때문이다.[13] 예를 들어 환자의 알 권리를 보장하는 방법으로 의사는 설명의무를 이행하는데, 여기서 그 권리보장의 목적은 환자가 그 지식을 기초로 미래에 있을 의료행위에 대한 동의여부를 자발적으로 결정할 수 있어야 한다는 데에 놓여 있다. '국민은 국정에 대해 알 권리가 있다'고 말하는 이유는, 아는 주체들이 그 정보의 결과로부터 비록 간접적·우회적으로나마 국정에 동의하거나 비판하는 식으로 참여할 수 있는 길을 열어두어야 하기 때문이다. 물론 소통의 능력을 발휘할 권한과 기회가 있는 사람만이 알아야 한다는 이야기는 아니다. 권리의 향유가 곧 그것을 사용할 능력에

대해서는 허완중, 기본권포기, 520면 이하.
13) 김배원, 알 권리의 법적 성격과 내용, 189면 이하; 김하열, 헌법강의, 454면 이하; 헌재 2015.6.25. 선고 2011헌마769, 2012헌마209·536(병합) 결정.

자리 잡는 것은 아니기 때문이다. 알고 있으면서도 의사소통에 참여하지 않을 수도 있다. 그러나 의사소통에 참여하는 사람으로서 반드시 알아야 하는 정보가 있기에, 바로 그 사람에게 그 정보를 전달하는 것이 알 권리를 보장해주는 방법으로서 지켜져야 한다. 그런데 이를 다른 방향에서 보면, 의사형성을 거쳐 의사표시로 나아가는 것이 기대되지 아니하는 앎, 그 자체를 법이 굳이 보장해주어야 하는 것은 아니라고 말할 수 있다. 의사소통과정으로 나아갈 것인지의 선택가능성을 전제하지 않는, 또는 나아갈 필요가 전혀 없는 조건에서의 앎은 맹목적인 것으로서 권리대상으로서 의미가 없다. 환자를 수술하게 될 의사는 설명의무를 통해서 환자의 알 권리를 충족시켜야 하는 것이지만 이와 무관한 의료진은 환자의 알 권리에 대응할 필요가 없으며 대응해서도 안 된다. 개별 형사사법에 의견을 제공할 수 없고 할 필요가 없는 일반인들이 그 피의자의 신상 및 피의사실에 대한 정보를 알아서는 안 되는 이유이기도 하다.

이처럼 알 권리는 주체와 객체 면에서 그리고 그 유효성 면에서 제한된 가치를 가질 뿐이다. 그러나 단지 '앎'이 드러내는 긍정적인 인상 때문에, 권리 없는 자가 이를 누리려 하거나 권리 없는 주체가 정보를 쉽게 다른 이에게 전달하는 데에 반감을 느끼기 어렵다. 그 정보를 통해 광범위한 의사소통의 어느 한 실마리에라도 관여하기 싫거나 관여할 수 없음에도 알고자 하는 의지가 있다면, 그것을 우리는 알 권리가 아니라 '단순한 호기심'이라고 불러야 한다. 그리고 그것은 정보의 담지자인 주체의 고유한 권리, 그것을 알고 싶은지조차 고민해볼 여력이 없는 일반시민의 안온한 삶을 향해 당당히 외칠 목소리를 갖고 있지 않다. 가끔은 국가기관이 '시민들 개개인에게 필요한 정보는 아니지만 유익한 것이니(혹은 국가기관이 유익한 것으로 여기는 것이니) 알려준다'는 태도를 보이기도 한다. 그 정보에 관심 가질 필요가 없는 때는 물론, 실제로 우리에게 도움이 되는 내용이지만 알고 싶지 않은 경우도 얼마든지 있다. 정보를 선택할 수 있는 자유가 제자리를 찾지 못하고 있는 여러 이유 가운데에는 다양한 형태의 국가 후견주의의 위력이 아울러 도사리고 있다.

VI. 실현의 한계

모를 권리를 지키는 방식이 문제된다. 쉽게 물을 수 있는 질문은 권리의 소극적 특징을 원뜻 그대로 유지하는 데에 필요한 전제가 실현불가능한 것이 아니냐는 것이다. 누군가 모를 권리를 행사하기 위해서는 특정한 정보가 자신을 향해 다가오고 있다는 것을 먼저 '알아야' 하는 것이기 때문에, 결국 '알게 된 사실을 모를 권리'라는 모순에 직면하게 되는 것이 아니냐는 의문이 있을 수 있다.[14] 실제로 많은 경우 모를 권리의 존재 자체는 그것이 침해당한 이후에야 비로소 인식된다. '왜 하필 그런 것을 알려주어 기분 나쁘게 만드느냐'고 말하고 싶어지는 때다. 환자의 치료를 앞두고 있는 의사가 설명의무를 이행할 때에도 '알고자 하는지 여부'를 묻기 위해 선택된 정보만을 알려주기는 쉽지 않으며, 선택의 결과 있을 수 있는 여러 가능성들을 광범위하게 드러내어 보여야 한다. '어떠한 유전자정보가 당신의 건강과 긴밀히 관련되는데 그것을 더 알고 싶은지'를 우선 묻고 나서 모를 권리를 지켜주게 되는 상황은, 모를 권리를 행사하려는 상대를 더 불안한 심리상태로 밀어 넣는다. 즉 대상자 스스로 전혀 모르는 상태 하에 정보가 전달되지 않도록 하는 방식의 모를 권리를 주장하는 것은 실제로 쉬운 일이 아니며, 여기서도 모를 권리가 실현되는 데에서의 허약한 환경이 드러난다.

개별 주체의 모를 권리를 지켜주어야 한다는 요청이 자칫 다른 사람의 '표현의 자유'를 억압할 것이라는 우려도 있다. 자유주의적 토대에서 '금지되지 아니하는 것은 허용'되어야 하는데, 만약 태아의 성별을 알려주는 것을 금지하는 법령이 없다면 성별을 미리 말하는 자유가 보장된 것이 아니냐고 물을 수 있다. 이러한 자유가 보장되어 있는 한 상대방의 모를 자유는 법적으로 보장되어야 하는 것이 아니라 단순히 윤리나 관행의 영역으로 처지게 된다. 이를 극복하고자 모를 권리를 '법적으로' 보장해주기 위해서

---

14) Schneider, Umfang und Grenzen des Rechts auf Nichtwissen der eigenen gen-etischen Veranlagung, S. 3134.

는 표현의 자유를 제한하게 될 수 있는 강제규범이 필요하기에, 여기에 또 다른 딜레마가 주목받는다. 모를 권리를 보장해달라는 요청을 진지하게 하는 사람은 대개 개인주의와 자유주의의 분위기에 각별한 친밀감을 느끼고 있을 것이다. 그렇지만 그의 권리가 현실 안에서 제대로 작동하기 위해서는 타인의 자유를 제한해야 하는 순간을 생략할 수 없기에 그 권리의 토대에 대한 의문은 커질 수밖에 없다. '그렇게까지 은둔을 원하거든 스스로 숨어 있으면 되지, 왜 다른 사람의 입을 막으려 하느냐?'고 물을 사람도 많다.

스스로 극단의 평온상태를 유지하고자 하는 사람의 독특한 속성까지 감싸주기에 우리 사회의 법은 충분히 세심하지 못하다. 그런 사람에게는 아쉬운 말일 수 있지만 '스스로 알아서 피해 다녀야만' 하는 상황이 대부분이다. 조용히 살고자 하는 소망은 정보화사회에서 표현의 자유와, 그 정보의 흐름에 구체적인 권리가 종속되어 있는 다른 사람들의 이해관계에 자리를 내주어야만 한다는 주장이 더 설득력 있게 들리는 것이 사실이다. 모를 권리의 위치를 분명히 하기 위해 그것이 작동해야 하는 최소한의 조건을 언급하는 데에 이 글이 멈춰 설 수밖에 없는 이유이다. 모를 권리를 간과하기에 정보제공에 극히 적은 효용만 있는 경우를 드러내어 보여야 한다. 그리고 정보를 전달해야 할 필요성이 분명한 경우가 있다고 하더라도 그 정보로 인해 막대한 정서적인 침해를 받는 주체가 있다면 엄격한 비교형량을 수행해야 한다. 그 영역은 곧 '정보전달의 부정적인 특성'이 미치는 곳을 들여다보아야 하는 작업으로만 남게 된다. 우선 그 장소에서라도 '모를 권리'를 논하기 시작함으로써, 사회에서 보장되어야 할 여러 층위의 가치실질을 같이 생각해볼 수 있어야 할 것이다. 용어조차 없는 곳에 권리내용이 움틀 수는 없다.

VII. 제 안 들

나의 전공 안에서 모를 권리라는 개념이 가장 절실한 예를 형사절차실무와 형사정책에서 찾아볼 수 있다. 지금은 범죄사실을 여러 모습으로 알리는 상황이 일반인의 알 권리를 보장한다는 명목으로 정당화되고 있다.

매스컴은 관심을 끌 만한 범죄가 발생하면 그에 대한 자세한 사실관계를 여과 없이 보도하는 한편 일반시민들도 각자 관련사실을 알아내어 인터넷을 통해 확대재생산하고 있다. 언론뿐만 아니라 수사기관이 피의자의 얼굴 등 신상을 공개할 수 있는 법률도 최근에 만들어져 이용한다.[15] 이를 통해 보장하려 한다는 이른바 '알 권리'의 실체는 모호하게 남아 있는 상황에서, 유죄판결을 받지 않은 피의자·피고인은 물론 단순한 용의자의 신상까지 일반에 쉽게 알려지고 있다. 이러한 무분별한 신상공개가 무죄추정원칙을 침해하는 만드는 동시에 이중처벌에 해당한다는 것은 꾸준히 반복된 비판이다.[16]

한편 이제 사람들은 알 권리의 박약한 토대에 대비되어 있는 자신의 모를 권리에 대한 의식을 깨닫는 모습을 보여주기도 한다. 흉악범의 얼굴을 공개하자, 일부 피해자들이 그 얼굴을 보지 않는 것이 나았겠다고 하면서 정신적인 충격을 호소하는 때도 드물지 않다.[17] 유사한 범죄로부터 피해를 겪은 사람은 이와 같은 공개를 통해서 다시금 트라우마를 겪을 것이다. 피해자만큼 직접적인 사건관계자가 아니라고 하더라도 이러한 정보를 접하는 관찰자들은 정서적으로 심각한 침해를 겪거나 어느 정도 편하지 않은 마음을 갖게 된다. 그럼에도 혐의자의 신상과 범죄행위의 전모를 공개하고자 하는 근거가 필요하다면, 실체가 모호한 알 권리를 표방하기보다는 그와 같은 공개가 갖고 있는 형벌적 기능, 즉 일반예방적 또는 응보적 의미를 언급하는 것이 더 나을 수도 있다.[18] 그러나 그와 같은 형벌과제 또한 위에서 지적한 침해를 정당화할 수 있는 수준에 이르지는 못한다.

청소년의성보호에관한법률 및 하위법규에 따라, 인근에 거주하는 성범죄자의 존재사실을 우편 등을 통해서 알리도록 되어 있다. 성범죄자가 주변에 거주하고 있다는 사실은 일부 시민들에게는 유용한 정보일 것이다.

---

15) 특정강력범죄의 처벌에 관한 특례법 제8조의2가 대표적이다. 여기서의 알 권리의 모호함에 대한 지적으로 배종대·홍영기, 형사정책, 32/39.

16) 이 경우 '알 권리' 논증의 허구성에 대해서는 강동욱, 강력범죄피의자 신상공개의 정당성 여부에 관한 법리적 검토, 14면 이하. 형사절차에서 피의자의 인격권보다 알 권리가 우선하는 것으로 보는 반대 예로는 문재완, 피의사실공표죄의 헌법적 검토, 9면 이하.

17) 이로부터 '모를 권리'를 언급한 예는 김상철, 흉악범 얼굴사진 보도 신중해야, 36면 이하.

18) 신상공개의 이러한 효과에 대한 비판으로는 강동욱, 앞의 논문, 11면 이하.

특히 주변길을 통학하는 자녀가 있는 부모들은 자녀에게 등하교시에 더욱 주의하도록 시키거나 자기가 같이 통학하는 등의 조치를 취할 수 있다. 그러나 모든 이웃이 잠재적 피해자가 아니듯, 주변 거주자 가운데 굳이 전과자의 사진을 포함한 그와 같은 세세한 정보까지 알고 싶지 않은 사람도 많다. 그렇기에 일률적으로 일정 연령의 구성원이 있는 모든 가정에 우편을 배송하는 지금의 방식은 논란의 여지가 있어 보인다. 그 우편물이 법무부에서 배송된 것이기에 반드시 열어보아야 하는 것처럼 만들어 평온한 상황에 머물고 싶어 하는 많은 사람들의 모를 권리를 침해하고 있다. 그 정보가 꼭 필요한 사람들만 접근할 수 있도록 하는 조치가 알 권리를 보장하는 더 바람직한 길일 것이다. '성범죄자 알림e' 사이트가 그 역할을 하고 있다.

연일 이어지는 범죄사건에 대한 지나치게 세세한 보도는 그것이 시민들의 평온한 정서에 어떠한 영향을 미칠 것인지에 대해 관심이 없다. 범죄사건의 구체적인 전모를 알아야 할 권리를 지닌 사람은 극히 드물다. 범죄수법을 모방하거나 응용하는 사람들이 늘어날 우려를 지적해온 예도 과거부터 많았다. 국가기관이 이러한 보도를 방조함으로써 범죄예방에 대한 국가의 의무해태를 무마하고 각 시민들에게 '각자 스스로 안전을 도모하라'는 우회적인 요구를 하고 있는 것이 아닌지 우려하는 목소리도 있다.[19] 그러나 그에 못지않게 일반 시민들의 고요한 마음을 휘젓는 큰 격랑에 대해서는 무덤덤한 것 같다. 영화 등 일부 매체를 제외하면 그에 접근가능한 연령제한은 제시되지 않는다. 뉴스나 범죄전문프로그램 등을 통해 유명인이나 흉악범이 저지른 범죄의 실체가 낱낱이 드러나는 상황이 일반인, 특히 어린 연령층의 정서적인 안정을 침해할 것은 분명하다. 꼭 미성년자보호 차원에서만 염려되는 것이 아니다. 유명 연예인이 후배에게 성기를 노출하였다는 식의 소식을 우리 모두가 굳이 접해야 하는 것은 아닐 것이다. 사람을 잔혹하게 살해한 후 시체를 주도면밀하게 처리하는 과정을 의도하지도 않은 채 너무도 자세히 알게 되어 어쩔 수 없이 이를 상상하게 되는

---

19) 상황분석으로는 배종대·홍영기, 형사정책, 34/14 이하.

불행은 도대체 누구의 탓인가? 유명인들의 자살사건도 마찬가지이다. 한번 물어보고 싶다. 기자들은 도대체 무엇을 바라고 죽은 이가 스스로 목숨을 끊은 방식을 그렇게 세심하게 알려주는 것일까?

Ⅷ. 맺 음

위에서는 주로 의료계와 형사법분야의 비교적 많이 공감할 수 있는 예를 들었다. 의료인, 형사사법기관 등에 의한 개별적인 정서침해는 분명히 피해야 하고, 그에 따라 그 상대는 모를 권리를 갖는다고 말할 수 있다. 그런데 이들은 서두에서 넋두리처럼 이야기한 문제와는 질과 수준이 다르다. 필요 이상의 '앎'을 은근히 강요하는 사회분위기 자체를 바꾸자고 말하기는 여전히 조심스럽다. 말해봐야 소용없는 것처럼 생각되기도 한다. 일정량 이상의 정보를 알지 못하면 전체 구성원이 탑승한 의사소통의 설국열차에 올라탈 기회조차 주지 않을 것처럼 몰아세우는 분위기로부터 이야기를 시작했지만, 결국 이를 '권리침해'의 좁은 틈에 밀어넣는 데에 성공할 수는 없었다.

실체가 모호한 희망 사항은 제도로 보장될 수 없는 영역에 여전히 남아 있을 듯하다. 복잡하게 살고 싶지 않고 머리를 비운 채로 단순하게 지내는 것을 좋아하는 사람들의 개인적인 성품까지 법이 보호해야 하는 것도 아니다. 그렇지만 무차별적·일방적으로 광범위한 정보가 전달되는 데에 아무 장애가 없는 지금, 적어도 다른 한편에 비록 적으나마 그에 대해 힘겹게 저항하려 하는 목소리를 내는 사람들이 있다는 사실만큼은 알려져야 한다. '빛 공해,' '소음 공해'를 피하려는 이들에게 더 어둡고 더 고요한 곳을 찾아갈 수 있도록 도움을 주고자 하는 정도의 존중과 배려는 '정보 공해' 영역에서도 같은 의미를 지닐 수 있어야 한다.

만나는 사람 중에는 기억력감퇴를 호소하는 이가 많다. 같이 나이 들어가는 사람은 말할 나위 없고 학생들 중에도 기억력이 예전 같지 않다는 이야기를 하곤 한다. 뇌과학영역까지 접근할 여력이 없는 사람이라도 인간의 기억능력에 한계가 있다는 것 정도는 알고 있다. 새로운 정보를 집어넣으면 머릿속에 있던 정보를 '밀어내고' 그 자리에 새것이 들어선다. 우리가 엄청난 정보의 양에 그대로 노출되어 그것을 부지불식중에 머릿속에 넣는 순간, 꼭 지니고 싶었거나 떠올려야 하는 기억들을 잃어버리게 될 것임은 분명하다. 나이가 들어가면서 그나마 몇 가지 기억만 남기게 되어가는 애처로운 머릿속에, 원하지 않는 정보의 폭탄을 쏟아부어버리는 것은 분명한 해악이다. 피해자가 피해 받는 것을 모르기에, 아니 오히려 자신에게 좋은 것으로 잘못 인식하게 되기에 더 큰 해악이다. 원하지 않는 앎으로 몰아붙이는 폭력이, 대화에 참여하는 우리의 '권리'를 대화를 해야 할 '의무'로 생각하게 만드는 것도 못마땅하다. 모를 것을 몰라야 꼭 필요한 앎에 집중할 수가 있기에 이제는 꼭 알아야 하는 것만 알고 싶다. 앞으로는 부정으로부터 멀어지는 것 못지않게, '긍정의 과잉'으로부터도 더욱 멀리 떨어져 지내고 싶다.

05

헤이트스피치와 관용

고봉진

제주대학교 법학전문대학원 교수

　고려대 법과대학(90학번)과 동대학원을 졸업하고, 2006년 독일 프랑크푸르트대학교(Goethe Universität Frankfurt am Main)에서 법학박사학위를 받았다. 독일 만하임대 부속 '독일·유럽·국제 의료법·보건법 및 생명윤리 연구소(IMGB)'에서 객원연구원을 지냈고, 보건복지부 지정 '생명윤리정책연구센터'에서 박사후과정 연구원을 지냈다. University of California, San Diego(UCSD)에서 방문학자(visiting scholar)로 연구년(안식년)을 보냈다. 현재 제주대학교 법학전문대학원 법철학, 법사회학 담당 교수로 재직 중이다.

Ⅰ. 관용 담론의 시대적 변화

1. 종교에서 정체성으로

관용에 대한 논의는 서구 종교전쟁의 시대에 대거 등장했다. 이때 써진 책들 가운데 가장 중요한 텍스트는 로크John Locke, 1632-1705의 '관용에 관한 편지'다. 로크는 이 책에서 교회와 공화국 간의 관용을 다루면서, 오늘날 우리가 이해하는 '국가와 종교의 분리'를 주장했다. 로크에 따르면, 국가에 관한 것과 종교에 관한 것은 구분되어야 하고, 교회와 공화국 사이의 경계는 제대로 정해져야 한다.[1] 세속 권력의 모든 권리와 지배는 세속적 재산의 보호와 증진에 국한되며, 영혼의 구원에는 어떠한 방식으로도 확장해서는 안 된다.[2] 교회도 마찬가지다. 성직자들은 정치적인 일에는 무관심한 채, 평화롭고 겸손하게 오로지 영혼의 구원에만 전념해야 한다.[3] 교회와 공화국이 각자의 경계 안에 머문다면, 즉 교회는 영혼의 구원에 몰두하고 공화국은 현세적 재산의 보호에 집중한다면, 양자 간의 부조화는 존재할 수 없다.[4]

로크는 교회와 공화국이 다루는 영역이 다르며, 서로의 영역을 침범하지 않고 존중해야 한다고 주장했다. 로크는 이를 '관용의 의무'라고 표현했다.[5] 로크가 말하고자 하는 핵심은 다음 문장에 담겨 있다. "그리스도교 세계에서 생겨난 종교에 관한 대부분의 소송과 전쟁을 (실제로) 만들어낸 것은, 피할 수 없는 것인 의견의 다양함이 아니라, (얼마든지) 허용될 수 있는 것인 다양한 의견을 가진 사람들에 대한 관용의 부정입니다."[6] 볼테르

---

* 법학논총(전남대 법학연구소, 제39권 제3호, 2019.8.31)에 실린 필자의 '헤이트스피치와 관용' 논문을 수정 보완한 글임을 밝힙니다.
1) John Locke/공진성 역, 관용에 관한 편지, 책세상, 2008, 21면.
2) John Locke/공진성 역, 위의 책(각주 1), 22면.
3) John Locke/공진성 역, 위의 책(각주 1), 90면.
4) John Locke/공진성 역, 위의 책(각주 1), 90면.
5) 역자 해제, in: John Locke/공진성 역, 위의 책(각주 1), 125-126면 참조; 물론 로크의 '관용에 관한 편지'에는 '관용하지 못하는 것'에 대해 언급했고, 오늘날 보기에 명백히 잘못된 것이 있다. 하지만 로크의 의도를 넘어서 '관용할 수 없는 것'에 대한 곡해가 이루어져서는 안 된다.

Voltaire, 1694-1778 또한 그의 책 '관용론'에서 관용은 절대 전란을 초래한 적이 없고, 종교의 시대에 불관용이 파괴와 살육을 일으켰음을 (책 전체에 걸쳐) 상세하게 언급했다.[7] 로크에게도, 볼테르에게도 관용은 종교와 관련이 있었다. 자신이 절대적으로 옳다고 믿는 종교 진리가 상대방의 종교를 탄압하고 죽이기까지 하는 종교전쟁의 현실이 로크와 볼테르 등 사상가들이 관용에 대해 설파하게 된 직접적인 원인이 되었다.

그런데 오늘날 관용의 주된 무대는 종교의 문제에서 정체성의 문제로 옮겨졌다.[8] 종교는 관용의 대상이 아니라 개인의 기본권이 되었고,[9] 종교적 관용은 자유주의 질서의 기본이 되었다. (이슬람권에는 해당되지 않지만) 사회는 세속화되었고 종교는 사적인 영역으로 축소되었다. 그러는 사이 오늘날 관용 담론은 예전과는 다른 차원에서 제기된다. 한 사회의 주류 문화와 다른 정체성을 띤 문화가 공존해야 하는 다문화 사회로 변모했다. '종교사회에서의 관용'이 '다문화사회의 관용'으로 변모한 것이다. 이민과 노동자 이주에 따라 이민자와 이주자의 종교가 부각되지만, 이는 오늘날 종교나 믿음의 문제보다 '통합과 정체성Integration and Identity'의 문제로 다뤄진다. 통합 과정에서 부딪칠 수밖에 없는 '정체성에 기초한 차이'를 어떻게 다룰지가 초미의 관심사가 되었다[물론 테러범죄에서 알 수 있듯이, 종교를 직접적인 이유로 하는 증오 범죄hate crime는 여전히 일어난다].

외국인 노동자, 이민자뿐만 아니라 장애인, 동성애자 등 소수자 집단의 활동 폭이 커졌다. 정상과 비정상의 좁은 기준에 따라 소수자 집단을 배제하고 배척했던 시대에서 '다른 것이지 틀린 것이 아니라는' 판단으로 소수자 집단을 인정하는 시대로 바뀌었다. 소수자는 비정상이 아니며 다른 정체성을 가진 집단일 뿐이다.[10] 여성, 장애인, 성소수자로 대표되는 소수자

---

6) John Locke/공진성 역, 위의 책(각주 1), 88면.
7) Voltaire/송기형·임미경 역, 관용론, 한길사, 2016, 54면; 볼테르는 관용에 기반한 아메리카 대륙의 캐롤라이나 법률이 존 로크가 입법화한 것임을 밝히고 있다. Voltaire/송기형·임미경 역, 위의 책(각주 7), 53면.
8) Wendy Brown/이승철 역, 관용, 갈무리, 2010, 94면, 124면.
9) 김응종, 관용의 역사, 푸른역사, 2014, 426면.
10) 박경태, 인권과 소수자 이야기, 책세상, 2007, 198면; '정상과 비정상'에 대한 푸코(Michel Foucault)의 논의가 필요하다.

집단은 정체성에 기초한 인권을 주장하고 있다.[11] 현대 관용론은 정체성에 기반한 현대 인권론의 내용과 밀접하게 연관된다. 근대적 정체성은 중심이 있는 가치만이 정체성을 규정할 수 있었지만, 현대적 정체성은 각자가 자기 자신을 규정할 수 있게 되었다. 현대에 이르러 정체성 정치의 시대가 열렸고, 이는 지역적이고 특수하고 독특한 것을 존중함을 통해 보편주의가 초래한 불균형을 바로 잡는다. 총체성의 보편 세계에는 차이는 동일성에 융해되고 특수는 보편에 굴복하지만, 새로운 정체성의 시대에는 차이를 진지하게 받아들이고 차이에 대해 관용하며 차이를 승인할 것을 요구한다.[12]

2. 시대 변화

예전 사회는 하나의 동일성으로 사회가 구성되었다. 이질성에 대한 관용의 감수성이 높지 않았고, 다름을 틀림으로 규정하는 경우가 많았다. 로크가 '관용에 대한 편지'에서 관용을 설파했지만,[13] 자신이 절대적으로 옳다고 믿는 종교 자연법 하에서 관용의 의무는 현실적으로 부과되기 어려웠다.[14]

오늘날은 하나의 동일성으로 사회가 구성된다는 것 자체가 이상하다.[15]

---

11) 종래의 인권 원칙으로 설명하기 힘들었던 소수자집단의 권리문제는 최근 다문화주의 시민권으로 설명하려고 시도되고 있다. 다문화주의 시민권이란 문화적 정체성 때문에 소외받는 집단이 자신의 정체성을 유지하면서 차별받지 않고 살아가는 데 필요한 권리를 말한다. 캐나다 정치철학자 킴리카(Will Kymlicka)는 전통적인 인권 원칙으로는 소수자집단권리문제를 해결할 수 없으며, 소수자집단권리문제를 해결하기 위해 전통적인 인권 원칙을 소수자집단권리로 보완하는 것이 정당하며, 또한 사실상 불가피한 것으로 보았다. 그에 따르면, 다문화적 국가에서 포괄적인 정의론은, 한편으로는 집단구성원지위와 관계없이 개인에게 부여된 보편적 권리, 그리고 다른 한편으로는 특정의 집단차별적 권리(group-differentiated rights)나 소수자 문화에 대한 '특별한 지위'를 포함하게 된다. Will Kymlicka/장동진 외 역, 다문화주의 시민권, 동명사, 2010, 455면 이하.
12) 고봉진, "현대 인권론에서 '정체성'의 의미", 법철학연구 제14권 제1호, 2011, 167면.
13) John Locke/공진성 역, 위의 책(각주 1), 31면 이하.
14) '1차적 질서 하에서 관용'과 '2차적 질서 하에서의 관용'을 비교한 논문으로는 고봉진, "자유주의적 관용의 역사적 전개와 그 한계", 법철학연구 제19권 제2호, 2016, 156면 이하.
15) 우리 각자는 자신과 비슷한 사람을 좋아한다. 동질적인 사람들이 뭉치는 것도 이런 이유다. '유유상종(類類相從)'이라는 한자성어가 이를 말해준다. 하지만 사회 전체가 동질성을 띠는 것은 바람직하지 않다. 오늘날 세속화되고 기능적으로 분화된 사회는 더더욱 그런데, 동질성보다 이질성이 더 확대되었다. 동질성보다 이질성에 강조점이 놓이는 것도 사실이다. 지적 수준이 높은 집단이어도 동질성이 높은 사람으로 구성된 집단이라면 의사결정의 질이 현저하게 저하된다. 야마구치 슈/김윤경 역, 철학은 어떻게 삶의 무기가

이질성에 대한 관용의 감수성은 높아졌고, 관용은 실질화되었다. 이질성에 기초한 가치의 다양성이야말로 공동체에 필요하다.[16] 대표적으로 뒤르켐 Emile Durkheim, 1858-1917은 동질성에 기초한 기계적 연대의 사회에서 이질 적이고 기능적으로 분화된 유기적 연대의 사회로 변화했다고 본다.[17] 분화 가 점점 더 진행되고 전문화될수록, 이질성은 커진다.[18] 이질성은 분화와 통합을 동시에 요구함으로서 동질성을 대체한다.[19] 이질성에 기초해 사회 가 제대로 작동하는 기제를 만드는 과제가 우리에게 주어졌다.

절대주의 시대에서 상대주의 시대로, 1차적 질서의 사회에서 2차적 질 서의 사회로, 동질성에 기초한 사회에서 이질성에 기초한 사회로 변모하면 서 관용이 실질적으로 행해질 가능성이 높아졌다. 하지만 안타깝게도 관용 은 행해지지 않고, 비관용이 혐오와 증오의 모습으로 나타나고 있다. 주류 가치관은 이질성을 포용하는 데 한계를 드러내고, 그중 일부는 타자와 소 수자에 대한 혐오와 증오의 정치를 벌인다. 시대의 변화는 다름에 대한 관 용의 폭을 넓히긴 했지만, 역으로 타자와 소수자에 대한 혐오와 증오를 더 강화시키기도 했다. 가치의 상대성이 인정되는 분위기 속에서도, 자신의 가치에 기초해 다른 가치를 부정하는 일이 빈번하게 일어났다.

예전과 차이가 있는 건 비주류 쪽의 대응이다. 절대주의 시대에 주류는 절대 강자였고, 비주류는 주류의 관용을 어쩔 수 없이 기다릴 수밖에 없는 처지에 있었다. 이런 가운데 비주류의 투쟁이 있었지만(대부분 불법으로 탄압 받았다) 변화가 있기까지는 정말 오랜 시간과 많은 사람의 피와 땀이 필요 했다. 법제화(法制化)는 느리게 이루어졌다. 상대주의 시대에는 비주류는 더 이상 주류의 관용에 의지하지 않고, 비주류 스스로 자신의 정체성에 기 초한 '승인 투쟁'을 벌인다(오늘날은 정당한 집회와 결사로 보호받는다).

시대context가 변함에 따라 관용을 논하는 text가 달라진다. 절대주의 시

되는가, 다산초당, 2019, 138면. 대법관이나 헌법재판관의 구성에 있어 하나의 성별, 하 나의 학교로 구성되는 것을 경계하는 것도 이런 이유다.
16) 박호성, 공동체론, 효형출판, 2009, 68면.
17) Emile Durkheim/민문홍 역, 사회분업론, 아카넷, 2012, 259면 이하.
18) Immanuel Wallerstein/백승욱 역, 우리가 아는 세계의 종언, 창비, 2001/2009, 220면.
19) Niklas Luhmann/장춘익 역, 사회의 사회 2, 새물결, 2012, 699면.

대에는 (그 당시 법으로도 처벌되지 않는) 물리적 가해를 입히는 증오 범죄 hate crime를 하지 말라는 촉구로서 관용을 들고 나왔다면, 상대주의 시대에는 (물리적 가해를 입히는 증오 범죄는 당연히 범죄로서 형벌을 받기에) 정신적 가해를 입히는 Hate Speech가 논의의 중심에 선다.

Ⅱ. Hate Speech

1. '혐오'의 다른 뜻

'혐오disgust'는 꽤나 넓은 개념이다. 혐오는 처벌의 대상이 되기도 하고, (문제의 소지가 있지만) 처벌의 기준으로 제시되기도 한다. 모든 문화, 모든 사람에게 적용되는 혐오가 있는 반면, 일부 문화에 기초한 혐오도 있다. 대부분의 사람은 혐오를 가지고 있으며, 사회는 혐오를 가르치기도 한다.[20] 혐오에 대해 알려면 혐오의 종류나 단계를 구분해야 한다. 우리가 혐오하는 여러 대상에는 똥, 시체, 키메라 생성 등이 있다. 우리는 이를 혐오한다고 말하지 증오한다고 말하지 않는다. 이러한 것들은 대부분의 사람이 혐오한다. 혐오가 꼭 부정적인 의미인 것만은 아니다. 혐오는 친밀감을 형성하는 데 쓰이기도 한다.[21] 나와 내 아들은 똥에 대해 혐오 표현을 하면서 재미있어 하고, 친밀감을 형성한다.

혐오 대상이 누구이고 무엇인가가 중요하다. 혐오 대상이 사회 약자, 소수자라면 그 혐오는 비난해야 하지만, 그 대상이 제대로 설정되었을 때는 '말할 수 없는 무언가'를 대변해준다. 예컨대 동물의 배아와 사람의 배아를 섞는, 동물의 정자와 인간의 난자를 섞는 생명공학의 실험에 대해 우리는 정당한 혐오를 느끼고 이를 표출한다.[22] 생명윤리학자인 레온 카스Leon

---

20) "혐오는 깊이 뿌리내리고 있는 반응이다. 모든 성인은 일정한 형태로 혐오를 지니고 있으며, 모든 사회는 일정한 형태의 혐오를 가르친다. 대부분은 아닐지라도 많은 인간은 살아가는 과정에서 어느 정도 혐오를 필요로 할 수도 있다." Martha C. Nussbaum/조계원 역, 혐오와 수치심(Hiding from Humanity: Disgust, Shame and the Law), 민음사, 2015, 314면.

21) Martha C. Nussbaum/조계원 역, 위의 책(각주 20), 139면.

22) "바이오형법은 인간종정체성을 형성하는 근본규범으로 기능한다. 이에 따르면 배아줄기 세포연구를 금지하는 이유는 체외배아의 인간존엄과 생명권 때문이 아니라, 인간종을 어

Kass는 사회가 새로운 의학적 가능성을 숙고할 때에는 '혐오에 담겨있는 지혜'를 의지하는 편이 좋다는 견해를 피력했다.[23] "중요한 사례에서 [...] 혐오는 심오한 지혜를 담고 있는 감정적 표현이다."[24] 데블린Patrick Devlin, 1905-1992은 해악을 끼치지 않는 행위임에도, 특정 행위를 금지시켜야 하는 근거로 '혐오'를 들었다.[25] 데블린은 법으로 규제해야 하는 행위를 확인하기 위해 '(그가 '클레펌 사람'이라고 말하는) 이성적인 사람'이 지니는 '혐오'라는 관념을 활용했다.[26] 카스는 혐오가 인간존엄의 훼손과 연관된다면 혐오에 기초한 법규제가 가능하다는 입장이다.[27] 이때 혐오의 뜻은 혐오 표현에서의 혐오와는 정반대다. 데블린과 카스가 말하는 혐오는 법규제를 정당화하는 기준이 되지만,[28] 혐오 표현에서의 혐오는 처벌의 대상이기 때문이다. 물론 필자는 데블린과 카스의 견해에 동의하지 않는다. 필자는 동성애를 혐오하기에 법으로 금지하는 것에 반대하지만, 키메라 생성을 혐오하기에 법으로 금지해야 한다는 것에는 찬성한다.

2. Hate Speech

혐오에는 좋은 혐오도 있지만 나쁜 혐오도 있다(나쁜 혐오가 당연히 더 문제된다). 혐오 표현에도 좋은 게 있고, 나쁜 게 있다. 혐오는 꽤 넓은 개념이어서, 'hate speech'를 '혐오 표현'으로 지칭하는 것에 의문이 든다. 물론 '혐오' 개념이 소수자 집단을 배제하고 배척하기 위해 쓰인다는 점을 고려하면,[29] '혐오 표현'이라는 용어가 적절하게 보인다.

떻게 연구대상으로 하는가에 대한 혐오에 있다." 고봉진, "배아줄기세포연구와 관련된 바이오형법에서 규범과 의무", 형사법연구 제19권 제2호, 2007, 232면.

23) Martha C. Nussbaum/조계원 역, 위의 책(각주 20), 141면.
24) Martha C. Nussbaum/조계원 역, 위의 책(각주 20), 142면, 154면.
25) Martha C. Nussbaum/조계원 역, 위의 책(각주 20), 140면.
26) Martha C. Nussbaum/조계원 역, 위의 책(각주 20), 150-151면, 164면.
27) Martha C. Nussbaum/조계원 역, 위의 책(각주 20), 152면 이하.
28) Martha C. Nussbaum/조계원 역, 위의 책(각주 20), 164면, 193면; 데블린은 혐오가 사회적으로 형성된다고 보는 반면에, 카스는 전(前)사회적 또는 초(超)사회적인 것으로 사회가 타락하면서 초래되는 인간성에 대한 위험을 경고하는 것이라고 보았다. Martha C. Nussbaum/조계원 역, 위의 책(각주 20), 165면.
29) Martha C. Nussbaum/조계원 역, 위의 책(각주 20), 200면.

　사람뿐만 아니라 다수 사물을 향하는 혐오 개념과 달리, '증오' 개념은
사람을 향한다. 똥이나 키메라 생성을 혐오한다고 하지 증오한다고 말하지
않는다. 동성애가 권리로서 제대로 인정되지 않은 우리 사회에서 기독교
세계관(기독교 가치관)에 기초해서 혐오할 수 있을지는 몰라도, 그들을 배제
하거나 소외시키는 증오 표현은 하지 않아야 한다. 이때 혐오와 증오 개념
은 다른 뉘앙스가 느껴진다.

　'혐오'라는 말은 멀리 한다는 뜻이 있다. 혐오라는 용어는 그 대상이 광
대하다는 큰 단점이 있다. 적극적인 공격 언행을 수반하지 않아도 된다.
하지만 문제되는 것은 공격적인 언행이다. '혐오'보다는 '증오'라는 말이 더
적합한 하나의 이유이다. 혐오는 피하는 자세를 취하지만, 증오는 덤비는
자세를 취한다.[30] 그런데 문제는 '증오 표현'은 소수자가 다수자에게도 할
수 있다는 점이다. '증오 표현' 개념에 소수자 집단을 배척하고 배제하는
의미가 제대로 표현될지는 의문이다. '혐오 표현' 개념 속에는 그런 의미가
포함된다. hate speech를 '증오 표현'이라고 번역하면 일견(一見) 의미가
전달되지 않는다.[31] '혐오 표현'이라고 번역해야 느낌이 산다. 다만 혐오라는
표현 대신에 '소수자 혐오'라고 구체화해 '소수자 혐오 표현'이라고 해야 한
다. hate speech는 disgust에 기초해 hate를 표출하는 게 아닐까 생각된다.
'소수자 혐오 표현'도 괜찮은 용어지만, 혐오와 증오의 의미를 동시에 표출
하지는 못한다. 필자는 hate speech를 '혐오에 기초한 증오 발언'으로 번
역할 것을 제안한다.[32] hate speech는 혐오와 증오가 함께 하는 경우이다.

　hate speech에서 speech를 '발언'이라 하지 않고 '표현'이라고 번역해도
무방하다.[33] '표현'이라는 것은 발언뿐 아니라 여러 행위들도 포함된다. 혐

---

30) 이준웅·박장희, "모든 더러운 말들: 증오발언 규제론 및 규제반대론 검토", 서울대학교
　　법학 제59권 제3호, 2018, 7면.
31) 모로오카 야스코도 그의 책 '증오하는 입'(조승미·이혜진 역, 오월의 봄, 2013) 한국어
　　판 서문에서 '증오언설', '증오발언' 번역어로는 정확한 의미가 전달되지 않는다고 보았고,
　　hate speech를 '혐오발언'으로 표현했다.
32) '증오 발언'과 '혐오 발언'을 구별할 것을 제안하는 논문으로는 이준웅·박장희, 앞의 논
　　문(각주 30), 12면 이하. 이 논문에서 필자들은 증오 발언과 혐오 발언을 구별해야 하는
　　이유 4가지를 드는데, 그 첫 번째 이유가 증오가 아닌 혐오까지 광범위하게 정책적 규제
　　대상으로 삼겠다고 무리하게 나설 우려가 있다는 점이다.
33) Martha C. Nussbaum/조계원 역, 위의 책(각주 20), 534면은 '증오 발언'이라고 번역했

오에 기초해 증오를 표현하는 퍼포먼스를 벌였다면, 이는 발언은 아니어도 speech에 포함된다. 구체적 해악을 끼치는지 여부가 중요하지, 혐오에 기초한 증오를 표현하는 것이 말인지 행동인지는 중요하지 않다.

3. 증오 표현과 혐오 표현

한 집단의 정체성은 사회와 역사의 연관 속에서 형성되며,[34] 일정한 혐오는 사회 공동체에서 만들어진다. 혐오가 특정 공동체에서 생겨나는 감정이라면, 책임을 개인에게만 묻는 것은 타당하지 않다. 교육받고 자라온 환경에서 자연스럽게 집단의 가치관이 개인 속에 심어지고, 이를 기초로 표현되기 때문이다. 혐오는 특정 집단에 대한 편견과 연결되어 있으며, 이 편견은 개인 스스로 형성한 것이 아니라 그가 속한 공동체가 만든 것이다.[35] 그런데 메타meta 차원에서 본다면 "심하지 않은" 혐오는 비교적 정상적이다.[36] '소수자 혐오 표현'은 관용의 한계 밖에 있지만, 모든 소수자 혐오 표현이 법적 규제 안에 있어야 하는 것은 아니다. 혐오 표현의 일부만이 '증오 표현'으로 법적 규제의 대상이 된다. 증오 표현도 형사 제재, 행정적 제재, 민사 제재 등 경중에 따라 처벌을 달리할 수 있다.[37] 혐오는

다. 'Hate Crimes'을 '증오 범죄'라고 번역했다.

34) Wendy Brown/이승철 역, 위의 책(각주 7), 41면.

35) '혐오사회(원제목: GEGEN DEN HASS)'의 저자 카롤린 엠케(Carolin Emcke)는 혐오와 증오는 이데올로기에 따라 집단적으로 형성된 감정이라고 말한다. "내가 여기서 말하는 혐오와 증오는 개인적인 것도 우발적인 것도 아니다. 단순히 실수로 또는 궁지에 몰려서 자기도 모르게 분출하는 막연한 감정이 아니다. 그것은 이데올로기에 따라 집단적으로 형성된 감정이다. 이것이 분출되려면 미리 정해진 양식이 필요하다. 모욕적인 언어표현, 사고와 분류에 사용되는 연상과 이미지들, 범주를 나누고 평가하는 인식틀이 미리 만들어져 있어야 한다. 혐오와 증오는 느닷없이 폭발하는 것이 아니라 훈련되고 양성된다." Carolin Emcke/정지인 역, 혐오사회, 2017/2019, 다산북스, 22-23면.

36) 뒤르켐은 범죄가 없는 사회는 있을 수 없다는 의미에서 범죄는 정상적이라고 말한다. Emile Durkheim/윤병철·박창호 역, 사회학적 방법의 규칙들, 새물결, 2019, 132면.

37) "혐오표현이나 차별적 혐오표현으로 인한 공격의 강도나 피해의 정도가 전반적으로 심각하지 않은 경우 또는 차별적 혐오표현에 포함된 차별적 요소를 따로 떼어내어 침해의 성격이 다른 차별행위로를 규제하는 경우에 자율적 분쟁해결절차를 동원할 수도 있다. 이처럼 혐오표현이나 차별적 혐오표현의 공격적 강도와 빈도 및 성격, 그리고 피해의 내용과 범위 및 정도에 따라 그에 적합한 다양한 형태의 규제가 필요하지 일률적으로 규제의 필요성이 없다거나 특정한 규제방식만이 선택되어야 한다는 주장은 설득력이 없다고 보인다." 이준일, "혐오표현과 차별적 표현에 대한 규제의 필요성과 방식", 고려법학 제72호, 2014, 87면.

옳고 그름을 결정하는 척도가 될 수 없다. 중요한 것은 증오 표현에 의해 어떤 해악이 타인에게 가해지는가 하는 점이다. 증오 표현에 의해 초래되는 효과가 법적 규제의 유무를 결정하는 중요한 기준이 된다.[38] 관용과 관련해서는 '혐오 표현'이 문제된다. 많은 경우 혐오를 드러내고 있지 않을 뿐 혐오를 간직하고 있다. 혐오를 적극적으로 드러낼 때 다른 집단에 대한 관용이 깨진다. 관용의 정치나 관용의 교육은 집단이 다른 집단에 대해 생산해내는 혐오를 잘 관리할 것을 요청한다. 이질적인 것을 내 것으로 삼을 수는 없지만, 그것을 관리 가능한 '차이의 영역'에 두는 것이다.

타인에게 해악을 끼치는 '증오 표현'이 아닌 단순한 '혐오 표현'이라면 '법으로부터 자유로운 영역'에 해당한다. 즉 관용의 의무를 어겨서 혐오를 표현하더라도 이를 직접적으로 막을 방법은 없다. 혐오로 나타나는 비관용을 관용해야 하는 것은 아니다.[39] 혐오의 표현으로 되받아치는 방법이 있고 mirrering의 방법 등이 있다. 혐오 표현에 대한 혐오 저항은 분노와 혐오가 함께 하는 경우이다. 물론 해악이 증명되는 '증오 표현'에 해당할 때에는 법적인 규제가 가해진다. 혐오를 표현하는 자는 그 혐오 표현이 증오 표현으로 변할 수 있기에 조심해야 한다. 그렇다면 모든 혐오 표현을 법으로 규제하는 것은 바람직하지 않다. 혐오 표현을 법으로 규제하게 되면 혐오 표현이 될까 우려하여 표현을 자제하게 되며, 이는 표현의 자유를 위축시킬 수 있다.

구분	정도	법규제의 유무
(필자가 좁게 설정한) 혐오 표현	비관용의 표현	법으로부터 자유로운 영역 법 이외의 지도가 필요한 영역
혐오에 기초한 증오 표현	해악	법적 규제

---

38) 일부 학자들(Rae Langton, Catharine MacKinnon, Mari Matsuda)은 오스틴(John Langshaw Austin)의 언어 행위 이론(illocutionary act)에 기초해 혐오 발언이 곧바로 상처를 주는 행위(그 자체로 폭력이 되고 차별이 된다)에 해당한다고 주장한다. 하지만 버틀러(Judith Butler)는 그녀의 책 '혐오 발언'에서 '혐오 발언'에 대해 어떤 규제도 제정하지 말 것을 권한다. Judith Butler/유민석 역, 혐오 발언, 알렙, 2016, 40면 이하.

39) "상대주의는 일반적 관용이다. 다만, 불관용에 대해서까지 관용하는 것은 아니다." Gustav Radbruch/최종고 역, 법의 지혜, 교육과학사, 1993, 33면; 박은정 편역, 라드브루흐의 법철학 – 법과 불법의 철학적 경계, 문학과 지성사, 1989, 60면, 61면.

문제는 (필자가 임의로 나눈) 혐오 표현(소수자 혐오 표현)과 증오 표현(혐오에 기초한 증오 표현)을 어떻게 구분할 수 있는가 하는 점이다. 마리 마츠다Mari Matsuda는 '인종차별 발언에 대한 공적 대응'에서 3가지 식별 특징을 제시했는데, 법적 규제가 정당화되는 '증오 표현'의 예가 되지 않을까 생각된다.[40]

1. 메시지가 열등성inferiority에 대한 것이다.
2. 메시지가 역사적으로 억압된 집단에 대해 향해진다.
3. 메시지가 박해적이고, 증오로 가득 차 있으며, 비하적이다.[41]

혐오는 분노보다 훨씬 뿌리 깊은 감정이다.[42] 강한 혐오 감정을 갖고 있는 사람은 자신이 미워하는 대상을 제거하거나 파괴하려고 시도하며, 이는 증오로서 표출된다. 감정의 원천에 따라 분노, 혐오, 증오 등 여러 표현을 사용할 수 있다. 하지만 분노, 혐오, 증오가 나쁜 감정일 때조차 이 때문에 법적 규제의 대상이 되는 것은 아니다. 분노, 혐오, 증오 중 어떤 감정에 의하더라도 피해자에 해악이 가해질 때 비로소 법적 규제가 정당화된다. 형벌을 가하는 형법의 경우에는 더 그렇다. 언어가 의사소통에 그치는 것이 아니라 행위를 유발하거나 완성하도록 하는 수행적 기능을 가지고 있다고 해도 이를 해악으로 바로 단정할 수는 없다. 하지만 예컨대 'white only(백인 전용)'라는 표지판을 공중 화장실이나 버스 좌석에 붙이는 행위라면, 이는 흑인과 유색인을 배제하는 강한 메시지가 담긴 것이며, 금지와 차별을 수행하도록 요구하는 표현 행위가 된다.[43] 이 표현 자체가 금지와 차별을 수행하면서 흑인과 유색인에게 해악을 끼치는 것이다. 혐오가 증오

---

40) Judith Butler/유민석 역, 위의 책(각주 38), 44면.
41) Mari Matsuda, 인종차별 발언에 대한 공적 대응, 1993, p. 36; 옮긴이 해제, "혐오 발언에 대한 저항은 가능한가", in: Judith Butler/유민석 역, 위의 책(각주 38), 308면에서 재인용함; 증오표현을 통해 소수자 집단을 배제하고 소외시키면 '인간존엄 침해'의 국면으로 들어간다. 'hate speech와 관용에 관한 법철학적 고찰'은 'hate speech와 인간존엄 침해에 관한 법철학적 고찰'과 맞물려 있다.
42) 김용환, "혐오주의란 무엇인가?", in: 김용환 외 7인, 혐오를 넘어 관용으로, 서광사, 2019, 25면.
43) 김용환·임건태, "정치적 혐오주의와 이념적 관용", in: 김용환 외 7인, 위의 책(각주 42), 51-52면.

로서 표출되고, 증오 표현이 금지와 차별을 수행한다면 (형법 규제는 아니더라도) 법적 규제는 반드시 필요하다.

마음에 남겨진 상처는 (경우에 따라) 신체에 남겨진 상처보다 더 심하고 오래간다. 기존 법은 (많은 경우) 몸에 상처가 나고 상해를 입어야 법적 조치를 들고 나온다. 하지만 '혐오에 기초한 증오 표현'은 피해자의 마음에 심각한 상처를 남긴다. 몸에 난 상처는 명백하게 보이지만, 마음에 난 상처는 보이지 않는다. 하지만 피해자의 진술 등을 통해 명백히 있다는 것을 증명할 수 있다. 가해자의 표현의 자유가 아니라 피해자의 표현의 자유가 보장되어야 범죄임이 증명된다.

증오에 대해 증오로 대응해서는 안 된다(혐오를 혐오로 대응할 수 있는 것과는 다르다).[44] 혐오와 달리 증오는 범죄가 될 수 있기 때문이다. 증오 표현은 법으로 규제할 수 있고, 더 강력한 승인투쟁의 원인이 된다. 미국 사회에서 흑인들의 1960-70년대 '인권 투쟁'을 상기해보면 잘 알 수 있다. 증오와 폭력을 고찰할 때에는 그 자체뿐만 아니라 그것을 가능하게 하는 구조도 함께 고찰해야 한다.[45]

Ⅲ. hate speech와 관용

가치대립이 일어나는 2차적 질서의 세계에서도 자신만이 옳다는 논리 전개는 가능하다. 2차적 질서를 추구한다 하더라도 자신의 질서관을 주도적인 위치에 올려놓으면 비관용은 싹튼다. 하지만 예전과 오늘날은 절대주의와 상대주의로 대변될 만큼 큰 차이점이 있다. 1차적 질서 하에서는 배제와 배척이 법적으로 문제없었지만, 2차적 질서 하에서는 법으로 배제와 배척은 금지된다. 그렇기에 오늘날은 구체적 해악행위로 나가는 것보다 말과 행동으로 비관용을 표현하는 일이 많아졌다.

---

44) 카롤린 엠케는 증오에는 증오하는 자에게 부족한 것(정확한 관찰과 엄밀한 구별과 자기회의)으로써 대응해야 한다고 말한다. Carolin Emcke/정지인 역, 위의 책(각주 35), 25면.
45) Carolin Emcke/정지인 역, 위의 책(각주 35), 26면.

1. 월드론의 시도

월드론Jeremy Waldron은 그의 책 '혐오표현, 자유는 어떻게 해악이 되는 가?(원제: The Harm in Hate Speech)' 제8장에서 hate speech와 로크의 '관 용에 대한 편지'와의 관련성을 살폈다. "계몽주의 시대의 관용에 관한 이론 들에서 혐오적인 명예훼손 문제가 얼마나 중요했는가? 17세기와 18세기 계 몽사상가들이 종교적인 이유로 서로에게 가하는 물리적인 폭력뿐만 아니라 혐오와 혹평의 표현도 삼가야 한다는 발상에 얼마나 관심을 가졌는가?"[46] 그에 따르면, 시민들의 관용 의무에 관한 구상은 종교적으로 유발된 폭력 의 금지만이 아니라 종교적 모욕, 명예훼손, 욕설의 금지까지 포괄하는 것 으로 확장될 수 있다.[47] 그는 존 로크(관용에 관한 편지), 피에르 벨(누가복음 14장 23절의 "사람들이 들어오게 하여, 내 집이 가득하게 하여라"라는 구절에 관한 철학적 해설), 볼테르(영국에 관한 편지), 드니 디드로(백과전서) 4가지 텍스트 를 살폈는데, 가장 중심된 책은 로크의 '관용에 관한 편지'였다.[48] 로크가 종교집단 간에 발생하는 끝없는 혐오에 관해 언급한 점, 파문된 자들에게 가해지는 행동만큼이나 가해지는 말에도 제한을 둔 것을 강력히 제안했다 는 점, 종교를 전파할 때에도 신체와 재산에 대한 공격뿐 아니라 명예에 대한 공격도 제한된다는 점을 근거로 들었다.[49] 하지만 필자가 보기에는 로크의 '관용에 대한 편지'에서 hate speech와의 직접적인 연관 관계를 찾 는 것은 무리이지 않을까 싶다.

관용 담론은 그 핵심 대상이 달라지는 만큼 그 기능에 있어서도 다른 양태를 가질 수밖에 없다.[50] 'hate speech와 관련된 관용 논의'라는 점에 서 '종교적 관용 논의'와는 다른 점이 분명 있다. 무엇보다 관용을 말하는

---

46) Jeremy Waldron/홍성수·이소영 역, 혐오표현, 자유는 어떻게 해악이 되는가?, 이후, 2017, 257면.
47) Jeremy Waldron/홍성수·이소영 역, 위의 책(각주 46), 258면.
48) Jeremy Waldron/홍성수·이소영 역, 위의 책(각주 46), 260-269면.
49) Jeremy Waldron/홍성수·이소영 역, 위의 책(각주 46), 262면, 263면; John Locke/공 진성 역, 위의 책(각주 1), 31면, 40면; John Locke, A Second Letter Concerning Toleration (Awnsham and Churchill, 1690), pp. 7-8.
50) Wendy Brown/이승철 역, 위의 책(각주 7), 21면.

토대가 달라졌다. 오늘날 종교의 이름으로 해악을 끼치는 행위는 범죄를 구성하기에, 관용이 더 이상 주된 테마로 이야기되지 않는다. 관용, 비관용을 말하기 이전에 벌써 범죄가 된다. 하지만 로크 시대에는 종교의 이름으로 해악을 끼치는 행위라도 종교 세계관에 의해 정당화되었기에(범죄라는 인식 자체가 없었고 옳은 일을 하고 있다고 믿었다), 로크는 여기에 관용을 주창했다. 오늘날에는 해악을 끼치는 행위가 아니라 hate speech를 관용의 적용 대상으로 삼아야 한다. 관용의 범주 안에 있는지, 관용의 한계를 넘어선 것인지, 범죄로 구성할 수 있는 것인지(법적 규제를 해야 하는지), 관용의 한계를 벗어났지만 용인해야 하는 것인지 등의 논의가 전개된다. 관용이 적용되는 context에 따라 관용의 text가 달라진다. 혐오와 이에 따른 증오는 다름을 틀림으로 보는 생활양식, 정체성에 대한 문제다.

2. 관용 '개념'의 변화?

관용은 어떤 활동이나 신념이, 자신이 선택한 대로 믿고 행동하는 타인의 동등한 권리를 침해하지 않는 한, 비록 싫거나 받아들일 수 없다고 하더라도 허용하고 방해하지 않는 것이다.[51] 관용은 이성과도 관련되지만, 감정과도 밀접한 관련이 있다.[52] 관용은 신념이나 행동의 이질성을 인정하고 사회의 한 요소로 받아들인다.[53] 상대방의 가치관이 나와 다르다 해도 이를 존중하는 것을 요구한다. 물론 적극적인 존중은 아니다. 내가 따를 만한 가치로 존중하는 것은 아니기 때문이다. 이질적이어서 내가 도무지 받아들일 수 없는 것이라도 그 문화와 가치가 유지되고 이를 따르는 사람들을 인정한다는 의미에서, 소극적인 존중이다. (16-17세기에 통용된 관용은 훨씬 아래 수준이었지만[54]) 로크 등이 주장한 바도 이런 관용 개념이었다.

---

51) Anthony Arblaster/조기제 역, 서구 자유주의의 융성과 쇠퇴, 나남, 2007, 144면.
52) '관용과 감정'의 관계에 대한 논의로는 김연미, "관용에 대한 (생물학적) 접근: 공감의 은유적 맵핑", 법철학연구 제17권 제2호, 2014, 55면 이하.
53) Anthony Arblaster/조기제 역, 위의 책(각주 51), 145면.
54) 왈쩌(Michael Walzer)는 관용 개념을 다음과 같이 구분한다. 여기서 그 당시 통용되는 '종교적 관용'은 학자들이 주장한 바와 달리 소극적인 존중보다 못한 단계였다. "이들 중 최초의 것은 16, 7세기에 종교적 관용의 기원을 반영하는 것인데, 평화를 위해서 체념적으로 차이를 그냥 용인하는 것이다. 해를 거듭하면서 사람들은 서로를 죽이다가 다행스

하지만 관용 개념이 담고 있는 '존중' 의미가 사라졌다. '소극적인 존중'에서 '그대로 내버려 둠'으로 바뀌었다. 관용은 사람들을 방해하지 않고 그냥 두는 것으로 의미가 바뀌었고, 그야말로 최소한의 소극적 미덕이 되었다.[55] '소극적 존중으로서의 관용'이 '불간섭으로서의 관용', '무관심으로서의 관용'으로 변모된 것이다.[56] 관용 개념의 이러한 변화는 비관용이 창출되는 하나의 원인이 된다. 신경 쓰지 않고 그대로 내버려둔 상태에서 혐오와 증오가 싹트는 것이다. 이는 오늘날 시민성의 부재와 직접적으로 연결되어 있다.

'불간섭, 무관심으로서의 관용' 개념에 반대하여 다른 관용 개념을 주장하는 학자들이 있다. George Washington 대학 정치학과 교수인 크레펠Ingrid Creppell은 '상호성으로서의 관용Toleration as Mutuality'을 주장한다. 크레펠에 따르면, 이질적인 집단이나 상대방과 관계를 계속 유지하려 한다는 점이 관용 개념에 반드시 포함되어야 한다. 과거에는 종교적 다수파가 소수파에게 적극적인 박해를 가하지는 않지만 관계를 단절하고 방치하는 것을 일종의 관용으로 받아들였지만 평등의 원리가 적용되는 현대사회에서 이런 식의 관용은 매우 부적합하고 불충분하다. 관용은 '상호 관계'를 핵심적인 요소로 포함해야 한다.[57]

이탈리아 출신의 여성학자 갈레오티Anna Elisabetta Galeotti는 '인정으로서의 관용Toleration as Recognition'을 주장한다. 갈리오티는 현재 관용이 요구되

럽게도 기진맥진하게 되었는데, 이를 관용이라 부른다. 그렇지만 용인(acceptance)이 보다 더 본질적으로 지속된 경우도 존재한다. 두 번째의 가능한 태도는 차이에 대하여 수동적이며 완화되고 자비로운 무관심이다. "하나의 세계를 만들기 위해서 온갖 종류의 것을 모두 수용한다." 세 번째의 형태는 도덕적 스토아주의에서 나온다. 즉 "내게는 마음이 들지 않더라도 타인은 그의 권리를 행사할 권리를 가지고 있다"라고 원리화된 인식이다. 네 번째는 타인에 대한 열린 태도이다. 호기심과 함께 심지어는 타인에 대한 존경까지도 포함될 것 같아 보이는, 기꺼이 듣고 배우고자 하는 열린 자세이다. 이 중 가장 극단적인 것은 차이에 대한 열광적인 지지이다." Michael Walzer/송재우 역, 관용에 대하여, 미토, 2004, 27-28면.

55) Anthony Arblaster/조기제 역, 위의 책(각주 51), 150면.
56) 고봉진, 앞의 논문(각주 14), 165면 이하.
57) Ingrid Creppell, "Toleration, Politics, and the Role of Mutuality," in: M. Williams and J. Waldron (eds.), *Toleration and Its Limits*, New York University Press, 2008. pp. 317-318; 김성호, "관용과 상호성 그리고 정체성의 문제", in: 김용환 외 7인, 위의 책(각주 42), 336-337면에서 재인용함.

는 진정한 영역은 자유주의가 주장하는 개인들 사이의 차이가 아니라 서로 다른 집단들 사이의 차이라는 점을 지적한다. 그녀는 차이를 인정하고 옹호하는 형태의 관용이 필요하고, 이런 관용은 무관심이나 상호 존중이 아니라 '정의'에 기초해야 함을 주장했다. '인정'은 소수자의 정체성을 인정하고, 소수자의 정체성을 배제하거나 무시하거나 억압하지 않는 것을 의미한다.[58]

하지만 갈레오티의 '인정으로서의 관용'은 관용 개념에 전혀 다른 인정 개념을 씌었다. 필자는 관용 개념과 인정 개념이 다른 개념임에도, 같은 의미로 사용하는 것에는 찬성할 수 없다. 관용과 승인은 별개의 개념이며, 관용 개념은 승인 개념을 염두에 두고 자신의 개념 정의를 다시 설정해야 한다.

3. 관용과 승인

예전에는 권리로 인정되지 않던 차이들이 점차 하나둘씩 권리(기본권)가되었다. 예전에는 차이로 인식되어 관용되어야 할 것이 권리로 인정되었다. 종교의 자유가 대표적인 예다. 여성의 차이는 (아직 성평등이 제대로 실현되지는 않았지만) 평등의 문제로 다루어졌다. 사상의 자유를 통해 (요원해 보일 때가 많지만) 다른 견해, 다른 의견을 가질 권리가 인정되었다. 우리나라 헌법재판소는 병역법 제88조 제1항에 대한 2004년 결정(2002헌마1), 2011년 결정(2008헌가22)과 달리, 2018년 결정(2018.6.28. 선고 2011헌바379 · 383. 2012헌가 17 등 결정)에서 양심적 병역거부자에 대체복무제를 인정함으로써 그들이 가지는 차이를 양심의 자유로 인정했다.[59]

주류와 비주류의 간극이 예전에 비해 좁혀졌다. 오늘날에도 물론 주류와 비주류의 간극이 넓다는 점은 인정할 수밖에 없다. 권리(기본권)가 현실 세계에서 제대로 작동하는지 확인하려면, 비주류의 권리가 제대로 실현되

---

58) Anna Elisabetta Galeotti, Toleration as Recognition, Cambridge University Press, 2012, pp. 7-8, p. 11; 김성호, 앞의 글, in: 김용환 외 7인, 위의 책(각주 42), 343면 이하에서 재인용함.

59) 헌법재판소 2011년 결정과 2018년 결정은 대체복무제를 도입하지 않은 것이 양심적 병역거부자의 양심의 자유를 침해하는지 여부를 판단함에 있어 국제인권규범의 재판규범성을 정반대로 인정하고 있다. 2011년 결정은 국제인권규범의 재판규범성을 부인한 반면에, 2018년 결정은 적극적으로 인정하였다.

는지를 보면 된다. 권리뿐만 아니라 관용이 현실 세계에서 작동하려면, 주류와 비주류의 경계가 심하지 않아야 한다. 주류와 비주류의 간극이 클 때 관용은 더 요청되지만, 주류와 비주류의 간극이 좁혀질수록 관용의 기제는 실제로 작동된다. 다른 세계관, 다른 가치관, 다른 문화, 다른 생활방식이 인정되면 될수록, 관용의 의무가 실질적으로 발휘된다.

소수자가 다수자의 삶의 방식을 관용한다고 말하지 않는다. 관용을 말하려면, 다수자와 소수자의 관계이거나 최소한 대등한 관계여야 한다. 관용은 주로 주변인과 소수자에 대한 다수자들의 대응이다.[60] 관용이 오명(汚名)을 덮어쓸 때도 있다. 때론 관용은 소수자의 삶의 방식에 권리와 평등은 부여하지 않은 채, 주류 문화를 이끌기 위한 통치 방식이기 때문이다.[61] 소수자의 삶의 방식은 다수에 의해서가 아니라, 소수자의 승인 투쟁을 통해 권리와 평등으로 보장되었다. 정의와 평등의 문제가 관용의 문제로 대체되면 안 된다. 불평등과 배제 같은 문제의 해결책으로 관용이 제시돼서는 안 된다.[62] 오늘날 관용 담론보다는 '자유와 평등' 담론이 활성화되는 것도 이런 이유이다.[63] 밀John Stuart Mill, 1806-1873도 그의 책 '여성의 종속'에서 같은 이야기를 했다. "이미 현대사회에서는, 그리고 사회가 점점 더 발전할수록, 명령하고 복종하는 삶은 예외적인 것인 반면 평등한 관계는 대세가 되고 있다. 역사가 막 시작하는 단계에서는 강자의 힘에 복종하는 것이 도덕의 기본이었다. 그러나 그 다음 단계에서는 그것이 강자의 관용과 보호 아래 약자가 자신의 권리를 지키는 것으로 바뀌었다."[64]

'평등한 존중'이라는 관점에서 본다면, 관용보다는 '승인'의 차원에서 다른 삶의 방식을 인정하고 이를 권리로서 인정하는 것이 필요하다. 이럴 때 소수자 배척과 배제는 비관용을 넘어서, 권리 침해, 평등권 침해가 된다. 물론 소수자 집단에는 여러 부류가 있다. 소수자 집단으로 장애인, 외국인

---

60) Wendy Brown/이승철 역, 위의 책(각주 7), 92면.
61) Wendy Brown/이승철 역, 관용(갈무리, 2010)의 부제는 '다문화제국의 새로운 통치전략'이다.
62) Wendy Brown/이승철 역, 위의 책(각주 7), 42면 참조.
63) Wendy Brown/이승철 역, 위의 책(각주 7), 18면.
64) John Stuart Mill/서병훈 역, 여성의 종속, 책세상, 2006, 89면.

노동자, 동성애자 등이 있다. 권리가 인정되고 그들의 삶의 방식이 인정되는 소수자 집단이 있는가 하면, 그렇지 못한 집단도 있다. 동성애자의 경우에는 동성애자의 권리(예컨대 혼인권)가 인정되는지, 그들의 삶의 방식이 인정되는지가 문제된다. 동성애자의 권리를 인정하고 삶의 방식을 인정하는 사람이라면, 그들의 권리와 삶의 방식이 인정(승인)되어야 한다고 주장할 것이다. 그들에게 동성애를 관용하자는 주장은 소극적인 주장으로 들린다. 동성애자 운동도 관용이 아니라 승인에 중점이 놓여 있다.

소수자 운동의 차원에서는 '승인'이 우선이지 '관용'이 우선이 아니다. 우리나라에 와있는 외국 노동자의 경우도 마찬가지다. 외국 노동자로서 인권과 자신들의 문화를 인정받기 원하지, 관용의 대상이 되는 것을 바라지 않는다. 다수자 집단에 속한 사람은 '평등한 존중'의 요구에 따라 소수자도 자신들과 같은 권리를 누릴 수 있음을 인정한다.[65] 1차적 질서 하에서는 승인될 여지가 없지만, 2차적 질서 하에서는 승인될 여지가 생긴다. 승인될 여지가 없거나 부족할 때는 관용의 미덕은 빛을 발하지만, 승인될 여지가 있을 때에는 관용은 (좋은 것임에도) 소극적인 미덕에 그친다.

'다름에 대한 관용'은 '다름에 대한 승인'과 밀접한 관련이 있다. 다름에 대한 승인이 되고 나면, 이후 관용의 기제는 더 힘을 발휘한다. 오늘날 '관용'은 승인'과의 관련성 속에서 살펴야 한다. 약자(소수자)이기 때문에 혐오가 나오지 약자(소수자)가 강해지면 혐오는 숨게 된다. 유색인종 혐오와 여성 혐오는 유색인종의 권리가 인정되고 여성의 권리가 신장되면서 숨었다.

4. 차이와 관용

관용은 차이를 용납하며, 차이는 관용을 필요로 한다.[66] 예전에는 하나

---

65) 마사 누스바움(Martha C. Nussbaum, 1947–)은 불관용을 극복하는 원리로 '평등한 존중'을 주장한다. "소수 종교에 대해 관용적 태도를 가져야 한다는 요구가 아니라, (내가 속한) 다수자가 향유하는 만큼의 자유를 그들도 가질 권리가 있기 때문에 그들의 종교를 불관용할 근거가 없다는 주장이다. 평등한 존중이라는 첫 번째 원리와 만나는 지점도 여기이다." 김용환, "새로운 종교적 불관용", in: 김용환 외 7인, 위의 책(각주 42), 383면, 388면.

66) Michael Walzer/송재우 역, 위의 책(각주 54), 8면.

의 질서였지만, 지금은 다자 질서가 되었다. 단일성보다는 다양성이 점점 중요시되었다. 이러한 시대 변화에도, 자연법의 시대에서 가치의 시대로 변함에 따라 주류와 비주류 사이의 대립과 갈등은 지속되었다. 차이에 대한 민감성은 증가했지만 차이에 대한 차별과 탄압은 현재 진행 중이다. 다른 점은 예전에는 차이를 관용으로 참기를 바랐다면,[67] 지금은 차이가 옳다는, 정당하다는 관점에서 떳떳이 차이를 인정받기를 바란다는 점이다.

현재 인정(승인)되지 않은 차이에 대해서는 여전히 '관용'의 논리가 필요하다. 이방인의 문화, 동성애자의 삶의 방식에 대해 나와는 맞지 않더라도 관용할 것이 요구된다. 법은 이질성을 탄압하는 수단이 되기도 하지만, 이질성을 보호하는 수단이 되기도 한다. '혐오'는 이질성을 탄압하는 법의 정당화 근거가 되지만, 이질성을 보호하는 법의 규제 대상이 되기도 한다. 오늘날 차이는 정당한 차이로 점차 승인된다. 이 과정에 소수자 투쟁이 자리잡는다. 법으로 승인된 차이는 관용보다는 권리 차원에서 보호된다. 승인된 차이를 무시하거나 배제하면, '권리 침해', '기본권 침해'가 된다.

정통적으로 관용은 보편적인 것이 특수한 것을 관용하는 문제로 형상화되는데, 보편의 지위를 차지하는 것은 언제나 특수한 것보다 우월한 것으로 간주되었다.[68] 차이는 새로운 가능성을 생산할 잠재력을 박탈당하고, 단순히 '관용받아야 할 특수한 것'으로만 남게 된다.[69] 하지만 특수한 것이 보편화된다면, 예컨대 우리가 이방인이라는 것이 모두에게 공통되는 것이 된다면,[70] 차이를 인정하기 수월해지고 관용이 일반화된다. 다문화사회, 다민족사회에서 나도 너도 모두 이방인이라는 것을 인정한다면 차이에 기초한 질서는 수립된다. 물론 현실에서 실현되기는 요원하다.

1차적 질서의 세계에서 자신의 자연법이 옳다고 주장하든, 2차적 질서의 세계에서 자신의 가치관이 옳다고 주장하든, 그것 그 자체만으로는 큰

---

67) 관용의 어원은 '참고 견디다'를 뜻하는 라틴어 'toleare'에서 나왔다. Wendy Brown/이승철 역, 위의 책(각주 7), 58-59면; 옮긴이 후기, in: Michael Walzer/송재우 역, 위의 책(각주 54), 211면.
68) Wendy Brown/이승철 역, 위의 책(각주 7), 298면.
69) 역자 후기, in: Wendy Brown/이승철 역, 위의 책(각주 7), 334면.
70) Michael Walzer/송재우 역, 위의 책(각주 54), 163-164면.

문제가 없다. 하지만 자신의 기준으로 다른 사람을 판단하고 정죄할 때에는 문제가 발생한다. 자신의 의견을 옳다고 주장하면서, 동시에 다른 사람의 생각과 견해가 나와 달라도 공존할 수 있는 여지를 허용하는 것이 성숙한 태도다. 관용은 주변인과 소수자에 대한 다수자의 적절한 대응이었다.[71] 다수자가 관용 대신에 박해를 선택하고, 관용 대신에 혐오와 증오를 선택하는 순간부터, 소수자는 몸을 사리고 살 길을 모색하게 된다. 예전에는 불법으로 간주된 투쟁을 택했고, 오늘날에는 법의 보호를 받는 집회와 결사를 이어간다. 관용이 점점 사라지는 시대에는 극한 대립이 필연적일지 모른다. 차이를 억압하든, 법으로 보호하든 한 가지 해결책을 서로 고집하면서, 애매한 공존 상태를 맞이한다. "관용의 교육"이 더 필요한 이유가 여기에 있다. 혐오의 공동체 속에서 혐오가 피어나지만, 관용은 그 가운데서도 자라난다.

관용 교육은 차이를 인정하는 교육이다. 이질성이 공존하고 서로 다르게 존재할 수 있다는 교육이다. 단일한 질서가 아닌 다양한 질서가 공존하고, 그 가운데 누구나 소수자로서가 아니라 사회의 당당한 일원으로 살아갈 수 있어야 한다. 법과 도덕은 이를 후원하고 도와야지, 법과 도덕이 배제하거나 차등해서는 안 된다. 도덕과 법이 해야 할 일을 관용을 깨고 혐오와 증오를 드러내는 행위를 단속하고 규제하는 일이다.

---

71) Wendy Brown/이승철 역, 위의 책(각주 7), 92면.

06

포함inclusion을 통한 배제exclusion

정채연

포항공과대학교(POSTECH) 인문사회학부 대우조교수, 법학박사, 뉴욕주 변호사

포항공과대학교(POSTECH) 인문사회학부에서 대우조교수로 재직하면서 기초법을 비롯한 법학 분야 과목들을 담당하고 있다. 현재 대법원 사법정책연구원의 초빙연구위원을 겸임하고 있다. 고려대학교에서 법학사, 법학석사 및 법학박사 학위를 취득했고, 미국 뉴욕대학교(NYU) 로스쿨에서 LL.M. 학위를 받았으며, 현재 뉴욕주 변호사이다. 사법정책연구원의 연구위원과 한국과학기술원(KAIST) 미래전략대학원의 연구조교수를 거쳤다. 법인류학적 다원주의의 관점에서 현대사회의 관용론을 재구성하고, 다문화사회의 사회통합 및 탈민족시대의 세계주의를 구상하는 법철학적 연구를 지속해왔다. 최근에는 지능정보사회에서 새로이 제기되는 법적 쟁점들과 그에 따른 탈근대적 담론의 성장에 주목하고 있으며, 인공지능 및 포스트휴먼과 법담론, 자율주행자동차의 윤리화 과제, 사회적 로봇 등 지능로봇과 윤리담론, 블록체인 기술과 탈중심적 거버넌스를 다루는 저서와 논문을 발표한 바 있다. 공동집필진으로 참여한 저서들로 『인공지능과 법』(박영사, 2019), 『법학에서 위험한 생각들』(법문사, 2018)이 있다.

세계화와 다문화의 시대에서 국민국가와 같은 정치공동체는 외국인, 이 주민, 난민, 망명자 등 다양한 '이방인'들을 마주하고 있다. 고대 철학에서 부터 이방인은 낯선 주인국가에 당도해 물음을 받기도 하고 물음을 던지기 도 하는, 때로는 위협적인 방문자이자 때로는 기존의 정형화된 틀을 벗어 나도록 하는 석방자로 묘사되어 왔다. 국가의 경계에 걸쳐 서있는 이방인 의 존재는 세계사회에서 개인의 보편적 인권과 국민국가의 민주적 주권 간 의 딜레마적 상황을 잘 드러내 보여준다.

영토적으로 한정된 정치공동체인 국가의 경계 또는 주변부 및 가장자리 에 놓인 인간의 권리에 대한 본격적인 성찰을 가져온 이는 칸트Kant였다. 칸트의 환대권은 인권과 시민적 권리 사이, 휴머니티의 권리와 공화국의 성 원권 사이를 지속적으로 노정하는 권리라고 할 수 있다. 칸트는 세계 시민 법과 보편적 환대의 조건을 이야기하면서, 환대hospitality란 박애philanthropy 가 아닌 '권리'의 문제임을 분명히 밝히고 있다. 칸트에게 있어서 환대란 이방인이 다른 이의 땅에 당도하였을 때 적으로 대우받지 않을 이방인의 '권리'로서, 주인의 땅에 당도한 이방인에게 보여줄 수 있는 친절함 및 너 그러움과 같은 친교의 덕목으로 이해되어서는 안 되며, 모든 인간에게 속 한 권리로 이해되어야 한다는 것이다.

나아가 칸트는 주인국의 거부가 이방인의 파멸을 초래하지 않으면서도 가능하다면 이방인의 수용을 거부할 수 있지만, 이방인이 자신의 장소를 평화롭게 차지하는 한, 이방인을 적대로 대우할 수 없다고 말한다. 곧, 칸 트의 환대권은 사실상 이방인의 생명과 신체가 위험에 처하게 되는 상황에 서 이들에 대한 임시 체류의 권리를 의미하며, 이방인에 대한 도덕적 의무 와 국가의 정당한 자기보존이라는 딜레마적 상황에서 이방인에 대한 일련

---

* 이 글은 필자의 논문들을 총서에 적합한 형태로 재구성한 것임을 밝힌다: 정채연, "유럽 사회에서 다문화정책의 현황과 관용의 한계: 프랑스의 라이시떼와 독일의 민주적 헌정주 의를 중심으로", 「법학논총」 제36권 제1호, 단국대학교 법학연구소, 2012.6, 325-371면; 정채연, "헌정애국주의와 관용의 한계", 「법과사회」 제45호, 법과사회이론학회, 2013.12, 279-306면; 정채연, "데리다의 세계주의 구상과 무조건적 환대의 생성적 가능성", 「법철 학연구」 제18권 제2호, 한국법철학회, 2015.8, 7-42면; 정채연, "벤하비브(S. Benhabib) 의 세계주의에서 이주의 도덕성과 민주적 정당성의 역설", 「법철학연구」 제22권 제3호, 한국법철학회, 2019.12, 65-102면.

의 의무는 무조건적일 수 없고, 해당 의무에 대한 수신국의 주권 관점에서 해석될 수밖에 없는 것이다. 결국 칸트의 환대권은 불완전하고 조건적인 도덕적 의무에 기반하고 있다는 한계가 남아있다 하겠다.

이러한 한계는 근본적으로 근대적 국민국가라는 정치공동체에 내재하는 '민주적 정당성의 역설'paradox of democratic legitimacy에 기인하는 것이라고 할 수 있다. 이상적인 민주주의 원칙이란 주권체의 모든 구성원들이 인권의 보유자로서 존중받고, 이러한 주권의 연합원들이 법의 저자authors이자 동시에 법의 지배를 받는 수신자addressees가 되는 자기입법 내지 자기지배의 체제를 수립하는 것을 의미한다. 곧, 근대적 민주국가에서 시민의 권리는 인간의 권리에 기초하는 것이며, 민주적 '주권'은 헌법의 실행으로부터만 그것의 정당성을 획득하는 것이 아니라, 헌법의 실행이 '인권'의 보편적 원칙에 순응되도록 함으로써 획득하는 것이다.

그러나 이러한 인권과 주권의 관계에서 보편적 인권과 민주적 의지 및 자유주의와 민주주의 사이의 역설, 곧 민주적 정당성의 역설이라는 문제가 발생한다. 민주적 정당성의 역설은 공화주의적 주권이 생명, 자유, 재산과 같은 보편적 인권에 대한 충성을 내용으로 하는 민주적 선약(先約)에 의해 자신의 주권적 의지를 구속시켜야 한다는 것이다. 민주적 주권의 의지는 자기지배의 원리가 작동하는, 주권적 관할권 아래 놓여 있는 영토까지만 미칠 수 있으며, 이에 따라 민주국가는 국경을 필요로 하게 되고, 이를 통해 주권이 영토적·시민적으로 스스로를 규정한다. 이로 인해 보편주의적 규범의 확장은 민주적 공동체의 경계와 충돌할 수밖에 없으며, 보편적 인권 주장과 배타적인 특수성을 갖는 문화적·민족적 정체성 사이의 긴장은 불가피하게 된다. 자기입법 및 자기지배의 원리에 따라 법에 의해 구속되는 공동체는 시민적·영토적 경계를 설정하면서 자기 스스로를 구성하게 된다는 점에서 민주적 정당성의 역설은 공화주의적 정치체에 기인하는 당연한 귀결이자 민주적 정당성의 태생적인 구성요소라고 할 수 있다. 이와 같이 근대적 민주국가는 보편적 원칙의 이름으로 작동하지만 특정한 시민적 공동체 내에 한정될 수밖에 없다는 역설적 상황을 하버마스Habermas는 "근대국가의 야누스적 얼굴"이라 표현한 것이다.

이렇듯 민주적 주권이 작동하는 정치공동체에서 보편적 인권을 보유하는 이방인을 수용할지 여부를 결정하는 상황은 관용 개념을 통해서도 설명될 수 있다. 수많은 이방인과 이질성을 마주하는 현대사회에서 다양한 삶의 양식들이 평화적으로 공존할 수 있는 사회통합을 위한 철학적 기초로서 관용은 새로운 의미를 가진다. 나와 다르고 내가 반대하는 대상에 대해 부정적으로 대응하지 않도록 하는 지적 완숙함으로서 관용은 개념 그 자체에서부터 이미 역설적 함의를 담고 있다고 할 수 있다. 동의할 수 없는 차이를 참아내고 견디도록 요청하는 관용은 관용하는 주체가 피관용자에 대해 힘을 행사할 수 있음에도 불구하고 이를 자발적으로 중지함을 말하는 것이며, 참아낼 수 없는 한계선에서 관용은 불관용으로 전환된다. 어떤 것을 관용하기 위한 조건의 설정, 곧 관용의 한계threshold of toleration가 그어지는 순간 불관용의 한계 역시 설정되는 것이다. 다시 말해 관용은 무제한적일 수 없으며, 불관용을 수반하는 자기부정성을 그 자체에 내포하고 있는 것이다. 이러한 관용의 한계를 설명하는 개념이 바로 관용의 역설paradox of toleration이다. 관용의 한계에서 도출되는 관용의 역설은 어떤 것을 반대하면서도 동시에 그것을 용납하거나 적어도 간섭하지 않아야 한다는 모순적 상황을 뜻한다. 일반적으로 이해되는 관용의 역설이란 불관용의 대상을 관용해야 할 때 수반되는 양립불가능성을 말한다. 합법과 불법의 이원적 코드와 같이 관용과 불관용, 그리고 이에 따른 포함과 배제의 역학은 관용 개념 자체에 내재해 있다.

포함과 배제의 역학으로서 관용의 한계는 토박이와 이방인 사이를 구획하고 이방인의 타자성을 분명히 하며, 주인과 이방인 사이, 또한 편입 가능한 이방인과 편입 불가능한 이방인 사이의 위계질서를 형성시킨다. 이러한 포함과 배제의 정치는 주인국가의 시민들에게 권리와 의무를 동시에 부여한다. 먼저 시민들에게는 이방인들과 이들의 차이에 대해 보다 관용적인 태도를 가질 것을 요청하는 '윤리적' 의무가 주어진다. 나아가 시민들은 자신들의 정치공동체에서 승인될 수 있는 기준을 적용해 차이들을 평가하고 어떠한 차이가 관용될 것인지 혹은 배제될 것인지를 선별할 수 있는 권리를 가진다. 이를 통해 주인국의 시민들은 주체의 지위를, 다른 이방인들은 객체의 지위를 가지며, 이방인의 차이가 관용된다고 할지라도 결과적으로 이러한 주체-객체의 지위는 변하지 않는다. 주체와 객체의 비대칭적 구조 속에서 관용은 여전히 시혜적 관용에 머물 수밖에 없고, 보편주의적 충동으로부터 쉽게 벗어나기 어려우며, 이것이 바로 '한계지어진' 관용이 가지는 '한계'라고 할 수 있다.

이에 대해 하버마스는 기존의 관용 개념에 내재하고 있는 후견주의적 이해와 자의성을 극복의 대상으로 삼는다. 하버마스는 관용 개념의 역사적 기원을 추적하면서 종교적 관용이 근대적 관용 개념의 원형이라고 할 수 있으며, 근대사회의 형성과 종교적 관용이 밀접한 상관관계를 가지고 있다고 말한다. 종교적 관용은 근대사회의 형성과정에서 구성원들에게 요청된 윤리적 태도를 넘어서 점차 법적 개념이 되어 갔다. 하버마스는 이러한 관용의 초기 모델이 권위주의적이고 후견주의적인 관용이었으며 이에 따라 자의적인 속성을 내재하고 있음을 밝히고 있다. 이는 주체와 객체, 곧 '관용하는 자'the tolerating와 '관용되는 자'the tolerated 사이의 비대칭적이고 일방적인 관계에 기인한다. 관용과 불관용의 결정권을 독점하는 주체로서 '관용하는 자'가 자신의 재량에 따라 일정한 조건 하에 '관용되는 자'의 일탈적인 관행에 대해 베푸는 관용은 결국 시혜적인 자비 내지 호의의 수준에 머무를 수밖에 없다.

하버마스는 관용 개념의 내재적 한계에도 불구하고 그 개념 자체를 포기하기보다는 이를 재구성함으로써, 관용의 한계를 보편적인 대화절차에서의 합의를 통해 결정할 수 있도록 하는 대화적 내지 성찰적 관용 이해를 제시하였다. 하버마스는 관용과 불관용에 대한 근거지움이 이루어지는 민주적인 절차에 이와 관련된 이해당사자들이 자유롭고 평등하게 참여할 수 있도록 함으로써 관용/불관용의 정당성이 도출될 수 있다고 본다. 민주적인 공동체에서 자유로운 시민들은 평등한 권리를 상호적으로 부여하며, "무엇이 관용되는지"를 일방적으로 결정할 수 있는 특권 내지 권위가 특정집단에게 허용되지 않는다. 하버마스의 관용 이해에 있어서 해당 사회의 시민들에게 부여되어 있는 평등한 권리와 상호적 존중은 관용과 불관용의 경계가 일방적으로 결정되지 않도록 하기 위한 전제조건이 되는 것이다.

하버마스에게 있어서 관용의 정당화는 이에 의해 영향을 받는 모든 참여자들 사이의 이성적인 대화에 맡겨야 하는 것이다. 이렇게 볼 때, 관용 역시 주권자의 자선적 행위가 아니라 "민주적으로 정당화되는 법적 권리"로서 보장되는 것이다.

하버마스의 대화이론적 관용 이해는 관용/불관용에 대한 결정이 이루어지는 공적 토론의 합리성과 포용성을 보장함으로써, 그 결정에 이성적인 근거지움이 가능하도록 하는 것을 목적으로 한다. 근대적 관용 개념을 보다 대화적이고 상호적으로 재구성하고자 하는 하버마스의 관용 이해는 민주적 헌정질서라는 정치적 상황을 전제로 한다. 주체로서 '관용하는 자'와 객체로서 '관용되는 자'의 이분법적 구분을 넘어서, 상호주관적인 주체들의 관점교환이 이루어지기 위해서는, 관용에 대한 이성적인 합의가 이루어질 수 있는 왜곡되지 않은 의사소통절차가 보장되어야 하며, 이러한 의사소통의 가능조건은 민주적 헌정질서가 보장되는 헌법공화국에서만 일반화되고 제도화될 수 있기 때문이다.

정치적 공동체에서 개인이 자신의 고유한 신념체계를 유지하면서도 타자의 신념과 삶의 양식을 관용하기 위해서는 모든 구성원들이 승인해야 할 공통된 기준이 요청된다. 이러한 보편적이고 일반적인 기준에 대한 승인은 '헌정애국주의'constitutional patriotism라는 개념에서 압축적으로 표현된다. 하버마스에게 있어서 헌법은 도덕적 공동체의 이상이 정치적으로 구현된 문서로서 공동체의 구성원들에 의해 승인된 규범이며, 헌정애국주의는 인간의 공존을 위한 조건이라고 할 수 있는 보편적 권리에 대한 충성을 말한다. 민주적인 정치적 공동체에서 다양한 가치관들이 평화롭게 상호공존하기 위한 공통된 기준은 바로 헌법 원칙에서 발견될 수 있는 것이다. 헌법은 민주적 법치국가의 작동원리라고 할 수 있는 의사소통절차를 보장하며, 이를 통해 구성원들의 자유롭고 평등한 참여가 이루어질 수 있다.

헌정애국주의는 헌법의 본질을 구성하는 규범과 가치, 곧 정당한 법을 산출하는 민주적 절차에 대한 충성을 의미한다. 따라서 헌정애국주의는 '민주적 헌정질서에 대한 헌신'으로 가장 잘 표현될 수 있다. 하버마스에게 있어서 헌정애국주의는 민주적 법치국가의 존립을 가능케 하는 공화국의 제도와 민주적 참여라는 보편적 가치를 의미한다. 결국 헌정애국주의는 민주적 법치국가에서 관용의 한계 내지 전제조건으로 이해될 수 있다.

하버마스는 민주적 법치국가의 '관용의 한계'로서 헌정애국주의가 요청하는 보편주의적 헌법 원칙과 절차에 대한 헌신이 다원주의와 양립가능하며, 나아가 다원주의적 사회가 존립하기 위한 전제조건이 된다고 이해한다. 헌법이 담고 있는 추상적인 원칙은 특수한 역사문화적 맥락에서 구체화되어야 하는 것이며, 이는 헌법 원칙에 대한 다양한 해석가능성에 의해 뒷받침된다. 헌법은 자기완결적이고 폐쇄적인 규범이 아니라 해당 사회의 변화하는 상황에 맞추어 지속적으로 새로이 수정되고 개선되어야 한다. 하버마스의 헌정애국주의는 헌법 원칙에 대한 보편적인 승인에 기반하여, 헌법해석의 정당성에 대해 내부적 비판이 가능할 수 있기 위한 절차적 기준을 제시함으로써, 헌법해석에 대한 불일치가 민주적 법치국가의 틀 안에서 해결될 수 있도록 한다. 시민들은 절차를 통해 다양한 헌법해석들을 제공할 수 있으며, 이러한 해석들이 공적 영역에서 지속적으로 경쟁함으로써 민주적 법치국가의 발전이 역동적으로 진행될 수 있는 것이다. 정치적 공동체의 민주적 헌정질서에 구현되어 있는 보편적이고 이상적인 가치를 거부하지 않는다는 전제에서 헌정애국주의와 다원주의는 양립가능한 것이다.

이렇듯 하버마스는 헌정애국주의를 통해 정치공동체의 정치적 정당성과 문화적 포용성을 동시에 보장할 수 있다고 말한다. 헌정애국주의는 특정한 민족정체성을 민주적 절차에 참여하기 위한 전제조건으로 삼지 않으며, 정치공동체에서 보편적으로 요청하는 민주적 절차와 원칙에 대한 승인을 통해 다양한 문화적 배경을 가지고 있는 시민들을 정치적 공동체 안으로 포용할 수 있을 것이라고 보는 것이다. 하버마스는 이를 통해 정치공동체가 이방인들을 배척하기보다는 이들을 보다 포용하는 방향으로 나아갈 것이며, 이들에 대한 관용의 한계를 높이기보다는 오히려 낮추게 될 것이라는 낙관적 전망을 제시하고 있다.

이러한 헌정애국주의 논의를 바탕으로 하버마스는 이주민에 대한 정책 방향성을 구체적으로 제시하고 있다. 수용국의 관점에서 특정 이주민에게 구성원 자격을 부여하는 것은 정당한 수용을 위한 조건을 설정하는 것이라고 할 수 있다. 하버마스는 수용국이 이주민에게 수용을 위한 조건으로 요청할 수 있는 동화의 두 단계를 제시한다. 첫 번째는 헌법 원칙에 대한 동의이며, 두 번째는 공동체의 특정한 삶의 양식, 관행, 관습을 채택하고 적응하는 단계를 가리킨다. 하버마스는 이주민에 대한 통합정책은 오직 첫 번째 단계에서의 동화, 곧 정치적 사회화만을 조건으로 요구할 수 있다고 말한다. 따라서 이주민들은 구성원으로서의 자격을 부여받기 위해 공동체의 정치문화를 승인할 것이 요청되지만, 자신의 고유한 전통을 포기하고 주류문화에 동화될 것이 강제되지 않는다. 이를 통해 이주민은 자신들의 집단적 정체성을 유지하면서도 새로운 공동체에 정치적으로 통합될 수 있는 것이다.

하버마스의 헌정애국주의는 민주적 헌정질서 안에서 타자들에 대한 동등한 고려가 이루어지고 이질성이 수용될 수 있는 가능성을 제공해주었다는 점에서 그 개념적 유용성이 인정될 수 있겠다. 그러나 관용과 불관용의 경계를 결정하는 공적인 대화절차에 이미 설정되어 있는 조건이 다양한 차이를 충분히 고려하지 못하도록 한다는 점을 지적할 수 있다. 헌법국가의 추상적 원칙과 절차는 보편적인 도덕성과 일치하지만, 이를 통해 구체화되는 해당 사회의 법체계는 공동체의 정치적 의지와 삶의 양식을 반영하여 윤리적으로 짜진다. 정치공동체의 구성원들이 '보편적으로' 승인해야 할 정치문화가 '특수한' 문화적 전통과 집단적 정체성에 정초해 있다면, 구성원들의 '정치적 통합'은 '윤리적 통합'을 전제로 한다고 할 수 있는 것이다. 특정한 윤리적 관점을 배후에 두고 있는 동화주의적 통합정책은 해당 사회의 지배적인 주류문화의 지위를 공고히 하는 자기방어의 기제로 작동할 수 있다. 곧, 공통의 정치문화가 다수집단의 특정한 윤리적 관점과 궁극적으로 분리될 수 없다면, 실제 현실에서의 차별을 제거하는 데 한계가 있을 수밖에 없다. 나아가 정치적 공론장의 절차 역시 윤리적으로 중립적이라기보다는 실질적인 내용을 담고 있는 조건이라고 할 수 있다는 근본적인 문제를 제기해 볼 수도 있을 것이다. 이를 볼 때, 관련 이해당사자들이 자유롭고 평등하게 참여하는 토론절차를 통해 관용의 한계를 결정하도록 하는 하버마스의 대화이론적 관용은 현실에서 절차적 중립성을 유지하기 어려울 수 있다. 결국 위장된 중립성에 의해 가려진 '실질'적인 절차주의의 문제가 충분히 해결되지 않는다면, 절차적 조건에 대한 보편적 승인을 요청하는 헌정애국주의는 '불관용적인' 헌정애국주의에 머무를 수밖에 없다.

결론적으로 하버마스의 관용 이해는 여전히 조건적 관용에 머물 수밖에 없다는 점에서 내적 한계를 벗어나기 어렵다. 관용 개념은 관용과 불관용의 한계선을 설정하는 것을 전제로 한다. 곧, 관용의 한계가 그어지는 순간 동시에 불관용의 한계가 설정되며, 이에 따라 배제 없는 포함이란 없게 된다. 조건적 관용은 관용/불관용, 포함/배제, 허용/거부, 우리(시민)/타자(이방인)와 같은 일련의 이원적 코드에 의해 작동한다고 할 수 있다. 이러한 이분법적 사고에 근거한 조건적 관용은 관용 개념의 후견주의적이고 자의적인 속성을 궁극적으로는 극복할 수 없게 한다. 하버마스의 조건적 관용 역시 관용/불관용의 정당화가 논해지는 대화절차에 선재하는 조건, 즉 보편주의적 헌법원칙에 대한 승인을 전제로 하고 있으며, 관용의 한계는 토론의 결과임과 동시에 토론에 앞서 존재하는 것이다. 따라서 이러한 절차적 조건에 '선재'하는 관용의 한계가 주류사회에 의해 일방적으로 결정될 수밖에 없는 위험을 완전히 제거할 수 없다. 곧, 조건적 관용은 비민주성을 이론적·실천적으로 내재하고 있으며, 배제를 통한 포용, 종속적 포함 내지 비대칭적 포함에 머무를 수밖에 없다고 할 수 있다.

하버마스의 조건적 관용이 가지는 이러한 한계는 특히 이방인이 정치적 공동체에 통합되는 과정에서 분명히 드러난다. 하버마스의 헌정애국주의와 관용 이해는 정치적 공동체의 대화절차에 참여할 수 있는 권리의 보장을 전제로 한다. 그러나 하버마스의 절차주의적 관점은 이미 정치적 공론장에 진입한 정치적 행위자들 사이의 관계에만 초점을 맞추어, 이방인이 새로이 정치적 공동체의 구성원자격을 획득하게 되는 역동적인 투쟁의 과정에 대한 충분한 논의가 누락되어 있다. 하버마스의 대화적 관용은 공적 토론을 통해 자신의 타당성 주장을 펼칠 수 있는 동등한 인격들의 상호인정을 전제로 하지만, 이주민 집단은 이러한 평등한 지위를 자동적으로 획득하지 못한다. 곧, 조건적 관용에 기반한 이민정책은 토착민과 이방인의 지위, 그리고 통합가능한 이방인과 그렇지 않은 이방인 사이의 위계질서를 구축하며, 정치공동체의 구성원으로서의 자격이 사전에 요청된다는 점에서 처음부터 배제되어 있는 이주민은 지배집단에 대해 수동적인 지위에 놓여있을 수밖에 없다.

조건적 관용의 '한계지어진 관용의 한계'에 대한 비판은 관용 개념에 대한 포스트모던적 성찰로 나아간다. 데리다Derrida는 근대적 관용 개념이 태생적으로 통문명적인 보편성 및 중립성을 가질 수 없으며, 관용 개념이 유지되는 한, 관용의 역설, 즉 특정 관행을 반대함에도 불구하고 이를 승인해야 하는 상황이 가져오는 내재적 한계를 근본적으로 넘어설 수 없다고 주장한다. 이러한 관용 개념의 내재적 한계를 극복하기 위해 데리다는 환대 개념을 제시한다. 관용에 비해 환대 개념이 갖고 있는 이점은 조건적/무조건적과 같은 이원적인 작동이 가능하다는 점에 있다.

데리다에게 있어서 관용은 조건적 환대라고 할 수 있다. 정치공동체에서 이루어지는 관용의 제도화는 조건적 환대에 근거를 두고 있다. 조건적 환대 또는 관용적 환대는 실재하고 유한하며 정치적인 환대의 '법들'les lois이다. 환대의 계약에 따라 이방인은 낯선 곳에서 환대를 받을 수 있는 권리와 지위를 보장받게 되며, 주인은 이방인에게 손님으로서의 편의를 제공할 의무를 지게 된다. 이와 더불어 환대의 계약은 환대받을 수 있는 이방인과 추방의 대상이 되는 이방인을 구분짓는 기준이 되며, 이러한 기준은 일정한 조건에 근거하여 설정된다. 데리다는 환대의 계약에서 나타나는 환대받을 권리, 즉 환대권이 이방인에 대한 환대를 가능하게 하는 동시에 이를 제한하고 금지하는 모순을 지적한다. 환대의 계약을 맺는 것은 계약의 당사자에 대해 환대가능조건과 환대금지조건을 동시에 설정하는 것을 의미하기 때문이다. 따라서 이때 이루어지는 조건적 환대는 주인이 환대 여부를 주체의 지위에서 '선택'하였다는 점에서 결국 시혜적인 환대의 베풂에 머무를 뿐이다. 데리다는 조건적 환대가 가지는 모순을 극복하기 위해 무조건적 환대 개념을 제시한다. 데리다에게 있어서 무조건적 환대란 주인이 머무는 장소에 당도할 것이라고 예측되지 않았던, 초대받지 않은, 절대적으로 낯선 이방인에게까지 개방되어 있는 환대이다. 초대받지 않은 손님까지도 포함하는 이러한 환대 개념은 어디까지 환대될 수 있는지에 대한 조건을 설정하는 것을 근본적으로 불가능하게 만든다. 따라서 초대의 환대인 조건적 환대와 달리, 무조건적 환대는 방문의 환대이며, 예측될 수 없다는 점에서 이러한 방문의 환대는 법제화될 수 없다. 나아가 무조건적 환대는 주인에게 이방인에 대한 체계적인 방어를 허용하지 않으므로, 무조건적인 환대를 베푸는 주인은 이방인이 자신을 해치거나 자신의 거점을 위협할지도 모르는 위험을 감수해야만 한다.

다만 데리다는 정치적 공동체가 존립하기 위해서는 조건적 환대가 반드시 필요하다는 점을 부정하지 않는다. 다시 말해, 무조건적 환대는 조건적 환대 없이는 현실적으로 불가능하다는 점을 인정하고 있는 것이다. 데리다는 무조건적 환대가 정치적·사법적 지위를 가질 수 없음을 인정하면서도, 이를 통해서만 관용 및 조건적 환대가 갖는 한계를 비판적으로 바라볼 수 있게 된다고 한다. 다시 말해 데리다의 논의는 조건적 환대와 무조건적 환대라는 이원적 구조 사이의 관계맺음을 통해 새로운 환대의 가능성이 끊임없이 생성되는 것에 중점이 있다. 이를 조건적 환대와 무조건적 환대의 아포리아적 사유가 갖는 생성적 가능성이라 부를 수 있다. 데리다가 환대 개념에서 바라보는 생성적 힘은 이질적인 존재들 간의 끊임없는 만남을 통해 이들이 속한 공간의 규범 내지 문화가 끊임없이 생성, 발전, 변화, 소멸할 수 있는 가능성에 있다. 무조건적 환대가 가져오는 아포리아적 상황은 이방인의 지위를 고정적인 것이 아닌 상대적인 것으로 이해하도록 하고, 주인(토박이)과 손님(이방인)이라는 두 주체의 조우를 통해 서로의 정체성이 변화될 가능성을 열어준다.

명백한 개념적 난관을 의미하는 아포리아aporia는 가능성과 불가능성을 동시에 탐구할 수 있도록 한다. '가능한 것'과 '불가능한 것'은 상호모순적이지만 서로 분리될 수 없는, 서로가 서로를 배제하면서 동시에 포함하는 관계에 놓여 있다. 불가능한 것은 가능한 것이 없으면 추상적, 유토피아적, 망상적인 것에 그치게 되며, 가능한 것은 불가능한 것에 의해 끊임없이 영감을 받고 지도되어야 한다. 즉 가능한 것이 있어야 불가능한 것이 있고, 불가능한 것이 있어야 가능한 것이 있다. 불가능한 것이 제공하는 가능한 것에 대한 새로운 사유는 또 다른 가능한 것을 발명할 수 있는 계기를 마

Ⅱ. 법치주의와 민주주의의 양립가능성

1. 법치주의의 재구성

법치주의가 민주주의와 상충하지 않도록 하기 위해서는 일견 이것과 무관해 보이는 법실증주의와 자연법론 사이에서 이루어진 법철학의 전통적인 논쟁으로 돌아가야만 한다. 우선, 법치주의에서 보장하고자 하는 인권은 법보다 상위에 있는 자연법 내지는 도덕과 같은 것에 의하여 보장되는 것이어서는 안 된다. 만약 그렇다면 민주주의와 국민주권의 원리에 의하여 제정된 법은 그것보다 상위인 자연법 내지는 도덕에 의하여, 즉 법치주의에 의하여 평가를 받아야 한다는 의미이기 때문이다. 그러므로 법치주의와 민주주의가 상충하지 않도록 하기 위해서는 전통적인 의미에서 자연법론을 지지할 수 없다. 하지만 법이 전적으로 자연법 내지는 도덕과 완전히 무관한 것이어서도 안 된다. 만약 그렇다면 법치주의가 보장하고자 하는 인권이라는 것은 민주주의 내지는 국민주권의 원리에 의하여 언제든지 폐기될 수 있다는 의미기 때문이다. 그러므로 전통적인 의미에서 법실증주의 역시 지지할 수 없다.

그렇다면 이 문제를 해결할 수 있는 전통적인 의미의 법실증주의와 자연법론이 아닌 제3의 이해방식은 무엇일까? 이와 관련하여 하버마스는 다음과 같은 경험에 기초한 가정으로부터 출발하여야만 그러한 이해방식을 획득할 수 있다고 주장한다.[5]

> 탈형이상학적 정당화의 차원에서 볼 때 법적 규칙과 도덕적 규칙은 전통적인 인륜적 삶으로부터 동시에 분화되어 나왔으며, 비록 서로 다르지만 서로 보완하는 두 종류의 행위규범으로서 나란히 병존한다.

이제 하버마스는 자신의 담론이론에 기반하여 이 문제에 대한 해결책을 제시한다. 법과 도덕은 어느 한 쪽이 다른 한 쪽보다 상위의 체계에 있는

---

5) J. Habermas/한상진 · 박영도 옮김, 『사실성과 타당성』(나남, 2007), 158면.

관계를 가지고 있거나(자연법론) 그들 사이에는 필연적 관련성이 전혀 없는 것(법실증주의)이 아니라 다음과 같이 동근원적이다. 즉, 법과 도덕은 인습에 의거하지 않는 정당화의 (최소한의) 필요조건을 나타내는 담론원리(D)에 의하여 동일하게 설명될 수 있다.[6]

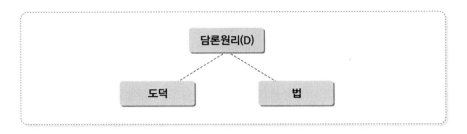

이때 담론원리는 다음과 같이 정식화된다.

> 담론원리(D): 가능한 모든 관련 당사자들이 합리적 담론의 참여자
> 로서 동의할 수 있는 행위규범만 타당하다.

이러한 담론원리는 "실천적 판단의 불편부당성"을 포함하고 있기 때문에 분명 규범적인 내용을 가진다. 그러나 ("당사자", "합리적 담론", "행위규범", "타당하다"와 같이) 이러한 담론원리를 이루는 핵심적인 개념들이 추상적인 차원에 머물러 있기 때문에 그것은 법과 도덕 모두로부터 중립적인 추상적 차원에 머물러 있다. 이러한 추상적인 담론원리를 가능한 관련 당사자 모두의 이익을 동등하게 고려하는 경우에만 정당화될 수 있는 행위규범에 특정시키는 경우에야 도덕의 원리가 생겨나고, 법적 형식 속에서 등장하는 행위규범들에 특정시키는 경우에야 법의 원리(민주주의의 원리)가 생겨난다.[7]

이러한 담론원리에 따라 의사소통적으로 행위하는 주체들은 모두가 자율성을 가지고 있는 입법자이다. 즉, 모든 참여자들은 공동으로 인정할 수

---

6) Habermas, 앞의 책(주 5), 160면. 이러한 설명은 도덕의 원리와 담론원리를 동일한 것으로 보던 자신의 입장을 변경한 것이다.
7) Habermas, 앞의 책(주 5), 161-162면.

있는 근거를 제시하여 자신의 행위계획에 대한 동의를 얻어낼 수 있는 "의
사소통적 자유"를 가진다. 바로 이러한 지점에서 의사소통적 자유는 "참여
자들이 공동으로 인정할 수 있는 근거"를 제시해야 하는 의무와 결부된다.
도덕적 담론 내지는 법적 담론에 참여하는 참여자들은 이러한 자유와 의무
를 가진다.[8]

이러한 이해방식에 따르면, 법이 보장하는 법적 인격체가 가지고 있는
주관적 권리는 "법적 주제가 말하거나 대답할 의무가 없고 자신 행위계획
에 대하여 공적으로 인정받을 수 있을 만한 근거를 제시하지 않아도 되는
것"을 의미하게 된다. 즉, 법이 보장하는 사적 자율성은 의사소통적 자유
와 결부된 의무로부터의 해방을 의미한다.[9]

그런데 법은 주관적 권리를 보장함에 있어서 "각인의 자유가 … 만인의
동등한 자유와 공존할 수 있는" 방식으로 보장하여야 한다. 그러한 권리의
범위와 분배 등의 문제는 법의 정당성의 문제를 제기하게 된다.[10]

법치주의가 보장하는 기본적인 권리가 도덕에 의하여 근거지어지는 것
으로 이해하는 입장은 이러한 법의 정당성을 도덕에서 발견하는 것이다.
그러나 만약 그렇게 이해한다면, 법적 주체들은 더 이상 자율성을 가진 입
법자가 아니게 된다. 그들은 이미 주어진 도덕을 실정화하는 수동적 존재
일 뿐이다. 그렇다면 시민은 입법과정에서 의사소통적 자유의 행사를 포기
해야만 하고 수범과정에서 법에 대한 입장표명을 포기해야만 할 것이다.
하버마스가 법과 도덕으로부터 중립적인 담론원리를 도입한 이유가 바로
여기에 있다.[11]

그러므로 법의 자율적 입법은 도덕적인 자율적 입법으로 환원되어서는
안 되고, 담론원리와 법매체가 서로 결합됨으로써 하나의 권리체계를 발전
시키는 방법으로 이루어져야 한다.[12] 그것은 다음과 같은 순서로 이루어진
다. 즉, 먼저 추상적인 형태의 담론원리를 주관적 권리에 적용하는 것으로

---

8) Habermas, 앞의 책(주 5), 176면.
9) Habermas, 앞의 책(주 5), 176-177면.
10) Habermas, 앞의 책(주 5), 177면.
11) Habermas, 앞의 책(주 5), 178면.
12) Habermas, 앞의 책(주 5), 186면.

시작해서 그러한 담론원리를 법적으로 특정화시킨 민주주의의 원리를 이루는 권리들을 보장하는 형태로 이루어진다. 담론원리를 법이라는 매체에 적용하는 순간 발생하는 권리들은 다음의 세 가지 범주의 권리들로 설명될 수 있다.[13]

(1) 평등한 주관적 행위자유의 권리들이 최대한 가능할 수 있도록 정치적으로 자율적이게 형성한 결과로 발생하는 기본권들

(2) 법적 동료들의 자발적인 연합체에 속하는 구성원으로서의 지위를 정치적으로 자율적이게 형성한 결과로 발생하는 기본권들

(3) 권리의 소송가능성으로부터 직접적으로 발생하는 기본권들 그리고 개인적인 권리들에 대한 보호를 정치적으로 자율적이게 형성한 결과로 발생하는 기본권들

각각의 역사적 맥락 속에서 각 국가의 입법자들은 자신들의 헌법에 이러한 권리들을 포함시켜 왔다. 예컨대, 우리헌법에서 보장되는 기본권들 중 (1)에 해당하는 대표적인 것들은 다음과 같다.

제10조 모든 국민은 인간으로서의 존엄과 가치를 가지며, 행복을 추구할 권리를 가진다.

제12조 ① 모든 국민은 신체의 자유를 가진다.

제14조 모든 국민은 거주·이전의 자유를 가진다.

제15조 모든 국민은 직업선택의 자유를 가진다.

제17조 모든 국민은 사생활의 비밀과 자유를 침해받지 아니한다.

제23조 ① 모든 국민의 재산권은 보장된다.

또한 (2)의 기본권은 법적 동료들의 특정한 결사체에 속하는지 여부를 결정해주고 보장해주는 권리이다. 우리헌법에서 이에 해당하는 조항으로는 헌법 제2조를 들 수 있을 것이다.

제2조 ① 대한민국의 국민이 되는 요건은 법률로 정한다.

---

13) Habermas, 앞의 책(주 5), 179면.

하버마스는 시민들이 자신의 국적이 일방적으로 박탈되는 것으로부터 보호될 수 있는 이와 같은 권리 외에도 "국적을 스스로 포기할 수 있는 권리"도 보호되어야 한다고 주장한다.[14]

끝으로 평등한 법적 보호와 법적 구제의 보장을 이야기하는 (3)의 기본권에 해당하는 우리 헌법의 대표적인 조항들은 다음과 같다.

> 제13조 ① 모든 국민은 행위시의 법률에 의하여 범죄를 구성하지
> 아니하는 행위로 소추되지 아니하며, 동일한 범죄에 대하여
> 거듭 처벌받지 아니한다.
>
> 제27조 ① 모든 국민은 헌법과 법률이 정한 법관에 의하여 법률에
> 의한 재판을 받을 권리를 가진다.

이 단계에서의 권리들은 시민들끼리 "권리를 주장하고 서로에 대하여 권리를 관철할 수 있는" 법적 지위를 허용한다는 의미에서 발생하는 권리에 불과하다. 이 단계에서의 법적 주체들은 아직까지 법질서의 저자라는 역할을 수행하고 있지 못하다. 그것이 가능해지는 것은 다음의 권리를 통해서이다.[15]

> (4) 시민들이 자신들의 정치적 자율성을 행사하고 그들이 정당한
> 법을 만드는, 의견형성 그리고 의지형성의 과정에 참여할 수
> 있는 동등한 기회에 대한 기본권들

우리헌법에서 보장되는 기본권들 중 (4)에 해당하는 대표적인 것들은 다음과 같은 것들을 들 수 있을 것이다.

> 제 8 조 ① 정당의 설립은 자유이며, 복수정당제는 보장된다.
>
> 제21조 ① 모든 국민은 언론·출판의 자유와 집회·결사의 자유를
> 가진다.
>
> 제24조 모든 국민은 법률이 정하는 바에 의하여 선거권을 가진다.

---

14) Habermas, 앞의 책(주 5), 182면.
15) Habermas, 앞의 책(주 5), 180면.

제25조 모든 국민은 법률이 정하는 바에 의하여 공무담임권을 가
진다.

(1)-(3)의 기본권을 통하여 시민들이 충분하게 자율성을 가지고 있을
때에만 이러한 (4)의 기본권이 보장될 수 있다. 하지만 동시에 이러한 (4)
의 기본권을 적절하게 사용할 수 있을 때에만 (1)-(3)의 기본권을 합의를
통하여 조정할 수 있다.[16] 이렇게 권리들이 보장될 때에 담론원리는 비로
소 민주주의의 원리라는 형태를 취할 수 있다.

이제 이러한 네 가지 범주의 권리들을 향상시킨다는 목적을 가지고 시
민들이 자신들의 "물질적인 법적 지위"를 변화시킬 수 있는데, 그 과정에
서 다음과 같은 기본권이 발생한다.[17]

(5) 생활조건의 보장에 대한 기본권: 이것은 현재의 상황에서 (1)
에서 (4)까지 언급한 시민적 권리를 균등하게 사용하는 데 반
드시 필요한 한에서 사회적, 기술적, 생태적으로 보장된다.

(5)의 기본권에 속하는 우리헌법상의 대표적인 기본권들은 다음과 같다.

제34조 ① 모든 국민은 인간다운 생활을 할 권리를 가진다.
제35조 ① 모든 국민은 건강하고 쾌적한 환경에서 생활할 권리를
가지며, 국가와 국민은 환경보전을 위하여 노력하여야 한다.

이러한 다섯 가지 범주의 기본권들은 다르게 설명될 수도 있을 것이다.
즉, (1)-(3)은 근대적 의미에서의 자유, 즉 소극적 자유이며 사적 자율성
을 보장한다. 반면에서 (4)는 고전적 의미에서의 자유, 즉 적극적 자유이며
공적 자율성을 보장한다. 그리고 (5)는 사회적 권리를 의미한다.

이상에서 살펴본 것과 같이 법치주의가 보호하는 기본권들은 도덕적으
로 보호되어야 하는 그러한 권리들이 아니라 국민들이 민주주의의 원리에
따라 입법자로서 이해될 수 있고 그렇게 행동할 수 있도록 해주는 기본권

---

16) Habermas, 앞의 책(주 5), 186면.
17) Habermas, 앞의 책(주 5), 180-181면.

들인 것이다. 따라서 법치주의는 이러한 기본권들을 보호하고, 이를 위하여 국가권력을 분리시키고 상호 견제하게 하며, 행정권(그리고 사법권)은 입법권에 의하여 형성된 법에 의해서 행사되도록 하는 것으로 이해되어야 한다. 이렇게 재해석된 법치주의는 우리 각각이 입법자라는 민주주의의 원리에 상충하지 않고 그것과 조화를 이룰 수 있다.

일견 법치주의에 대한 이러한 이해는 헌법을 제정하는 것은 역사적 변화에 영향을 받지 않는 초시간적이고 정태적인 규범 내지는 권리들을 성문화하는 것이라는 우리가 가진 이미지와 부합하지 않는 것처럼 보인다. 이와 관련하여 하버마스는 우리가 이러한 "기만적 이미지"를 가지게 된 것은 헌법의 제정이 정부의 수립 내지는 혁명의 성공을 최종적으로 승인하는 작업인 경우가 대부분이었기 때문이라고 지적한다.[18]

2. 민주주의의 재구성

그렇다면 법치주의와 민주주의가 상충하지 않는 방식으로 민주주의를 이해하는 것은 어떻게 가능할까? 이 문제와 관련하여 하버마스는 미국에서 공동체주의자들에 의해 촉발된 논쟁에서 나타난 민주주의에 대한 서로 다른 두 이해방식, 즉 "자유주의적 견해"와 "공화주의적 견해"를 비교 · 검토한다.

민주주의에 대한 자유주의적 견해와 공화주의적 견해의 가장 뚜렷한 차이는 "민주적 과정의 역할"에 대한 이해방식의 차이에 있다.[19] 자유주의적 견해에 따르면 민주적 과정은 오직 이해관계의 조정이라는 형식 속에서만 이루어진다.[20] 이해관계의 조정이 보통선거, 평등선거, 대의제적 의회구성, 의사규칙 등을 통하여 이루어진다면 그것은 공정한 결과를 보장해주는 것으로 간주된다.

여기에서 정치는 "집단적 목표를 위하여 정치권력을 행정적으로 사용하는 국가기구에 대하여 사회의 사적 이익들을 결집시키고 관철하는 기능"을

---

18) Habermas, 앞의 책(주 5), 187면.
19) Habermas, 앞의 책(주 5), 362면.
20) Habermas, 앞의 책(주 5), 398면.

가질 뿐이다.[21] 이러한 이해방식에 따르면, 사회적 통합의 원천은 국가권력이라는 위계화된 규제층위와 시장이라는 탈중심화된 규제층위, 즉 행정권력과 자기이익이다.

민주적 과정에 대한 이러한 이해는 국가와 사회의 관계에 대한 설명으로 이어진다. 국가와 사회의 분리는 하나의 절대적인 명제로 받아들여지며, 그들은 민주주의적 과정에 의하여 매개될 뿐이다. 그리고 이러한 민주주의적 의지형성은 절대적이지 않고, 헌법의 한 요소에 지나지 않는다. 헌법은 법치주의(기본권, 권력분립, 법률에 따른 권력행사 등)를 통하여 국가권력을 제한한다.[22]

이것을 우리가 관심을 가지고 있는 법치주의(인권)와 민주주의(국민주권)의 관계에 대한 것으로 재기술해보면 다음과 같다. 자유주의적 견해는 '다수의 횡포'를 경계하면서 인권의 우선성을 강조한다. 이러한 견해에 따르면, 인권은 자연상태부터 개인에게 주어져 있는 것으로서 우리의 도덕적 고찰에 있어서 회피할 수 없는 강력한 힘을 가진 것이다. 따라서 자유주의적 견해는 민주주의보다는 입법자의 결정이라고 할지라도 개입할 수 없는 한계를 제시하는 법치주의를 더 중요시한다.[23]

반면에 공화주의적 견해에 따르면 민주적 과정은 그러한 역할에 국한되지 않는다. 민주적 과정은 윤리적-정치적 자기이해의 형식 속에서 이루어진다. 시민들의 사이에 이루어지는 토론은 이미 주어져 있는 배후합의, 즉 시민들이 공유하고 있는 문화적 배후합의에 기초한다는 사실에 의하여 올바른 결과를 제시하는 것으로 간주된다.[24] 즉, 정치는 "자연발생적인 연대공동체의 구성원들이 상호의존관계에 있음을 인식하고, 또 기존의 상호인정의 관계를 자유롭고 평등한 법적 동료들의 연합체로 확대발전시키는 매체"로서 이해된다.

공화주의적 이해방식은 사회적 통합의 원천으로 (자유주의적 견해가 내세우는) 행정권력과 자기이익 외에도 새롭게 "연대(連帶)"를 제시한다.[25] 연대

---

21) Habermas, 앞의 책(주 5), 362면.
22) Habermas, 앞의 책(주 5), 399~400면.
23) Habermas, 앞의 책(주 5), 152면.
24) Habermas, 앞의 책(주 5), 398면.

라는 이러한 수평적인 의지형성은 행정권력과 자기이익보다 더 우선하는 것으로 간주되기도 한다. 시민들이 자율적으로 결정을 내리기 위해서는, 즉 시민들의 정치적 의사소통이 국가기관에 포섭되거나 시장의 구조에 포섭되지 않기 위해서는 국가기구와 시장으로부터 독립적인 토대가 요구된다. 그래서 정치적 공론장과 그것의 토대인 시민사회가 중요성을 가진다.[26]

시민적 자치조직의 가치를 강조하는 이러한 공화주의적 견해에 따르면, 개인의 자유보다는 공동체가 실현하고자 하는 삶의 기획이 더 중요시된다. 즉, 공화주의적 견해는 법치주의보다는 시민이 공동으로 추구하는 목표의 실현이라는 민주주의를 더 중요시한다.[27]

하버마스는 자유주의적 견해와 공화주의적 견해가 가지는 장단점을 다음과 같이 평가하면서 그것을 극복할 수 있는 대안으로 "담론적 민주주의"를 제시한다.[28]

> 내가 보기에 공화주의 모델의 장점은 그것이 의사소통적으로 단합된 시민들에 의한 사회의 자율조직이라는 급진민주주의적 의의를 고수하고 집단적 목표를 단지 대립하는 사적 이해관계들 간의 '거래'deal로만 축소하지 않는다는 데 있다. 단점은 그것이 너무 이상주의적이며 민주적 과정을 공공복지 지향적인 시민들의 덕성에 의존하는 것으로 만든다는 데 있다. 왜냐하면 정치는 윤리적 자기이해의 문제로만 이루어진 것이 아니며, 더구나 그러한 문제들이 일차적인 문제들인 것도 아니기 때문이다. 공화주의 모델의 오류는 정치적 논의를 윤리적인 것으로 협소화시킨 것에 있다.[29]

하버마스는 민주적 과정을 단순히 이해관계의 조정으로 치부하는 것을 경계하면서도 동시에 지나치게 윤리적인 것으로 이해하는 것도 지양하려고

---

25) Habermas, 앞의 책(주 5), 362-363면.
26) Habermas, 앞의 책(주 5), 363면.
27) Habermas, 앞의 책(주 5), 152면.
28) 이러한 담론적 민주주의는 자유주의와 공화주의 중에서는 공화주의에 더 가깝다. 즉 굳이 평가하자면, 보완된 공화주의라고 할 수 있을 것이다.
29) J. Habermas/황태연 옮김, 『이질성의 포용』(나남, 2000), 285-286면.

하는 것이다. 이것을 가능하게 해주는 것은 법치주의를 고찰하면서 우리가 다루었던 법적 담론의 원리이다. 법의 원리가 도덕으로부터 직접 도출되지 않고 도덕적으로 중립적인 담론원리로부터 비롯되기 때문에 담론적 민주주의는 토의와 결의의 이상적 절차라는 개념 속에서 협상, 이해의 조정, 정의 논의를 포섭시킨다. 자유주의는 의사결정규칙을 통하면 올바른 결과가 창출되는 것으로 공화주의는 시민들이 공유하고 있는 배후적 합의에 기초하면 올바른 결과가 창출되는 것으로 간주하는 것에 반하여, 담론적 민주주의는 언어적 의사소통의 구조에서 나오는 담론의 규칙 및 논증의 형식을 따르면 올바른 결과가 창출되는 것으로 간주한다.[30]

그러므로 담론적 민주주의 이론은 공화주의적 견해와 마찬가지로 정치적 의견형성과 의지형성 과정을 그 중심에 두고 있지만, 그렇다고 해서 법치국가의 헌법을 부차적인 것으로 치부하지는 않는다. 담론적 민주주의 이론은 법치주의를 "민주적 의견형성과 의지형성의 의사소통 형식을 어떻게 제도화할 수 있는가라는 문제에 대한 일관된 대답"으로 이해하고, 민주적 과정이 법치주의와 조화할 수 있는 결론을 내릴 때에만 그것을 정당한 결과로 간주한다.[31]

이러한 민주주의 하에서 국민은 더 이상 "갈채를 통하여 찬반을 표시할 수 있을 뿐인 존재"가 아니다. 담론적 민주주의의 이해방식에 따르면, 법을 합리화하고 행정부의 결정을 합리화함에 있어서 가장 중요한 수문(水門) 역할을 하는 것은 바로 민주적 의견(의지)형성의 절차와 의사소통적 전제조건들이다. 이제 법과 권력은 공론장에서 민주적으로 형성된 의견들에 의하여 합리화된다.

이때 "합리화된다"는 말은 "정당화된다"는 말보다는 강한 의미이지만 "권력을 구성한다"는 말보다는 약한 의미이다. 즉, 공론장에서 민주적으로 형성된 의견들은 단순히 정치권력의 행사를 정당화해주는 것에 그치는 것이 아니라 정치권력의 행사를 미리 계획하거나 사후에 통제할 수 있다.[32]

---

30) Habermas, 앞의 책(주 5), 398-399면.
31) Habermas, 앞의 책(주 5), 400면.
32) Habermas, 앞의 책(주 5), 402면.

그러나 하버마스의 다음의 설명처럼, 그러한 의견형성이 권력을 구성하지는 않는다.

> 공론장의 의사소통 구조는 사회문제의 압력에 반응하고 영향력 있는 의견을 자극하는, 광범위하게 엮여 있는 센서들의 네트워크이다. 민주적 절차를 통하여 의사소통적 권력으로 가공된 공적 의견은 스스로 '지배'할 수 없고 단지 행정권력의 사용을 특정한 방향으로 인도할 수 있을 뿐이다.[33]

즉, 공론장에서의 의견형성과 의지형성은 정치권력의 행사를 사전에 어느 정도 계획하기도 하고 사후에 통제하기도 하지만, 결코 행정권력을 행사하지는 않는다. 그러한 권력을 행사할 수 있는 것은 오직 정치체계뿐이다.[34]

Ⅲ. 헌법재판의 역할

민주주의를 이렇게 이해한다면, 헌법재판의 정당성은 담론적 민주주의가 공화주의의 장점을 받아들여 강조하는 토의에서 찾을 수 있다. 토의의 이념과 현실 사이에는 간격이 생기기 마련이다. 즉, 시민들이 더 이상 토의를 통하여 새로운 견해를 받아들이기를 거부하고 다수가 된 자신들의 지위에 만족하며 기존의 견해만을 고수할 수도 있다. 헌법재판의 필요성은 바로 이러한 문제를 해결하는 것에 있다.

> 국민이 지속적으로 규범적인 논쟁을 통하여 법을 만들어야만 공화주의적인 헌법이 가능하다면, 다음과 같은 결론이 나온다. 즉, 이를 위하여 헌법재판관은 국민이 법을 만드는 과정에 지속적으로 참여하도록 도와야 한다. 오직 그러한 의미에서만, 공화주의적 헌법재판은 트라이브Laurence Tribe가 "절차에 기초한" 것이라고 부르고 비판하였던 유형

---

33) Habermas, 앞의 책(주 5), 403면.
34) Habermas, 앞의 책(주 5), 402면.

이 될 것이다(트라이브는 일리J. H. Ely의 잘 알려지고 많은 논쟁을 불러일으킨 사법심사의 정당화, 즉 "대의제의 보강"을 그렇게 불렀다).[35]

이러한 측면에서 보자면, 담론적 민주주의가 내세우는 헌법재판의 역할은 "대의제를 보강하는 것"으로 이해하는 일리의 견해와 유사하다. 일리에 따르면, 대의제는 다음과 같은 경우에 제대로 작동하지 않게 된다.[36]

> (1) 내부자들이 자신들은 내부에 계속 남고 외부자들은 계속 외부에 남도록 하기 위하여 정치변화의 통로를 막고 있는 경우, 또는
> (2) 어느 누구도 실제로 발언권이나 투표권을 박탈당하지는 않지만, 다수의 유권자에게 신세를 진 국민의 대표가 단순한 적의(敵意) 때문에 혹은 공통된 상호이익의 영역이 없다는 선입견 때문에 다른 집단에게 부여되는 보호를 어떤 소수집단에게만 허용하지 않는 경우

이제 헌법재판의 역할은 바로 이러한 경우에 소수자가 입법과정의 토의 속에서 자신의 의견을 개진할 수 있도록 보장해주는 것에 있다. 즉, 사법심사를 통하여 헌법재판소는 "타자, 즉 현재까지 배제되었던 자를 포용할 수 있도록 … 실질적으로 말해, 새로운 자의식을 가진 사회집단의 목소리를 … 심의과정에 포함시킬 수 있도록" 노력해야 한다.[37]

헌법재판을 이렇게 이해한다면, 사법심사의 척도는 자유주의가 주장하는 "해악의 원리"나 "중립성의 원칙"일 수 없다. 자유주의와 달리 담론적 민주주의는 정치 자체를 가치에 대한 토론의 장으로 보기 때문이다. 예를 들어, 동성동본을 금지하는 법률을 검토함에 있어서 그 법률이 어떤 특정한 도덕을 반영하고 있다는 이유로 그것을 위헌적인 법률로 판단하지 않는다. 담론적 민주주의의 관점에서 사법심사의 척도는 "다원성의 원칙"이 된다. 왜냐하면 공론영역에서 자신을 드러내는 것이 가능하기 위해서는 다원성이 전제되어야 하기 때문이다.

---

35) F. Michelman, "Law's Republic", *The Yale Law Journal* Vol. 97 no. 8 (1988), p. 1525.
36) J. H. Ely/전원열 옮김, 『민주주의와 법원의 위헌심사』(나남출판, 2006), 246면.
37) Michelman, 앞의 글(주 35), p. 1529.

행위의 근본조건은 다원성으로서 인간조건, 즉 보편적 인간Man이 아닌 복수의 인간들men이 지구상에 살며 세계에 거주한다는 사실에 상응한다. … 다원성은 모든 정치적 삶의 '필요조건'일 뿐만 아니라 '가능조건'이라는 의미에서 절대적 조건이다. … 어떤 누구도 지금껏 살았고, 현재 살고 있으며, 앞으로 살게 될 다른 누구와 동일하지 않은 방식으로만 우리 인간은 동일하다. 이 때문에 다원성은 인간행위의 조건인 것이다.[38]

그러므로 도덕의 변화를 가져온 새로운 사회집단이 등장했음에도 불구하고 어떤 법률이 이들의 견해가 반영될 통로를 차단하고 이들에게 기존의 입장과 동일할 것을 강요하는 경우에 그러한 법률은 위헌으로 보아야 할 것이다. 이는 단순히 소수자의 이익이 반영되었다는 것만으로는 충족시킬 수 없는 기준이다.

지금까지 상술한 담론적 민주주의의 관점에서의 헌법재판의 역할은 법치주의뿐만 아니라 민주주의 자체를 수호하는 것이기 때문에 더 이상 우리는 법치주의와 민주주의의 상충이라는 딜레마에 빠지지 않아도 된다.

---

38) H. Arendt/이진우 · 태정호 옮김, 『인간의 조건』(한길사, 1996), 56-57면.

08

법의 '길'과 법의 '문'

강 태 경

한국형사정책연구원 부연구위원

현재 한국형사정책연구원 부연구위원으로 재직 중이며, 아시아문화콘텐츠연구소 이사를 맡고 있다. 서울대학교 심리학과와 법학과를 거쳐 동 대학원 법학과에서 법철학으로 박사학위(2014)를 받았다. 법의 규범성에 대한 학제적 관점을 담은 「내적 관점의 중층구조」라는 논문으로 한국법철학회 신진학자 논문상(2019)을 받았다. 법학과 경험과학의 융합에 관심을 가지고 연구를 지속하고 있으며, 저서로는 『몸과 인지』(공저), 『자율 주행 자동차: 입법 전략』(공저)을 집필했고, 「인지적 범주화로서의 법적 추론」, 「양심적 병역거부의 정당한 사유 해석론 비판」 등 다수의 논문을 발표했다.

"법 앞에 문지기 한 사람이 서 있다."

프란츠 카프카, 『법 앞에서』 중

Ⅰ. 법 앞에 선 두 여행자

아리스토텔레스의 말처럼 '법관에게로 나아가는 것'을 '정의에로 나아가는 것'이라고 생각한다면, 자신의 문제를 안고 법원을 찾은 시민은 자신의 권리를 행사하면서도 동시에 공동체에 대한 시민으로서의 의무를 다하려는 '이상주의자'라고도 할 수 있다.[1] 이에 법관은, 자신의 문제에 대한 법적 해결을 요청하는 시민에게 법과 사실의 정당한 해석을 통해서 제몫을 돌려줘야 한다. 그런데 현실에서 정의를 찾아 법관에게로 나아간 이상주의자는 아마도 프란츠 카프카가 묘사한, 법 앞에 선 시골 사내의 초췌한 모습을 하고 있기 일쑤이다.

법 앞에 선 초췌한 두 사람 T와 C가 있었다. T는 자신의 심리적 성과 일치하는 삶을 살기로 결정하고 법원에 공부상 성별 정정을 요청하였다. T는 생물학적 여성으로 출생하였으나 유년기부터 남성으로서의 성정체감을 가졌고 결국 성전환수술을 받고 사회적으로도 남성으로서 오랜 기간 생활하면서 여성 파트너와 안정적인 가정생활을 꾸려왔다. 그러던 중 자신의 파트너가 수술을 받아야 하는데 T는 보호자 동의를 할 수 없었던 적이 있었고, 이에 그는 혼인 신고를 하기 위해 공부상 성별 정정을 신청하기에 이르렀다.[2] 한편 C는 살상을 목적으로 하는 군사훈련을 받을 수 없다는 종교적 신념을 지키기 위해 입영을 거부한 자신의 결정이 병역법상 '정당한 사유'에 해당한다고 주장하면서 법대 앞에 섰다.[3] C는 이미 자신의 두

---

* 이 글은 졸고, "양심적 병역거부의 '정당한 사유' 해석론 비판: '길'로서의 법 vs. '문'으로서의 법", 『형사정책연구』 제29권 제3호(2018), 25-101면과 졸고, "법적 추론에 대한 비판적 분석으로서의 인지적 분석: 성전환자의 공부상 성별 정정 사건을 중심으로", 『서울대학교 法學』 제55권 제4호(2014), 193-240면의 일부 내용을 발췌·재구성한 것이다.
1) 심헌섭, "법조윤리의 좌표: 거시적 관점에서 본 전문윤리로서의 법조윤리", 서울대학교 법과대학 편, 『法律家의 倫理와 責任』(박영사, 2003), 36면.
2) 대법원 2006.6.22.자 2004스42 전원합의체 결정.
3) 대법원 2018.11.1. 선고 2016도10912 전원합의체 판결.

형이 같은 이유로 투옥되었던 것을 지켜보고도 같은 길을 걷겠다는 결정을 내렸다.

어떤 사건에 대한 우리의 이해에는 내적 구조를 갖춘 일관된 내러티브가 인식 틀로서 부지불식간에 작동한다.[4] 사건에 대한 이해에 가장 빈번하게 적용되는 내러티브는 주인공이 갈등이나 난관을 극복하고 자신이 목표하는 곳이나 상태에 이르는, 이른바 '목적이 있는 삶은 여행'이라는 개념적 은유이다.[5] 이 여행길은 주인공이 갈등이나 난관을 극복하는 과정이다. T와 C의 사건도 성정체감 또는 양심과 같은 자신의 내적 상태와 성별 또는 병역 의무와 같은 법적 상태가 빚어낸 불일치를 해소하고 자신이 목표하는 상태, 즉 성별 정정 또는 양심적 병역거부를 법적으로 승인받은 상태에 이르고자 감행한 일종의 여행으로 이해될 수 있다.

Ⅱ. 법관의 저울, 이익형량

T와 C의 경우처럼 소수자의 인간으로서의 존엄과 가치 그리고 행복추구권이 쟁점임에도 그 쟁점에 직접 적용될 명시적 법규정이 없거나 적용 가능한 법규정의 의미가 모호한 상황에서, 우리 법원은 '질서유지와 공공복리에 반하지 않는 한' 그들의 헌법적 권리를 최대한 보장해야 한다는 원칙을 선언한다. 이때 특히 소수에 대한 다수의 이해와 관용이 강조된다. 이러한 법원의 입장은, 다수의 일반적 신념과 대립하는 소수자의 개인적 신념은 법공동체의 다른 구성원들의 평등한 자유를 침해하지 않는 한도 내에서 존중되어야 한다는 존 롤즈John Rawls의 입장을 떠올리게 한다.[6] 다시 말해, 그 관용의 정도는 정의로운 자유 체제 내에서 다양한 신념을 가진

---

4) Paul Ricoeur, Kathleen McLaughlin and David Pellauer (trans.), *Time and Narrative* (University of Chicago Press, 1984), p. 65. 인지심리학자 제롬 브루너 (Jerome Bruner)는 *Making Stories: Law, Literature, Life* (New York: Farrar, Straus, and Giroux, 2002)와 *Minding the Law* (Cambridge, Mass.: Harvard Univ. Press, 2000)에서 법적 사고의 내러티브적 성격을 탐구하였다.

5) 개념적 은유(conceptual metaphor)란 한 대상을 다른 대상의 관점에서(in terms of) 이해하고 경험하는 인지작용을 말한다(조지 레이코프·마크 존슨/노양진·나익주 역, 『삶으로서의 은유』(박이정, 2006), 24면).

6) 존 롤즈/황경식 역, 『정의론』(이학사, 2003), 480-484면(56절) 참조.

사람들에게 동등한 위치가 허용될 수 있는 한도에 달려 있다.[7]

소수자의 행복추구권이나 신념을 어디까지 존중하고 이를 실현하도록 관용할 것인가의 문제는 법원에서 이익형량의 문제로 다루어진다. 법관들은 T와 C가 법원에 들고 온 문제에 대해서 이익형량을 통해 결론을 도출하고자 하였다. T의 사건에서 대법원 다수의견은 성별 정정 절차에 관한 입법 불비로 발생하는 성전환자에 대한 차별과 같은 인권침해 상황을 조속히 종결시키고 성전환자의 기본권을 보장하는 것이 법적 안정성을 유지하는 것보다 더 큰 이익이라고 판단하였다. 이 사건 이후 미성년인 아들을 둔 성전환자 F가 성별 정정을 신청한 다른 사안에서 법관들은 이익형량에 있어 더욱 첨예하게 대립하였다.[8] 이와 마찬가지로 C의 사건에서 대법원 다수의견은 대체복무제도가 도입되지 않은 상황에서라도 개인의 종교적 또는 평화주의적 신념에 따른 병역거부를 병역법 제88조 제1항이 정한 '정당한 사유'가 있는 병역거부로 인정함으로써 양심적 병역거부자의 양심 실현의 자유를 보장하는 것이 법적 안정성을 유지하는 것보다 더 큰 이익이라고 판단하였다.

이익형량은 청구의 내용을 기각하거나 인용하였을 때 예상되는 각각의 결과들을 종합적으로 고려하는 법적 판단 과정의 일부이다. 기본권 제한에 관한 최근의 결정이나 판결들을 살펴보면, 매우 구체적이고 경험적인 이익형량을 통해 결론을 정당화하는 경향이 강해지고 있다.[9] 개인의 기본권 제한에 관한 이익형량의 구조는 흔히 '공동체의 이익'과 '개인의 이익' 중 어느 것이 우선적인가와 같이 대립 구도를 띤다. 그런데 이와 같은 대립 구도에서 비교되는 이익의 주체인 '공동체'는 추상화된 관념적인 주체이고 또 다른 주체인 '개인'은 구체적인 주체라는 점에서 같은 층위에서 비교되기 어렵다.[10] 최근 늘고 있는 구체적인 이익형량을 보여주는 선례들을 살펴보면, 특정 결정에 따라 달라지는 당사자 개인의 이익을 구체적으로 다룰 뿐

---

7) 존 롤즈, 『정의론』, 483면.

8) 대법원 2011. 9. 2.자 2009스117 전원합의체 결정.

9) 김도균, "법적 이익형량의 구조와 정당화문제", 『서울대학교 法學』 제48권 제2호(2007), 56~66면, 89~98면, 101~103면.

10) 이민열, 『기본권 제한 심사의 법익 형량』(경인문화사, 2016), 384~390면.

만 아니라 공동체의 이익도 실증적인 자료를 바탕으로 가능한 한 구체적으로 다루고 있다.

그렇다면 T와 C의 사안에서 서로 다른 의견을 개진한 법관들은 이익형량의 서로 다른 구체화 정도나 서로 다른 실증적 자료 때문에 상반된 결론에 도달했던 것일까? 아니면 공익과 사익에 대해서 서로 다른 가중치를 전제하였기 때문일까? 물론 구체적인 형량의 방식이나 자료에서의 차이가 결론의 차이를 만들 수 있다. 하지만 법관들이 소수자의 기본권 최대 보장이라는 동일 원칙에 따라 동일한 자료를 토대로 이익형량을 진행하였다고 하더라도 서로 다른 결론에 도달할 수 있다. 이른바 '하드 케이스'라고 할 수 있는 T와 C의 사안에서는 직접 적용할 법규정이 없었거나 법규정의 의미가 모호했기 때문에 법에 대한 서로 다른 관점이 결론의 차이를 만들었다고도 볼 수 있다.

Ⅲ. 두 여행자를 마주한 두 문지기

이 두 여행자의 이야기를 따라가다 보면 우리는 법관의 딜레마와 마주하게 된다. 실존과 법의 불일치라는 난관을 극복하기 위해서 법원을 찾아온 이들의 여행길에는 '법이 길'이라고 말하며 그 길 끝에 서있는 문지기와 '법은 문'이라고 말하는 또 다른 문지기가 그 길 앞에 서있다.

법을 길로 보는 관점에서는, 관련 법률이 마련되어 있지 않은 규범적 환경에서 T와 C는 성별 정정 절차나 대체복무제도라는 길이 놓이기 전까지 쟁점이 된 불균형을 감내해야 한다. '법은 길'이라는 은유는 매우 관습화된 복합적인 개념적 은유이다. '법을 따른다'거나 '정도(正道)를 걷다'와 같이 법규칙과 관련된 익숙한 표현들은 '법은 길'이라는 개념적 은유를 매개로 의미 있게 이해된다.[11] '법은 길'이라는 은유가 여행 내러티브와 결합되면, 법에 의해 놓인 '길'이 없는 한 T와 C는 목적지에 도달할 수 없게 된다는 추론이 가능하다. 여행 내러티브 구조를 통해 T와 C의 사건을 이

---

11) Steven L. Winter, *A Clearing in the Forest: Law, Life, and Mind* (Univ. of Chicago Press, 2001), pp. 206-207.

해하면 이들은 '길이 없는 상황'에서 무리하게 행복추구권이나 양심의 자유
를 실현하려는 '무모한 여행자'가 된다.

　성전환자가 생물학적인 성에 대한 불일치감과 반대의 성에 대한 귀속감
을 갖는다는 것으로부터 이러한 불편감이 성전환이라는 은유적 여행을 감
행하게 만드는 동기라는 점을 알 수 있다. 성전환자에게 생물학적 성에 의
해 정해진 신체의 외관은 최종 목적지까지 가는 데 있어서 일종의 걸림돌
이 된다. 이 장애물을 제거하기 위해서 성전환수술이 이루어진다. 그리고
성별 정정 절차는 성전환자가 전환된 성으로 인정받는 최종 목적지에 도달
할 수 있도록 하는 '길'이 된다. 따라서 이러한 '성전환은 여행' 내러티브로
생성되는 정신공간에서 법원의 역할은 성전환이라는 여행의 마지막 단계에
서 필요한 심사자의 역할로 이해될 수 있다.

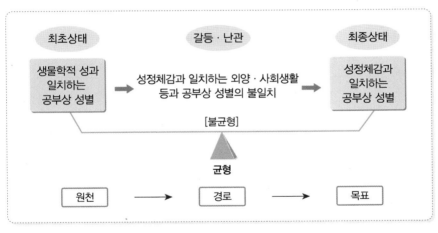

[그림 1] 성전환자 T의 상황에 관한 내러티브 구조

　양심적 병역거부자는 헌법과 법률이 정한 병역의무를 부담하는 최초상
태에서 군사훈련을 받을 수 없다는 진지하고도 절박한 양심상 갈등을 경험
하고 이러한 불균형 상태를 해소하기 위해 양심적 병역거부를 결정한다.
양심적 병역거부의 정당성을 다투었던 2004년 전원합의체 판결에서 다수
의견은 대체복무제도 도입을 양심적 병역거부의 전제조건으로 상정하였

다.[12] 이와 같은 이해는 여행 내러티브 구조 안에서 대체복무제도를 양심적 병역거부라는 목적지까지 가는 '길'이 된다. 여행 내러티브 구조의 관점에서 양심적 병역거부 사건을 이해하면, 양심적 병역거부자는 대체복무제도라는 길이 없는 상황에서 적법행위(병역의무의 이행)를 하지 않는 심각한 불균형을 해소하지 않은 채 개인적 목표(양심의 실현)에 도달할 수 있게 해달라고 요청하는, 즉 '특혜를 요구하는 사람'으로 이해된다.

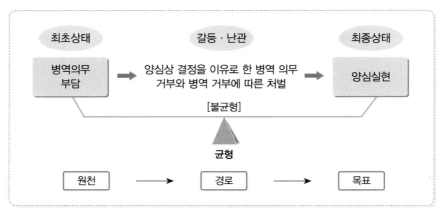

[그림 2] 양심적 병역거부자 C의 상황에 관한 내러티브 구조

반면에 법을 문으로 보는 관점에서는, 성별 정정 절차나 대체복무제도가 도입되어 있지 않은 규범적 환경에서라도 T와 C의 실존적 결단은 존중되어야 하며 관련 법률의 미비는 입법적 불비이지 불허의 취지가 아니라는 점에서, 법원은 T와 C의 기본권을 최대한 실현할 수 있도록 법을 해석하여 사안에 적용함으로써 T는 성정체감과 일치하는 공부상 성별로 살아갈 수 있는, C는 군사 훈련을 받지 않고 자신의 양심을 실현할 수 있는 '법적 가능성의 문'을 열어주어야 한다. 성별 정정 절차나 대체복무제도가 도입되지 않았다는 이유만으로 T와 C에게 고통을 감내하도록 강요하는 것은 정당화되기 어렵다. 성전환자 인권실태조사에 따르면, 성전환자들 중 상당수

12) 대법원 2004.7.15. 선고 2004도2965 전원합의체 판결.

가 경제적으로 낮은 계층에 속하였고, 구직·취업 등에서 상당한 제약을 받고 있는 것으로 나타났다.[13] 그리고 그들이 겪고 있는 심리적·사회적 고통이 상당함에도 불구하고 이러한 고통을 치유하거나 그들에게 실질적인 도움을 줄 수 있는 제도나 사회적 분위기는 미흡하였다. 한편 국제앰네스티 조사에 따르면, 대한민국에서 1950년 이후 최근까지 양심적 병역거부를 이유로 수감된 인원이 최소 18,700명에 달하고 이들이 감옥에서 보낸 시간을 모두 더하면 35,800년이 넘는다고 한다.[14]

성별 정정과 양심적 병역거부 허용은 T와 C의 헌법적 권리를 실현한 최종 상태라기보다는 존엄한 삶의 시작점이라고 볼 수 있다. 이에 법원은 이들이 존엄한 삶을 시작할 수 있도록 법의 문을 열어주어야 한다. 미성년인 아들을 둔 성전환자 F의 사건에서 성별 정정을 허용할 수 있다는 취지의 반대의견을 제시했던 대법관 양창수와 대법관 이인복은 "성적 정체성에 관한 태도 결정이나 성적 지향은 개인의 존재 그 자체를 구성하는 것으로서 이를 법적으로 인정받지 못하는 것은 인간의 존엄을 유지하고 스스로 선택한 가치관에 따라 행복을 추구한다는 가장 기본적인 권리를 부정당하는 것이나 다름없다"라고 말한다.[15] 요컨대 반대의견은 법은 이러한 선택을 존중하고 그 선택에 따른 삶을 보장하기 위해서 전환된 성을 법적으로 인정해야 한다고 본다. 한편 양심적 병역거부를 처벌하는 병역법 제88조 제1항에 대한 2004년 헌법재판소결정에서 재판관 김경일과 재판관 전효숙은 반대의견을 제시하면서 "소수자인 양심적 병역거부자들의 신념을 존중하고 가능한 한 수용하는 것은 우리 사회를 보다 성숙되고 발전된 방향으로 나아가게 하는 길이 될 것"이라고 설시하였다.[16] 이 표현에서도 알 수 있듯이 대체복무제도가 도입되면 양심적 병역거부자가 목적지로 갈 수 있는 길이 생기는 것이 아니라, 양심적 병역거부자의 신념을 '존중'하는 것이 우리 사회가 나아가는 길이 되는 것이다. 다시 말해, 법원은 양심적 병역

---

13) 성전환자 인권실태조사 기획단, "성전환 인권실태조사"(2006).
14) 국제앰네스티, "숫자로 보는 양심에 따른 병역거부"(2016.5.10)(https://amnesty.or.kr/ 10835/, 최종접속일 2020.1.15).
15) 대법원 2011.9.2.자 2009스117 전원합의체 결정.
16) 헌법재판소 2004.8.26. 선고 2002헌가1 전원재판부 결정.

거부자의 양심적 결단을 존중하고 그들이 목적지로 나갈 수 있도록 법의 문을 열어주는 것이다.

Ⅳ. 법의 문이 만드는, 가능성의 공간

법의 문으로 나아간 T와 C가 존엄한 삶이라는 목표를 달성할 수 있도록 성별 정정 절차나 대체복무제도를 마련하는 데 입법부와 행정부가 각자 분담해야 하는 제도적 몫이 있다.[17] 그리고 입법부 및 행정부가 자신의 역할을 제대로 수행하기 위해서는 국민적 공감대를 이끌어낼 필요가 있다. 이와 같은 일련의 과정은 민주주의 요청에 부합하는 합의 도달 과정이라고 할 수 있다. 이런 점에서 법원은 T와 C뿐만 아니라 성별 정정 절차나 대체복무제도와 관련된 이해당사자들에게도 법의 문을 열어준다. 법관은 '문으로서의 법'에서 '선량한 문지기'의 역할을 담당하게 된다. 이처럼 선량한 문지기로서 법관의 역할은 소수자의 기본권 보장 문제에서 두드러지게 발견된다.

소수자의 기본권 제한에 관한 이익형량의 심층적 구조로 '문으로서의 법'이라는 대안적인 개념적 은유를 수용한다면 기본권 제한과 관련된 이익형량에서 자주 발견되는 범주 오류를 피할 수 있으며 소수자에 대한 관용의 한계를 보다 구체적으로 확정할 수 있다. 앞서 언급했듯이 '공동체 이익'과 '개인 이익' 대립 구도를 전제로 이루어지기 쉬운 기본권 제한에 관한 이익형량 과정에서 법을 길로 상정하는 경우, 사건 당사자인 성전환자나 양심적 병역거부자가 겪는 고통과 결단의 구체성은 상당부분 은폐된다. 하지만 대안적 구조 안에서는 구체적인 사건 당사자의 결단에 초점이 맞춰짐으로써 개인의 기본권 주체성이 부각된다. 예를 들어, 대체복무제도가 마련되기 전까지 양심적 병역거부를 처벌해야 한다는 논거였던 현역복무자의 박탈감도 구체적인 개별 병사들의 정서적 반응에 대한 측정과 같이 구체적으로 논의되어야 한다. 또한 미성년인 자녀를 둔 성전환자의 성별 정

---

17) 현재까지 성전환자의 공부상 성별 정정은 '성전환자의 성별정정허가신청사건 등 사무처리지침'에 따라 법원의 결정을 거쳐 이루어지고 있다. 한편 '대체역의 편입 및 복무 등에 관한 법률'이 2020.1.1.부터 시행됨에 따라 대체복무제도가 도입되었다.

정을 허용할 수 없다는 논거였던 자녀의 복리 저해와 정신적 혼란도 당해 사안의 자녀의 정신적 성숙도와 부모와의 관계 등을 바탕으로 구체적으로 판단되어야 한다. 개인과 공동체 간의 직접적 비교에서 발생하는 오류에서 탈피한 구체적 형량은 소수자에 대한 관용의 한계, 즉 평등한 자유의 침해 정도를 가늠하는 데 필수적이다. 이처럼 소수자와 관련된 이해당사자들의 구체적인 기본권 주체성을 부각시키는 대안적 은유 구조는 이익형량을 구체적이고 다층적으로 이끄는 이점이 있다.

09

법의 일반화라는 딜레마:
편견과 평등을 이해하는 한 방법

김대근

한국형사정책연구원 연구위원

　고려대학교 법과대학을 졸업하고 같은 학교 대학원에서 기초법으로 석사와 박사 학위를 취득했다. 주요 관심분야는 정의론, 인권, 형사사법, 민주주의론, 금융범죄, 난민 등이다. 현재 국무총리실 산하 국책연구기관인 한국형사정책연구원의 연구위원으로 원내 부패·경제범죄연구실의 실장으로 근무하고 있다. 현재, 2기 법무·검찰개혁위원회에 참여하고 있다.

　주요 연구로는 "난민의 인권보장을 위한 구금관련 규정 정비 방안"(2016), "신종금융사기범죄의 실태 분석과 형사정책적 대응방안 연구"(2017), "난민심사제도의 개선 방안에 관한 연구"(2018), "공공변호제도에 대한 연구"(2019), "범죄피해자의 트라우마에 대한 형사정책적 체계정립 방안"(2020) 등이 있다. 논문으로는 「법경제학의 학적 필연성과 개념화에 대한 고찰」(2011), 「Amartya Sen의 정의론」(2011), 「근대사회에서 화폐화의 딜레마와 법의 문제」(2014), 「안전 개념의 분화와 혼용에 대한 법체계의 대응방안」(2014), 「보복범죄의 범죄피해자 등 보호제도의 문제점과 개선방안」(2015), 「검사의 수사 논증과 추론의 구조 고찰: 가추와 역행추론을 중심으로」(2016), 「하트(H.L.A. Hart)의 형법학방법론」(2017), 「근로자 파견 법리의 불법구조와 분석」(2018), 「출입국항 난민지위신청 절차의 법해석적 지평과 대안」(2019) 등이 있다. 『차별이란 무엇인가』(2016)를 번역하였고, 롤스의 『정의론』과 『롤스의 정치철학사 강의』를 번역하여 출간할 예정이다.

I. 들어가면서

어떤 개인이나 집단에 대한 특성 내지 속성을 통해 그 개인 내지 집단의 일원인 개인을 평가하는 것은 타당할까? 특히 개인이나 집단의 특성 내지 속성이 통계적으로 근거가 있는 것이라면 그러한 특성 내지 속성을 '일반화'하는 것은 타당한 일일까.

물론 실증적 근거 없는 특성 내지 속성에 기반하여 개인이나 집단을 평가하는 것은 부당한 편견이라는 점에서 비판해야 할 것이며 처음부터 논의 대상이 될 수 없다. 그러나 실증적 근거가 있는 특성 내지 속성을 도출하여 이를 개인에게 적용하는 경우일지라도, 과다포함overinclusion되거나 과소포함underinclusion되는 오류가 발생할 수 있다는 점에서 문제가 된다. 통계적 근거가 있는 일반화일지라도 보편화universalization되지 않는 한계가 있는 것이다.

이러한 한계는 특성 내지 속성을 도출하여 법을 통해 규제할 때 보다 극적으로 노출된다. 주지하다시피 법은 일반성이라는 속성을 통해 누구에게나(즉, 보편적으로) 평등하게 적용되어야 한다. 때문에 법을 통해 개인을 판단하고 규제하는 데 있어서 구체적인 개인을 과소포함하거나 과다포함하는 문제를 발생시킬 수밖에 없다. 한편 법은 그 본성 상, 구속력이라는 속성을 통해 일반성[1]을 강제[2]한다는 점에서, 법의 일반성에 따른 적용은 개인의 결정보다 더 폭력적일 수 있다. 이처럼 법을 통해 일반화하는 작업은 사회 규범으로서 불가피한 측면이 있을 뿐만 아니라, 많은 경우 타당하다는 평가를 받기도 한다. 또한 일반화의 결과를 모든 수범자에게 적용하는 과정에서 '같은 것은 같게, 다른 것은 다르게'라는 평등의 의미를 다르게 이해할 필요성이 제기된다. 요컨대, 법의 일반화는 구체적인 개인에게 편견 내지 차별의 기제로 작동하는 측면과 동시에 개연성을 통한 적정한 규

---

1) 일반성을 통해 강제한다기보다는 보편성을 통해 강제한다는 서술이 보다 정확할 것이다.
2) 법이 보편성을 갖기 때문에 구속력을 갖는다고 할 수도 있고, 법의 구속력을 통해 보편성을 강제한다고도 할 수 있을 것이다.

제적 판단이라는 측면을 갖고 있다는 점에서 딜레마이다. 이와 같은 딜레마라는 관점은, 법을 통해 사태를 분석하는 유용한 틀이 되면서 동시에 법과 현실의 변증을 통해 보다 바람직한 법의 지평을 모색하는 반성적 균형 Reflective Equilibrium의 계기가 된다.

Ⅱ. 법의 일반화라는 딜레마

1. 일반화의 의의와 방법

이하에서는 딜레마라는 관점에서 법의 일반화에 따른 문제점들을 검토하기로 한다. 이를 위해 먼저 다음과 같이 관련 개념들을 정립하면서 논의를 시작할 것이다.

먼저 '일반화'generalization란 어떤 개인이나 집단으로부터 특성 내지 속성을 추론reasoning해 내고(협의의 일반화), 추론된 특성 내지 속성을 그 개인 내지 집단의 일원인 개인에게 적용(판단)하는 것(광의의 일반화)을 말한다. 일반화 작업은 추론해낸 특성이나 속성이 개인에게 전적으로 혹은 집단의 모든 구성원을 포함한다는 점에서 '보편화'universalization와는 다른 것이다. 한편, '편견'은 허위의 정보 다시 말해 통계적으로 타당하지 않은 일반화를 도출하는 것 또는 그 결과물이지만(협의의 편견), 통계적으로는 타당하더라도 보편적이지 않은 일반화를 통해 집단의 특성을 개인에게 적용하는 것 또한 '편견적'이라고 할 수 있다(광의의 편견). 후자와 같은 광의의 편견은 실증적인 근거에 기반한 특성 내지 속성이라는 점에서 '고정관념'stereotype 이라고도 할 수 있다. 요컨대, 편견이 허위의 부정적인 것이라면 고정관념은 중립적인 것이다.

일반화를 위해 어떤 특성이나 속성을 도출하는 과정 내지 방법을 '추론' reasoning이라고 한다면,[3] 추론방식을 통해 형성된 개인이나 집단의 특성 내

---

[3] 이와 같은 추론 중에서 특히 주목할 만한 방법이 가추(reduction)이다. "가추 및 역행추론은 이러한 경험의 영역과 실재적 영역간의 관계를 연결함으로써 경험적 지식의 오류를 수정하면서 실재를 발견하거나 구성할 수 있다. '가추'는 경험적으로 판별된 현상(의 유형)으로부터 그 현상을 발생시킨 일련의 인과적 힘들이나 기제들을 (가설적으로) 상정하는 사유 양식이다. 즉, 어떠한 현상을 관찰하고 관찰된 현상을 설명할 수 있는 가설을

지 속성은 개인의 차원에서는 고정관념stereotype으로 기능하며, 법의 차원에서는 법의 일반화 작용으로 기능한다. 일반화를 통해 공적으로는 법과 규칙을 생성하고, 개인적으로는 다양한 의사결정이 가능하게 된다. 한편 실증적 혹은 통계적 근거를 갖는 특성 내지 속성을 판단하는 기준은 판단 주체에게는 합리적 '지표'proxy[4]로서 가능하게 된다. 법의 일반화에 있어서 지표는 성별sex이나 연령age처럼 법이 대상을 범주화하고 일반화하는 데 기준으로 작용하는 것을 말한다.

2. 법과 정의, 그리고 평등의 갈등

법 또는 재판을 상징하는 정의의 여신은 눈가리개를 하고 있다. 눈을 가림으로써 편향과 편견을 갖지 않고 공정함을 유지하겠다는 단호한 의지일 것이다. 법의 이념이 정의라는 점에서, 법은 정의라는 이념을 구체화한 것이라고 할 수 있다. 여기서 '정의'가 무엇인지에 대한 지난한 논의가 필요하지만, '평등'을 정의의 가장 좁은 개념 내지 핵심 개념으로 보는 데 별 이견이 없다. 다시 말해 개념에 대한 역사적 전개과정에서 나타난 바와 같이 정의의 가장 좁은 의미는 '각자에게 그의 것을'jedem das Seine과 '각자에게 같은 것을'jedem das Gleiche이라고 하는 평등의 명령이다.[5] '각자에게 그의 것을 주는 것'이라는 오래된 격언이 그러하지만, 정의의 가장 좁은 개념인 평등이 전통적으로 '같은 것은 같게, 다른 것은 다르게' 취급하는 것이라는 데 이른다면, 정의는 개별적인 것 혹은 특수한 것을 지향하는 경향을 갖는다는 데 생각이 미치게 된다. 현대 정치철학의 주된 흐름 또한 정체성identity 또는 차이difference를 통해 정치적 주체를 복원하려는 시도들이며, 우리 법원도 '구체적 타당성'이라는 표현을 통해 개별적이고 구체적인

설정하는 것이다." 이에 대해서는 김대근, 검사의 수사 논증과 추론의 구조 고찰―가추와 역행추론을 중심으로, 형사정책연구 통권 제105호, 2016 참조.
4) 데버러 헬먼/김대근 역, 차별이란 무엇인가: 차별은 언제 나쁘고 언제 그렇지 않은가, 서해문집, 2016에서는 proxy를 '대용물'로 표현하기도 한다. 이하에서는 '지표'라고 표현한다.
5) 이에 대한 자세한 내용으로는 김대근, Amartya Sen의 정의론의 방법과 구조, 법철학연구 제14권 제1호, 2011; 김대근, 평등의 한 개념과 방법, 형사정책연구소식, 제134호, 2015 참조.

것을 지향하는 경향이 있다.[6] 즉, 정의justice는 개별적인 것에 대해 각각 취급을 달리하는 것이라는 이해에 기반하는 것이다.

한편, 정의는 '형평'equity[7]이라는 개념을 통해 논의되기도 한다. 고대 그리스의 아리스토텔레스Aristoteles는 법의 일반화에 따른 오류를 교정하기 위해 형평을 강조하기도 하였다. 아리스토텔레스는 <니코마코스 윤리학> 제5권 제10장에서 형평을 '법이 그 일반성을 이유로 결함이 있는 한에 있어, 법을 교정하는 것'이라고 설명한다.[8] 이에 대해서 누스바움은 아리스토텔레스의 형평은 법을 수정하고 이에 따라 불완전하기보다는 "전체" 정의를 제공하는 목적을 수행한다고 강조하기도 한다.[9]

> …형평은 한 종류의 정의보다는 우월하지만 역시 정의에 포함되며, 종류가 달라서 그 한 종류의 정의보다 우월하지 않기 때문이다. 따라서 정의와 형평은 일치하며 둘 다 훌륭하지만 형평이 더 우월하다. 다만 우리를 곤혹스럽게 만드는 것은 형평은 정의이지만 법적 정의가 아니라 오히려 법적 정의를 바로잡는 것이라는 사실이다. 그 이유는 모

---

6) 예를 들어, 대법원 2018.11.1. 선고 2016도10912 전원합의체 판결 [병역법위반] "병역법 제88조 제1항은 이러한 국방의 의무를 실현하기 위하여 현역입영 또는 소집통지서를 받고도 정당한 사유 없이 이에 응하지 않은 사람을 처벌함으로써 입영기피를 억제하고 병력구성을 확보하기 위한 규정이다. 위 조항에 따르면 정당한 사유가 있는 경우에는 피고인을 벌할 수 없는데, 여기에서 정당한 사유는 구성요건해당성을 조각하는 사유이다(대법원 2004.7.15. 선고 2004도2965 전원합의체 판결 등 참조). 이는 형법상 위법성조각사유인 정당행위나 책임조각사유인 기대불가능성과는 구별된다. 정당한 사유는 구체적인 사안에서 법관이 개별적으로 판단해야 하는 불확정개념으로서, 실정법의 엄격한 적용으로 생길 수 있는 불합리한 결과를 막고 구체적 타당성을 실현하기 위한 것이다. 위 조항에서 정한 정당한 사유가 있는지를 판단할 때에는 병역법의 목적과 기능, 병역의무의 이행이 헌법을 비롯한 전체 법질서에서 가지는 위치, 사회적 현실과 시대적 상황의 변화 등은 물론 피고인이 처한 구체적인 사정도 고려해야 한다."

7) 원어는 '에피에이케이아'(epieikeia)이다. 천병희 역의 <니코마코스 윤리학>(숲, 2013)에서는 '공정성'으로 번역하였다. 한편 또 다른 번역본인 강상진·김재홍·이창우 역의 <니코마코스 윤리학>(길, 2011)에서는 이를 '근원적 공정성'으로 번역한다. 이 번역에서는 에피에이케이아는 일반적으로 '훌륭함'을 의미하지만 제10장에서는 에피에이케이아가 "모든 것을 다 규정해 놓을 수는 없는 성문법을 보충하거나 바로잡을 수 있는 근거"로서 주로 이해된다는 점을 들며 '근원적 공정성'으로 표현한다. 그러나 법의 일반화에 따른 경직성을 보충하거나 시정하기 위해 법학에서는 '형평'(equity)이라는 개념을 통상적으로 사용한다는 점에서 이 논의에서는 에피에이케이아를 '형평'으로 번역하기로 한다.

8) 아리스토텔레스/천병희 역, 니코마코스 윤리학, 숲, 2013, 208-209면.

9) Martha C. Nussbaum, "Equity and Mercy," *Philosophy and Public Affairs*, 22 (1993), pp. 92-94 참조.

든 법은 보편적인데,[10] 어떤 것에 관해서는 어느 것이 옳은지 보편적으로 말할 수 없기 때문이다. 따라서 보편적으로 말할 필요는 있지만 제대로 그럴 수 없는 영역들에서는, 법은 제대로 말하지 못하면 오류가 생길 수 있다는 것을 모르는 바 아니지만 더 자주 일어나는 경우를 취한다. 그런다고 해서 법이 덜 올바른 것은 아니다. 오류는 법이나 입법자의 탓이 아니라 사태의 본성 탓이기 때문이다. 인간 행위의 원료는 본질적으로 그런 것이니 말이다.

따라서 법은 보편적으로 말하는데 예외적인 경우가 생기면, 입법자가 보편적으로 말함으로써 그런 경우에 대응하는 데 실패한 곳에서는 누락된 부분을 바로잡는 것이 옳다. 입법자가 그 자리에 있었다면 말했을 법한 것과 입법자가 그럴 줄 알았으면 자신의 법에 포함시켰을 법한 것을 말함으로써 말이다. 따라서 형평은 옳고 한 종류의 정의보다는 우월하지만, 절대 정의보다 더 우월하지는 않으며 단지 보편화로 인한 오류보다 더 우월할 뿐이다. 그리고 법의 보편성 때문에 법에 결함이 있는 곳에서 법을 교정하는 것, 바로 이것이 형평의 본성이다.

그러나 법을 통한 일반화에는 개별성으로 환원할 수 없는 중요한 덕성이 있다. 경험에 비추어 면밀하게 관찰한 사실에 기반한 추론을 하고 이를 일반화하여 법의 내용으로 만든다는 것은, 법 내지 법적 의사결정이 개인의 주관적인 경험과 자의적인 추론에 의지하는 것이 아니라, 규칙rule에 의해 이루어진다는 것을 보여준다. 실상 법치주의rule of law라는 개념의 본질이 여기에 있지 않던가. 위에서 인용한 아리스토텔레스 또한 법이 필연적으로 '일반적'이라는 것을 전제로 하고 있다.[11]

결과적으로 평등은 법의 이념이면서, 법의 일반화는 평등을 위한 전제가 된다. '법 앞에서의 평등'이라는 표현처럼 법이 모든 사람을 동등하게 취급하고, 모든 사안에 동등하게 적용되는 것을 말한다.

---

10) 위 책의 역주에 따르면 "법은 보편적 원칙만 제정한다는 뜻"이라고 한다.
11) "모든 법이 보편적인 것인 데 대하여 어떤 일에 관해서는 정확하게 보편적 규정을 지을 수가 없는 데 있다"고 한다. 아리스토텔레스/강상진·김재홍·이창우 역, 니코마코스 윤리학, 길, 2011.

3. 정의의 딜레마 혹은 평등의 딜레마

정작 정의의 여신은 눈을 가려서 편향과 편견으로부터 자유로워졌을까. 그녀는 정말 공정하고 정확한 판결을 할 수 있었을까. 심지어 저울을 통해서 무게를 형량하는 것이 사태를 이해하는 전부일지에 대해서도 의문이 든다. 대상을 평가하거나 사태를 파악할 때, '무게'가 유일한 요소라면 저울로 비중을 살피는 것이 가장 중요한 일이겠지만, 대개의 일들은 모든 요소를 종합적으로 고려해야 하기 때문이다. 예컨대, 무게, 크기, 형태, 질감 같은 것들도 중요할 테니 말이다. 생각이 여기에 미치면, 오히려 정의의 여신이 두 눈을 부릅뜨고 사태를 면밀하게 관찰해야 보다 공정하고 정확한 결론을 도출할 수 있을 것 같다. 여기서 다음과 같은 의문을 제기할 수 있다. 정의는 모든 편견을 배제하고 사태를 바라보아야 인식이 가능한 것인가, 그리고 평등이라는 규범은 어떻게 존재하고 어떠한 방식으로 관철되어야 하는가.

Ⅲ. 어떻게 일반화를 할 것인가: 편견에 대한 관점의 전환

1. 일반화의 사례들

일부 연구에 따르면 동유럽의 유대인 여성들이 유방암과 난소암에 걸릴 가능성은 여성 전체에 비해 높은데, 특히 동유럽 유대인 여성 7%가 유방암에 걸릴 가능성을 50% 높이는 유전자적 변이를 지니고 있다고 한다. 동유럽 유대인 여성들이 특히 유방암과 난소암에 취약하다는 사실은 보험통계적으로 정당화되고 있다면, 이처럼 보편화되지 않는 일반화를 기반으로 보험회사가 보험 가입을 거부하거나 보험료를 인상한다면 부정의한 일일까. 특히 이러한 정책이 동유럽 유대인 여성들 전반에게 정의로운 일인지가 문제되는데, 이들 중 90% 이상에게는 문제가 되는 유전자적 돌연변이 요인이 없고 따라서 유방암이나 난소암에 걸릴 위험성이 높지 않기 때문이다.[12]

---

12) 이 사례는 Frederick F. Schauer, Profiles, Probabilities, and Stereotypes, Belknap

언급한 것처럼 개인의 의사결정은 물론이고 정책적 의사 결정시 일반화는 필연적으로 오류를 내재하게 된다. 위의 사례에서 유방암이나 난소암에 걸릴 통계적 가능성이 더 크다는 이유로 동유럽 유대 여성들에게 부담을 주는 것은 여러 문제를 낳는다. 첫째, 현대 사회에서 건강 보험이 없는 개인은 의료적, 경제적 재앙으로 고통 받을 위험에 처할 수 있다는 점에서 보험의 배제는 가혹한 일이다. 둘째, 기울어진 운동장과 같이 사회 곳곳에서 구조화된 차별을 받는 여성들이 보험에서조차 배제되면 이들의 경제적 위험은 물론 잠재적으로 기존의 성차별을 더욱 악화시킨다.[13] 셋째, 동유럽 유대인이라는 통계적으로 유의미한 요인이 유대인에 대한 기존의 편견을 부추기거나 고착화할 가능성이 높다. 넷째, 상당수의 동유럽 유대인 여성들은 유방암이나 난소암에 걸리지 않을 것이며, 이들의 암 유발 위험은 유전적 배경보다는 개인의 생활태도 등에 의존하는 바도 클 것이므로 일반화에 따른 오류가 발생한다. 그럼에도 불구하고 질병요인이라는 대리지표가 보험사건의 발생과 높은 상관관계를 갖는다는 점에서 여전히 일반화에 따른 보험의 적용은 전적으로 불합리하다고 볼 수는 없다.

한편 전과자(前科者)의 재범가능성 내지 위험성에 기초한 판단은 편견의 산물일까 아니면 합리적인 추론의 결과일까. 이에 기초한 법과 정책은 타당한 것일까?[14] 예컨대 '자격정지 이상의 형을 받은 전과가 있는 자'에 대해서는 선고유예를 하지 않는다(형법 제59조). 또한 전과는 '상습'의 표지이며, 누범의 요건이기도 하다. 양형기준에서 동종의 전과는 형의 가중사유가 된다. 반면 "누구든지 성별·종교 또는 사회적 신분에 의하여 정치적·경제적·사회적·문화적 생활의 모든 영역에 있어서 차별을 받지 아니한다"(헌법 제11조 제1항 후문)고 하여 사회적 신분으로서 전과를 이유로 하는 차별은 원칙적으로 금지되며, 전과자의 정상적인 사회복귀를 보장하고자

Press, 2003, p. 34에서 인용한 것이다.

13) 관련된 관심사에 대해서는, Deborah Hellman, "Is Actuarially Fair Insurance Pricing Actually Fair?: A Case Study in Insuring Battered Women," *Harvard Civil Rights-Civil Liberties Law Review*, 32 (1997), pp. 355-411.

14) 이 질문은 다소 복합적이다. '타당하다'라고 표현했지만 엄밀히 묻는다면, 이에 기초한 법과 정책은 '합리적'일까, '효율적'일까. 혹은 '정확한' 것일까, (도덕적으로) '정당한' 것일까.

하는 「형의 실효 등에 관한 법률」에서는 범죄경력조회·수사경력조회 및 회보에 제한을 두어 전과에 따른 불이익을 제한하고자 한다(동법 제6조).

그렇다면 누군가의 범죄경력을 어떻게 바라보아야 할까. 때에 따라 차별하고 때에 따라 차별을 금지하는 법의 태도는 타당한 것인가. 심지어 전과라는 특성을 통해 개인이나 집단을 평가하고 법을 통해 일반화하는 것을 어떻게 이해해야 할까. 이 맥락에서 평등이라는 규범을 어떻게 이해해야 하고, 실천할 수 있을까.

2. 편견에 대한 전통적 이해

전통적으로 편견에 대해서는 부정적인 평가가 대부분이고, 편견은 흔히 배제해야 할 무언가로 인식되어 왔다. 편견을 배제해야 최선의 판단이 가능하다는 생각은 17세기 자연철학에서 나타나며, 특히 프란시스 베이컨Francis Bacon과 르네 데카르트Renê Descartes에게서 두드러진다.[15)]

그러나 편견의 부정적인 뉘앙스는 오랜 변천에 따른 것이다. '편견'을 의미하는 'prejudice'는 라틴어 명사 'praejudicium'에서 파생되었다고 한다. 사회심리학자 고든 올포트Gordon Allport는 편견이라는 단어가 세 단계의 변화를 거쳤다고 한다.[16)]

① 'praejudicium'은 고대인들에게 '선례precedent', 즉 이전의 결정과 경험에 근거해서 내리는 판단을 의미했다.
② 이후 이 용어에는 영어에서 사실에 대한 합당한 검토나 숙고가 이루어지기 이전에 형성된 판단이라는 의미가 생겼다. 즉 미숙하거나 성급한 판단이라는 의미이다.
③ 마지막으로 또한 이 용어는 근거 없는 사전 판단에 수반하는 오늘날의 좋고 싫음의 정서적 특색을 얻었다.

그에 따르면 편견은 '충분한 근거 없이 다른 사람을 나쁘게 생각하는

---

15) 이에 대한 자세한 설명으로는 애덤 샌델/이재석 역, 편견이란 무엇인가, 와이즈베리, 2014, 50면 이하 참조.
16) 고든 올포트, 편견, 교양인, 2020, 40면.

것'이며, 여기에는 '근거 없는 판단'과 '감정적 어조'를 편견 개념의 핵심으로 한다.

3. 편견에 대한 새로운 지평과 고정관념

한편 해석학적 관점에서 편견은 인간의 조건이자 텍스트를 이해하는 지평이다. 특히 가다머Gadamer는 편견의 부정적인 면과 함께 지식을 생산하는 점에서 편견의 긍정적인 측면을 지적한다.[17] 샤우어Schauer 또한 일정한 전제 하에 편견의 가능성을 고찰한다. 그에 따르면 통계적으로 타당하지 않은 일반화는 인간 집단에 적용될 때 종종 편견prejudices이라고 비난받는다. 편견이 있다는 것은 사람이 어떤 집단에 속한다는 것 때문에 그 사람에 대하여 근거가 박약한 믿음을 지니는 것이다. 이처럼 허위적인 정보 다시 말해 통계적으로 타당하지 않은 일반화를 도출하는 추론이 바로 편견의 전형적인 모습이다. 그러나 편견의 개념은 여기에 그치지 않는다. 허위적 일반화에 의존하는 것뿐만 아니라, 통계적으로는 타당하더라도 보편적이지 않은 일반화를 통해 집단의 특성을 개인에게 적용하는 것 또한 편견에 해당할 수 있다고 한다.[18] 바로 이 부분이 논란이 된다. 통계적으로 타당하지 않은 정보는 처음부터 고려의 대상이 될 수 없고, 이처럼 실증적 토대가 결여된 일반화는 허위spurious라고 할 것이다.[19] 허위의 일반화의 대표적인 예가 골상학phrenology[20]인데, 골상학의 전제들 중에서 참이라고 입증된 것은 하나도 없다. 요컨대, 문제는 통계적으로는 타당하나 보편적이지 않은 일반화가 타당한 것인가이다.[21]

언급한 것처럼 처음부터 실증적 근거가 없는 특성에 기초한 추론은 허위

---

17) 애덤 센델/이재석 역, 편견이란 무엇인가, 와이즈베리, 2014, 274면.

18) Frederick F. Schauer, Profiles, Probabilities, and Stereotypes, Belknap Press, 2003, pp. 15-16.

19) Frederick F. Schauer, Profiles, Probabilities, and Stereotypes, Belknap Press, 2003, p. 7.

20) 골상학의 기초로 범죄학을 정초하려던 시도의 고전적인 예로는 체자레 롬브로조/이경재 역, 범죄인의 탄생, 법문사, 2010 참조.

21) Frederick F. Schauer, Profiles, Probabilities, and Stereotypes, Belknap Press, 2003, p. 19.

의 것이라서 문제가 되지 않지만, 실증적 근거가 있는 특성에 기초한 추론이라면 이해의 지평으로 기능하고 일반화의 전제가 된다는 점에서 일정한 기능과 유용성을 지닌다. 물론 통계적 기초가 있더라도 집단의 보편적이지 않은 특성에 기초하여 개별적 결정을 하게 된다면, 그리고 이를 편견이라고 부른다면, 이러한 편견적인 추론 또한 비판의 여지가 크다. 그러나 보편적이지 않더라도 통계적 기초가 있다면 이에 기초한 법과 정책을 형성하는 것은 불가피한 측면이 있을 뿐만 아니라, 상당부분 타당하기도 하다. 앞에서 언급한 것처럼, 일단 통계적 근거가 있는 일반화의 결과를 고정관념이라고 할 수 있다.

우리는 일상에서뿐만 아니라, 정립된 경험과학과 법정책에서는 고정관념을 통해 사태를 이해하고 정보를 획득하며, 장래의 가능성을 전망한다. 범죄학의 '프로파일링'은 고정관념을 활용한 대표적인 예이다. 사건 현장의 여러 단서를 통해 용의자의 사회인구학적 특성을 추론하는 프로파일링 작업은, 먼저 어떤 개인이나 집단의 사회인구학적 특성의 도출을 전제로 한다. 즉 통계적으로 타당한 특성 내지 속성을 도출해서 일반화해야 하는 것이다. 이렇게 일반화된 사회인구학적 특성을 통해 (범죄)'행위자'의 범위를 좁히는 추론이 가능해지고, 경우에 따라서는 '행위'의 특성을 찾아내기도 한다. 물론 이러한 시도는 오류가능성이 있기 마련이며, 따라서 프로파일링 작업은 여전히 정립 중에 있는 수사 방법이다. 요컨대 고정관념은 실증적 근거를 통해 개인이나 집단의 특성 내지 속성을 추론한다는 점에서 '사태'라는 텍스트를 이해하는 지평일 뿐만 아니라 일반화의 계기를 마련해준다.

고정관념화 혹은 프로파일링이 통계적으로 지지 가능한 일반화의 산물이라면, 다시 말해 실증적 근거를 갖춘 추론의 한 형식이라면, 그에 따른 분류와 일반화는 불가피할 뿐만 아니라 타당한 것이기도 하다. 물론 여전히 일반화에는 오류가 내포되어 있다는 점은 한계이며, 이 때 추론 형식으로서 가추abduction가 실천성을 갖는 지점이기도 하다.

IV. 법에서 평등은 어떻게 이루어져야 할까

1. 법에서 일반화의 의의

보험회사가 통계에 기반한 특성 내지 속성을 통해 보험을 적용하고, 수사기관이 개인이나 집단의 사회인구학적 특성을 도출하는 프로파일링을 통해 용의자의 범위를 좁히려는 시도에는 다소 오류가 있지만, 도덕적으로 그릇된 것이라고 쉽사리 단정할 수가 없다. 심지어 그 일반화가 특정의 경우들에서 오류를 자아낼 때조차도 일반화하는 관행practice이 불합리하다고 일축할 수 없다. 대개의 경우, 판단 내지 정책을 형성하는 데 있어서 일반화는 절차의 하나로 기능할 뿐만 아니라, 장기적으로는 오류를 덜 생산하는 데 기여할 수 있다. 많은 경우 개별적 차이를 일일이 고려하지 않는 것이 효율성을 가져오는 경우가 대부분이기도 하다. 언급한 것처럼, 이 지점에서 정의는 구체적이어야 한다는 견해와 충돌할 수 있고, 같은 맥락에서 정의와 효율성은 양립하기 어려운 것처럼 보일 수도 있다.[22]

2. 같은 것은 같게, 다른 것은 다르게?

이 지점에서 정의 특히 평등의 실천성을 재정립하는 것이 필요하다. 정의, 특히 가장 좁은 정의의 개념(평등)인 '같은 것은 같게 다른 것은 다르게'라는 표현은 정의나 평등을 설명하는 가장 단호한 서술이지만, 실상 이 표현의 실천성은 지극히 제한적일 수밖에 없다. 무엇이 같고 무엇이 다른지에 대한 이해와 합의가 없다면 이러한 설명은 모호하거나 동어반복에 불과하기 때문이다.

하트H.L.A. Hart 또한 '같은 것은 같게 다른 것은 다르게'라는 표현에 대해 다음과 같이 비판한다.

　　　…이와 같은 단순한 사례들로부터 충분히 알 수 있는 것같이 <같

---

22) 이에 대해서는 Klaus Mathis, Efficiency Instead of Justice?: Searching for the Philosophical Foundations of the Economic Analysis of Law, Springer, 2009 참조.

은 사례는 같은 방법으로, 그리고 다른 사례는 다르게 취급하여야 한
다>라고 하는 것은, 정의 관념의 중심적 요소이지만 그것만으로는 불
완전하여, 보충되지 않는다면 행동에 어떠한 결정적인 지침이 될 수는
없는 것이다. 그 이유는 어떠한 종류의 사람들일지라도 어떤 관점에서
는 서로 유사한 점이 있으며 또 다른 관점에서는 다른 것이며 어떠한
유사성과 차이점이 관련점이 되느냐 하는 것이 확정되지 않는 한 <같
은 사례는 같은 방법으로 취급하여야 한다>라는 말은 공허한 공식으
로 남아 있을 수밖에 없기 때문이다. 이를 보충하기 위하여 우리는 해
당 사례가 당면한 목적에서 볼 때 어느 경우에 유사한 것으로 간주되
고 또한 어떠한 차이점이 관련점이 되느냐 하는 것을 알아야 한다.[23]

그럼에도 불구하고, 이러한 설명은 적어도 '같은 것에 대해서는 같은 대
우를 받아야 한다'는 규범성을 보장해준다는 점에서 최소한의 실천성을 담
보하고 있다고 할 것이다. 왜냐하면, 만약 '같은 것을 다르게' 대우한다면,
이는 직관과 두드러지게 상충할 뿐만 아니라, 이 경우 같은 것을 굳이 다
르게 대우하는 정당성을 제시(논증)할 수 있어야 한다. 여기서 특히 문제
되는 지점은 '다른 것은 다르게'라는 표현이다.

'다른 것을 다르게' 대우하는 것은 일견 합리적으로 보인다. 앞에서도
언급한 것처럼, 우리는 정의를 '각자에게 그의 것을 주는 것'으로 오랫동안
이해해왔기 때문이다. 다른 것, 즉 '차이'는 불가피할뿐더러 경우에 따라서
는 존중받아야 할 고유한 정체성이기도 한다. 심지어 '차이의 정치'는 현대
정치철학의 주체를 복원하기 위한 중요하고도 유용한 개념이다. 그러나 우
리 사회에서 대개의 '차별'은 이와 같은 차이에서 비롯된다는 점을, 사소한
차이가 차별의 본질적인 요소인 것처럼 호도되기도 한다는 점을, 궁극적으
로는 모든 개개인들이 각자가 다르다는 점을 알고 있다. 결국 모두가 모두
에게 차별과 배제를 하도록 악용될 수 있는 논리가 바로 '다른 것을 다르
게 대우하라'라는 요청이다.

---

23) 하트/오병선 역, 법의 개념, 아카넷, 207면.

3. 다른 것을 '같게' 취급하는 것

이 지점에서 평등을 기술적(記述的)descriptive 평등과 명령적prescriptive 평등으로 구별하는 실익이 있다.24) 일반적으로 평등하다고 일컬어지는 것이 실제로 평등할 경우, 예를 들어 5 더하기 5는 10이라거나 두 사람이 하나의 직업에 동등하게 자격을 갖추었다고 말할 경우 평등은 '기술적' 성격을 띤다. 그러나 사람들을 동일한 방식으로 대우하자는 이유로 평등을 주장할 경우, 평등은 명령적 성격을 띤다. 기술적 평등이 사태를 설명하는 개념이라는 점에서 '사실적' 성격을 갖는다면, 명령적 평등은 사태의 당위, 다시 말해 평등의 당위를 설명하는 개념이라는 점에서 '당위적', '규범적' 성격을 갖는다. 기술적 평등과 명령적 평등은 서로 다르지만 명령적 평등의 주장은 기술적 평등의 사실과 공존하고 때로는 기술적 평등에 기반을 두기도 한다. 예컨대, '모든 인간은 평등하게 태어났다All men are created equal는 주장은 기술적 측면에서는 허위일 수 있지만, 그럼에도 불구하고 모든 사람을 평등하게 태어난 것처럼 대우하는 것은 가능한 일이다.25) 요컨대, 개개의 차이가 있을지라도, 모든 대상을 동등하게 대우하는 것이 평등의 요체가 될 수 있는 것이다.

앞에서 정의의 여신을 소개하면서, 필자는 정의의 여신이 눈을 가리는 것에 대해 의문을 가졌고, 어쩌면 사태를 정확하게 파악하기 위해서 정의의 여신은 눈을 부릅뜨고 사안을 관찰해야 하지 않을까라는 제안을 해보았다. 여기서 더 나아가 샤우어는 다음과 같이 서술한다.26)

---

24) Frederick F. Schauer, Profiles, Probabilities, and Stereotypes, Belknap Press, 2003, p. 217.

25) "더욱 중요한 사실은 실질적 차이를 활용하지 않는 것은 바로 평등이라는 개념에 강력한 효과를 준다는 것이다. 독립선언의 초안자들이 모든 사람은 평등하게 태어난다고 선언할 때, 동물권리 옹호자들이 돌고래는 도덕적, 결정적 맥락에서 인간과 동일하다고 선언할 때, 그들은 공통의 특징적 속성으로 공통의 처우를 할 것을 주장하고자 하는 것이다. 비록 공통적이지 않은 다른 특징적 속성이 존재하고 공통적 특징의 정도에 차이가 있음에도 말이다." Frederick F. Schauer, Profiles, Probabilities, and Stereotypes, Belknap Press, 2003, p. 217.

26) Frederick F. Schauer, Profiles, Probabilities, and Stereotypes, Belknap Press, 2003, p. 261.

정의의 여신이 눈가리개를 하고 있는 것도 우연이 아니다. 또한 그 여신이 눈가리개를 착용하는 것은 스스로 나름의 편향biases, 편견 prejudices, 실수에 대비하여 마음을 단단히 먹을 필요가 있어서가 아니다. 동등한 대우equal treatment 그 자체가 ─ 차이가 있는 것을 같게 다루기 ─ 그러한 결정 절차에 오류가 더 적을 가능성을 넘어서서 주요한 기능을 담당하는 것이 정의의 개념에 중심적이기 때문이다. …평등이란 대개 실제 차이를 무시하는 것에 대한 것이다. 우리가 사람들을 평등하게 대우할 때 우리는 그들을 어떤 면에서는 그들을 다르게 대우하기에 합당한 이유를 알면서도 동일하게 대우한다.

4. 다시 법의 일반성에 대한 고찰

지금까지의 논의는 어떤 개인이나 집단에 대한 특성 내지 속성을 통해 그 개인 내지 집단의 일원인 개인을 평가하는 것은 불가피하거나 경우에 따라 필요하다는 점, 그리고 이를 법과 정책을 통해서 범주화하고 일반화하는 작업은 불가피한 법의 속성일뿐더러, 우리의 정의 관념에 배치되지 않는다는 점을 강조하였다. 즉, 일반화는 일반적으로 부정의하지 않을 뿐만 아니라, 정의 자체가 일반화에 따른 요소를 상당부분 포함할 수도 있다. 법의 이념인 정의의 핵심이 평등이고 그 절차가 공정해야 한다면,[27] 공정성 자체가 또한 일반화라는 작업에 의존할 수밖에 없다. 주지하다시피 공정성은 사람들을 동등하게 대우하는 것이고, 사람들을 동등하게 대우하는 것의 실질은 유의미한 '차이에도 불구하고' 사람들을 동등하게 대우하는 것이다. 우리가 지향하는 민주적 법치국가 이념의 한 축인 민주주의 또한 같은 맥락에서 설명할 수 있다. 드워킨Dworkin 또한 민주주의가 단순히 다수결로 오해되는 것을 비판하면서, 사회가 다수결 제도를 통해 스스로를 통치한다고 올바로 말할 수 있기 전에 우리가 직면해야 할 평등이라는 실질적인 전제 조건이 존재한다는 것을 인정할 필요가 있다고 강조한 바 있

---

27) 대표적으로 John Rawls, *A Theory of Justice* Harvard University Press, 1971. 정치철학자 롤스는 또한 법이나 제도가 정의롭지 않다면 폐기되어야 한다고 하면서, 정의의 핵심을 공정성에서 찾는다.

다.[28] 때문에 법치국가에서 일반성은 피할 수 없을 뿐만 아니라, 일반성은 정의 자체를 위하여 필수적이다.[29] 실증적 혹은 통계적 기반을 갖는 개인이나 집단의 속성 내지 특성을 추론하고 적용하는 일반화는 개인의 의사결정이나 법의 분류화·범주화에서 불가피하고 타당한 일이다. 특히 법의 일반화는 모든 개별적인 개인을 과다포함하거나 과소포함할 수밖에 없다는 점에서, 얼핏 정의 특히 평등규범과 충돌하는 것처럼 보인다. 그러나 법의 일반화에 따라 기존의 평등관념, 즉 '같은 것을 같게, 다른 것을 다르게' 대우하는 것은 실천성에 한계가 있다.

이 지점에서, 법의 일반화를 통해 '다른 것을 같게' 대우하는 것이야말로 평등의 속성, 더 나아가 정의의 속성이어야 한다는 주장이 가능해진다. 다만 법을 통한 일반화에서 그 내용은 가변적이고 유연해야 함은 분명하다. 법의 범주화와 일반화는 고정불변이어서는 안 되고 반성적 균형Reflective Equilibrium을 통해 늘 개방적이어야 한다는 점을 강조할 필요가 있을 것이다.

Ⅴ. 보론: 우리 법 체계에서 차별은 어떻게 다루어지는가

1. 현행 법에서 차별을 다루는 방식

우리 법체계 하에서 차별을 명시적으로 다루고 있는 법은 「헌법」과 「국가인권위원회법」, 그리고 개별 법률로는 「장애인차별금지 및 권리구제 등에 관한 법률」(약칭: 장애인차별금지법)과 「고용상 연령차별금지 및 고령자고용촉진에 관한 법률」(약칭: 고령자고용법)이 있을 뿐이다. 문제는 이들 헌법과 법률은 차별의 문제를 '원인'과 '영역'의 문제로만 한정하여 이해한다는 점이다.

먼저 헌법은 법 앞의 평등을 이념으로 하여 '성별·종교 또는 사회적 신분'을 이유(원인)로 하는 차별을 금지하면서, '정치적·경제적·사회적·

---

28) Ronald Dworkin, Justice for Hedgehogs, Belknap Press, 2011, p. 379.
29) Frederick F. Schauer, Profiles, Probabilities, and Stereotypes, Belknap Press, 2003, p. 300.

문화적 생활의 모든 영역'에서의 차별을 금지하고 있다. 또한 차별구제를 통해 인권을 보호하는 유일한 국가기관인 국가인권위원회는 국가인권위원회법을 통해 '합리적인 이유 없이' '성별, 종교, 장애, 나이, 사회적 신분, 출신 지역, 출신 국가, 출신 민족, 용모 등 신체 조건, 기혼·미혼·별거·이혼·사별·재혼·사실혼 등 혼인 여부, 임신 또는 출산, 가족 형태 또는 가족 상황, 인종, 피부색, 사상 또는 정치적 의견, 형의 효력이 실효된 전과(前科), 성적(性的) 지향, 학력, 병력(病歷) 등'을 이유로 하는 차별을 금지하며, 고용, 재화·용역·교통수단·상업시설·토지·주거시설의 공급이나 이용, 교육시설이나 직업훈련기관에서의 교육·훈련, 성희롱을 차별금지의 영역으로 설정하고 있다.

장애인차별금지법 또한 제2장 '차별금지'라는 제목 하에 고용(제1절), 교육(제2절), 재화와 용역의 제공 및 이용(제3절), 사법·행정절차 및 서비스와 참정권(제4절), 모·부성권, 성 등(제5절), 가족·가정·복지시설, 건강권 등(제6절)의 차별영역을 제시하고 있다. 이 법에서 특이한 점은 두 가지인데, 하나는 차별의 '행위'를 구체적으로 유형화(제4조)하고 있다는 점과, (장애차별)원인과 (장애차별)판단을 구별하여 본 법의 적용대상을 명시하고 있다는 점이다. 짐작건대, 우리 법에서 유일하게 차별의 원인으로 다루어지는 것이 '장애'와 '연령'이라는 점을 감안하여, 차별행위에 대한 제재 및 구제를 위해 본법을 적용하기 위한 조치라고 생각한다. 때문에 동법 제5조의 '차별판단'의 내용은 차별의 '원인'(장애)을 강조하기 위한 것이라는 점에서 '차별원인에 대한 판단'이라고 할 수 있다. 한편 고령자보호법은 명칭에서 차별의 영역과 이유를 특정하고 있다. 고용영역에서도 모집·채용, 임금, 임금 외의 금품 지급 및 복리후생, 교육·훈련, 배치·전보·승진, 퇴직·해고와 같은 보다 구체적인 분야를 영역으로 제시하고 있다.[30]

---

30) 고령자고용법 제4조의4(모집·채용 등에서의 연령차별 금지) ① 사업주는 다음 각 호의 분야에서 합리적인 이유 없이 연령을 이유로 근로자 또는 근로자가 되려는 자를 차별하여서는 아니 된다.
    1. 모집·채용
    2. 임금, 임금 외의 금품 지급 및 복리후생
    3. 교육·훈련
    4. 배치·전보·승진

언급한 것처럼 차별을 금지하는 이들 법률들은 차별의 '원인'과 차별이 금지되는 '영역'을 제시하는 데 주목하고 있다. 먼저, 법체계 내에서 차별의 원인은 '성별·종교 또는 사회적 신분'(헌법), '성별, 종교, 장애, 나이, 사회적 신분, 출신 지역(출생지, 등록기준지, 성년이 되기 전의 주된 거주지 등을 말한다), 출신 국가, 출신 민족, 용모 등 신체 조건, 기혼·미혼·별거·이혼·사별·재혼·사실혼 등 혼인 여부, 임신 또는 출산, 가족 형태 또는 가족 상황, 인종, 피부색, 사상 또는 정치적 의견, 형의 효력이 실효된 전과(前科), 성적(性的) 지향, 학력, 병력(病歷) 등'(국가인권위원회법), 장애(장애인차별금지법), 고령(고령자고용법)으로 열거되어 있다.

한편, 법체계 내에서 차별이 금지되는 영역은, '정치적·경제적·사회적·문화적 생활의 모든 영역'(헌법), 고용, 재화·용역·교통수단·상업시설·토지·주거시설의 공급이나 이용, 교육시설이나 직업훈련기관에서의 교육·훈련, 성희롱(국가인권위원회법), 고용, 교육, 재화와 용역의 제공 및 이용, 사법·행정절차 및 서비스와 참정권, 모·부성권, 성 등, 가족·가정·복지시설, 건강권 등(장애인차별금지법), 모집·채용, 임금, 임금 외의 금품 지급 및 복리후생, 교육·훈련, 배치·전보·승진, 퇴직·해고와 같은 고용상의 영역(고령자고용법)을 제시하고 있다.

이러한 입법방식은 특정한 (차별)행위가 제재 및 구제받기 위해서는 관련 법의 적용 영역을 확정해서 적용하는 것이 필요하기 때문에 불가피한 측면이 있다. 그러나 문제는 특정 영역에서 특정 원인에 의한 차별이 왜 문제가 되는지, 또 어떠한 행위가 차별인지에 대해서는 침묵하고 있다는

---

5. 퇴직·해고
② 제1항을 적용할 때 합리적인 이유 없이 연령 외의 기준을 적용하여 특정 연령집단에 특히 불리한 결과를 초래하는 경우에는 연령차별로 본다.
제4조의5(차별금지의 예외) 다음 각 호의 어느 하나에 해당하는 경우에는 제4조의4에 따른 연령차별로 보지 아니한다.
1. 직무의 성격에 비추어 특정 연령기준이 불가피하게 요구되는 경우
2. 근속기간의 차이를 고려하여 임금이나 임금 외의 금품과 복리후생에서 합리적인 차등을 두는 경우
3. 이 법이나 다른 법률에 따라 근로계약, 취업규칙, 단체협약 등에서 정년을 설정하는 경우
4. 이 법이나 다른 법률에 따라 특정 연령집단의 고용유지·촉진을 위한 지원조치를 하는 경우

점이다. 물론 헌법을 비롯한 이들 법률은 '법 앞에 평등'이라는 이념을 제시하는 데 그치거나(헌법), '합리적인 이유'(국가인권위원회법), '정당한 사유'(장애인차별금지법), '합리적인 이유'(고령자고용법)와 같은 차별의 '기준'을 제시하기는 한다. 여기서 '합리성', '정당성'과 같은 추상적 개념이 갖는 한계가 노출된다. 이러한 추상 개념들은 일반인들에게도 허용되는 차별과 허용되지 않는 차별을 판단하는 기준을 제시해주지 못하는 것은 물론(행위규범으로서의 한계), 차별을 판단하는 자에게 적절한 기준을 제시하는 데 실패하여 자의적인 권력행사의 여지를 주기 때문이다(평가규범으로서의 한계). 특히 후자와 관련하여, 차별의 기준 문제는 개별 사안에서 법을 해석하고 판결을 할 때 발생하지만(법원), 특히 공권력에 의한 평등권 침해를 확정하거나(헌법재판소), 사인 간의 차별을 확인할 때(국가인권위원회) 의미를 갖는다는 점에서 진지한 고찰을 요구한다.

2. 법 실무에서 차별을 다루는 방식

차별금지를 통해 평등을 관철시키고자 하는 입법의 노력과 함께, 법 실무에서 평등이 어떻게 해석되고 적용되는지를 살펴볼 필요가 있다. 평등 내지 차별을 가장 구체적으로 그리고 직접적으로 언급하는 실무의 예로는 헌법재판소의 결정과 국가인권위원회의 권고를 들 수 있다.

우리 헌법재판소는 "헌법은 입법자와 같이 적극적으로 형성적 활동을 하는 국가기관에게는 행위의 지침이자 한계인 행위규범을 의미하나, 헌법재판소에게는 다른 국가기관의 행위의 합헌성을 심사하는 기준으로서의 재판규범 즉 통제규범을 의미"[31]한다는 것을 전제로, "평등원칙은 행위규범으로서 입법자에게, 객관적으로 같은 것은 같게 다른 것은 다르게, 규범의 대상을 실질적으로 평등하게 규율할 것을 요구"하는 반면에 "헌법재판소의 심사기준이 되는 통제규범으로서의 평등원칙은 단지 자의적인 입법의 금지기준만을 의미하게 되므로 … 헌법에 따른 입법자의 평등실현의무는 헌법

---

31) 헌법재판소 1997.1.16. 선고 90헌마110 결정. 이 결정에서 헌법재판소는 "평등원칙은 행위규범으로서 입법자에게, 객관적으로 같은 것은 같게 다른 것은 다르게, 규범의 대상을 실질적으로 평등하게 규율할 것을 요구하고 있다"고 한다.

재판소에 대하여는 단지 자의금지원칙으로 그 의미가 한정축소"된다는 입장을 취했었다.[32] 즉, 헌법재판소는 입법자의 자의성만을 고려하는 '자의금지원칙'을 심사의 기준으로 삼았던 것이다.

그러다가 일련의 사안에서 심사의 척도를 엄격한 판단과 완화된 판단으로 나누어 이른바 '이중심사 기준론'을 채택하게 된다. 이중심사 기준론에 따라 엄격한 심사척도에 따른 심사는 "비례성원칙"에 따른 심사, 즉 차별취급의 목적과 수단 간에 '엄격한 비례관계'가 성립하는지를 기준으로 한 심사를 말하고, 완화된 심사척도에 따른 심사는 "자의금지원칙"에 따른 심사, 즉 '합리적 이유의 유무'를 기준으로 한 심사를 의미한다. 이에 따라 입법형성권이 축소되어 "엄격한 심사척도"가 적용되어야 하는 경우로는 ① "헌법에서 특별히 평등을 요구하고 있는 경우", 즉(또는) "헌법이 스스로 차별의 근거로 삼아서는 아니되는 기준을 제시하거나 차별을 특히 금지하고 있는 영역을 제시하고 있"는 경우와 ② "차별적 취급으로 인하여 관련 기본권에 대한 중대한 제한을 초래하게" 되는 경우가 있다고 한다. 그러면서 제대군인가산점제도의 경우는 헌법이 여성의 근로에 대한 특별한 보호를 요구하면서 고용과 임금 및 근로조건에서 부당한 차별을 금지하고 있고 (헌법 제32조 제4항), 제대군인가산점제도로 인해 여성의 공무담임권이나 직업선택권에 대하여 중대한 제한이 초래된다는 점에서 엄격한 심사를 해야 하는 것으로 보았다.[33]

한편, 국가에 의한 차별행위만을 심사하는 헌법재판소와 달리 국가인권위원회는 국가에 의한 차별행위뿐만 아니라, 사인에 의한 차별행위를 판단한다. 주지하다시피 헌법재판소의 심사에 따른 차별 판단 즉 평등권(평등원칙) 침해 결정은 해당 법률과 공권력이 무효화되는 결과를 가져오지만, 국가인권위원회의 심사에 따른 결정은 차별적 법령이나 제도 혹은 정책이나 관행 내지, 사인의 행위에 대해서 단지 개선 또는 시정을 권고하거나 의견 표명할 수 있을 뿐이다.

이에 따라 국가인권위원회가 차별 여부를 판단하는 기준은 법문언상의

---

32) 헌법재판소 1997.1.16. 선고 90헌마110 결정.
33) 헌법재판소 1999.12.23. 선고 98헌마363 결정.

표현인 "합리적인 이유"가 있는지에 집중되어 있다. 권력에 대한 견제와 균형, 민주적 정당성, 그리고 사적 자율성의 존중(사적 자치)이라는 관점에서 이들 국가기관의 차별에 대한 심사기준은 일응 이해할 수 있다. 헌법재판소가 '자의금지원칙'을 전면에 내세우는 것은 입법(국회)과 사법(헌법재판소) 권력의 분립에 따라 다른 권력에 대한 견제와 균형이 요구될 뿐만 아니라, 민주적 정당성이 강한 입법부에 대한 사법적 통제는 내재적 한계가 분명하기 때문이다(특히 위헌법률심판 내지 법률소원의 경우). 국가인권위원회가 '합리성'을 기준으로 삼는 것 또한 인권을 둘러싼 사인 간의 다양한 이해관계에서 요구되는 국가의 중립성과 인권 개념이 갖는 추상성 및 규범력의 한계에서 결정의 부작용을 최소화하기 위한 불가피한 조치라고도 할 수 있을 것이다.

Dilemma

Law's Dilemmas

뇌과학, 인공지능, 4차산업혁명이 가져올 딜레마

01
:
03

01

인지적 자유cognitive liberty 논쟁:
뇌과학 기술의 발전이 가져올 새로운 법의 딜레마

좌정원

스탠퍼드대학교 로스쿨 박사

  현재 미국 스탠퍼드대학교 로스쿨 박사과정(J.S.D.)에서 뇌과학 기술의 발달로 인해 발생하는 법적, 윤리적, 사회적 문제들을 연구하고 있다.

  서울대학교 법학과를 졸업한 뒤 동 대학교 인류학과 석사 및 미국 밴더빌트대학교 로스쿨 J.D. 과정을 졸업하였다.

우리는 일상에서 종종 다른 사람의 생각이나 감정을 읽을 수 있다면 얼마나 좋을까 하는 생각을 하곤 한다. 가족이나 연인, 친구 혹은 직장 상사가 마음속으로 원하는 것을 알 수 있다면 아마도 이들과의 관계에서 갈등은 피하고 보다 유리한 위치에 설 수 있을 것이다. 물론 차라리 몰랐다면 좋았을, 혹은 외면하고 싶은 진실을 마주하게 될 수도 있다. 한편 다른 사람들이 나의 마음을 알지 못해 다행이라고 생각하게 되는 경우도 많다. 우리 모두 때로는 차마 입 밖에 낼 수 없는 상상을 하기도 하고 상황에 따라 겉으로 표현하는 것과는 다른 이중적인 마음을 갖기 때문이다. 만일 누군가 내가 마음속 깊은 곳에서 이런 생각을 하고 있다는 것을 알게 된다면? 이런 가정만으로도 등 뒤에 식은땀이 흐르는 경우가 종종 있을 것이다.

최근 뇌 과학 기술의 급속한 발전으로 인해 이러한 가정이 멀지 않은 미래에 현실이 될 가능성이 점차 높아지고 있다. 얼마 전 테슬라Tesla의 최고 경영자인 일론 머스크Elon Musk는 자신이 설립한 또 다른 회사인 뉴럴링크Neuralink가 그동안 비밀리에 개발해오던 두뇌-컴퓨터 인터페이스brain-machine interface; BMI 기술을 발표하여 전 세계의 이목을 집중시켰다.[1] 뉴럴링크는 뇌에 인간의 머리카락의 십 분의 일 정도의 굵기인 전극들을 이식하여 뉴런의 활동을 탐지하거나 자극함으로써 생각을 읽어낼 수 있는 장치를 만드는 것을 목표로 하고 있다.[2] 아직은 초보적인 단계에 불과하지만, 현재의 기술 수준으로도 원숭이가 생각만으로 컴퓨터를 조종할 수 있도록 할 수 있는 것으로 알려져 있다.[3] BMI 기술은 뉴럴링크 외에도 여러 회사들과 학교들에서 활발히 연구되고 있는데, 처음에는 신경 손상을 입은 환자들이 팔과 다리(혹은 인공 팔과 다리)를 움직일 수 있도록 하는 목적으로 개발이 시작되었으나, 궁극적으로 이를 이용해 두뇌를 해독decode할 수 있게 되면, 치료를 넘어선 다양한 영역에서 활용될 수 있을 것으로 예측되고

1) Neuralink, *Neuralink Launch Event*, YouTube (July 16, 2019), https://www.youtube.com/watch?v=lA77zsJ31nA.

2) Elon Musk & Neuralink, *An Integrated Brain-Machine Interface Platform with Thousands of Channels*, bioRxiv, http://dx.doi.org/10.1101/703801 (2019).

3) Elizabeth Lopatto, *Elon Musk Unveils Neuralink's Plans for Brain-Reading 'Threads' and a Robot to Insert*, The Verge (July 16, 2019), https://www.theverge.com/2019/7/16/20697123/elon-musk-neuralink-brain-reading-thread-robot.

있다.[4] 한 예로 현재 페이스북Facebook에서는 타자를 칠 필요 없이 생각만으로 글을 쓸 수 있도록 하는 기술을 개발하고 있다.[5]

BMI는 두뇌 해독brain decoding의 가장 첨단 기술이라고 할 수 있지만, 이 외에도 인간의 생각을 읽어내고 나아가 조절modulate할 수 있는 다양한 기술들이 존재하며 이들에 대한 관심이 점차 높아지고 있다. 인간의 가장 내밀한 사적 영역 혹은 사생활privacy의 마지막 보루라고 할 수 있는 두뇌의 작용을 읽어내는 이러한 기술은 그 잠재적 파급 효과가 큰 만큼 기존에는 존재하지 않았던 여러 윤리적, 법적, 사회적 문제를 야기하게 될 것이다. 이 글에서는 이들 기술의 발전으로 인해 우리가 법의 영역에서 마주하게 될 새로운 질문 혹은 딜레마 중 하나를 소개하고자 한다.

외부로 표현되지 않은 생각의 자유는 기존의 법의 영역에서 다루어지지 않았던, 혹은 다룰 필요가 없었던 권리였다. 개인이 마음속으로 어떠한 생각을 하고 있는지 알 수 없다는 것은 인간 사회에서는 너무나도 당연하게 여겨지는 기본 전제와 같은 것이었기 때문이다. 따라서 생각의 자유를 보호하는 법적 장치에 대한 논의 또한 거의 전무했다고 할 수 있다. 하지만 두뇌 해독 기술의 발전으로 인해 인간의 머릿속 또한 더 이상 외부의 감시 혹은 개입에서 자유로울 수 없게 됨으로써 우리는 생각의 자유 혹은 인지적 자유cognitive liberty를 어떻게 보호할 것인가라는 피할 수 없는 중요한 질문을 마주하게 되었다. 이 질문을 깊이 있게 탐구해온 대표적인 학자인 미국 듀크대학교 로스쿨의 니타 페라하니Nita A. Farahany 교수에 따르면 인지적 자유란 "우리 자신의 두뇌에 관한 개인적 이익들을 포괄하는 가치"이며 "생각 혹은 반추의 자유, 자기 접근, 자기 변화, 자기 결정의 자유, 그리고 개인의 두뇌를 변화시키기 위해서는 그의 동의를 요하도록 하는 자

---

4) Cade Metz, *Elon Musk Isn't the Only One Trying to Computerize Your Brain*, Wired (Mar. 31, 2017), https://www.wired.com/2017/03/elon-musks-neural-lace-really-look-like/; Center for Neurotechnology, University of Washington, http://www.csne-erc.org; Defense Advanced Research Project Agency(DARPA), *Next-Generation Nonsurgical Neurotechnology*, https://www.darpa.mil/program/next-generation-nonsurgical-neurotechnology.

5) Josh Constine, *Facebook Is Building Brain-Computer Interfaces for Typing and Skin-Hearing*, TechCrunch (April 19, 2017), https://techcrunch.com/2017/04/19/facebook-brain-interface/.

율성을 포함하는 개념"이라고 할 수 있다.[6] 아래에서는 보다 구체적으로 어떤 맥락에서 인간 두뇌의 작용을 읽어내고 조절하는 기술들이 인지적 자유를 침해할 수 있으며, 이에 관해 미국에서는 어떠한 논의들이 진행되어 왔는지 살펴보도록 하겠다.

캘리포니아대학교 버클리 캠퍼스의 잭 갈란트Jack I. Gallant 교수는 기능적 자기 공명 영상functional magnetic resonance imaging과 다양한 통계적 방법 및 모델링을 결합하여 개별 뉴런에서부터 시각 중추 전체에 이르는 여러 차원에서 외부의 시각적 자극들이 어떻게 두뇌에서 부호화encode되는지를 연구하고 있다.[7] 갈란트 교수팀이 개발하고 있는 이러한 시각 정보 처리 모델은 역으로 시각 영역의 두뇌 활동을 해독하는 데 사용될 수 있는데, 대표적인 예로 자기공명영상장치 안에서 실험 대상자에게 동영상을 보게 하고, 이때 측정된 시각 중추의 활동을 바탕으로 이후에 그 동영상의 장면을 재구성reconstruct 해내는 것을 들 수 있다.[8] 이 모델을 기반으로 궁극적으로는 꿈이나 기억 혹은 시각적 상상까지도 해독해 낼 수 있을 것으로 예측된다.[9]

만일 이러한 기술을 이용하여 법정에서 피고인 혹은 증인의 기억을 재구성하거나, 공항 검색대에서 테러의 의도를 가지고 비행기에 탑승하고자 하는 사람을 가려낼 수 있다면 어떻게 될까? 물론 두뇌 해독 기술을 실제 상황에 적용할 수 있는 수준에 이르기 까지는 앞으로 오랜 시간 더 많은 연구가 필요할 것이다. 특히 기억의 경우는 처음 대뇌의 기억 중추에 불완전하게 저장되었거나 시간이 지나면서 왜곡되었다면, 이를 바탕으로 재구

---

6) "Cognitive liberty is a value that encompasses our personal interests over our own brains. It includes the freedom of thought and rumination, freedom of self-access, self-alteration, and self-determination, and autonomy calling for individual consent to changing the brain." Nita A. Farahany, *The Cost of Changing Our Minds*, working paper, p. 11 (2014), https://scholarship.law.duke.edu/faculty_scholarship/3596/.

7) The Gallant Lab at UC Berkeley, https://www.gallantlab.org/brain-decoding/; TEDx Talks, *Human Brain Mapping and Brain Decoding* (Jack Gallant), YouTube (Oct. 31, 2017), https://www.youtube.com/watch?v=Ecvv-EvOj8M.

8) *Id.*

9) *Id.*

성된 기억 또한 같은 한계를 지닐 수밖에 없어 이를 경찰 수사나 재판에서 사용하는 것은 매우 조심스럽게 접근해야 할 것이다.[10] 하지만 기술 발전의 속도를 감안할 때, 이러한 두뇌 해독 기술로 인해 발생할 수 있는 법적 문제들에 대한 논의를 더 늦기 전에 시작해야 할 필요가 있다.

예를 들어, 두뇌 해독 기술을 이용하여 피의자의 머릿속 생각을 읽어낼 수 있게 된다면, 이는 형사 상 자신에게 불리한 진술을 강요당하지 않을 권리인 미국 수정헌법 제5조의 자기부죄거부특권self-incrimination에 중요한 함의를 가지게 될 것이다.[11] 미국 연방대법원은 *Schmerber v. California* 사건에서 이 특권을 해석함에 있어, 형사 피의자가 자신의 입으로 스스로의 혐의를 입증하도록 강요할 수는 없지만, 혈액 샘플이나 지문 등과 같은 실제적real 혹은 물리적physical 증거를 제공하도록 할 수는 있다고 판시하였다.[12] 이러한 진술testimonial 증거-물리적physical 증거의 이분법은 이후 어떤 증거가 자기부죄거부특권의 대상이 되는지를 판단하는 중요한 원칙이 되었으나, 지나치게 단순한 기준으로 인해 학계와 실무에서 그 적용의 어려움을 두고 많은 비판과 논의가 있어 왔다.[13] 페라하니 교수는 뇌 과학 기술에 기반한 새로운 증거들의 등장은 이 원칙의 한계를 더욱 분명히 드러나게 할 것이며, 따라서 자기부죄거부특권의 대상이 되는 증거의 분류를 재정의할 필요가 있다고 주장하였다.[14] 무엇보다 자기부죄거부특권은 개인의 정신적 사생활mental privacy 보호보다는 국가기관의 강요에 의해 피의자가 위증을 할 수밖에 없게 되는 상황을 방지하는 것을 주된 근거로 하기 때문에 이에 따르면 대부분의 뇌 과학적 증거 – 직접적인 심문 혹은 강요 없이 자기공명영상장치 혹은 BMI 장치 등을 이용해 재구성해 낸 기억과 같은 – 가 물리적 증거로 분류됨으로써 인지적 자유가 심각하게 침해될 우려가 있다.[15]

---

10) *Id.*

11) Nita A. Farahany, *Incriminating Thoughts*, 64 Stan. L. Rev. 351 (2012).

12) 384 U.S. 757, 763-64 (1966).

13) Farahany, *supra* note 11, at 353.

14) *Id.* at 364-66.

15) 뇌 과학적 증거의 등장은 수정헌법 제5조의 자기부죄거부특권뿐만 아니라 수정헌법 제4조의 부당한 압수수색 금지에도 큰 함의를 가질 수 있다. 물리적 침입 없이도 머릿속의

인지적 자유가 문제될 수 있는 또 다른 법적인 맥락으로는 통증(혹은 고통)을 계량화하거나 조절할 수 있도록 하는 뇌 과학 기술의 사용을 들 수 있다. 기존에는 개인이 느끼는 물리적 통증 혹은 심리적 고통의 유무 또는 그 정도는 매우 주관적인 판단의 대상으로만 여겨져 왔다. 하지만 최근 뇌과학의 발전으로 통증의 신경적 기초neural basis에 관한 이해가 깊어지면서 통증 유무를 객관적으로 측정하는 것이 가능해질 것으로 예상되고 있다. 대표적으로 콜로라도 대학교의 토르 웨거Tor D. Wager 교수팀은 자기공명영상장치를 통해 뇌가 통증을 느끼고 있는지를 해독하기 위한 연구를 진행하고 있다.[16] 자기공명영상장치로 측정한 통증을 느끼는 뇌와 그렇지 않은 뇌의 활동 패턴을 기계학습machine learning을 통해 분석함으로써, 통증 유무를 판별해 내는 예측모델 혹은 통증 생체 표지pain biomarker를 찾아내고자 하는 것이다.[17]

이러한 생체 표지는 질병의 진단과 같은 의학적 목적 외에도 다양한 영역에서 활용될 수 있다. 예를 들어, 의료 보험사로 하여금 피보험자가 통증을 겪고 있다는 주장이 거짓인지 아닌지를 알 수 있게 해줌으로써 보험금을 지불할지 여부를 판단하는 근거로 사용될 수 있다.[18] 나아가 산재 보상worker's compensation, 사회보장장애보험social security disability insurance 사건, 화해 협상 및 중재, 그리고 민사 혹은 형사사건에서의 통증 유무 판단에 활용하는 것도 가능할 것이다.[19] 물론 앞서 언급한 다른 기술들과 마찬가지로 현재 수준의 통증 생체 표지를 실제 사건에 적용하는 것에 대해서 연구자들은 많은 우려를 표하고 있으며, 그 신뢰도를 높이기 위해서는 앞

생각이나 이미지를 읽어낼 수 있게 된다면 이는 미래 국가기관의 수사 대상이 될 수 있으며, 이러한 무형의 소지품(intangible effects)에 대해서는 기존의 수정헌법 제4조의 보호가 제대로 미치지 못할 것이기 때문이다. Nita A. Farahany, *Searching Secrets*, 160 U. Pa. L. Rev. 1239 (2012).

16) Tor D. Wager et al., *An fMRI-based Neurologic Signature of Physical Pain*, 368 N. Engl. J. Med. 1388 (2013); Choong-wan Woo & Tor D. Wager, *Neuroimaging-based Biomarker Discovery and Validation*, 156 Pain 1379 (2015).

17) Karen D. Davis et al., *Brain Imaging Tests for Chronic Pain: Medical, Legal, and Ethical Issues and Recommendations*, 13 Nat. Rev. Neurol. 624, 629 (2017).

18) Adam Kolber, Pain Detection and the Privacy of Subjective Experience, 33 Am. J. L. & Med. 433, 450-51 (2007).

19) *Id.*

으로 더 심도 있는 연구가 필요할 것으로 예상된다.[20] 하지만 신뢰성이 입증된 표지라고 하더라도 이를 일종의 통증 거짓말 탐지기로서 법적 분쟁 해결의 맥락에서 사용하는 것은 개인의 정신적 사생활 혹은 인지적 자유를 침해할 수 있다는 점에서 깊이 있는 법적, 윤리적 고려가 필요하다고 하겠다.[21]

나아가 개인이 고통을 느끼는지 여부나 그 정도를 해독해 내는 것을 넘어서서 이에 관한 기억을 선택적으로 조절하는 뇌 과학 기술이 가능해지면서 이 또한 인지적 자유 논쟁에 시사하는 바가 클 것으로 예상된다. 예를 들어, 프로파놀롤Propanolol은 교감신경의 아드레날린 수용체 중 베타 수용체의 차단제로서 심혈관 질환의 치료에 사용되어 왔으나, 대뇌의 임시 기억저장소라고 할 수 있는 편도체Amygdala에 작용하여 성폭력 사건과 같은 트라우마에 관한 감정 기억을 약화시키는 것으로도 알려져 있다.[22] 트라우마와 관련된 공포, 불안, 스트레스 등과 같은 기억의 감정적 요소들이 장기기억으로 저장되는 것을 방해함으로써, 이후에 외상 후 스트레스 장애post-traumatic stress disorder와 같은 이차적 피해의 발생을 줄일 수 있다는 것이다.[23]

프로파놀롤의 이러한 효과는 인지적 자유의 한 영역이라고 할 수 있는 자기 변화 그리고 자기 결정의 자유와 관련하여 다양한 법적 문제를 야기할 수 있다.[24] 한 예로, 타인의 불법행위로 손해를 입은 피해자는 합리적

---

20) Davis et al., *supra* note 17, at 636.

21) Kolber, *supra* note 18, at 451-55.

22) *See* e.g., Michelle H. Lonergan et al., *Propanolol's Effects on the Consolidation and Reconsolidation of Long-term Emotional Memory in Healthy Participants: A Meta-Analysis*, 38 J. Psychiatry Neurosci. 222 (2013); Thomas F. Giustino, Paul J. Fitzgerald & Stephen Maren, *Revisiting Propanolol and PTSD: Memory Erasure or Extinction Enhancement*, 130 Neurobio. Learn Mem. 26 (2016).

23) *Id.*

24) Farahany, *supra* note 6; Jennifer A. Chandler et al., *Another Look at the Legal and Ethical Consequences of Pharmacological Memory Dampening: The Case of Sexual Assault*, 41 J. L. Med. Ethics 859 (2013); Adam Kolber, *Therapeutic Forgetting: The Legal and Ethical Implications of Memory Dampening*, 59 Vand. L. Rev. 1561 (2006); President's Council on Bioethics, *Beyond Therapy: Biotechnology and The Pursuit of Happiness* (2003).

인 조치를 통해 그 손해를 최소화하도록 할 — 교통사고로 피해를 입은 경우 필요한 치료를 적기에 받음으로써 신체적 손해가 더 확대되지 않도록 하는 등의 — 의무를 지는데, 이러한 손해 경감의 의무duty to mitigate는 미국 불법행위법의 확립된 원칙들 중 하나이다.[25] 하지만 신체적 손해가 아닌 정신적 손해pain and suffering에 관해서도 피해자가 이를 경감할 의무를 가지는지에 대해서는 지금까지 학계와 실무에서 깊이 있게 다루어지지 않았다.[26] 그렇다면 성폭행 피해자가 프로파놀롤 복용을 거부하는 경우 이를 손해 경감 의무 위반이라고 볼 수 있을까?[27] 반대로 피해자가 이를 복용하였다면 불법행위법상 가해자가 배상해야 하는 손해의 정도가 줄어든다고 할 수 있을까? [28] 한편 기억의 감정적 요소를 지우거나 약화시키는 것이 트라우마 경험 자체에 대한 서술 기억declarative memory 또한 약화시킬 가능성이 있다는 점을 고려할 때, 프로파놀롤을 복용한 피해자가 관련 형사 사건에서 효력 있는 증인이 될 수 있는지 여부 또한 문제될 수 있을 것이다.[29] 그리고 만약 기억을 지우기 전 경찰 수사에서 사건에 관해 진술을 하였다고 하더라도, 이를 재판에서 사용할 경우에는 수정헌법 제6조에 규정되어 있는 불리한 증인을 대면할 피고인의 권리가 제한될 우려가 있다고 하겠다.[30]

생각의 자유, 내적인 자기 결정과 변화의 자유는 인간 존재 및 자율성의 근본이라고 할 수 있다. 하지만 최근 뇌 과학 기술의 급속한 발전으로 인해 인간의 생각, 감정, 기억 등을 직접적으로 읽어내고 조절해 내는 것이 가능해짐에 따라 — 그동안 거의 절대적인 것으로 여겨져 왔던 — 인지적 자유가 침해될 우려가 점차 커지고 있다. 이 글에서는 두뇌 해독 및 조절 기술의 사용으로 인해 인지적 자유가 문제될 수 있는 몇 가지 예를 살펴보았다. 법과 제도가 변화가 많은 경우 기술의 발전 속도에 비해 뒤처져

---

25) George C. Christie et al., Cases and Materials on the Law of Torts 686-86 (5th ed. 2012).
26) Farahany, *supra* note 6 at 4.
27) *Id.* at 2.
28) *Id.* at 9.
29) Farahany, *supra* note 6 at 2; Kolber, *supra* note 24 at 1592.
30) Farahany, *supra* note 6 at 2.

왔다는 점을 고려할 때, 우리 사회도 이제는 형사상 피의자의 권리 보호나 민사상 손해의 산정과 같은 다양한 맥락에서 개인의 두뇌라는 사적 영역에 대한 외부의 개입을 어떠한 경우에 또 어느 범위까지 허용(혹은 금지)할 것 인지에 관한 고민을 시작할 때이다. 더불어 궁극적으로는 보다 넓은 의미 에서 인지적 자유의 보호를 둘러싼 사회적 법익과 개인적 법익을 어떻게 형량할 것인가라는 딜레마에 관한 사회적 합의를 이루어 내는 것이 필요할 것이다.[31]

---

31) Farahany, *supra* note 11, at 405-07.

02

나는 읽는다. 고로 존재한다.

양종모

영남대학교 법학전문대학원 교수

서울, 부산, 대구 등지에서 검사, 지청장, 부장검사 등을 역임하고 퇴직한 후 2006년부터 영남대학교에서 형사법 강의를 담당하고 있다. 검사 재직 시절부터 직접 컴퓨터 프로그래밍을 하면서 업무 관련 소프트웨어를 개발하여 사용하기도 하였고, 자연스럽게 1990년 초부터 인공지능에 대하여 관심을 가지게 되었다. 대학으로 옮긴 후 본격적으로 인공지능 관련 연구를 하면서 "인공지능을 이용한 법률전문가 시스템의 동향 및 구상", "인공지능에 의한 판사의 대체 가능성 고찰"과 같은 인공지능의 활용에 관한 다수의 논문을 발표하였다. 인공지능과 관련된 관념적 논의보다는 python과 tensorflow 등을 이용한 코딩(coding)을 통하여 인공지능의 법 분야 활용을 모색하고 있으며, 인공지능과 직·간접으로 관련이 있는 뇌공학, 언어학, 인지심리학 등에도 관심이 있다.

　초임 검사 시절인 1987년 말부터 PC를 사용하면서 동료들로부터 이런 식의 질문을 받았다. 컴퓨터가 편리하다던데, 피의자신문이나 참고인조사 시에 검사가 하는 질문의 내용, 피의자나 참고인이 답변하는 내용을 그대로 인식하여 피의자신문조서나 참고인진술조서를 자동으로 만들어주는 그런 프로그램은 없냐는 것이다. 그때만 해도 잘 알아보면 그런 식의 프로그램이 이미 존재하거나, 없다고 해도 조만간 그런 정도의 프로그램은 충분히 나올 것으로 믿었다. 컴퓨터에 의한 음성 인식 자체가 그리 어렵지 않아 보였고, 그렇게 인식된 음성을 텍스트로 바꾸는 것은 입력된 텍스트를 읽어주는 과정과는 반대여서 쉽게 구현될 수 있는 것으로 보였다. 그로부터 30여년이 더 지난 지금, 나름 컴퓨터 성능과 알고리즘, 특히 인공지능 알고리즘 수준에 대하여 알아가면서 그와 같은 생각이 얼마나 허황된 것인가 하는 것을 절감한다.

　그런데 지금도 일반인은 물론 전문가 사이에도 이런 터무니없는 생각 위에서 뭔가를 모색하거나 논의를 전개하는 경우가 없지 않다. 최근 프로 바둑기사 이세돌이 은퇴경기로 국산 인공지능 바둑프로그램 '한돌'과의 대결에서 1 대 2로 패배하면서 다시금 인공지능 알고리즘의 성능의 우월함을 실감하는 계기가 되었지만, 이러한 이벤트에도 불구하고 인공지능 알고리즘의 한계는 분명하다. 인공지능 알고리즘에서 자연어 처리가 차지하는 비중이 엄청나고, 그에 투여된 엄청난 노력에도 불구하고, 컴퓨터가 인간의 언어를 제대로 이해하는 지경에 도달하기까지 앞으로도 엄청난 세월이 필요할 것으로 보인다. 현재의 자연어처리 수준은 한마디로 극히 부분적인 성과를 거두고 있는 것에 불과하다고 보는 것이 맞다.

　자연어처리 수준도 각국의 투자에 비례하여 그 정도가 다르겠지만, 전반적으로는 아직 본격적으로 인간의 언어를 제대로 이해하는 수준에 이르지 못하였다는 것은 분명한 사실이다. 우리나라도 나름대로 이런 분야에 대하여 상당한 투자가 행해지고, 특히 인공지능 스피커와 같은 상용 알고리즘에서는 꽤 향상이 있는 것으로 알려졌지만, 실제 체감 만족도는 낮다.

　비근한 예로 법무부에서 일반인을 상대로 한 법률상담을 위해 만든 채팅 앱 '버비'[1]를 들 수 있다. 카카오톡을 통해서 이 서비스를 이용할 수 있는데 사용자가 일상적인 언어로 어떤 질문을 하면, 앱이 어떤 해결방안을 제시한다는 목표를 가지고 개발되었는데, 가장 큰 문제는 답변으로 판례가 제시된다는 것이다. 답변으로 제시되는 판례를 제대로 이해하고, 해결방안으로 삼을 정도라면 '버비'에게 물을 필요가 없는, 어느 정도의 법적 수준을 갖춘 사람이라고 해야겠다. 또 다른 문제는 '버비'의 자연어 이해 수준 또한 낮다는 점이다. 주택, 상가임대차, 임금, 해고, 상속과 같은 제한된 영역이어서 예상되는 질문의 범주가 한정되어 있는데도 불구하고, 일상적인 대화 형식의 질문에 대하여 제대로 파악하지 못하고, 이해할 수 없다는 식의 답변이 되돌아오는 경우가 꽤 많았다. 이는 이 시스템이 고도의 자연어 처리능력을 갖추고 있다는 설명과는 달리 아직 머나먼 고도화 과정을 거치지 않고서는 실용적인 시스템이 될 수 없다는 것을 시사한다. 쌍방 소통이 쉽지 않은 불통의 아이콘처럼 보이기도 한다. 그러나 이런 문제점에도 불구하고 '버비'는 채팅 앱으로는 꽤 고도화된 작품이기도 하다.

초기의 채팅 앱들은 사용자들이 감쪽같이 넘어가서 꽤 그럴듯해 보이기는 해도 실제는 너무나 단순한 작동원리를 가지고 있었다. 인공지능 제1세대 때인 1966년에 컴퓨터 공학자 요제프 바이젠바움Joseph Weizenbaum이 MIT에서 MAD-Slip로 만든 일라이자Eliza라는 프로그램은 환자와 상담에서 의사는 환자가 스스로 계속할 수 있도록 격려하는 것 외에는 별로 할 것이 없다는 것에 착안하여 정신과 의사 같은 말투로 사실은 아무 의미도 없는 말을 하도록 되어 있지만 실제 일라이자와 환자가 나눈 대화를 보면 실제 정신과 의사와 환자의 상담내용으로 착각할 정도였다. 이것은 일라이자의 대답이 대부분 환자의 발언을 기초로 이에 일정한 규칙에 의해 반문하거나, 추가적인 말을 덧붙이는 것인데도 환자는 컴퓨터 알고리즘과 대화를 나누고 있다는 것을 눈치채지 못하였으니 소위 튜링테스트를 통과한 것이나 다름없다. 이런 프로그램은 속임수에 가까울 정도로 작동구조가 단순하다는 것 이외에도 현재의 자연어 처리를 전제한 인공지능 알고리즘과 현

---

1) http://talk.lawnorder.go.kr/web/index.do.

격한 차이가 있다. 즉 환자가 입력해 넣은 발언에 대한 분석기능이 전혀 없다는 것이다. 문장 중에서 일정 부분을 잘라내고, 그것에다가 마치 의사가 하는 말인 양 일정한 패턴의 말을 덧붙이는 정도의 기능만 있다. 예를 들면 '나는 요즘 스트레스가 심해요.'라고 환자가 입력하면, '환자분이 요즘 스트레스가 심해서 의사를 보러 오셨나요?'라고 반문하는 식인데, 환자의 입력 중에서 '나는' '요.'를 잘라내고, '환자분이', '의사를 보러 오셨나요'라고 덧붙여서 답변하는 식으로 단순하게 작동이 된다는 이야기다.

필자의 개인적인 생각인지 모르지만, 현재의 시스템 중에도 이와 유사한 것이 있다. 바로 인간형 휴머노이드 로봇 '소피아Sophia'이다. 소피아는 홍콩에 본사를 둔 핸슨 로보틱스Hanson Robotics가 개발한 것인데, 핸슨 로보틱스의 CEO인 David Hanson이 월트디즈니에서 일했다는 것과 무관하여 보이지 않는다. 2017년 사우디 아라비아로부터 시민권을 받았고 사람과 흡사하게 표정을 짓고 동작하지만, 사람처럼 지능을 갖고 대화하는 게 아니며 여러 기술을 잘 포장해 마치 지능을 가진 생명체처럼 그럴싸하게 만든 것에 불과하다. 얀 르쿤 교수 같은 이는 소피아는 감정도 의견도 없으며 자신이 뭘 말하는지에 대해 이해하지도 못하는 꼭두각시에 불과하다며 그와 관련된 각종 이벤트를 사기라고 비난했다. 소피아의 오픈 소스 코드를 검토한 전문가들은 소피아를 얼굴 달린 챗봇으로 분류하는 게 적절하다고 했다. 예상 가능한 질문에는 그럴듯하게 반응해도 엉뚱한 질문에 대하여는 제대로 답변하지 못하는 것은 언어를 제대로 이해하지 못하기 때문인데, 챗봇의 자연어 처리 기능의 한계라고 보아야 할 것이다.

소피아가 사람의 질문을 이해하는 듯 보이는 요소에는 음성인식이 있다. 사람이 타이핑해서 넣지 않아도 음성인식을 통해 사람의 질문을 이해하는 듯 보이게 하는 음성인식은 컴퓨터 알고리즘을 의인화하는 또 다른 요소라고 할 것이다. 음성인식이란 인터페이스Interface의 일환으로 인간과 기계 사이에 음성을 기반으로 의사소통을 하는 것이다. 이와 같이 인간과 기계 사이의 의사소통에 음성을 사용하는 것이 타이핑하거나 터치하는 것에 비하여 훨씬 인간 친화적이다. 그 원리는 입력 받은 음성을 컴퓨터가 분석하고 특징을 추출한 다음 미리 입력된 음성모델 데이터베이스와 비교하여 문자 혹은 명령어로 변환하는 것이다.[2] 그러나 문제는 이것은 정보 전달의 첫 단추일 뿐이라는 것이다. 이렇게 문자로 변환된 내용을 컴퓨터가 이해하도록 하는 자연어 처리 과정을 해결하지 않고서는 음성인식을 기반으로 한 기술은 별반 가치가 없다. 물론 음성인식 자체로도 대단한 진보다. 음성인식이 쉽지 않은 것은 어떤 음소에 대한 음성도 사람에 따라 다양하다는 것이고, 각기 다른 음성을 어떤 음소로 인식하는 것 자체만 해도 인공지능 알고리즘을 적용한 결과라고 할 것이다.

그러나 음성인식으로 받아들인 정보, 음소, 단어, 구, 절, 문장으로 이루어진 내용을 사람처럼 이해하는 과정은 자연어 처리 과정을 거쳐야 한다. 현재의 인공지능 알고리즘의 수준에서 '나는 요즘 스트레스가 심해요.'라는 이 단순한 표현을 컴퓨터가 이해할 수 있도록 전환하는 작업－자연어 처리는 쉽지 않다. 자연어 처리가 어려운 이유에 대하여는 다양한 이유가 있지만 가장 근본적인 이유는 언어 자체에 있다. 인공지능 알고리즘이 처리해야 할 자연어, 즉 인간의 언어는 그리 단순한 존재이거나 어떤 고안의 산물이 아니기 때문이다. 언어는 우리가 말하거나 쓰거나 또는 손짓으로 다른 사람들에게 의미를 전달하는 방식인데, 인간에게 있어 언어라는 능력은 알면 알수록 경이로운 존재다. 아기들은 4개월부터 옹알이를 하고, 12개월쯤 되면 한 단어를 쓰며, 24개월이 되면 2단어를 쓰고, 그 이후 급속하게 온전한 문장을 구사하는 단계로 발전한다. 아이들은 2＋2와 같은 간단한 덧셈을 배우기 전에 모국어를 배우고 한 살 이후 평균적으로 1년에 3,500단어씩 늘려 고등학교를 졸업할 무렵이면 6만 단어에 이른다고 한다.[3] 이와 같이 언어능력이 너무나 자연스럽게 주어지기 때문에 그것이 얼마나 놀라운 기적인지를 쉽게 잊어버린다. 입으로 소리를 만들어내는 것만으로 타인의 머릿속에 어떤 생각들의 새로운 조합을 떠올리게 할 수 있는 것은 언어가 아니고서는 불가능하다.[4] 오죽했으면 Noam Chomsky는 "인

---

2) 강장묵·박정호, "음성인식 기반의 인공지능 서비스 연구 동향", 한국정보통신학회지 제17권 제1호, 한국정보통신학회, 2016, 51면.
3) "Thinking and Language-Psychological Sciences", http://www.psych.purdue.edu/~willia55/120/9.
ThinkingLanguageMM.pdf.

간의 언어를 연구함으로써, 인간의 고유한 정신의 특성이자 '인간의 본질'
이라고 불리는 것에 접근하고 있다"고 했겠는가?[5]

　초기의 컴퓨터 과학자들은 컴퓨터에게 언어를 가르치는 것이 쉬울 것이
라는 착각에 빠져있었다. 어휘를 프로그램해서 입력한 후, 수천 개 남짓
되는 법칙(문법)과 매칭하면 된다고 생각했다. 이렇게 언어를 습득시키고
난 후 세상에 대해 가르치기만 하면 인간이 하는 일을 이해하고, 말도 하
고, 생각도 하는 컴퓨터 알고리즘이 탄생할 것으로 믿었다.[6] 이는 오늘날
까지도 학생들이 학교에서 문법을 배우고, 어떤 언어이든 언어의 기술적인
측면을 연구하는 학자들이 언어구조를 체계적으로 정리하기 위해 노력해왔
다는 점에서 컴퓨터 언어를 연구하는 초창기 연구들이 인간의 자연언어를
연구하면서 명사, 동사, 구문, 종속절 같은 기본 단어와 문장구조로 분류하
여 체계화하려 했던 것은 당연한 일이다. 음소는 어떤 언어에서 의미 구별
기능을 갖는 음성상의 최소 단위이고, 형태소는 의미 전달의 최소단위로 음
성과 의미가 결합된 말의 낱덩이이고, 단어(單語) 또는 낱말은 스스로 일정
한 뜻을 담고 있는 자립성이 있는 최소 단위이며, 구(句)는 둘 또는 그 이
상의 어절로 이루어져 한 덩어리로서 절이나 문장의 성분이 되는 통사적인
말의 단위이고 문장은 언어 단위의 하나로서, 사고나 감정을 말로 표현할
때 완결된 내용을 나타내는 최소의 단위라든가 하는 언어학적 지식을 분석
도구로 언어를 해부하려 했지만, 언어는 생각보다 훨씬 복잡하고, 인간이
수천 년에 걸쳐 축적된 정보와도 연결되어 있다는 점에서 이런 시도는 좌
절될 수밖에 없었다. 인간 언어가 가진 모호성이나 다중성, 불명확성은 사용
자인 인간의 관점에서는 단점이라기보다는 큰 장점이다. 너무 정확하면 사
람마다 수십억 개의 고유한 단어들이 필요할 것이고 사람들은 서로의 고유
한 단어들을 이해하지 못할 것이다. 이러한 측면과 언어의 보편적 특성으로
인해 부여되는 유연성은 인간들로 하여금 제한된 단어만으로도 정보를 교

---

4) 스티븐 핑커/김한영 등 역, 『언어본능-마음은 어떻게 언어를 만드는가』, 개정2판(동녘
　사이언스), 2012, 19면.
5) Noam Chomsky, 『Language and Mind』, Third Edition(cambridge university press),
　2006, p. 88.
6) 스티븐 베이커/이창희 역, 『왓슨 인간의 사고를 시작하다』, 초판(세종서적), 2016, 52면.

환할 수 있게 만들었다.[7] 그러나 역으로 이러한 면은 기계 학습에서는 엄청난 난관이 된다. 단순한 매칭만으로는 언어를 이해할 수 없기 때문이다.

인간의 언어 소통과정은 오로지 언어의 의미 파악만으로 이루어지지 않는, 어찌 보면 언어를 이해하는 것 자체가 궁극적으로 컴퓨터 알고리즘이 인간 수준에 접근하는 척도가 될 것이다. 생각과 언어의 관계도 그리 단순하지 않다. 그런 점에서 보면 컴퓨터 알고리즘이 그것이 인공지능이라 불리든, 머신러닝이라 불리든 인간 수준처럼 되기는 글렀다. 언어를 이해한다는 것은 두 가지 연산이 수반되어야 한다고 한다. 첫째는 기억이고, 둘째는 판단이다. 우리 속에 언어 분석기가 있다고 한다면, 그 분석기는 특정한 종류의 단어로 완성시켜야 할 매달린 구(句)들을 기억해야 한다. 뿐만 아니라 하나의 단어나 구가 두 가지 상이한 규칙이 오른쪽 항에서 발견되었을 때 tree 구조의 다음 가지를 구성하기 위해 어떤 규칙을 이용할지 판단해야 한다. 인공지능에게 기억은 쉽지만 인간은 쉽게 하는 판단은 어렵다.

아기나 어린아이가 말을 배우는 과정도 학습이고, 컴퓨터에 언어를 이해할 수 있는 기능을 부여하기 위해 하는 것도 (기계)학습인데, 두 과정은 현격하게 다르다. 아기의 언어습득과정을 보면 언어를 이해하는 데 필요한 음성의 범주화categorization, 즉 음성을 음소로 연결하기 단계를 배우며, 주위 어른들의 이야기하는 말의 리듬과 억양을 배우고, 자신이 배운 것을 단어를 구획짓는 데 이용하면서 단어 수를 늘려가고 단어들 속에 나타나는 음성의 패턴을 분석하는 음소학습을 이어간다. 아기에게는 음성에 대응시킬 음소가 주어지지 않고, 단어 학습과 병행해서 학습한 몇 안 되는 단어들에서 들리는 음성을 분석해서 음소를 배우는 어려운 과정을 거친다. 이와 같은 음성분석 및 음소학습과 단어 학습을 동시에 진행하고 교차 활용하는 고도의 학습을 거친다. 반면 기계학습의 경우는 음성에 대응시킬 음소가 몇 종류나 있는지와 같은 정보가 사전에 주어지고, 그 정보를 바탕으로 음성과 음소를 상호 대응시키는 학습을 하며, 수십 년 간 신문에 실린 양만큼의 문장이 제공된다(카와조에 아이, 2019, 47면). 전형적인 지도학습의

---

7) 스티븐 베이커, 위의 책, 53-54면.

형식으로 이루어지는데, 끊임없는 시행착오 속에는 정답이라는 표지가 있기에 오답을 수정할 수 있는 길이 열려 있다. 반면 아기의 경우, 이런 수정을 위한 아무런 표지가 없다. 그런데도 제대로 된 언어를 배우는 걸보면 신비하다. 이런 과정에 대한 규명이 아직 이루어지지 않고 있다. 침팬지에게 수화를 배우게 하였지만, 수년 간의 집중적인 훈련에도 불구하고 침팬지가 구사하는 평균적인 문장의 길이는 변함이 없었는데, 이는 아이들의 문장 길이가 비약적으로 늘어나는 것과 대비된다.[8] 뿐만 아니라 침팬지는 수화 자체를 제대로 이해하지 못한다는 점이다. 수화를 하면 종종 자신이 원하는 뭔가를 얻게 된다는 것은 알지만, 결코 언어가 무엇이고, 그것을 어떻게 사용하여야 하는지 지각하지 못하는 것 같다. 침팬지는 인간과는 달리 자발적으로 수화를 하는 경우가 없다. 훈련받고 강요된 결과일 뿐이며, 수화가 체계적인 배열을 보여주는 것처럼 보여도 훈련자가 방금 수화한 것을 그대로 모방한 것이거나 수천 번 훈련 받은 전형적인 것들의 변형일 뿐이며 논평을 포함하는 진술은 하지 않는다. 언어의 기본적인 구조 원리들이 상향식으로든 하향식으로든 학습되거나 유래된 것이 아니라 창조주에 의해서 인간에 주어졌든지, 다른 동물과는 달리 인간종이 유래 없는 규모의 돌연변이를 겪어 언어능력을 갖추게 되었다는 것이다.[9] 그렇다면 인공지능으로 이러한 언어를 학습하게 한다는 것이 가능한가? 적어도 언어에 대한 규명이 끝나기 전에는 인간의 언어를 기계에게 학습시킨다는 것은 불가능하다. 인공지능 알고리즘이나 로봇이 인간의 언어를 이해하는 듯해도 실은 그렇게 보일 뿐 진정으로 이해하는 것은 아니다. 지능과 언어의 관계에 대한 여러 가지 논의에도 불구하고 지능이 가능한 데는 언어가 있다. 뇌와 언어의 관계에 대한 여러 연구에서도 항상 나타나는 결과가 있었으니, 그것은 바로 질문의 구조가 사람들의 기억에 직접적인 영향을 미친다는 것인데,[10] 이는 언어에 뇌가 반응한다는 것의 증좌다. 언어상대성 이론에 따르면 사람이 말하는 언어는 그 사람의 인지적 프로세스와 세상을

---

8) 스티븐 핑커, 앞의 책, 518면.
9) 스티븐 핑커, 앞의 책, 522면.
10) 딘 버넷/임수미 역, 『뇌 이야기』, 초판(미래의 창), 2019, 108면.

인지하는 능력의 근간이라고 한다. 예를 들어 어떤 사람의 모국어에 '신뢰할 만한'에 해당하는 단어를 가지고 있지 않다면 이들은 '신뢰성'을 이해하지도 또 표현하지도 못할 것이다. 어떤 사람은 자신이 사용하는 언어를 바꾸면 사고방식까지 바뀐다고 주장하기도 하는데, 신경언어 프로그램인 NPL 추종자들이다. 어떻든 인간의 지능에 있어 언어의 중요성은 강조해도 지나치지 않은 부분이다.

일상적인 언어의 처리에서는 가능성을 가늠하기 어려운데 하물며 법 분야에서는 더욱 그러하다. AI와 법 적용의 성공적인 전파를 막는 요소 두 가지 중 하나가 언어적 장벽이다. 법 관련 텍스트 표현을 분류하여 관리 가능한 정보로 가공하는 일은 항상 수작업으로 이루어졌는데, 비용과 시간 소모적일 뿐만 아니라, 오류가 발생하기 쉬운 작업이다. 일반적으로는 AI와 법률 사이에는 유익한 시너지 효과가 있다는 점에 이론이 없지만, 이와 달리 자연어 처리와 법률 사이에는 괄목할 만한 시너지 효과가 없었다. 법률문서의 문자표현과 자동처리에 적합한 구조형식의 차이를 좁히려는 시도는 거의 없었다.[11]

확실히 사회 전체의 이익을 위하여 대중적으로 접근할 수 있는 많은 양의 법률 문헌에 정교한 자연 언어 처리 기술을 효과적으로 사용해야 할 필요성이 커졌다는 점은 분명하다.[12] 웹에서 자유롭게 이용할 수 있는 빅데이터를 자동분석하고, 이를 색인화하거나 압축하기 위한 자연어 처리나 의미기술semantic technology이 개발되기만 하면, 법률 시스템의 효율성이나 이해성, 일관성을 향상시킬 수 있을 것으로 예측된다. 자연어 처리 수준이 고도화하고, 시맨틱 웹 기술이 발전되면 법률 문서에서 지식을 추출하는 작업이 자동화되고, 법적 데이터를 온톨로지ontology로 공식화하고, 온톨로지를 자원 기술 프레임워크Resource Description Framework, RDF로 구축할 수 있다. 이러한 기술이 개발되면, 효과적인 법률 정보 검색은 물론 법적 의

---

11) A. Bünzli, "Natural language processing in law—change we need", 10.5167/uzh-28526, p. 3.
12) Livio Robaido et al., "Introduction for artificial intelligence and law: special issue "natural language processing for legal texts", Artificial Intelligence and Law 27, 113-115, 2019, p. 114.

사결정 지원 등이 가능하다. 즉 구조화된 데이터 구축과 이를 이용한 자동화된 법적 추론 기능을 구현하게 되면, 법 분야의 여러 가지 부문에서 혁신을 도모할 수 있다. 예를 들어 법률정보 검색에서도 전문적 이해관계자뿐만 아니라, 일반인에게도 쉽고 용이한 정보 제공이 가능하다. 앞서 버비의 경우에 지금처럼 관련 판례를 제시하는 것이 아니라, 해결방안을 일상적인 언어로 쉽게 설명하여 주는 것이 가능하다는 이야기다.

법에서 있어서 언어가 핵심이기 때문에 자연어로 작동하는 알고리즘에 대한 열망은 당연하다. 특히 지난 몇 년 동안 보다 법 분야에서의 광범위한 영역에 자연어 처리라고 하는 현대적인 기술을 적용하는 것에 대한 관심이 높아졌다고 할 것인데, 스탠퍼드 대학 연구진에 따르면, 1084개의 스타트업 기업들이 심층학습 등 인공지능 알고리즘을 적용한 법률 분야 응용 프로그램의 개발을 목표로 하고 있다.[13] 법 분야 업무는 구조화가 잘 되어 있기 때문에 일반적인 법률 회사가 직면하고 있는 많은 과제에 인공지능 알고리즘 솔루션 이용이 가능하다. 자연어 처리는 이미 인공지능 알고리즘의 수혜 분야라고 할 수 있는 다섯 가지 영역에서 보다 더 빛을 발할 것이다. 법적 의사결정과 관련된 정보를 찾는 법률 검색, 어떤 문서가 개시하여야 할 것인지를 결정하는 전자증거개시, 계약이 온전하게 되었고, 위험을 회피하는지 여부와 관련된 계약서 검토 업무, 일상적인 법률문서를 자동으로 작성해주는 문서자동화, 질문과 답변 형식의 대화를 통해 맞춤 법률조언을 해줄 수 있는 법률상담 분야 등은 인공지능 알고리즘이 적용될 수 있는 대표적 분야인데, 이러한 분야가 제대로 혁신이 되는가는 인공지능의 여러 가지 알고리즘 중, 자연어 처리가 핵심적 역할을 할 것이다. 현재의 상황을 보면 IBM 왓슨과 vLex를 사용하는 로스 인텔리전스는 '다른 변호사에게 말하는 것처럼 검색하고자 하는 질문을 제기할 수 있도록' 자연어 질의 인터페이스를 제공하는 점에서 기존 검색 프로그램과 차별화되며,[14] 심지어 언론에서는 최초의 인공지능 변호사라고까지 잘못 소개될 정

---

13) Robert Dale, "Law and Word Order: NLP in Legal Tech", Natural Language Engineering 25(1): 211-217, 2018, p. 211.
14) Id at 213.

도로 주목을 받았다. 기존 법률검색 분야의 빅4도 자체적인 'AI 기반' 솔루션 개발에 가세하고 있다. 2018년 7월, LexisNexis는 기계학습과 자연어 처리 분야 스타트업 회사인 Ravel Law를 흡수합병하여 개발한 새로운 법률 검색 도구인 Lexis Analytics를 출시하였다. 경쟁기업인 톰슨 로이터도 최첨단 AI를 사용한다고 주장하는 새로운 검색 엔진인 웨스트서치 플러스를 출시했다.[15] 그러나 이러한 노력에도 불구하고 법 분야에서의 여러 가지 응용 프로그램에서의 인공지능 수준, 특히 자연어 처리 수준은 아직 멀었다. 그 이유는 앞서 본 바와 같은 언어의 본질에다가 법적인 특성이 가미되면서, 기계가 이해할 수 있는 수준을 훨씬 넘어서 있기 때문이다. 언어라는 장애를 넘어서더라도, 법의 해석이라고 하는 또 다른 특성에 대한 도전과 극복 없이는 법률을 제대로 이해하고, 어떤 법적 사안을 해결할 수 있는 방안을 제시하는 그런 인공지능 알고리즘의 개발은 어렵다. 법률적 특성을 전혀 모르는 인공지능공학자들의 손에 그런 도전과제를 전적으로 맡겨두어서는 아니 된다. 옛날 범죄예방과 인공지능의 활용과 관련한 어떤 세미나에서 인공지능공학자 한 분이 인공지능은 공학자에게 맡겨두고, 법이나 행정 분야 전문가들은 자신들의 분야에 충실해야 한다는 총평을 하였다. 그러나 필자에게는 그 인공지능공학자의 그와 같은 오만한 인식으로는 이 세상 어떤 분야에서든 인공지능 알고리즘으로 인한 아무런 진전도 결코 일어나지 않을 것이라는 확신이 들었다.

또한 언제쯤 인공지능이 특이점에 도달할 것이라는 각종 예측에도 불구하고, 인공지능이 인간의 언어를 제대로 이해하지 않는 한 지능적 존재로 취급될 수 없을 것이며, 인간이 다른 동물과 구별되고 보다 지능적이며, 인공지능보다 우월할 수밖에 없는 이유가 신비롭기까지 한 언어능력 때문이라는 것은 너무나 자명한 사실이다.

---

15) Id.

03

기대의 역설

양천수

영남대학교 법학전문대학원 교수

영남대학교 법학전문대학원에서 기초법 전임교수로 학생들을 가르치고 있다. 가다머의 철학적 해석학, 하버마스의 대화이론 및 루만의 체계이론을 이론적 바탕으로 삼고 있다. 현대 과학기술이 현대사회 및 법체계에 어떤 자극을 주는지, 이에 현대사회와 법체계가 어떤 방향으로 진화하는지에 관심이 많다. 『부동산 명의신탁』, 『서브프라임 금융위기와 법』, 『법철학』(공저), 『민사법질서와 인권』, 『빅데이터와 인권』, 『법과 진화론』(공저), 『법해석학』, 『제4차 산업혁명과 법』, 『인공지능과 법』(공저), 『디지털 트랜스포메이션과 정보보호』(공저), 『공학법제』(공저)를 포함한 다수의 저서와 논문을 집필하였다.

Ⅰ. 진화의 역설

오늘날을 살아가는 우리 인류는 오랜 진화과정이 낳은 산물이다. 주어진 환경에 적응하고 선택되는 과정을 되풀이하면서 우리 인류는 다른 포유류, 다른 생명 존재에 비해 많은 점에서 우월한 지위를 차지하게 되었다. 그중에서 한 가지를 꼽으라면, 주어진 환경에 단순히 수동적으로 적응하는 데 그치는 것이 아니라, 우리 인류에게 적합하게 이를 능동적으로 변화 및 개선시킬 수 있는 능력을 획득하게 되었다는 것이다. 이처럼 '우연'에서 시작된 진화과정은 우리 인류에게 많은 혜택을 베풀어 주었다.

그러나 진화가 언제나 우리 인류에게 혜택만을 제공한 것은 아니다. 진화는 계속해서 진행되고 심화되면서 오히려 진화하는 존재 그 자체에게 치명적인 해악을 가져오기도 한다. 이에 대한 예로 우리 인류가 갖고 있는 '지방축적능력'을 꼽을 수 있을 것이다. 오랜 세월을 거친 진화로 획득하게 된 지방축적능력에 힘입어 우리 인류는 먹을 것이 매번 넉넉하지는 않았던 오랜 원시시대의 혹독한 환경 속에서도 생존할 수 있었다. 오랜 빙하기로 인해 많은 생명체들이 멸종해 가는 과정에서도 우리 인간은 생존을 거듭하여 오늘에 이를 수 있었다. 그러나 이렇게 진화를 거쳐 획득한 지방축적능력이 현대사회에서는 오히려 골칫거리로, 해악으로 전락하고 있다. 이제는 너무 많이 먹어 언제나 각종 성인병 및 다이어트와 씨름해야 하는 현대인들에게 지방축적능력은 커다란 골칫거리이자 건강한 삶을 가로막는 장벽이 되고 있는 것이다. 인류가 생존하는 데 크나큰 힘이 되었던 진화의 산물이 이제는 오히려 크나큰 골칫거리로 변모하고 만 것이다.

여기서 우리는 진화가 언제나 좋은 것만은 아니라는 점을 발견한다. 어찌 보면 진화는 우리 인간이라는 존재와는 독립하여 그 자체의 내적 논리로 작동하는 방식, 즉 '자기생산적인 작동방식'일지도 모른다.[1] 그 때문에 진화는 때때로 역설에 빠지기도 한다. 진화는 우리 인간 존재에게 한편으

---

1) 더욱 정확하게 말하면, 진화는 인간이라는 존재가 아니라 인간을 구성하는 다양한 '체계'(System)가 시간적인 측면에서 작동하는 방식이라 말할 수 있다.

로는 긍정적인 면을, 다른 한편으로는 부정적인 면을 야기하고 있는 것이다. 이 글에서는 그러한 예로 '기대'expectation; Erwartung를 언급하고자 한다. 우리 인류가 고도의 진화과정을 거치면서 획득한 '기대능력'이 어떻게 오늘날 역설에 처하고 있는지를 개관해 보고자 한다.

Ⅱ. 기대의 형성

기대는 일단 미래에 특정한 사건이나 행위가 일어날 것을 예측하는 것이라고 말할 수 있다. 기대는 앞으로 일어날 일에 대한 예측 또는 예견과 관련을 맺는 개념인 것이다. 그 점에서 기대는 '시간성'과도 관련을 맺는다. 기대는 인간의 판단능력을 시간적인 측면에서 미래로 확장한 것이라고 말할 수 있다.

1. 기   억

이렇게 우리 인간 존재가 기대라는 예측을 할 수 있게 된 데는 기억 능력이 큰 역할을 한다. 물론 기억 능력은 인간만이 지닌 고유한 능력인 것은 아니다. 다른 생명 존재 역시 일정 정도 기억 능력을 갖고 있기 때문이다. 그렇지만 인간만큼 광대한 기억 능력을 갖고 있는 생명 존재는 없다. 다른 동물, 특히 다른 포유류에 비해 여러모로 열등한 지위에 있는 인류는 강력한 기억 능력을 확보하면서 이를 통해 다른 지성적 능력 역시 갖게 되었다. 크게 두 가지를 꼽을 수 있다. 첫째는 창의력이다. 강력한 기억력을 활용하여 뇌에 저장한 다양하고 많은 정보를 새롭게 연결 및 편집함으로써 우리 인류는 이전에는 존재하지 않았던 새로운 것을 만들어낼 수 있는 창의력을 획득하게 되었다. 둘째는 바로 기대이다. 우리 인류가 과거에 발생한 사건이나 행위 등을 기억하게 되면서, 우리는 과거와 현재 그리고 미래를 구별할 수 있게 되었다. 바로 '시간'을 발견한 것이다.

2. 시간의 발견

우리 인류가 갖고 있는 놀라운 능력 중에서 한 가지가 바로 시간을 알고 있다는 것이다. 이는 기억 능력과 관련을 맺는다. 우리가 이미 흘러가 버린 과거를 지금 여기서 기억할 수 있게 되면서 과거와 현재를 구별할 수 있게 되었다. 현재와는 명확하게 구별되는 과거라는 시간적 세계를 발견하게 된 것이다. 나아가 과거와 현재를 구별하게 되면서 아직 발생하지 않은 미래도 알 수 있게 되었다. 과거도 아니면서 현재도 아닌 세계, 즉 아직 도래하지 않은 미래라는 시간적 세계도 알게 된 것이다. 이러한 시간은 과거와 현재 그리고 미래를 구별함으로써, 특히 과거와 미래를 구별함으로써 존재하게 되는데 우리 인류는 바로 기억 능력을 활용함으로써 이러한 구별 능력을 갖게 된 것이다.[2]

3. 기대의 형성

이렇게 기억을 통해 시간을 발견하면서 우리 인류는 한편으로는 새로운 행복을, 다른 한편으로는 새로운 불행을 맞게 되었다. 더불어 새로운 지성적 능력도 얻게 되었다. 우리의 판단능력을 시간과 연결시키는 능력이 그것이다. 이렇게 함으로써 우리는 이미 사라져 버린 과거의 사건이나 행위를 판단할 수 있게 되었다. 이를 통해 '반성'reflexion이라는 고차원의 지성적 능력을 갖추게 되었다. 동시에 이러한 반성 능력을 활용함으로써 아직 발생하지 않은 미래를 판단하는 능력도 확보하게 되었다. 예측과 예견 그리고 기대라는 능력이 우리 인류에게 주어진 것이다. 이처럼 기억을 통해 시간을 발견하고 이러한 시간과 판단능력을 서로 연결함으로써 우리 인류는 판단능력을 시간적으로 확장할 수 있게 되었다. 현재에 갇힌 판단능력이 '시간성'이라는 지평을 확보하면서 시간적인 측면에서 비약적으로 확대되었다.

---

2) 시간을 '과거와 미래의 구별'로 파악하는 경우로는 니클라스 루만/윤재왕 옮김, 『체계이론 입문』(새물결, 2014) 참고.

Ⅲ. 기대의 발전 · 분화 · 기능

1. 기대의 수학화

이렇게 시간과 연결되면서 시간적으로 확장된 우리 인류의 판단능력은 기대가 수학으로 정교해지면서 한층 더 강화된다. 미래를 향한 기대를 수학적으로 분석하고 체계화하는 '확률'이 독자적인 수학의 분야로 등장한 것이다.[3] 그 전까지는 과거의 경험 및 직관에 주로 의존했던 기대가 확률이라는 수학에 힘입어 객관화되고 정량화될 수 있었다. 이에 따라 이제는 더욱 안정적으로 미래를 기대하고 예측할 수 있게 되었다. 더불어 합리적 판단에 기반을 두는 경제적 투자도 확률로 무장한 기대에 의지하여 점점 더 먼 미래로 확장되었다.

2. 기대의 분화

이렇게 앞으로 일어나게 될 사건이나 행위 등을 예측하는 기대는 더욱 정교해지면서 개념적으로 분화된다. 기대가 '인지적 기대'kognitive Erwartung 와 '규범적 기대'normative Erwartung로 분화되는 것이다. 이렇게 기대가 두 가지로 구별된다는 점은 독일의 사회학자 니클라스 루만Niklas Luhmann의 체계이론적 법사회학에서 발견할 수 있다.[4] 기대의 이원적 분화는 '존재'와 '당위'를 구별하는 방법이원론과도 연결된다. 존재 영역에 적용되는 기대가 인지적 기대라면, 당위 영역에서 적용되는 기대가 규범적 기대이기 때문이다. 루만에 따르면, 인지적 기대는 기대가 바탕으로 삼는 과거의 정보와는 다른 새로운 정보가 출현하면 이에 따라 바뀔 수 있는 기대를 말한다. 이에 반해 규범적 기대는 기대가 바탕으로 하는 정보와는 다른, 때로는 상반되는 정보가 출현해도 원칙적으로 바뀌지 않는 기대를 뜻한다. 예를 들어, 다른 사람을 살해하지 말라는 규범적 기대는 설사 현실에서 다른 사람을

---

3) 이를 흥미롭게 보여주는 김민형, 『수학이 필요한 순간』(인플루엔셜, 2018) 참고.
4) 이에 관해서는 니클라스 루만/강희원 옮김, 『법사회학』(한길사, 2015) 참고.

살해하는 사건이 발생한다 하더라도 바뀌지 않는다. 여기서 인지적 기대는 새로운 상황에서 쉽게 바뀔 수 있기에 이로 인해 사회의 복잡성은 그만큼 더 증가할 수 있다. 이에 반해 규범적 기대는 상황 또는 환경이 지속적으로 변화하더라도 일관성을 유지할 수 있다. 이 같은 규범적 기대에 힘입어 이를테면 법체계는 규범성 또는 법적 안정성을 유지하면서 작동할 수 있다. 뿐만 아니라 규범적 기대를 활용하여 사회의 복잡성을 적정한 수준으로 축소할 수 있다.

3. 기대의 기능

이렇게 우리 인류의 판단능력을 시간적으로 미래를 향해 확장함으로써 형성된 기대는 데이터 및 복잡성이 엄청나게 증대하는 현대사회에서 중요한 기능을 수행한다. 기대, 특히 확률로써 수학적 힘을 얻게 된 기대는 자본주의 사회에서 매우 중요한 경제영역이 확장되는 데 큰 기여를 하였다. 투자가 가능한 시간적 범위가 급속하게 확대된 것이다. 이를 보여주는 예로 '선물시장'의 성장을 들 수 있다. 또한 앞에서 언급한 것처럼 규범적 기대는 현대사회의 엄청난 복잡성을 감축하는 데 기여한다. 이를 통해 '거래비용'을 줄이는 데 도움을 준다. 이러한 기대의 기능은 무엇보다도 '신뢰'Vertrauen 또는 '신용'에서 발견할 수 있다.[5] 물론 신뢰는 명확하게 규범적 기대에 속한다고 말하기는 어렵다. 왜냐하면 신뢰는 신뢰에 반하는 사건이나 행위를 통해 쉽게 바뀔 수 있는 기대이기 때문이다. 그 점에서 신뢰는 한편으로는 규범적 기대의 성격을, 다른 한편으로는 인지적 기대의 성격을 갖는다.[6] 그렇지만 이러한 신뢰는 현대사회에서 복잡성을 줄이는 데 중요한 기능을 수행한다. 법체계의 경직성을 비판하는 진영에서는 이러한 신뢰에 더욱 큰 규범적 기대를 하기도 한다(**기대의 기대**). '실정법'이라는 비용이 많이 드는 수단을 필요로 하지 않는 '신뢰'라는 기대를 이용하면 더

---

5) 이를 보여주는 Niklas Luhmann, *Vertrauen: Ein Mechanismus der Reduktion sozialer Komplexität*(Stuttgart, 2000) 참고.
6) 특정한 사건이나 일방에 대한 신뢰가 강력하게 형성되면 이러한 기대는 새로운 정보가 주어지는 경우에도 좀처럼 바뀌지 않는 규범적 기대로 자리매김하기도 한다.

욱 효율적으로 사회의 복잡성을 줄이고 규율할 수 있다고 기대하기 때문이다.[7] 이러한 신뢰 덕분에 과거에는 생각하기 힘들었던 새롭고 다양한 거래가 현대사회에서 가능해지고 있다. 신뢰 덕분에 담보를 필요로 하지 않는 신용대출이 가능하고, 한 번도 만나지 않았던 사람들과 온라인에서 거래를 할 수 있는 것이다. 이로써 거래비용은 줄어들고 경제활동 영역은 더욱 더 확장된다.

IV. 기대의 역설

그러나 기대가 현대사회에서 긍정적인 기능만 수행하는 것은 아니다. 여러 진화과정이 역설에 빠지는 것처럼 기대 역시 역설에서 자유롭지 않다. 특히 오늘날 경제영역에서 기대의 역설이 두드러지게 나타난다.

1. 교환가치의 발견

기대가 경제영역에서 역설에 빠지게 된 출발점이자 계기는 '사용가치'와는 구별되는 '교환가치'를 발견한 것이라 말할 수 있다. 특정한 재화가 지닌 가치가 사용가치와 교환가치로 분화되면서 교환가치가 독자적인 가치로 자리매김하게 된 것이다. 이러한 두 가지 가치 중에서 우리에게 익숙한 가치는 사용가치이다. 특정한 경제적 재화가 우리에게 가치로서 의미가 있는 이유는 그 재화가 사용될 만한 가치가 있기 때문이다. 우리는 특정한 재화를 사용하기 위해, 달리 말해 그 재화의 사용가치를 보고 이를 획득한다. 같은 맥락에서 가령 재화를 얻기 위해 우리는 그 재화의 사용가치에 상응하는 가격을 지불하고 이를 매수한다. 이렇게 오랜 동안 우리 인류에게 가치란 바로 사용가치를 의미하였다.

2. 교환가치의 자기증식

사용가치가 가치의 중심을 이루는 경우에는 기대의 역설이 크게 문제되

---

7) 이를 주장하는 가장 대표적인 이론적 진영으로서 '신자유주의'를 언급할 수 있다.

지 않았다. 문제는 가치가 사용가치와 교환가치로 분화되고 교환가치가 독자적인 가치로 자리매김하는 것을 넘어 자기증식을 하게 되면서 시작된다. 무엇보다도 교환가치가 미래를 향한 기대와 연결되면서 급격한 자기증식을 하게 된다. 이는 교환가치가 미래를 지향하는 경제적 투자와 결부되면서 강화된다. 미래를 지향하는 투자로 경제적 이익을 얻고자 하는 많은 사람들이 특정한 재화가 지니고 있는 사용가치가 아닌 교환가치를 보고 그 재화에 투자를 한다. 이러한 과정이 되풀이되면서 교환가치는 더욱 상승한다. 이러한 과정을 통해 사용가치와 교환가치의 균형이 깨지고 교환가치가 사용가치를 압도하는 현상이 나타난다. 애초에 사용가치와 교환가치는 동일하게 설정되었지만, 교환가치가 투자와 연결되면서 교환가치와 사용가치의 괴리가 발생하게 되는 것이다. 이를테면 자신은 해당 재화를 사용하고픈 마음은 없지만 그 재화가 앞으로 더욱 비싸게 팔릴 것이라는 기대로 이를 구입하는 것이다. 이는 '금'과 같은 귀금속에서 쉽게 발견할 수 있다. '금'이 여러모로 좋은 금속이라는 점은 쉽게 인정할 수 있지만, 이러한 '금'을 당장 사용하고픈 마음에서 비싼 가격을 치르고 '금'을 구입하는 것만은 아니다. 오히려 상당수의 사람들은 '금'이 지닌 사용가치보다 교환가치, 특히 미래에 갖게 될 '교환가치'를 '기대'하면서 기꺼이 '금'에 비싼 돈을 지불하는 것이다. 이는 지난 2018년에 우리 사회에서 문제가 되었던 '비트코인'에서도 확인할 수 있다. 이른바 '비트코인 광풍'이 우리 사회를 휘몰아칠 때 많은 사람들은 비트코인의 사용가치보다는 교환가치, 즉 '미래가치'를 '기대'하면서 여기에 투자를 했던 것이다.

3. 교환가치에 의한 사용가치의 식민지화

특정한 재화에서 사용가치뿐만 아니라 교환가치까지 발견한 것은 기대에 힘입어 우리의 판단능력을 시간적으로 확장한 결과라 말할 수 있다. 이는 우리 경제영역에도 긍정적인 기여를 하였다. 철저하게 교환가치로 작동하는 금융경제는 우리 인류가 교환가치를 발견하지 못했더라면 출현하지 못했을 것이다. 우리가 기대를 이용하여 교환가치를 발견하고 이를 경제적 투자와 연결함으로써 우리 인류의 전체 경제체계는 그만큼 더 성장할 수 있었다. 그리고 성장의 혜택을 많은 이들이 누릴 수 있었다. 이를 통해 산업자본주의 시대를 넘어 금융자본주의 시대가 도래할 수 있었다.

그러나 안타깝게도 오늘날 기대 ·및 투자와 결합된 교환가치는 심각한 문제를 야기하고 있다. 교환가치가 본래의 가치인 사용가치를 배제하는, 독일의 사회철학자 하버마스Jürgen Habermas 식으로 바꾸어 말하면 교환가치가 사용가치를 식민지화하는 문제가 발생하고 있는 것이다. 요즘 우리 사회를 휩쓸고 있는 아파트 열풍이 이를 예증한다. 아파트의 교환가치, 미래가치를 염두에 둔 부동산 투기가 극성을 부리면서 아파트 가격이 천정부지로 상승하고 있다. 아파트에 살고픈 마음, 즉 아파트의 사용가치를 누리고 싶은 마음은 없으면서 여기에 투자를 하는 것이다. 압도적인 교환가치에 의해 사용가치가 배제되는 것이다. 이로 인해 정작 아파트의 사용가치를 누리고 싶은 사람들은 아파트를 사지 못하는 역설이 발생한다. 아파트를 사용할 마음이 없는 사람들이 비싼 가격에 아파트를 구입하면서, 정작 아파트를 사용해야 하는 사람들이 사지 못하는 역설적 상황이 발생하고 있는 것이다. 교환가치 및 투자에 바탕이 되었던 기대가 역설에 빠지고 있는 것이다. 진화의 산물인 기대가 우리 인류에게 새로운 불행을 안겨주고 있는 것이다.

Ⅴ. 규범적 기대의 역할

이렇게 진화의 산물인 기대는 계속된 진화과정을 거쳐 역설에 빠지고 말았다. 그러면 진화과정은 모두 이렇게 역설에 빠질 수밖에 없는 것일까? 변증법이 강조하는 것처럼 모든 과정은 내적 모순에 빠질 수밖에 없는 것일까? 그러나 이렇게 회의적으로 단언하는 것은 너무 성급한 판단일 것이다. 앞에서도 언급한 것처럼, 우리 인류가 다른 생명 존재보다 탁월한 것은 진화과정에서 단순히 주어진 환경에 수동적으로 적응하는 데 그치는 것이 아니라, 이를 능동적으로 개선 및 변화시킬 수 있다는 점이다. 이러한 우리의 힘을 활용한다면 진화의 역설 역시 극복할 수 있을 것이다. 그에 대한 한 가지 대답을 규범적 기대에서 찾을 수 있다. 우리의 기대가 역설에 빠지지 않도록 이를 교정할 수 있는 규범적 기대를 새롭게 설정하는 것이다. 예를 들어 아파트에 투자하는 것이 그다지 이익을 거두지 못한다는 규범적 기대를 설정하는 것을 생각해 볼 수 있다. 이렇게 특정한 기대가 과도하게 자기증식을 거듭한 나머지 역설에 빠질 위험에 처하게 되면, 이를 교정할 수 있는 규범적 기대를 새롭게 형성함으로써 기대의 역설 문제를 어느 정도 해소할 수 있을 것이다. 이 과정에서 법체계가 중요한 역할을 수행해야 한다. 오늘날 사회 전체적으로 규범적 기대를 형성할 수 있는 사회적 체계이자 매체는 바로 법이기 때문이다.

법의 딜레마

2020년 6월 5일 초판 인쇄
2020년 6월 10일 초판 1쇄 발행

편저자   윤 진 수 · 한 상 훈 · 안 성 조
발행인   배   효   선

발행처   도서   法 文 社
         출판

주 소   10881 경기도 파주시 회동길 37-29
등 록   1957년 12월 12일/제2-76호(윤)
전 화   (031)955-6500~6 FAX (031)955-6525
E-mail (영업) bms@bobmunsa.co.kr
        (편집) edit66@bobmunsa.co.kr
홈페이지 http://www.bobmunsa.co.kr
조 판   법 문 사 전 산 실

정가 31,000원   ISBN 978-89-18-91110-6

불법복사는 지적재산을 훔치는 범죄행위입니다.
  이 책의 무단전재 또는 복제행위는 저작권법 제136조 제1항에 의거, 5년
이하의 징역 또는 5,000만원 이하의 벌금에 처하게 됩니다.

*저자와 협의하여 인지를 생략합니다.